Schriftenreihe

Organisation

Band 1

Schriftenreihe „ORGANISATION“

Band 1

Prof. Dr. Götz Schmidt

Methode und Techniken der Organisation

12. Auflage

Verlag Dr. Götz Schmidt, Gießen

ISBN 3 921 313 627

Vorwort

Als 11. Auflage erschien ein unveränderter Nachdruck der 10. Auflage. Mit der 12. Auflage wird eine überarbeitete Fassung vorgelegt. Alle Kapitel wurden revidiert und aktualisiert. Im Kapitel Analysetechniken wurde die Informationsanalyse grundlegend neu gestaltet.

Januar 2000 Götz Schmidt

1 Grundlagen

1.1 Ausgangssituation

Die Bedeutung der Organisationsarbeit ist in den letzten Jahren deutlich gewachsen. Unternehmungen und Verwaltungen wurden und werden in großem Ausmaß strategisch neu ausgerichtet. Schlagworte wie Business Reengineering, Geschäftsprozessorganisation, Kernkompetenzen, Schlanker Staat stehen aber nicht nur für strategische Veränderungen. Umfassende organisatorische Anpassungen leiten sich aus diesen strategischen Ausrichtungen ab. Die zunehmende Vernetzung der Wirtschaft, die Dynamik weltweiter Konkurrenzbeziehungen, der rasante Fortschritt von Wissenschaft und Technik zwingen die Unternehmen aber auch staatliche Einrichtungen, in immer kürzeren Abständen die Strategie zu überprüfen und damit auch die Organisation auf die Strategie auszurichten. Damit steigen auch die Anforderungen an die organisatorische Kompetenz der Unternehmen und Verwaltungen.

Trotz dieser zunehmenden Anforderungen haben viele Unternehmen schon seit längerer Zeit ihre Abteilungen für Organisation und Datenverarbeitung ausgedünnt. Immer mehr Organisationsarbeit wurde in die betroffenen Unternehmensbereiche oder Abteilungen zurück verlagert. Damit sind immer mehr Mitarbeiter auf den unterschiedlichsten hierarchischen Ebenen mit organisatorischen Aufgaben befasst.

Wenn sich die Arbeitslast der Fachabteilungen als erheblich zu groß erweist, um die Projekte selbst zu übernehmen, oder wenn das Fachwissen fehlt, Projekte effizient abzuwickeln, wird vermehrt versucht *„nebenberufliche Organisatoren„* (z.B. sogenannte Fachbereichskoordinatoren) oder auch hauptamtliche kleinere dezentrale Stäbe mit der Flut notwendiger organisatorischer Änderungen zu betrauen.

Schließlich hat sich in den letzten Jahren eine weitere Gruppe mit organisatorischen Funktionen herausgebildet, die oft neben den genannten Einheiten ein Eigenleben führt, die *Benutzerbetreuer* der *Individuellen Datenverarbeitung* (IDV). Neben der Auswahl und dem Einsatz geeigneter Hard- und Software unterstützen diese Einheiten oftmals auch die Anwender bei der Entwicklung kleiner „individueller“ Anwendungen, sie übernehmen damit auch organisatorische Funktionen.

Nicht immer sind die mit organisatorischen Aufgaben betrauten Mitarbeiter ausreichend vorbereitet worden, solche anspruchsvollen Projekte zu bearbeiten. Es gibt immer noch Entscheider, die den „gesunden Menschenverstand“ als ausreichende Qualifikation ansehen. Ohne jeden Zweifel ist ein gesunder Menschenverstand eine notwendige Voraussetzung für erfolgreiche Organisationsarbeit, allerdings reicht sie nicht aus. Das geistige Rüstzeug für das Management organisatorischer Projekte wie auch die Werkzeuge (besser: “Denkzeuge“) der Organisationsarbeit können dazu beitragen, schneller zu besseren Ergebnissen zu kommen. Damit sind auch schon die Ziele genannt, die durch dieses Buch angestrebt werden.

> *Die Anzahl organisatorischer Projekte nimmt zu. Neben den Spezialisten aus Organisation und Datenverarbeitung sind zunehmend auch Leiter und Mitarbeiter der Fachabteilungen sowie Fachbereichskoordinatoren in die Organisationsarbeit eingebunden.*

1.2 Ziel der Abhandlung

Durch diese Schrift soll das *Wissen* vermittelt werden, das notwendig ist, um *organisatorische Projekte mit größtmöglichem Erfolg abzuwickeln.* Alle Beispiele beziehen sich auf organisatorische Problemstellungen. Unabhängig davon gelten fast alle Aussagen auch für andere Projekte wie z.B. Marketing, Personal, Produktentwicklung usw.

Diese Schrift wendet sich hauptsächlich an:

- Spezialisten der Organisation und Informatik
- Mitarbeiter in Fachabteilungen, die zusätzlich organisatorische Aufgaben haben oder in größeren Projekten mitarbeiten
- Führungskräfte, die in organisatorischen Projekten weisungsberechtigt sind
- Fachbereichsbetreuer oder Benutzervertreter als Interessenvertreter der Anwender
- Studierende der Wirtschaftswissenschaften und Informatik, die sich auf die genannten Funktionen vorbereiten wollen.

Diesem Buch liegen zwei wesentliche *Annahmen* zugrunde:

- Projektarbeit ist Stabsarbeit
- Projekte müssen den Anwendern bzw. dem Unternehmen dienen.

Organisatorische *Projekte* - auch solche, die in der Verantwortung der Fachabteilung liegen - werden in aller Regel *arbeitsteilig* bewältigt. Diejenigen, die planen, realisieren und einführen, sind normalerweise nicht diejenigen, die auch über die Planung, Realisation und Einführung entscheiden können. Projektarbeit erfordert damit immer auch die bewusste *Übernahme von Rollen* und die Beachtung von *Regeln über das Zusammenspiel von Entscheidungsvorbereitern und Realisierern einerseits und Entscheidern andererseits.* Diese Rollen und Regeln müssen nicht nur die Projektbeteiligten kennen. Sie müssen allen Mitgliedern des Managements, die von Projekten betroffen sind, bewusst sein.

Über die Qualität einer Lösung entscheidet der Benutzer, nicht der Organisator oder Systementwickler. Nicht die technisch perfekte oder die EDV-gerechte Lösung ist anzustreben, sondern die Lösung, die die Fachabteilungen zu vertretbaren Kosten möglichst gut unterstützt.

Auf diesen Überlegungen basieren die hier behandelten Inhalte. Folgende *Themenschwerpunkte* beinhaltet dieses Buch: Es werden

- Verfahren und Modelle vorgestellt, mit deren Hilfe planmäßig und systematisch auch komplexe organisatorische Projekte bearbeitet werden können (Methode)
- die Aufgaben erläutert, die im Rahmen einer systematischen Projektbearbeitung wahrgenommen werden müssen (Funktionen im Projekt)
- die Beteiligten an organisatorischen Projekten und deren Rollen dargestellt (Projektaufbau)
- aufbauorganisatorische Modelle der Projektarbeit gezeigt und deren Anwendungsbedingungen erläutert
- Werkzeuge angeboten, mit deren Hilfe organisatorische Sachverhalte erfasst, dokumentiert, ausgewertet, gestaltet und „verkauft" werden können (Techniken)
- Hinweise gegeben, dass die Organisationsarbeit sich nicht nur auf die bestmögliche Lösung konzentrieren darf, sondern dass organisatorische Lösungen auch akzeptiert werden müssen. Organisieren bedeutet mit anderen Menschen und für andere Menschen tätig zu sein. Erfolgreiche Organisationsarbeit setzt bei den Beteiligten eine hohe „soziale Kompetenz" voraus. Eine fundierte Abhandlung zur „menschlichen Seite" der Organisationsarbeit findet sich im grundlegend neu gestalteten Band 4 dieser Schriftenreihe.

In dieser Schrift werden die Lösungsmodelle der Aufbau- und Prozessorganisation, deren Vor- und Nachteile nicht behandelt. Diesen Themen sind zwei weitere Bände der Schriftenreihe (Band 5 Aufbauorganisation und Band 9 Prozessorganisation) gewidmet.

Die Schwerpunkte dieses Buches liegen in der methodischen Projektbearbeitung und in den Werkzeugen, die zusammengenommen den weitaus größten Teil dieser Publikation beanspruchen. Hier können und sollen nicht alle heute bekannten Verfahren und Ansätze berücksichtigt werden. Es werden jedoch für alle wesentlichen Aufgaben, die in organisatorischen Projekten zu bearbeiten sind, geeignete Instrumente angeboten.

Mit den hier behandelten Themen soll ein Beitrag dazu geleistet werden, insbesondere die fachlich-organisatorische Kompetenz der Mitarbeiter zu steigern, die sich mit organisatorischen Projekten beschäftigen. Sie soll die *professionelle Bearbeitung von Projekten* fördern. Die Schrift wendet sich damit ebenso an den „alten Hasen", der keine systematische Ausbildung erhalten hat, wie an den Berufsanfänger.

Aus den genannten Zielsetzungen heraus erklärt sich, dass hier keine theoretische Abhandlung angestrebt wird. Auswahlkriterium für alle dargestellten Inhalte ist deren *praktische Verwertbarkeit*. Dabei wurde allerdings versucht, auch theoretischen Ansprüchen gerecht zu werden. Wenn - in seltenen Fällen - ein Konflikt zwischen theoretischer „Reinheit" und praktischer Verwendbarkeit auftauchte, wurde der pragmatische Weg gewählt.

Ein letztes Ziel sei hier noch erwähnt: Es wurde versucht, *alle Teilthemen in einen Zusammenhang zu bringen* und diesen Zusammenhang auch optisch zu verdeutlichen. Dem Leser soll bewusst werden, dass nicht das Erlernen einzelner Teilgebiete oder Techniken ausreicht. Erst das Zusammenspiel aller hier behandelten Themen ermöglicht eine wirkungsvolle Organisationsarbeit.

Schließlich sei noch festgehalten, was diese Schrift nicht leisten kann. Organisationsarbeit erfordert zwar ein methodisches Vorgehen und sie kann auch durch Techniken wesentlich unterstützt werden, dabei darf aber nicht übersehen werden, dass eine schöpferisch-gestaltende Leistung darüber hinaus analytisches Denken, Vorstellungskraft, Kombinationsgabe und vor allem auch soziale Kompetenz voraussetzt, die durch dieses Buch nicht vermittelt werden können.

In dieser Schrift wird das Wissen dargestellt, das zur effizienten Bearbeitung von organisatorischen Projekten notwendig ist.

1.3 Begriffliche Grundlagen

1.3.1 Formen der Gestaltung

1.3.1.1 Organisation

Wenn in einem Unternehmen oder einer Verwaltung bestimmte *Aufgaben wiederkehrend* zu bearbeiten sind, lohnt es sich darüber nachzudenken, wie diese Aufgaben möglichst *effizient* abgewickelt werden sollten. So ist es beispielsweise in einer Bank sinnvoll, grundsätzlich gültige Verfahren festzulegen, wie der Zahlungs- und Überweisungsverkehr abzuwickeln ist. Das ist insbesondere dann wichtig, wenn viele Menschen an einer solchen Abwicklung beteiligt sind. Nur so kann sichergestellt werden, dass die einzelnen Leistungen dann auch zusammen passen. Generelle Regelungen sind aber auch wichtig, um die sichere Abwicklung - Schutz vor unberechtigten Zugriffen - zu gewährleisten.

Werden *Regelungen* geschaffen, die dazu beitragen sollen, die Ziele eines Unternehmens besser zu erreichen, und die *zeitlich unbefristet* eingeführt werden, spricht man von *Organisation.*

Organisatorische Regelungen und die damit verbundene *Stabilität* bringen einige Vorteile mit sich. Diesen Vorteilen sind die möglichen Nachteile gegenüberzustellen, wie die folgende Übersicht zeigt.

Organisatorische Regelungen	
Vorteile ✋	**Nachteile** ✋
• Es muss nicht in jedem Einzelfall wieder neu nachgedacht werden, wie die Aufgabe bewältigt werden soll. Dadurch wird der Planungsaufwand verringert • wenn langfristig gültige Regelungen geschaffen werden, lohnt es sich, den Sachverhalt gründlich zu durchdenken. Das führt normalerweise zu *effizienten*, qualitativ hochwertigen und *kostengünstigen* Lösungen • die langfristig gültigen Regelungen führen zu *erhöhter Transparenz* (jeder weiß, wer für was zuständig ist) und zu *verbesserter Koordination* (die rechte Hand weiß, was die linke tut) • organisatorische Regelungen verringern die Abhängigkeit von einzelnen Personen. Wenn jemand ausscheidet oder eine neue Aufgabe übernimmt, kann sich der Nachfolger leichter in die Aufgaben einarbeiten.	• Bei veränderten Bedingungen können organisatorische Regelungen leicht zu einem Hemmschuh werden. Man hat eben seine „Vorschriften", egal ob sie noch passen oder nicht • Sonderfälle, für die keine entsprechenden Regelungen vorgesehen wurden, werden alle „über den gleichen Leisten geschlagen" • wenn sich die Mitarbeiter in ihrer Freiheit eingeengt d.h. von anderen verplant fühlen, führt der *Verlust an Autonomie* leicht auch zu einem *Verlust an Motivation*, weil „man ja doch nichts machen kann" • es besteht die Gefahr eines „Dienst nach Vorschrift" - auch wenn die Vorschrift nicht mehr passt oder wenn sie prinzipiell nicht passt.

Die möglichen Nachteile der Organisation können nur aufgefangen oder gemildert werden, wenn die Organisation auf ein für die Betroffenen einsehbares Maß begrenzt wird - *Regelung nur soviel wie nötig und nicht soviel wie möglich.* Außerdem müssen die *Regelungen* an veränderte Bedingungen *angepasst* werden, um die notwendige Flexibilität zu erhalten. Die Schlüsselworte der Flexibilität oder Elastizität heißen Disposition und Improvisation.

1.3.1.2 Disposition

Eine organisatorische Regelung könnte lauten: Grundsätzlich sind alle bis 12 Uhr eingehenden Bestellungen am selben Tag abzuwickeln. Bei der Abwicklung sind bestimmte Arbeitsschritte zwingend zu erledigen. Wird die *konkrete Bearbeitung innerhalb der vorgegebenen Grenzen dem einzelnen Mitarbeiter überlassen*, so hat er hier einen *Dispositionsspielraum*, den er nach eigenem Gutdünken nutzen kann. Disposition bedeutet also die - hier vom betroffenen Mitarbeiter vorgenommene - Regelung von Einzelfällen. Organisieren bedeutet somit auch, bewusst *Dispositionsfreiräume* zu belassen, um damit die möglichen Nachteile der Organisation aufzufangen.

1.3.1.3 Improvisation

Improvisatorische Regelungen sind *vorläufige bzw. von vornherein zeitlich befristete Regelungen.* Improvisation kann aus folgenden Gründen sinnvoll sein:

- Alles ist noch im Fluss - eine dauerhafte Lösung ist wegen der sich ständig verändernden Bedingungen nicht sinnvoll
- Es ist schon jetzt bekannt, dass sich demnächst bestimmte Sachverhalte ändern werden (z.B. steht eine gesetzliche Änderung an). Die Regelung wird deswegen von vornherein als Provisorium tituliert, um möglichst wenig festzuschreiben
- Hinsichtlich einer geplanten Regelung liegen noch keinerlei Erfahrungen vor. Das Provisorium dient dazu, solche Erfahrungen zu sammeln
- Es soll auf jeden Fall demnächst etwas geändert werden, aus bestimmten Gründen (kein Personal, keine Zeit, kein Geld usw.) muss die grundlegende Änderung aber aufgeschoben werden, also behilft man sich erst einmal mit einer vorläufigen Regelung.

In der Praxis haftet dem Begriff Improvisation der Makel der nicht gründlich durchdachten Lösung an. Das trifft aber nur für einen kleinen Teil der Improvisationen zu, wie die Beispiele zeigen.

Da Organisation zwar auf Dauer angelegt ist, aber auch nicht ewig gilt - organisatorische Regelungen müssen bei veränderten Bedingungen oder entsprechend den gewonnenen Erfahrungen verändert werden - ist die *Grenze der Organisation zur Improvisation fließend. Entscheidend ist die Absicht.* Wenn beabsichtigt ist, eine Lösung zeitlich unbefristet einzuführen, spricht man von Organisation.

Zusammenfassend lässt sich also feststellen, dass die Vorteile der Organisation (Stabilität) einen hohen Preis haben können, nämlich Einbußen bei der Motivation der Mitarbeiter und abnehmende Anpassungsfähigkeit (Flexibilität) des Systems. Diese möglichen Nachteile können durch Improvisation und Disposition zumindest teilweise aufgefangen werden.

> *Die Effizienz, Wirtschaftlichkeit, Transparenz und Unabhängigkeit fördernden Vorteile der Organisation können zu verringerter Flexibilität und zu Einbußen bei der Motivation führen. Deswegen ist bewusst zu prüfen, ob Dispositionsfreiräume geschaffen oder provisorische Regelungen getroffen werden.*

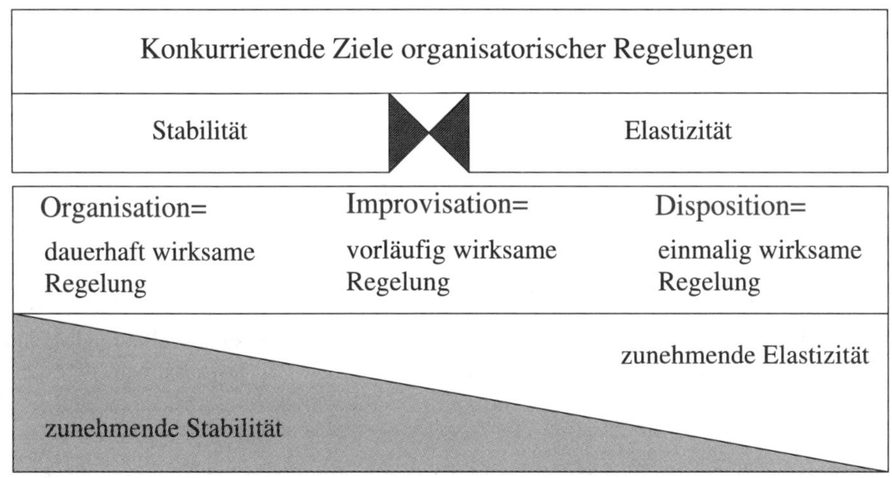

Abb. 1.1: Zusammenhang Regelungsart und Stabilität bzw. Elastizität

1.3.2 Gestaltungsinhalte

Organisieren heißt regeln oder gestalten. Die *Gestaltungsinhalte* - das was geregelt wird - beschreiben den *Gegenstand der Organisation*. Hier soll auf diese Inhalte nur kurz eingegangen werden. Diese Hinweise sollen helfen, die Methode und die Techniken später besser einordnen zu können. Viele Werkzeuge lassen sich direkt aus den Inhalten der organisatorischen Gestaltung ableiten.

Zur Verdeutlichung wichtiger Gestaltungsinhalte soll eine Arbeitsanweisung dienen. Eine Arbeitsanweisung zur Auftragsabwicklung regelt beispielsweise unter anderem:

Regelung	Beispiel
• Aufgaben	• Bestellung prüfen Lagerauftrag schreiben Lieferfähigkeit prüfen
• zeitliche Aufgabenerfüllung	• erst Bestellung prüfen, dann Bestellung ergänzen, dann Lieferfähigkeit prüfen, dann Lagerauftrag schreiben
• räumlicher Fluss	• weiterleiten Hardcopy Lagerauftrag in Versand
• Sachmittel	• Bildschirmmaske 11.27 zur Erfassung Lagerauftrag
• Informationen	• Lagerbestand „Dispo" abfragen

Allgemein gesagt handelt es sich bei den Inhalten der organisatorischen Gestaltung um

- Elemente (Aufgaben, Aufgabenträger, Sachmittel, Informationen), die durch
- Beziehungen (Aufbau-, Ablaufbeziehungen) miteinander verknüpft werden, wobei die
- Dimensionen (Zeit, Raum, Menge und Logik) zu regeln sind.

1.3.2.1 Organisatorische Elemente

Das Kernelement der Organisation ist die *Aufgabe*. Wenn es keine Aufgabe gibt, sind auch alle übrigen Elemente (Aufgabenträger, Sachmittel und Informationen) entbehrlich. Insofern nimmt die Aufgabe eine ganz besondere Stellung ein. Deswegen wird unten ausführlich auf die Technik der Aufgabenanalyse eingegangen. Diese Technik soll helfen, die Aufgaben einer Unternehmung oder eines Bereiches oder einer Stelle vollständig zu erfassen und in der gewünschten Detaillierung abzubilden. Das ist eine notwendige Voraussetzung, um überhaupt eine organisatorische Regelung schaffen zu können.

Aufgabenträger sind *Menschen*, die eingesetzt werden, um Aufgaben zu bewältigen. Normalerweise werden bestimmte typische Qualifikationen unterstellt, die ein Aufgabenträger besitzen muss - Berufsbilder - um die Aufgabe wahrnehmen zu können. Es gibt aber auch Fälle, wo die Organisation auf eine konkrete Person maßgeschneidert wird (gebundene Organisation). Die Beurteilung der Qualifikation eines Menschen gehört in den Zuständigkeitsbereich der Spezialisten für Personal (Personalabteilung). Bei der organisatorischen Gestaltung müssen die Fähigkeiten, Neigungen und Erwartungen der Menschen berücksichtigt werden. Es zeigt sich immer wieder, dass nicht allein die Leistungsfähigkeit maßgeblich ist für die Leistung, sondern dass die Leistungsbereitschaft - und die Arbeitszufriedenheit - von der gewählten Organisation abhängen. So bringt die „perfekte" Vertriebsorganisation keinen Fortschritt, wenn die betroffenen Sachbearbeiter den Eindruck haben, dass ihre Bedürfnisse nicht ausreichend berücksichtigt sind. Deswegen muss auch der Frage nachgegangen werden, was normalerweise motivationssteigernd und was motivationshemmend ist, was die Arbeitszufriedenheit fördert und was sie beeinträchtigt. Diese Thematik wird in Band 4 dieser Schriftenreihe behandelt.

Sachmittel unterstützen die Aufgabenerfüllung oder übernehmen klar definierte Aufgaben „selbständig" (Automaten, Computer). Hier wird ein sehr umfassender Sachmittelbegriff verwendet. Das Spektrum reicht vom Schreibgerät über den Vordruck zu den Möbeln und Räumen bis hin zu Automaten und Computern.

Die Bewältigung von Aufgaben setzt *Informationen* voraus. So muss ein Mitarbeiter in der Auftragsabwicklung Informationen über Preise und Lagerbestände haben, um überhaupt arbeiten zu können. Darüber hinaus hat er vielleicht noch eine Bedienungsanweisung für die von ihm genutzte Software. Diese Anweisung beinhaltet ebenfalls Informationen. Die Aufgaben selbst, die er bewältigt, sind zu einem großen Teil Aufgaben der Informationserfassung und -verarbeitung: Auskünfte geben, Bestände ermitteln, Bestellungen erfassen usw.

Jede organisatorische Lösung wird aus den genannten vier Elementen zusammengebaut.

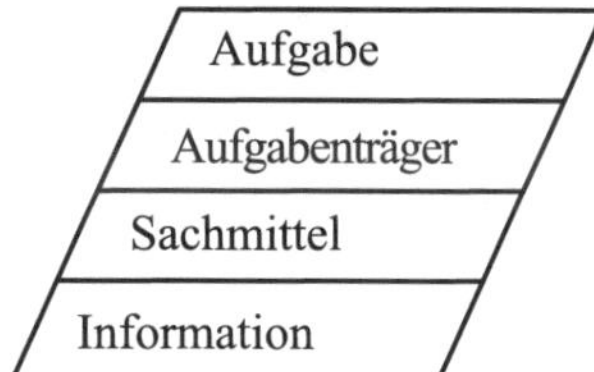

Abb. 1.2: Elemente der Organisation

1.3.2.2 Organisatorische Beziehungen

In Theorie und Praxis hat es sich durchgesetzt, von Aufbau- und Ablauforganisation (letztere wird heute meistens als Prozessorganisation bezeichnet) bzw. von Aufbau- und Ablaufbeziehungen zu sprechen.

Der Unterschied soll anhand eines organisationsfernen Beispieles verdeutlicht werden. Betrachtet man auf einer Straßenkarte den Plan einer Stadt, so werden die Aufbaubeziehungen ersichtlich. Straßen durchziehen bebaute und unbebaute Bereiche. Häuser werden durch Straßen zu Blöcken abgegrenzt. Einbahnstraßen erlauben, nur in einer Richtung zu fahren. Analog werden in der Aufbauorganisation Aufgabenblöcke abgegrenzt (Stellen, Abteilungen), Weisungswege verbinden Stellen analog Einbahnstraßen, denn die Weisungen fließen nur in einer Richtung.

Inhalte der Aufbauorganisation	
Stelle	Bündeln von Aufgaben Zuordnung von Kompetenzen
Leitungssystem	Über- und Unterordnung von Stellen und Abteilungen Stellvertretung
Informationssystem	Bereitstellung von Informationen Regelung der Bereitstellung und des Zugriffs auf Informationen
Kommunikationssystem	Einrichtung von Wegen zum Informations- bzw. Nachrichtentransport
Sachmittel-System	Auswahl und Einsatz geeigneter Sachmittel

Die Ablauforganisation regelt den fließenden Verkehr, um das oben begonnene Beispiel fortzuführen. Ampeln geben die Kreuzung für einige Verkehrsteilnehmer frei und sperren sie für andere. Vorschriften wie „rechts vor links“ regeln die Vorfahrt, ebenso wie Verkehrspolizisten auf Kreuzungen dies tun können. Analog regelt die Ablauforganisation die Aufgabenerfüllungsprozesse.

Inhalte der Ablauforganisation	
unverzweigte Folgebeziehungen	Erst Sendung zusammenstellen dann Lieferpapierkopie beifügen dann Sendung verpacken dann Sendung zum Versand geben
verzweigte Folgebeziehungen	Lieferfähigkeit prüfen, wenn lieferfähig dann Auslieferung veranlassen, wenn nicht lieferfähig, Kunden informieren
Verknüpfungen	Zusammenstellung der Sendung und Schreiben der Rechnung erfolgen parallel, beide werden dann gemeinsam verpackt und versendet
Rückkopplungen	nach der Entgegennahme der Bestellung wird sie auf Vollständigkeit geprüft, wenn eine Information fehlt, wird sie ergänzt, dann wird wieder geprüft, ob die Bestellung vollständig ist - dieser Zyklus wird solange durchlaufen, bis alle erforderlichen Informationen vorliegen.

Die *Trennung* zwischen *Aufbau- und Ablauforganisation* ist *nur gedanklich möglich.* Faktisch handelt es sich um zwei Seiten derselben Sache. Veränderungen an aufbauorganisatorischen Beziehungen haben in aller Regel auch Veränderungen in der Ablauforganisation zur Folge und umgekehrt. Beide Sachverhalte sind stark miteinander verwoben. Dennoch ist es sinnvoll, nach diesen Begriffen zu unterscheiden, weil man sich gedanklich nacheinander mit diesen Sachverhalten auseinandersetzen muss.

Viele Techniken, die in den folgenden Abschnitten behandelt werden, können der Aufbau- bzw. der Ablauforganisation zugeordnet werden.

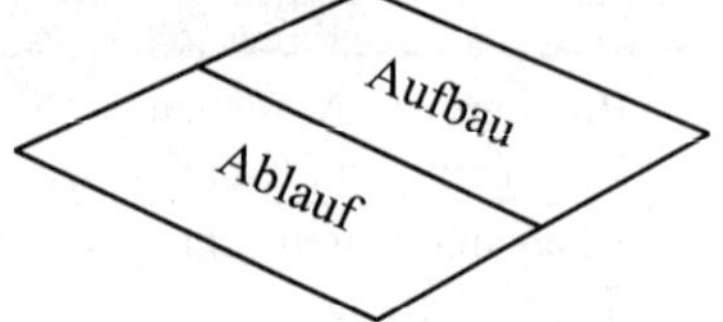

Abb. 1.3: Organisatorische Beziehungen

1.3.2.3 Organisatorische Dimensionen

Zeit, Raum und Menge werden als organisatorische *Dimensionen* bezeichnet. Die Ablauforganisation ist durch zeitliche (Reihenfolge), räumliche (Wege) und quantitative (z.B. Größe von Bearbeitungsstapeln) Regelungen gekennzeichnet.

Auch in der Aufbauorganisation werden die Dimensionen Zeit, Raum und Menge geregelt. Durch aufbauorganisatorische Regelungen wird z.B. festgelegt, wieviel Platz (Raum) einem Stelleninhaber zugemessen wird. Aufbauorganisatorische Regelungen betreffen z.B. auch die Menge von Aufgabenträgern, die für bestimmte Aufgaben benötigt werden (Menge von Aufgaben * Zeit pro Aufgabenerfüllung geteilt durch Zeit pro Aufgabenträger = Personalbemessung). Diese Beispiele zeigen, dass die *Aufbauorganisation ebenfalls Regelungen über die Dimensionen* erfordert.

Schließlich sind die *Dimensionen auch* noch *Eigenschaften der Elemente*, unabhängig von den gewählten Regelungen. So entstehen Aufgaben zu bestimmten Zeiten, an bestimmten Orten, in einer bestimmten Menge. Aufgabenträger stehen an bestimmten Orten nur in einer bestimmten Menge und auch nur zu begrenzten Zeiten (z.B. tarifvertraglich geregelt) zur Verfügung. Die *Dimensionen der Elemente bilden den Bedingungsrahmen, innerhalb dessen sich die Organisationsarbeit bewegt.*

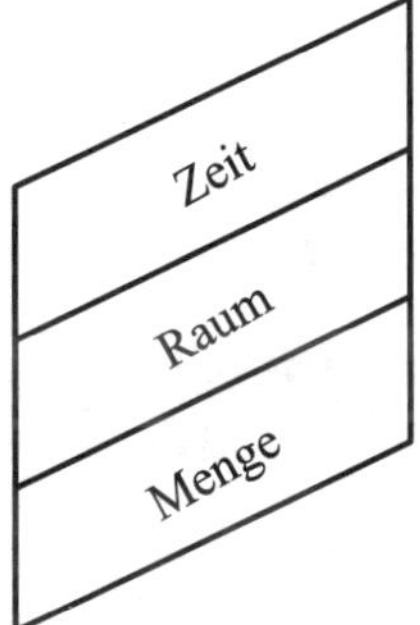

Abb. 1.4: Dimensionen

1.3.2.4 Der Organisationswürfel (Gestaltungsinhalte)

Elemente, Beziehungen und Dimensionen der Organisation sind die Gestaltungsinhalte. Diese Gestaltungsinhalte können in der Form eines Würfels dargestellt werden. Etwas salopp kann man sagen, dass Organisationsplaner nichts anderes tun, als „an dem Würfel drehen".

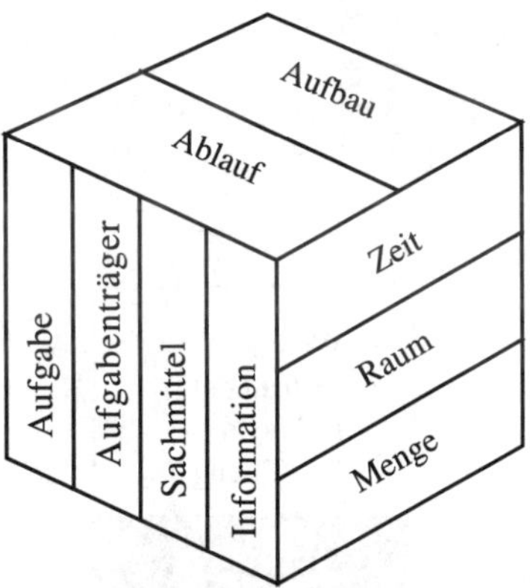

Abb. 1.5: Organisationswürfel

Organisatorische Lösungen werden aus den Elementen Aufgabe, Aufgabenträger, Sachmittel und Informationen gebildet. Zwischen diesen Elementen werden Aufbau- und Ablaufbeziehungen hergestellt. Sowohl in der Aufbau- wie in der Ablauforganisation sind die Dimensionen (Zeit, Raum, Menge) zu regeln.

1.4 Gesamtmodell der Organisation

Um den Würfel richtig „in den Griff zu bekommen", muss der Organisationsplaner

- systematisch vorgehen (Methode)
- die Aufbauorganisation des Projektes regeln (Projektmanagement)
- geeignete Werkzeuge einsetzen (Techniken)
- die betroffenen und beteiligten Menschen angemessen berücksichtigen (Verhalten).

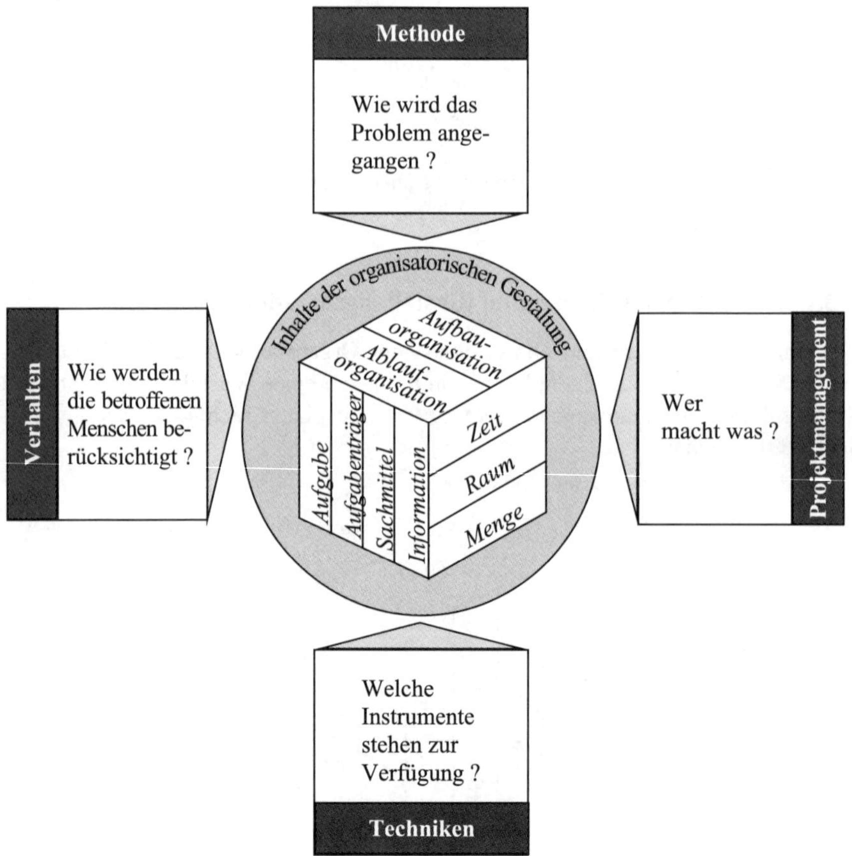

Abb. 1.6: Gesamtmodell der Organisation

Die Abbildung 1.6 soll diese Gesamtzusammenhänge verdeutlichen. Die Gliederung des Buches orientiert sich an diesem Modell. Lediglich der Bereich „Verhalten“ wird hier nicht näher behandelt, da er kaum durch Techniken unterstützt werden kann. Einige Ausführungen zum Verhalten finden sich unter dem Gliederungspunkt 1.4.4.

1.4.1 Methode

Die Methode regelt die *Abwicklung organisatorischer Projekte*. Es geht damit um die Organisation der Organisationsarbeit. Zur Methode gehört zum einen die *Ablauforganisation von Projekten*. Darin werden die einzelnen Schritte, die in einem Projekt zu gehen sind, und deren zeitliche Folge standardisiert. Zum anderen gehört zur Methode das *Systemdenken*. Das Systemdenken bietet Hilfen zur Beschreibung, Analyse und Abgrenzung von Projekten und Teilprojekten und zur Integration von Teilergebnissen. Das Systemdenken unterstützt die gedankliche Auseinandersetzung mit den Inhalten eines Projektes. Die Methode bildet ein zentrales Thema dieses Buches. Sie wird im Abschnitt 2 ausführlich behandelt.

1.4.2 Projektmanagement

Die Organisation einer Unternehmung oder einer Verwaltung ist normalerweise nur auf die wiederkehrenden Aufgaben ausgerichtet. Für einmalige Vorhaben wie z.B. organisatorische Projekte bestehen keine Regelungen. Die müssen für jedes Projekt maßgeschneidert werden. Die Gesamtheit dieser Zuständigkeitsregelungen wird hier unter dem Begriff Projektmanagement zusammengefasst. In diesem Zusammenhang ist einmal festzulegen, wer in dem Projekt welche Rolle übernimmt, z.B. als Projektleiter, als Projektmitarbeiter, als Entscheider usw., welche Rechte er hat und in welchem Ausmaß er mitarbeitet. Zum anderen ist zu bestimmen, welche Funktionen in dem Projekt wahrzunehmen sind. Dazu gehören beispielsweise die Projektplanung, -steuerung und -diagnose, die Projektinformation, die Qualitätssicherung im Projekt und das sogenannte Projektmarketing. Dem Projektmanagement ist ebenfalls ein eigener Abschnitt (Kapitel 3) gewidmet.

1.4.3 Techniken

Die *Werkzeuge der Organisationsarbeit* werden als *Techniken* bezeichnet. Hier wird unterschieden nach den sogenannten Organisationstechniken und den Techniken des Projektmanagement.

Die *Organisationstechniken* sind Instrumente, mit deren Hilfe direkt an dem Vorhaben gearbeitet wird. Sie unterstützen die Erhebung und Analyse von Ergebnissen, die inhaltliche Auseinandersetzung mit einer geeigneten Lösung, die Bewertung von Lösungsvarianten usw. Mit diesen Techniken wird „am Würfel gearbeitet“.

Die *Techniken des Projektmanagement* unterstützen demgegenüber die Planung, Steuerung, Kontrolle, Dokumentation und Präsentation eines Projektes. Darüber hinaus können auch noch Techniken der Gruppenarbeit und Moderation zu den Manageementtechniken gerechnet werden. Diese Techniken unterstützen die oben genannten Funktionen der am Projekt Beteiligten.

> *Sollen hochwertige und akzeptierte organisatorische Lösungen mit einem möglichst geringen Aufwand entstehen, sind Projekte planmäßig (methodisch) zu bearbeiten. Es ist eine geeignete Aufbauorganisation zu wählen, und es sind wirkungsvolle Techniken einzusetzen, die sowohl die Arbeit an der Lösung wie auch die Funktionen des Projektmanagement unterstützen.*

In dieser Schrift werden die folgenden Techniken behandelt:

Techniken	
Organisationstechniken	Managementtechniken
Zielfindung Erhebung Analyse Würdigung Lösungsentwurf Bewertung Dokumentation und Gestaltung der : - Aufbauorganisation - Ablauforganisation	Prioritätenermittlung Zeitplanung Zeitüberwachung Bedarfsermittlung Präsentation Dokumentation Moderation

Abb. 1.7: Übersicht über Techniken

1.4.4 Verhalten

1.4.4.1 Der Mensch im Organisationsprojekt

Menschen sind *Beteiligte* und *Betroffene* organisatorischer Vorhaben. Es genügt normalerweise nicht, einfach in der Sache gute Lösungen zu erarbeiten. Ob eine Lösung gut oder schlecht ist, hängt ganz entscheidend auch von der Wahrnehmung der jeweiligen Menschen ab - also einem ganz subjektiven Vorgang. Soll eine organisatorische Lösung gut funktionieren, setzt dieses voraus, dass die betroffenen Menschen die Lösung akzeptieren. Daraus folgt, dass der für die Organisation Zuständige sich mit den Menschen, ihren Zielen, Ängsten und Problemen auseinandersetzen muss, dass er bewusst auf die vorhandenen sozialen Strukturen - z.B. informale Rollen - Rücksicht nehmen bzw. sie in seine Überlegungen einbeziehen muss.

Unter dem Begriff *Verhalten* werden alle *Strategien und Maßnahmen* verstanden, die dazu beitragen können, *Akzeptanz* zu *fördern* bzw. *Widerstände abzubauen*, die *Motivation* der Beteiligten und Betroffenen zu *erhalten* oder auszubauen, *Konflikte konstruktiv zu nutzen*, vorhandene Machtstrukturen zugunsten des Projektes einzusetzen, möglichst *störungsfrei* miteinander zu *kommunizieren*, um nur einige Beispiele zu nennen.

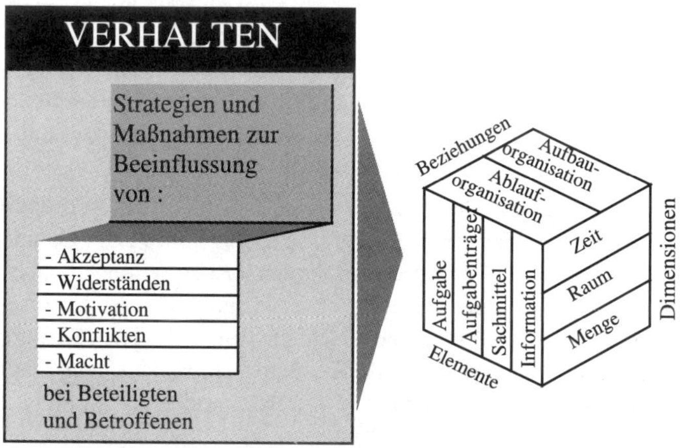

Abb. 1.8: Verhalten als Erfolgsfaktor der Organisationsarbeit

Da dieses Anliegen nicht durch Techniken unterstützt werden kann sondern soziale Kompetenz und den bewussten Umgang mit den Betroffenen voraussetzt, werden hier keine Instrumente zur „Manipulation von Menschen" angeboten. Die folgenden Ausführungen sollen lediglich das Bewusstsein für diese Seite der Organisation fördern. Sie sind als Mahnung zu verstehen, organisatorische Probleme nicht ausschließlich technokratisch anzugehen, sondern den Menschen als einen wesentlichen und wichtigen Bestandteil jeder Organisationsarbeit anzuerkennen.

Am Beispiel von Widerständen gegen organisatorische Maßnahmen soll gezeigt werden, welche „menschlichen“ Ursachen es für Widerstände gibt und welche Maßnahmen dagegen ergriffen werden können.

1.4.4.2 Ursachen für Widerstände

Organisatorische Maßnahmen schaffen selten etwas völlig Neues. Normalerweise handelt es sich um *Eingriffe in bestehende Strukturen*. Bei solchen Reorganisationen, die nicht auf den ausdrücklichen Wunsch der Betroffenen zurückgehen oder die nicht durch unabweisbare gesetzliche Vorschriften zwingend notwendig sind, treten gelegentlich erhebliche Widerstände auf, für die es eine Reihe möglicher Ursachen gibt.

Die wohl wichtigste Ursache für Widerstände ist eine allgemeine *Neuerungsfeindlichkeit* des Menschen. Er ist eher bereit, Unzulänglichkeiten zu ertragen, als diese abzustellen. Vorhandene Probleme werden herunter gespielt und die Notwendigkeit der Umorganisation wird bezweifelt. „Das haben wir schon immer so gemacht, das hat sich im Großen und Ganzen bewährt“ so oder ähnlich lautet eine nicht sehr überzeugende aber dennoch oft zu hörende Formulierung. Diese Änderungsfeindlichkeit beruht zu einem großen Teil auf dem elementaren *Sicherheitsbedürfnis* des Menschen. Organisatorische Neuerungen stellen neue Anforderungen; neue Aufgaben, neue Technologien müssen beherrscht werden. Die Betroffenen sorgen sich, sie könnten den Anforderungen unter Umständen nicht gewachsen sein. Häufig werden auch Einbußen an Ansehen, Kompetenzen, Statussymbolen usw. befürchtet. Aus diesem Blickwinkel erscheint es nur natürlich, dass Neuerungen als Bedrohung empfunden und zumindest innerlich abgelehnt werden.

Häufig wird eine Neuerung, die von Dritten stammt und nicht von den Betroffenen vorgeschlagen wurde, als direkte oder indirekte *Kritik* empfunden. Gerade die Betroffenen, aber auch deren Vorgesetzte, empfinden Organisationsvorhaben als unterschwelligen Vorwurf, als Beanstandung eines Weges, den sie jahrelang gegangen sind und der ihnen auch als brauchbar erschien. Durch die Reorganisation wird die „bewährte Praxis“ kritisiert, was oft als Kränkung empfunden wird und leicht dazu führt, dass neue Vorschläge kategorisch abgelehnt oder als wenig praxisnah abqualifiziert werden.

Eine weitere Ursache für Widerstände liegt in der Neigung des Menschen, vorzugsweise solche *Informationen* wahrzunehmen, die die Richtigkeit früherer Entscheidungen bestätigen. Die bevorzugte Suche nach bestätigenden Informationen geschieht unbewusst, führt aber zu einer verstärkten *Wahrnehmung (Selektion)* positiver Erfahrungen und trübt den Blick für notwendige Änderungen. Auf der gleichen Ebene liegt auch die Erfahrung, dass eher „der Splitter im Auge des Nächsten“ als „der Balken im eigenen Auge“ gesehen wird. Störungen und Probleme werden eher in Nachbarbereichen als im eigenen Bereich gesucht und gefunden.

Nicht nur die von Neuerungen unmittelbar Betroffenen wehren sich gegen die Veränderungen. Widerstände sind auch bei Führungskräften zu erwarten, die ihre Einwilligung zu Organisationsvorhaben geben müssen. Bei vielen organisatorischen Projekten ist der *Aufwand relativ leicht zu ermitteln,* aber nur sehr *selten kann der Nutzen quantifiziert* oder „bewiesen“ *werden.* Wie groß ist beispielsweise der Nutzen, wenn Informationen schneller zur Verfügung stehen? Diese Frage ist kaum zu beantworten. Besonders schwierig wird es, wenn andere Bereiche einen wesentlich größeren Nutzen zu erwarten haben, der eigene Bereich aber einen großen Teil der Last (im Projekt und durch die Umstellung) mit zu tragen hat. Auch in diesem Fall genügt es nicht, gute Ergebnisse zu erarbeiten; sie müssen „verkauft“ werden. Die Entscheider müssen von der Notwendigkeit der Maßnahme überzeugt werden.

Widerstände sind besonders dann zu erwarten, wenn die Betroffenen gerade erst eine Reorganisation hinter sich haben und noch unter den „Nachwehen“ leiden oder sie noch in frischer Erinnerung haben. *Zu häufige organisatorische Eingriffe* bringen hohe Belastungen für die Betroffenen mit sich, die oft unterschätzt werden. Unter diesen Umständen kann es besser sein abzuwarten, bis der Bereich eine neue „Organisationsoperation“ ertragen kann.

Wenn schon zu Beginn eines Projektes deutlich wird, dass von betroffenen Mitarbeitern und deren Vorgesetzten massive Widerstände zu erwarten sind, wenn darüber hinaus keine ranghohen Mitarbeiter als Sponsoren für das Projekt gewonnen werden können, sollte überprüft werden, ob das Projekt begonnen bzw. fortgesetzt werden soll. Viele Projekte versanden nach erheblichem Aufwand, weil sie „politisch“ nicht durchgesetzt werden können. Hier soll nicht dem Weg des geringsten Widerstandes das Wort geredet werden, aber *Organisation* ist auch Politik und damit *die Kunst des Möglichen.*

> *Widerstände resultieren u.a. aus einer allgemeinen Neuerungsfeindlichkeit, aus der empfundenen Kritik am Hergebrachten, aus der begrenzten Fähigkeit, eigene Fehler zu sehen, und aus dem nicht erkennbaren eigenen Nutzen. Entscheider stehen Neuerungen oft ablehnend gegenüber, weil die Kosten offensichtlich sind, der Nutzen jedoch vielfach schwer messbar ist.*

Abb. 1.9: Widerstände im Organisationsprojekt

1.4.4.3 Maßnahmen gegen Widerstände

Die genannten Vorbehalte und Widerstände lassen sich nicht immer völlig ausräumen. Es gibt aber mehr oder weniger geeignete Vorgehensweisen und Maßnahmen, die dazu beitragen können, Abwehrhaltungen abzubauen und eventuell sogar in eine konstruktive Zusammenarbeit umzuwandeln.

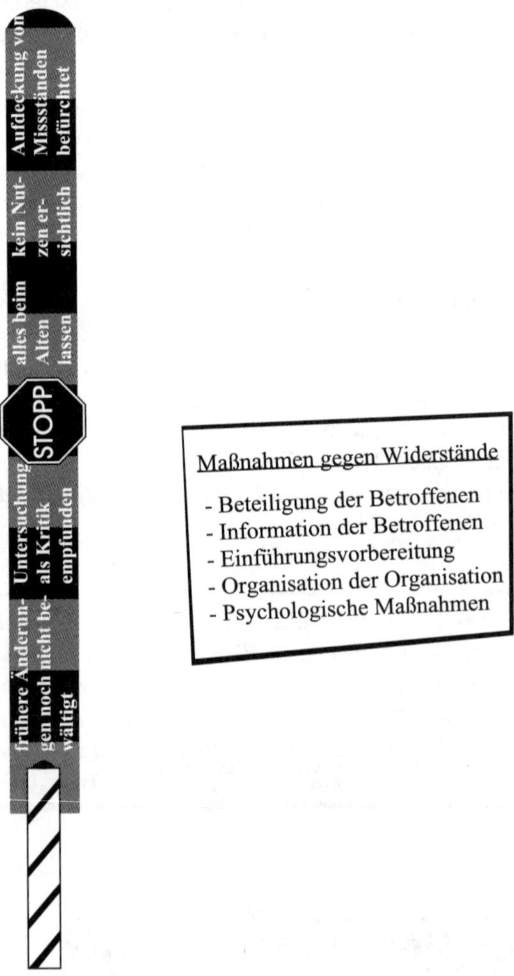

Abb. 1.10: Maßnahmen gegen Widerstände

Beteiligung der Betroffenen

Mit der Einrichtung zentraler Stäbe und mit dem Einsatz externer Berater verloren in der Vergangenheit die Fachabteilungen immer mehr Einfluss auf die Organisation des eigenen Bereiches, auf die Regelungen, nach denen sie arbeiten müssen. Dritte zerbrachen sich den Kopf darüber, was für die Betroffenen gut oder schlecht sei. Es ist deswegen kaum verwunderlich, wenn solche Ergebnisse, die von Dritten erdacht wurden, von den Betroffenen als praxisfremd, nicht anforderungsgerecht, umständlich, zu aufwendig etc. abgewehrt wurden. Am Ende standen sich häufig verunsicherte, sich missverstanden fühlende Anwender und frustrierte Planer gegenüber.

Die Lösung des Dilemmas ist naheliegend: *Miteinander statt gegeneinander*, die *Betroffenen zu Beteiligten machen* sind altbekannte Schlagworte.

Vier unterschiedlich intensive Formen der Beteiligung lassen sich unterscheiden (sie werden in dem Kapitel Gestaltungsträger näher behandelt):

- Betroffene werden punktuell beteiligt, z.B. in der Form von Interviews durch Mitglieder des Projektes
- Betroffene arbeiten voll- oder nebenamtlich in der Projektgruppe mit
- Fachabteilung übernimmt definierte Rollen und Funktionen, wie z.B. die Zuständigkeit für die Formulierung der funktionalen Anforderungen bei einer EDV-Anwendung
- Betroffene bearbeiten die Projekte, Organisatoren sind „Berater" der Fachabteilung und unterstützen die Fachabteilung bei deren Projektarbeit.

Mit der Beteiligung tauchen allerdings meistens neue Probleme auf. Zum einen sind die Betroffenen so vom Tagesgeschäft belastet, dass sie sich kaum in der Lage sehen, „nebenbei" auch noch im Projekt zu arbeiten. Zum anderen können - insbesondere bei großen Unternehmen - immer nur einige wenige Repräsentanten in den Projekten mitarbeiten. Die übrigen Betroffenen bleiben „machtlos".

Information der Betroffenen

Die wichtigste Vorkehrung gegen Widerstände ist eine *umfassende*, vorbehaltlose *Information der Betroffenen* - eine *Politik der offenen Tür*. Im Dunstkreis fehlender Information, mangelhafter „Öffentlichkeitsarbeit" entstehen Gerüchte und Mutmaßungen, die fehlendes Wissen ersetzen. Je schlechter der Informationsstand desto breiter ist die Basis für Spekulationen. Pessimisten, Nörgler und Opponenten finden ein offenes Ohr; die subjektiv empfundene Bedrohung ist meistens sehr viel größer als die tatsächliche. Aus dieser Sicht ist es in aller Regel besser, selbst unbequeme Wahrheiten offen zu legen, als sie zu verschweigen.

Einführungsvorbereitung

Aus organisatorischer Sicht ist die *Vorbereitung der Einführung* wichtig für die Akzeptanz von Lösungen. Sorgfältige Schulung und Hilfestellung sollen die Angst vor dem Neuen nehmen, allmählich Selbstvertrauen aufbauen und damit emotionale Abwehrhaltungen beseitigen oder verhindern.

Organisation der Organisation

Schließlich muss die *Organisationsarbeit selbst möglichst gut organisiert* werden, die „Organisation der Organisation" muss stimmen. Pannen, Terminverzögerungen, nicht eingehaltene Zusagen und ähnliche Probleme bestärken negative Erwartungen nach dem Motto: „Wenn die mit ihrer eigenen Arbeit nicht zurechtkommen, wie wollen sie uns dann helfen?“

Psychologische Maßnahmen gegen Widerstände

Neben der Beteiligung, der Information, der gezielten Einführungsvorbereitung und den erwähnten organisatorischen Maßnahmen gibt es noch einige psychologische „Regeln“, die helfen, organisatorische Lösungen zu verkaufen.

Eine griffige Beraterregel heißt *See and sell to everyone* (Frei übersetzt: Suche Kontakt zu jedem, der irgend etwas mit dem Projekt zu tun hat, und verkaufe ihm deine Lösung). Neben der sachlichen Information wird allein das Bemühen vom Angesprochenen als Aufwertung empfunden. Es gilt auch der Umkehrschluss: Wer nicht zum Kreis derer gehört, um die man sich bemüht hat, wird oft schon aus diesem Grund opponieren.

Bei der Information ist darauf zu achten, dass der *subjektive Nutzen* des Angesprochenen in den Vordergrund rückt, weil jedem Menschen die persönlichen Belange mehr am Herzen liegen als das Wohlergehen des Unternehmens. In diesem Sinne stimmt der Satz: Der Köder (das Argument) muss dem Fisch schmecken und nicht dem Angler.

Weiterhin ist es wichtig, nicht nur die Betroffenen zu gewinnen sondern *auch die Vorgesetzten* zu *überzeugen*. Aus dieser Einsicht wurde auch die Rolle von *„Sponsoren“* oder „Paten“ geboren. Das sind ranghohe, angesehene Mitarbeiter, die sich für das Projekt stark machen. Sie verschaffen dem Vorhaben „Rückenwind“ und helfen in schwierigen Phasen mit ihrer Autorität weiter.

Viele Schwierigkeiten sind auf *Kommunikationsprobleme* zurückzuführen. Die Fachsprache von Spezialisten wird von Laien nicht (oder anders) verstanden. Fachchinesisch fördert die Verunsicherung.

Ein letzter Punkt auf der sicherlich nicht vollständigen Liste: Der *Projektverantwortliche* (Organisator) sollte sich mit seiner Arbeit und *mit den Ergebnissen identifizieren*, sie mittragen und sich engagieren.

> *Widerstände gegen organisatorische Neuerungen können verringert oder beseitigt werden, indem die Betroffenen beteiligt, alle Betroffenen möglichst persönlich und offen informiert und Einführungen gründlich vorbereitet werden. Projektarbeit muss - auch gegenüber der Hierarchie - verkauft werden, indem der persönliche Nutzen der Angesprochenen besonders herausgestellt wird.*

Abschließend soll das diesem Buch zugrunde gelegte Übersichts-Modell noch einmal im Zusammenhang dargestellt werden.

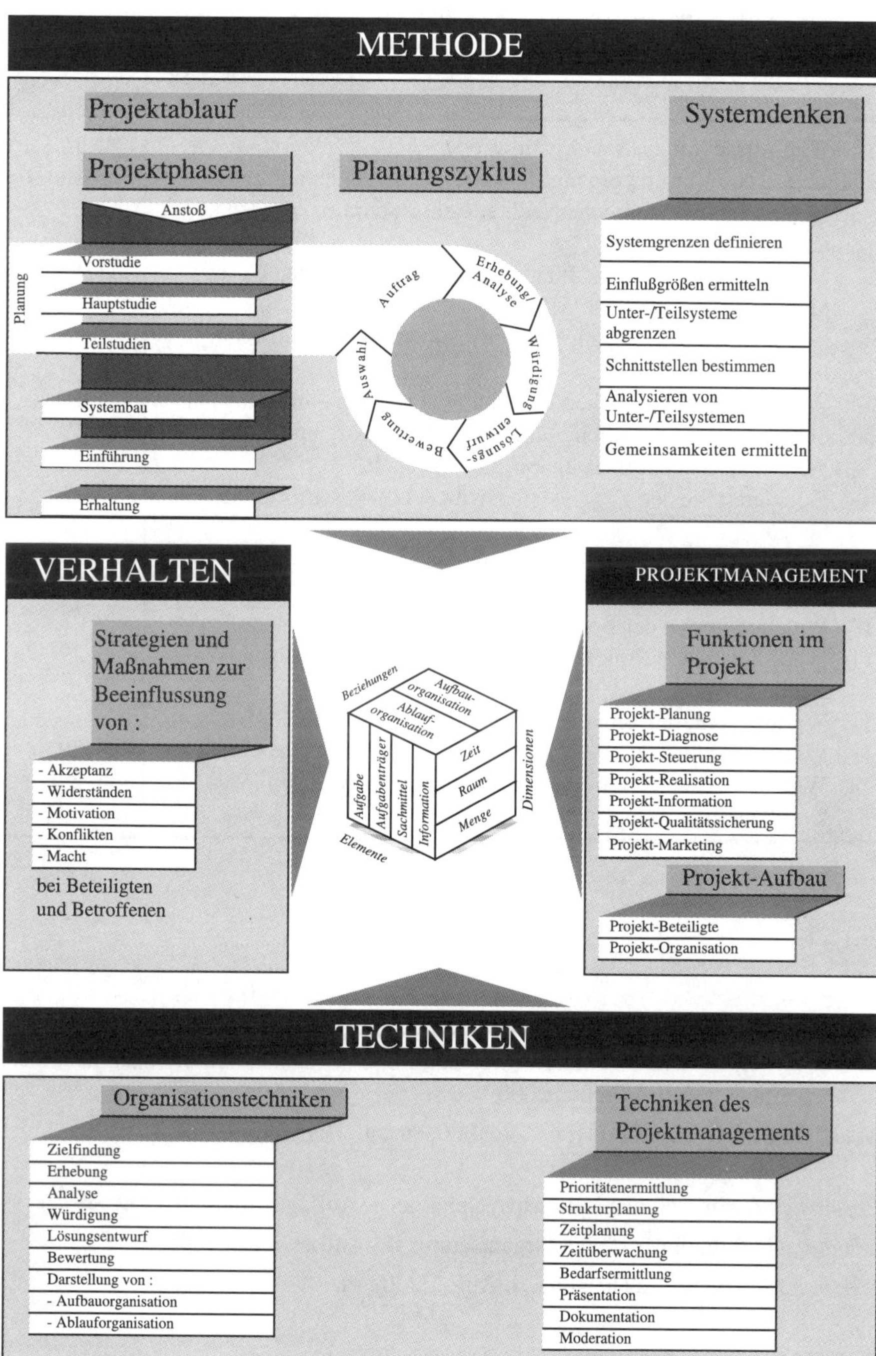

Abb. 1.11: Organisation im Gesamtzusammenhang

Fragen zum Kapitel 1	Texte dazu auf Seite
1. Wann spricht man von Organisation?	14
2. Zeigen Sie Vorteile organisatorischer Regelungen auf und erläutern Sie, wie mögliche Nachteile eingeschränkt werden können.	15
3. Nennen Sie wesentliche Inhalte der organisatorischen Gestaltung.	17
4. Warum wird die Aufgabe als Kernelement der Organisation bezeichnet?	18
5. Welche organisatorischen Beziehungen werden unterschieden?	19
6. Schildern Sie wesentliche Inhalte der Aufbauorganisation.	19
7. Was wird in der Ablauforganisation geregelt?	20
8. Skizzieren Sie den Organisationswürfel und beschriften Sie die Seiten.	21
9. Nennen Sie einige Ursachen für Widerstände gegen organisatorische Neuerungen.	26ff
10. Welche Formen der Beteiligung von Betroffenen kennen Sie?	28
11. Warum kann ein Projektantragsverfahren dazu beitragen, Widerstände abzubauen?	29
12. Warum ist die Information über das Projekt so wichtig?	29
13. Wer sollte alles über das Projekt informiert werden?	29
14. Was ist zu beachten, wenn organisatorische Lösungen „verkauft" werden sollen?	29f

Weiterführende Literatur zu diesem Abschnitt

Chalupsky, J.; S. Gottlob u.a.: Der Mensch in der Organisation. 4. völlig neue bearbeitete Aufl., Gießen 2000

Noer, D.M.: Die vier Lerntypen. Reaktionen auf Veränderungen im Unternehmen. Stuttgart 1998

Rosenstiel, L.v. u.a.: Organisationspsychologie. 3. Auflage, Stuttgart 1992

Schmidt, G.: Grundbegriffe der Organisation. 12. Aufl., Gießen 2000

Senge, P.M.: Die fünfte Disziplin. 4. Aufl., Stuttgart 1997

2 Methode

2.1 Begriff

Eine Methode dient ganz allgemein dazu, die Abwicklung von Projekten zu regeln. Die Methode sorgt bei organisatorischen Vorhaben für die

Organisation der Organisation.

Die Methode besteht aus dem Projektablauf und dem Systemdenken.

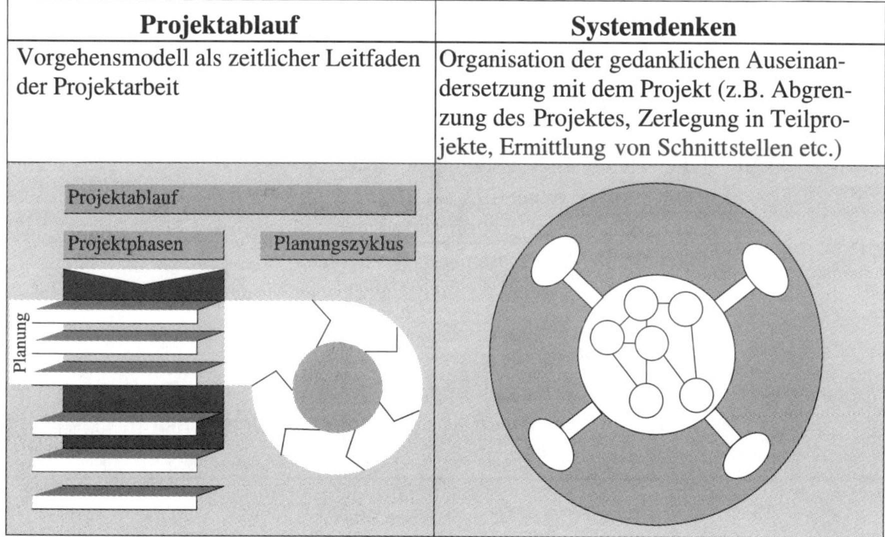

Projektablauf	Systemdenken
Vorgehensmodell als zeitlicher Leitfaden der Projektarbeit	Organisation der gedanklichen Auseinandersetzung mit dem Projekt (z.B. Abgrenzung des Projektes, Zerlegung in Teilprojekte, Ermittlung von Schnittstellen etc.)

Abb. 2.1: Projektablauf und Systemdenken

Als *Projekte* werden Vorhaben bezeichnet, die *in dieser konkreten Form einmalig* sind. Darin unterscheiden sie sich von Aufgaben, die immer wieder gleichartig vorkommen. Jedes Projekt hat somit einen *bestimmbaren Anfangs- und Endtermin* - es beginnt zu einem Zeitpunkt, und es ist zu einem bestimmten Zeitpunkt erledigt. Unerheblich ist, wieviel Zeit ein Projekt erfordert. So gibt es Projekte, die wenige Tage dauern, und solche, die etliche Mitarbeiter-Jahre beanspruchen.

In der Praxis spricht man normalerweise erst dann von Projekten, wenn für solche Vorhaben auch besondere organisatorische Vorkehrungen getroffen werden (Zuständige und Entscheider werden festgelegt, ein Projektkonto wird eröffnet, Budgets werden bewilligt, Termine vereinbart etc.), wenn also eine formelle Projektorganisation installiert wird. *Formell werden Projekte eingerichtet, wenn* einzelne oder mehrere der folgenden Merkmale erreicht sind:

Merkmale	Beschreibung
Einmaligkeit	Die aus dem Projekt sich ergebenden Anforderungen „fallen aus dem normalen Rahmen". Sie sind nicht oder nur schwer in der normalen Organisation zu bewältigen, weil derartige Problemstellungen nur selten oder nur einmal vorkommen.
Bedeutung/ Risiko	Das Projekt hat für das Unternehmen oder für eine Organisationseinheit weitreichende Bedeutung. Das Scheitern oder die verspätete Fertigstellung könnte z.B. erhebliche wirtschaftliche Nachteile zur Folge haben.
Reichweite	Aus dem Projekt sind Auswirkungen für mehrere Bereiche zu erwarten. Es müssen Vertreter verschiedener Bereiche zusammenarbeiten, so dass die Koordination über die Linie umständlich und zeitaufwendig wäre.
Komplexität/ Schwierigkeit	Es sind viele Teilprobleme zu lösen, die miteinander verbunden d.h. voneinander abhängig sind. Die Projektaufgabe ist auch insofern schwierig, als sich die Bedingungen und Anforderungen ständig ändern können (hohe Dynamik).
Umfang	Die Größe des Projektes rechtfertigt es, eine gesonderte Organisationsform zu schaffen. In der Praxis werden formale Projekte beispielsweise häufig erst ab einem Personalaufwand von einem halben „Mitarbeiterjahr" eingerichtet.
Zeitdruck	Bei hohem Zeitdruck - engen Terminen, die z.B. durch gesetzliche Vorgaben erzwungen werden - steigt die Bereitschaft Projekte formell einzurichten.

Aber *auch kleine*, weniger bedeutungsvolle, weniger weitreichende, wenig komplexe, einmalige *Vorhaben* können und sollen *methodisch bearbeitet* werden. Auch in diesen Fällen hilft die Methode einem einzelnen Mitarbeiter, systematisch und planvoll mit einer Problemstellung umzugehen. Je mehr die oben genannten Merkmale zutreffen, desto wichtiger wird die methodisch gesicherte Projektarbeit. Wirklich vielschichtige Sachverhalte lassen sich ohne methodische Hilfen überhaupt nicht zu vertretbaren Kosten bewältigen.

Die hier vorgestellte Methode basiert auf dem *Systems-Engineering*, der ingenieurmäßigen Gestaltung von Systemen. Dabei handelt es sich um ein Modell zur geplanten und gedanklich geordneten Abwicklung von Organisationsvorhaben. Eine Methode kann naturgemäß keine Aussagen darüber machen, welche Lösung für ein Fachproblem zu wählen ist. Sie unterstützt den Planer auf seinem Lösungsweg und bietet dabei eine Hilfe zur Selbsthilfe.

Methodisches Vorgehen ist immer auch ein *standardisiertes Vorgehen*. Die nun zu behandelnden Ziele der Methode zeigen, dass eine methodische Projektbearbeitung erhebliche Vorteile und Chancen in sich birgt.

Die Methode besteht aus einem ablauforientierten Vorgehensmodell und dem Systemdenken. Sie hilft besonders bei großen, arbeitsteiligen Vorhaben, kann aber auch bei kleinen Anliegen den Verantwortlichen unterstützen. Die standardisierte Projektabwicklung entspricht weitgehend dem Vorgehen von Ingenieuren bei der Entwicklung neuer technischer Lösungen.

2.2 Ziele methodischer Arbeit

2.2.1 Zielorientierte Projektarbeit

Organisatorische Projekte werden oft nicht von denjenigen bearbeitet, die darüber zu entscheiden haben oder die direkt von den Ergebnissen betroffen sind. Die Bearbeiter greifen in „fremde" betriebliche Einheiten ein. Für den Erfolg dieser Einheiten sind andere verantwortlich, z.B. die Bereichs- oder Abteilungsleiter. Um deren Verantwortlichkeit nicht zu unterminieren, verfügen die mit dem Projekt vertrauten normalerweise *nicht* über *Weisungsbefugnisse*. Sie sind meistens entweder Stabsspezialisten oder in Projekte delegierte Mitarbeiter der betroffenen Bereiche. Deswegen müssen die Vorschläge dieser Projektmitarbeiter von anderen Mitarbeitern bewilligt werden, welche die erforderlichen Kompetenzen besitzen. Um diese Bewilligung zu erhalten, müssen die Vorschläge die Interessen der sogenannten Auftraggeber erfüllen. Die Vorschläge müssen sich also an den Zielen der entscheidungsberechtigten Auftraggeber wie auch an den Zielen der späteren Anwender orientieren. Diese einleuchtende Forderung lässt sich allerdings in der Praxis nicht immer so einfach umsetzen. Das kann folgende Gründe haben:

- Der *Auftraggeber ist sich selbst oft nicht im Klaren, was er eigentlich will.* Oft hat er nur ein Störgefühl. Der Auftrag heißt dann „Sehen Sie da doch mal nach dem Rechten" oder „Kümmern Sie sich doch mal darum". Am Rande sei vermerkt, dass Vorgesetzte, die tendenziell das richtige Störgefühl haben, eine nicht zu unterschätzende Managementfunktion erfüllen
- der *Auftraggeber hat schon viel zu klare Vorstellungen* darüber, welche Lösung herauskommen soll, ohne dass untersucht worden wäre, ob diese Lösung im konkreten Fall wirklich geeignet ist. In diesem Fall muss versucht werden, die eigentlichen Ziele herauszufinden oder evtl. sogar den Auftraggeber von seinen Lösungsideen abzubringen
- der *Auftragnehmer glaubt zu wissen, was der Auftraggeber will*, und beginnt mit der Arbeit am Projekt, um dann später festzustellen, dass er mit falschen Unterstellungen gearbeitet hat.

Da selbst kleine Missverständnisse zu Beginn eines Projektes sich zu großen Abweichungen im weiteren Verlauf des Projektes summieren können, ist eine *sorgfältige Zielabstimmung* zu Beginn äußerst wichtig. Diese Zielabstimmung ist methodisch sicherzustellen.

Der Prozess der Zielfindung und -abstimmung wird durch eine Technik unterstützt, die im Kapitel 8 behandelt wird.

Projektbearbeiter müssen Vorschläge erarbeiten, die sich im Wesentlichen an den Zielen der Entscheider orientieren. Deswegen sorgt die Methode dafür, dass bereits zu Beginn des Projektes sorgfältig die Ziele abgestimmt und später kontinuierlich weiter entwickelt werden.

2.2.2 Projektbegleitende Steuerung

Projekte sollten *ständig darauf überprüft werden, ob sich die Bearbeiter auch auf dem richtigen Pfad befinden.* Das leitet sich schon aus der oben erwähnten Rolle als nicht entscheidungs- und weisungsberechtigter Stab ab. Je später eine - aus Sicht der Auftraggeber - Fehlentwicklung entdeckt wird, desto größer ist der entstandene Schaden.

Aus einem weiteren Grund ist es wichtig, dass der Auftraggeber das Projekt kontinuierlich verfolgt. Die *Auftragnehmer* sammeln während der Projektarbeit eine Fülle von Fakten und Hintergrundinformationen. Dadurch kann ihr *Informationsvorsprung* so groß werden, dass der Auftraggeber gedanklich den Anschluss verliert. Er kann nicht mehr durchschauen, welche Auswirkungen seine Entscheidung haben könnte. Die dadurch entstehende Verunsicherung führt oft dazu, dass Entscheidungen hinausgezögert werden. Die Entscheider sollen also auch deswegen laufend eingeschaltet werden, um dadurch ihre Urteils- und Entscheidungsfähigkeit und damit auch ihre Entscheidungsbereitschaft zu fördern.

Die Methode muss also dafür sorgen, dass die *Entscheider ihre projektbegleitende Steuerung wahrnehmen.*

2.2.3 Vorgehensleitfaden

Organisatorische Vorhaben unterscheiden sich grundlegend von den Aufgaben der Fachabteilungen. In den normalen Fachabteilungen werden immer wieder gleichartige oder doch sehr ähnliche Aufgaben erfüllt, die sich regeln lassen und deswegen auch standardisiert bearbeitet werden. Demgegenüber entsteht im Projekt immer wieder die Frage nach dem zweckmäßigen Vorgehen.

Auf den ersten Blick erscheint es gar nicht möglich, organisatorische Projekte standardisiert abzuwickeln, da doch jedes Projekt wieder andere Herausforderungen bietet. Sieht man jedoch genauer hin, zeigt sich, dass *beim Organisieren Problemlösungsprozesse ablaufen, die bestimmte Strukturen aufweisen.* So muss man Informationen über einen Ist-Zustand besitzen, ehe man sich mit den Schwächen des Ist-Zustandes auseinandersetzen kann. Man muss die Stärken und Schwächen des Ist-Zustandes kennen, ehe man sinnvoll über neue Lösungen nachdenken kann. Es gibt also so etwas wie eine *innere Ordnung der gedanklichen Arbeit.* Die Methode soll den Bearbeiter insofern unterstützen, als sie ihm Hinweise gibt, *welche Schritte in welcher Reihenfolge* zu tun sind. Ein standardisiertes Vorgehen hat den zusätzlichen Vorteil, dass nicht jedes Mal wieder neu nachgedacht werden muss, was als nächstes zu tun ist. Die Methode kann zumindest einen Orientierungsrahmen bieten.

Schließlich wird mit einem standardisierten Vorgehensmodell noch ein weiteres Ziel verfolgt. Die *Standardstruktur erleichtert die Koordination* im Projekt. So fällt die Zusammenarbeit im Projekt leichter, wenn alle dem gleichen Schema folgen. Auch wird die Koordination über mehrere Projekte hinweg unterstützt.

2.2.4 Problemgrenzen erkennen

Organisatorische Vorhaben sind oft schwer abgrenzbar. So kann der Auftrag „EDV-gestützte Sachbearbeitung im Kreditbereich einer Bank" sehr unterschiedlich interpretiert werden. Darunter kann man einmal verstehen, dass die Sachbearbeiter in der Kreditabteilung unterstützt werden sollen oder aber, dass alle sachbearbeitenden Funktionen, ganz gleich wo sie anfallen, zum Projekt gehören. Im zweiten Fall könnte das bedeuten, dass auch die Kundenberater in den Zweigstellen, die Sachbearbeiter in der Darlehensbuchhaltung usw. zu dem Projekt gehören.

Man kann es fast schon als typisch bezeichnen: Selbst kleinste Projekte werden riesengroß, wenn man „alles, was damit zusammenhängt", lösen will und wenn man „es richtig machen" möchte. Um überhaupt fertig zu werden, bleibt in der Praxis normalerweise gar keine andere Wahl, als sich zu beschränken, d.h. *mit dem Auftraggeber gemeinsam die Grenzen* zu *vereinbaren.*

Darüber hinaus findet der Bearbeiter normalerweise weitere Grenzen vor. Sie liegen einmal in ausgesprochenen oder unausgesprochenen *Restriktionen,* die der Auftraggeber als unveränderlich ansieht. Derartige Begrenzungen können Budgets oder Termine, aber auch konkrete Lösungsanforderungen sein. Schließlich gibt es *zwingende Regelungen* und Bedingungen, die etwa der Gesetzgeber vorschreibt und die ebenfalls den Spielraum einengen.

Die Methode muss dafür sorgen, dass der Auftragnehmer frühzeitig solche *Begrenzungen erkennt,* denn jede „Grenzüberschreitung" führt unweigerlich dazu, dass er „zurückgepfiffen" wird, mit anderen Worten, dass er Aufwand betrieben hat, der vermeidbar gewesen wäre, wenn er seine Grenzen frühzeitig erkannt hätte.

Die Methode soll ein zielorientiertes Vorgehen gewährleisten. Die Entscheidungsberechtigten sollen laufend über den Projektfortschritt informiert werden, um ihre Entscheidungsfähigkeit und Entscheidungsbereitschaft zu fördern. Die Methode soll einen Vorgehensleitfaden für die unterschiedlichsten Projekte bieten. Sie soll gewährleisten, dass frühzeitig Abmachungen getroffen werden, was verändert werden darf und welche Restriktionen beachtet werden müssen.

2.2.5 Beherrschen komplexer Probleme

Selbst einfach aussehende organisatorische Problemstellungen erweisen sich bei näherer Betrachtung meistens als vielschichtig und verwickelt. Das liegt vor allem daran, dass Unternehmungen oder Verwaltungen nicht aus isolierten Einheiten bestehen, von denen jedes für sich optimiert werden kann. Diese Institutionen ähneln eher einem vielschichtigen Gewebe.

Beispiel: Die Fakturierung soll automatisiert und verbessert werden. Dazu müssen neue Tabellen und Konditionen berücksichtigt werden. Für eine Sonderkondition war bisher überhaupt kein Platz auf den Belegen vorgesehen. Das wirkt sich auf das Programm aus, auf den zugehörigen Erfassungsbeleg, damit auf die Information und Schulung der Verkäufer, u.U. auf die Bestellformulare, die die Kunden bei Direktbestellung versenden, auf die Gestaltung der Auftragsbestätigung und der Rechnung selbst, auf den statistischen Teil des Programms usw.

Unter diesen Umständen neigt ein Planer dazu, sich erst einmal einen gründlichen Einblick zu verschaffen. Er steigt in alle möglichen, wichtig erscheinenden Details ein. Dabei stellt er oft weitere Abhängigkeiten fest, die die Problemstellung komplizieren und an seine Merk- und Analysefähigkeit immer größere Anforderungen stellen. Dabei verliert er zunehmend den Überblick - er sieht den Wald vor lauter Bäumen nicht mehr. Das kann - wie erwähnt - auch schon bei relativ einfach erscheinenden Projekten passieren.

Durch das „Versinken im Detail" wird der Bearbeiter zunehmend verunsichert, da er fürchtet, die gesamten Abhängigkeiten nicht in den Griff zu bekommen. Früher oder später muss er Ergebnisse vorzeigen. Schnell sieht er sich gezwungen, mit einer Teillösung zu beginnen, ohne das gesamte Problemfeld zu beherrschen. Dabei wählt er sich typischerweise solche Teilbereiche aus, von denen er glaubt, sie schnell und sicher in den Griff zu bekommen. Solch ein Teilbereich wird dann „fertig" erarbeitet und als Leistungsnachweis auch präsentiert und u.U. sogar eingeführt. Eine „Insel" ist geschaffen.

Von dieser „Insel" geht es dann weiter zur nächsten. Oft stellt sich dann heraus, dass die vorher erarbeitete Lösung in einigen Punkten überarbeitet werden müsste, weil es sachliche Abhängigkeiten zu der neuen Teillösung gibt, die vorher nicht erkannt wurden. Diese Anpassung unterbleibt meistens, sei es aus Trägheit, sei es aus Prestigeüberlegungen. So muss die neue Lösung ein wenig zurechtgerückt werden um zu funktionieren. Je mehr Teillösungen erarbeitet werden, desto wahrscheinlicher wird es, auf vorher nicht bedachte Abhängigkeiten zu „fertigen" Lösungen zu stoßen und um so größer ist das Risiko, dass die später zu erarbeitenden Lösungen nicht optimiert, sondern angepasst werden.

Methodisches Vorgehen soll sicherstellen, dass der *Überblick bei der Detailbetrachtung nicht verloren geht* und dass bei der Erarbeitung von Teillösungen die übergeordneten Abhängigkeiten deutlich bleiben, so dass der Änderungsaufwand bei der sukzessiven Bearbeitung von Teillösungen von vornherein begrenzt werden kann.

2.2.6 Rationalisierungspotenziale nutzen

Rationalisierungspotenziale liegen sicherlich schon darin begründet, dass Insellösungen vermieden werden. Aber selbst wenn miteinander verträgliche Lösungen herauskommen, ist noch nicht sichergestellt, dass wirklich ein wirtschaftlich vernünftiges Ergebnis gefunden wurde.

Beispiel: Bei der bereits erwähnten EDV-Unterstützung der Kreditsachbearbeitung wurde mit der Untersuchung in den Zweigstellen begonnen. Die dort zuständigen Mitarbeiter wollen ein spezielles Programm nutzen, um vor Ort die Beratungsleistung zu verbessern. Aus ihrer isolierten Sicht ist diese Lösung plausibel. Wenn man sich jedoch verdeutlicht, dass alle dort bearbeiteten Informationen noch einmal zentral erfasst und verwaltet werden müssen, dass Informationen über die Kunden sowieso schon zentral vorhanden sind, wäre es wenig rationell, hier eine Insellösung zu schaffen. Dann würden zusätzliche Maßnahmen zur Datenerfassung, Bestandspflege, Datensicherung u.ä. notwendig, die aus gesamtbetrieblicher Sicht besser zentral anzusiedeln wären.

Die Methode muss also helfen, derartige Rationalisierungspotenziale frühzeitig zu erkennen, denn nur, wenn sie bekannt sind, können schon bei der Bearbeitung des ersten Teilgebietes eventuell notwendige Konsequenzen gezogen werden.

In der folgenden Übersicht werden die behandelten Ziele mit kurzen Erläuterungen noch einmal zusammengefasst.

Die Methode soll helfen, auch im Detail den Überblick zu bewahren, um Insellösungen zu vermeiden. Sie soll frühzeitig Hinweise geben auf Abhängig keiten und Rationalisierungspotenziale.

Ziele methodischen Vorgehens

Ziele	Erläuterungen
Zielorientiertes Vorgehen	Es soll sichergestellt werden, dass die Ziele der Verantwortlichen (Entscheider) erkannt und verfolgt werden

Fortsetzung siehe nächste Seite

Projektbegleitende Steuerung sicherstellen 	Der oder die verantwortlichen Entscheider sollen kontinuierlich den Projektfortschritt steuern - die wichtigen Weichen stellen - da die Auftragnehmer in der Regel als Stäbe über keine eigenen Befugnisse verfügen • dadurch sollen kostspielige Fehlentwicklungen frühzeitig erkannt werden • die Entscheider sollen dadurch den Projektfortschritt besser nachvollziehen können, um deren Entscheidungsfähigkeit und - bereitschaft zu fördern
Planungshilfen durch einen Vorgehensleitfaden 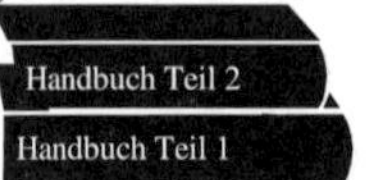	Die Organisationsarbeit soll sich an einem Ablaufmodell orientieren, so dass • ein standardisiertes Vorgehen möglich ist, das die Koordination aller Beteiligten erleichtert • die Grundstruktur eines Projektablaufes nicht jedes Mal wieder neu geplant werden muss
Begrenzungen erkennen 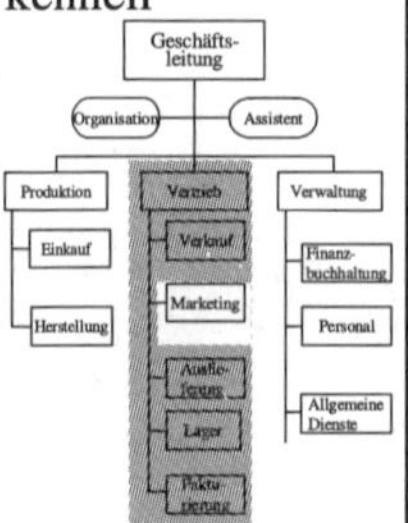	Es sollen nur für solche Bereiche Vorschläge erarbeitet werden, die auch verändert werden dürfen. Den Handlungsspielraum einengende Vorschriften - was ist zu beachten, welche Restriktionen sind einzuhalten, was darf nicht herauskommen, was muss unbedingt herauskommen - sollen so früh wie möglich bekannt sein
Beherrschen komplexer Probleme 	Es soll gewährleistet werden, dass • die gedankliche Auseinandersetzung mit einem Problem systematisiert (geordnet) und vereinfacht wird • bei der Arbeit im Detail der Überblick erhalten bleibt • Einzellösungen miteinander verträglich sind • Insellösungen vermieden werden
Rationalisierungspotenziale nutzen 	Mehrfach benötigte Faktoren (Informationen, Sachmittel, Programme etc.) sollen • möglichst nur einmal entwickelt oder bereitgestellt werden • möglichst standardisiert werden

2.3 Projektablauf

Im Folgenden soll der Projektablauf behandelt werden. Er bietet ein Vorgehensmodell als *zeitlichen Leitfaden der Projektarbeit* und regelt somit die *Ablauforgani-*

sation von Organisationsprojekten. Das hier vorgestellte Modell kann für jedes beliebige organisatorische Projekt angewendet werden. Deswegen wurde es bewusst allgemein gehalten. Viele Bestandteile dieser Methode sind auch für Informatik-Projekte gültig. Allerdings sind bei EDV-Projekten Sonderheiten zu beachten, die hier nicht vertieft behandelt werden sollen.

Das Vorgehensmodell ist ein Standardablauf, der situations- und aufgabengerecht modifiziert werden muss. Grundsätzlich hat er sich in der hier vorgestellten Form bewährt. Varianten dieses Modells und deren Anwendungsbedingungen werden weiter unten behandelt.

Neben dem Projektablauf gehört noch das Systemdenken zur Methode

Methode		
Projektablauf		Systemdenken
Projektphasen	Planungszyklus	

Der Projektablauf bietet einen zeitlichen Leitfaden der Projektarbeit. Das Vorgehensmodell stellt einen Standard dar, der vom Projektleiter situations- und aufgabengerecht modifiziert werden muss.

2.3.1 Überblick

Die Grobstruktur des Ablaufs von Organisationsprojekten wird in den Projektphasen geregelt. Das Vorgehen in den einzelnen Planungsphasen regelt der Planungszyklus. Mit dem Phasenmodell werden folgende Ziele verfolgt:

- Planungshilfe - durch einen Vorgehensleitfaden wird der Ablauf des Projektes strukturiert
- Einbindung des Auftraggebers - es werden Ereignisse definiert, an denen über das weitere Vorgehen entschieden werden muss
- Erleichterter Umgang mit komplexen Problemen - durch das Vorgehen vom Groben ins Detail ist eher möglich, den Überblick zu bewahren und Zusammenhänge zu erkennen.

Im folgenden Abschnitt sollen erst die Projektphasen und daran anschließend der Planungszyklus behandelt werden. Dabei ist allerdings zu beachten, dass der Zyklus innerhalb der Planungsphasen durchlaufen wird, dass also eigentlich beide Aspekte gemeinsam behandelt werden müssten. Die Trennung wird hier deswegen gewählt, weil viele grundsätzliche Aussagen zu den Schritten des Zyklus für alle Planungsphasen gemeinsam gelten.

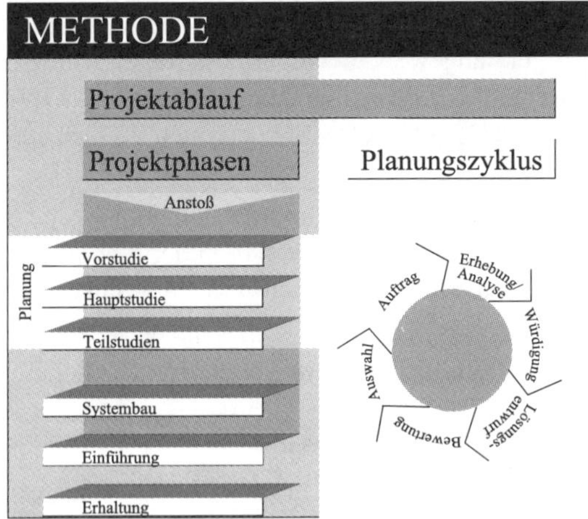

Abb. 2.2: Phasenmodell der Projektarbeit

2.3.2 Projektphasen

2.3.2.1 Anstoß zur Vorstudie

Projekte können durch die *Organisation* selbst angestoßen werden. Sehr viel häufiger ist der Fall, dass die Anstöße von außen erfolgen, etwa wenn die Fachabteilung ein Problem hat oder wenn die Geschäftsleitung ein bestimmtes Ergebnis wünscht oder wenn der Gesetzgeber neue Anforderungen stellt (*reaktive Organisationsarbeit).*

Der *Projektstart* kann *unterschiedlich formalisiert* sein. Entweder

- besteht ein geregeltes Projektantragsverfahren oder
- die Anträge kommen mehr oder weniger ungeordnet und ungefiltert in die Organisations-/EDV-Abteilung bzw. zu dem Mitarbeiter, der für dieses Projekt zuständig gemacht wird.

Bei einem geregelten *Projektantragsverfahren* müssen für alle Vorhaben, unabhängig von dem Verursacher, grundsätzlich schriftliche Projektanträge gestellt werden - Ausnahmen sind nur in besonders dringlichen und wichtigen Fällen etwa bei Pannen oder Störungen zulässig. Dieses Verfahren und die Rollen der daran Beteiligten werden in dem Kapitel 3.1.1 näher beschrieben.

Für den Fall, dass *Projektanträge ungefiltert* und nicht formalisiert eingereicht werden, ist eine *gründliche Vorabklärung* mit dem Auftraggeber unerlässlich.

Es muss zu Beginn eines Projektes versucht werden, die eigentlichen *Ziele des Auftraggebers* zu *erkennen.* Eventuell muss der Auftraggeber sogar von seinen Lösungsideen abgebracht werden, falls es bessere Wege zur Zielerreichung gibt. Zusätzlich braucht der Auftragnehmer weitere Informationen, die für jedes Projekt wieder neu festgelegt werden müssen. Dazu gehören

- der Bereich, der organisatorisch verändert werden darf
- Restriktionen wie Budgets oder Muss-Bestandteile der Lösung
- das verantwortliche Entscheidungsgremium
- die zur Mitarbeit im Projekt benannten Personen
- der nächste Entscheidungspunkt (Meilenstein(e) im Projekt)
- Berichtspflichten (wann ist wem in welcher Form Bericht zu erstatten?)

Ein Muster für einen Projektauftrag findet sich auf Seite 80.

Die praktische Erfahrung zeigt nun, dass sehr häufig die Auftragnehmer keinen vollständigen Auftrag erhalten. Es empfiehlt sich, dass der Auftragnehmer einen *vollständigen Projektauftrag* nach bestem Wissen und Gewissen *selbst formuliert*. Dazu muss er versuchen, sich in die Lage des Auftraggebers zu versetzen, um dessen Vorstellungen gedanklich nachzuvollziehen (im Abschnitt „Zielformulierungstechnik" wird gezeigt, wie die Zielsuche in dieser Phase unterstützt werden kann). Der so entstandene *Entwurf* für einen Projektauftrag *wird* dann mit dem Auftraggeber *abgestimmt*, nach dem Motto: „Habe ich Sie richtig verstanden?" In der Sprache der Juristen handelt es sich bei einem Projektauftrag also um eine *Holschuld des Projektleiters.*

Die hier vorgeschlagene Formalisierung erscheint auf den ersten Blick sicherlich bürokratisch. Sollen aufwendige Missverständnisse und Fehlentwicklungen vermieden werden, ist ein formeller Projektauftrag als *Vertrag zwischen Auftraggeber und Auftragnehmer* jedoch unverzichtbar.

Nach der Abklärung des Auftrages ist das Projekt zu registrieren und nach der Vergabe der Projektpriorität in den Gesamtbestand der Projekte einzuordnen.

> *Projektaufträge müssen vom Projektleiter überprüft, wenn nötig, nach eigenen Überlegungen vervollständigt und mit dem Auftraggeber abgestimmt werden (Holschuld des Projektleiters).*

2.3.2.2 Vorstudie

Die Vorstudie ist die erste *Planungsphase* im Projekt. In dieser Phase setzt man sich zwar nur sehr *grob* - ohne in Einzelheiten einzusteigen - aber dafür sehr *breit* mit dem Projekt auseinander. Alle überhaupt in Frage kommenden Wege werden untersucht. Von dieser Regel sollte nur in den Fällen abgewichen werden, in denen bereits eindeutig feststeht, wie eine neue Lösung auszusehen hat, beispielsweise weil der Auftraggeber oder der Gesetzgeber klare und eindeutige Vorgaben gemacht haben.

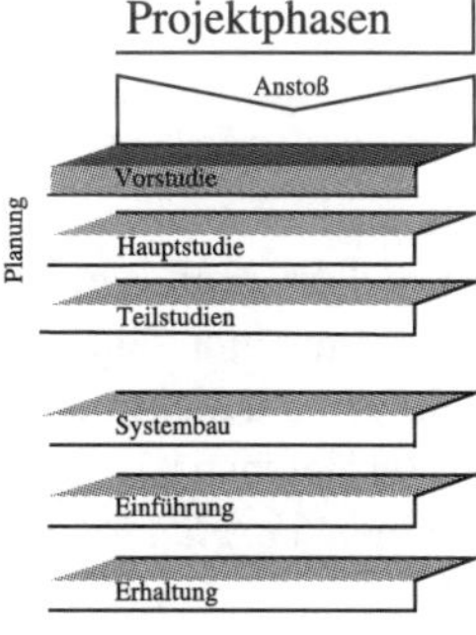

Die Vorstudie hat den Zweck, zu klären

- ob es vernünftig ist, eine Lösung für das Problem zu suchen
- ob das richtige Problem angefasst wird
- ob es Lösungen gibt, die in technischer, wirtschaftlicher und sozialer Hinsicht realisierbar erscheinen
- ob die Realisierung solcher Lösungen aufgrund von Kriterien, die im Rahmen der Vorstudie zu erarbeiten sind, wünschbar ist (positive und negative Wirkungen des Projektes)
- ob die Lösung eher punktuelle Verbesserungen oder grundlegende Neuerungen bringen soll
- für welche Bereiche die Lösung erarbeitet werden soll
- welchen Anforderungen die Lösung grundsätzlich genügen soll.

Um zu diesen Punkten Aussagen machen zu können, muss der *vorhandene Zustand* in groben Zügen *erhoben* werden. *Stärken und Schwächen* im Ist-Zustand und die ihnen zugrunde liegenden *Ursachen* sind zu ermitteln. Chancen, die in der Zukunft liegen, sind ebenso zu beachten wie zukünftige Risiken. Daraus sind die zu verfolgenden Ziele und Kriterien zur Messung der Zielerreichung abzuleiten. Hier geht es um solche Ziele, die nicht schon bei der Abklärung mit dem Auftraggeber erkannt wurden. Da in der Vorstudie auch die späteren Anwender befragt oder beteiligt werden, lassen sich die Ziele dieser Interessentengruppe besser erkennen und berücksichtigen. Das ist besonders wichtig, um praxisnahe *Lösungen* zu *erarbeiten*, die von den Betroffenen auch akzeptiert werden.

Ein besonderes Augenmerk wird in der Vorstudie auf die an das Projekt angrenzenden, nicht zum eigentlichen Gestaltungsbereich gehörenden organisatorischen Einheiten oder Systeme gerichtet. Auf diese Weise sollen die wichtigsten Nahtstellen ermittelt werden, um sicherzustellen, dass das neu zu gestaltende *System* sich später auch reibungslos in seine *Umwelt* einfügen lässt.

Alle bisher genannten Sachverhalte sind nur *global* zu ermitteln. Es ist wichtig, sich hier auf das Notwendige zu beschränken und nicht bereits in Details einzusteigen. In dieser Projektphase ist in aller Regel noch nicht klar, ob das Projekt weiter verfolgt wird und in welcher Richtung es weiter verfolgt werden soll. Ein zu großer Detaillierungsgrad in der Vorstudie - häufig mit dem Streben nach größtmöglicher Absicherung zu erklären - führt normalerweise dazu, dass nicht notwendige Erhebungs- und Analysearbeit geleistet wird.

Als nächstes sind *Groblösungen für das Gesamtprojekt* zu erarbeiten. Wie erwähnt, sollte der Einstieg in das Projekt so breit wie eben möglich gewählt werden, um frühzeitig das überhaupt mögliche Lösungsspektrum zu erkennen. Zu den möglichen Lösungen gehört grundsätzlich auch der Ist-Zustand. Je mehr Lösungen erarbeitet werden, desto leichter fällt das Urteil über die Eignung einer bestimmten Variante. Die *Qualität einer Lösung* kann normalerweise nämlich nicht beurteilt werden, wenn es keine Vergleichsbasis gibt. Wie gut oder schlecht eine Lösung ist, erweist sich erst durch einen *Vergleich mit den möglichen Alternativen.* Deswegen sollte nicht darauf verzichtet werden, Varianten zu erarbeiten, es sei denn, der Auftraggeber hat Varianten von vornherein ausgeschlossen.

Nach der Erarbeitung von Varianten ist ganz grundsätzlich zu *prüfen, ob das Projekt* überhaupt *machbar* ist - technische oder rechtliche Restriktionen können im Weg stehen - ob es *durchsetzbar* ist - „politische“ Hindernisse oder Widerstände von mächtigen Interessengruppen können dagegen sprechen, ob es *finanzierbar* ist usw. Es sollte frühzeitig untersucht werden, ob solche oder andere Restriktionen bestehen oder ob *erhebliche Widerstände* wahrscheinlich sind. Sind deutliche Widerstände zu erwarten, sollte sich der Projektverantwortliche um einen ranghohen Promotor bemühen, da zu befürchten ist, dass ohne einen starken Förderer das Projekt später an den Widerständen scheitern oder ganz undramatisch „im Sande verlaufen“ wird.

Sind Grobkonzepte erarbeitet und bestehen keine grundsätzlichen Zweifel an der Machbarkeit des Projektes, schließt sich eine *Kosten-Nutzen-Schätzung* an. Dazu werden die Ziele den Lösungsvarianten gegenüber gestellt und die Kosten der einzelnen Varianten grob geschätzt. Es folgt ein *Vorschlag* an den Entscheider bzw. an das entscheidungsberechtigte Gremium, das Projekt in einer bestimmten, grob umrissenen Richtung weiterzuführen oder abzubrechen. Für den Entscheider ist es wichtig, dass er eine *möglichst eindeutige Aussage* erhält. Es genügt nicht, Vorteile, Nachteile und Kosten der Varianten zu nennen. Der Projektverantwortliche sollte sich möglichst eindeutig zu einem Vorschlag bekennen.

Am Ende der Vorstudie liegt normalerweise der einzige Zeitpunkt, zu dem ein Projekt ohne Gesichtsverlust aller Beteiligten beendet werden kann. Da grundsätzlich auch die Null-Variante untersucht wird, kann eine sinnvolle Entscheidung am Ende der Phase heißen: Das Projekt lohnt sich nicht oder sollte aus irgendwelchen Gründen nicht weiter verfolgt werden. Wird in späteren Phasen ein *Projektabbruch* diskutiert, müssen sich alle Beteiligten die Frage gefallen lassen, warum sie die Probleme nicht früher erkannt haben. Um das Gesicht zu wahren, werden dann oft Durchhalteparolen ausgegeben „wir haben schon soviel darin investiert“ u.ä. oder aber das Projekt wird still beerdigt, indem es in irgendwelchen Schubladen verschwindet. Mit diesen Bemerkungen soll noch einmal verdeutlicht werden, wie wichtig es ist, den Projektabbruch nach der Vorstudie als ernsthafte Variante zu untersuchen.

Wenn empfohlen wird, das Projekt weiter zu verfolgen, ist ein *präzisierter Auftrag für die Hauptstudie* mit zu verabschieden, in dem das weitere Vorgehen, die Projektorganisation und ein Budgetrahmen für die Hauptstudie festgelegt werden. Dieser Auftrag ist gleichzeitig das Startsignal für die Hauptstudie.

Die hier allgemein dargestellten Bearbeitungsschritte in der Vorstudie werden in dem Abschnitt „Planungszyklus“ noch einmal weiter detailliert und konkretisiert.

Auch wenn eine Vorstudie sehr zeitaufwendig erscheint, so sollten doch nicht mehr als ca. 5 - 10 % des geschätzten gesamten Zeitaufwandes für das Projekt – einschließlich Realisierung und Einführung - dafür verwendet werden. Das erklärt sich vor allem aus dem Tatbestand, dass hier noch viele Varianten im Rennen sind, die niemals realisiert werden. Es ist normalerweise mit geringem Aufwand möglich, prinzipielle Richtungsentscheidungen zu fällen. Alle Wege, die nicht weiter verfolgt werden, sollten so früh wie möglich gesperrt werden, um den Untersuchungsaufwand von vornherein zu begrenzen. Um Wege sperren zu können, müssen sie aber zumindest grob untersucht werden.

Um den Inhalt der Planungsphasen zu verdeutlichen und um insbesondere auch zu zeigen, wie der angemessene Detaillierungsgrad in den Planungsphasen aussehen könnte, soll ein relativ einfaches Beispiel herangezogen werden.

Beispiel: Es geht um die EDV-Unterstützung des Einkaufs in einem Dienstleistungsunternehmen. Der Einkauf arbeitet bisher noch konventionell. In einer Vorstudie zu diesem Projekt können beispielsweise die folgenden Aufgaben anfallen.

Bearbeitungsschritte in der Vorstudie	Beschreibung
Auftragsabstimmung	Mit dem Auftraggeber ist ein möglichst vollständiger Auftrag für eine Vorstudie abzustimmen
Erhebung/Analyse	Es ist grob der Ist-Zustand zu erheben. Wer kauft ein, welche Artikel werden von welchen Lieferanten bezogen, wie viele Einkaufsvorgänge finden statt, welche Technik wird eingesetzt etc.? Hier dürften allgemeine Befragungen ausreichend sein
Würdigung	Was klappt heute gut, was wird als Mangel empfunden? Was sind Ursachen für Mängel?
Lösungsvarianten	Folgende Grobkonzepte könnten Gegenstand einer Vorstudie sein: • Null-Variante (alles bleibt beim Alten) • Null + Variante (prinzipiell bleibt alles beim Alten, es wird nur punktuell verbessert) • Einsatz einer Standardsoftware • Eigenentwicklung einer Anwendung
Bewertung	Globale Ermittlung der Vorteile und Nachteile der Lösungen einschließlich der grob geschätzten Kosten dieser Varianten
Empfehlung	Vorschlag einer favorisierten Variante zur weiteren Detaillierung in einer Hauptstudie

In der Vorstudie wird geprüft, ob es sich lohnt, das Projekt weiter zu verfolgen und in welcher Richtung es gegebenenfalls weiter gehen soll. Dazu müssen Varianten erarbeitet, bewertet und zur Entscheidung vorgelegt werden.

2.3.2.3 Hauptstudie

In der Hauptstudie wird nur noch der Weg weiter verfolgt, der nach den Untersuchungen in der Vorstudie als der erfolgsträchtigste angesehen wird. In Ausnahmefällen können auch noch zwei Varianten weiter verfolgt werden. Um den Aufwand zu begrenzen, sollte das jedoch die Ausnahme bleiben.

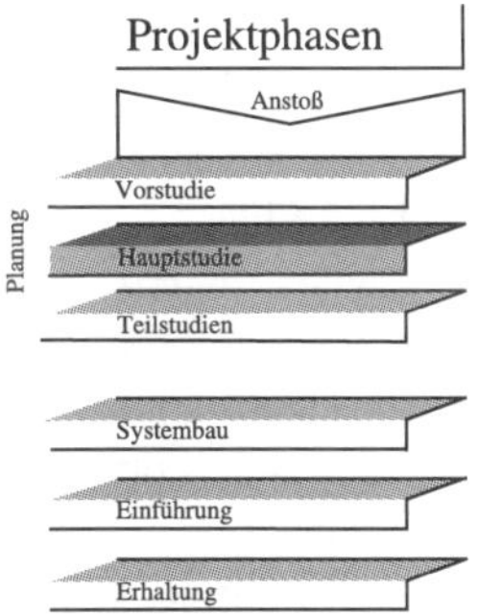

Die Hauptstudie unterscheidet sich also von der Vorstudie dadurch, dass sie sich *nur noch mit einem eingegrenzten Gebiet auseinandersetzt*, dieses Gebiet nun aber *intensiver* ausleuchtet wie die Abbildung verdeutlichen soll.

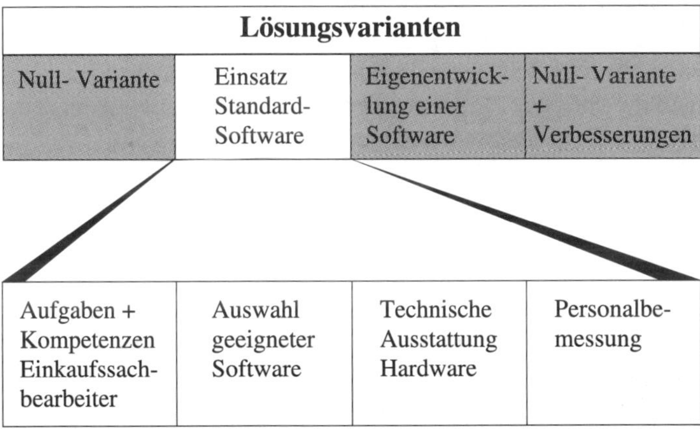

Abb. 2.3: Auswahl einer Lösungsvariante

Bei mittleren und größeren Projekten wird versucht, die Komplexität in den Griff zu bekommen, indem das *Gesamtproblem in kleinere Problemfelder* (Unter- und Teilsysteme) *zerlegt* wird. Das dazu notwendige Instrumentarium wird in dem Kapitel 2.4 Systemdenken behandelt. Dort werden auch Hinweise gegeben, wie die dabei entstehenden Schnittstellen ermittelt und berücksichtigt werden können.

Einer der Kernpunkte der Hauptstudie ist die *detaillierte Ermittlung* der *Anforderungen der Benutzer.* Das ist vor allem deswegen so wichtig, weil Benutzer und Auftraggeber oft nicht dieselben Personen sind. So verfolgt der Auftraggeber beispielsweise Rationalisierungs- oder Wirtschaftlichkeitsziele, während die Benutzer primär an einer leichten Handhabung, bestimmten Unterstützungsfunktionen usw. interessiert sind. Der Bearbeiter muss deswegen versuchen, in dieser Phase so gründlich wie möglich die Anforderungen der späteren Benutzer herauszufinden. Dieses ist ein erster Hinweis darauf, dass bereits während der Projektarbeit über die Akzeptanz nachzudenken ist. Projektbegleitend muss der Projektverantwortliche Überzeugungsarbeit leisten. Das überzeugendste Argument für den Benutzer ist zweifellos, wenn man ihm klarmachen kann, dass versucht wurde, seine Interessen soweit wie eben möglich zu berücksichtigen. Berücksichtigen kann man diese Interessen aber nur, wenn man sie kennt. Zusätzlich muss der Projektverantwortliche aber auch gegenüber anderen Gruppen (Entscheider, Meinungsführer, Vertreter von Interessengruppen etc.) die Projektergebnisse verkaufen - eine Aktivität, die als *Projektmarketing* bezeichnet werden kann.

In der Praxis ist es oft schwer, in dieser frühen Phase die Betroffenen schon dazu zu bewegen, sich wirklich gründlich mit ihren Wünschen und Anforderungen auseinanderzusetzen. Vielfach fehlt dem Anwender auch das Abstraktionsvermögen, das in der Planung notwendig ist. In diesem Zusammenhang haben sich bei EDV-Anwendungen wie auch bei technischen Arbeitsplätzen sogenannte *Prototypen* d.h. vereinfachte Modelle bewährt, die lediglich die Benutzerschnittstelle abbilden (z.B. der Aufbau des Bildschirms oder die Handhabung einzelner Teile einer Lösung, aus denen der Anwender erkennen kann, welche Funktionen er später nutzen kann). Dadurch soll den Betroffenen die *Vorstellung* darüber *erleichtert* werden, was später auf sie zukommen kann. Es gibt noch einen weiteren Weg, um die *Benutzer* dazu zu bewegen, gründlich über ihre Anforderungen nachzudenken: Es wird ihnen die *Verantwortung für diese Projektphase* übertragen. Die Bearbeiter stehen ihnen lediglich beratend zur Seite. Dann ist es das Problem der Fachabteilung, wenn sie später mit der Lösung nicht zufrieden ist. Dieses Vorgehen kann durchaus die *Identifikation* mit dem Projekt steigern. Es setzt allerdings voraus, dass ausreichendes Wissen in der Fachabteilung vorliegt, um ein Projekt zu bearbeiten.

In der Hauptstudie werden *Groblösungen für die abgegrenzten Problemfelder* (Teilprojekte) erarbeitet. Dabei wird darauf geachtet, dass die *Teilergebnisse* mit den anderen Teilen und mit der Umwelt *verträglich* sind (Beachtung der Schnittstellen). Für jedes Teilprojekt werden wiederum - soweit möglich - Varianten konzipiert. Damit der/die Entscheider über das weitere Vorgehen beschließen können, müssen ihnen für jedes Teilprojekt Kosten-Nutzen-Analysen und klare Aussagen über die favorisierten Varianten vorgelegt werden.

Außerdem muss in der Hauptstudie für die nächste(n) Phase(n) das weitere Vorgehen geplant werden. Bei größeren Vorhaben, die nicht arbeitsteilig parallel bearbeitet werden können, sind Aussagen über die Reihenfolge der weiteren Bearbeitung zu machen, es sind also *Prioritäten* für die Teilprojekte festzulegen. Für die *Teilstudien* ist ein *Projektauftrag* zu erarbeiten - bei größeren Projekten unter Umständen auch für jede Teilstudie ein eigener Auftrag, der zusammen mit den Varianten verabschiedet wird. Stimmen die Entscheider den Vorschlägen zu, geht es weiter mit den Teilstudien.

Hier soll das oben begonnene Projektbeispiel fortgeführt werden.

Beispiel: Es wird unterstellt, dass eine Entscheidung für den Einsatz einer Standardsoftware gefällt wurde

- Festlegung der Aufgaben und Kompetenzen der Einkaufsmitarbeiter
- Auswahl einer geeigneten Software
- Technische Ausstattung mit Hardware

- Personalbemessung usw.

Für jedes dieser Teilprojekte sind wieder eine ganze Reihe von Bearbeitungsschritten zu erledigen. Das soll am Beispiel des Teilprojektes „Art und Umfang der Standardisierung von Texten“ gezeigt werden.

Bearbeitungsschritte in der Hauptstudie	Beschreibung
Erhebung/Analyse	Nachdem in der Vorstudie nur sehr global untersucht wurde, wer alles im Einkauf mitwirkt, wird nun genauer erhoben, welche mit der Beschaffung zusammenhängenden Aufgaben konkret durch welche Stellen wahrgenommen werden
Würdigung	Positive wie negative Erfahrungen mit der heutigen Organisation des Einkaufs werden ermittelt
Lösungsvarianten	Hier können drei idealtypische Varianten unterschieden werden: • ausschließlich zentraler Einkauf • zentrale Rahmenabschlüsse und dezentrale Bestellungen • dezentraler Einkauf durch die Verbraucher
Bewertung	Auf der Ebene dieses Teilprojektes werden anhand eines speziell dafür entwickelten Zielkataloges die genannten Varianten verglichen (Vorteile, Nachteile, Kosten)
Empfehlung	Die am besten geeignete Variante wird vorgeschlagen

Analog sind für die weiteren Teilprojekte ebenfalls Erhebungen durchzuführen, der Ist-Zustand ist auf Stärken und Schwächen zu prüfen, Lösungen sind zu erarbeiten und zu bewerten. Bei Arbeitsteilung ist es selbstverständlich möglich, dass mehrere Teilprojekte gleichzeitig oder überlappend bearbeitet werden (Simultaneous Engineering). Das ist bei großen Projekten vor allem wichtig, um die Projektabwicklung zu beschleunigen.

In den Teilstudien erfolgt die ausführungsreife Planung. Es sollte mit den Normalfällen begonnen werden. Für Sonderfälle ist zu prüfen, ob sie zwingend gelöst und integriert werden müssen. Am Ende der Teilstudien werden mit der Entscheidung für die Realisation (Systembau) auch die benötigten Ressourcen freigegeben.

2.3.2.4 Teilstudien

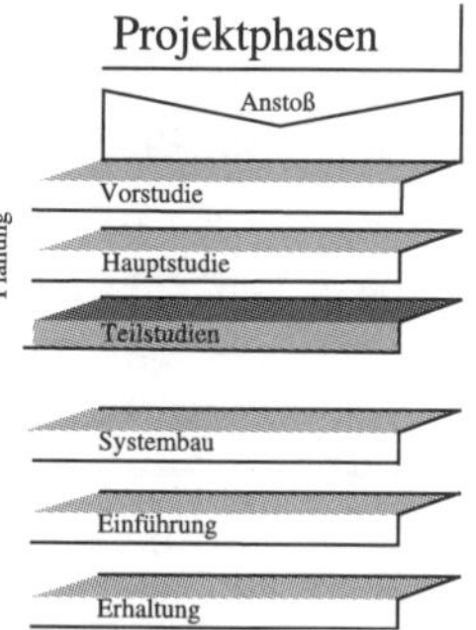

Der bisherige Ablauf in Vor- und Hauptstudie verdeutlicht, dass dieses Modell ein Vorgehen *vom Groben ins Detail* fordert. Man setzt sich erst mit den Details auseinander, wenn sichergestellt ist, dass die Entscheider die Lösung akzeptieren. Dadurch werden auch nur für solche Varianten Details erarbeitet, die wirklich realisiert werden sollen. Das erspart dem Projektzuständigen Arbeit und Enttäuschungen. Außerdem wird dem Bearbeiter der Überblick erleichtert, wenn er nicht gleich in die Details hinein steigt und dann „den Wald vor lauter Bäumen nicht mehr sieht".

Für die Entscheider ist sichergestellt, dass sie an allen wichtigen Gabelungen des Weges nach der gewünschten Richtung gefragt werden und notfalls sogar ein Projekt vorzeitig - und unter Berücksichtigung des bis dahin entstandenen Aufwandes auch rechtzeitig - abbrechen können. Durch die *Zwischenentscheide* sind die Entscheider über das Projekt *laufend informiert*, was dazu beiträgt, dass sie leichter und fundierter entscheiden können.

In den Teilstudien werden die *Grobentwürfe* aus der Hauptstudie so weit *detailliert*, dass diese Planung dann umgesetzt bzw. realisiert werden kann. Bei Bauprojekten liegen die Ausschreibungen vor, und die Bauzeichnungen sind in einem Feinheitsgrad verfügbar, dass die Handwerker beginnen können. Bei EDV-Projekten steht das logische Datenmodell fest, die Dateiorganisation ist abschließend konzipiert, die Bildschirmmasken sind fertig etc.

In der Praxis hat es sich bewährt, bei der Erarbeitung der Teilstudien *mit* den sogenannten *Normalfällen* zu *beginnen* und die Lösung auf diese Fälle auszurichten. Erst wenn die Normalfälle „unter Dach und Fach" sind, sollten die Ausnahme- oder Sonderfälle bearbeitet werden. Dazu muss selbstverständlich die Verteilung der Normal- und der Ausnahmefälle bekannt sein. Es kann auch sinnvoll sein, für sehr seltene und wenig wichtige Sonderfälle überhaupt keine spezielle Lösung zu erarbeiten, sondern sich auf die Standardfälle zu konzentrieren. Diese Standardfälle sind oft mit einem Bruchteil des Aufwandes zu bewältigen, der für die Sonderfälle veranschlagt werden muss. Untersuchungen in der Praxis zeigen, dass bei komplexen EDV-Anwendungen oftmals trotz gründlicher Schulungen die Anwender die Handhabung, ja sogar die Existenz solcher Sonderfälle sehr schnell vergessen. Sie nutzen fast ausschließlich die Standardfälle - ein Phänomen das jedem Nutzer von Standardsoftware bekannt ist. Die Lösungen für die Sonderfälle haben normalerweise einen sehr hohen Aufwand verursacht, so dass sich oft die paradoxe Situation ergibt, dass sehr viel Zeit und Geld in Lösungen investiert wird, die später - fast - niemand nutzt. Diese Tatsache führte einen Systementwickler dazu, das 1. Gesetz der Systementwicklung zu formulieren: „Don't do it". Diese bewusst sarkastische Formulierung soll nachdenklich machen und den Systementwickler daran erinnern, dass organisatorische Lösungen auch wirtschaftlich vertretbar sein müssen.

Gibt es wichtige, weitreichende Sonderfälle und/oder müssen die Sonderfälle in die Gesamtlösung integriert werden, kann es sinnvoll sein, für sie ganz andere Konzeptionen zu erarbeiten, die dann über eine Schnittstelle mit den Normalfällen zusammengeführt werden.

Beispiel: Eine Unternehmung wickelt ihren Zahlungsverkehr mit Hilfe eines Debitoren- und Kreditoren-Programmpaketes ab, das in die Finanzbuchhaltung integriert ist. 98 % aller Zahlungsvorgänge werden von diesen Programmen abgedeckt. Bei den übrigen 2 % handelt es sich um eilige Auslandsüberweisungen (Sonderfälle), für die keine angemessene Lösung in den Programmen besteht. Für diese Fälle bedient sich das Unternehmen der Dienstleistung einer Bank, die die gesamte Bearbeitung übernimmt und nach Abschluss der Transaktionen Datenträger liefert, mit deren Hilfe die benötigten Daten in die Finanzbuchhaltung eingespielt werden.

Zum Abschluss der Teilstudien müssen die *realisationsreifen Detailpläne* von den Entscheidungsberechtigten *verabschiedet* werden. Sie prüfen, ob die Umsetzung den Vorgaben aus der Hauptstudie entspricht, entscheiden über Einzelheiten, die erst in dieser Planungsstufe aufgetaucht sind, und entscheiden über die Realisierung und die dafür benötigten finanziellen, personellen und sonstigen Mittel.

Nach dieser Entscheidung sollte der Planungsstand eingefroren werden (*Redaktionsschluss*). Während der Realisierung sollten grundsätzlich - Ausnahmen sind sehr restriktiv zu handhaben - keine Änderungen an den Planungen mehr vorgenommen werden.

Das oben begonnene Teilprojekt „EDV-Unterstützung im Einkauf“ soll hier nun beispielhaft in der Teilstudie weitergeführt werden. Es wird unterstellt, dass die Entscheider beschlossen haben, die Variante „Zentrale Rahmenabschlüsse, dezentrale Bestellungen“ weiter zu verfolgen. Folgende Bearbeitungsschritte fallen beispielsweise an:

Bearbeitungsschritte in der Teilstudie	**Beschreibung**
Erhebung/Analyse	Gründliche Ermittlung der technischen Ausstattung der zentralen und dezentralen Beschaffungsstellen. Welche Produkte, Leistungen werden wo eingekauft?
Würdigung	Stärken und Schwächen des zentralen/dezentralen Einkaufs im Ist-Zustand
Lösungsentwurf	Aufgabenabgrenzung und Zuständigkeitsklärung des zentralen und dezentralen Einkaufs. Festlegung der individuellen Anpassungen der Standardsoftware (Customizing).

Fortsetzung siehe nächste Seite

	Erstellung von Pflichtenheften für die technische Ausstattung. Ermittlung der Schulungsanforderungen und Planung der Schulungsmaßnahmen
Bewertung	Soweit hier noch Varianten vorliegen, sind sie zu bewerten
Empfehlung	Mit dem Ziel einer Qualitätskontrolle sind den Entscheidern die Ergebnisse vorzustellen und Lösungsempfehlungen zu unterbreiten.

Mit der Entscheidung über die Fortsetzung des Projektes werden auch die notwendigen Ressourcen für die Realisierung freigegeben.

> *In den Teilstudien erfolgt die ausführungsreife Planung. Es sollte mit den Normalfällen begonnen werden. Für Sonderfälle ist zu prüfen, ob sie zwingend gelöst und integriert werden müssen. Am Ende der Teilstudien werden mit der Entscheidung für die Realisation (Systembau) auch die benötigten Ressourcen freigegeben.*

2.3.2.5 Systembau (Realisierung)

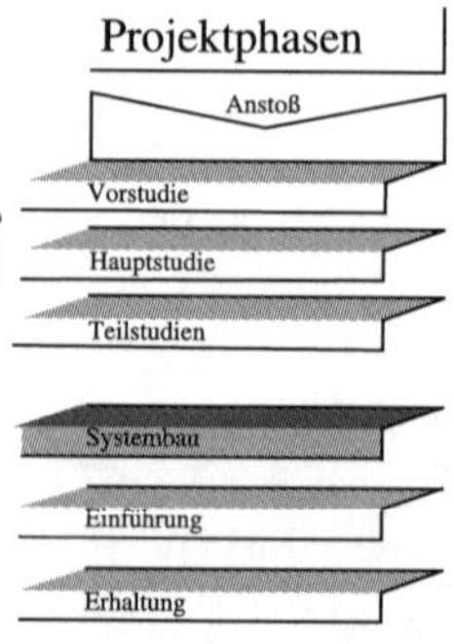

Im Systembau werden die *Konzeptionen* aus den Teilstudien *realisiert.* Bei Bauprojekten wird ausgehoben, fundamentiert, gemauert usw. Bei EDV-Projekten wird programmiert, Tests werden durchgeführt, die physische Datenbank wird erstellt, die technische Ausstattung wird bereitgestellt etc. Bei konventionellen aufbau- und ablauforganisatorischen Vorhaben ist die Hauptarbeit schon fast getan, es sei denn, mit dem Projekt wären bauliche Maßnahmen oder die Installation von Geräten bzw. Maschinen verbunden.

Es folgt die *Fertigstellung der Dokumentation.* Zum einen ist die *Projektdokumentation* abzuschließen. Diese Dokumentation ist während des gesamten Projektfortschritts laufend erstellt worden. Außerdem muss die Abschlussdokumentation erarbeitet werden. Sie besteht aus der *Verfahrensdokumentation* - für die Spezialisten, z.B. Dokumentation der Datenbank - und aus der *Benutzerdokumentation* - für die Anwender, z.B. Handbuch für die Anwender. Zu diesen Dokumentationen werden im Abschnitt Funktionen im Projekt (3.2.4.2) weitere Ausführungen gemacht.

Liegen fertig ausgetestete Ergebnisse vor, ist die *Einführung vorzubereiten.*

Details dazu werden im Abschnitt „Einführung“ behandelt. Die Planung und die Vorbereitung der Einführung muss jedoch spätestens im Systembau abgeschlossen sein, normalerweise beginnt sie bereits in der Hauptstudie.

Am Ende des Systembaus liegt ein fertig installiertes, betriebsbereites System vor.

Auch nach Abschluss dieser Phase ist eine Entscheidung einzuholen. Dabei geht es um die *Freigabe für die Einführung* und damit auch um die Bewilligung der dazu notwendigen Mittel.

In dem Beispielprojekt sind im Systembau unter anderem folgende Arbeiten zu bewältigen:

- Erfassen der Artikel- und Lieferantenstammdaten
- Herstellen der Benutzerhandbücher
- Installation und Test der Hard- und Software
- Vorbereiten der Schulung der
  - Mitarbeiter im Einkauf
  - Besteller als Kunden des Einkaufs.

> *Im Systembau werden die Ergebnisse der Teilstudien realisiert. Die Projektdokumentation ist abzuschließen, und die Benutzerdokumentation wird erstellt. Die Einführung wird vorbereitet. Am Ende liegt ein fertig installiertes, betriebsbereites System vor.*

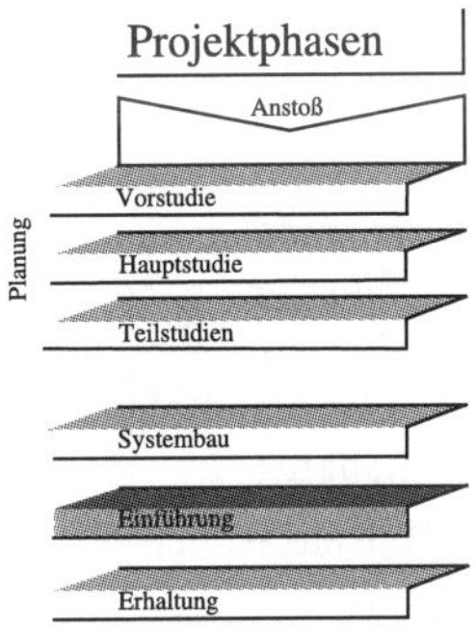

2.3.2.6 Einführung

Es wurde bereits erwähnt, dass die Einführung eines Projektes von langer Hand vorbereitet werden muss. Es wäre viel zu spät, sich mit der Einführung erst dann auseinanderzusetzen, wenn die Planung und die Realisation abgeschlossen sind.

2.3.2.6.1 Was fördert die Einführung?

Die wirksamsten Wege, um Widerstände abzubauen, also auch die Einführung zu fördern, wurden schon im Grundlagenkapitel genannt. Sie sollen zur Erinnerung noch einmal aufgelistet werden:

- Beteiligung der Betroffenen
- Laufende Information der Betroffenen über die Ziele des Vorhabens und über den Projektfortschritt
- Berücksichtigung der Ziele der Betroffenen
- Gewinnen von Sponsoren
- Selbstverständnis des Projektverantwortlichen als „Berater" (inhouse consultant)
- Gut vorbereitete Einführungen.

Die Summe aller Maßnahmen, die dazu beitragen, dass neue Lösungen auch akzeptiert und getragen werden, wird als *Projektmarketing* bezeichnet. Das Projektmarketing stellt eine Kernaufgabe des Projektleiters dar. Der gute Projektverantwortliche ist immer auch ein guter Verkäufer. Das ist bei heiklen Projekten sogar noch wichtiger als die fachlich/inhaltliche Qualifikation, die durch entsprechende Experten in das Projekt eingebracht werden kann.

2.3.2.6.2 Vorbereitung der Einführung

Obwohl die Vorbereitung der Einführung in früheren Phasen stattfindet, soll sie hier näher beschrieben werden. Wie schon erwähnt, sind vor der Einführung Entscheidungen über die in Abbildung 2.4 dargestellten Sachverhalte zu fällen.

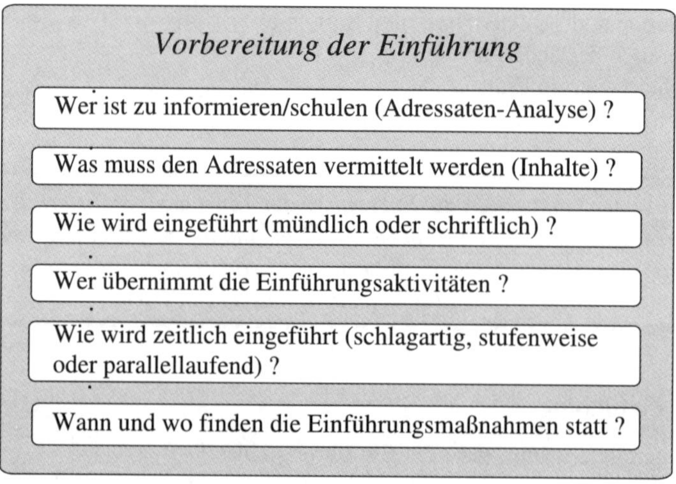

Abb. 2.4: Vorbereiten der Einführung

Wer ist zu informieren/schulen?

Abhängig vom Informationsbedarf können verschiedene Gruppen von Adressaten unterschieden werden.

Adressaten		
Adressaten benötigen Informationen über „was“	Adressaten benötigen Informationen über „was“ und „warum“	Adressaten benötigen Informationen über „was“, „warum“ und „wie“ (Training)
• Mitarbeiter, die es lediglich wissen sollten (weil sie nicht selbst betroffen sind) • Kunden • Lieferanten • Öffentlichkeit	• Management • des betroffenen Bereiches/der betroffenen Bereiche • anderer Organisationseinheiten	• Anwender • eigentliche Benutzer • Wartungsspezialisten • „entlastete“, freigesetzte Mitarbeiter

Was muss den Adressaten vermittelt werden?

Grundsätzlich können folgende wichtige Themenbereiche unterschieden werden, die jedoch adressatengerecht ausgewählt und gewichtet werden müssen.

Themenbereiche der Einführung

Inhalte der Information an die Adressaten	• Ist-Zustand, Ausgangssituation • Angestrebte Verbesserungen/Probleme im Ist- Zustand und Ursachen für die Probleme • Untersuchte Lösungsvarianten • Beschreibung der vorgeschlagenen Lösung • Vorteile und Nachteile der vorgeschlagenen Lösung, Hintergründe für die Lösung, Behandlung von Einwänden • Beschreibung und Demonstration der Anwendung der Lösung • Unterstützung in der Anwendung während der Lernphase

Wie ist einzuführen?

Eine Einführung kann

- ausschließlich schriftlich
- schriftlich und mündlich (Präsentation, Schulung)
- nur mündlich

durchgeführt werden.

Es wurde schon erwähnt, dass für die Einführung eine *Benutzerdokumentation* erstellt werden muss. Dabei kann es sich handeln um Arbeitsanweisungen, Stellenbeschreibungen, Organigramme, Bedienungsanleitungen usw. Solche Dokumente sind notwendig, normalerweise jedoch nicht hinreichend. Als Regel muss gelten: *Keine Einführung ohne schriftliche Unterlage, aber auch keine Einführung nur auf dem Schriftweg*. Dazu einige Begründungen:

- Kein Papier kann auch nur annähernd so gut verkaufen wie eine Person
- kein Dokument kann so umfassend informieren, dass keine Fragen offen bleiben
- die meisten Menschen lesen solche Dokumente nur flüchtig oder gar nicht (nicht ohne Grund spricht man von Hardware, Software und Schrankware - mit letzterer sind dann solche Dokumentationen gemeint), so dass sich in der Einführungsphase Probleme ergeben können, die dann den Projektverantwortlichen angelastet werden.

Organisatorische Neuerungen sollten erst in *Präsentationen* vorgestellt und erläutert werden. Bei veränderten Abläufen, neuen EDV-Anwendungen und dem Einsatz neuer Sachmittel sollten die Mitarbeiter Gelegenheit bekommen, die Neuerungen einzuüben. Diese *Übungen* sollten von Fachleuten begleitet werden.

Präsentationen zur Einführung sollten grundsätzlich nur vor kleinen Gruppen stattfinden. Besonders geeignet sind *Gruppen bis maximal 15 Teilnehmer.* In einem kleinen Kreis hat fast jeder Beteiligte noch den Mut, Fragen zu stellen. Man kann individuell auf die Einzelnen eingehen. Bei Massenveranstaltungen bleiben demgegenüber Fragen offen. Sie werden dann später mit den Kollegen besprochen. Erfahrungsgemäß ist das eine Quelle für Missverständnisse und abweichende Interpretationen.

Wird bei der Einführung an Geräten trainiert, z.B. bei der Einführung neuer Software, dann können in einer ersten Phase durchaus zwei Übende je Arbeitsplatz vorgesehen werden. Zwei Personen können sich gegenseitig helfen und dabei noch sehr intensiv trainieren. Wenn es um die Festigung und *Vertiefung* der Handhabung geht, sollte *für jeden Mitarbeiter ein eigener Übungsarbeitsplatz* bereitgestellt werden. Nutzt jeder Übende ein eigenes Gerät, kann ein Betreuer maximal 8-10 Teilnehmer gleichzeitig betreuen.

Wer übernimmt die Einführung?

Die Einführung kann von unterschiedlichen Mitarbeitergruppen übernommen werden. In Frage kommen:

- Mitarbeiter im Projekt (z.B. Mitarbeiter aus der Organisationsabteilung)
- Speziell dafür vorbereitete Mitarbeiter - sogenannte Multiplikatoren, die sich immer dann anbieten, wenn eine große Anzahl Betroffener zu informieren bzw. zu schulen ist. Hier können wiederum drei verschiedene Gruppen unterschieden werden
  - Spezialisten der Aus- und Weiterbildung (Schulungsspezialisten)
  - Mitarbeiter in den Fachabteilungen, die - normalerweise als Nebenaufgabe – bestimmte Betreuungsfunktionen bei organisatorischen oder EDV- Anwendungen übernommen haben. Solche Mitarbeiter werden auch als ORG/EDV-Koordinatoren in den Fachbereichen bezeichnet. Sie können eine wichtige Rolle als Multiplikator in der Einführung neuer Anwendungen übernehmen. Sie dienen darüber hinaus auch als erste Anlaufstelle bei Fragen zu bereits eingeführten Anwendungen. Außerdem wirken sie als Ansprechpartner der zentralen Stäbe bei Neuentwicklungen mit.
  - Vorgesetzte der betroffenen Fachbereiche (z.B. Abteilungs- oder Gruppenleiter, Zweigstellenleiter), die normalerweise nicht von den Anwendungen betroffen sind.

Diese Lösungen bringen Vor- und Nachteile mit sich, die in der folgenden Übersicht beispielhaft genannt werden.

Träger der Einführung			
Mitarbeiter aus der Organisation oder EDV	Multiplikatoren		
	Spezialisten der Aus- und Weiterbildung	ORG/EDV-Koordinatoren	Vorgesetzte im Fachbereich
+ Sachkenntnis im Projekt hoch + Motivation für Projekt eher hoch - Akzeptanz gelegentlich gering - Sachkenntnis über Fachabteilung eher gering - Kapazität für weitere Projekte blockiert	+ Schulungsspezialisten + ausreichend Zeit für Einführung - Projektkenntnisse gering - Fachabteilungskenntnisse eher gering - Motivation für Projekt u.U. eher gering	+ gute Kenntnis der Fachabteilung + hohe Akzeptanz in der Fachabteilung möglich + mittel- bis langfristig hohes Wissenspotenzial (wichtiger Ansprechpartner im Fachbereich) - Projektkenntnis u.U. eher gering	+ hohe Autorität + signalisiert, dass die Linie hinter der Lösung steht - Sachkenntnis im Projekt eher gering - Sachkenntnis im Fachbereichsdetail oft eher gering - Motivation kann gering sein (Alibi-Information) - hierarchische Position behindert Rückfragen

Beim Einsatz von Multiplikatoren ist zu beachten, dass diese Mittler sehr gründlich vorzubereiten sind. Das bei der Einführung verwendete Material ist zentral zu erstellen und sehr weit zu detaillieren, da sonst Fehlinterpretationen und Missverständnissen Tür und Tor geöffnet sind. Ein Schneeballsystem - Multiplikatoren schulen Multiplikatoren - hat sich in der Praxis nicht bewährt.

Wie wird zeitlich eingeführt?

Bei der Einführung werden drei Formen unterschieden:

- Schlagartige Einführung
- stufenweise Einführung
- parallellaufende Einführung.

Bei der *schlagartigen Einführung* wird *zu einem festen Termin* von dem alten auf das neue Verfahren umgestellt. Diese Einführungsform birgt zwar das größte Risiko in sich, führt aber in aller Regel zu weniger Brüchen und Übergangslösungen. Komplexe EDV-Anwendungen lassen sich oft nur schlagartig einführen, weil aus Kapazitäts- oder Kostengründen ein anderer Weg nicht beschritten werden kann, oder weil die Nutzung einer Teilanwendung den Betrieb anderer Anwendungsbestandteile voraussetzt.

Eine *stufenweise Einführung* liegt vor, wenn Teillösungen nacheinander eingeführt werden oder wenn verschiedene Organisationseinheiten nicht gleichzeitig umgestellt werden. Die erste Form der stufenweisen Einführung bietet sich immer dann an, wenn das Vorhaben in kleinere, voneinander relativ unabhängige Pakete aufgegliedert werden kann, die nacheinander eingeführt werden, und wenn es möglich ist, für die Übergangszeit die Schnittstellenprobleme zu lösen. Damit wird das Einführungsrisiko auf ein einzelnes Teilprojekt reduziert. So könnten beispielsweise erst das Modul für die Standardfälle und später die Module für die Spezialfälle eingeführt werden.

Das mit Abstand sicherste aber auch aufwendigste Einführungsverfahren ist der *Parallellauf*. Die *alte und die neue Lösung stehen für eine bestimmte Zeit nebeneinander*, bis die neue Anwendung ausreichend sicher läuft. Häufig wird die alte Lösung als *Ausfallverfahren* angewendet, d.h. das neue Verfahren wird grundsätzlich genutzt, wenn es „abstürzen" sollte, geht man zum alten Verfahren zurück. Was sich so einfach anhört, bringt in der Praxis meistens eine Fülle von Schnittstellenproblemen - an den Übergängen von dem neuen auf das alte Verfahren und zurück - mit sich.

Wann und wo finden die Einführungsmaßnahmen statt?

In diesem Zusammenhang sind unter anderem folgende zeitliche Aspekte zu planen:

- Zeitpunkte von Informationsveranstaltungen und Schulungen
- die voraussichtliche Zeitdauer dieser Veranstaltungen
- Zeitpunkte des Versands von Informationsmaterial
- Zeitrahmen, innerhalb dessen die Einführung als Ganzes abgeschlossen sein muss, wenn also zum Tagesgeschäft übergegangen werden soll.

Außerdem sind die Orte der Veranstaltungen, die dazu notwendige räumliche und technische Infrastruktur zu planen und zu reservieren bzw. bereitzustellen.

Es ist zu bestimmen, welchen Adressaten welche Sachverhalte vermittelt werden müssen. Die Einführung sollte möglichst nicht nur auf dem schriftlichen Weg stattfinden. Bei einer großen Anzahl Betroffener kann es sinnvoll sein, Schulungsspezialisten oder Koordinatoren als Multiplikatoren einzusetzen. Multiplikatoren müssen sehr gründlich vorbereitet werden. Abhängig vom Einführungsrisiko und von den Kosten ist zu entscheiden, ob schlagartig, stufenweise oder parallellaufend eingeführt wird. Zeiten und Orte der Einführung sind zu bestimmen.

2.3.2.6.3 Durchführung der Einführung

Hier sollen nur noch einige zusätzliche Hinweise gegeben werden, die bei der Durchführung einer Einführung zu beachten sind.

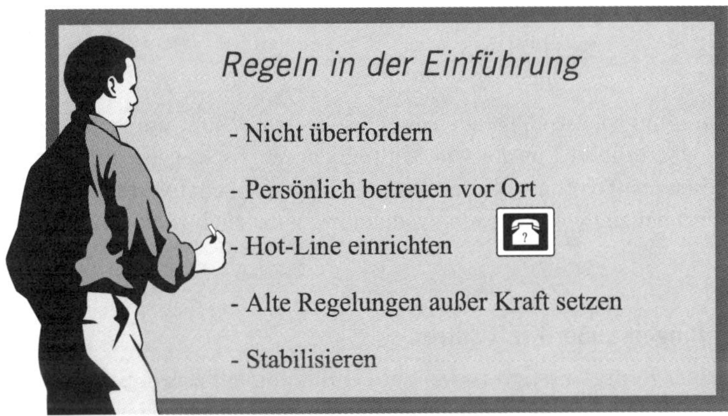

Abb. 2.5: Regeln in der Einführung

Nicht überfordern

Es hört sich wie eine Selbstverständlichkeit an, und dennoch wird in der Praxis oft dagegen verstoßen: Die Mitarbeiter sollten durch die Einführung nicht überfordert werden. Das bedeutet zum einen, dass nicht zu viel auf einmal eingeführt wird - etwa nach dem Motto: „Wenn wir schon mal dabei sind, können wir das auch noch mit erledigen"! Zum anderen bedeutet das, sich der subjektiven Belastung der Betroffenen bewusst zu sein, von denen - aus der Sicht der Projektbeteiligten - „kleine" Veränderungen oft gar nicht als klein empfunden werden.

Insbesondere hauptberuflichen Organisatoren und Mitarbeitern, die vorwiegend in Projekten arbeiten fällt es oft schwer, sich in die Rolle der Betroffenen hinein zu versetzen. Während es das tägliche Brot der Projektmitarbeiter ist, sich mit Neuerungen zu beschäftigen, sie also gewohnt sind, mit Neuerungen umzugehen, lebt der erfolgreiche Mitarbeiter in der Fachabteilung von den fest gespeicherten Programmen. Je fester die Programme „verdrahtet" sind und je mehr Programme er gespeichert hat, desto „erfahrener" ist er. Diesem unbestreitbaren Vorteil der Erfahrung steht aber der Nachteil gegenüber, dass es sehr schwerfällt, solche Programme zu löschen - jeder Sportler kann ein Lied davon singen - und gerade das verlangt eine Reorganisation.

Persönlich betreuen vor Ort

Die Erfahrung der Mitarbeiter in den Fachabteilungen bietet auch eine Erklärung dafür, dass es nach der Einführung von Neuerungen normalerweise erst einmal schlechter läuft, ganz gleich, wie gut die Neuerungen sein mögen. Bei der Umstellung entstehen Fehler, die bei den Betroffenen den Eindruck erwecken, als sei früher doch alles besser gewesen. So können sich Widerstände aufbauen, die zuvor gar nicht erkennbar waren. Darum ist es so wichtig, die Betroffenen in der Einführung persönlich zu betreuen. Nur so kann vor Ort versucht werden, die Motivation für die neue Lösung zu erhalten oder zu gewinnen. Erst jetzt erkannte Schwachstellen können beseitigt oder in ihren Auswirkungen gemildert werden.

Hot-Line

In der Einführungsphase sollte auch ein „heißer Draht“ (hot-line) eingerichtet werden, der insbesondere beim Einsatz von Multiplikatoren wichtig ist. Eine hot-line ist ein ständig besetztes Telefon, um bei Bedarf Anfragen beantworten zu können. Diese hot-line wird bei EDV-Anwendungen dann meistens auch in das Tagesgeschäft übernommen.

Alte Regelungen außer Kraft setzen

Im Falle einer Reorganisation ist bei der Einführung außerdem daran zu denken, bisher geltende Regelungen oder Anweisungen außer Kraft zu setzen.

Stabilisieren

In der Einführungsphase, die bei komplexen Projekten durchaus mehrere Monate dauern kann, treten normalerweise Störungen auf oder es werden Mängel erkannt, welche die normale Nutzung erheblich beeinträchtigen können. In diesen Fällen ist dafür zu sorgen, dass Störungen beseitigt und Mängel behoben werden. Diese *Nachbesserungsarbeiten* werden auch als Stabilisierung bezeichnet. Das Projekt gilt erst dann als abgeschlossen, wenn die Lösung stabil funktioniert. Das heißt nicht, dass bereits alle Funktionen verfügbar sind, die sich die Anwender wünschen. Je weniger klar die Anforderungen in der Planung definiert wurden desto größer können die Meinungsverschiedenheiten in dieser Phase sein, ob diese „Version“ so abgenommen werden kann.

2.3.2.6.4 Übergabe in den Tagesbetrieb

Die Einführungsphase ist abgeschlossen, wenn der *Nachweis* erbracht wurde, dass sie *betriebsfertig* ist. Ergänzungs- und Anpassungswünsche stehen einer Nutzungsfreigabe nicht im Weg. Es sollte eine *formelle Übergabe* stattfinden, die gleichzeitig das Ende des Projektes bedeutet. Wenn jetzt weitere Anforderungen gestellt werden, sind sie wie ein neues Projekt zu behandeln.

Nach der Einführungsphase sollten sich alle Beteiligten zusammensetzen, um eine Manöverkritik abzuhalten. Damit soll vor allem sichergestellt werden, dass Fehler zukünftig vermieden, aber auch, dass bewährte Ansätze weiterhin angewendet werden.

Bei der Einführung sind folgende Regeln zu beachten: Nicht überfordern, Unterstützung und Betreuung vor Ort, Rückfragemöglichkeiten (evtl. hot-line) bieten sowie alte Regelungen außer Kraft setzen. Formell ist der Projektabschluss zu vereinbaren, nachdem die Stabilisierung der Lösung abgeschlossen ist.

2.3.2.7 Erhaltung

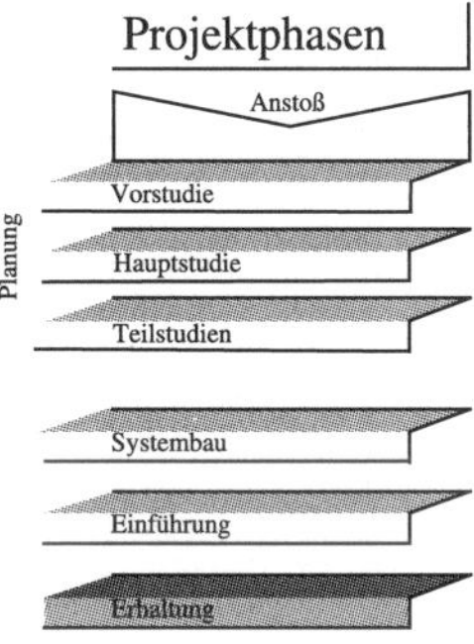

Die Erhaltung dient dazu, die *technische* Betriebsbereitschaft - die Anwendung läuft - *und* die *funktionale Betriebsbereitschaft* - die Anwendung leistet das, was sie leisten soll - zu gewährleisten. Dazu müssen Störungen ermittelt und behoben werden. Treten Störungen auf, wird ein – normalerweise eilbedürftiger – Reparaturauftrag ausgelöst, aber kein neues Projekt. Gleiches gilt für kleinere Anpassungen, die formell zwingend sind, beispielsweise wenn der Gesetzgeber Steuertabellen oder Sozialabgaben ändert.

Anders sieht es aus, wenn die Anwender *zusätzliche* - und seien es noch so kleine – *Anforderungen* an die Anwendung stellen. In diesen Fällen sind *Projektanträge* zu stellen, die ein formelles Genehmigungsverfahren durchlaufen sollten. Damit soll zum einen Wildwuchs verhindert und zum anderen sichergestellt werden, dass genügend Zeit bleibt, um die wirklich wichtigen Dinge vorrangig zu bearbeiten. Dass es sich hier nicht nur um ein theoretisches Problem handelt, wird deutlich, wenn man sich vor Augen führt, dass derartige Anpassungsmaßnahmen in vielen Unternehmen bis zu 70 % der Kapazität von EDV-Abteilungen beanspruchen.

Kontrovers wird diskutiert, wer für die Wartungsaufgaben verantwortlich sein soll. Diese Frage kann nur aus dem betrieblichen Umfeld heraus beantwortet werden. Fest steht, dass in der ORG/EDV-Abteilung normalerweise das notwendige fachliche Wissen vorhanden und eine gesamtbetriebliche Koordination eher gewährleistet ist, wenn diese Einheiten dafür zuständig sind. Gegen diese Lösung spricht allerdings, dass die Zeit für neue Projekte darunter leidet und dass darüber hinaus den Fachabteilungen oft unerträglich lange Wartezeiten selbst bei kleinen Anliegen zugemutet werden müssen.

Nach der Einführung, möglichst sogar nach einem längeren Praxisbetrieb, sollte das Projekt noch einmal kontrolliert werden. Dabei geht es um drei Aspekte:

- Wird die Lösung so praktiziert wie geplant?
- sind die versprochenen oder erwarteten Ergebnisse eingetreten?
- wie sind Kosten und Nutzen dieser Anwendung zu beurteilen?

Letztlich geht es hier um die *Qualität der Organisationsarbeit (Projektarbeit)*. Diese Frage können die zuständigen Organisatoren kaum objektiv beantworten. Andererseits sind sie oft die Einzigen, die überhaupt die notwendigen Fachkenntnisse besitzen, um ein solches Urteil abzugeben. In einigen Großunternehmen wurde deswegen eine spezielle Stelle oder Abteilung geschaffen, der die *Organisationsrevision* übertragen ist. In den meisten Unternehmen versucht die allgemeine Revision, diesen Fragen nachzugehen. Aus betriebswirtschaftlicher Sicht ist es sicher richtig, eine derartig wichtige Funktion wie ORG/EDV durch eine fachkundige und ausreichend unabhängige Stelle überprüfen zu lassen.

Insbesondere sollte hier auch die *effektive Nutzung überprüft* werden. Stellt sich heraus, dass wesentliche Teile von Anwendungen von den Nutzern nicht angenommen werden, ist den Ursachen nachzugehen. Wenn beispielsweise aus einem Perfektionsstreben heraus zu viel in die Lösungen „hinein gepackt" wurde, müsste dieses an die Entscheider gemeldet werden, die über die Projekte und deren Prioritäten entscheiden. Nur so kann ein Regelkreis geschaffen werden, der dafür sorgt, dass „die richtigen Dinge getan werden".

> *Die Erhaltung dient der Sicherung der technischen und funktionalen Betriebsbereitschaft. Nach der Einführung sollte überprüft werden, ob die ursprünglichen Ziele mit einem vertretbaren Aufwand erreicht und ob die bereitgestellten Leistungen auch genutzt werden.*

2.3.3 Entscheidungen im Projektablauf

Die Projektarbeit wird von Entscheidungen begleitet. Diese Entscheidungen dienen zwei Zielsetzungen, die eng zusammenhängen:

- Steuerung im Sinne der Auftraggeber
- Sicherung der Qualität der Ergebnisse.

Diese beiden Zielsetzungen sollen nun etwas näher beleuchtet werden.

2.3.3.1 Steuerung im Sinne der Auftraggeber

Die Bearbeiter organisatorischer Projekte besitzen - wie erwähnt - im Normalfall keine Entscheidungsbefugnisse. Mitarbeiter mit den entsprechenden Kompetenzen rufen Projekte ins Leben, geben Ziele vor und heißen das Ergebnis entweder gut oder verwerfen es. Um frühzeitig *Fehlentwicklungen* zu *erkennen* und sie nötigenfalls zu korrigieren, sind die *Instanzen kontinuierlich zu beteiligen.*

Eine kurzfristige, vorher nicht geplante Einschaltung der Entscheidungsberechtigten ist in der Praxis jedoch oft schwierig, da

- leitende Mitarbeiter meist nicht ad hoc abkömmlich sind - das ist ein besonderes Problem, wenn mehrere Instanzen gemeinsam verantwortlich sind

- die Zuständigen nicht immer ausgesprochen entscheidungsfreudig sind, speziell wenn es sich um unbequeme oder unternehmenspolitisch brisante Sachverhalte handelt.

Aus diesen Gründen sollte bereits zu Beginn eines Projektes im Vorgehensplan eindeutig festgelegt werden, zu welchen Anlässen bzw. Zeitpunkten die Entscheidungsberechtigten einzuschalten sind. Hier können zwei Arten von Entscheidungsanlässen unterschieden werden:

- Ereignisorientierte Entscheidungspunkte
- zeitorientierte Entscheidungspunkte.

Ereignisorientierte Entscheidungspunkte liegen am *Ende aller Projektphasen.* Da die Aufträge jeweils nur für eine Phase gelten, sind neue Aufträge und damit auch neue Entscheidungen vor dem Start jeder neuen Phase zwingend notwendig. Darüber hinaus können für wichtige Teilprojekte ebenfalls phasenweise Entscheidungen fällig werden. Solche Entscheidungspunkte sind *Meilensteine* eines Projektes.

Bei längerfristigen Projekten sind zusätzlich *zeitorientierte Entscheidungspunkte* einzubauen. Das kann in der Form geschehen, dass grundsätzlich alle vier bis acht Wochen Bericht zu erstatten und eine Entscheidung einzuholen ist. Damit wird den Entscheidungsberechtigten Gelegenheit gegeben, sich über den Projektfortschritt auf dem Laufenden zu halten und steuernd in die Projektarbeit einzugreifen. Damit wird auch gewährleistet, dass der Informationsvorsprung der Projektmitarbeiter gegenüber den Entscheidern nicht zu groß wird.

Ereignisorientierte Entscheidungen sollten bei mittleren und größeren Projekten grundsätzlich in der Form einer *Präsentation* durchgeführt werden. Die Projektmitarbeiter stellen ihre Ergebnisse den anwesenden Entscheidern persönlich vor und führen eine Entscheidung herbei. Bei kleineren Vorhaben und bei zeitpunktorientierten Anlässen kann auch die Form des *schriftlichen Berichtes* gewählt werden. Eine Präsentation bietet allerdings wesentlich bessere Chancen, die Entscheider zu überzeugen und gezielt zu informieren.

Wird ein schriftlicher Bericht abgegeben, sollte eine Vereinbarung getroffen werden, dass Schweigen nach einer bestimmten Frist als Billigung angesehen wird.

Die folgende Abbildung soll die beiden genannten Formen von Entscheidungspunkten bei einem Großprojekt verdeutlichen.

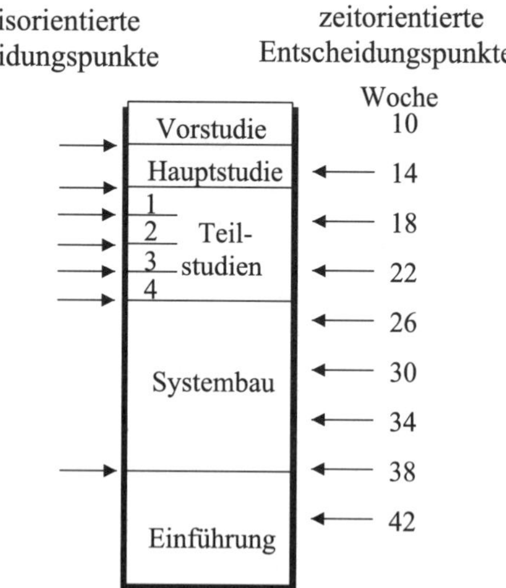

Abb. 2.6: Entscheidungspunkte im Phasenmodell

2.3.3.2 Sicherung der Qualität der Ergebnisse

Voraussetzung einer Qualitätssicherung sind die *Qualitätsplanung* und die *Qualitätskontrolle*. Eine Qualitätsplanung findet im weitesten Sinne schon statt, wenn *Ziele* mit dem Auftraggeber vereinbart werden. Insofern kann auch die Zielformulierungstechnik einen Beitrag zur Qualitätsplanung leisten. Die Ziele müssen allerdings so weit konkretisiert (operationalisiert) werden, dass die Zielerreichung überprüft werden kann. Da am Ende der Phasen Ziele und Lösungen einander gegenübergestellt werden, findet automatisch eine Qualitätssicherung durch die Entscheidungsberechtigten statt.

Projektbegleitend ist der Projektverantwortliche für die Sicherung der Qualität zuständig. Dazu kann er sich seines eigenen Urteilsvermögens oder - bei großen und wichtigen Vorhaben - auch bewährter Organisationsformen bedienen. Die Träger der Qualitätssicherung, ihre Rollen und einige Organisationsformen der Qualitätssicherung werden unter den Funktionen im Projekt (Kapitel 3.2.5) behandelt.

> *Projektbegleitend müssen nach den Phasen und evtl. noch darüber hinaus zusätzliche Entscheidungen durch die Auftraggeber gefällt werden, um sicherzustellen, dass Projekte in die gewünschte Richtung laufen und die geforderte Qualität auch erreicht wird. Zur Qualitätssicherung dienen Ziele als Planwerte.*

2.3.4 Übersicht zu den Projektphasen

In der folgenden Übersicht werden noch einmal die wichtigsten Inhalte der Projektphasen zusammengefasst und in der Darstellung auf Seiten 66-68 weiter detailliert.

Phase		
Anstoß	Ziel	Ermittlung der Vorgaben des Auftraggebers sowie der Aufbauorganisation des Projektes
	Ergebnis	Abgestimmter Auftrag
Vorstudie	Ziel	Feststellen, ob das Projekt weiter verfolgt werden soll und falls ja, in welche Richtung
	Ergebnis	Ein bewerteter Vorschlag für die Lösungsrichtung
Hauptstudie	Ziel	Konkretisieren der Lösung in Form von Grobkonzepten für abgegrenzte Teilprojekte. Detaillierte Ermittlung der Benutzeranforderungen
	Ergebnis	Bewertete Vorschläge für Teilprojekte
Teilstudien	Ziel	Freigabe der Realisation
	Ergebnis	Abgeschlossene, ausführungsreife Detailpläne
Systembau	Ziel	Umsetzen der Planung in eine betriebsfertige Lösung
	Ergebnis	Fertiggestelltes, betriebsbereites System
Einführung	Ziel	Ein formell abgenommenes, voll funktionsfähiges System
	Ergebnis	Nutzungsfreigabe = Projektende
Erhaltung	Ziel	Aufrechterhaltung der technischen und funktionalen Betriebsbereitschaft
	Ergebnis	Ein angepasstes, funktionsfähiges, genutztes System

Abb. 2.7: Ziele und Ergebnisse der Projektphasen

Inhalte der Phasen

Vorstudie

• Erheben und analysieren von Informationen
• Modellieren der Situation
  - Abgrenzen des Projektes
  - interne Wirkungszusammenhänge darstellen
  - externe Beziehungen und Einflüsse ermitteln
• Verfeinerung der Ziele auf der Basis von Stärken und Schwächen, Chancen und Risiken
• Ermittlung der wichtigsten Funktionen der Lösung (was muss, soll sie leisten können)
• Erarbeitung grober Lösungsvarianten bzw. prinzipieller Lösungsrichtungen
• Realisierbarkeit prüfen u.a. nach den Kriterien
  - machbar
  - durchsetzbar
  - sozial verträglich
  - wirtschaftlich sinnvoll (Vergleich mit der Null-Variante)
• Bewertung
  - Kosten (einmalig und laufend)
  - Nutzen
• Erarbeiten einer Empfehlung
• Vorbereiten und durchführen einer Entscheidungspräsentation

Hauptstudie
• Verfeinerung der modellierten Situation • Zerlegung des Projektes in abgrenzbare Teilprojekte • Ermittlung der Schnittstellen zwischen den abgegrenzten Teilprojekten sowie den Teilprojekten und der Projektumwelt • Weitergehende Erhebung und Analyse zu den abgegrenzten Teilprojekten sowie den Teilprojekten und der Projektumwelt • Ermittlung der fachlichen Benutzeranforderungen in dem größtmöglichen Detaillierungsgrad • Ermittlung bzw. Detaillierung von Qualitätsanforderungen • Erarbeitung globaler Lösungsvarianten für die abgegrenzten Teilprojekte • Verfeinerung der Ziele für die Teilprojekte aus der weiter geführten Würdigung • Bewertung der Lösungsvarianten (Kosten/Nutzen) • Prüfung der Verträglichkeit von Teillösungen • Ermittlung der Prioritäten für Teilprojekte • Qualitätssicherung durchführen

- Erarbeiten von Empfehlungen für Teilprojekte

Beispiele für Sonderheiten bei EDV-Projekten (sind abhängig vom gewählten Verfahren der Systementwicklung)

- Technische Realisierbarkeit prüfen (globale Anforderungen an Hardware und Systemsoftware)
- Erarbeiten eines funktionalen Modells (Input und Output festlegen)
- Mengengerüst ermitteln
- Darstellung des logischen Datenmodells
- Weitgehend eindeutige Darstellung der Benutzerschnittstelle z.B. durch Prototypen/Listen/Masken
- Konvertierung bestehender Daten planen
- Ausfallverfahren/Backup-Konzept planen
- Sicherheitskonzept planen

Teilstudien

- Bedarfsabhängig weitere Erhebung und Analyse von Informationen
- Komplettieren der funktionalen Anforderungen und der Ziele
- Erarbeiten ausführungsreifer Pläne
- Ermittlung des quantitativen und qualitativen Bedarfs an
  - Personal
  - Raum, Gebäuden
  - sonstigen Sachmitteln
- Aufstellung von Pflichtenheften/Anforderungskatalogen
- Erstellen der Ausschreibungsunterlagen
- Einholen von Angeboten und Bewertung der Angebote
- Planen der Einführung
- Qualitätssicherung durchführen
- Erarbeiten entscheidungsreifer Vorlagen für die Realisierung

Beispiele für Sonderheiten bei EDV-Projekten

- Datenfluss beschreiben
- Schnittstellenbeschreibung zwischen Systemkomponenten
- Beschreibung von Elementarfunktionen
- Entwurf der physischen Datenbankstruktur
- Entwurf des endgültigen Datenmodells
- Entwurf und Spezifikation von Tests
- Detaillierte Anforderungen an Hard- und Systemsoftware festlegen

Fortsetzung siehe nächste Seite

Systembau

- Umsetzen der Pläne in arbeitsfähige Lösungen
- Vergabe und Überwachung von Fremdaufträgen
- Durchführung baulicher Maßnahmen
- Installation notwendiger Sachmittel
- Tests
- Abschluss der Projektdokumentation
- Fertigstellung der Benutzerdokumentation
- Einführungsvorbereitung abschließen
- Qualitätssicherung durchführen

Beispiele für Sonderheiten bei EDV-Projekten

- Vollständige Beschreibung der Struktur und des Ablaufes jedes Programms
- Programm erstellen
- Hard- und Software installieren
- Bereitstellen von Testdaten
- Programme testen
- Integration von Programmen
- Test der Integration
- (Erst-) Erfassung von Daten

Einführung

- Information der indirekt Betroffenen
- Information und Schulung der direkt Betroffenen
- Unterstützung der Anwender in der Anfangsphase
- Sicherstellen des störungsfreien Funktionierens (Stabilisierung der Lösung)
- Vorbereitung der Entscheidung für die Nutzungsfreigabe

Erhaltung

- Sammlung von Betriebs- und Nutzungsinformationen
- Störungsdiagnose und Behebung von Störungen
- Überprüfung auf sachgerechte Ergebnisse
- Überprüfung, in welchem Ausmaß Regelungen eingehalten werden, bzw. die Lösung genutzt wird
- Soll/Ist - Vergleich: In welchem Ausmaß sind die Ziele erreicht worden?
- Ermittlung von Anpassungs-/Änderungsbedarf (evtl. Anstoß für ein neues Projekt)

2.3.5 Varianten zum Standardablauf von Projekten

Die oben genannten Projektphasen sollten grundsätzlich eingehalten werden. Allerdings gibt es durchaus Situationen, in denen es sinnvoll ist, davon abzuweichen und eine der folgenden Varianten zu nutzen:

- Überlappende Projektphasen (Simultaneous Engineering)
- Zusammenlegen von Phasen
- Späterer Einstieg in das Projekt
- Haubentaucher - Modell
- Versionenkonzept
- Prototyping.

2.3.5.1 Überlappende Projektphasen (Simultaneous Engineering)

In der praktischen Projektarbeit ist es nicht immer möglich und auch nicht immer sinnvoll, eine Phase komplett abzuschließen, ehe mit der Folgephase begonnen wird. Oft ist es auch notwendig, zu einer vorhergehenden Phase zurückzukehren, etwa weil sich später herausstellt, dass es weitere sinnvolle Varianten gibt oder weil eine verfolgte Variante sich aus irgendwelchen Gründen als nicht realisierbar erweist. Auch können noch Informationen aus früheren Phasen fehlen, die später nacherhoben werden müssen. Das führt zu überlappenden Phasen, wie die folgende Abbildung zeigt.

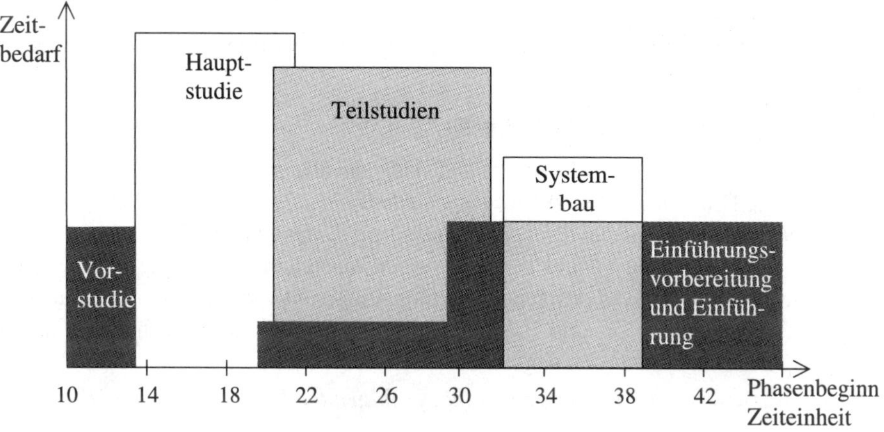

Abb. 2.8: Überlappende Projektphasen

Besonders groß ist normalerweise der Überlappungsbereich bei der Einführung bzw. bei der Einführungsvorbereitung. Mit Vorbereitungen zur Einführung kann schon in der Hauptstudie begonnen werden. Die Gründe wurden bereits genannt.

Weiterhin können sich Phasen insofern überlappen, als bei einigen Teilprojekten noch an der Planung gearbeitet wird, während bei anderen Teilprojekten bereits die Realisation begonnen hat. Das kann beispielsweise bei einem Projekt der Fall sein, wo in der Beschaffung mit langen Lieferzeiten zu rechnen ist. Ohne die detaillierte, ausführungsreife Planung abgeschlossen zu haben, werden „Grobaufträge" (Optionen) vergeben. Die Spezifikationen werden dann mit dem Projektfortschritt präzisiert.

Das sogenannte *Simultaneous Engineering* hat stark an Bedeutung gewonnen, insbesondere um schneller neue Produkte im Markt einführen zu können. Im Simultaneous Engineering werden die *Phasen überlappend* abgewickelt. Außerdem wird innerhalb der Phasen darauf geachtet, dass solche *Teilprojekte mit hoher Priorität* bearbeitet werden, die lange Bearbeitungszeiten haben und von denen außerdem noch andere Teilprojekte abhängen. Schließlich wird versucht, möglichst viele *Teilprojekte parallel zueinander* zu entwickeln, weil dadurch die Projektdauer erheblich verkürzt werden kann.

Das Simultaneous Engineering stellt das Phasenkonzept nicht grundsätzlich in Frage, die Grundstruktur des Projektes bleibt unverändert, sie wird lediglich modifiziert. Damit sind die folgenden Vor- und Nachteile verbunden.

Vorteile	Nachteile
* kürzere Durchlaufzeit von Projekten * verbesserte Koordination über die Phasen hinweg ist möglich * leichtere Überbrückung der Kluft zwischen Planern und Realisierern	- Gefahr von Insellösungen - künstliche Schaffung von Restriktionen für nachfolgende Teilprojekte - hoher Aufwand für die Koordination

2.3.5.2 Zusammenlegen von Phasen

Im Einzelfall kann es sinnvoll sein, zwei oder gar alle drei Planungsphasen zusammenzulegen. Die den Phasen zugeordneten *Planungsaufgaben* werden zwar *erledigt, aber nicht jedesmal* mit der Projektinstanz formell *abgestimmt.* Typisch ist die Zusammenlegung der Haupt- und der Teilstudien, nachdem zuvor eine Richtungsentscheidung nach einer - evtl. kurzen - Vorstudie eingeholt wurde. Denkbar ist auch die Zusammenlegung der Vor- und Hauptstudie, um dann nach der Entscheidung mit der ausführungsreifen Planung zu beginnen.

Die Zusammenlegung von Phasen kann *unter folgenden Umständen sinnvoll* sein:

- Kleines Projekt (geringer Zeitaufwand, geringe Kosten)
- Einfaches Projekt (geringe Schwierigkeit, wenig neuartig)
- Geringe Bedeutung des Projektes (kaum wesentliche Auswirkungen auf wichtige Ziele)
- Hoher Zeitdruck (handeln ist wichtiger als perfektionieren).

Vorteile ♁	Nachteile ♆
* schnelle Ergebnisse * geringerer Planungsaufwand * Entscheider werden weniger behelligt	- Suche nach sinnvollen Varianten wird vernachlässigt - tatsächlich vorhandene Komplexität wird unzulässig reduziert (man gibt sich mit Insellösungen oder mit „einfachen“ Lösungen zufrieden) - Einengung des Blickfeldes auf Varianten, die eine hohe Realisierungs- oder Akzeptanzchance haben

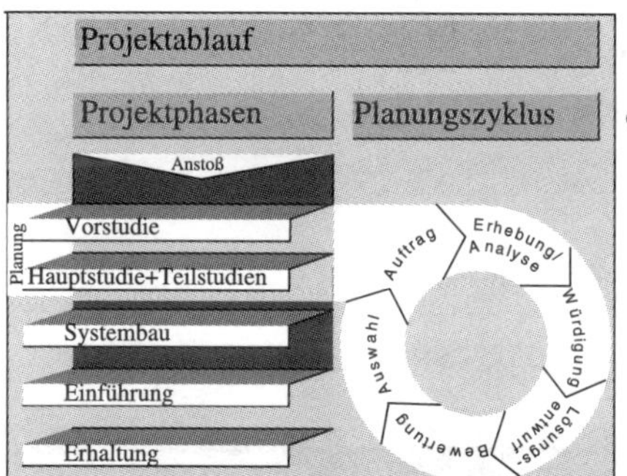

oder

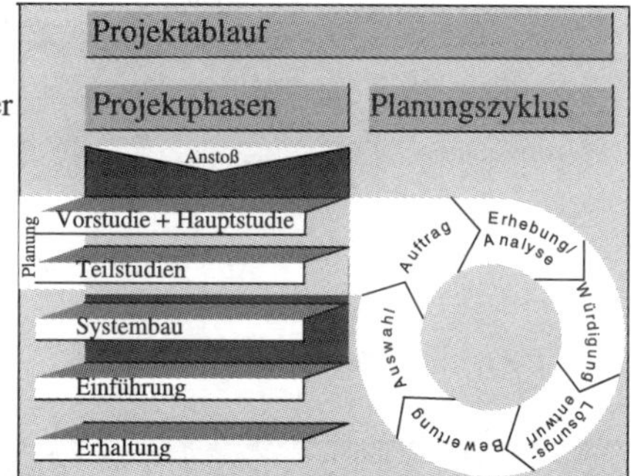

Abb. 2.9: Zusammenlegen von Phasen

2.3.5.3 Späterer Einstieg in die Projektphasen

Das Standardmodell kann dahingehend modifiziert werden, dass erst in einer späteren Phase in das Projekt eingestiegen wird. So kann beispielsweise die *Vorstudie übersprungen* werden. Oder es wird sogar gleich mit der Feinplanung, im Extremfall sogar mit der Realisierung begonnen. Die Inhalte der früheren Phasen werden nicht erledigt.

Dieser Weg kann *sinnvoll* sein, wenn beispielsweise die *folgenden Bedingungen* gegeben sind:

- Lösung steht bereits fest (der Entscheider will ein bestimmtes Ergebnis)
- keine echten Varianten vorhanden (politische oder rechtliche Vorgaben erzwingen eine bestimmte Lösung)
- Einführung fertiger Ergebnisse (die Grundsatzentscheidung für die Lösung wurde beispielsweise schon in einem früheren Projekt gefällt; dieser Fall liegt immer

dann vor, wenn eine stufenweise Einführung geplant ist und jede Einführungsstufe wie ein eigenes Projekt behandelt wird)

- Projekt hat geringe Bedeutung (die Qualität der Lösung spielt keine große Rolle)
- Wegwerfprojekt (das Ergebnis wird nur einmalig oder kurzfristig genutzt).

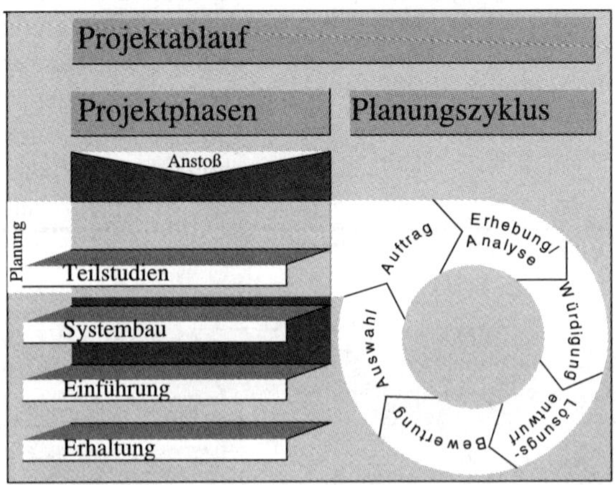

Abb. 2.10: Späterer Einstieg ins Projekt

Mit dieser Variante sind die folgenden Vor- und Nachteile verbunden:

Vorteile	Nachteile
* schnelle Resultate * keine Beschäftigung mit Varianten, die keine Realisierungschance haben * weniger Planungsaufwand * kein Perfektionismus bei Einmalprojekten	- Lösungen bewegen sich im vorgedachten Rahmen (keine Suche nach besseren Lösungen) - Einengung des Handlungsspielraums des Planers (Motivationsproblem)

2.3.5.4 Haubentaucher - Modell

In dieser Variante des Standardmodells wird *ein Teilprojekt ausführungsreif geplant und realisiert, ehe die Planung der übrigen Teilprojekte abgeschlossen ist.* Insofern ähnelt dieses Vorgehen dem Simultaneous Engineering. Allerdings geht es weniger darum, die Gesamtzeit des Projektes zu verkürzen als vielmehr möglichst schnelle (Teil-) Ergebnisse vorweisen zu können. Dazu wird normalerweise das *Projekt* in der Hauptstudie *in Teilprojekte aufgegliedert.* Das Teilprojekt mit höchster Priorität wird dann bis zur Einführung bearbeitet („tief eingetaucht"), ehe das nächste Teilprojekt in der Hauptstudie begonnen wird („aufgetaucht"). In dem zweiten Durchgang („Tauchgang") wird dann das zweite Teilprojekt geplant und realisiert. Diese Tauchgänge können auch von der Plattform der Teilstudien oder im Extremfall von der Vorstudie aus vorgenommen werden.

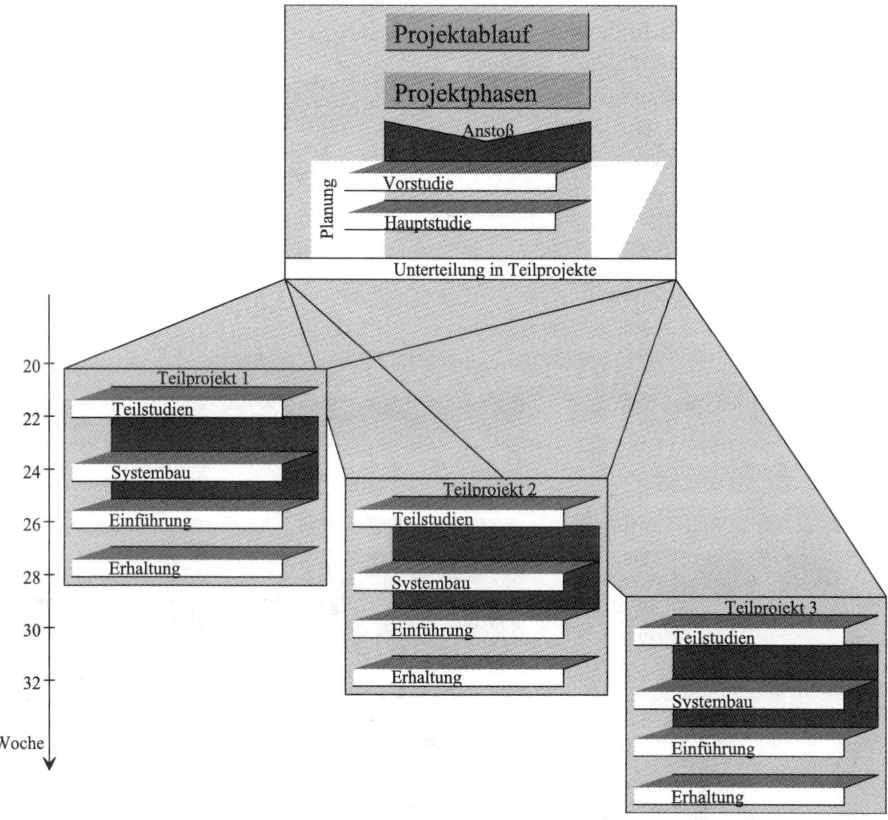

Abb. 2.11: Haubentaucher - Modell

Dieses Vorgehen kann *unter folgenden Bedingungen sinnvoll* sein:

- Projekt kann in abgrenzbare Teilprojekte zerlegt werden
- Teilprojekte sind weitgehend unabhängig von einander
- Ein Teilprojekt ist für sich lebensfähig (es setzt nicht die Realisierung eines anderen Teilprojektes voraus)
- es handelt sich um ein großes Projekt mit einem hohen Zeitaufwand und deswegen mit einem großen Vorlauf zur Realisierung des gesamten Projektes
- hoher Zeitdruck bei einzelnen Teillösungen.

Mit diesem Ansatz sind folgende Vor- und Nachteile verbunden:

Vorteile	Nachteile
* schnelle (Teil-) Resultate (Anwender sehen, dass es voran geht) * Projektmitarbeiter bleiben mit Anwendern auf Tuchfühlung (weniger Gefahr, die Realität aus den Augen zu verlieren, wenn nur geplant und nichts realisiert wird) * schnellere Erfolgserlebnisse der Mitarbeiter im Projekt (Motivation)	- große Gefahr von Insellösungen - hoher Nachbesserungsaufwand bei den später realisierten Teilprojekten möglich

2.3.5.5 Versionenkonzept

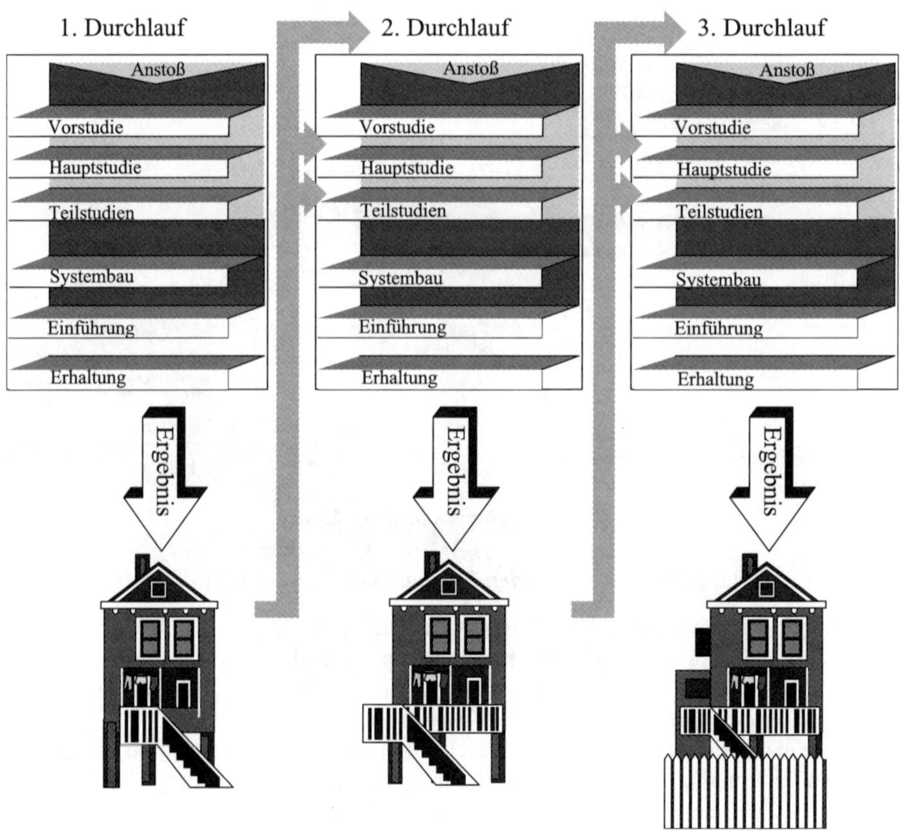

Abb. 2.12: Versionenkonzept

Beim Versionenkonzept wird von einer *begrenzten Zielsetzung* ausgegangen. Statt zu versuchen, eine perfekte, komplette Lösung zu erarbeiten, die für die überschaubare Zukunft allen Anforderungen gerecht wird, entwickelt man eine Näherung an die Ideallösung, ohne von Anfang an zu wissen, wo dieses Ideal im Einzelnen liegt. In einem zweiten Durchlauf wird dann versucht, weitere wichtige Bestandteile der Ideallösung zu erarbeiten. Nach den Erfahrungen mit der ersten und der zweiten Version wird dann eine weitere Annäherung an eine - fortgeschriebene - Ideallösung versucht (*slowly growing system*). Dieses Vorgehen findet sich oft bei EDV-Anwendungen (z.B. Release XY). Es ist auch typisch für die japanische Form der Produkt- und Fertigungsverbesserung (Kaizen).

Das Versionenkonzept ist kein eigenes Vorgehensmodell. Für jede Version können die Projektphasen durchlaufen werden. Es handelt sich eher um ein Vorgehen mit begrenzter Zielsetzung im Rahmen mehrerer Projektabläufe.

Dieses Vorgehensmodell kann *unter folgenden Bedingungen sinnvoll* sein:

- Schnelle Ergebnisse sind gefordert
- Entwicklungsrisiko soll minimiert werden
- keine klaren Vorstellungen über die Ideallösung
- schwieriges Projekt (hohe Anforderungen an die Beteiligten wegen hoher Komplexität und Neuartigkeit)
- große Bedeutung des Projektes (es ist wichtig für die Erreichung wesentlicher Ziele)
- breiter und langfristiger Bedarf (es lohnt sich, das Projekt mit langem Atem anzugehen, weil es langfristig viele Anwender/Nutzer gibt).

Mit diesem Vorgehen sind folgende Vor- und Nachteile verbunden:

Vorteile 👍	**Nachteile** 👎
* schnelle Ergebnisse * Reduzierung des Risikos (begrenzte Komplexität) * begrenzter finanzieller Aufwand für die einzelne Version * besseres Erkennen des „wahren“ Bedarfs beim Anwender (damit steigt die Bereitschaft, nicht gleich die 100% Lösung zu fordern) * stufenweise Qualitätsverbesserung (Lernfortschritte der Beteiligten bei jeder Version) * Kommunikation zwischen Entwicklern und Anwendern wird gefördert * schnellere Erfolgserlebnisse für die Projektmitarbeiter	- Gefahr teurer Schnellschüsse (Irrwege, die zu spät erkannt werden) - Verführung zum „muddling through“ (durchwursteln) - Belastung der Anwender (Zwang zum Umlernen bzw. Nachbearbeiten bereits vorhandener Ergebnisse z.B. Datenbestände) - überbordende Anforderungen der Anwender („der Appetit kommt beim Essen“) - hohe Anforderungen an die laufende Dokumentation der Versionen (wichtig insbesondere für die Wartung bei bereits ausgelieferten Versionen)

2.3.5.6 Prototyping

Im Prototyping wird *bereits in der Planung ein System erstellt*, das wesentliche Merkmale der späteren Lösung aufweist, um dem Benutzer ein klareres Bild darüber zu verschaffen, was er später von der fertigen Anwendung erwarten kann.

Folgende Prototypen können unterschieden werden:

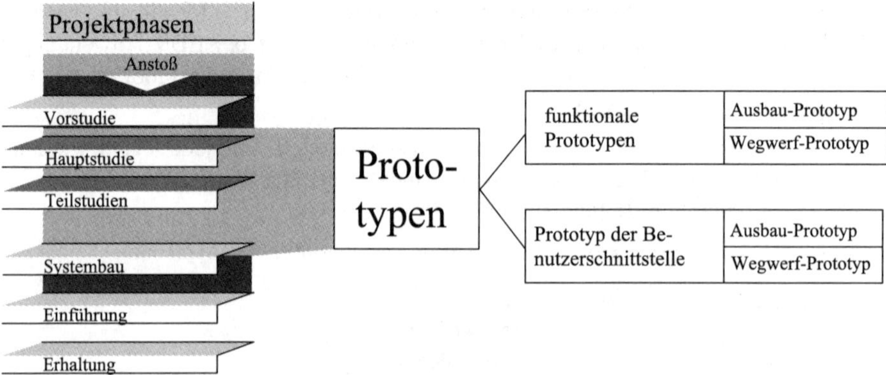

Abb. 2.13: Prototypen

Ein *funktionaler Prototyp* stellt bereits die wesentlichen Leistungen zur Verfügung, welche die fertige Lösung aufweisen wird. In einem *Prototyp der Benutzer-Schnittstelle* werden lediglich die Eigenschaften der späteren Benutzer-Schnittstelle (Bildschirmaufbau, Tastaturbelegung usw.) simuliert, um dem Benutzer zu verdeutlichen, wie er später mit der Anwendung arbeiten kann. *Wegwerf - Prototypen* sind Modelle, die später nicht weiter verwendet werden können. Sie werden ausschließlich zur Abstimmung mit dem späteren Benutzer hergestellt. Demgegenüber können *Ausbau - Prototypen* als Bausteine der späteren Lösung verwendet werden, die Entwicklungsarbeit geht also nicht „verloren“.

Prototypen werden insbesondere bei EDV-Anwendungen erstellt. Ähnliche Ansätze finden sich auch bei der Einrichtung von Arbeitsplätzen oder beim Bau von Gebäuden - Einrichtung von Muster - Arbeitsplätzen oder Bau und Einrichtung einer Muster - Geschäftsstelle.

Prototypen, die lediglich dazu dienen, die *Anforderungen der Benutzer* zu ermitteln, werden normalerweise bereits in der *Hauptstudie* hergestellt - hier steht die Ermittlung der Benutzer - Anforderungen im Mittelpunkt. *Ausbau - Prototypen* entstehen typischerweise in den *Teilstudien.* Bei den Ausbau - Prototypen verwischen sich die Grenzen zwischen den Planungsphasen und der Realisation. In der Planung werden bereits Bestandteile der späteren Lösung fertiggestellt. Dieses Vorgehen ähnelt stark dem Haubentaucher - Modell, da ein Prototyp in aller Regel nur ein Teilprojekt betrifft.

Die Entwicklung von Prototypen kann *unter folgenden Bedingungen sinnvoll* sein:

- Geeignete Werkzeuge sind verfügbar (es gibt z.B. Entwurfssprachen, welche die Entwicklung von Prototypen mit einem vertretbaren Aufwand erlauben)
- schwierige Ermittlung der Benutzer - Anforderungen (relativ geringe Vorstellungen der Anwender darüber, was sie sich wünschen sollten, etwa weil zukünftig völlig neuartige Arbeitsverfahren möglich werden)
- hoher Zeitdruck, es werden schnelle (Teil-) Ergebnisse gefordert
- hohe Schwierigkeit des Projektes (neuartige Aufgabenstellung, geringe Fehlertoleranz - Fehler können weitreichende negative Auswirkungen haben).

Mit diesem Vorgehen sind folgende Vor- und Nachteile verbunden:

Vorteile 👍	**Nachteile** 👎
* Benutzeranforderungen können gut erkannt werden (spätere Nachbesserungswünsche werden deutlich vermindert) * Risikoverminderung (frühzeitige Prüfung, ob die Anforderungen erfüllt werden, schnelle, kostengünstige Behebung von Fehlern) * Förderung der Kommunikation mit den Benutzern - damit Förderung der Akzeptanz * hohe Motivation der Entwickler (schneller sichtbare Ergebnisse, weniger Risiko von Fehlentwicklungen)	- hoher Aufwand für Prototypen (insbesondere bei Wegwerf – Prototypen und bei wenig geeigneten Entwurfswerkzeugen) - (ver-) führt zum Tun und lenkt ab vom Denken (Gefahr wenig integrierter, wenig konzeptionell durchdachter Lösungen) - eher geringe Bereitschaft, einen funktionierenden Prototypen in eine ausgereifte Lösung zu überführen (es läuft ja schon)

Der Standardablauf von Projekten kann durchaus modifiziert werden, wenn bestimmte Bedingungen gegeben sind. So können Phasen einander überlappen, bzw. Teilprojekte parallel nebeneinander bearbeitet werden (Simultaneous Engineering), Phasen können zusammengelegt werden, es kann nach der Vorstudie oder nach der Hauptstudie in das Projekt eingestiegen werden, einzelne Teilprojekte können realisiert und eingeführt werden, ehe die Gesamtplanung abgeschlossen ist (Haubentaucher-Modell), es können Versionen für Lösungen erarbeitet werden - begrenzte Zielsetzung für ein Projekt - oder es können bereits in der Planung Bestandteile der späteren Lösung realisiert werden, insbesondere um die Anforderungen der Benutzer besser erkennen zu können (Prototyping).

2.3.6 Planungszyklus

Bei der Darstellung der Projektphasen wurde schon darauf hingewiesen, dass die drei *Planungsphasen* die *gleiche Grundstruktur* aufweisen. Sie unterscheiden sich lediglich in der Abgrenzung und im Detaillierungsgrad der jeweils bearbeiteten Problemfelder. Es ist allerdings zu beachten, dass

- nicht immer alle Schritte im Zyklus getan werden müssen (wenn z.B. die benötigten Informationen schon vorliegen, erübrigt sich deren Erarbeitung)
- der Zyklus keine Einbahnstraße darstellt (in späteren Schritten kann es sich beispielsweise herausstellen, dass Informationen noch fehlen, so dass hier nachgearbeitet werden muss).

Der Planungszyklus soll dem Projektverantwortlichen als *Checkliste* dienen. Sie weist auf vermutlich notwendige Bearbeitungsschritte hin. Diese Checkliste dient aber nur als Empfehlung für den Normalfall. Sie ist nicht sklavisch abzuarbeiten.

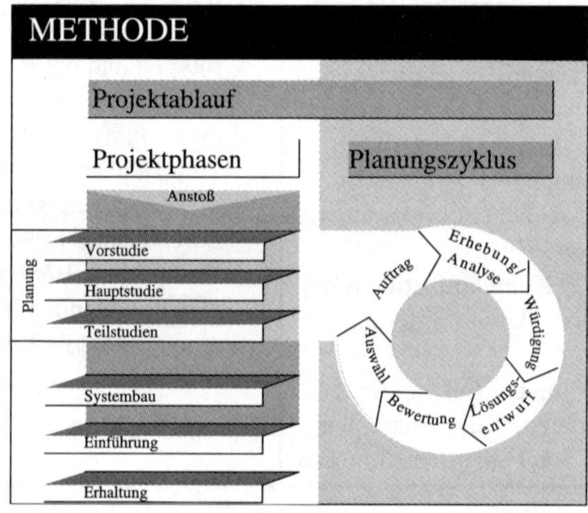

Abb. 2.14: Planungszyklus in den Planungsphasen

2.3.6.1 Auftrag

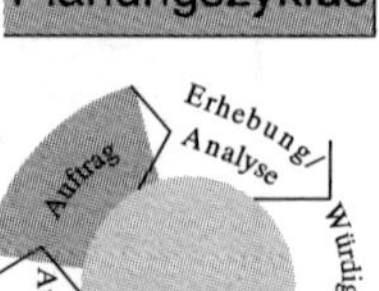

Es wurde bereits mehrfach erwähnt, dass die Projektverantwortlichen für andere tätig werden. Da sie normalerweise keine Entscheidungsbefugnisse besitzen, werden sie durch Aufträge gesteuert. Die Bedeutung eines vollständigen Auftrages und die Schwierigkeiten, ihn zu erhalten, wurden schon im Abschnitt über die Ziele der methodischen Projektbearbeitung behandelt, so dass hier darauf verwiesen werden kann.

Wichtig ist in diesem Zusammenhang, dass ein Projekt nicht mit einem Auftrag gesteuert wird, sondern mit einer *Kette von*

Aufträgen. Für jedc Phase eines Projektes, d.h. sowohl für die Planungsphasen wie auch für den Systembau und die Einführung, sind einzelne Aufträge zu erteilen. Das hat zwei einander ergänzende *Wirkungen*:

- Der Projektleiter bekommt jedes Mal nur grünes Licht (d.h. auch Personal, Budget usw.) für eine Phase. Er darf ein Projekt nicht bis zur Einführung durchziehen, ohne Zwischenentscheide eingeholt zu haben
- der Auftraggeber kann sich nicht aus der Verantwortung für seine Steuerungsaufgaben heraushalten. Damit ist die projektbegleitende Steuerung durch den Auftraggeber sichergestellt.

Die Inhalte eines Projektauftrages sind erstmalig in der Anstoßphase mit dem Auftraggeber abzustimmen. Dort wurde auf die wichtigsten Inhalte auch schon hingewiesen. Im weiteren Verlauf des Projektes wächst der Wissensstand über das Vorhaben, so dass die nachfolgenden Projektaufträge immer detaillierter und präziser werden.

Die Projektaufträge der späteren Projektphasen sind praktisch identisch mit den Beschlüssen am Ende der Vorphasen und den dort getroffenen Vereinbarungen für das weitere Vorgehen. Der Projektleiter muss deswegen am Ende jeder Phase seine Entscheidungsvorlage so vorbereiten, dass über den nächsten Projektauftrag gleich mit entschieden werden kann.

> *Projekte werden durch Aufträge gesteuert, die jeweils für eine Phase gelten.*

In Abbildung 2.15 wird ein Muster für einen Projekt- (Phasen-)auftrag gezeigt, aus dem noch einmal die Inhalte eines Auftrages hervorgehen.

2.3.6.2 Erhebung/Analyse

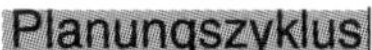

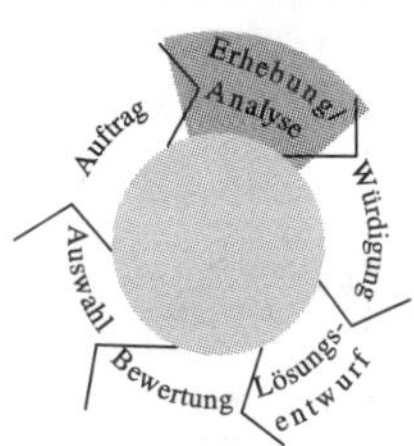

Unter einer *Erhebung* wird die *Sammlung von Informationen* verstanden. Als *Analyse* wird die *Ordnung* des erhobenen Informationsmaterials bezeichnet.

Nach der Auftragserteilung müssen Informationen über den Ist-Zustand erhoben werden. Dabei kann es sich um Informationen über Aufgaben, deren Volumen, Zeit und Ort des Aufgabenanfalls, über Aufgabenträger, über Sachmittel, über bestehende Verfahren, kurz gesagt über die Inhalte des sogenannten Organisationswürfels handeln. Dabei ist zu beachten, dass nicht nur *Informationen* über das *IST* sondern auch über die *zukünftige Entwicklung* zu erheben sind. Organisatorische Lösungen werden für die überschaubare Zukunft erarbeitet. Damit wird es häufig notwendig sein, zukünftige Entwicklungen – z.B. die Entwicklung des Mengengerüstes – in die Überlegungen mit einzubeziehen, sonst können Lösungen schon bei der Einführung überholt sein.

<table>
<tr><td colspan="2">Projektauftrag</td><td>Projekt-Nr.:
Datum:</td></tr>
<tr><td colspan="3">Bezeichnung des Projektes/Phase</td></tr>
<tr><td colspan="3">Projekt - Organisation</td></tr>
<tr><td>Entscheider</td><td>Projekt-Leiter</td><td>Projekt-Mitarbeiter</td></tr>
<tr><td colspan="3">Betroffene Organisationseinheiten (Gestaltungsbereich)</td></tr>
<tr><td>Hauptbetroffene Einheit</td><td colspan="2">Weitere betroffene Einheiten</td></tr>
<tr><td colspan="3">Termine</td></tr>
<tr><td>Start-Termin</td><td>Endtermin Phase</td><td>Spätester Einführungstermin</td></tr>
<tr><td colspan="3">Budget</td></tr>
<tr><td>Phase</td><td colspan="2">Gesamtbudget</td></tr>
<tr><td colspan="3">Information</td></tr>
<tr><td>Empfänger</td><td>Termin/Ereignis</td><td>Form</td></tr>
<tr><td colspan="3">1. Grundlage des Auftrags
2. Ziele
3. Aufgaben</td></tr>
<tr><td colspan="3"></td></tr>
<tr><td>Auftraggeber

Datum Unterschrift</td><td colspan="2">Erledigt

Datum Unterschrift</td></tr>
</table>

Abb. 2.15: Muster für ein Projektauftrags-Formular

Die notwendige *Breite und Tiefe der Informationen hängen vom Projektfortschritt ab.* Die Regel heißt, dass in der Vorstudie und teilweise auch noch in der Hauptstudie eher breit und global und in den Teilstudien für eng begrenzte Untersuchungsbereiche sehr detailliert erhoben wird. Es ist nicht sinnvoll, bereits in einer Vorstudie detaillierte Erhebungen anzustellen, da noch nicht erkennbar ist, welches der erfolgversprechendste Lösungsweg sein dürfte. Auch steht der Untersuchungsbereich zu Beginn normalerweise noch nicht fest, so dass auch aus diesem Grund die Erhebung eher breit angelegt wird. Je weiter man im Projekt voranschreitet, desto klarer ist der Informationsbedarf zu erkennen, der auch im Detail ermittelt werden muss. Das Prinzip muss auf jeder Stufe also heißen: *Soviel erheben wie unbedingt nötig.*

Von der Qualität der erhobenen Informationen hängt zu einem nicht unerheblichen Teil auch die Qualität der späteren Lösung ab. Aus diesem Grund gibt es eine ganze Reihe von Werkzeugen, die die Erhebungsarbeit unterstützen, die sogenannten Erhebungstechniken. Dazu gehören:

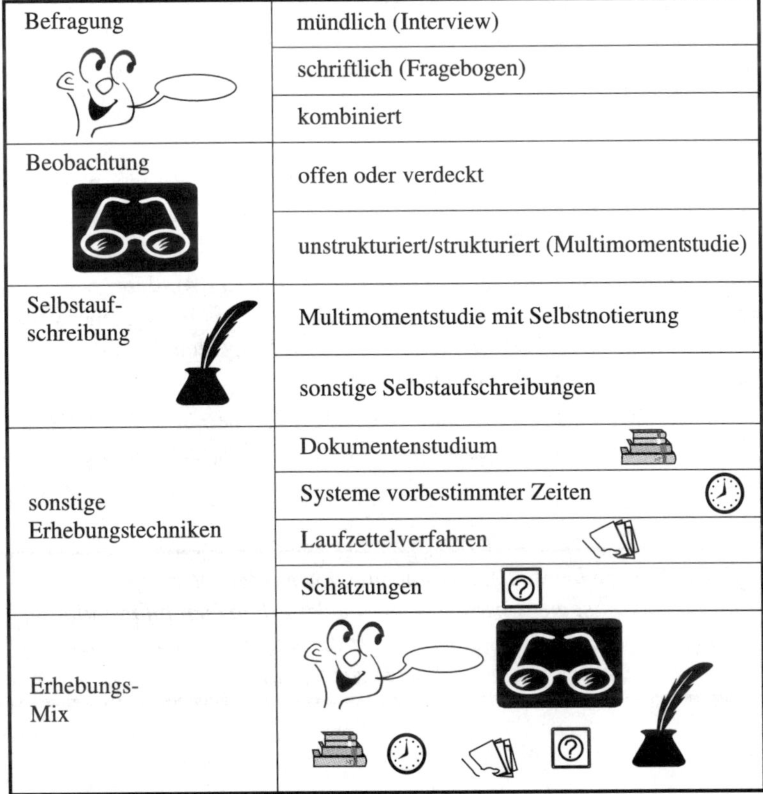

Befragung	mündlich (Interview)
	schriftlich (Fragebogen)
	kombiniert
Beobachtung	offen oder verdeckt
	unstrukturiert/strukturiert (Multimomentstudie)
Selbstaufschreibung	Multimomentstudie mit Selbstnotierung
	sonstige Selbstaufschreibungen
sonstige Erhebungstechniken	Dokumentenstudium
	Systeme vorbestimmter Zeiten
	Laufzettelverfahren
	Schätzungen
Erhebungs-Mix	

Abb. 2.16: Erhebungstechniken

Diese Techniken werden im Kapitel 4 ausführlich behandelt.

Die Erhebung ist jedoch nicht nur ein technisches Problem. Da organisatorische Vorhaben von den Betroffenen manchmal als Bedrohung empfunden werden, verlangen *Erhebungen* eine Menge *Fingerspitzengefühl.* Neben den sachlichen Fragen ist immer darauf zu achten, dass die persönliche Beziehung „stimmt", weil eine positive zwischenmenschliche Beziehung auch bessere Erhebungsergebnisse erwarten lässt.

Die erhobenen Informationen müssen - wenn dieses nicht bereits durch eine entsprechende Strukturierung in der Erhebung geschehen ist - zusätzlich aufbereitet, geordnet, systematisiert werden. Diese Ordnung wird hier als Analyse bezeichnet.

Beispiel: Bei der Untersuchung der Textverarbeitung eines Unternehmens wurde das gesamte Schriftgut erhoben, indem von jedem erstellten Dokument eine zusätzliche Kopie angefertigt und gesammelt wurde. An diese Erhebung schließt sich dann die Analyse an. So werden die Dokumente gegliedert nach internem und externem, nach standardisierbarem und nicht-standardisierbarem Schriftgut, nach glatten Texten, Tabellen und auszufüllenden Vordrucken usw. Das erhobene Material wird also geordnet, und zwar nach Kriterien, die sich aus der Zielsetzung des Projektes ergeben.

Durch spezielle Techniken unterstützt wird beispielsweise die Analyse von Aufgaben, als dem wichtigsten Element organisatorischer Lösungen, und die Analyse von Informationen (siehe dazu die Techniken der Analyse, Kapitel 5).

Oft ist es möglich, *bereits bei der Erhebung Merkmale der Analyse zu verwenden*, so dass Erhebung und Analyse im Gleichschritt erfolgen. Das ist typischerweise bei der Aufgabenanalyse der Fall. Hier werden - durch eine Fragetechnik gesteuert - die Aufgaben nach analytischen Merkmalen geordnet.

Die Analyse ist eine *wertfreie Ordnung* von Informationen über den Ist-Zustand. Sie sollte nicht mit dem nächsten Schritt des Planungszyklus, der Würdigung, gleichgesetzt werden.

Die Erhebung beinhaltet die Sammlung von relevanten Informationen. Analyse ist die wertfreie Ordnung der erhobenen Informationen. Sowohl für die Erhebung wie für die Analyse stehen organisatorische Techniken zur Verfügung.

2.3.6.3 Würdigung

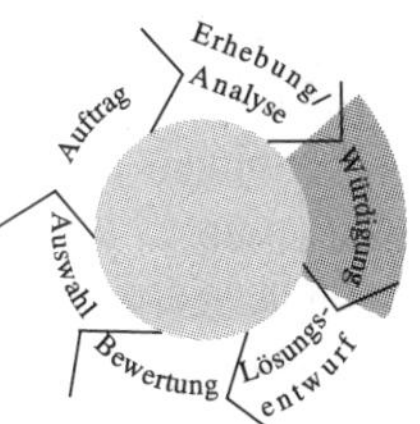

Die Würdigung setzt sich wertend mit dem Ist-Zustand auseinander. Sie fragt nach Stärken und Schwächen, Chancen und Risiken der gegenwärtig vorhandenen Lösung.

Schwächen sind meistens der Ausgangspunkt für organisatorische Vorhaben. Weil etwas unbefriedigend ist, möchte man es ändern. Allerdings sind zu Beginn eines Projektes meistens nicht alle Schwächen bekannt. Sie müssen planmäßig gesucht und auf ihre Ursachen zurückgeführt werden.

Die Suche nach *Schwachstellen* darf aber nicht den Blick für die *Stärken* des Ist-Zustandes versperren. Oftmals ist man sich dieser Stärken gar nicht recht bewusst. Wie gut die bisherige Lösung war, merkt man erst dann, wenn es zu spät ist, wenn nämlich die neue Lösung schon eingeführt wurde. Die Kenntnis der Stärken ist genauso wichtig wie die Kenntnis der Schwachstellen. Nur wenn man sich der *Stärken* bewusst ist, kann man dafür sorgen, sie auch *für die Zukunft zu erhalten* oder, falls das nicht möglich ist, zusätzliche Maßnahmen ergreifen, um den Verlust einer Stärke zu kompensieren.

Darüber hinaus sollten auch die zukünftigen *Chancen* wie die *Risiken des Ist-Zustandes ermittelt* werden. Nur erkannte Chancen können bewusst genutzt, nur erkannte Risiken können bewusst vermieden werden.

Stärken und Schwächen, Chancen und Risiken müssen auf ihre *Ursachen* untersucht werden, um mit neuen Lösungen nicht am Symptom zu kurieren. Sind z.B. die Ursachen für Schwächen bekannt, ist es oftmals relativ einfach, auch sinnvolle Lösungen zu finden. Sind die Ursachen für Stärken bekannt, fällt es leichter, sie zu erhalten.

Nach der Ermittlung der Stärken und Schwächen, der Chancen und der Risiken sind die *Ziele* zu *überarbeiten*. Aus Schwächen (Problemen) werden ebenso Ziele (z.B. lange Durchlaufzeiten im Ist werden zum Ziel „kurze Durchlaufzeiten“) wie aus Stärken (z.B. gute Beziehungen zum Kunden werden zum Ziel „Kundenbindung fördern“). Aus Chancen können ebenso Ziele abgeleitet werden (z.B. Erweiterungsfähigkeit einer Lösung, wenn die Chance besteht, einen Mitbewerber aufzukaufen) wie aus Risiken (wenn z.B. der Lieferant von Hardware ausfallen könnte, dann wäre ein denkbares Ziel „Sicherung der technischen Unterstützung“). Bei bekannten Risiken können frühzeitig vorbeugende Maßnahmen ergriffen werden, an die sonst niemand gedacht hätte.

Zur Würdigung des Ist-Zustandes können verschiedene *Techniken* herangezogen werden:

- Systematische Verfahren
- unsystematische Verfahren.

Zu den *systematischen Verfahren* zählen solche Vorgehensweisen, die sich weniger auf Erfahrung, Zufall oder Fingerspitzengefühl als vielmehr auf ein *planvolles Vor-*

gehen abstützen. Dazu zählen die *systematische Problemanalyse* und das *Benchmarking*.

Zu den *unsystematischen Verfahren* werden die schriftliche oder mündliche *Befragung* beteiligter oder betroffener Mitarbeiter oder Fachleute, das intuitive sowie das auf Erfahrung basierende Vorgehen gezählt. Ein Sonderfall beim Vorgehen, das auf Erfahrungen gründet, ist der *Prüffragenkatalog*. Prüffragenkataloge sind ungeordnete Auflistungen typischer Schwachstellen bzw. möglicher Lösungsansätze. Die Techniken der Würdigung werden im Kapitel 6 näher behandelt.

Daneben kann eine Vielzahl organisatorischer *Darstellungstechniken* aus dem Bereich der *Aufbau- und Ablauforganisation* Hinweise auf einzelne Mängelkategorien geben. Beispielhaft sei nur das Funktionendiagramm genannt. So lässt sich durch eine Auswertung des Funktionendiagramms feststellen, ob die Aufgaben vollständig und ohne Überschneidungen verteilt sind.

Prüffragenkataloge, systematische Problemanalyse, Benchmarking und andere Techniken können aber immer nur Hilfsmittel sein, die den Bearbeiter in seiner eigenständigen, auf Fachkenntnissen und Erfahrung beruhenden Denkarbeit unterstützen. Von seinen Fähigkeiten und seiner Begabung wird es schließlich entscheidend abhängen, ob der Schritt „Würdigung" so abgeschlossen wird, dass daraus eine verbesserte Lösung erarbeitet werden kann.

> *Die Würdigung setzt sich wertend mit dem Ist-Zustand auseinander. Sie fragt nach Stärken und Schwächen, Chancen und Risiken der vorhandenen Lösung. Die Ergebnisse der Würdigung werden in die Projektziele eingearbeitet. Die systematische Problemanalyse, Benchmarking, Prüffragenkataloge und verschiedene Darstellungstechniken der Aufbau- und Ablauforganisation können dabei als Hilfsmittel dienen.*

2.3.6.4 Lösungsentwurf

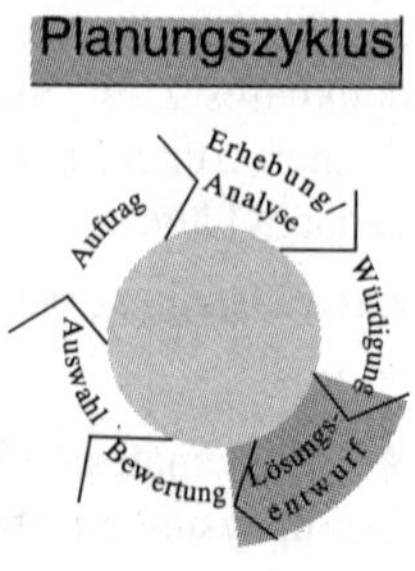

Nach der Erhebung, Analyse und Würdigung sind *Lösungsvarianten* zu *erarbeiten*. Je nach dem Standort im Planungsfortschritt handelt es sich um Grobkonzepte für das Gesamtproblem (Vorstudie), um Grobkonzepte für einzelne Problemfelder bzw. Teilprojekte (Hauptstudie) oder um Detailkonzepte (Teilstudien).

In der Erhebung und Analyse wird das Material für die Lösungen gewonnen. Es werden die zu verteilenden Aufgaben, die benötigten Informationen, die einzusetzenden Sachmittel usw. ermittelt. Im Lösungsentwurf werden diese Elemente miteinander verknüpft zu Abläufen, zu Stellen, zu Abteilungen, zu Sachmittelsystemen, zu Informationssystemen etc. Im engeren Wortsinn beginnt hier erst das eigentliche Organisieren. Die vorhergehenden Schritte sind - allerdings notwendige und wichtige – Vorarbeiten.

Zu einer rationalen Entscheidung gehört es, dass nicht die erstbeste mögliche Lösung auf ihre Eignung untersucht wird, sondern dass *Alternativen* gesammelt werden, zunächst noch ohne Bewertung. Mit der Zahl der vorliegenden Lösungsmöglichkeiten steigt die Wahrscheinlichkeit, dass die bestmögliche Lösung gefunden wird. Außerdem wird die Auswahl der bestmöglichen Lösung erleichtert, wenn alternative Lösungen vorliegen, da so die relativen Vor- und Nachteile einzelner Varianten erkannt werden können.

Der Lösungsentwurf lässt sich nur in geringem Umfang durch Techniken unterstützen. Zu groß ist das Spektrum organisatorischer Fragestellungen, als dass hier Techniken eingesetzt werden könnten, die den Weg zur optimalen Lösung weisen. Lediglich die sogenannten *Kreativitätstechniken* können eine gewisse Hilfe bieten. Unter Umständen ist auch die *Moderationstechnik* hilfreich, wenn Lösungen beispielsweise mit den Betroffenen gemeinsam erarbeitet werden. Ansonsten ist der Projektverantwortliche hier auf die Ergebnisse der Befragungen, auf seine Erfahrungen und auch auf seine Kombinationsfähigkeit und Vorstellungskraft angewiesen. *Organisatorisches Arbeiten ist immer auch schöpferisches Arbeiten*, das sich nur teilweise technisch unterstützen lässt (zu den *Techniken des Lösungsentwurfs* siehe Kapitel 7).

> *Im Lösungsentwurf werden - möglichst mehrere – Lösungsvarianten erarbeitet mit dem Ziel, die bestmögliche Lösung zu erkennen.*

2.3.6.5 Bewertung und Auswahl

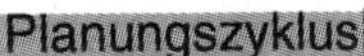

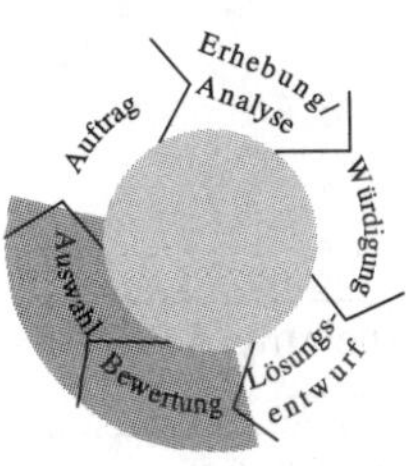

In einer Bewertung werden Aussagen darüber gemacht, inwieweit mit Hilfe der erarbeiteten *Varianten die gesetzten Ziele erreicht* werden können. Da sowohl die Aussage darüber, was ein Ziel ist, wie auch die Aussage, wie wichtig ein Ziel ist, ja selbst die Aussage, ob eine Variante ein Ziel mehr oder weniger gut erreicht, von individuellen Wertmaßstäben abhängt, - unterschiedliche Bewerter kommen auch zu unterschiedlichen Ergebnissen - kann es *keine objektive Bewertung* geben. Die Objektivierung der Bewertung ist methodisch nicht zu lösen. Das führt zu einem Dilemma, da ja bekanntlich gerade bei Organisationsvorhaben ganz verschiedene „Parteien“ mit sehr unterschiedlichen Präferenzen beteiligt sind.

Das Ziel kann also nicht heißen, so objektiv wie möglich zu bewerten - eine solche Zielsetzung klingt zwar plausibel, ist aber praktisch nicht umzusetzen. Vielmehr sind die *Entscheidungsgrundlagen* so *transparent* wie möglich zu *machen*, so dass die Entscheider erkennen können, unter welchen Prämissen die Bewerter zu ihrer Aussage gekommen sind. Die Entscheider müssen dann sagen, ob sie die Prämissen akzeptieren. Wenn sie gegebenenfalls anders werten, müssen die Auswirkungen dieser Abweichungen ermittelt werden.

Die Forderung nach hoher Transparenz kann eine rein verbale Bewertung, in der Vor- und Nachteile der Varianten aufgezählt werden, nicht erfüllen. Wesentlich besser geeignet sind systematische Bewertungstechniken wie

- Nutzwertanalyse und
- Kosten-Wirksamkeits-Analyse,

die im Abschnitt Bewertungstechniken (Kapitel 8) vorgestellt werden.

An die Bewertung - genauer gesagt an den Bewertungsvorschlag - durch die Projektverantwortlichen schließt sich dann die *Bewertung durch die dazu befugten Stellen oder Gremien* an. Diese Bewertung mündet in die Auswahlentscheidung, die gleichzeitig die Grundlage für den Auftrag zur nächsten Projektphase bildet. Womit sich ein Kreis (Zyklus) geschlossen hat und gleichzeitig ein neuer Kreis beginnt.

> *In der Bewertung wird ermittelt, inwieweit die Varianten die gesetzten Ziele erreichen. Der Bewertungsvorschlag sollte für den Entscheider nachvollziehbar sein.*

Die Bestandteile des Planungszyklus werden in der folgenden Übersicht noch einmal zusammengefasst.

Schritt im Zyklus	zu erledigende Aufgaben
Auftrag	Ziele, Restriktionen, Projektorganisation, Termine, Kosten (Budget) für diese Phase. Damit muss am Ende der Phase eine neue Entscheidung eingeholt/gefällt werden. Da Aufträge oft unvollständig (zu vage) oder zu sehr lösungsorientiert formuliert werden, ist ein vollständig formulierter Auftrag als Holschuld des Projektleiters anzusehen (siehe Muster Projektauftrag)
Erhebung/Analyse	Sammeln von Informationen zum Ist-Zustand und über die zukünftige Entwicklung. Ordnen des erhobenen Materials
Würdigung	Ermittlung von Stärken und Schwächen, Chancen und Risiken des Ist-Zustandes. Überarbeitung des Zielkatalogs für das Projekt/Teilprojekt
Lösungsentwurf	Sammlung möglicher Lösungen - in der Vorstudie sollte die Ist-Lösung auch eine Variante sein

Bewertung	Die ermittelten Varianten werden den zu erreichenden Zielen gegenübergestellt. Der Zielerreichungsgrad der Varianten wird ermittelt. Es wird eine Empfehlung für die Entscheider erarbeitet
Auswahl	Die Entscheidungsberechtigten überprüfen den Vorschlag und legen verbindlich fest, wie weiter vorzugehen ist. Wenn das Projekt fortgeführt wird, erteilen sie einen Auftrag für das weitere Vorgehen.

Abb. 2.17: Bestandteile eines Planungszyklus

2.3.7 Vorgehensweise

Organisatorische Vorhaben können idealtypisch auf zwei verschiedenen Wegen angegangen werden

- man orientiert sich am Ist-Zustand und versucht, diesen Zustand punktuell zu verbessern. Hier wird von einem empirischen Vorgehen gesprochen
- der vorgefundene Zustand wird grundsätzlich in Frage gestellt. Man denkt über völlig andere Lösungen nach. In diesem Fall spricht man von einem konzeptionellen Vorgehen.

Diese beiden Vorgehensweisen werden in der folgenden Übersicht kurz skizziert und bewertet. Die empirische Vorgehensweise entspricht weitgehend dem japanischen Kaizen. Sie kann auch als „Politik der kleinen Schritte" bezeichnet werden.

Übersicht zum Vorgehen

Empirisches Vorgehen	Konzeptionelles Vorgehen
Zielt primär auf die punktuelle Beseitigung von Schwachstellen des Ist-Zustandes	Zielt primär auf grundlegend neue Lösungsmodelle zur Optimierung
Erfordert eine detaillierte Erhebung und Analyse	Erfordert nur die Erhebung und Analyse von allgemeinen Informationen und Rahmenbedingungen. Es ist allerdings zu beachten, dass es auch bei einem konzeptionellen Vorgehen einen Ist-Zustand gibt. Die Würdigung dient dazu, Lösungsanforderungen zu ermitteln

Fortsetzung siehe nächste Seite

Projekte werden intuitiv - wenn man sich über das Vorgehen keine Gedanken macht - empirisch bearbeitet, dieses insbesondere, wenn • man im Detail steckt • der Fachbereich das Projekt bearbeitet • wenig Risikobereitschaft besteht	Konzeptionelles Vorgehen erfolgt normalerweise bewusst am Ende der Vorstudie oder - bezogen auf Teilprojekte - am Ende der Hauptstudie. In Vor- und Hauptstudie werden empirische und konzeptionelle Grobvarianten untersucht. Die Entscheidung fällt für ein konzeptionelles Vorgehen wenn: • Ist-Zustand hoffnungslos überholt ist • Planer echte - attraktive - Varianten zum Ist-Zustand kennen • von vornherein Neuland betreten werden soll
Vorteile	**Vorteile**
• geringes Risiko • niedrige Kosten • schnell vorliegende Ergebnisse • weniger Änderungswiderstand im Fachbereich • leichtere Einführung, weniger Umstellungsprobleme • weniger „anstrengend"	• große Chance für eine substantielle Verbesserung

Abb. 2.18: Empirisches und konzeptionelles Vorgehen

2.3.8 Zusammenhang zwischen Projektphasen und Techniken

Die meisten Techniken, die in den folgenden Kapiteln behandelt werden, können einzelnen Projektphasen bzw. den Schritten des Planungszyklus zugeordnet werden. Die folgende Abbildung zeigt die wichtigsten Techniken und ihren Bezug zu den Projektphasen.

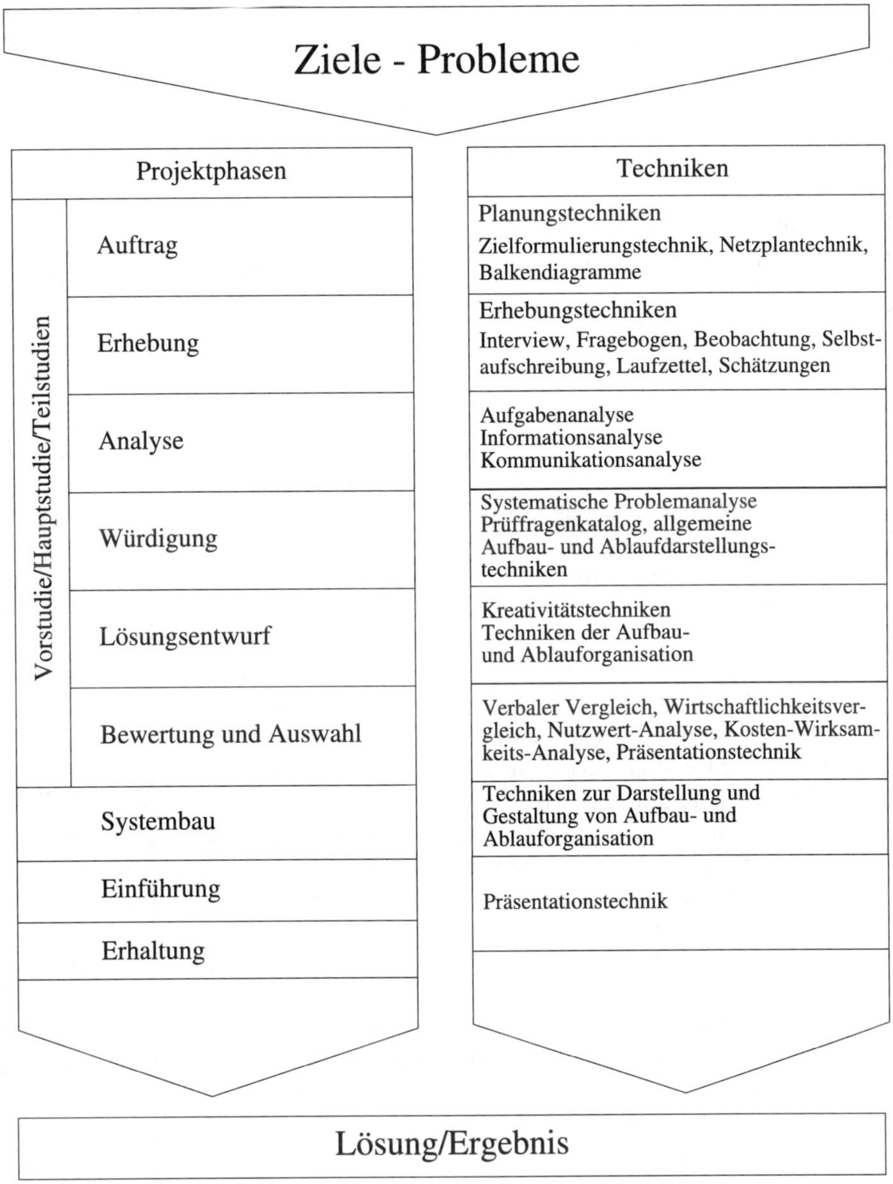

Abb. 2.19: Zusammenhang zwischen Projektphasen und Techniken

Fragen zum Kapitel 2a	Texte dazu auf Seite
1. Erklären Sie den Begriff „Methode“.	33
2. Was wird als Projekt bezeichnet?	33f
3. Warum sollten die Entscheider laufend in das Projekt eingeschaltet werden?	35f
4. Welchen Restriktionen kann ein Projekt unterliegen?	37f
5. Was versteht man unter einer Insellösung und welche Gefahren bringt eine Insellösung für das gesamte Projekt?	38f
6. Erläutern Sie den Unterschied zwischen den Projektphasen und dem Planungszyklus.	41f
7. Was verstehen Sie unter einem geregelten Projektantragsverfahren?	42f
8. Warum ist der Projektauftrag eine Holschuld des Projektleiters?	42f
9. Welchem Zweck dient eine Vorstudie?	43f
10. Welche Informationen sollten einem Entscheider am Ende der Vorstudie zur Verfügung gestellt werden?	44
11. Nennen Sie die Kernpunkte der Hauptstudie.	47
12. Grenzen Sie die Teilstudien vom Systembau ab.	52
13. Welche Ergebnisse müssen im Systembau erstellt werden?	52f
14. Was ist der Unterschied zwischen einer Projektdokumentation und einer Benutzerdokumentation?	52
15. Nennen Sie wichtige Regeln, die bei der Einführung organisatorischer Neuerungen zu beachten sind	59f
16. Erklären Sie die Aussage: Es ist zu spät, wenn erst in der Einführungsphase mit der Einführung begonnen wird.	53
17. Was ist der Grund dafür, dass ein Simultaneous Engineering-Ansatz gewählt wird?	69
18. Was ist ein ereignisorientierter, was ein zeitorientierter Entscheidungspunkt?	63
19. Welche Schritte werden in einem Planungszyklus durchlaufen?	78
20. Welche Sachverhalte gehören zu einem vollständigen Organisationsauftrag?	78f
21. Warum empfiehlt es sich, mehrere Lösungsvarianten zu erarbeiten?	85
22. Warum sind Entscheidungsgrundlagen so transparent wie möglich aufzubereiten?	85f
23. Welche Vorteile weist das empirische Vorgehen im Vergleich mit dem konzeptionellen Vorgehen auf?	88

Weiterführende Literatur zu diesem Abschnitt

Charbonnel, G; F. Calmes; Ph. Dumas: La méthode OSSAD pour maîtriser les technologies de l'information. Paris 1990

Chestnut, H.: Methoden der Systementwicklung. München 1973

Cleland, D.I.; W.R. King (Hrsg.): Project Management Handbook. New York 1988

Daenzer, W.F.; Huber, F. (Hrsg.): Systems Engineering. Methodik und Praxis. Haberfellner/Nagel/Becker/Büchel/von Massow. 9. Auflage, Zürich 1997

Frühauf, K.; J. Ludewig; H. Sandmayr: Software-Projektmanagement und -Qualitätssicherung. 2. Aufl., Stuttgart 1991

Heinrich, L.J.; P. Burgholzer: Systemplanung. Die Planung von Informations- und Kommunikationssystemen. Band 1. Der Prozeß der Systemplanung, Vorstudie und Feinstudie. 7. Aufl., München/Wien 1996

Krüger, W.: Organisatorische Einführung von Anwendungssystemen. In: Handbuch der Wirtschaftsinformatik. Hrsg.: K. Kurbel; H. Strunz. Stuttgart 1990

Krüger, W. (Hrsg.): Projekt-Management in der Krise. Probleme und Lösungsansätze. Frankfurt M./Bonn/New York 1986

Litke, H.-D.: Projektmanagement. Methoden, Techniken, Verhaltensweisen. 9. Aufl., München/Wien 1995

Madauss, B.J.: Handbuch Projektmanagement. 5. Aufl., Stuttgart 1994

Schönbach, G.: Total Quality Management bei Projekten. Projekt Management 4/1993, S. 9 - 23

Siemens AG (Hrsg.): Organisationsplanung. Planung durch Kooperation. 8. Aufl., Berlin/München 1992

Ulrich, H.; G.J.B. Probst: Anleitung zum ganzheitlichen Denken und Handeln. 3. Aufl., Stuttgart 1991

Zehnder, C.A.: Informatik-Projektentwicklung. 2. Aufl., Stuttgart 1991

2.4 Systemdenken

2.4.1 Einordnung und Ziele

Das Systemdenken ist ein wesentlicher Bestandteil der methodischen Arbeit. Es *überlagert* und *ergänzt* die *ablauforientierte Betrachtung* der Projektphasen. Das Systemdenken kann somit in allen Projektphasen herangezogen werden und dabei die Arbeit in den einzelnen Schritten des Planungszyklus erleichtern. Allgemein formuliert unterstützt und organisiert das Systemdenken die gedankliche Auseinandersetzung mit einem Vorhaben in folgender Hinsicht:

Beschreiben und *Abgrenzen* der *Ausgangssituation* und der Wirkzusammenhänge in der Ausgangssituation (= modellieren und analysieren des Problemfeldes)

- Abgrenzen der Sachverhalte, die zu verändern sind (= Lösungsbereich bestimmen)
- Ermitteln von Beziehungen (Schnittstellen) zwischen abgegrenzten Einheiten
- Beschreiben der Lösungen und ihrer Auswirkungen (= modellieren, analysieren und bewerten von Lösungsvarianten).

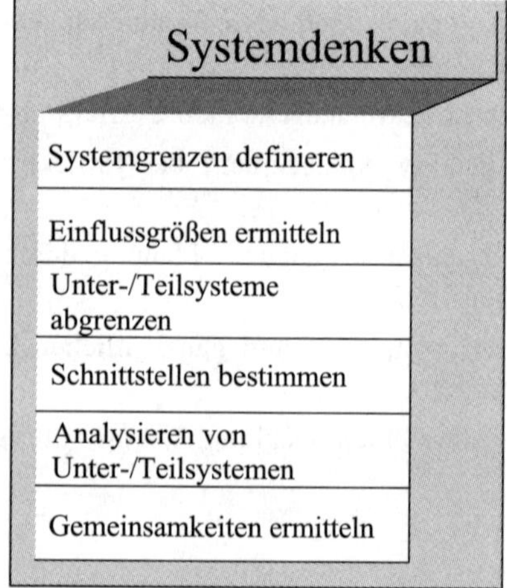

Abb. 2.20: Bestandteile des Systemdenkens

Die Zusammenhänge zwischen dem Systemdenken und dem Projektablauf werden am Ende dieses Abschnittes noch einmal aufgegriffen, nachdem das Systemdenken vorgestellt wurde.

Eine Organisationsmethode muss dazu dienen, praktische Probleme gezielt und mit möglichst geringem Aufwand zu bearbeiten. Der Projektablauf will dazu beitragen, indem er Regeln für das zeitliche Vorgehen in organisatorischen Projekten anbietet. Das Systemdenken gibt ein Instrumentarium an die Hand, das vor allem dann besonders wirkungsvoll ist, wenn *komplexe, vielschichtige Aufgabenstellungen* bearbeitet werden müssen, wobei zu Beginn häufig noch gar nicht feststeht, was alles zum Problemfeld gehört, was die Ursachen für erkennbare Probleme sind etc.

Die Grundidee des Systemdenkens ist ein *Vorgehen vom Groben ins Detail* und *von außen nach innen*. Mit diesen Grundgedanken und den daraus abgeleiteten Bestandteilen des Systemdenkens wird es möglich, auch sehr komplexe Probleme zu „durchschauen" und handhabbar zu machen.

Derartige Hilfen werden immer wichtiger. Gerade im Bereich der Datenverarbeitung oder der Kommunikation, aber auch in anderen organisatorischen und sonstigen Fragestellungen ist ein deutlicher Trend zur Komplexität festzustellen. Das ist eine Folge der steigenden Leistungsfähigkeit der Technik, der zunehmenden Anforderungen der Anwender, der immer unübersichtlicher werdenden Flut von Regelungen und Vorschriften, die an die Planer immer größere Anforderungen stellen.

Beispiel: In einer Personalabteilung fallen sehr viele Informationen über die Mitarbeiter an. So gibt es Gehaltslisten, Urlaubslisten, Aufstellungen über Krankheitsabwesenheiten, Statistiken über die Personalstruktur, Listen über Fortbildungsmaßnahmen der einzelnen Mitarbeiter usw. Für jede einzelne Aufstellung eine Anwendung zu entwickeln, ist relativ einfach. Selbst unerfahrene Programmierer können solche Programme schreiben. Sollen jetzt aber alle diese isolierten Anwendungen zu einem integrierten „Personal-Informations-System" verdichtet werden, steigt die Komplexität sprunghaft auf ein Vielfaches. Dazu ein organisationsferner Vergleich: Wenn man einen zwei Meter breiten Graben überwinden will, nimmt man sich ein Brett und legt es über den Graben. Dieses Verfahren kann auch noch bei einem 3-4 Meter breiten Graben klappen. Mit leistungsfähigeren Materialien geht es vielleicht auch noch bis 10 Meter. Dann bekommt diese Aufgabe eine neue Dimension, für die man sich besser eines Fachmannes bedient. Ein 200 Meter breiter Graben ist nur mit ingenieurmäßig sehr anspruchsvollen Methoden zu überwinden. Genau in dieser Situation befinden sich heute die meisten Organisatoren und Systementwickler.

Das Systemdenken erweist sich immer dann als besonders wirkungsvoll, wenn Projekte komplex sind - es sind viele Elemente und vielschichtige Beziehungen zu beachten - und wenn darüber hinaus das System im Zeitablauf eine große Anzahl unterschiedlicher Zustände annehmen kann (zeitliche Dynamik).

Da sich Ingenieure schon lange mit komplexen technischen Systemen befassen, ist es nur naheliegend, sich auch für die Entwicklung nicht-technischer Systeme der Verfahren zu bedienen, die sich bei den Technikern bewährt haben. Die Anwendung des Systemdenkens auf organisatorische Problemstellungen wird auch als *Systems-Engineering*, d. h. als die ingenieurmäßige Gestaltung von Systemen bezeichnet. Pionierarbeit in dieser Richtung haben u.a. Wissenschaftler der Eidgenössisch Technischen Hochschule in Zürich geleistet, auf deren Ergebnissen hier aufgebaut wird.

Die Ziele des Systemdenkens werden in der folgenden Übersicht zusammengefasst. Welche Bestandteile des Systemdenkens welchen Beitrag leisten können, wird auf den folgenden Seiten deutlich.

Mit dem Systemdenken werden hauptsächlich folgende Ziele angestrebt	
Das „richtige“ Problem anfassen	Es soll frühzeitig präzisiert werden, welche Bereiche überhaupt organisatorisch verändert werden dürfen. Das ist insofern oft schwierig, als bei genauer Betrachtung und gründlicher Arbeit selbst isolierte Aufgabenstellungen sehr „ausufern“ können. Außerdem soll frühzeitig erkannt werden, was • unbedingt herauskommen muss • auf keinen Fall herauskommen darf.
Beherrschen komplexer Probleme	Es soll gewährleistet werden, dass • komplexe Probleme in leichter beherrschbare Teilprobleme untergliedert werden, die auch arbeitsteilig erledigt werden können • bei der Arbeit im Detail der Überblick erhalten bleibt • integrationsfähige Lösungen entstehen (Insellösungen vermieden werden) • Systeme in ihre Umwelt passen.
Realistischen Projektaufwand abschätzen	Es sollen Hilfen geboten werden, schon frühzeitig zu erkennen, welcher Aufwand mit dem Projekt verbunden sein wird.
Rationalisierungspotenziale nutzen	Es soll gewährleistet werden, dass • gleiche Probleme gleich gelöst werden • standardisierte Lösungselemente gemeinsam genutzt werden (Modularisierung) • überflüssige Bestandteile (z.B. redundante Daten oder Doppelspurigkeiten) erkannt und vermieden werden.

Das Systemdenken soll helfen, auch komplexe und vielschichtige Probleme abzugrenzen, leichter zu bearbeiten und möglichst redundanzfreie Ergebnisse zu erhalten. Es basiert auf dem Systems Engineering.

2.4.2 Begriffe

Ein *System* ist gegenüber seiner Umwelt *abgegrenzt*. Es besteht aus *Teilen (Elementen), die miteinander verknüpft sind (Beziehungen) und die aufeinander einwirken. Elemente* sind Bestandteile eines Systems, die - auf einer bestimmten Betrachtungsebene - nicht mehr unterteilt werden sollen. *Beziehungen* sind Verbindungen (Relationen, Verknüpfungen) zwischen Elementen aber auch zwischen Systemen, zwischen Teilsystemen sowie zwischen dem System und der Systemumwelt. Bei planmäßig gestalteten Systemen werden Elemente so ausgewählt und miteinander verbunden, dass bestimmte Ziele möglichst gut erreicht werden können.

Beispiel: Der Vertrieb eines Unternehmens kann als ein System aufgefasst werden. Grundlegende Elemente sind Aufgaben (Bedarf ermitteln, Kunden besuchen, Angebote erstellen, interne Aufträge schreiben usw.). Die Aufgaben werden durch Beziehungen miteinander verknüpft, es werden Aufgabenpakete verschnürt - Stellen gebildet. Diese Aufgabenpakete werden einer weiteren Gruppe von Elementen zugeordnet, den Aufgabenträgern. Es werden also Beziehungen zwischen Aufgaben und Aufgabenträgern hergestellt. Dann werden die Stellen untereinander durch Ablauf-, Kommunikations- und Weisungsbeziehungen miteinander verbunden. Den Stellen werden Sachmittel und Informationen zugeordnet, so dass weitere Beziehungen entstehen. Alle Regelungen ordnen sich dem Ziel unter, möglichst wirkungsvoll die vorhandenen Produkte am Markt zu verkaufen und frühzeitig die Anforderungen des Marktes zu erkennen. Diese wenigen Beispiele sollen verdeutlichen, dass sich hinter den abstrakten Begriffen „Elemente" und „Beziehungen" ganz konkrete - im Beispiel organisatorische - Sachverhalte verbergen.
Um den Verkauf als ein System zu definieren, muss er aber auch von den übrigen Sachverhalten abgegrenzt werden, die nicht zum System zählen. Hier kann die Grenze formal um die Organisationseinheit herum gezogen werden, die für den Verkauf zuständig ist. Es ist aber auch möglich, die Grenze weiter zu ziehen, und alle Beteiligten dazu zu zählen, die Aufgaben im Zusammenhang mit dem Verkauf erledigen. So schreibt beispielsweise die Buchhaltung die Rechnungen, in der Betriebswirtschaftlichen Abteilung werden Verkaufsstatistiken erstellt, die Entwicklungsabteilung arbeitet bei der Angebotserstellung mit usw.

Das Systemdenken kann und will keine Aussagen machen, wo die Grenze eines Systems verläuft. Das *Systemdenken fordert den Bearbeiter eines Projektes* lediglich *auf, sich bewusst* mit dem System und damit auch *mit der Systemgrenze auseinander zu setzen,* mit anderen Worten: Für jedes Projekt ist die Systemgrenze bewusst zu definieren. Aus diesen Bemerkungen wird deutlich, dass es keine Systeme gibt, die zu entdecken wären. Vielmehr wird ein System durch bewusste Entscheidungen als solches definiert. Systemorientiertes Arbeiten setzt also voraus, dass für jedes Projekt die Systemgrenze bestimmt und damit auch die Projektgröße festgelegt werden muss.

Ein System, das *außerhalb der Systemgrenzen* liegt, *zu dem abgegrenzten System aber Beziehungen aufweist*, wird als *Umsystem* bezeichnet. Die *Summe aller Umsysteme* bildet die *Systemumwelt*.

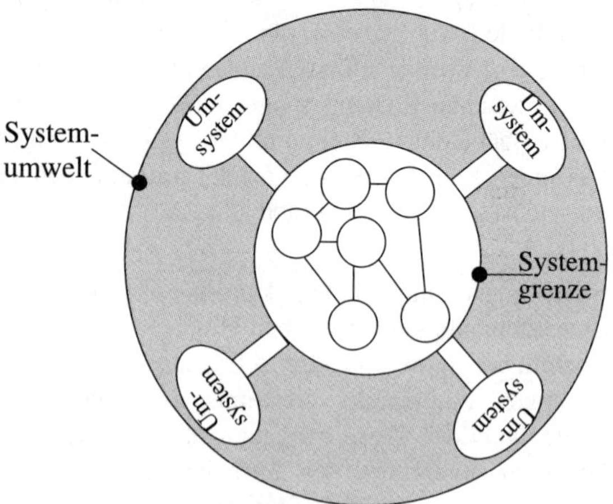

Abb. 2.21: System, Umsystem und Systemumwelt

Beispiel: Der Verkauf hat mit verschiedenen Umsystemen wie Kunden, Lieferanten und anderen Fachabteilungen zu tun. Normalerweise kann ein Lieferant nicht in die Organisation seiner Kunden oder Zulieferer eingreifen. Intern wurde entschieden, dass die anderen Fachabteilungen im Rahmen des Projektes ebenfalls nicht verändert werden dürfen. Dann bestehen zwar Beziehungen zu den Kunden, den Lieferanten und zu den anderen Fachabteilungen. Diese Beziehungen müssen erkannt und beachtet werden. Es gibt Schnittstellen zu diesen Einheiten. So bestellt ein bestimmter Kunde beispielsweise grundsätzlich, indem er dem Lieferanten Datenträger mit den Bestellpositionen sendet. Bei der Organisation des Verkaufs muss dann dafür gesorgt werden, dass diese Datenträger gelesen und die Bestelldaten effizient weiter verarbeitet werden können. Das Umsystem - der Kunde - beeinflusst also die Lösung, obwohl der Kunde nicht zum Projekt gehört.

Hier drängt sich die Frage auf, ob man das alles nicht „einfacher“ sagen könnte, ob diese neuen Begriffe - System, Systemgrenze, Umsystem usw. - denn überhaupt nötig sind. Im Augenblick fällt eine Begründung schwer. Dazu müsste das Instrumentarium bekannt sein. Deswegen soll hier erst einmal behauptet werden: Diese abstrakten Begriffe zum Systemdenken und das damit verbundene Denkmodell erleichtert den Umgang mit komplexen organisatorischen Problemen. Die Erklärung dafür wird im Folgenden gegeben.

Zur Darstellung des Systemdenkens soll folgendes Beispiel zugrunde gelegt werden: Die Auftragsabwicklung in einem Verlagsbetrieb soll reorganisiert werden. Es handelt sich um einen Fachverlag für Bücher und Fachzeitschriften.

Beispiel: Mit dem Auftraggeber, dem Geschäftsführer des Verlages, wurden in einem Vorgespräch folgende Ziele vereinbart, die bei der Lösung zu beachten sind:

- Schnelle Abwicklung von Aufträgen
- fehlerfreie Auslieferungen
- eine möglichst kostengünstige Lösung.

Der gesamte Verlag kann als ein System angesehen werden. Er ist aber offensichtlich nicht *das* System, das hier neu zu gestalten ist. Hier setzt das Systemdenken an.

Systeme bestehen aus Elementen und Beziehungen. Sie müssen nach außen abgegrenzt werden. Die Abgrenzung von Systemen ist eine bewusste Entscheidung der Verantwortlichen. Das Umsystem weist Beziehungen zum System auf, soll oder kann aber im Rahmen desProjektes nicht verändert werden.

2.4.3 Bestandteile des Systemdenkens

Hier sollen sechs wesentliche Bestandteile des Systemdenkens behandelt werden, die für die praktische Projektarbeit besonders wichtig sind. Dabei handelt es sich um folgende Punkte, die hier als SEUSAG merktechnisch verdichtet werden:

S	**S**ystemgrenze bestimmen	Projekt abgrenzen
E	**E**influssgrößen ermitteln	Restriktionen und Rahmenbedingungen erkennen
U	**U**nter- und Teilsysteme abgrenzen	Zerlegen des Projektes in kleinere Einheiten
S	**S**chnittstellen ermitteln	Beziehungen zwischen den abgegrenzten kleineren Einheiten untereinander wie auch zum Umsystem ermitteln
A	**A**nalysieren	Erheben und Ordnen von Informationen über die abgegrenzten kleineren Einheiten
G	**G**emeinsamkeiten feststellen	Mehrfach vorkommende Aufgaben, Informationen (Elemente) in den abgegrenzten Einheiten herausfinden.

2.4.3.1 Klärung des Gestaltungsbereiches - Systemgrenzen bestimmen

Offensichtlich wünscht der Auftraggeber in dem eben skizzierten Beispielprojekt keine vollständige Reorganisation des Verlages. Vielmehr soll nur ein Bereich überarbeitet werden, der jedoch zu Beginn eines Projektes normalerweise noch nicht klar abgegrenzt ist. Deswegen muss der Projektverantwortliche so früh wie möglich die

Frage klären, innerhalb welcher Grenzen überhaupt organisatorische Veränderungen vorgenommen werden dürfen, was also angefasst werden darf. Hier geht es um die *Abgrenzung des Systems nach außen.* Solche Grenzen können einmal durch die organisatorischen Einheiten definiert werden. Es ist aber auch möglich, die Grenzen aus einem anderen Blickwinkel zu bestimmen. So könnte der Geschäftsführer vielleicht festlegen, dass durch dieses Vorhaben das Vergütungssystem nicht geändert werden darf. Auch durch eine solche Ausgrenzung wäre der Handlungsspielraum des Auftragnehmers eingeschränkt.

Hier soll die Klärung des Gestaltungsbereiches am Beispiel organisatorischer Einheiten demonstriert werden. Das Organigramm des Verlages sieht folgendermaßen aus:

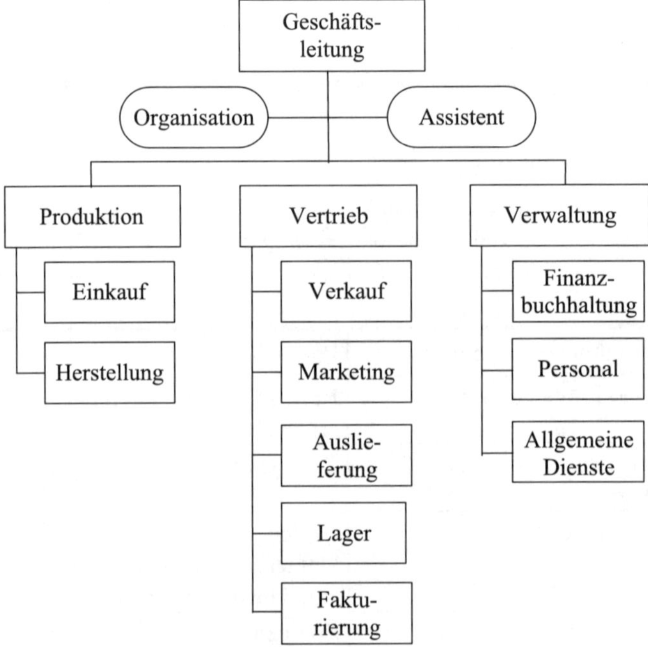

Abb: 2.22: Aufbauorganisation eines Verlages

Der Produktionsbereich ist offensichtlich nicht von diesem Projekt betroffen, da es keine Auftragsfertigung gibt. Alle Aufträge werden vom Lager ausgeliefert. Ein Vorschlag für die Abgrenzung des Gestaltungsbereiches könnte folgendermaßen aussehen:

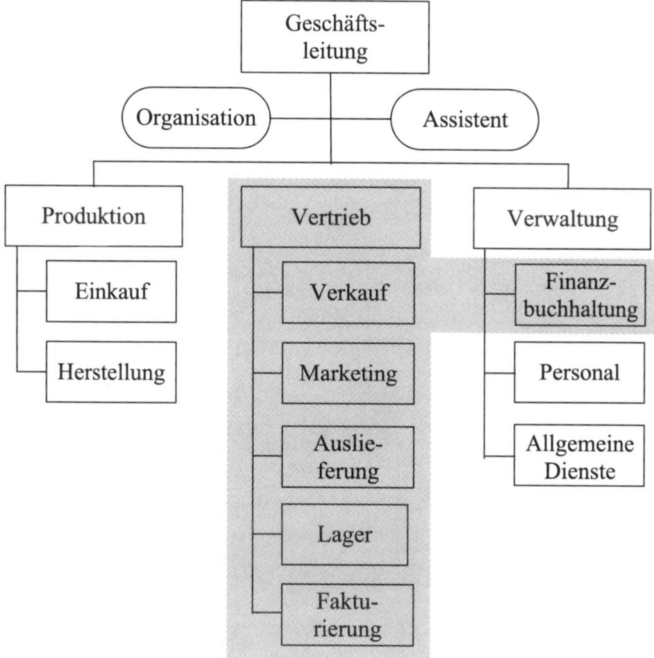

Abb. 2.23: Beispiel für eine Systemgrenze (1)

Nach einer Diskussion mit dem Auftraggeber stellt sich heraus, dass das Marketing mit dem täglichen Geschäft nichts zu tun hat und deswegen ausgeschlossen bleiben soll. Auch für den Vertriebsleiter selbst soll sich nichts ändern. Weiter steht der Auftraggeber auf dem Standpunkt, dass die Abläufe in der Finanzbuchhaltung, in der erst vor kurzem eine neue EDV-Anwendung eingeführt wurde, durch das Projekt nicht berührt werden dürfen. Die zur Finanzbuchhaltung führenden Schnittstellen müssen unverändert beibehalten werden.

Durch diese unterstellte Diskussion mit dem Auftraggeber und evtl. mit den Hauptverantwortlichen der betroffenen Einheiten hat sich der Untersuchungsbereich weiter eingeengt. Selbstverständlich hätte die Erörterung auch eine Erweiterung der Systemgrenzen mit sich bringen können.

Die Systemgrenzen für das Projekt sehen nun folgendermaßen aus :

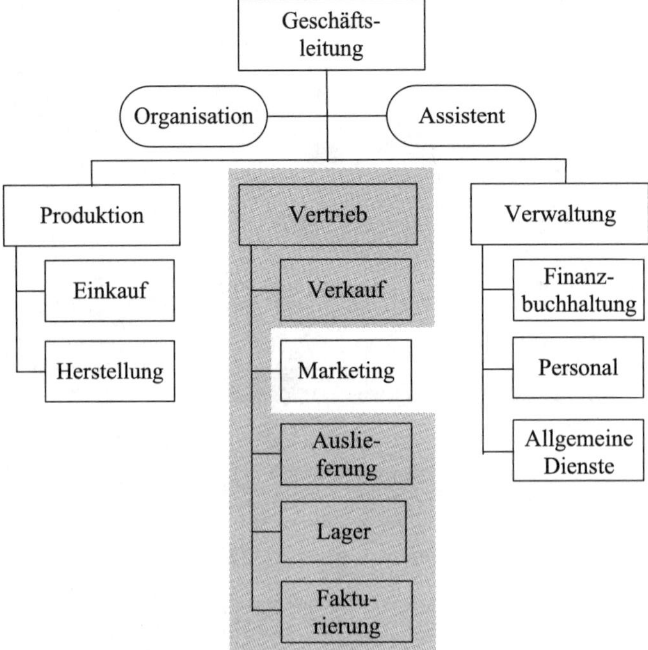

Abb. 2.24: Beispiel für eine Systemgrenze (2)

Welche *Bedeutung und* welche *Vorteile* hat dieser Schritt zur *Bestimmung der Systemgrenzen*?

- Es wird für die nächste Untersuchungsphase verbindlich festgelegt, wo überhaupt organisatorische Veränderungen vorgenommen werden dürfen und wo nicht. Alles, was außerhalb dieses Bereiches liegt, ist „Tabuzone". Diese Festlegung ist insofern sehr wichtig, als selbst kleinere Vorhaben sehr weitreichende Verästelungen haben, die jedoch aus Zeit-, Kosten- und Machtgründen usw. normalerweise nicht alle berücksichtigt werden können oder sollen.
- Der Projektverantwortliche und auch die Betroffenen wissen, wer alles vom Projekt „bedroht" ist. Mit Organisationsmaßnahmen geht meistens einige Unruhe einher, da viele Mitarbeiter für sich selbst Nachteile befürchten. Durch die festgelegten Grenzen wird die Unruhe auf die wirklich Betroffenen begrenzt.
- Durch die Systemgrenzen werden auch schon erste Hinweise auf die sogenannten Schnittstellen gegeben, d. h. auf Berührungspunkte zu fertigen oder nicht veränderbaren Bereichen.
- Klare Systemgrenzen geben Hinweise, wo überhaupt detaillierte Informationen erhoben werden müssen. Damit wird der Untersuchungsaufwand klarer erkennbar und meistens auch schon frühzeitig reduziert.
- Durch die Systemgrenzen wird gleichzeitig auch der Bereich möglicher Lösungen eingegrenzt. Es sind nur noch Lösungen zulässig, die innerhalb der definierten Grenzen realisiert werden können. Das ist ein weiterer Hinweis darauf, dass

sich durch klare Systemgrenzen oftmals der Untersuchungsaufwand deutlich verringern lässt.

Folgende Grundsätze sind bei der Systemabgrenzung zu beachten:	
Laufende Abstimmung mit dem Auftraggeber	Die Entscheidung über die Systemgrenze kann nur der Auftraggeber fällen. Deswegen ist er frühzeitig – erstmals bei der Abstimmung des Auftrages zur Vorstudie – zur Systemgrenze zu befragen. Selbstverständlich sollte der Projektleiter dazu eigene Vorstellungen entwickeln, um den Auftraggeber beraten zu können. Die einmal festgelegte Grenze ist im Projektfortschritt ständig darauf hin zu überprüfen, ob sie nach wie vor sinnvoll ist.
Weite Grenzen zu Beginn	In den frühen Phasen eines Projektes empfiehlt es sich, die Grenzen eher weit zu ziehen und dann schrittweise solche Bereiche auszugrenzen, die nicht bearbeitet werden sollen. Zu Beginn setzt man sich normalerweise nur sehr global mit einem Problem auseinander, so dass der Aufwand für dieses Vorgehen vertretbar bleibt. Werden demgegenüber wichtige Teilbereiche zu spät erkannt und nachträglich hinzu genommen, kann die gesamte bisherige Planung in Frage gestellt werden.
Minimierung von Schnittstellen	Bei der Festlegung der Systemgrenze sollte beachtet werden, dass möglichst wenige und einfache Schnittstellen entstehen (Übergewicht der inneren Bindung), um die Koordination zum Umsystem zu erleichtern.
Bestimmung des relevanten Umsystems	Mit der Abgrenzung wird der Bereich definiert, innerhalb dessen Änderungen vorgenommen werden dürfen. Dazu sind aber auch Sachverhalte zu untersuchen, die außerhalb der Systemgrenze angesiedelt sind. Der Projektverantwortliche muß sich also bewusst mit der Frage auseinandersetzen, welche Informationen über das Umsystem zu erheben und zu analysieren sind, damit das neu zu schaffende System später auch in seine Umwelt hinein passt.

Durch die Bestimmung der Systemgrenze wird festgelegt, welcher Bereich überhaupt von einem organisatorischen Vorhaben betroffen ist - Systemabgrenzung nach außen. Diese Übereinkunft ist mit dem Auftraggeber zu treffen, laufend zu überprüfen und bei Bedarf zu korrigieren. Bei der Grenzziehung ist die Minimierung der Schnittstellen zu beachten. Weiterhin muss der relevante Bereich des Umsystems bestimmt werden.

2.4.3.2 Ermitteln von Einflussgrößen

Organisatorische Vorhaben spielen sich nie im luftleeren Raum ab. Es sind vielerlei Einflussgrößen zu beachten. Hier werden zwei Gruppen von Einflussgrößen unterschieden:

Einflussgrößen	
Restriktionen	**Rahmenbedingungen**
Zwingende Vorgaben: Was muss eingehalten werden? Was darf nicht herauskommen?	Welche Sachverhalte sind zu beachten, weil von ihnen wichtige Einflüsse auf die Eignung der Lösung zu erwarten sind?

Restriktionen

Restriktionen sind *verbindliche Vorgaben, die zwingend eingehalten werden müssen.* Damit ist eine Restriktion grundsätzlich so zu formulieren, dass sie immer mit Ja (erreicht, eingehalten) oder Nein (nicht erreicht, nicht eingehalten) beurteilt werden kann. Eine mögliche Vorgabe könnte es sein, dass die EDV-Anwendung in der Finanzbuchhaltung als gegeben hingenommen werden muss und nicht verändert werden darf. Daneben könnte es noch weitere Restriktionen geben, die bei der Neugestaltung der Auftragsabwicklung zu berücksichtigen sind, und die teilweise betrieblicher und teilweise außerbetrieblicher Art sein können. Betriebliche Vorgaben sind beispielsweise begrenzte finanzielle Mittel (z. B. „darf nicht mehr kosten als ..."), außerbetriebliche Restriktionen sind Vorschriften, Verträge oder Gesetze.

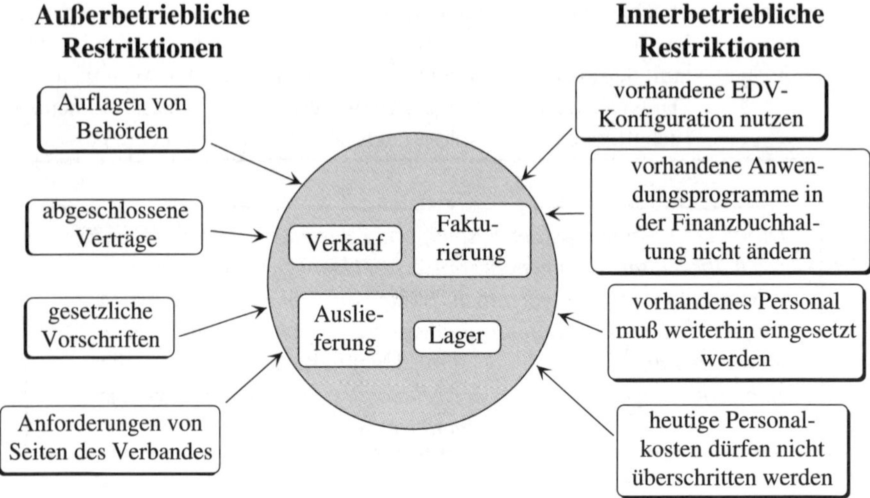

Abb. 2.25: Restriktionen

Dieser Bestandteil des Systemdenkens soll wiederum anhand des Beispiels verdeutlicht werden (siehe dazu Abb. 2.25)

Letztlich ist auch die zuvor genannte *Systemgrenze eine Restriktion* für das Projekt.

Normalerweise begrenzen Restriktionen den Lösungsspielraum des Projektverantwortlichen; sie zeigen ihm die Grenzen auf. Daraus wird auch schon deutlich, welche *Vorteile* es hat, die Restriktionen frühzeitig zu ermitteln:

- Der Projektleiter erkennt, welche Muss- bzw. Darf-Nicht-Lösungen vom Auftraggeber erwartet werden. Das engt zwar den Bereich möglicher Lösungen – unter Umständen drastisch - ein, verhindert aber auch, dass Lösungen an den Wünschen der Entscheidungsberechtigten vorbei laufen.
- Der Projektverantwortliche setzt sich so früh wie möglich mit außerbetrieblichen Faktoren auseinander, die bestimmte Lösungselemente erzwingen aber auch Lösungsbestandteile verhindern können.
- Restriktionen begrenzen in der Regel den Aufwand für ein Projekt. Bestimmte, grundsätzlich mögliche Varianten oder Bereiche werden von vornherein ausgeschlossen. Allerdings können zwingende Vorgaben im Einzelfall auch dazu führen, dass mehr Aufwand betrieben werden muss, als ursprünglich geplant.
- Die Restriktionen müssen mit dem Projektfortschritt laufend kontrolliert werden. Insbesondere die innerbetrieblichen - also aus Sicht des Auftraggebers zumindest teilweise veränderlichen - Größen werden normalerweise zu Beginn etwas allgemeiner und lockerer gefasst. Je mehr man über das Projekt weiß, desto enger wird der Gürtel gespannt - so wird z. B. der für das Projekt gültige Finanzrahmen immer mehr konkretisiert.

Rahmenbedingungen

Rahmenbedingungen sind *für das Projekt relevante Sachverhalte, die durch das Projekt nicht unmittelbar verändert werden können*, die also nicht Gegenstand aktiver Eingriffe sein können. Von diesen Rahmenbedingungen kann es aber entscheidend abhängen, welche organisatorischen Lösungen mehr oder weniger erfolgversprechend sind.

Beispiel: Die Mitbewerber bieten einen „Rund-um-die-Uhr-Service". Das eigene Unternehmen kann nur während der normalen Geschäftszeiten erreicht werden. Um im Wettbewerb nicht zurück zu fallen, muss untersucht werden, ob dieser Service auch angeboten werden soll und welche organisatorischen Voraussetzungen dafür zu schaffen sind. Diese Rahmenbedingung kann also einen erheblichen Einfluss auf die Lösung haben.

Theoretisch gibt es unendlich viele Rahmenbedingungen für ein Projekt. Es gehört zu den Aufgaben des Projektleiters, die - meist wenigen - wirklich wichtigen zu erkennen und angemessen zu berücksichtigen.

> *Restriktionen sind verbindliche interne oder externe Vorgaben für ein Projekt. Ihre frühzeitige Kenntnis und Abstimmung verhindert Fehlentwicklungen. Rahmenbedingungen sind für die Eignung einer Lösung relevante Sachverhalte.*

2.4.3.3 Isolieren überschaubarer Lösungsbereiche

Die beiden ersten Schritte des Systemdenkens sind hauptsächlich nach außen orientiert. Der Auftragnehmer will sichergehen, dass er die Aufgabenstellung des Auftraggebers richtig verstanden hat, und er will sonstige Außeneinflüsse ermitteln. Die nächsten Schritte des Systemdenkens können auch diesem Ziel dienen, vor allem tragen sie aber dazu bei, dass sich der *Projektverantwortliche* seine *eigene Arbeit strukturiert.*

Schon bei den Eingangsüberlegungen wurde klar, dass es in der praktischen Arbeit normalerweise unmöglich ist, organisatorische Projekte in einem Schritt zu lösen und dabei gleichzeitig alle Beziehungen und Lösungselemente im Auge zu behalten. Daraus folgt, dass man versuchen muss, sich die *Aufgabenstellung zu vereinfachen, ohne sie unzulässig zu simplifizieren*, d. h. so zu tun, als wenn sie nicht komplex wäre.

Dieses Ziel kann erreicht werden, wenn man

- überschaubare Lösungsbereiche abgrenzt und
- sich gleichzeitig über die damit geschaffenen Grenzen (Schnittstellen) klar wird.

In diesem Abschnitt soll zuerst der Frage nachgegangen werden, wie überschaubare, beherrschbare Lösungsbereiche abgegrenzt werden können.

Abgrenzen von Untersystemen

In dem gewählten Beispiel sollen lediglich die Abteilungen „Verkauf", „Auslieferung", „Lager" und „Fakturierung" reorganisiert werden. In diesem abgegrenzten Untersuchungsbereich sind diese Einheiten sogenannte Untersysteme.

Aus der Sicht des Systems „Gesamtunternehmung" sind die Hauptabteilungen „Produktion", „Vertrieb" und „Verwaltung" Untersysteme. Die Abteilungen - die nächste Ebene unter den Hauptabteilungen - sind Untersysteme des Systems „Hauptabteilung". Auch die Abteilungen können in kleinere Untersysteme gegliedert werden, so z. B. in Gruppen oder einzelne Stellen. Selbst die Stellen können noch weiter untergliedert werden in einzelne Aufgaben. Was als Untersystem anzusehen ist, hängt somit von der Betrachtungsweise ab. Das System in dem hier verwendeten Beispiel besteht aus den genannten Abteilungen im Vertrieb. Diese Abteilungen sind gleichzeitig Untersysteme des untersuchten Systems. Möglicherweise sind damit schon ausreichend einfache, überschaubare Einheiten abgegrenzt. Unterstellterweise soll das Untersystem „Auslieferung" noch weiter unterteilt werden, z. B. in die „Auftragsannahme", das „Kollektionieren" (Zusammenstellen von Bestandteilen eines Auftrages) und das „Versenden". Schaubildlich könnte das wie in Abb. 2.26 dargestellt aussehen.

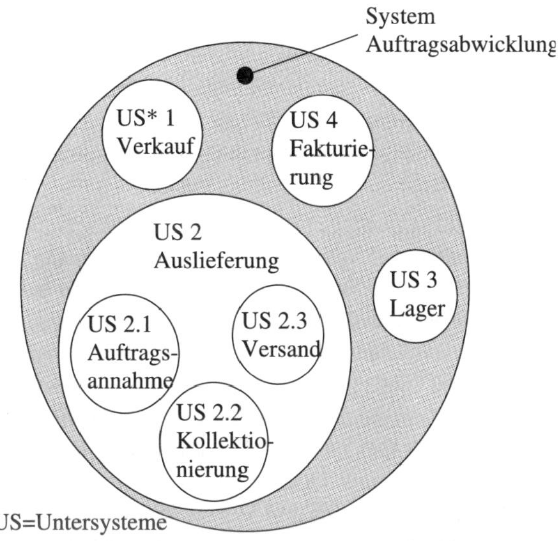

Abb. 2.26: Untersysteme der Auftragsabwicklung

Untersysteme sind also kleinere organisatorische (Abteilungen, Gruppen, Stellen) oder nach anderen Kriterien abgrenzbare Einheiten (Aufgabenpakete, Funktionseinheiten, Bauteile), die sich ergeben, wenn ein System *hierarchisch in kleinere Einheiten zerlegt* wird. *Dabei wird die kleinere Einheit als Ganzes betrachtet.* Werden also die Untersysteme Verkauf, Fakturierung etc. abgegrenzt, dann werden sie als komplette Einheiten (mit allen Elementen und Beziehungen, also mit ihrem ganzen Innenleben) betrachtet, dieses im Unterschied zu der Teilsystembetrachtung, in der man sich auf bestimmte Aspekte konzentriert.

Mit der Bildung von Untersystemen entstehen kleinere, überschaubare Einheiten. Allerdings ist ein zerschnittenes System nicht lebensfähig. Es muss bei einer Zerlegung bedacht werden, dass die so entstandenen *Schnittstellen* später wieder *miteinander verbunden* werden müssen. Dieser Sachverhalt wird im nächsten Abschnitt „Integrationsfähigkeit von Teillösungen sichern“ behandelt. Zuvor soll ein anderer „Trick“ erörtert werden, wie man eine komplexe Situation vereinfachen kann.

Herausheben von Teilsystemen

Bei der Abgrenzung von Untersystemen wird unterstellt, dass das komplette Untersystem Gegenstand des Projektes ist. Aus dieser Sicht könnten alle überhaupt denkbaren organisatorischen Sachverhalte im Untersystem verändert werden. Das dürfte jedoch so gut wie niemals der Fall sein. Im konkreten Projekt muss immer auch geklärt werden, welche Sachverhalte innerhalb eines Untersystems unverändert bleiben sollen und wo Änderungen erwünscht oder erlaubt sind. Es wird also *zusätzlich zur Problemabgrenzung nach außen* auch eine *Problemabgrenzung nach innen* notwendig sein, die zusammen mit dem Auftraggeber vorgenommen werden muss. Dazu dient - unter anderem - die Teilsystembetrachtung.

Systeme werden aus Elementen und Beziehungen gebildet. Wenn bestimmte *Elementarten*, *Beziehungszusammenhänge*, *Beziehungsarten* oder *funktionale Aspekte* hervorgehoben und *abgegrenzt* werden, spricht man von *Teilsystemen*. Auch dieser Begriff soll anhand eines Beispiels verdeutlicht werden:

Beispiel: Eine Buchhandlung bestellt telefonisch ein Fachbuch. Der Anruf wird an die Abteilung „Auslieferung" weitergeleitet. Der Mitarbeiter gibt die telefonisch übermittelten Bestelldaten in das System ein - er füllt eine Bildschirmmaske aus -, ergänzt interne Vermerke, druckt einen Lieferschein aus und leitet diesen weiter an den Mitarbeiter, der für die Kollektionierung zuständig ist. Der geht mit dem Beleg ins Lager, entnimmt das gewünschte Buch, verbucht die Entnahme und geht mit dem Buch zum Verpackungsbereich, wo er das Buch ablegt. Er ergänzt das Gewicht der Sendung und gibt eine Kopie des Lieferscheins an die Fakturierung. Dort werden die Rechnung und die Versandpapiere erstellt. Originalrechnung und Versandpapiere gehen an den Versandbereich, wo die Rechnung in das Buch eingelegt und beides zusammen verpackt wird usw. Dieser spezielle *Ablauf* in der Auftragsabwicklung wird als ein *Teilsystem* bezeichnet.

Was kennzeichnet diese Betrachtungsweise?

Hier wird ein bestimmter *Ablauf* betrachtet, der *über mehrere Untersysteme* hinweg geht, der aber offensichtlich auch *nur* einen *Teil aller Ablaufbeziehungen* ausmacht: Es gibt ja auch noch schriftlich eingehende Bestellungen, sowie Bestellungen von Kommissionsware, bei der keine Rechnung geschrieben wird, es gibt Bestellungen, die im Moment nicht ausgeliefert werden können, wie auch Anfragen bzw. Mahnungen seitens der Kunden. Alles das gehört insgesamt zur Auftragsabwicklung des Vertriebs. Oben wurde nur ein Teilsystem, nämlich die Abwicklung eines telefonischen Einzelauftrages eines Kunden (Buchhandlung) mit gleichzeitiger Rechnungsstellung beschrieben. Es handelt sich also um ein Teilsystem, das in einem anderen Zusammenhang als Ablauf bezeichnet wird. Somit sind Abläufe oder Ablaufbeziehungen immer auch Teilsysteme. Solche Teilsysteme können mehrere Untersysteme berühren, müssen es aber nicht. Auch ein Ablauf, der lediglich die Auftragsannahme berührt, ist ein Teilsystem in dem Untersystem „Auftragsannahme".

Daneben gibt es noch andere Teilsysteme. So ist z. B. das interne *Telefonnetz* in einem Unternehmen ein *Teilsystem*, das bereitgehalten wird, um damit Informationen auszutauschen, zu kommunizieren. Weiterhin gibt es auch Kommunikationssysteme, die physisch nicht sichtbar sind, wie z. B. Weisungssysteme (die betriebliche Hierarchie) oder allgemeine Kommunikationsbeziehungen (z. B. Berichtspflichten des Verkaufes an das Lager).

Ein weiteres Beispiel für ein Teilsystem ist das Kompetenzsystem, in dem die Gesamtheit aller Entscheidungs- oder Verfügungsbefugnisse geregelt ist. Auch hier wird nur ein bestimmter Ausschnitt betrachtet, das System aus einer einseitigen Perspektive gesehen.

Schließlich soll beispielhaft - aber nicht erschöpfend - eine weitere Art von Teilsystemen genannt werden. In den verschiedenen Untersystemen des Verlages werden PC, Kopiergeräte und Drucker eingesetzt. Auch hier kann man von einem Teilsystem, dem Teilsystem „*Sachmittel*" sprechen, da bei der Auswahl der Sachmittel Abhängigkeiten zu berücksichtigen sind.

Beispiel: Es werden nur solche PC eingesetzt, die vorgegebene technische Spezifikationen einhalten (z.B. nur Geräte, die ein bestimmtes Betriebssystem anwenden, die vorgegebene Schnittstellen aufweisen, die bestimmte Datenträger „lesen" können etc.).

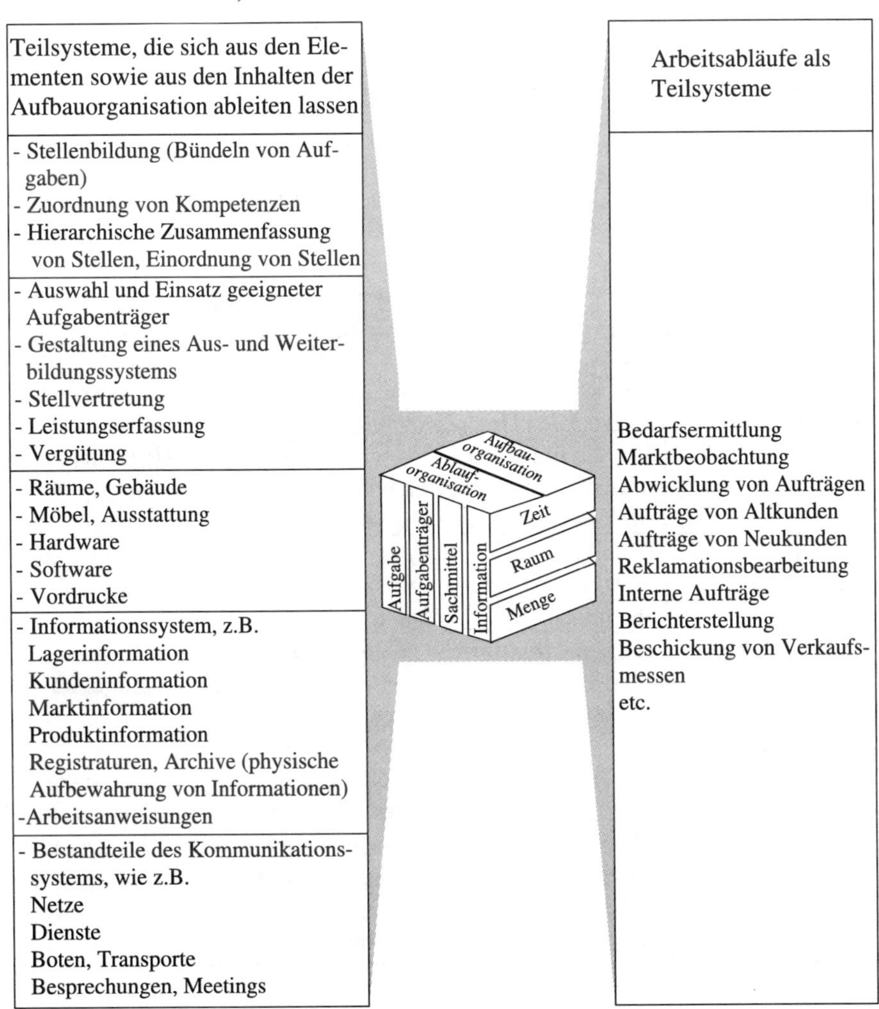

Abb. 2.27: Systematik von Teilsystemen

Bei einer Teilsystembetrachtung wird *ein bestimmter Beziehungszusammenhang oder eine bestimmte Gruppe von Elementen isoliert betrachtet*. Ein solcher Beziehungszusammenhang kann fließen (Ablauf) oder auch ruhen (statische Beziehung = Aufbau). Allgemein formuliert handelt es sich bei Teilsystemen um *funktionale Zusammenhänge*.

Der bereits vorgestellte „Würfel" kann helfen, die Teilsysteme zu erkennen. Aus den Elementen wie auch aus den Themen der Aufbau- und Ablauforganisation können Teilsysteme abgeleitet werden.

Selbstverständlich werden nicht in jedem Projekt alle genannten Teilsysteme bearbeitet. Und es gibt noch viele Teilsysteme, die sich nicht so einfach aus dem Würfel ableiten lassen. Eine ganz wichtige *Funktion des Systemdenkens* ist es, frühzeitig die Frage aufzuwerfen, *welche Tatbestände* (Teilsysteme) innerhalb der abgegrenzten Untersysteme überhaupt *zum Projekt gehören* könnten. Diese Frage ist mit dem Auftraggeber zu klären. Deswegen wird hier von der *Systemabgrenzung nach innen* gesprochen.

Bei der Abgrenzung von Unter- und Teilsystemen sind folgende *Grundsätze* zu beachten:

Grundsätze für die Abgrenzung von Unter- und Teilsystemen	
Übergewicht der inneren Bindung	Wie schon bei der Abgrenzung des gesamten Systems sollte auch bei den Unter- und Teilsystemen darauf geachtet werden, dass die Einheiten so abgegrenzt werden, dass sie relativ viele Beziehungen im Inneren und relativ *wenige Beziehunngen nach außen* haben (siehe Abb. 2.28).
Fachliche Abgrenzung	Es sollten Unter- und Teilsysteme so abgegrenzt werden, dass sie als *Arbeitspakete* - ggf. an entsprechende Spezialisten - übertragen werden können.
Module abgrenzen	Teilprojekte sollten so gebildet werden, dass *mehrfach nutzbare*, standardisierbare *Teile* (Module) mit klar definierten Funktionen abgegrenzt werden.
Angemessene Gliederungstiefe	Systeme können über mehrere Stufen in immer kleinere Untersysteme (z.B. Hauptabteilung, Abteilung, Gruppe, Stelle, Aufgabe) oder Teilsysteme (Ablauf Auftragsabwicklung, Abwicklung Aufträge Altkunden, Aufträge Neukunden usw.) zerlegt werden. Bei der Bestimmung der angemessenen Tiefe sollte das Prinzip gelten: *So fein wie nötig,* um gedanklich beherrschbare Aufgabenstellungen zu erhalten.

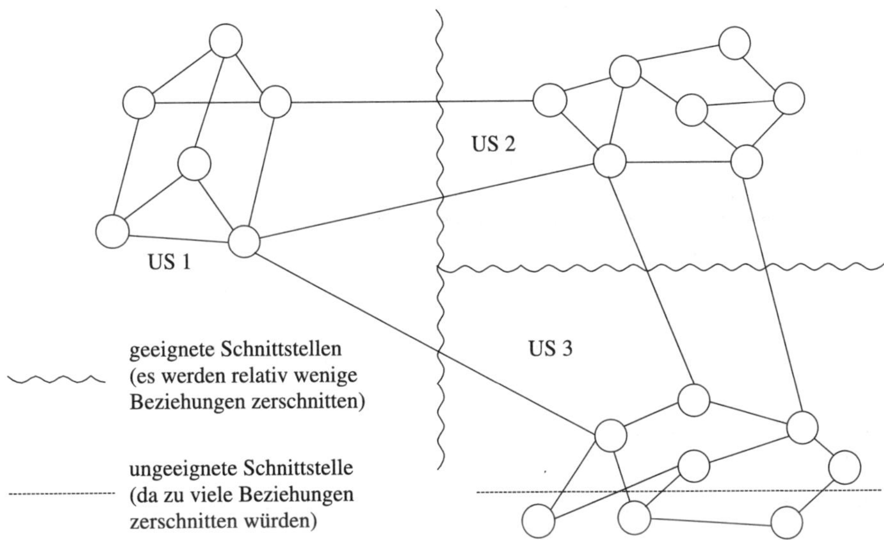

Abb. 2.28: Übergewicht der inneren Bindung

Inwiefern hilft das Denken in Unter- und Teilsystemen nun dem Projektverantwortlichen?

- Es erleichtert die Klärung der Frage, welche Untersysteme bzw. welche Teilsysteme überhaupt neu gestaltet werden können oder sollen (insofern wird auch hier das Ziel verfolgt, das richtige Problem zu lösen) - Systemabgrenzung nach innen und außen.
- Es verhindert die aufwendige Erhebung von Informationen aus solchen Unter- und Teilsystemen, deren Veränderung nicht beabsichtigt ist.
- Es ermöglicht eine Bearbeitung - nacheinander oder nebeneinander - der isolierten Unter- oder Teilsysteme. Der Hauptvorteil ist darin zu sehen, dass es für den Bearbeiter leichter wird, eine komplexe Situation zu erfassen und neu zu gestalten. Er kann auf Ausschnitte „fokussieren" - wie ein Fotograf sagen würde - und muss dabei nicht immer alles gleichzeitig „im Blick" haben.
- Es ermöglicht die Bildung von Arbeitspaketen, die arbeitsteilig - evtl. von den entsprechenden Spezialisten - erledigt werden können.
- Es trägt wesentlich dazu bei, schon frühzeitig zu erkennen, was in einem Projekt alles geleistet werden muss, und ermöglicht damit realistische Zeit- und Aufwandsschätzungen.

Die Konzentration auf ausgewählte Teil- und Untersysteme könnte jedoch zu sogenannten „Insellösungen" führen. Um das zu vermeiden, soll nun gezeigt werden, wie die Integrationsfähigkeit von Teillösungen gesichert werden kann.

> *Um den zu gestaltenden Bereich eindeutig abzugrenzen und um leichter beherrschbare, bei Bedarf auch arbeitsteilig zu erledigende Problemfelder (Teilprojekte, Arbeitspakete) zu erhalten, werden Unter- und Teilsysteme abgegrenzt. Untersysteme sind kleinere Einheiten eines Systems, die durch eine hierarchische Zerlegung entstehen. In Teilsystemen werden bestimmte funktionale Zusammenhänge isoliert.*

2.4.3.4 Integrationsfähigkeit von Teillösungen sichern

In dem verwendeten Beispiel wurden folgende Untersysteme abgegrenzt:

US 1 Verkauf

US 2.1 Auftragsannahme

US 2.2 Kollektionierung

US 2.3 Versand

US 3 Lager

US 4 Fakturierung

Wenn diese Untersysteme nacheinander bearbeitet werden, können Unverträglichkeiten entstehen. Es muss also das Ziel sein, *Ein- und Ausgänge von Untersystemen* so *aufeinander abzustimmen*, dass problemlose „Lieferungen" von Informationen, Belegen und Waren zwischen den Untersystemen möglich sind. Dann sind die Untersysteme integriert, d.h. auf einander abgestimmt. Diese Übergänge zwischen einzelnen Untersystemen werden als *Schnittstellen* bezeichnet.

An den *Schnittstellen* werden grundsätzlich *Teilsystembeziehungen zerschnitten*. Also nur dort, wo etwas fließt oder wo eine Beziehung besteht, kann überhaupt etwas zerschnitten werden. Dieser Hinweis ist insofern wichtig, als bereits bei dem Versuch, die *Integration von Untersystemen* zu sichern, *auch ein* wesentlicher *Beitrag zur Integration von Teilsystemen* geleistet wird.

Diese - im Augenblick vermutlich noch sehr abstrakt erscheinenden - Aussagen sollen anhand eines Beispiels griffiger gemacht werden. Dabei soll gleichzeitig ein praktikabler Weg aufgezeigt werden, wie Schnittstellen zwischen Untersystemen ermittelt, analysiert bzw. festgelegt werden können.

Innerhalb des Untersuchungsbereiches liegen die Untersysteme US 1, US 2.1, US 2.2, US 2.3, US 3, US 4. Diese Untersysteme haben vermutlich eine ganze Reihe von Schnittstellen untereinander. Darüber hinaus haben sie auch Schnittstellen zu organisatorischen Einheiten, die außerhalb der Grenzen des untersuchten Systems liegen. In dem Beispiel sind das folgende innerbetriebliche Organisationseinheiten: Herstellung, Marketing, Vertriebsleitung, Finanzbuchhaltung. Außerbetrieblich haben die untersuchten Untersysteme lediglich mit dem Kunden zu tun.

Um die Schnittstellen zu definieren, hat es sich als zweckmäßig erwiesen, die untersuchten Untersysteme und die damit verbundenen Einheiten in der Form einer Matrix aufzulisten und in die Matrix den „grenzüberschreitenden Verkehr“ einzutragen. *Grenzüberschreitender Verkehr sind Teilsystembeziehungen, die von der Untersuchung betroffen sind* und mehrere Untersysteme berühren.

In der nachstehenden Matrix (Abb. 2.29 und 2.30) sind beispielhaft mehrere mögliche Kategorien von Teilsystembeziehungen berücksichtigt wie Informationsfluss, Belegfluss, Warenfluss. Selbstverständlich ist es auch möglich, eine Matrix beispielsweise nur für Informationsbeziehungen zu erarbeiten. Es könnten auch weitere Beziehungsarten abgebildet werden wie z.B. Geld, Zahlungsströme.

In die Matrix wird eingetragen, was von den Untersystemen und den Umsystemen an die übrigen Untersysteme bzw. die Umsysteme geliefert wird. Dabei handelt es sich im Beispiel um folgende „Lieferungen“:

- Informationen
- Belege (Datenträger, Vordrucke)
- Produkte
- Anfragen, Richtlinien, Abklärungen
- Bestellungen, Rechnungen
- Bücher, Verpackungsmaterial

Bei der Aufstellung der Matrix sind folgende Punkte zu beachten:

- Die Matrix kann für die Abbildung des Ist-Zustandes ebenso verwendet werden wie für die Darstellung eines nur gedachten Soll-Zustandes. Anstelle der Frage, „was geht von X nach Y?“, müsste dann die Frage lauten, „vorausgesetzt wir hätten das Untersystem oder die Funktionseinheit X, was müsste dann an Y und alle anderen gehen?“
- In der Kopfzeile und in der Kopfspalte werden sämtliche zum Untersuchungsbereich gehörenden Untersysteme sowie die betrieblichen und außerbetrieblichen Umsysteme eingetragen, soweit sie mit dem Untersuchungsbereich Beziehungen aufweisen. Dann wird in horizontaler Richtung eingetragen, was von einem Untersystem an alle übrigen „geliefert“ wird. Es ist auch möglich, in die Matrix Teilsysteme mit aufzunehmen. So ist das Teilsystem „EVD-Anwendung“ Sender und Empfänger von Informationen, die aus anderen Teil- oder Untersystemen stammen.
- Es werden nur die Außenbeziehungen der zum Untersuchungsbereich gehörenden Systeme untersucht. Die Unter- und Teilsysteme selbst werden als Black-Box, als schwarzer Kasten, angesehen, dessen Inhalt zum gegenwärtigen Zeitpunkt noch nicht interessiert. Dieses Vorgehen vom Überblick in die Einzelheiten oder von außen nach innen ist einer der Kernpunkte des Systemdenkens. Es soll verhindern, sich zu früh in Details zu verlieren.
- Alle Felder, in denen sich Einheiten der Umwelt - betrieblich wie außerbetrieblich - treffen, werden nicht ausgefüllt, da deren Beziehungen untereinander definitionsgemäß außerhalb des Untersuchungsbereiches liegen.
- Bestehen zwischen zwei Systemen keine Beziehungen, bleibt das betreffende Feld leer bzw. wird mit einem Strich (-) versehen.

von \ an	US 1 Verkauf	US 2.1 Auftrags-annahme	US 2.2 Kollektio-nierung	US 2.3 Versand
US 1 Verkauf		Bestellungen telef., Bestellungen schriftl., Lieferan-fragen, Stornierun-gen, Meldungen über fehlerhafte Lieferungen	——	——
US 2.1 Auftrags-annahme	Lieferaussagen, Terminbestätigung, Stornierungsbestä-tigung, monatliche Statistik		Schriftliche Be-stellungen, Interne Aufträge	Terminanfragen, Versandhinweise
US 2.2 Kollektio-nierung	——	Meldung über nicht lieferbare Titel		Ware, Bestellun-gen, Interne Auf-träge
US 2.3 Versand	——	Versandbestäti-gung, Mengenab-weichung	Rückfragen bei Abweichungen, Ware und Papiere	
US 3 Lager	Auskünfte über Liefermöglich-keiten, Restposten	Auskunft über Lieferfähigkeit, Periodische Be-standsmeldung	Bestandsab-weichungen	Verpackungsma-terial, Entnahme-schein für Ver-packungsmaterial
US 4 Fakturie-rung	Anfragen über Sonderkonditio-nen, Auskünfte über Mahnungen	Rückfragen über Konditionen	——	Rechnung, Versandpapiere, Bestellkopie
Betriebliche Umwelt	Leiter Vertrieb: Umsatzziele, Preis-staffeln/Konditio-nen Finanzbuchhaltung: Liste über zahlungs-unfähige Kunden Marketing: Ver-kaufsunterstützung	Finanzbuchhal-tung: Klärungen Leiter Vertrieb: Entscheidung über Sonderkon-ditionen Produktion: Aussagen über Auslieferung	——	Leiter Vertrieb: Versandricht-linien Finanzbuchhal-tung: Porto
Außerbetriebliche Umwelt (Kunde)	Besuchsterminab-stimmungen, An-forderungen von Prospekten und Werbematerial, Bestellungen - Kaufaufträge - Kommissions-aufträge Reklamationen	Anforderungen von Prospekten und Werbemate-rial, Bestellungen - kaufaufträge - Kommissions-aufträge Reklamationen	——	——

Abb. 2.29: Schnittstellenmatrix (1)

US 3 Lager	US 4 Fakturierung	Betriebliche Umwelt	Außerbetriebliche Umwelt (Kunde)
Eilige Anfragen über Lieferungen	Abstimmung über Mahnungen	Leiter Vertrieb: Aufträge, Reklamationen, neue Produkte	Neue Produkte, Preislisten, Prospektmaterial, Antworten auf Reklamationen, Besuchstermine, Anfragen
Anfragen über Lieferfähigkeit	———	Leiter Vertrieb: Genehmigung von Sonderkonditionen Produktion: Anfragen über Auslieferung	Mitteilungen bei nicht lieferbaren Titeln, Stellungnahme bei Falschlieferungen
Entnahmevermerke, Bestandsabweichungen	———	———	———
Abrufen von Verpackungsmaterial	Bestellung, Entnahmeschein, Warengewicht, Versandweg, Kommissionspapiere	Finanzbuchhaltung: Portobuch,-quittung Leiter Vertrieb: Versandstatistik	Verpackte Ware mit Rechnung und Versandpapieren
	———	Finanzbuchhaltung: periodische Bestandsmeldungen, Schwund, Inventuren leiter Vertrieb: Bestandsmeldung	———
———		Finanzbuchhaltung: Rechnungskopien, Anfragen bei Differenzen	Lieferschein über Kommissionswaren, Klärung Zahlungsdifferenzen
Leiter Vertrieb: Auslagerungen Finanzbuchhaltung: Bewertete Bestandsliste Produktion: Lieferankündigungen	Finanzbuchhaltung: Fakturierungsaufforderung für Kommissionsware, Anfragen		
———	Anfragen bei Zahlungsdifferenzen		

Abb. 2.30: Schnittstellenmatrix (2)

- Wenn die Matrix der Schnittstellen zu umfangreich wird, kann man zwei unterschiedliche Maßnahmen ergreifen:
  - Die Matrix wird in mehrere Matrizen aufgelöst, z. B. eine Matrix für die Übergänge des Warenflusses, eine für den Informations- bzw. Belegfluss usw., oder aber eine Matrix für den normalen Verkauf mit Rechnung, eine für die Auslieferung von Kommissionsware usw. Das bedeutet, dass für abgegrenzte Teilsysteme eigene Matrizen aufgestellt werden.
  - Die Felder der Matrix werden in Listenform geführt: z. B. wird für das Feld US 1/US 2.1 eine eigene Seite angelegt. In diese Listen können beliebig umfangreiche Schnittstellenkataloge aufgenommen werden.
- Die Erhebung der darzustellenden Informationen muss in enger Zusammenarbeit mit den Betroffenen (bei der Darstellung des Ist-Zustandes) oder mit Fachleuten geschehen, die detaillierte Sachkenntnisse besitzen. Besonders bewährt haben sich in diesem Zusammenhang Workshops, in denen Repräsentanten der betroffenen Einheiten miteinander diskutieren und die geforderten Ein- und Ausgänge gemeinsam erarbeiten.
- Wenn in der Matrix die Beziehungen des Ist-Zustandes dargestellt werden, ist als nächster Schritt zu prüfen, ob diese Beziehungen auch für den Soll-Zustand noch sinnvoll sind, d. h. ob alle Ausgänge für die Empfänger notwendig oder wünschenswert sind und ob die Eingänge in dieser Art, Form, Häufigkeit usw. benötigt werden.

> *Zur Integration von Unter- und Teilsystemen sowie zur Integration des Systems in seine Umwelt dient eine Matrix, worin die Beziehungen eingetragen werden, die bei der Abgrenzung zerschnitten wurden. Die Unter- bzw. Teilsysteme selbst werden vorläufig als Black-Box behandelt, um bei der gedanklichen Auseinandersetzung nicht zu früh in den Details zu versinken.*

Welche *Vorteile* ergeben sich nun für den Projektverantwortlichen, wenn er den bisher beschriebenen Weg geht, d. h. Untersysteme und Teilsysteme abgrenzt und die Schnittstellen ermittelt?

- Durch die Definition der Schnittstellen kann sich der Bearbeiter auf ein Untersystem oder ein Teilsystem konzentrieren und dabei die Abhängigkeiten zu anderen Unter- oder Teilsystemen bzw. der Umwelt im Auge behalten, ohne im Detail in die anderen Systeme oder die Umwelt einsteigen zu müssen. Das hauptsächliche Ziel, die Integrationsfähigkeit zu sichern, wird erreicht.
- Wenn im Folgenden die Black-Boxes geöffnet, d.h. zu White-Boxes gemacht werden, kann der Bearbeiter beliebig tief in die Details hinein steigen, ohne dabei den Überblick zu verlieren. Er kennt die Berührungspunkte zu den übrigen Systemen.
- Die Matrix sichert eine weitgehend vollständige Erfassung. So muss beispielsweise eine Information, von der ein Untersystem behauptet, dass es sie weiter-

gibt, auch bei dem Adressaten ankommen, d. h. dort als Eingang gemeldet werden.

Es wurde schon erwähnt, dass die Integration von Teilsystemen bzw. von Teil- und Untersystemen auch mit Hilfe der Matrix möglich ist. Daneben gibt es einen weiteren Ansatz, der an folgendem *Beispiel* verdeutlicht werden soll:

Beispiel: Die eingehenden Bestellungen werden am Bildschirm erfasst. Das System prüft automatisch die Verfügbarkeit von Titeln. Im Falle der Verfügbarkeit wird der Bestand entsprechend verringert. Das System erstellt automatisch Lieferschein und Rechnung usw. Das Teilsystem Bestellabwicklung muss also koordiniert werden mit dem Teilsystem Bestandsführung. Außerdem muss das Kommunikationssystem, d. h. das Netz zum Datentransport in der Kapazität und in der Geschwindigkeit auf das Volumen der abzuwickelnden Aufträge abgestimmt werden. Die Versandpapiere und die Rechnungen sind aufeinander abzustimmen usf.

Wie kann nun diese Koordination solcher Teilsysteme erreicht werden? Viele Schnittstellen zwischen Teilsystemen zeigen sich oft erst bei der Gestaltung der einzelnen Teilsysteme. Um sie möglichst effizient zu bearbeiten, können folgende *Regeln* helfen:

- Wichtige Teilsysteme, die viele Beziehungen zu anderen Teilsystemen haben, sollten als erste bearbeitet werden. Wichtig sind beispielsweise solche Teilsysteme, die mit der Bearbeitung der Normalfälle, d. h. des Mengengeschäftes, zu tun haben (im Beispiel etwa der Ablauf der schriftlich eingehenden Bestellungen, die sofort fakturiert werden).
- Als nächstes wird ein Teilsystem bearbeitet, das zu dem fertigen Teilsystem relativ viele Berührungspunkte hat. So hält sich die Komplexität in Grenzen, wenn zwischen den ersten Teilsystemen koordiniert werden muss (beispielsweise könnte es sinnvoll sein, die Teilsysteme Bestellabwicklung mit Fakturierung und Bestellabwicklung von Kommissionsware nacheinander zu planen, weil die Abwicklung weitgehend gleich läuft, an einigen Punkten jedoch erhebliche Unterschiede bestehen).
- Die Planung erfolgt iterativ, d. h. nach der Planung des zweiten Teilsystems wird überprüft, ob dieses Teilsystem mit dem bereits fertigen verträglich ist. Falls nicht, wird eines von beiden angepasst. Dann wird das dritte Teilsystem geplant und auf Verträglichkeit mit den bereits fertigen Teilsystemen überprüft. Notfalls werden Änderungen vorgenommen usw. Nach diesem Muster wird Schicht über Schicht gelegt und rückwärts schauend aufeinander abgestimmt.
- Es darf erst dann mit der Realisierung begonnen werden, wenn sämtliche Teilsystem-Planungen abgeschlossen sind, da andernfalls vollendete Tatsachen geschaffen werden könnten. Das bedeutet gleichzeitig, dass mit dem Beginn der Realisierung der jeweilige Planungsstand festgeschrieben werden sollte. (Diese Forde-

rung ist bei komplexen Projekten „theoretisch richtig“ aber nicht immer praktikabel. Dann sollte zumindest die Planung der Teilsysteme abgeschlossen sein, die mit anderen Teilsystemen wichtige Beziehungen aufweist, ehe mit deren Realisierung begonnen wird).

Bei sehr komplexen Projekten gibt es nicht nur spezialisierte Zuständigkeiten für einzelne Teil- oder Untersysteme. Es werden auch spezielle Schnittstellen-Spezialisten benannt, die dafür sorgen müssen, dass die Teilprojekte aufeinander abgestimmt werden. Daran kann man erkennen, welche herausragende Bedeutung die Beherrschung der Schnittstellen besitzen kann.

Durch iteratives Vorgehen können Teilsysteme integriert werden. Dazu sind Teilsysteme mit vielen Berührungspunkten möglichst direkt nacheinander zu planen und auf Verträglichkeit zu überprüfen. Grundsätzlich sollte vor dem Abschluss aller Planungen nicht mit der Realisierung von Teilsystemen begonnen werden.

2.4.3.5 Elemente, Beziehungen und Dimensionen analysieren

Die vorhergehende Ermittlung von Schnittstellen und die sich daran anschließende Analyse folgen den methodischen Prinzipien „*von außen nach innen*“ und „*Vom Groben ins Detail*“. Erst wenn die Zusammenhänge bekannt sind, wird der Inhalt der abgegrenzten Systeme untersucht.

Dieses Element des Systemdenkens wird zwar als *Analyse* bezeichnet, es müsste jedoch *eigentlich Erhebung und Analyse* genannt werden. Die in den abgegrenzten Unter- und Teilsystemen bedeutsamen Sachverhalte sollen ermittelt und aufbereitet werden. Dabei kann wiederum der „Würfel“ helfen, solche Sachverhalte zu erkennen, die erhoben und analysiert werden müssen.

Zur Analyse der Elemente (Aufgaben-, Informationsanalyse), Beziehungen (Aufbau- und Ablaufbeziehungen) sowie der Dimensionen stehen geeignete Werkzeuge zur Verfügung, die in späteren Kapiteln behandelt werden.

Am Rande sei erwähnt, dass die Analyse im Rahmen des Systemdenkens identisch ist mit der (Erhebung und) Analyse im Planungszyklus. Sie wird hier als Bestandteil systemorientierten Arbeitens gesehen, wohingegen sie im Planungszyklus in die Ablauforganisation eines Projektes eingeordnet ist.

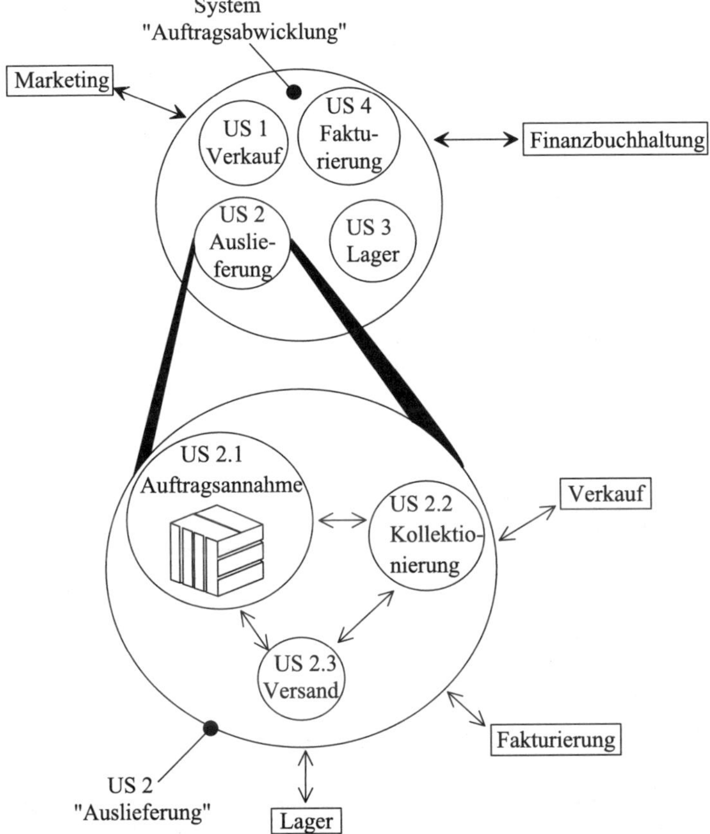

Abb. 2.31: Von außen nach innen/vom Groben ins Detail

2.4.3.6 Gemeinsamkeiten ermitteln

In der praktischen Arbeit ist es möglich und - um die Entwicklungszeiten kurz zu halten - oft auch notwendig (siehe dazu „Simultaneous Engineering“), die abgegrenzten Untersysteme bzw. Teilsysteme nebeneinander zu bearbeiten. Also beispielsweise die Auftragsabwicklung parallel zur Kollektionierung usw. zu bearbeiten. Integrationsprobleme dürften lösbar sein, wenn zuvor die Schnittstellen vollständig erfasst wurden. Allerdings muss man bei einem derartigen Ansatz unter Umständen einen gravierenden Nachteil in Kauf nehmen. Es kann sich später herausstellen, dass in den verschiedenen Untersystemen oder Teilsystemen Gemeinsamkeiten vorhanden sind, die, wären sie frühzeitig bekannt gewesen, andere Lösungen zur Folge gehabt hätten. Deswegen sollten *vor der Bearbeitung der abgegrenzten Unter- und Teilsysteme* erst die *Gemeinsamkeiten untersucht und dokumentiert* werden.

Beispiel: In der Auftragsannahme werden die Daten des Kunden und die Daten des Auftrages erfasst. Wird jetzt die Auftragsannahme reorganisiert, ohne zu wissen, was in den anderen Untersystemen zu tun ist, könnte aus der Sicht des Untersystems eine manuelle Erfassung eines Auftrages auf einem internen Einfach-Vordruck sinnvoll sein. Wenn bekannt wäre, dass die gleichen Daten auch für die Fakturierung benötigt werden, würde man sicherlich einen Weg wählen, der eine Doppelerfassung verhindert. So könnte durch eine Eingabe in eine zentrale Datenbank ein mehrfacher Erfassungsvorgang - mit allen damit verbundenen möglichen Fehlerquellen - vermieden werden.

Derartige Gemeinsamkeiten können beispielsweise in einer Matrix dokumentiert und analysiert werden, wie die folgende Abbildung exemplarisch zeigt.

Unter-system / Element "Information"	Auftrags-annahme	Lager	Versand	Faktu-rierung
Kunden-name	×		×	×
Kunden-adresse	×		×	×
Artikelbe-zeichnung	×	×		×
Artikel-nummer		×		×
Menge	×	×	×	×
Wert	×			×
Skonto	×			×

Abb. 2.32: Matrix von Gemeinsamkeiten bei benötigten Informationen

In gleicher Weise können auch die übrigen Elemente auf Gemeinsamkeiten in den Untersystemen oder Teilsystemen untersucht werden. Besonders ergiebig kann das bei dem Element „Aufgabe" sein. So erkennt der Bearbeiter frühzeitig, wo gleiche Aufgaben anfallen. Das gibt ihm Hinweise darauf, entweder die Aufgabenerfüllung zusammenzulegen oder die Aufgabenerfüllung modular (im Baukastensystem) so zu lösen, dass in den verschiedenen Unter- oder Teilsystemen dieselben oder nur geringfügig modifizierte Lösungsbausteine eingesetzt werden.

Was bringt die Ermittlung von Gemeinsamkeiten dem Projektbearbeiter?

- Er erkennt Mehrspurigkeiten und kann sie, falls sie unerwünscht sind, beseitigen oder so berücksichtigen, dass möglichst wenig Mehrfachaufwand anfällt.

- Er kann gewünschte oder notwendige Mehrspurigkeiten berücksichtigen, z.B. indem er sie koordiniert, oder indem er sie modular löst und die Bausteine mehrfach einsetzt.

> *Analyse im Systemdenken bedeutet die tiefere Auseinandersetzung mit abgegrenzten Unter- und Teilsystemen. Der Würfel kann helfen, Merkmale zu erkennen, nach denen das erhobene Material geordnet wird. Gemeinsamkeiten in Unter- und Teilsystemen sollten berücksichtigt werden. Deswegen sind solche Gemeinsamkeiten zu ermitteln, ehe mit der Gestaltung von Unter- oder Teilsystemen begonnen wird.*

2.4.3.7 Zusammenfassung

Aus den besprochenen wesentlichen Bestandteilen des Systemdenkens ergeben sich einige ganz konkrete Hinweise für die praktische Projektarbeit. In den folgenden Übersichten werden die Bestandteile des Systemdenkens erst grafisch skizziert und dann inhaltlich noch einmal zusammengefasst.

Zusammenfassung des Systemdenkens

Bestandteile	Beschreibung	wichtige Ziele
Systemgrenzen bestimmen = Abgrenzung des Systems nach außen	Wie soll das zu bearbeitende System von der Systemumwelt abgegrenzt werden? Welche Sachverhalte dürfen/sollen organisatorisch bearbeitet werden und welche nicht?	das richtige Problem lösen
Einflussgrößen ermitteln = Restriktionen und Rahmenbedingungen	Welche - aus der Sicht des Projektes - nicht lenkbare Faktoren sind zu beachten. Es werden unterschieden: • Restriktionen * unternehmensintern gesetzte Vorgaben (Muss-Ziele) * extern erzwungene Vorgaben (z.B. Gesetze, Verordnungen, Verträge) • Rahmenbedingungen (sie haben Einfluss auf die Problemsituation, können durch das Projekt jedoch nicht verändert werden = Schlüsselgrößen wie z.B. die Verfügbarkeit geeigneter Mitarbeiter, Verhalten von Mitbewerbern etc.)	die Größe des Projektes

Fortsetzung siehe nächste Seite

Untersysteme/ Teilsysteme abgrenzen = Abgrenzung von Systemen im Innern	Welche kleineren Teilprojekte (Arbeitspakete) können abgegrenzt werden, um sie getrennt - evtl. auch durch entsprechende Spezialisten - zu bearbeiten? Was gehört im Inneren der Untersysteme zum Projekt? Wie groß wird der personelle und finanzielle Aufwand sein? Was sind realistische Terminvorgaben?	ermitteln komplexe Probleme
Schnittstellen ermitteln	Welche Schnittstellen gibt es zwischen den abgegrenzten Unter- und Teilsystemen sowie zwischen den Unter- und Teilsystemen und den Umsystemen? • Integration der Unter- und Teilsysteme von außen nach innen (z.B. Schnittstellenmatrix) • Integration der Teilsysteme durch iterative/schichtenweise Planung	beherrschen
Analysieren	Erhebung und Ordnung der Elemente, Beziehungen und Dimensionen innerhalb der abgegrenzten Unter- und Teilsysteme (Prinzip: Von außen nach innen)	Rationalisierungspotenzial nutzen
Gemeinsamkeiten ermitteln	Ermittlung gemeinsamer Elemente und Beziehungen in den abgegrenzten Unter- und Teilsystemen	

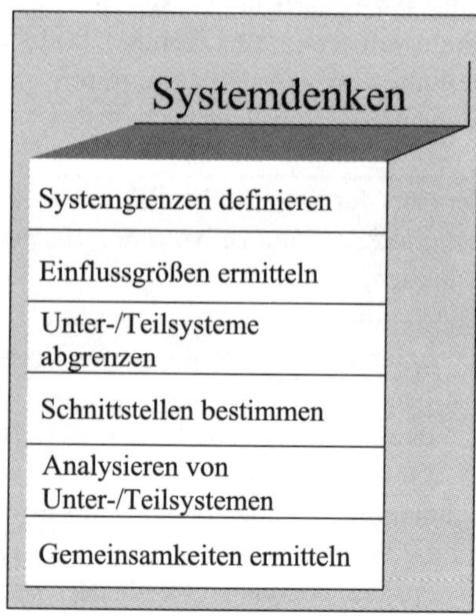

Abb. 2.33: Bestandteile des Systemdenkens

2.4.4 Der Zusammenhang zwischen Systemdenken und Projektablauf

Der Projektablauf strukturiert ein Projekt in zeitlicher Hinsicht. Das Systemdenken ist demgegenüber ein *Modell zur inhaltlichen Strukturierung eines Projektes*. Es unterstützt vor allem die Arbeit in den Planungsphasen. Auch in den weiteren Phasen kann das Systemdenken die Projektarbeit unterstützen. *Systemorientiertes Arbeiten überlagert* somit *die ablauforientierte Vorgehensweise*.

Als erstes soll verdeutlicht werden, wie *innerhalb einer Planungsphase* das *Systemdenken* eingreift. In den Planungsphasen wird ein *Planungszyklus* durchlaufen, der oben schon vorgestellt wurde. In der folgenden Übersicht werden den Schritten des Zyklus mögliche Bestandteile des Systemdenkens zugeordnet.

Systemdenken im Planungszyklus	
Auftrag	Definition wichtiger Auftragsbestandteile wie Systemgrenzen, vorgegebene Restriktionen
Erhebung /Analyse	Ermittlung des Erhebungsbedarfes durch die Bestimmung der relevanten Unter- und Teilsysteme sowie der Umsysteme. Darstellung und Analyse der Beziehungen zwischen den Unter- und Teilsystemen. Erhebung und Analyse innerhalb der abgegrenzten Unter- und Teilsysteme
Würdigung	Modellierung von Unter- und Teilsystemen und deren Zusammenwirken, um Stärken und Schwächen, Chancen und Risiken von Unter- und Teilsystemen zu ermitteln
Lösungsentwurf	Modellierung möglicher Lösungsvarianten für Unter- und Teilsysteme
Bewertung	Untersuchung der Wirkungen von Veränderungen in den Unter- und Teilsystemen unter dem Aspekt, wie gut die vorgegebenen Ziele erreicht werden.

Da sich in den Planungsphasen im Prinzip die gleichen Bearbeitungsschritte wiederholen, bieten sich in allen drei Phasen die Bestandteile des Systemdenkens an. Je detaillierter die Planung wird (Hauptstudie, Teilstudien), desto wichtiger wird das Systemdenken. So sind die in einer Hauptstudie abgegrenzten Teilprojekte in dieser Sprache identisch mit den Unter- und Teilsystemen. Für diese Unter- und Teilsysteme sind Schnittstellen zu ermitteln, sie sind zu analysieren, sie sind auf Gemeinsamkeiten zu untersuchen usw.

Auch im *Systembau* und in der *Einführung* kann das *Systemdenken hilfreich* sein. So werden häufig Teilprojekte (Unter- und Teilsysteme) nacheinander realisiert und eingeführt. Dabei entstehen wiederum Schnittstellen zwischen bereits umgestellten und noch nicht angepassten Teilbereichen, die mit Hilfe des Systemdenkens ermittelt und dokumentiert werden können. Selbst in der Einführung können sich die Systemgrenzen noch verändern, etwa wenn man sich dort mit der Frage auseinandersetzt, wie weit der Kreis derer zu ziehen ist, die über das Projekt zu informieren sind.

Projektablauf und Systemdenken bilden somit gemeinsam die „Säulen", auf denen die Methode ruht.

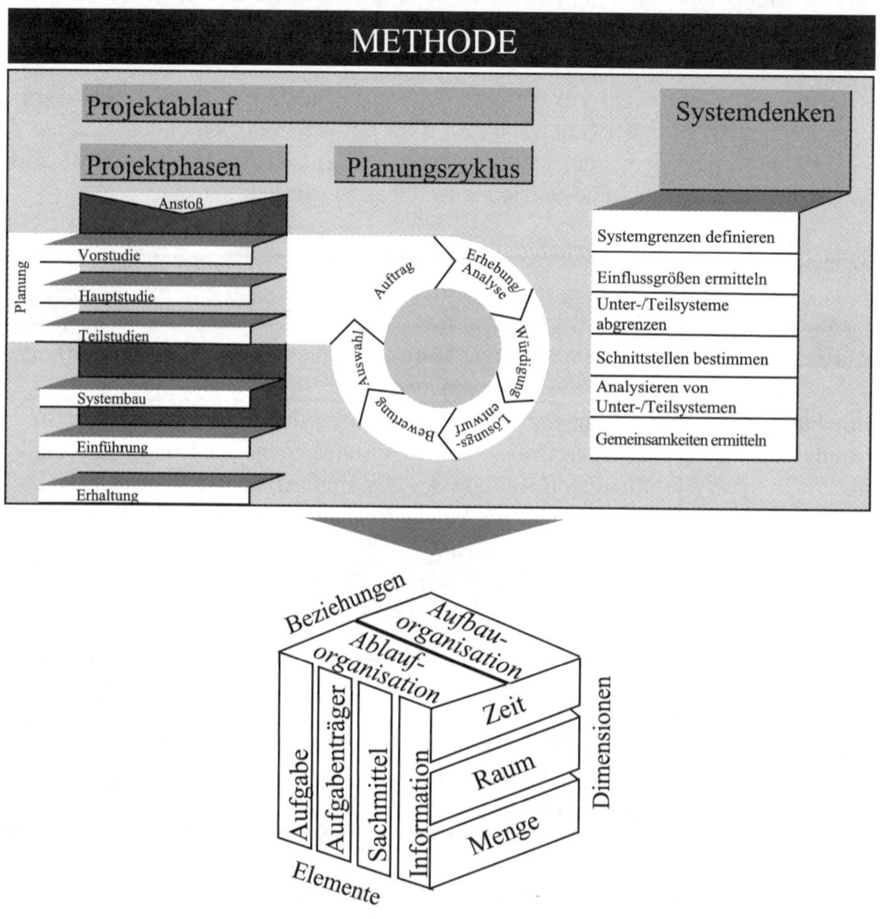

Abb. 2.34: Systemdenken und Projektablauf als „Säulen" der Methode

Das *Systemdenken bedient sich bei Bedarf auch der verschiedensten Techniken* der organisatorischen Dokumentation (Ablaufbeschreibungen, Matrizen, vernetztes Denken usw.), um Zusammenhänge sichtbar zu machen und Beziehungen und Wirkzusammenhänge zu untersuchen. Diese Techniken stehen in den weiteren Kapiteln des Buches im Vordergrund. Zuvor soll aber noch erörtert werden, welche weiteren Funktionen in Projekten zu erledigen sind und welche aufbauorganisatorischen Regelungen bei der Abwicklung von Projekten getroffen werden müssen.

Fragen zum Kapitel 2b	Texte dazu auf Seite
1. Wozu dient das Systemdenken?	92f
2. Wofür steht das Kunstwort SEUSAG?	97
3. Welche Bedeutung hat die Bestimmung von Systemgrenzen?	100f
4. Welche Arten von Einflussgrößen gibt es?	102
5. Wieso ist es vorteilhaft, möglichst frühzeitig die Restriktionen für ein Projekt zu erkennen?	103
6. Geben Sie ein Beispiel für eine Rahmenbedingung.	103
7. Grenzen Sie die Begriffe Untersystem und Teilsystem anhand eines Beispiels voneinander ab.	104
8. Inwiefern dient die Teilsystembetrachtung dazu, Projekte nach innen abzugrenzen?	105f
9. Erklären Sie den Aufbau und den Sinn einer Schnittstellenmatrix.	111
10. Was bedeutet ein iteratives Vorgehen zur Berücksichtigung von Schnittstellen?	115
11. Was ist zu beachten, wenn Teilsysteme nacheinander oder - von verschiedenen Zuständigen - nebeneinander bearbeitet werden?	117
12. Wozu dient die Ermittlung von Gemeinsamkeiten der Unter- oder Teilsysteme?	118
13. In welcher Beziehung stehen der Projektablauf und das Systemdenken zueinander?	121f

Weiterführende Literatur zu diesem Abschnitt

Bertalanffy, L.v.: General system theory. 7. Aufl., New York 1980

Chestnut, H.: Methoden der Systementwicklung. München 1970

Churchman, C.W.: The systems approach. München 1979

Daenzer, W.F.; Huber, F. (Hrsg.): Systems Engineering. Methodik und Praxis. Haberfellner/Nagel/Becker/Büchel/von Massow. 9. Auflage, Zürich 1997

Gomez, P.; G. Probst: Die Praxis des ganzheitlichen Problemlösens. Bern/Stuttgart/-Wien 1995

Haberfellner, R.: Die Unternehmung als dynamisches System. Der Prozeßcharakter der Unternehmungsaktivitäten. 2. Aufl., Zürich 1975

Heinrich, L.J.; P. Burgholzer: Systemplanung. Die Planung von Informations- und Kommunikationssystemen. Band 1. Der Prozeß der Systemplanung, Vorstudie und Feinstudie. 5. Aufl., München/Wien 1991

Luhmann, N.: Zweckbegriff und Systemrationalität; über die Funktionen von Zwecken in sozialen Systemen. 2. Aufl., Tübingen 1973

Senge, P.M.: Die fünfte Disziplin. 4. Aufl., Stuttgart 1997

Ulrich, H.; G.J.B. Probst: Anleitung zum ganzheitlichen Denken und Handeln. 3. Aufl., Stuttgart 1991

3 Projektmanagement

Organisatorische Vorhaben sind normalerweise in ihrer konkreten Form einmalig. Sie haben einen Start- und einen Endtermin und unterscheiden sich darin grundlegend von den sonstigen wiederkehrenden Aufgaben einer Unternehmung. Solche einmaligen Vorhaben wurden oben als Projekte bezeichnet.

Da die Organisation einer Unternehmung oder einer Verwaltung nur auf die ständig gleichartig wiederkehrenden Aufgaben ausgerichtet werden kann, müssen *für einmalige Vorhaben besondere organisatorische Vorkehrungen* getroffen werden. Die Gesamtheit dieser Vorkehrungen wird hier unter dem Sammelbegriff *Projektmanagement* zusammengefasst.

Zum einen ist festzulegen, wer in welchem Umfang und in welcher Rolle an dem Projekt mitwirkt. Es sind also die *Beteiligten* an dem Projekt zu bestimmen und aufbauorganisatorisch miteinander zu verknüpfen. Die Gesamtheit dieser Regelungen wird als *Projektaufbau* (institutionelles Projektmanagement) bezeichnet.

Zum anderen müssen die *Funktionen im Projekt* (Aufgaben) festgelegt werden, die von den Beteiligten zu erledigen sind. Dafür wird auch der Begriff „funktionelles Projekt-Management" verwendet.

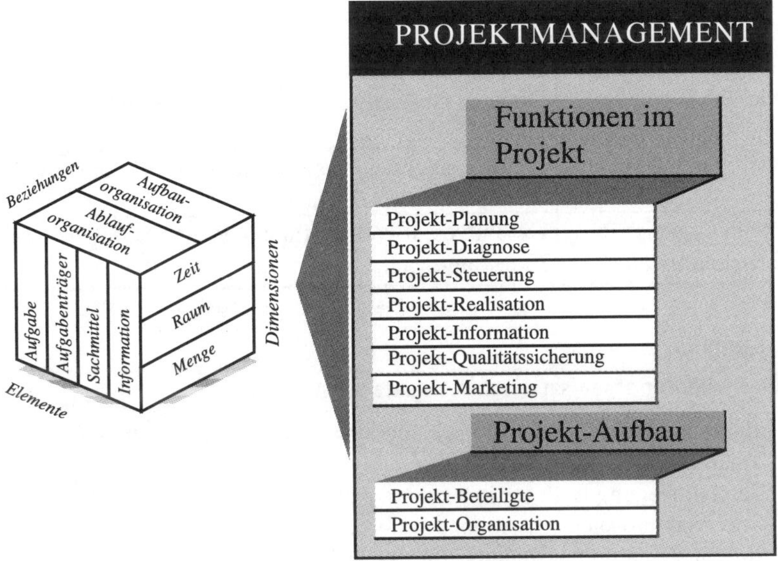

Abb. 3.1: Bestandteile des Projektmanagement

3.1 Projektaufbau

3.1.1 Projektantragsverfahren

In vielen Unternehmen und Verwaltungen werden Organisationsprojekte auf Zuruf erledigt. Jeder, der einen Wunsch hat, wendet sich an die Organisation oder die Datenverarbeitung und versucht, sie von der Notwendigkeit und Dringlichkeit seines Anliegens zu überzeugen. Dabei setzen sich nicht immer die wichtigsten und dringlichsten Anliegen durch. Oft werden Vorhaben erledigt, weil der Auftraggeber „mächtig" ist oder weil im Fall der Ablehnung massive Schritte befürchtet werden. Die Stärksten setzen sich durch.

Bei diesem Vorgehen können viele sinnvolle und notwendige Anliegen „auf der Strecke bleiben". Außerdem besteht die Gefahr, dass sich die Auftragnehmer in der Fülle neuer Vorhaben verzetteln. Ein *geregeltes Projektantragsverfahren* kann diese negativen Auswirkungen verhindern oder zumindest begrenzen. Die *Beteiligten* an dem Verfahren und deren *Zusammenspiel* sollen hier beschrieben werden. Die folgenden Einheiten sind an dem Projektantragsverfahren beteiligt.

Beteiligte im Antragsverfahren	Zuständigkeit
Auftraggeber/Antragsteller	Jeder Mitarbeiter, der eine bestimmte Leistung haben will. Oft auch Geschäftsführung bzw. Vorstand oder Bereichsleiter
Bewilligungsgremium	Formell eingerichtetes Gremium zur Prüfung von Projektanträgen
Leitung Organisation/ Datenverarbeitung	Gesamtverantwortung für alle Projekte/ Begutachtung von Projektanträgen

Antragsteller

Antragsteller für organisatorische Projekte können sein:

- Mitarbeiter oder Leiter von Fachabteilungen als Benutzer (z.B. Verbesserung von Abläufen)
- Geschäftsleitung (z.B. Rationalisierungsvorhaben)
- Organisation/Datenverarbeitung (selbst erkannter Verbesserungsbedarf)
- Spezialisten mit Querschnittsaufgaben (z.B. Revision).

In einem geregelten Projektantragsverfahren können keine Vereinbarungen „auf dem kleinen Dienstweg" zwischen dem Auftraggeber und der Organisation/Datenverarbeitung getroffen werden. Vielmehr muss der Antragsteller einen formellen oder formlosen *Projektantrag* stellen, der mindestens folgende *Inhalte* umfasst:

- Antragsteller

- Art der gewünschten Leistung
- Begründung für die gewünschte Leistung (evtl. auch mögliche Probleme, wenn nichts getan würde)
- Termin für die zu erbringende Leistung.

Manche Unternehmen verlangen auch noch Aussagen über die erwarteten Einsparungen oder sogar über die vermuteten Kosten für das Vorhaben. Diese Forderung ist wenig realistisch, fällt doch oft selbst den „Projektexperten" schwer, ohne gründliche Untersuchungen dazu Aussagen zu machen.

Wenn der *Antragsteller* Schwierigkeiten bei der Formulierung des Antrages hat, sollte er *von* der *Organisationsabteilung* oder von einer anderen Stelle *unterstützt* werden. So kann dem Eindruck entgegengewirkt werden, als sei das Antragsverfahren ein „Projektverhinderungs-Verfahren". Alle Projektanträge werden an eine Stelle oder Abteilung weitergeleitet, die für die Begutachtung der Anträge zuständig ist, in vielen Fällen handelt es sich dabei um die Organisationsabteilung.

Organisation

Die Organisationsabteilung ist bei Anträgen für organisatorische Vorhaben gutachterlich tätig. Sie verwaltet die Anträge und bereitet - soweit nötig - dazu Stellungnahmen vor. Beispielsweise ergänzt sie Zeit- und Aufwandsschätzungen und macht Aussagen zu der Dringlichkeit und Wichtigkeit der Anträge. Sehr dringliche Sachverhalte können auch direkt entschieden werden. Über kleinere Vorhaben - z.B. mit einem Aufwand von weniger als 5 Tagen - entscheidet sie sofort.

Alle übrigen Anträge werden gesammelt und mit einer Stellungnahme versehen dem Bewilligungsgremium vorgelegt.

Projekt-Bewilligungsgremium

Dieses Gremium trägt in der Praxis die unterschiedlichsten Namen wie z.B. Projektausschuss oder Organisationsausschuss. In jedem Fall soll ein derartiges Gremium sicherstellen, dass nur solche Projekte in Angriff genommen werden, die

- einen hinreichenden betriebswirtschaftlichen Nutzen haben
- sozial wünschenswert sind oder
- aus rechtlichen oder sonstigen Gründen unabweisbar sind.

In kleinen und mittleren Unternehmen ist das Bewilligungsgremium meistens identisch mit der Geschäftsleitung. In größeren Unternehmen setzt es sich aus *leitenden Mitarbeitern wichtiger Unternehmensbereiche* zusammen und ist *zeitlich unbefristet* eingerichtet. Der oder die Leiter ORG/EDV haben üblicherweise Sitz und Stimme in diesem Gremium.

Das *Gremium prüft* unter anderem folgende Punkte:

- Lohnt sich das Projekt aus finanzieller oder aus sonstiger Sicht?
- Ist es sinnvoll, das Projekt selbst zu bearbeiten oder wird die Leistung besser am Markt eingekauft?

- Welche Abhängigkeiten bestehen zu laufenden oder geplanten anderen Projekten?
- Welche Priorität hat das Vorhaben?
- Kann schon eine grobe Lösungsrichtung angegeben werden, die bei der Projektbearbeitung einzuhalten ist, und wenn ja, welche?
- Kann das Projekt als Ganzes freigegeben werden oder muss vor einer endgültigen Freigabe erst eine Vorstudie durchgeführt werden?

Wenn das Gremium selbst entscheidungsbefugt ist, vergibt es die Aufträge und setzt das Entscheidungsgremium für das Projekt ein. Andernfalls leitet es eine Beschlussvorlage an die entscheidungsbefugte Stelle.

Der Ablauf des Projektantragsverfahrens wird in der Abbildung 3.2 dargestellt.

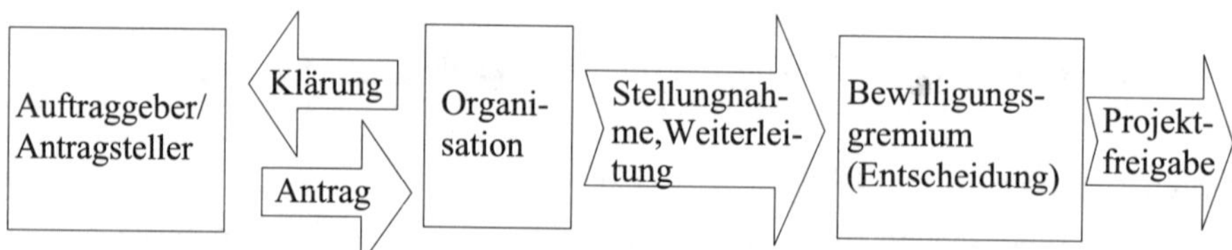

Abb. 3.2: Projektantragsverfahren

Die Formalisierung der Projektanträge hat folgende Vor- und Nachteile:

Vorteile 👍	**Nachteile** 👎
• Die aus gesamtbetrieblicher Sicht wichtigen Anliegen haben eine bessere Chance sich durchzusetzen • der Antragsteller ist gezwungen, deutlich zu sagen, was er will; der Auftragnehmer hat frühzeitig klare Vorstellungen und kann zielorientiert arbeiten • die formelle Prüfung hat eine nicht zu unterschätzende vorbeugende Wirkung. Anträge, die aus einer augenblicklichen Eingebung heraus entstehen bzw. deren Nutzen eher zweifelhaft ist, werden erst gar nicht gestellt • eine mittel- bis langfristige Projektplanung wird möglich, die nicht ständig durch situative Einfälle aus den Angeln gehoben wird.	• Zusätzliche Bürokratie • zeitliche Verzögerungen können sich ergeben • der Antragsteller empfindet es als ein „Projektverhinderungsverfahren“.

> *Ein Projektantragsverfahren dient dazu, Anträge auf Projektwürdigkeit zu überprüfen und Prioritäten zu vergeben. Antragsteller reichen dazu begründete Projektanträge bei der Organisation ein, die diese Vorschläge mit einer Stellungnahme versehen dem Bewilligungsgremium zur Entscheidung vorlegt.*

3.1.2 Projekt-Beteiligte

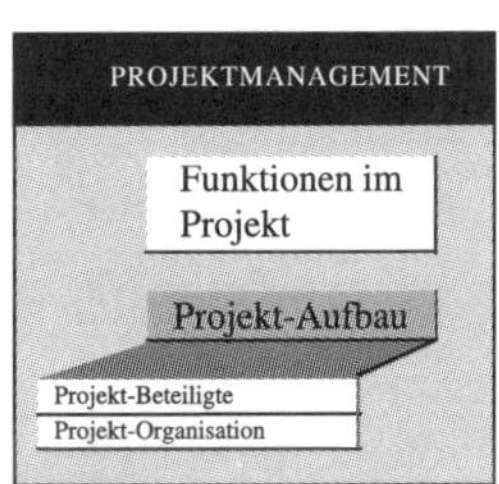

Der Kreis der *Beteiligten* ist *für jedes Projekt neu* festzulegen. Wer in einem Projekt mitwirkt, kann nur im Einzelfall entschieden werden. Dabei sind folgende *Faktoren* unter anderem zu beachten:

- Art des Projektes (z.B. Innovationsprojekt oder Anpassungsprojekt)
- Größe des Projektes (gemessen etwa an dem benötigten Zeitaufwand)

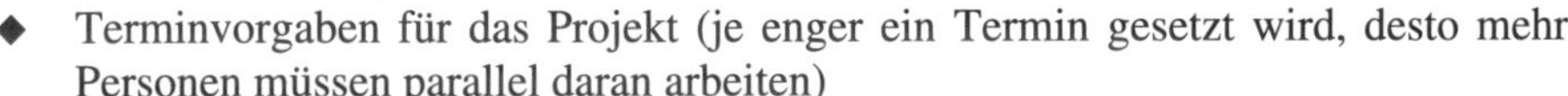

- Terminvorgaben für das Projekt (je enger ein Termin gesetzt wird, desto mehr Personen müssen parallel daran arbeiten)
- Bedeutung des Projektes (bei sehr wichtigen Vorhaben werden ranghohe Personen in dem Entscheidungsgremium sitzen)
- Art und Anzahl der betroffenen Bereiche (da Organisationsvorhaben für die auftraggebenden Fachabteilungen durchgeführt werden, müssen die Fachabteilungen Sitz und Stimme in dem Gremium haben, das über das Projekt entscheidet)
- eingeführte Regelungen über die Projekt-Organisation (diese Regelungen könnten die Mitwirkung bestimmter Stellen vorschreiben)
- Gesetzliche Vorschriften (z.B. Gesetze zur Mitbestimmung).

Ganz allgemein ist die Arbeitsteilung in organisatorischen Projekten normalerweise relativ komplex. Das hängt damit zusammen, dass die Organisation/Datenverarbeitung grundsätzlich als Stab arbeitet, somit also für Dritte tätig wird und keine eigenständigen Entscheidungsbefugnisse gegenüber den Stellen hat, für die sie Leistungen erbringt.

Im Einzelnen können folgende Stellen bzw. organisatorische Einheiten an einem Projekt beteiligt sein:

Beteiligte im Projekt	**Zuständigkeit**
Leitung Organisation/ Datenverarbeitung	Gesamtkoordination für alle organisatorischen Projekte. Begutachtung von Projektanträgen
Projektservicestelle	Unterstützt Leitung ORG/DV. Unterstützt Projektleiter

Fortsetzung siehe nächste Seite

Leiter Fachbereich	Der oder die Leiter der Fachbereiche, für die aus dem Projekt erhebliche Wirkungen zu erwarten sind, sind „natürliche" Mitglieder des Entscheidungsgremiums
Benutzervertreter	Gegengewicht zu einem Projektleiter mit der Zielsetzung, die Fachbereichsinteressen zu vertreten
Fachbereichskoordinatoren (Superuser)	Mitwirkung bei der Planung und Einführung von Projekten. Unterstützung der Mitarbeiter im laufenden Betrieb einer Anwendung
Mitarbeiter des Fachbereiches	Experten des Fachbereiches, die als Mitarbeiter in Projekte delegiert werden können
Entscheidungsgremium (Lenkungsausschuss)	Gremium (oder Einzelperson) das (die) im Projektfortschritt Entscheidungen fällt, die über die Kompetenz des Projektleiters hinausgehen
Projektleiter/Projektkoordinator	Einzelverantwortung für das Projekt/ Gesamtverantwortung für mehrere Teilprojekte
Projektmitarbeiter	Mitwirkung im Projekt
Sponsor/Promotor	Ranghoher, „mächtiger" Mitarbeiter, der mit seiner Autorität hinter dem Projekt steht
Beratungsgremium/ Fachausschuss	Unterstützung der Projektgruppe und des Entscheidungsgremiums
Sonstige Beteiligte wie z.B. • Personalvertretung/ Betriebsrat • Revision • Personal • Recht	 • Informations-, Beratungs-, Mitbestimmungsrechte gemäß den gesetzlichen Regelungen • Revisionstechnische Freigabe, evtl. auch betriebswirtschaftliche Begutachtung • Bewilligung von Stellen oder Regelungen zur Vergütung • Prüfung hinsichtlich juristischer Aspekte

Abb. 3.3: Beteiligte an Projekten

Die an einem Projekt beteiligten Stellen bzw. Einheiten werden in der Abbildung 3.4 zusammengefasst. Die Rolle der am Projekt Beteiligten und ihr Zusammenspiel sollten hier noch etwas näher dargestellt werden.

> *Wer alles an einem Projekt beteiligt wird, hängt ab von der Art, Bedeutung und Größe des Projektes, von den Betroffenen sowie von vorhandenen Regelungen und Vorschriften. Es gibt Beteiligte aus den Fachbereichen, Entscheider, Projektträger, Sponsoren sowie funktional beteiligte Stellen, die jeweils sehr unterschiedliche Aufgaben haben und aufbauorganisatorisch miteinander verknüpft werden müssen (institutionelles Projektmanagement).*

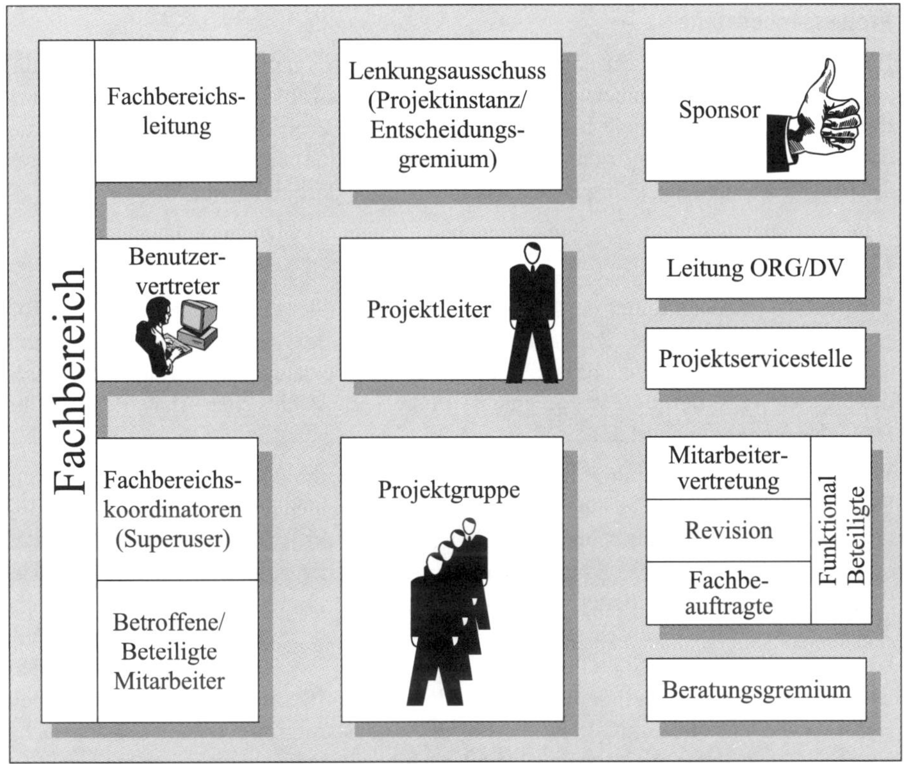

Abb. 3.4: Projektbeteiligte und deren Zusammenspiel

Leitung Organisation/Datenverarbeitung

Die Leitung ORG/EDV übernimmt die laufende Koordination aller Projekte. Sie trägt dafür Sorge, dass Abhängigkeiten zwischen verschiedenen Projekten erkannt und berücksichtigt werden, dass betriebliche Standards geschaffen und eingehalten werden, dass Mehrspurigkeiten in der Projektarbeit vermieden werden. Sie überprüft die Qualität der Projektarbeit, indem sie die Projektergebnisse aus betriebswirtschaftlich-organisatorischer Sicht laufend kontrolliert und bei Bedarf Änderungen verlangt. Darüber hinaus steuert sie den Einsatz des eigenen Personals.

Sowohl gegenüber dem Bewilligungsgremium wie auch gegenüber dem Entscheidungsgremium wie auch gegenüber den Vertretern der Fachbereiche wirkt die Leitung ORG/EDV als *Berater* bzw. Gutachter. Sie *unterstützt* gleichzeitig die *Projektleiter* nach außen (gegenüber Entscheidungsgremium, Fachbereich, Beratungsgremium etc.). Die Leitung ORG/EDV nimmt somit eine besondere *Mittlerrolle* wahr, was um so schwieriger ist, als gerade in organisatorischen Projekten die unterschiedlichsten und oftmals auch widersprüchlichsten Interessen „unter einen Hut" gebracht werden müssen.

Projektservicestelle

Eine spezielle Projektservicestelle kann die Leitung Organisation/Datenverarbeitung bei den genannten Aufgaben unterstützen. Außerdem hilft sie dem Projektleiter und den Mitarbeitern im Projekt beim Management ihrer Projekte. Diese Rolle ist immer dann besonders wichtig, wenn die Projektarbeit Mitarbeitern aus Fachabteilungen übertragen werden, die wenig Erfahrung in der Projektarbeit haben.

Leiter Fachbereich

Die verantwortlichen Leiter der Fachbereiche, die von dem Projekt wesentlich betroffen sind, sind „natürliche“ *Mitglieder des Entscheidungsgremiums*. Damit kann über die Zusammensetzung des Entscheidungsgremiums erst entschieden werden, wenn die Projektgrenze definiert wurde und wenn die voraussichtlichen Auswirkungen des Projektes erkennbar werden.

Wenn ein Fachbereich ein Projekt „intern“ löst, ist die Verantwortlichkeit für das Projekt kein Problem. Der Leiter der Einheit entscheidet, wie in seinem Zuständigkeitsbereich zukünftig gearbeitet wird. Wird ein Projekt jedoch - beispielsweise weil es bereichsübergreifend ist - ausgegliedert und unter der Koordination der Organisation oder der EDV bearbeitet, müssen die Leiter der Bereiche, für die wesentliche Änderungen erwartet werden, Mitglied des Entscheidungsgremiums sein. Andernfalls könnten gegen ihren Willen Entscheidungen über ihren Bereich getroffen werden. Das würde deren Zuständigkeit und auch deren Autorität unterminieren. Wenn viele Fachbereiche betroffen sind, muss die Entscheidungsbefugnis eventuell auf der nächst höheren Ebene angesiedelt werden, um überhaupt entscheidungsfähig zu bleiben.

Benutzervertreter

Ein Benutzervertreter soll sicherstellen, dass die *Interessen der Benutzer* ein *ausreichendes Gewicht* erhalten, auch und gerade wenn die Projektleitung nicht vom betroffenen Fachbereich wahrgenommen wird. Ein Benutzervertreter kann beispielsweise immer dann eine wichtige Rolle spielen, wenn ein Projekt von einem EDV-Experten geleitet wird und die Gefahr besteht, dass die EDV-Interessen dominieren. Der Benutzervertreter, der diese Rolle meistens als *Nebenaufgabe* übernimmt, sollte eine starke, allseits akzeptierte Persönlichkeit sein, die sich im Fachbereich sehr gut auskennt. Er sorgt zum einen dafür, dass der Fachbereich eine *anforderungsgerechte Lösung* erhält, zum anderen kümmert er sich darum, dass bei der *Einführung* die *Anwenderinteressen gewahrt* bleiben.

Normalerweise geschieht diese Interessenvertretung im *Gespräch mit dem Projektleiter*. Bei unüberwindbaren Meinungsverschiedenheiten steht dem Benutzervertreter der Weg offen, das Entscheidungsgremium zu informieren und um eine Entscheidung zu bitten. Dieser Weg wird aber erfahrungsgemäß eher selten beschritten. Praktische Erfahrungen zeigen, dass allein die Benennung eines Benutzervertreters anwendergerechte Lösungen fördert.

Fachbereichskoordinatoren (Superuser)

Fachbereichskoordinatoren sind *Mitarbeiter der Fachabteilungen* (Gruppen), die – normalerweise als Nebenaufgabe - einen Transmissionsriemen zur Organisation bzw. zur Datenverarbeitung spielen. Entweder *arbeiten* sie *im Projekt mit,* oder sie sind die hauptsächlichen *Ansprechpartner* für die Projektmitarbeiter in den Planungsphasen eines Projektes. Sie werden dann wieder als *Multiplikatoren* aktiv, wenn es um die *Einführung* neuer Lösungen geht (siehe dazu Abschnitt 2.3.2.6). Schließlich sind sie *Anlaufstationen* vor Ort, wenn die Kollegen Probleme mit einer Anwendung *in der Nutzungsphase* haben.

Hat ein Mitarbeiter diese Rolle über einen längeren Zeitraum ausgefüllt, wird er ein zunehmend kompetenter Gesprächspartner der Projektverantwortlichen einerseits und der übrigen Mitarbeiter des Fachbereichs andererseits.

Mitarbeiter des Fachbereiches

Selbstverständlich können auch alle übrigen Mitarbeiter der betroffenen Fachbereiche im Projekt mitarbeiten, soweit sie die notwendige fachliche und soziale Kompetenz mitbringen. Folgende Formen der Mitarbeit haben sich herausgebildet:

- Gesprächspartner bei Befragungen
- Mitwirkung in Workshops
- neben- oder vollamtliche Mitarbeit im Projekt.

In den letzten Jahren hat die Arbeit in *Workshops* (meistens halb- bis eintägige Veranstaltungen) deutlich zugenommen. Damit soll das *Fachwissen* der Betroffenen genutzt werden. Außerdem soll durch diese Form der Beteiligung das Verständnis und die *Motivation* für das Projekt gefördert werden. Damit sind Workshops zu wichtigen *Instrumenten des Projektmarketing* geworden.

> *Aus dem Fachbereich wirken die Fachbereichsleiter, Benutzervertreter als Interessenvertreter des Fachbereichs, Fachbereichskoordinatoren als Mittler zwischen Fachbereich und Organisation sowie bei Bedarf weitere Mitarbeiter des Fachbereichs als Mitglieder der Projektgruppe mit.*

Entscheidungsgremium (Lenkungsausschuss)

Ein Entscheidungsgremium wird *für ein konkretes Projekt* benannt. Wie erwähnt sind darin die leitenden Verantwortlichen der Bereiche oder Abteilungen vertreten, die von dem Projekt betroffen sind. Bei sehr wichtigen Vorhaben ist oft auch noch ein Vertreter der Geschäftsführung Mitglied dieses Gremiums. Die Leitung ORG/EDV kann stimmberechtigtes Mitglied des Gremiums sein.

Der Lenkungsausschuss fällt die notwendigen *Entscheidungen.* Dazu gehören unter anderem:

- Benennung des Projektverantwortlichen
- Einrichtung der Projektgruppe
- Einsetzen von Beratungsgremien oder Fachausschüssen
- Festlegung aller weiteren Bestandteile des Projektauftrages
- Überwachen des Projektablaufes hinsichtlich
  - Ergebnisse (Funktion, Qualität)
  - Termine
  - Kosten
- Entscheidungen über den Projektfortschritt
- Freigabe finanzieller Mittel und sonstiger Ressourcen.

Das Entscheidungsgremium wird am Ende jeder Projektphase tätig, bis hin zur Einführung und Nutzungsfreigabe. Bei zeitaufwendigen Vorhaben kann darüber hinaus geregelt werden, dass zusätzlich periodische - z.B. monatliche - Sitzungen durchgeführt werden.

Projektleiter

Der Projektleiter ist *für* die *fach- und termingerechte Abwicklung des Projektes zuständig*. Seine Aufgaben werden im folgenden Abschnitt behandelt (siehe Funktionen 3.2). Bei sehr großen Vorhaben kann auch die Stelle eines Projekt-Koordinators geschaffen werden, der drei bis fünf Projektleiter steuert. Erfahrungsgemäß sind Projektgruppen nur dann effizient, wenn nicht mehr als sechs Personen zusammenarbeiten. Bei *großen Vorhaben* bietet sich deswegen eine Aufgliederung in Teilprojekte und damit auch eine *Hierarchie in der Projektleitung* an.

Der Projektleiter, gelegentlich auch Projektmanager genannt, stammte früher bei Organisations- oder EDV-Projekten normalerweise aus den Abteilungen Organisation bzw. Datenverarbeitung, da dort die breitesten Erfahrungen im Umgang mit Projekten liegen und weil oftmals auch fundierte EDV-Kenntnisse notwendig waren. Vermehrt werden aber auch *Mitarbeiter aus den betroffenen Fachabteilungen* mit der *Projektleitung* beauftragt, um auf diesem Wege die Interessen der Anwender stärker zu gewichten. Es hat sich gezeigt, dass eine Projektleitung selbst bei Informatik-Projekten durchaus von EDV-Laien bewältigt werden kann. Der kritische Erfolgsfaktor ist offensichtlich nicht das EDV-Wissen - das kann durch entsprechende Experten bereitgestellt werden. Wesentlich wichtiger erscheint die *Management-Kompetenz*, d.h. die Fähigkeit, Probleme analytisch zu durchdringen, Aufgaben, Zeiten und Kosten planen und steuern zu können, vor allem aber auch Mitarbeiter zu führen und zu koordinieren. Die *soziale Kompetenz* des Projektleiters ist damit ein ganz zentraler *Erfolgsfaktor.*

Die Spanne möglicher *Befugnisse* eines Projektleiters ist sehr groß. So kann er im einen Extrem gegenüber den beteiligten Mitarbeitern lediglich Empfehlungs- und Beratungsrechte haben und im anderen Extremfall volle Weisungsbefugnisse. Das hängt von dem gewählten Modell der Projektorganisation ab, das im nächsten Kapitel behandelt wird.

In der Praxis hat es sich heute weitgehend durchgesetzt, dass der Projektleiter gegenüber voll ins Projekt delegierten Mitarbeitern *fachliche Weisungsbefugnisse* hat (was ist bis wann evtl. auch wie zu tun?). Darüber hinaus hat er die notwendigen *disziplinarischen Befugnisse* wie z.B.

- Anwesenheitskontrolle
- Genehmigung von Abwesenheiten
- Überwachung und Genehmigungen im Rahmen von Gleitzeit-Regelungen
- Projektbezogene Aus- und Weiterbildung.

Demgegenüber gehen wesentliche Teile der sogenannten *langfristigen Mitarbeiterentwicklung* von den Stamm-Vorgesetzten *nicht* auf den *Projektleiter* über. Dazu zählen z.B. folgende Maßnahmen:

- Mitarbeiterbeurteilung
- Gehaltsfindung
- Allgemeine Aus- und Weiterbildungsmaßnahmen
- Beförderungen.

Bei langfristigen Projekten kann der Projektleiter vom Vorgesetzten zur Beratung über die genannten Sachverhalte hinzugezogen werden oder hinsichtlich der Weiterbildung eigene Vorschläge machen. Die Verantwortung für die genannten Punkte bleibt aber beim Stamm-Vorgesetzten. Diese Lösung ist schon deswegen gerechtfertigt, weil sich normalerweise nur der Stamm-Vorgesetzte seinem Mitarbeiter gegenüber auch längerfristig verpflichtet fühlt.

Projektmitarbeiter

Als Projektmitarbeiter werden solche Beteiligten bezeichnet, die *ganz oder teilweise für ein Projekt freigestellt* werden. In vielen Unternehmen ist es üblich, Mitarbeiter nur zu einem bestimmten Prozentsatz für ein Projekt freizustellen (z.B. 20%). Selten wird dann allerdings die fehlende Kapazität ersetzt. Vielmehr wird von dem Projektmitarbeiter erwartet, dass er die Projektarbeit „nebenbei“ bzw. durch erhöhte Intensität bewältigt. Das kann im Einzelfall durchaus gut gehen. Wird die Belastung jedoch zu groß, entstehen unweigerlich Kapazitäts-Konflikte zwischen den Stammaufgaben und dem Projekt. Hier liegt eine Erklärung dafür, dass viele Projekte nicht zeitgerecht fertig werden.

Bei der Auswahl der Projektmitarbeiter sollte der *Projektleiter* ein *Vorschlagsrecht*, aber *keinesfalls* ein *Weisungsrecht* haben. Die letzte Entscheidung für oder gegen die Freigabe muss der verantwortliche Vorgesetzte des Mitarbeiters fällen. Auch bei der *Auswahl* der Projektmitarbeiter sollte *neben* der *fachlichen* die *soziale Kompetenz* beachtet werden. Zwischenmenschliche Spannungen in Projektgruppen sind eine wichtige Ursache für Verzögerungen ja sogar für das Scheitern von Projekten.

Als Projektmitarbeiter - eventuell auch als Projektleiter - können folgende Personen eingesetzt werden:

- Interne Spezialisten aus den Abteilungen Organisation oder Datenverarbeitung

- externe Spezialisten als Berater
- die betroffenen Mitarbeiter aus den Fachabteilungen
- betroffene Mitarbeiter aus den Fachabteilungen, die durch Organisations- oder EDV-Spezialisten - evtl. auch durch externe Spezialisten - beraten werden.

Vor- und Nachteile dieser Lösungen ergeben sich aus der Gegenüberstellung in Abbildung 3.5.

Träger organisatorischer Projekte	**Vorteile**	**Nachteile**
Interne Spezialisten	• Gute Kenntnis der Unternehmung, der formalen und informalen Organisation • in der Regel billiger als externe Berater • sind auch nach der Einführung noch dabei , was die Bereitschaft fördert, die langfristigen Folgen zu bedenken • gute, bereichsübergreifende Koordination.	• Betriebsblindheit • die Mitarbeiter haben eine betriebliche „Geschichte", so dass sie nicht immer vorurteilsfrei akzeptiert werden • „Der Prophet gilt nichts im eigenen Land" • es ist für die internen Mitarbeiter oft schwierig, hochrangige Gesprächspartner zu finden.
Externe Berater	• Die Nachteile des Internen gelten nicht oder sind weniger gravierend • keine Fixkosten für den Auftraggeber • breitere Erfahrungsbasis • Neutralität • unabhängiger, da normalerweise keine eigenen (Karriere-) Interessen verfolgt werden • höhere Bereitschaft, auch unbequeme Projekte zu übernehmen und unangenehme Wahrheiten zu sagen.	• Lange Einarbeitungszeit in die ihnen fremde Unternehmung/Verwaltung • sind nicht frei verfügbar, da sie in der Regel für mehrere Auftraggeber arbeiten • Gefahr, dass sie anstelle maßgeschneiderter Lösungen Standardmodelle verkaufen, die sie bereits anderswo eingesetzt haben • da sie nach dem Projekt normalerweise aus dem Unternehmen ausscheiden, kann eine „nach mir die Sintflut"-Mentalität entstehen.

Betroffene in den Fachabteilungen	• Gute Kenntnis der Sachverhalte im Ist-Zustand • gute Urteilsfähigkeit hinsichtlich der Anforderungen an praxisnahe Lösungen • keine Akzeptanzprobleme • keine Bedrohung der Motivation; es entfällt die Gefahr, sich ohnmächtig gegenüber fremden Planern zu fühlen.	• Jeder denkt mehr an seine eigenen als an die gesamtbetrieblichen Interessen (Bereichsegoismus) • die Fähigkeit oder Bereitschaft, selbst entwickelte Lösungen zu kritisieren, ist eher begrenzt • in verschiedenen Abteilungen wird das gleiche Problem mehrfach - u.U. unterschiedlich - gelöst (Mehrspurigkeiten) • kaum anwendbar bei Rationalisierungsvorhaben zu Lasten eines Bereiches • fehlende methodische Kenntnisse können die Lösung oder den Weg zur Lösung verteuern • die eigene Arbeit bleibt während des Projektes liegen (wahrscheinlicher ist allerdings, dass die Organisationsarbeit liegen bleibt) • gute Detailkenntnisse führen zu Betriebsblindheit (empirische Lösungen werden bevorzugt)
Betroffene zusammen mit (internen oder externen) Beratern	• Die meisten Vorteile, die für Spezialisten sprechen, verbinden sich mit den Vorteilen, die für die Betroffenen sprechen • verbesserte Kommunikation zwischen zentralen Stellen und Fachbereich (wenn interne Berater eingesetzt werden).	• Zeitaufwendige Abstimmungsprozesse im Fachbereich und zwischen Fachbereich und Beratern • Interessenkonflikte zwischen Beratern und Fachbereich können aufbrechen • dieses Vorgehen stellt hohe Anforderungen an die soziale Kompetenz aller Beteiligten, die nicht immer gegeben ist.

Abb. 3.5: Träger organisatorischer Projekte

> *Zur Projektorganisation im engeren Sinne gehören das Entscheidungsgremium, der Projektleiter und die Projektmitarbeiter. Als Projektleiter und Projektmitarbeiter können interne oder externe Spezialisten, die Betroffenen in den Fachabteilungen oder als Mischform die Betroffenen zusammen mit „Beratern" eingesetzt werden.*

Sponsor

Die Praxis bietet eine Fülle von Beispielen, in denen Projekte abgebrochen werden mussten oder in denen Vorhaben einfach versandet sind. Oft wurden bereits erhebliche Beträge aufgewendet. Solche Abbrüche können auf technische oder fachliche Probleme zurückgeführt werden. Öfter liegt es jedoch daran, dass *im Laufe eines Projektes Widerstände* wachsen, weil in Besitzstände eingegriffen wird, weil Machtstrukturen in Frage gestellt werden, weil unerwartete Nebenwirkungen auftreten, weil Leistungen erbracht - z.B. Mitarbeiter freigestellt - werden müssen usw. Wenn in solchen Situationen der Projektleiter auf sich selbst gestellt ist, hat er kaum eine Chance, die Widerstände zu überwinden.

Um solche Projektruinen soweit möglich zu vermeiden, kann es sinnvoll sein, bereits zu Beginn für ein Projekt einen Sponsor (Promotor, Paten) zu benennen. Wenn erst die Widerstände aufgetreten sind, ist es meistens zu spät. Auch findet sich dann so leicht niemand, der bereit wäre, die Sponsorenrolle zu übernehmen.

Sponsoren sollten eine *herausgehobene hierarchische Position* haben, also wenn nötig sich auch per Weisung durchsetzen können. Üblicherweise sind Sponsoren Vertreter der ersten bzw. der zweiten Hierarchieebene eines Unternehmens oder einer Verwaltung. Es ist auch denkbar, dass Externe, sehr angesehene oder sehr mächtige Personen eine Sponsorenrolle übernehmen. Ein Sponsor wird erfahrungsgemäß vor allem bei solchen Projekten benötigt, die erheblich in Besitzstände eingreifen, also bei allen größeren *Rationalisierungsprojekten.*

Beratungsgremium

Zur Unterstützung bei zu erwartenden *Fachproblemen* wie auch als Transmissionsriemen - um die Projektergebnisse in die Fachabteilungen zu überführen - können Beratungsgremien eingerichtet werden, die normalerweise keine eigenen Entscheidungsbefugnisse besitzen. Die Mitglieder sollten *Fachwissen* und persönliche *Autorität* in die Projektarbeit einbringen, weil sie so am besten die Ergebnisse beeinflussen und die Akzeptanz fördern können. Im Einzelnen können einem Beratungsgremium folgende *Aufgaben* übertragen werden:

- Unterstützung bei der Präzisierung des Projektauftrages
- Hilfe bei der Schaffung der für die Projektdurchführung notwendigen Voraussetzungen
- Beratung der Projektgruppe (fachliche Beeinflussung)
- Beratung des Entscheidungsgremiums

- Unterstützung bei der Beseitigung von Schwierigkeiten
- Unterstützung in der Einführung
- Kontrolle bei der Umsetzung der Projektergebnisse.

Bei großen Projekten kann das Beratungsgremium auch begrenzte Entscheidungsbefugnisse bekommen, um das Entscheidungsgremium zu entlasten.

Funktional Beteiligte

Funktional Beteiligte nehmen eine *fachlich begrenzte Aufgabe* im Projekt wahr. So kann es sein, dass sie zu bestimmten, klar definierten Sachverhalten ihre Zustimmung geben müssen (z.B. Revision, Recht). Diese Fachzuständigen können während der Projektarbeit bei Bedarf hinzugezogen werden oder nach Abschluss bestimmter Phasen das Projekt fachspezifisch freigeben. Andererseits gibt es eine permanente Interessenvertretung gegenüber dem Projekt etwa durch Mitarbeitervertretungen, die während des Projektes versuchen, auf die Ergebnisse Einfluss zu nehmen.

Diesen funktional Beteiligten ist gemeinsam, dass sie grundsätzlich - Ausnahmen sind möglich - *keine Mitglieder der Projektgruppe* sind, um auf diese Weise ihre *Unabhängigkeit* zu bewahren.

Die Projektarbeit kann durch Sponsoren gefördert, durch funktional Beteiligte und Beratungsgremien unterstützt, fachlich kontrolliert und begutachtet werden.

3.1.3 Projekt-Organisation

Es wurde bereits erwähnt, dass kleinere Projekte von einzelnen Personen bearbeitet werden können. Handelt es sich demgegenüber um umfangreiche, relativ neuartige, komplexe Problemstellungen, die mehrere Organisationseinheiten betreffen und für das Unternehmen oder die Verwaltung sehr bedeutsam sind, ist der einzelne Beauftragte schnell überfordert. Die *normale Leitungsorganisation*, die *auf Dauer eingerichtet* ist, stellt häufig ein schwer zu überwindendes *Hindernis für eine effiziente Projektarbeit* dar. In diesen Fällen lohnt sich der Einsatz einer *speziellen Projektorganisation*, d.h. die Einrichtung von Projektgruppen.

Idealtypisch lassen sich drei *Formen der Organisation von Projektgruppen* unterscheiden, in denen die *Projektleiter unterschiedliche Befugnisse* haben und die je nach Bedeutung, Entwicklungsstand und Umfang des Projektes unterschiedlich geeignet sind:

- Stabs-Projektorganisation
- Reine Projektorganisation
- Matrix-Projektorganisation.

Diese drei Formen sollen nun näher dargestellt werden.

Stabs-Projektorganisation

Bei dieser Lösung ist der *Projektleiter* für ein Vorhaben verantwortlich, *ohne* dass ihm irgendwelche formalen *Weisungsrechte* gegenüber den Mitarbeitern zugebilligt werden. In diesem Fall wird auch von einem Projektverfolger gesprochen.

Ein Projektverfolger ist mit der Aufgabe betraut, den Ablauf des Projektes in sachlicher, kostenmäßiger und terminlicher Hinsicht zu steuern. Da er keine Weisungsbefugnisse besitzt (Stabsfunktion), schlägt er Maßnahmen vor, über die bestimmte Instanzen entscheiden. Insofern kann er für die sachliche, kostenmäßige und terminliche Projektzielerreichung auch nicht allein verantwortlich gemacht werden. *Verantwortlich* ist er für die *rechtzeitige Information der Instanzen* sowie für die Qualität der Vorschläge, Empfehlungen und Berichte, in denen er die ihm zur Verfügung gestellten Informationen verarbeitet hat. Zu diesen Informationen hat der Projektverfolger normalerweise ungehinderten Zutritt.

Der Projektleiter kann sehr hoch, etwa direkt unter der Geschäftsleitung oder auf tieferer Ebene, etwa unter dem Leiter der Organisation eingegliedert werden, wie die folgende Abbildung zeigt:

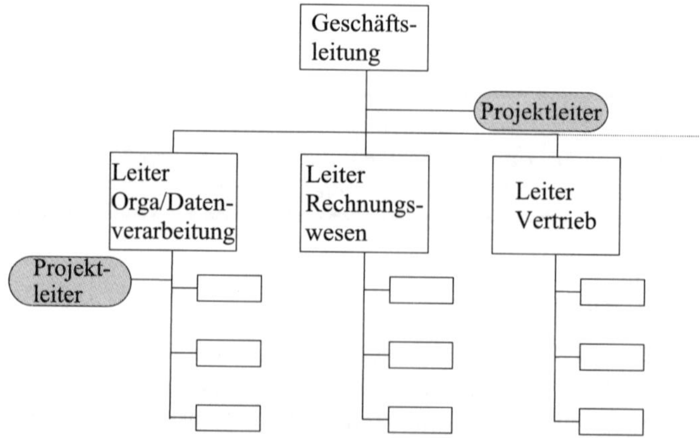

Abb. 3.6: Stabs-Projektorganisation

Bewertung der Stabs-Projektorganisation	
Vorteile 👍	**Nachteile** 👎
• Geringe Beeinträchtigung der übrigen laufenden Arbeit in der Unternehmung • niedrige organisatorische „Umstellungskosten" (Zeitaufwand für die Umstellung auf die „neuen" Rechte des Projektleiters)	• Umständliche Entscheidungsvorbereitung • permanenter „Kampf" um die Kapazitäten der Mitarbeiter - sie haben oft gerade etwas Wichtigeres, Dringenderes zu tun

• geringe Probleme bei der Benennung von Projektmitarbeitern (Rekrutierung) • eine eher sachgerechte Einflussnahme des Projektleiters, da er keine formale Macht hat, seine Standpunkte durchzusetzen • keine Auslastungsprobleme der Mitarbeiter; sie werden nur soweit durch das Projekt in Anspruch genommen, wie tatsächlich Arbeit vorliegt • hohe Flexibilität; so kann ein Mitarbeiter u.U. gleichzeitig für mehrere Projekte tätig sein • guter Informationsstand beim Vorgesetzten des Projektleiters, da dieser „bei jeder Kleinigkeit“ eingeschaltet werden muss.	• zeitliche Verzögerungen, die sich aus den oben genannten Punkten ergeben können • außer dem Projektleiter fühlt sich niemand für das Vorhaben verantwortlich • hohe Belastung der Linienstellen u.U. auch mit Kleinigkeiten, die der Projektleiter nicht selbst lösen kann • Gefahr der Isolierung des Projektleiters

Aus den beispielhaft genannten möglichen Vor- und Nachteilen lassen sich einige *Anwendungsbedingungen* für die Stabs-Projektorganisation ableiten:

- Das Projekt betrifft mehrere Einheiten einer Unternehmung, allerdings nur punktuell, so dass eine *Freistellung von Mitarbeitern* für das Projekt *nicht gerechtfertigt* ist
- die *Leistungen* der Projektmitarbeiter *können getrennt erbracht werden*. Es reicht aus, wenn man sich in gelegentlichen Sitzungen abstimmt und das weitere Vorgehen vereinbart
- der *Projektleiter* besitzt eine hohe persönliche und *fachliche Autorität*, so dass er auch ohne formale Befugnisse Einfluss hat
- der *Projektleiter* hat im Bewusstsein der Mitarbeiter *eine starke Position*, so kann z.B. von hohen hierarchischen Ebenen (Sponsoren) Rückenwind signalisiert werden, so dass der Projektleiter praktisch viel mehr Einfluss hat, als ihm formal übertragen wurde
- das Projekt ist in einer *frühen Phase* - z.B. in der Vorstudie - in welcher der Umfang noch nicht so recht abgeschätzt werden kann
- schließlich kann es sich auch um ein Projekt handeln, das „unter ferner liefen“ einzustufen ist.

> *In der Stabs-Projektorganisation hat der Projektleiter lediglich Beratungs-, Empfehlungs- und Informationsbefugnisse - keine Weisungsrechte. Unter bestimmten Bedingungen kann eine derartige Lösung dennoch zielführend sein.*

Reine Projektorganisation

In der reinen Projektorganisation hat der *Projektleiter volle Kompetenzen gegenüber* den ihm zugeordneten *Projektmitarbeitern.* Er ist befugt, den Mitarbeitern Aufträge zu erteilen, Prioritäten zu vergeben usw., soweit es die Aufgabenerfüllung im Projekt betrifft. Wie schon erwähnt, bleiben grundlegende disziplinarische Befugnisse beim Linienvorgesetzten. Teile der disziplinarischen Befugnisse, wie zum Beispiel Anwesenheitskontrolle, Entscheidungen über Urlaub, Arbeitszeiten, Steuerung des Verhaltens in der Projektgruppe usw. gehen jedoch auf den Projektleiter über. Diese Befugnisse benötigt er, um die laufende Arbeit sicherzustellen.

Die reine Projektorganisation ist meistens mit einer *Vollzeit-Freistellung der Mitarbeiter* für das Projekt verbunden. Es gibt aber auch Fälle, wo die Mitarbeiter nur tage- oder stundenweise am Projekt mitarbeiten (Freistellung zu x%), wenngleich diese Lösungen normalerweise unbefriedigend - fehlende Konzentration - und konfliktbeladen sind - verschiedene Ansprüche an die Mitarbeiter. Wenn der Mitarbeiter „freigestellt“ wird, ohne ihn bei seinen sonstigen Aufgaben zu entlasten, ist das eine der Hauptursachen für Probleme und Verzögerungen in Projekten.

Bei wichtigen und übergreifenden Projekten kann der Projektleiter sehr hoch angesiedelt werden, im Extremfall sogar direkt unter der Geschäftsleitung. Bei organisatorischen Projekten ist es auch möglich, den Projektleiter der Leitung des Organisationsbereiches zuzuordnen.

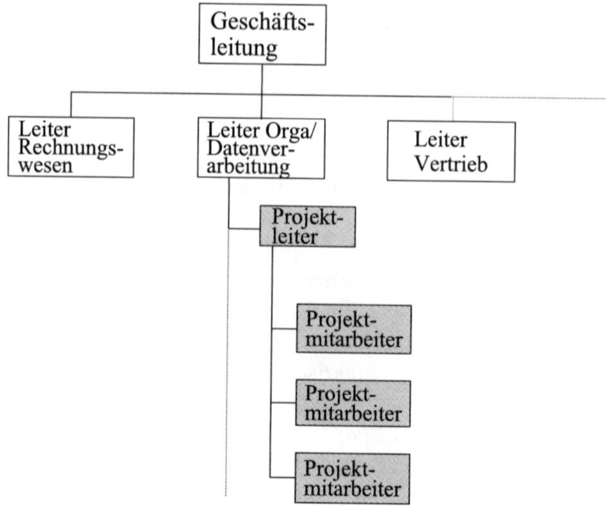

Abb. 3.7: Reine Projektorganisation

Bewertung der Reinen Projektorganisation	
Vorteile	**Nachteile**
• Volle Konzentration auf ein Vorhaben • einheitliche Willensbildung, da der Projektleiter verantwortlich und befugt ist • schnelle Reaktion bei Störungen oder Abweichungen von gesetzten Zielen • weniger Konflikte zwischen den Fachabteilungen und der Projektgruppe in der laufenden Projektarbeit • Verkürzung der Projektlaufzeiten • die Vorteile der echten Gruppenarbeit kommen voll zum Tragen • in der Projektgruppe können Stellvertretungsprobleme leichter gelöst werden • verstärkte Identifikation mit dem Projekt führt zu verstärkter Motivation	• Hohe organisatorische Umstellungskosten; so müssen für die freigestellten Mitarbeiter Vertretungsregelungen – oftmals mit hohem Anlernaufwand verbunden – gefunden werden; die Projektgruppe selbst muss ebenfalls erst eine Lernphase durchlaufen, bis sie sich voll auf die Sachprobleme und weniger auf die Beziehungsprobleme zwischen den Beteiligten konzentriert • große Probleme in der Rekrutierung; gerade tüchtige Mitarbeiter lässt kein Vorgesetzter gerne gehen • Unsicherheit für die betroffenen Mitarbeiter, was nach dem Projekt aus ihnen wird • Gefahr der Unterauslastung von Mitarbeitern im Projekt; der Projektleiter wird versuchen, die Mitarbeiter so lange wie möglich im Projekt zu behalten, ganz gleich, ob sie nach wie vor voll ausgelastet sind • die Projektgruppe entwickelt eine Eigendynamik, wodurch die Mitarbeiter aus den Fachabteilungen immer mehr ihren angestammten Abteilungen entfremdet werden, so dass sie nicht mehr die Interessen der Fachabteilung vertreten, sondern sich voll mit dem Projekt, u.U. sogar gegen ihre Abteilung, identifizieren

Auch hier sollen einige *Anwendungsbedingungen* für den Einsatz der *Reinen Projektorganisation* genannt werden:

- Projektziele und Projektumfang sind klar definiert
- es handelt sich um ein umfangreiches, sehr wichtiges und dringendes Projekt, das die völlige oder teilweise Freistellung von Mitarbeitern rechtfertigt
- die mit der Freistellung verbundenen Stellvertretungsprobleme können gelöst werden

- es liegt eine klare Personalplanung vor, so dass die freigestellten Mitarbeiter erkennen können, was nach dem Projekt aus ihnen wird
- es gibt einen ausreichend qualifizierten und angesehenen Projektleiter, dem u.U. auch hierarchisch gleichgestellte - selten höher gestellte - Mitarbeiter unterstellt werden können.

> *In der Reinen Projektorganisation hat der Projektleiter volle fachliche Weisungsbefugnis gegenüber den - ganz oder zeitweise - freigestellten Mitarbeitern. Das sichert eine schnelle und effiziente Projektabwicklung, kann aber die auf Dauer angelegte Organisation unter Umständen erheblich belasten.*

Matrix-Projektorganisation

Die dritte Modellvariante ist die Matrix-Projektorganisation. Streng genommen wird eine beliebige Organisation einer Unternehmung durch *zusätzliche projektbezogene Weisungsrechte* überlagert. Es entsteht dadurch ein zeitlich befristetes *Mehrliniensystem*. Dieses Mehrliniensystem wird meistens als Matrix dargestellt, weswegen hier von einer Matrix-Organisation gesprochen wird. Beispielhaft könnte das Modell folgendermaßen aussehen:

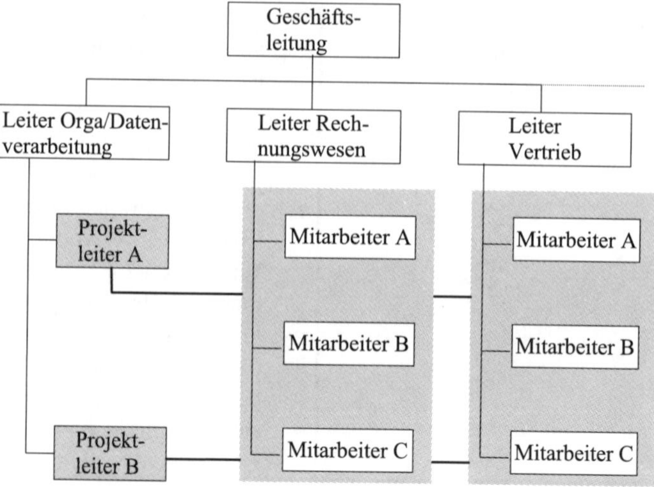

Abb. 3.8: Matrix-Projektorganisation

In diesem Beispiel können die Projektleiter auf einzelne Mitarbeiter der Bereiche Vertrieb und Rechnungswesen zugreifen. Unter Umständen können sogar zwei Projektleiter gleichzeitig beim gleichen Mitarbeiter Ansprüche anmelden. Wenn mehrere Weisungswege bei einem Mitarbeiter enden, muss geregelt werden, wer für was zuständig ist; sonst sind *Kompetenzkonflikte* unvermeidbar. Diese Konflikte entzünden sich hauptsächlich an der Frage, welche Kapazitäten zu welchen Zeiten bzw. in welchem Umfang zur Verfügung gestellt werden.

Da der *Projektleiter* für die Einhaltung seiner Terminvorgaben verantwortlich gemacht wird, billigt man ihm üblicherweise zu, *verbindliche Anweisungen* geben zu dürfen

- was (welche Aufgabe, welche Leistung)
- wann (bis zu welchem Termin)

von den zugeordneten Stellen erbracht werden soll. Demgegenüber kann in der *Fachabteilung* entschieden werden

- wie die Leistung zu erbringen ist
- welche Interessenlage zu vertreten ist

da dort die entsprechenden Spezialkenntnisse vorhanden bzw. die Interessen am Ergebnis angesiedelt sind.

In der Praxis hat sich eher eine *Modifikation dieses Modells* durchgesetzt. Der Projektleiter hat das Recht, von den Fachabteilungen bestimmte Leistungen (was) zu bestimmten Terminen (wann) zu verlangen. Dazu wendet er sich jedoch nicht direkt – weisungsberechtigt - an die Mitarbeiter der Fachabteilung, sondern an deren zuständigen Leiter. Diesem Leiter sind die Anforderungen frühzeitig mitgeteilt worden, so dass er seine eigenen Ressourcen langfristig einplanen kann. Der *Leiter der Fachabteilung sorgt dafür, dass die geforderte Leistung erbracht wird,* das bedeutet, er bestimmt

- durch wen sie zu erbringen ist (sofern der Projektmitarbeiter nicht bereits bestimmt ist) und gegebenenfalls
- wie die Leistung zu erbringen ist.

Dadurch wird die zugrunde liegende Struktur nicht übermäßig gestört, und mögliche Konflikte werden nicht beim betroffenen Mitarbeiter ausgetragen. Dem Projektleiter steht es dann natürlich frei, auf dem sogenannten kleinen Dienstweg sich mit dem zuständigen Mitarbeiter abzustimmen. Falls hier Konflikte auftreten sollten, wird der Vorgesetzte des Bereiches eingeschaltet.

Bewertung der Matrix-Projektorganisation	
Vorteile 👍	**Nachteile** 👎
• Geringer Umstellungsaufwand, da nur kleinere Eingriffe in die bestehende Organisation nötig sind • problemlose Rekrutierung • geringere Akzeptanzprobleme bei den Betroffenen als bei der reinen Projektorganisation, da sie in ihrer Fachabteilung bleiben	• Konflikte um knappe Ressourcen, je nach Variante auf der Ebene Projektleiter/Mitarbeiter oder auf der Ebene Projektleiter/Fachabteilungsleiter • wenn mehrere Projekte gleichzeitig laufen, können auch noch Konflikte um Ressourcen zwischen den Projektleitern entstehen

Fortsetzung siehe nächste Seite

• flexibler Personaleinsatz möglich; wenn im Projekt nicht die ganze Kapazität eines Mitarbeiters benötigt wird, kann er sich seinen normalen Aufgaben widmen (keine Personalkapazität auf Vorrat im Projekt) • es ist sichergestellt, dass im Projekt die Interessen der Fachabteilung gewahrt bleiben, da dem Projektmitarbeiter das Hemd (der Linienvorgesetzte) näher ist als die Jacke (der Projektleiter).	• hoher Koordinationsaufwand zwischen Tagesgeschäft und „Projektgeschäft“ • Bereichsegoismus der Fachabteilungen, so dass die - meistens dringende - Tagesarbeit die Projektarbeit verdrängt oder zumindest zurückdrängt. Speziell für die reine Modellvariante gilt: • Gefahr der Überforderung oder Überlastung der Mitarbeiter der Fachabteilungen, da sie von allen Seiten „bedrängt“ werden.

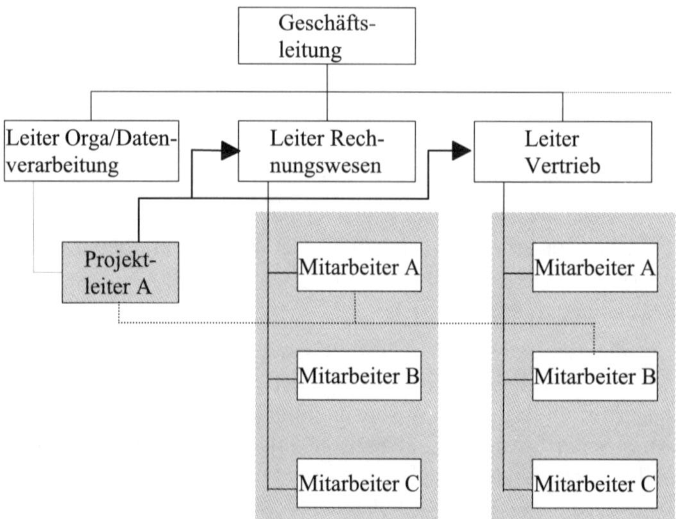

Abb. 3.9: Modifizierte Matrix-Projektorganisation

Die folgenden *Anwendungsbedingungen* sollten gegeben sein, wenn man sich für die Matrix-Projektorganisation entscheidet:

- Das Projekt lässt sich in relativ klare Pakete gliedern, die auch getrennt bearbeitet werden können
- kleine bis mittlere Komplexität des Projektes, es ist keine permanente Koordination in Gruppenarbeit erforderlich
- der Projektleiter hat eine relativ starke formale und/oder informale Stellung, so dass er die Projektinteressen mit dem nötigen Nachdruck vertreten kann
- in den Fachabteilungen ist die notwendige Kapazität vorhanden.

> *In der Matrixlösung teilt sich der Projektleiter (was, wann) die Rechte mit dem Fachvorgesetzten (wer, wie) des Projektmitarbeiters. Meistens kann der Projektleiter diese Rechte nur auf Umwegen – über den Stammvorgesetzten des Projektmitarbeiters - ausüben.*

Mischformen

In der Praxis haben sich vielfältige Mischformen herausgebildet. So kann beispielsweise ein Projektleiter gegenüber einem oder mehreren fest zugeordneten Mitarbeitern alle Weisungsrechte haben, die in der Reinen Projektorganisation beschrieben wurden. Gegenüber anderen Mitwirkenden hat er nur Empfehlungsrechte (Stabs-Projektorganisation) oder fachlich begrenzte Weisungsrechte, die er sich mit dem Fachvorgesetzten teilen muss (Matrix-Projektorganisation).

Solche *Lösungen wechseln auch im Projektfortschritt* - in den einzelnen Phasen. Oft wird erst während der Projektarbeit erkannt, dass weitere Leistungen von Dritten zu erbringen sind, so dass dann situativ die bereits etablierte Projektorganisation ergänzt wird. Diese neu hinzukommenden Mitarbeiter werden dann im Projekt verwendet, ohne dass die Befugnisse des Projektleiters formal und offiziell festgelegt werden - man arrangiert sich im Sinne der gemeinsamen Sache (oder auch nicht).

3.2 Funktionen im Projekt

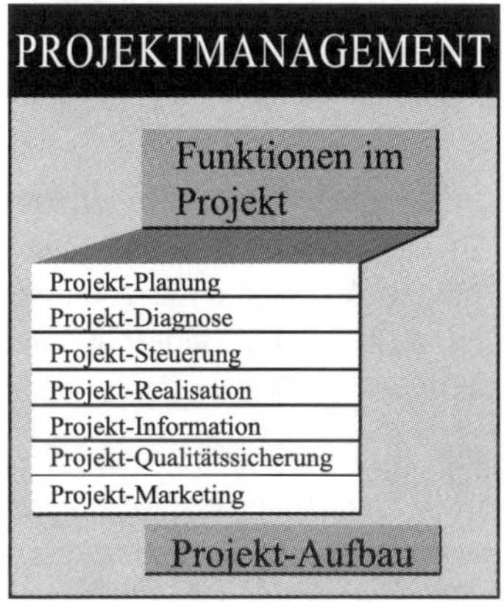

Abb. 3.10: Funktionen im Projekt

Als Funktionen im Projekt (funktionelles Projekt-Management) werden die Aufgaben bezeichnet, die im Verlauf eines Projektes wahrzunehmen sind. Dabei handelt es sich um

- Projektplanung
- Projektdiagnose, -steuerung
- Projektführung

- Projektrealisation
- Projektinformation
- Projektqualitätssicherung
- Projektmarketing.

Projektplanung, Projektdiagnose und -steuerung , Projektführung, Projektinformation, Projektqualitätssicherung und Projektmarketing sind die eigentlichen Aufgaben des Projektleiters. Er kann daneben auch ausführend tätig werden und an der Projektrealisation mitwirken. Diese Funktionen sollten nun näher dargestellt werden.

3.2.1 Projektplanung

Folgende Planungsaufgaben sind im Projekt zu erledigen (siehe auch Abb.3.11):

Planung von Projektzielen

Was soll mit dem Projekt erreicht werden? Diese *Ziele* sind *mit* dem *Auftraggeber abzustimmen.* Die Technik der Zielformulierung wird unten noch ausführlich behandelt. Sie kann den Projektleiter bei der Ermittlung, Strukturierung, Operationalisierung und Gewichtung von Zielen unterstützen.

Planung der Aufgaben

Die *Aufgaben* müssen für die *Aufbau-* wie für die *Ablauforganisation des Projektes* bekannt sein. Auch kann eine vernünftige *Aufwands- und Zeitplanung* nur vorgenommen werden, wenn die Aufgaben bekannt sind, die im Projekt zu erledigen sind. So selbstverständlich diese Aussagen erscheinen, so schwer ist es, sie in der Praxis umzusetzen.

Einen *ersten Anhaltspunkt* für die im Projekt anfallenden Aufgaben bietet der bereits behandelte *Projektablauf.* So kann eine Vorstudie oder eine Hauptstudie oder auch die Einführung als eine komplexe Aufgabe angesehen werden. In aller Regel müssen diese Aufgaben jedoch noch weiter untergliedert werden. Bei der Untergliederung kann auf zwei methodische Hilfen zurückgegriffen werden:

- Das Systemdenken erlaubt die Abgrenzung von Unter- und Teilsystemen, die im Projekt zu bearbeiten sind. Damit werden - normalerweise wiederum noch sehr komplexe - Aufgabenpakete sichtbar. Normalerweise müssen dann für die Unter- und Teilsysteme eigene Planungszyklen durchlaufen werden. Damit werden weitere Aufgaben sichtbar.
- Die Aufgabengliederungstechnik bietet eine weitere Hilfe zur Ermittlung der Teilaufgaben im Projekt. Mit Hilfe einer strukturierten Befragung werden Aufgaben des Projektes ermittelt. Diese Technik wird weiter unten im Kapitel 5.1 noch ausführlich dargestellt.

Der Projektablauf, das Systemdenken und die Aufgabengliederungstechnik gemeinsam bieten Hilfen, um zu einem sogenannten *Projektstrukturplan* zu kommen, einer systematischen Sammlung und Ordnung aller Aufgaben eines Projektes. Der Projektstrukturplan wird unter den Techniken des Projektmanagements noch näher dargestellt.

Die *Gliederungstiefe* der Teilaufgaben des Projektes sollte *dem Projektfortschritt angepasst* werden. So reicht in einer Vorstudie normalerweise eine eher globale Aufgabenplanung, die dann auf der Grundlage der getroffenen Entscheidungen fortgeschrieben und detailliert wird.

Planung des Zeitaufwandes und der Zeitdauer

Für die *Aufgaben* müssen *Zeiten* ermittelt werden. Das ist insbesondere dann schwierig, wenn wenig Erfahrungen mit gleichen oder ähnlichen Projekten vorliegen. Die beste Basis für eine gute Zeitaufwandsplanung ist eine *gründliche Ermittlung und Detaillierung der Aufgaben.* Wenn Aufgaben (Teilprojekte) erst später erkannt werden, wenn solche Aufgaben vielleicht sogar Voraussetzung sind, um mit anderen Aufgaben weiter zu machen (es wurde z.B. vergessen, eine Bewilligung einzuholen oder den Betriebsrat zu informieren), dann können erhebliche Projektverzögerungen die Folge sein.

In der Praxis werden häufig *Schätzverfahren* verwendet. Eine derartige Technik des Schätzens, die sich in der Projektarbeit durchaus bewährt hat, wird im Kapitel Erhebungstechniken im Abschnitt 4.3.8 behandelt. Außerdem werden *Analogieverfahren* eingesetzt. Hier wird auf Erfahrungswerte mit früheren Projekten zurückgegriffen. Besonderheiten des anstehenden Projektes werden durch Zu- oder Abschläge berücksichtigt. Das *Prozentsatzverfahren* setzt ebenfalls voraus, dass Erfahrungen mit ähnlichen Projekten vorliegen. Vom prozentualen Aufwand einer - geplanten oder bereits abgeschlossenen - Projektphase oder Teilaufgabe wird auf den Aufwand der noch ausstehenden Phasen oder Teilaufgaben geschlossen.

Ist der Aufwand für die Aufgaben im Projekt bekannt, muss der Projektleiter - unter Berücksichtigung der verfügbaren Ressourcen - die *Projektzeitdauer* planen. Diese Planung hängt somit unmittelbar zusammen mit der Planung des Projektaufbaus.

Planung des Projektaufbaus

Hier geht es um die Frage, wer alles im Projekt mitarbeiten sollte, d. h. also *welche Qualifikation in welchem zeitlichen Umfang benötigt wird.* Der Projektleiter stellt die benötigten Kapazitäten zusammen und macht Vorschläge, inwieweit Mitarbeiter ganz für das Projekt freigestellt werden sollten oder nur punktuell mitarbeiten. Normalerweise sollte dem Projektleiter auch das Recht zugestanden werden, konkrete Personen zu empfehlen, da neben der fachlichen Qualifikation in einer Projektgruppe auch die zwischenmenschliche „Chemie“ für den Projekterfolg äußerst wichtig ist.

Zur Planung des Projektaufbaus gehört auch die Klärung der Weisungsrechte des Projektleiters, also der Sachverhalte, die oben bereits erörtert wurden.

Planung sonstiger Ressourcen

Neben Mitarbeitern werden für das Projekt Räume, technische Hilfsmittel, finanzielle Mittel, Fremdleistungen usw. benötigt, die der Projektleiter auf der Grundlage der Projektaufgaben planen und beantragen muss.

Planung der Abläufe

Es ist zu ermitteln, welche zeitlichen und/oder logischen Abhängigkeiten zwischen den Aufgaben bestehen, um daraus die *Ablauforganisation des Projektes* zu bestimmen. Ausgewählte Techniken zur Ablaufplanung - z.B. Netzpläne und Balkendiagramme - werden unten noch näher vorgestellt (siehe dazu Kapitel 11.5).

Zur Planung der Abläufe gehört auch die Planung von *Meilensteinen*, das heißt von wichtigen Ereignissen im Projekt. Ein typischer Meilenstein ist etwa das Ende der Vorstudie. Normalerweise werden an Meilensteinen auch Entscheidungen fällig, die entweder vom Entscheidungsgremium oder von Dritten (z.B. Betriebs- oder Personalrat) getroffen werden.

Planung der Qualität

Die wichtigsten *Kriterien* für die Qualität finden sich in den *Zielen* des Projektes. Diese Ziele sind fortzuschreiben und zu konkretisieren. Der Projektleiter ist selbst der Hauptverantwortliche dafür, dass die Ziele erreicht, die geforderte Projektqualität gewährleistet werden. Darüber hinaus muss er unter Umständen auch noch dafür sorgen, dass geeignete *Verfahren der Qualitätssicherung* eingesetzt und die Beteiligten auch tätig werden.

Planung der Projektinformation

Zur Projektinformation gehören zum einen *Berichtspflichten gegenüber Entscheidern*, Betroffenen und sonstigen Beteiligten. Darüber hinaus wird auch die *Projektdokumentation* dazu gezählt. Etwas weiter gehende Ausführungen folgen unten.

Planung des Projektmarketing

Zum Projektmarketing zählen alle Maßnahmen, die dazu beitragen, die Ziele des Projektes und die Lösungen zu akzeptieren. Solche Marketingaktivitäten sind gegenüber allen in irgendeiner Form Betroffenen zu planen, gegenüber den Entscheidern, gegenüber den Anwendern in den Fachabteilungen, gegenüber Interessenvertretern, gegenüber funktional Beteiligten usw.

Für alle genannten Sachverhalte gilt, dass *diese Planungen normalerweise „rollend" vorgenommen werden.* Auf der Basis der erreichten Werte werden die Planungen fortgeschrieben und zunehmend detailliert. Insbesondere bei innovativen Projekten ist es in aller Regel nicht möglich, bereits zu Beginn detaillierte Planungen vorzulegen.

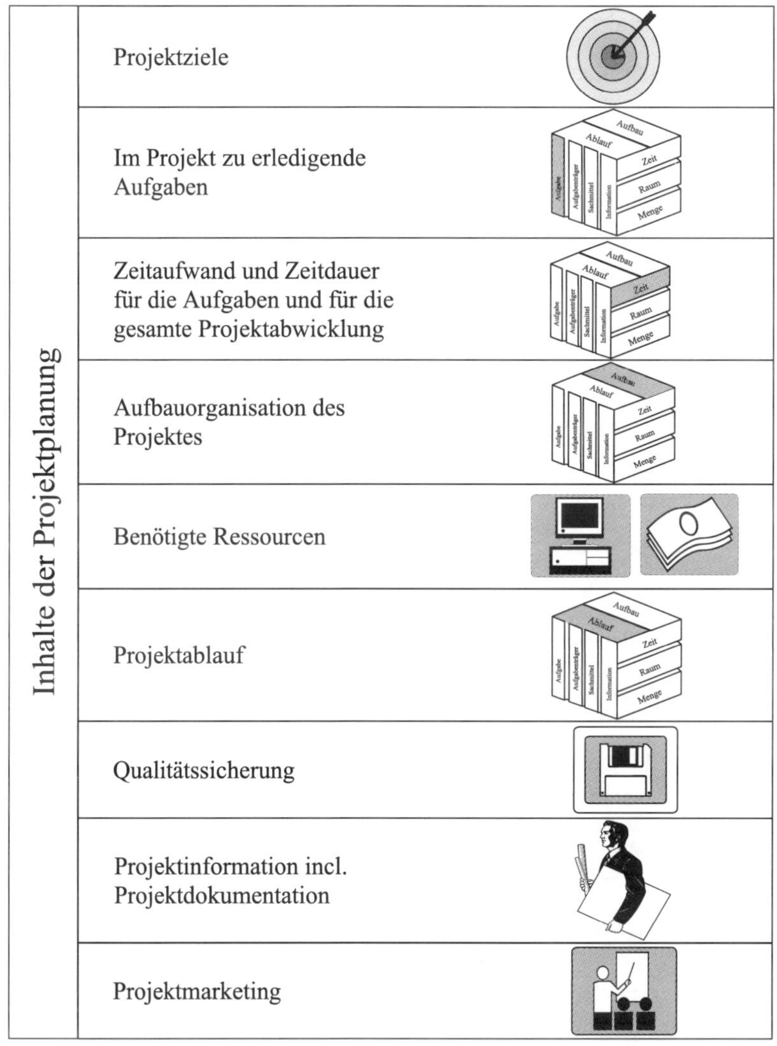

Abb. 3.11: Inhalte der Projektplanung

> *Zur Projektplanung gehören die Planung der Projektziele, der Aufgaben, des Zeitaufwandes und der Zeitdauer, des Projektaufbaus und -ablaufs, sowie der notwendigen Ressourcen, der Qualitätssicherung der Projektinformation und des Projektmarketing.*

3.2.2 Projektdiagnose und -steuerung

In der *Projektsteuerung* werden *Maßnahmen* ergriffen, *mit denen die Planung umgesetzt werden kann.* Aufgaben und Einzelaufträge werden Mitarbeitern übertragen. Mitarbeiter werden bei ihrer Arbeit eingewiesen, koordiniert und unterstützt, evtl. auch vor fremden Eingriffen bewahrt. Die Führung und Motivation der Mitarbeiter zählt ebenso zu den steuernden Aufgaben eines Projektleiters wie die Abstimmung mit den Vertretern des betroffenen Bereiches und die Koordination mit anderen Projekten und funktional Zuständigen.

Die *Projektdiagnose dient* einer *zielgerichteten Steuerung* des Projektes. Die erreichten Werte werden dazu mit den geplanten verglichen (Projektkontrolle). Eine effiziente Projektdiagnose setzt damit eine fundierte Projektplanung voraus. Treten Abweichungen auf, sind entsprechende Eingriffe vorzunehmen oder aber es sind Planungen zu korrigieren. Es kann die gegenwartsbezogene Diagnose von der vorausschauenden Diagnose unterschieden werden.

Gegenwartsbezogene Diagnose

Bei einer gegenwartsbezogenen Diagnose können folgende *Schritte* unterschieden werden:

Erfassen und darstellen der Ist-Werte

Vergleichen der Planwerte mit den Ist-Werten

Darstellen und bewerten der gefundenen Abweichungen

Ermitteln der Abweichungsursachen

Es soll sichergestellt werden, dass nicht nur an Symptomen kuriert, sondern die *Probleme* möglichst *an ihrer Wurzel* gefasst werden.

Vorausschauende Diagnose

Probleme können oft schon *vorhergesehen werden.* Wenn das früh genug geschieht, ist es sogar möglich, durch *vorbeugende Maßnahmen* ein Problem zu verhindern oder es zumindest abzuschwächen. Es gibt einige Indikatoren, die darauf hinweisen, dass zukünftige Probleme bereits „programmiert“ sind. Typische Beispiele für *Krisenindikatoren* in Projekten sind:

- Nachlassendes Interesse der Entscheider/des Sponsors
- notwendige Entscheidungen werden nicht getroffen

- unüberbrückbare Meinungsverschiedenheiten in der Projektgruppe
- persönliche Spannungen behindern sachliche Arbeit
- Mitarbeiter der Projektgruppe suchen Koalitionen innerhalb oder außerhalb des Projektes
- Fachbereiche verweigern die notwendige Information oder Mitarbeit
- abfällige Bemerkungen wichtiger Meinungsmacher über das Projekt
- Projektleiter werden von Entscheidern ohne Begründung vor vollendete Tatsachen gestellt.

Neben diesen Krisenindikatoren gibt es auch noch *harte Fakten*, die zukünftige Probleme vorhersehbar machen, wenn beispielsweise unerwartete *sachliche Schwierigkeiten* auftreten, *Termine* nicht eingehalten werden können, *finanzielle Mittel* vorzeitig erschöpft sind usw.

In derartigen Situationen sollte eine *Risikoanalyse* angestellt werden, um Risiken und ihre möglichen Auswirkungen zu ermitteln, deren Ursachen zu erkennen und möglichst ein *Frühwarnsystem* aufzubauen. Dazu sollen die Vorgehensschritte gezeigt und beschrieben werden.

Risikoanalyse

Schritte	Erläuterungen
Risikobereiche identifizieren	Es werden mögliche Risiken gesucht, z.B. durch folgende Fragen: • Wo liegen geringe Erfahrungen vor? • wo besteht große Abhängigkeit von bestimmten Personen oder Einflüssen? • wo liegen die kritischen Termine im Ablauf? • usw.
Risiken gewichten	Jeder einzelne Risikobereich wird nach folgenden Kriterien beurteilt: • Wahrscheinlichkeit des Risikos • Tragweite des Risikos (was könnte schlimmstenfalls passieren)
Ursachen finden und gewichten	Denkbare Ursachen für hoch gewichtete Risiken sind zu ermitteln und auf ihren Einfluss zu untersuchen
Vorbeugende Maßnahmen planen	Soweit möglich sollten Maßnahmen geplant werden, die ein zukünftiges Problem verhindern oder seine Auswirkungen zumindest begrenzen
Frühwarnsystem einrichten	Es sind Indikatoren, Symptome oder Ereignisse zu ermitteln, die anzeigen, ob ein Problem bereits eingetreten ist oder einzutreten droht
Eventualmaßnahmen planen	Bei besonders kritischen Problembereichen sollten bereits in der Planung alternative Strategien konzipiert werden, die dann zu befolgen sind, wenn der Krisenfall eintritt

3.2.3 Projektrealisation

In der Projektrealisation werden die *geplanten Sachverhalte umgesetzt*. So werden beispielsweise für abgegrenzte Teilprojekte Informationen gesammelt, Lösungen erarbeitet, Präsentationen vorbereitet usw. Die Aufgaben obliegen an erster Stelle den Mitarbeitern im Projekt. Außerdem können einzelne Leistungen auch extern beschafft werden. Der Projektleiter ist in kleinen Projekten selbst auch an der Realisation beteiligt. Bei großen Projekten wird er durch die übrigen Funktionen so sehr beansprucht, dass für die Realisation kaum Zeit bleibt.

> *Als Projektsteuerung werden die laufenden Eingriffe in ein Projekt bezeichnet. Voraussetzung dazu ist eine gegenwartsbezogene Diagnose, die auf Soll-Ist-Abweichungen und deren Ursachen aufbaut, sowie eine vorausschauende Diagnose, die hilft, frühzeitig Risiken und deren Ursachen zu erkennen, um vorbeugende Maßnahmen zu ergreifen bzw. Eventualmaßnahmen zu planen, für den Fall, dass eine befürchtete Störung tatsächlich auftritt. In der Projektrealisation werden die Planungen umgesetzt.*

3.2.4 Projektinformation

Zur Projektinformation werden hier die Berichterstattung über das Projekt wie auch die Projektdokumentation gezählt. Bei der Regelung der Berichterstattung sind folgende Sachverhalte festzulegen:

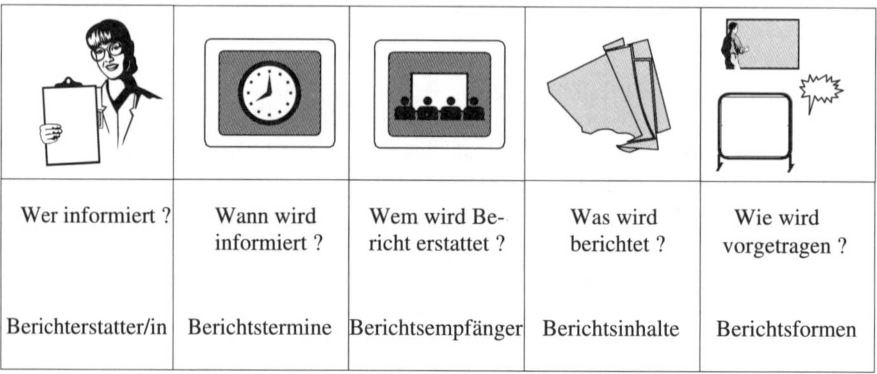

Wer informiert ?	Wann wird informiert ?	Wem wird Bericht erstattet ?	Was wird berichtet ?	Wie wird vorgetragen ?
Berichterstatter/in	Berichtstermine	Berichtsempfänger	Berichtsinhalte	Berichtsformen

Abb. 3.12: Projektinformation

3.2.4.1 Projektberichterstattung

Berichterstatter

Für die Projektinformation ist grundsätzlich der *Projektleiter* zuständig. Das bedeutet aber nicht, dass er alle Informationen auch selbst geben muss. Er hat lediglich dafür Sorge zu tragen, dass die notwendigen Informationen auch fließen.

Gegenüber den Entscheidern ist der *Projektleiter* der *hauptsächliche Ansprechpartner*. Das gilt auch für den Sponsor. Bei Präsentationen kann sich der Projektleiter durchaus von seinen Mitarbeitern unterstützen lassen. Einzelne Informationspflichten kann er auch an Projektmitarbeiter delegieren. Bei der Einführung von organisatorischen Neuerungen entstehen oft sehr umfangreiche Informationspflichten beispielsweise gegenüber den betroffenen Mitarbeitern oder auch gegenüber Kunden. Hier kann es sinnvoll sein, die Information aus dem Projekt herauszunehmen und *anderen Spezialisten* zu *übertragen*. Schließlich gibt es noch den Fall, dass der Projektleiter lediglich darauf hinweisen muss, dass andere ihre Informationspflichten wahrzunehmen haben. Das ist etwa der Fall, wenn durch ein Projekt Rechte des Betriebs- oder Personalrates berührt werden. Dann hat der Projektleiter dafür zu sorgen, dass die formal zuständige Stelle ihrer Informationspflicht nachkommt.

Berichtstermine

Oben wurden zwei Arten von Berichtsterminen unterschieden

- ergebnisorientierte Berichtstermine und
- zeitorientierte Berichtstermine.

Ergebnisorientierte Berichte finden *am Ende der Phasen*, an weiteren wichtigen *Meilensteinen* und insbesondere in der *Einführung* statt. *Zeitorientierte Berichte* werden in einem *bestimmten Rhythmus* abgegeben, etwa alle vier Wochen ein Bericht vor dem Entscheidungsgremium, ganz gleich ob ein Meilenstein erreicht ist oder nicht.

Berichtsempfänger

Als Berichtsempfänger kommen in Frage:

- Das Entscheidungsgremium
- das Beratungsgremium
- die Betroffenen, deren laufende Information besonders wichtig ist, da sich sonst leicht Gerüchte bilden und Vorbehalte gegen das Projekt aufgebaut werden
- andere Projektgruppen
- die Leitung des Organisationsbereiches
- Interessenvertretungen wie z.B. der Betriebs- oder Personalrat. Gerade auch die kontinuierliche und umfassende Information derartiger Interessenvertretungen ist besonders wichtig. Widerstände von dieser Seite entstehen häufig nur als „Vergeltung" dafür, dass man sich übergangen fühlt, dass man weniger weiß als diejenigen, deren Interessen vertreten werden sollen usw.

Berichtsinhalte

Die Berichtsinhalte hängen selbstverständlich sehr stark von den Berichtsempfängern ab. Informationen sind adressatengerecht auszuwählen und aufzubereiten. Zu beachten ist hier, dass neben der Sachinformation über Lösungen oft auch begründende oder motivierende Informationen notwendig sind - siehe dazu das „Projektmarketing".

Neben der Frage, welchen Informationsbedarf der Empfänger hat, muss beachtet werden, *wieviel* dem *Empfänger quantitativ und qualitativ zugemutet werden kann*. Viele Probleme in der Praxis der Projektarbeit entstehen aus dem großen Wissensunterschied zwischen den Projektmitarbeitern und den Berichtsempfängern. Das gilt sowohl gegenüber den Entscheidern, die in kurzer Zeit das aufnehmen müssen, woran die Projektgruppe oft mehrere Wochen gearbeitet hat, wie auch gegenüber den Mitarbeitern in den betroffenen Fachabteilungen, die mit „Fachchinesisch" überfallen werden. Beide Gruppen reagieren häufig auf derartige Überforderungen in gleicher Weise: Sie sprechen das Problem nicht offen an und „wehren" sich indirekt, indem sie nicht entscheiden oder Vorbehalte gegenüber einer Lösung äußern.

Berichtsformen

Schließlich muss eine geeignete Berichtsform gewählt werden. Möglich sind

- formlose mündliche Berichte
- schriftliche Berichte
- Präsentationen.

Die *geeignete Berichtsform hängt ab von* den *Inhalten*, den *Zielen*, die mit der Information verbunden werden, und von den *Empfängern*. Insbesondere wenn Überzeugungsarbeit geleistet werden soll, oder wenn neben dem Bericht auch noch Ergebnisse kommentiert, bewertet oder weiterentwickelt werden sollen, ist die Präsentation besonders geeignet.

Berichtstermine, -empfänger und -formen sollten möglichst schon im Projektauftrag festgelegt werden.

> *Zur Projektinformation gehört die Projektberichterstattung und die Projektdokumentation. Bei der Projektberichterstattung sind die jeweils notwendigen und geeigneten Berichterstatter, Berichtstermine, - empfänger, -inhalte sowie die Berichtsformen zu wählen.*

3.2.4.2 Projektdokumentation

Die Projektdokumentation ist Bestandteil der Projektinformation. Ein Projektdokumentationssystem regelt

- was dokumentiert werden muss
- wann dokumentiert werden muss
- wie dokumentiert werden muss
- wo die Dokumentation aufbewahrt werden muss
- wie lange sie aufbewahrt werden muss
- evtl. auch, welche speziellen Darstellungstechniken anzuwenden sind.

Generelle Aussagen sind hier kaum möglich. Das *Dokumentationssystem* ist *für jedes Projekt individuell* festzulegen, wenngleich es einige Sachverhalte gibt, die grundsätzlich dokumentiert werden sollten. Hier werden die laufende Projektdokumentation und die Abschlussdokumentation behandelt.

Laufende Projektdokumentation

Zu der laufenden Projektdokumentation werden alle Unterlagen gezählt, die *während* der *Projektarbeit anfallen.* Dazu gehören unter anderem die

- Projektorganisation (Aufbauorganisation, Gremien)
- Projekt- und Vorgehensziele
- projektspezifische Regelungen über die Vorgehensweise, die Zusammenarbeit mit anderen Stellen, einzusetzende Instrumente
- Budgetgrößen
- Zeitpläne, Personalpläne
- schriftliche Unterlagen, die von der Projektgruppe zu liefern sind
- Entscheidungsprotokolle, d.h. die Vorgaben des Entscheidungsgremiums.

Üblicherweise werden auch wichtige Informationen über den Ist-Zustand, Schwachstellen und Lösungskonzepte dokumentiert, um später darauf zurückgreifen und den Entstehungsweg des Projektes nachvollziehen zu können. Die Regel sollte lauten: Soviel und so detailliert wie nötig dokumentieren und nicht soviel wie möglich.

Der *Aufbau der Dokumentation folgt* zweckmäßigerweise den *Projektphasen* (Vorstudie, Hauptstudie usw.). *Innerhalb der Phasen* kann nach den behandelten *Teilprojekten* und innerhalb der Teilprojekte nach dem Zyklus gegliedert werden. Selbstverständlich sind im Einzelfall auch andere Systematiken möglich.

Abschlussdokumentation

In der Abschlussdokumentation wird das *Ergebnis* festgehalten. Insbesondere bei EDV-Vorhaben und bei technischen Projekten sind hier zwei verschiedene Arten von Abschlussdokumentationen zu unterscheiden, die Benutzerdokumentation und die Verfahrensdokumentation.

Die *benutzerorientierte Dokumentation* (Arbeitsanweisung, Benutzerhandbuch, Bedienungsanleitung o.ä.) wird den *Betroffenen* in den Fachabteilungen zur Verfügung gestellt. Diese Dokumentation muss klar, verständlich, einfach, mit einem Wort, sie sollte *benutzerfreundlich* sein.

Die *Verfahrensdokumentation* dient den Experten aus Organisation bzw. Datenverarbeitung oder Technik. In einer EDV-Verfahrensdokumentation werden insbesondere die EDV-spezifischen Sachverhalte wie Programme, Datenbank, Datenflüsse etc. beschrieben. Diese Dokumentation dient vor allem der laufenden *Erhaltung* (Maintenance, Wartung) wie auch der *Revision.* Analog benötigt der *Kundendienst* Beschreibungen, um Reparaturen ausführen zu können.

> *Die Ergebnisse der laufenden Projektarbeit sind ebenso zu dokumentieren wie die erarbeiteten Lösungen. Bei den Lösungen werden benutzerorientierte Dokumentationen und Verfahrensdokumentationen unterschieden. Für beide muss geregelt werden, welche Unterlagen, wann, wie zu dokumentieren und aufzubewahren sind.*

3.2.5 Projektqualitätssicherung

Mit Projekten werden bestimmte Ziele verfolgt. Je besser diese Ziele durch das Projekt erreicht werden, desto besser ist die Qualität der Ergebnisse. Es können folgende Zielarten unterschieden werden

- Systemziele
- Vorgehensziele.

Systemziele beschreiben die *Anforderungen an die Lösung*. Welche Leistungen erbracht werden müssen, welche Kosten dabei entstehen dürfen, wird in den Systemzielen für ein Projekt konkretisiert. Ein Beispiel für solche Ziele ist die Funktionalität (was muss das System alles können?). Weitere Kriterien, die zur Qualitätssicherung angelegt werden können, sind z.B.:

- Zielwirksamkeit (werden die Leistungen zielgerecht erbracht, z.B. schnell, kostengünstig, aktuell, störungsfrei, anwenderfreundlich etc.?)
- Vollständigkeit (sind alle Anforderungen erfüllt, sind Sonderfälle geregelt, sind Vorkehrungen für den Ausfall des Systems oder von Systemkomponenten getroffen?)
- Integrität (sind notwendige Schnittstellen berücksichtigt, gibt es Regelungen hinsichtlich Zugriffsschutz, Wiederanlaufverfahren, Fehlerbehandlung etc.?)
- Modularität (sind die Lösungen baukastenmäßig entwickelt, können Komponenten ausgetauscht werden ?)
- Wartbarkeit (sind die Lösungen „pflegeleicht“, was unter anderem auch durch die Modularität erreicht werden kann?)
- Kompatibilität (ist die Lösung mit der vorhandenen Hardware, Software, den eingesetzten Sachmitteln verträglich?).

Vorgehensziele beziehen sich auf das Projekt selbst. So ist die Einhaltung vorgegebener oder versprochener Termine ebenso ein Vorgehensziel wie ausreichende Information über den Projektfortschritt, die Einbindung der Betroffenen usw.

Qualität sollte nicht erst im Nachhinein „erprüft“ sondern von vornherein „erplant“ und erarbeitet werden. Neben den Zielen ist in diesem Zusammenhang auch das *Qualitätsbewusstsein* - ein wesentliches Merkmal der Kultur im Projekt - wichtig für die Zielerreichung.

Alle Projektbeteiligten sind direkt oder indirekt auch für die Qualitätssicherung zuständig wie die folgende Aufstellung (Abb. 3.13) beispielhaft zeigen soll.

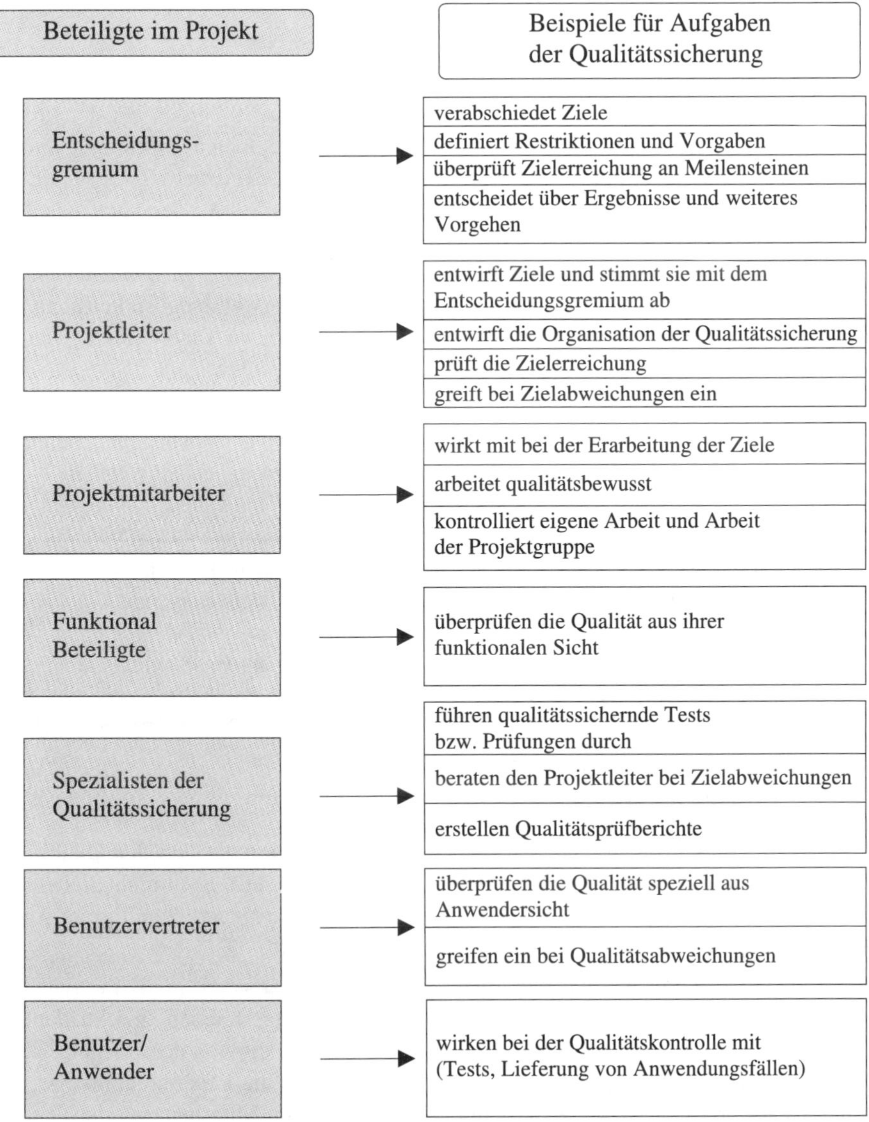

Abb. 3.13: Beteiligte der Qualitätssicherung

Die obigen Aussagen gelten generell für alle Projekte. Bei EDV- Projekten haben sich verschiedene Organisationsformen der Qualitätssicherung entwickelt, von denen einige hier beispielhaft kurz skizziert werden sollen:

Schreibtischtest - Ein konzipiertes System wird „auf dem Papier“ durchgespielt, um Schwachstellen oder Fehler zu finden. Design-review ist eine Sonderform der Einblicknahme. Es wird versucht, möglichst frühzeitig Design-Fehler zu entdecken, indem Spezialisten prüfen, ob die funktionalen Anforderungen an eine Lösung erfüllt werden, ob Ausnahmebedingungen berücksichtigt sind, ob die Fehlerbehandlung geregelt ist und wie gut die softwaretechnische Konzeption ist.

Structured-walk-through als eine weitergehend strukturierte Form der Kontrolle. Die Kontrollinhalte und evtl. auch die Kontrollverfahren werden bereits bei der Projektplanung festgelegt. Der Projektleiter geht die zuvor geplanten Prüfungen durch – indem er bei Bedarf Experten hinzuzieht - und bespricht die Ergebnisse mit den Projektmitarbeitern. Als Experten kommen einzelne Spezialisten oder auch das Beratungsgremium in Frage. Bei EDV-Anwendungen gibt es Kriterienkataloge, die dazu beitragen können, alle wichtigen Sachverhalte, wie z.B. Sicherheit, Datenschutz, Modularität, Erweiterbarkeit, Lösung der Schnittstellen, Verwendung einheitlicher Datendefinitionen, Auslagerung aller Daten aus Programmen in Tabellen oder Dateien, Antwortzeitverhalten usw. möglichst vollständig zu überprüfen.

Benutzertest - Es wird die Funktionalität und die Handhabung durch ausgewählte Benutzer geprüft. Derartige Tests können auch schon in der Entwurfsphase durchgeführt werden, wenn den Benutzern Prototypen zur Verfügung gestellt werden.

Projektqualität wird daran gemessen, inwieweit Systemziele und Vorgehensziele erreicht werden. An der Qualitätssicherung sind letztlich alle am Projekt Mitwirkenden planend, ausführend oder kontrollierend beteiligt. Qualität sollte nicht erst am Ende eines Projektes „erprüft“ sondern im Projektfortschritt erarbeitet werden.

3.2.6 Projektmarketing

Der Erfolg eines Projektes hängt oft mehr vom Marketing als von der Qualität der Ergebnisse ab. Auch eine ausgezeichnete Projektqualität stellt noch nicht sicher, dass die Ergebnisse gewünscht werden, zumal organisatorische Neuerungen immer Anpassungsleistungen (Umstellungen) der Betroffenen erfordern.

Als Projektmarketing werden hier *alle Maßnahmen* verstanden*, die dem „Verkauf“ des Projektes dienen.* Um ein Projekt verkaufen zu können, müssen „marktorientiert“ die *Anforderungen* und Wünsche derer *ermittelt* werden, die von dem Projekt betroffen sind. Oft liegt ein objektiver *Bedarf* vor (z.B. kann eine Leistung einfacher, kostengünstiger erbracht werden), der jedoch den betroffenen Mitarbeitern oder den Entscheidern *noch gar nicht bewusst* ist. In diesem Fall muss nicht nur der Bedarf ermittelt, es muss bei den Beteiligten auch das *Bedürfnis geweckt* werden. Die Hauptverantwortung für das Projektmarketing liegt beim Projektleiter und den Projektmitarbeitern. Sie können wirkungsvoll von einem Sponsor unterstützt werden, wenn dieser voll hinter dem Projekt steht und entsprechenden Einfluss hat.

Elemente des Projektmarketing	
Bedarfs-Ermittlung	Es muss herausgefunden werden, was aus der Sicht • der Unternehmung • der betroffenen Abteilungen • der betroffenen Mitarbeiter • sonstiger Stellen „objektiv“ benötigt wird
Bedürfnis-Weckung	Soweit dieser Bedarf bei allen oder einzelnen Beteiligten noch nicht erkannt ist, muss ihnen der Nutzen bewusst gemacht werden, so dass sie auch den Wunsch nach einer Lösung haben (Bedürfnis). Hier sind ganzheitlich sowohl der Anwender, die Hierarchie und insbesondere mögliche Sponsoren einzubeziehen
Bedürfnis-Befriedigung	Im Projekt muss dann versucht werden, so weit wie möglich die geweckten Bedürfnisse zu befriedigen. Dabei kann es selbstverständlich nicht immer allen gerecht gemacht werden. Ziel- (Bedürfnis-) konflikte sind zu ermitteln und in ihren Wirkungen abzuwägen
Bedürfnisgerecht informieren und argumentieren	Während der gesamten Laufzeit eines Projektes und insbesondere in der Einführungsphase ist darauf zu achten, dass allen Bedürfnisträgern adressatengerecht bewusst gemacht wird, was sie aus dem Projekt zu erwarten haben – welche ihrer Bedürfnisse befriedigt werden - aber auch was nicht und aus welchen Gründen es nicht erreicht werden kann.

Projektmarketing heißt marktgerechte Projektarbeit. Dazu müssen der Bedarf ermittelt, den Betroffenen bewusst gemacht, bedarfsgerechte Ergebnisse erarbeitet und mit den richtigen Argumenten verkauft werden.

Fragen zum Kapitel 3	Texte dazu auf Seite
1. Was gehört inhaltlich alles zu dem Begriff „Gestaltungsträger"?	
2. Welche Beteiligten an Projekten gibt es?	129f
3. Wovon hängt die Entscheidung ab, wer an Projekten beteiligt wird?	130
4. Welche Formen der Projektorganisation kennen Sie?	139
5. Nennen Sie wesentliche Vor- und Nachteile der Projekt-Matrix-Organisation.	145f
6. Was verstehen Sie unter „funktionellem Projekt-Management"?	147
7. Was gehört alles zur Projektplanung?	151
8. Welche Aufgaben gehören zur Projektsteuerung?	152
9. Welche Formen von Dokumentationen im Projekt kennen Sie?	158

Weiterführende Literatur zu diesem Kapitel

BWI (Hrsg.): Projektmanagement. 4. Aufl., Zürich 1996

Cleland, D.I.; W.R. King (Hrsg.): Project Management Handbook. New York 1988

Daenzer, W.F.; F. Huber, (Hrsg.): Systems Engineering. Methodik und Praxis. Haberfellner/Nagel/Becker/Büchel/von Massow. 9. Auflage, Zürich 1997

Davidson, J.: Frame Managing Projects in Organisations. San Francisco 1987

Dinkhauser, P.: Organisationsprojekte besser führen. Leitfaden zur Effizienzsteigerung bei umfangreichen Organisationsvorhaben. Köln/Königstein 1979

Frühauf, K.; J. Ludewig; H. Sandmayr: Software - Projektmanagement und - Qualitätssicherung. 2. Aufl., Stuttgart 1991

Hansel, J.; G. Lomnitz: Projektleiter - Praxis. Berlin 1987

Heinrich, L. J.; B. Burgholzer: Systemplanung. Die Planung von Informations- und Kommunikationssystemen. Band 1. Der Prozeß der Systemplanung. 7. Aufl., München/Wien 1996

Krüger, W. (Hrsg.): Projekt-Management in der Krise. Probleme und Lösungsansätze. Frankfurt/M./Bern/New York 1986

Kupper, H.: Zur Kunst der Projektsteuerung. Qualifikation und Aufgaben eines Projektleiters - aufgezeigt am Beispiel von DV-Projekten. 8. Aufl., München/Wien 1996

Lange, D. (Hrsg.): Projektmanagement. 3. Aufl., Stuttgart 1995

Litke, H.-D.: Projektmanagement. Methoden, Techniken, Verhaltensweisen. 3. Aufl., München/Wien 1995

Madauss, B.J.: Handbuch Projektmanagement. 5. Aufl., Stuttgart 1994

Michel, R.M.: Projektcontrolling und Reporting. Heidelberg 1989

Notz, Th.; M. Kretschmar: Aufwandsschätzung von DV-Projekten. Darstellung und Praxisvergleich der wichtigsten Verfahren. 2. Aufl. Berlin/Heidelberg u.a. 1986

Page-Jones, M.: Praktisches DV-Projektmanagement. Grundlagen und Strategien. München/Wien 1991

Reschke, H.; H. Schelle; R. Schnopp: Handbuch Projekt-Management, Bd. 1 und 2, Köln 1989

Rinza, P.: Projektmanagement. 3. Aufl., Düsseldorf 1996

Schmidt, G.: Grundlagen der Aufbauorganisation. 4. Aufl., Gießen 2000

Schönbach, G.: „Total Quality Management" bei Projekten. Projekt Management 4/1993, S. 9 - 23

Steinbuch, P.A.: Projektorganisation und Projektmanagement, Kiehl 1998

4 Techniken der Erhebung

4.1 Einordnung des Themas

Die Erhebung ist *Bestandteil* des *Planungszyklus.* In den Planungsphasen eines Projektes müssen Informationen über den Ist-Zustand, über zukünftige Entwicklungen aber auch über Stärken und Schwächen, Chancen und Risiken, über Lösungsmöglichkeiten erhoben und aufbereitet werden. *Erhoben* werden also *auch Sachverhalte, die zu den anderen Schritten im Zyklus gehören.*

Hier werden die in der Übersicht unter *Organisationstechniken* aufgeführten Techniken behandelt. Da der Projektbearbeiter es bei Erhebungen fast immer direkt (z.B. Interview) oder indirekt (z.B. Fragebogen) mit Menschen zu tun hat, sind die *Strategien und Maßnahmen zur Beeinflussung von Menschen* zu beachten. Es ist in einem Interview beispielsweise dafür zu sorgen, dass die befragten Personen offen und kooperativ mitwirken.

Die Einordnung der Erhebung ist aus dem Stofforientierungsmodell zu entnehmen.

4.2 Inhalte der Erhebung

Die wesentlichen Inhalte der Erhebung können aus dem Würfel abgeleitet werden.

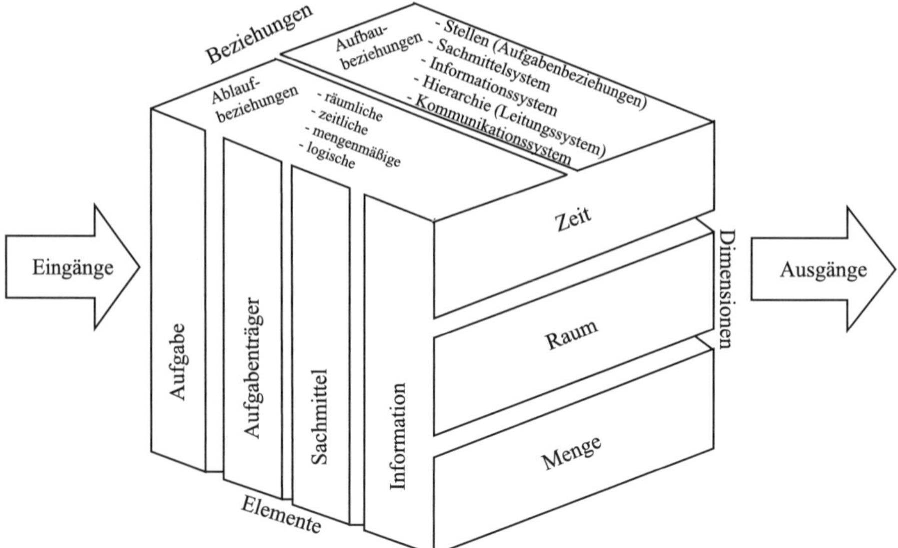

Abb. 4.1: Organisationswürfel zur Ermittlung des Erhebungsbedarfes

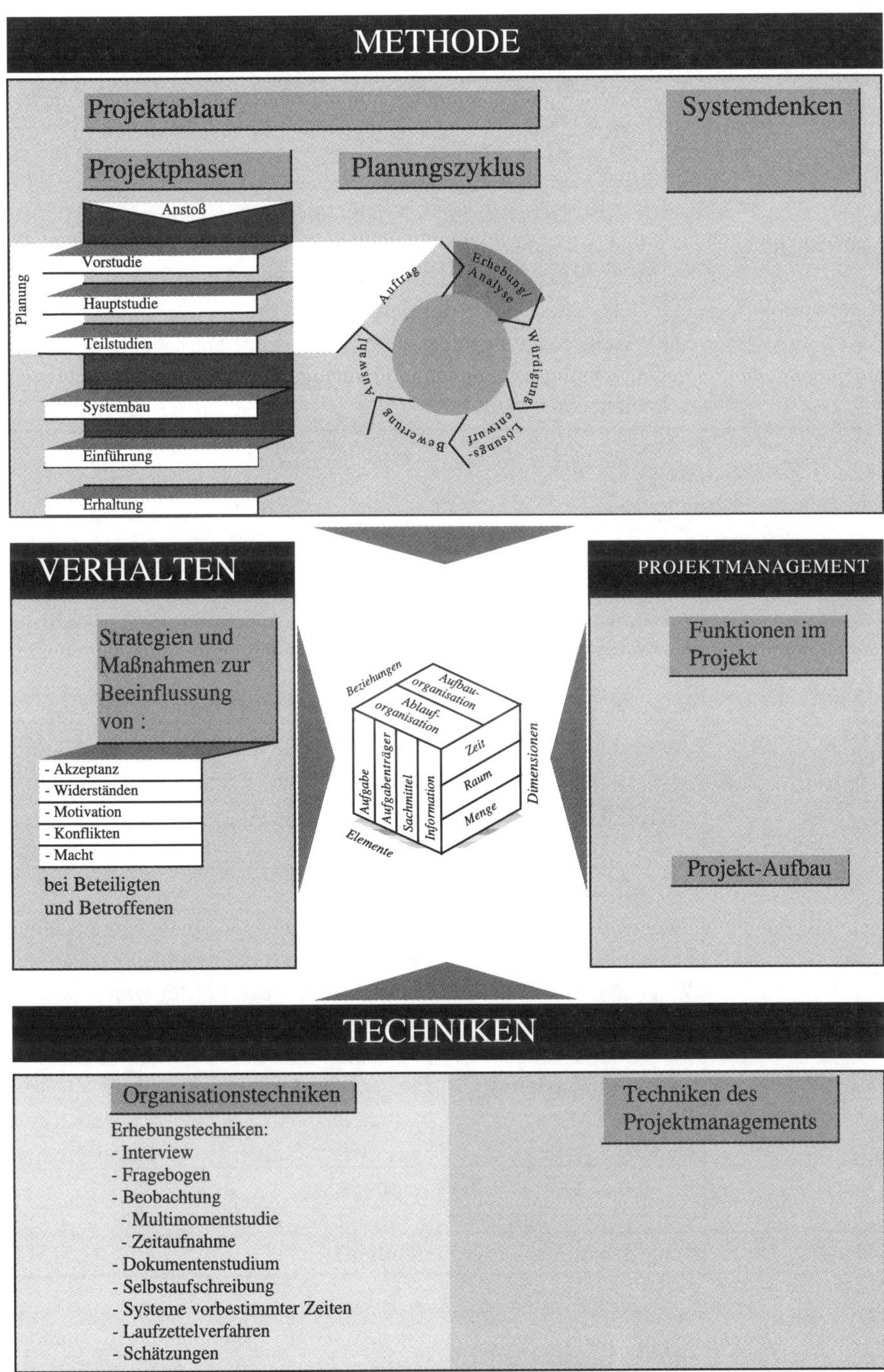

Abb. 4.2: Einordnung der Erhebungstechniken

Bei der Erhebung der Elemente geht es um folgende Sachverhalte:

Inhalt	Fragebeispiele
Aufgabe	Was ist zu tun? Wie ist etwas zu tun? Welche Gegenstände werden bearbeitet?
Aufgabenträger	Wer ist zuständig? Welche Qualifikation muss vorausgesetzt werden?
Sachmittel	Welche Sachmittel werden benötigt? Welche Leistungsmerkmale sollten sie haben?
Informationen	Welche Informationen sind verfügbar, werden benötigt, werden nachgefragt?

Abb. 4.3: Elemente als Erhebungsinhalte

Bei den zu erhebenden Dimensionen handelt es sich um

<table>
<tr><th>Dimensionen</th><th colspan="3">Fragebeispiele</th></tr>
<tr><td rowspan="4">Zeit</td><td colspan="3">• wann (Zeitpunkt)?
• wie lange (Zeitdauer oder Zeitraum)?
In der folgenden Übersicht werden die verschiedenen Zeitarten, deren Dauer für das Projekt relevant sein kann, bezogen auf Aufgabenträger, Sachmittel und bearbeitetes Objekt einander gegenübergestellt.</td></tr>
<tr><td colspan="3">Zeitarten</td></tr>
<tr><td>Aufgabenträger</td><td>Sachmittel</td><td>Objekt</td></tr>
<tr><td>Tätigkeitszeit (Aufgabenerfüllungszeit)
Wegezeit
Wartezeit
• ablaufbedingt
• störungsbedingt
Rüstzeit
Ruhezeit</td><td>Nutzungszeit
Brachzeit
• ablaufbedingt
• störungsbedingt
• wegen Rüstzeiten
• wegen Ruhen</td><td>Bearbeitungszeit
Transportzeit
Liegezeit
• ablaufbedingt
• störungsbedingt
• wegen Rüsten
• wegen Ruhen</td></tr>
<tr><td>Raum</td><td colspan="3">• wo (Stand- oder Bearbeitungsorte)?
• woher, wohin (Verbindungs- bzw. Transportwege)?</td></tr>
<tr><td>Menge</td><td colspan="3">• wieviel, wie oft je Zeiteinheit?</td></tr>
</table>

Abb. 4.4: Dimensionen als Erhebungsinhalte

Grundsätzlich ist die Erhebung der *Dimensionen nur im Zusammenhang mit den Elementen oder* mit den aufbau- und ablauforganisatorischen *Beziehungen* relevant.

Die Dimensionen können auch als *Eigenschaften der Elemente* angesehen werden, wie das folgende Beispiel zeigt.

Element	Dimension	Beispiel
Aufgaben	Zeit	Wann fallen die Aufgaben an? Wie lange dauert eine Aufgabenerfüllung?
	Raum	Wo fallen die Aufgaben an? Woher kommen, wohin gehen die bearbeiteten Sachverhalte?
	Menge	Welches Aufgabenvolumen gibt es pro Zeiteinheit?
Aufgabenträger	Zeit	Wann stehen die Aufgabenträger zur Verfügung? Wie lange stehen sie zur Verfügung?
	Raum	Wo stehen die Aufgabenträger zur Verfügung, wo sind sie tätig?
	Menge	Welche Anzahl von Aufgabenträgern ist vorhanden, wird benötigt?

Abb. 4.5: Dimensionen der Elemente als Erhebungsinhalte

Es sind auch Inhalte denkbar, die sich wechselseitig beeinflussen, z.B. welche Menge von Aufgaben kann in einem bestimmten Zeitraum von einer bestimmten Menge von Aufgabenträgern, an bestimmten Orten beim Einsatz bestimmter Sachmittel usw. bewältigt werden?

Schließlich können die Inhalte der Aufbau- und Ablauforganisation erhoben werden.

Inhalte	Beispiele
• Stellen	Welche Aufgabenbündel gehören zu einer Stelle? Welche Kompetenzen hat ein Stelleninhaber?
• Sachmittelsystem	Welche Sachmittel sind den Stellen zugeordnet? Welche Beziehungen bestehen zwischen den Sachmitteln?
• Informationssystem	Wer liefert welche Informationen? Wer erhält welche Informationen? Wer hat das Recht, bestimmte Informationen abzurufen?
• Leitungssystem	Wer ist wem unter-/übergeordnet? Welche Weisungsrechte hat ein Vorgesetzter?
• Kommunikationssystem	Welche Wege der Kommunikation (zum Informationstransport) gibt es?
• Ablaufbeziehungen	Welche Arbeitsschritte sind in welcher Reihenfolge zu bearbeiten? Unter welchen Bedingungen sind die verschiedenen Bearbeitungsschritte zu tun?

Abb. 4.6: Aufbau- und Ablaufbeziehungen als Inhalte der Erhebung

Nach diesem Überblick über die möglichen Inhalte einer Erhebung sollen nun die Erhebungstechniken dargestellt werden.

> *Erhebungstechniken unterstützen den Schritt „Erhebung" im Planungszyklus. Die Seiten des Würfels können einzeln oder kombiniert Inhalte einer Erhebung sein.*

4.3 Erhebungstechniken

4.3.1 Interview (mündliche Befragung)

4.3.1.1 Beziehungen im Interview

Ein Interview ist eine *besondere Gesprächssituation*, die durch den Interviewer (Projektmitarbeiter) *gelenkt* wird. Die Beziehung ist insofern ungleichgewichtig, als der Befragte den größten Teil des Gesprächs bestreiten soll. Instrument der Lenkung ist die *Frage*.

Die *ungleichgewichtige Beziehung* zwischen Frager und Befragtem, insbesondere aber auch die häufig empfundene Bedrohung bzw. Verunsicherung, führt fast in allen Fällen zu einer *psychologischen Belastung des Befragten*. Mögliche Konsequenzen dieser Belastung sind *Manipulationen*, die der Betroffene - teilweise bewusst, zum größeren Teil jedoch vermutlich unbewusst - verwendet, um sich gegen mögliche nachteilige Auswirkungen zu schützen.

Diese Belastung kann durch den Interviewer zumindest teilweise abgebaut werden. Einmal kann er durch *offene Informationen* versuchen, unberechtigte Befürchtungen zu entkräften bzw. Spekulationen den Boden zu entziehen. Außerdem kann er auch auf der emotionalen Ebene tätig werden und versuchen, durch eine zwischenmenschlich angenehme Beziehung ein *positives Gesprächsklima* zu schaffen, d.h. ein *Sympathiefeld* aufzubauen. Das dadurch gewonnene Vertrauensverhältnis lässt mehr Auskunftsbereitschaft - quantitativ wie qualitativ - erwarten. Allerdings muss beachtet werden, dass man nur „lautere" Maßnahmen ergreifen darf, um das Gesprächsklima zu beeinflussen. Entscheidend ist, die Gesprächssituation zu entkrampfen und weitgehend angstfrei zu machen.

> *Interviews führen leicht zu einer psychologischen Belastung des Befragten, der durch offene Information und durch den Aufbau eines Sympathiefeldes begegnet werden kann.*

4.3.1.2 Technische Hinweise

4.3.1.2.1 Interviewort

Das Interview soll grundsätzlich in der *vertrauten Umgebung des Befragten* stattfinden. Hier sind die Bremsen am ehesten zu lösen. Häufig möchte der Befragte auch auf praktische Beispiele, Formulare, Berichte u.ä. zurückgreifen, die an seinem Arbeitsplatz verfügbar sind. Diese Unterlagen erleichtern dem Erheber die Arbeit und geben dem Befragten gleichzeitig einen Rückhalt, da er seine Aussagen so „beweisen" kann. Das Interview am Arbeitsplatz hat darüber hinaus den Vorteil, dass man zusätzlich beobachtend erheben kann. Besucher- und Telefonhäufigkeiten, Arbeitsstil und Sachmittel, besondere Bedingungen des Arbeitsplatzes und manches mehr kann ermittelt werden, ohne dass man sich auf Auskünfte und Auskunftsbereitschaft verlassen muss.

Hat der Befragte seinen Arbeitsplatz in einem Zwei- oder Mehrpersonenzimmer, sollte das Interview in einem Besprechungszimmer stattfinden, da die Anwesenheit von Kollegen die Auskunftsbereitschaft einschränken oder in eine bestimmte Richtung lenken kann. Einzelzimmer wie Großraumbüros sind - soweit die notwendige Abschirmung gewährleistet ist - für Interviews am Arbeitsplatz grundsätzlich geeignet.

4.3.1.2.2 Interviewpartner

In der praktischen Organisationsarbeit kann die Interviewtätigkeit nur selten einem Nicht-Fachmann überlassen werden. Meistens ist es nicht möglich, nach einem fest gefügten Schema vorzugehen. Der *Interviewer* muss Fragen selbst formulieren können und damit sowohl in der *Interviewtechnik geschult* als auch *mit organisatorischen Problemen vertraut* sein.

Handelt es sich um Fragenkreise, die nicht ausschließlich von einem konkreten Stelleninhaber beantwortet werden können, *kann* es *sinnvoll sein, zwei oder mehr Auskunftspersonen gemeinsam zu befragen.* Mehr als zwei Auskunftspersonen zu gleicher Zeit zu befragen, führt jedoch häufig zu Diskussionen, Meinungsverschiedenheiten werden ausgetragen, vielleicht werden auch zu vorsichtige Antworten gegeben. Die Befragten entwickeln sich leicht als selbsttragende Gruppe. Es entsteht eher eine Situation, die als Workshop bezeichnet werden kann, der Interviewcharakter geht dabei meistens verloren.

Wenn heikle, *problematische Themen* angesprochen werden sollen, bzw. wenn für den Befragten viel auf dem Spiel steht, ist auf jeden Fall ein *Gespräch unter vier Augen* anzuraten. Wenn überhaupt, kann nur so ein vertrauensvolles Klima entstehen.

Grundsätzlich sollte ein *Interview von nur einem Interviewer* geführt werden. Interviews mit zwei Fragern arten leicht zu einem Verhör aus. Jeder der Interviewer versucht, durch eine schnelle Fragenfolge seinen Wissensdurst zu befriedigen. Der jeweils wartende Interviewer stößt in die Gesprächspausen, wodurch die Fragegeschwindigkeit weiter forciert wird.

4.3.1.2.3 Dokumentation im Interview

Der Erheber muss, in realistischer Einschätzung seiner Speicherfähigkeit, bereits während des Interviews *Aufzeichnungen anfertigen*. Bei längeren Sitzungen werden u.U. derartig viele Punkte angesprochen, dass eine vollständige Wiedergabe nach dem Interviewende schwierig oder gar unmöglich ist. Je nach Thema und Befragungsform kann sogar eine vollständige Dokumentation notwendig sein. Soll etwa ein Arbeitsablauf erhoben werden, muss jeder einzelne Prozessschritt verbal oder bildlich festgehalten und vom Gesprächspartner bestätigt werden, da eine Rekonstruktion durch den Erheber allein oft kaum möglich ist. Normalerweise geht der Erheber mit einer *vorbereiteten Liste* anzusprechender Punkte in das Gespräch. Dann reicht es zumeist aus, stichwortartig, ohne den Gesprächsfluss zu bremsen, die Aussagen zu notieren.

Wie bereits erwähnt, führen *Interviews zu zweit* leicht zu verhörähnlichen Situationen. Auf Grund dieser Einsicht wird gelegentlich empfohlen, einen Erheber interviewen und den anderen dokumentieren zu lassen. Dieses Vorgehen ist bei rein sachbezogenen Interviews ohne emotionales Engagement des Befragten durchaus möglich. In allen anderen Fällen kommt es jedoch zu einem *Streifenwagen-Effekt* nach dem Motto „die Erheber kommen zu zweit, damit nachher der eine die Aussage des anderen bestätigen kann“. Als Folge wird der Befragte sehr vorsichtig taktieren und formulieren, eine verständliche Haltung, die jedoch für das Interviewergebnis nachteilig ist.

Die gleiche negative Wirkung ergibt sich bei jeder Art *technischer Aufzeichnung* etwa durch ein Tonbandgerät. Selbst wenn der Befragte vorgibt, nichts gegen eine Aufzeichnung einzuwenden zu haben, wird er doch weniger offen sprechen und u.U. dem Erheber wichtige Aussagen vorenthalten.

Interviewserien sind auf jeden Fall so zu planen, dass zwischen den einzelnen Interviews ausreichend *Zeit für* ein gründliches *Gesprächsprotokoll* bleibt. Dieses Protokoll sollte auf keinen Fall am Ende einer Folge von mehreren Interviews ausgearbeitet werden. Zuviel vermischt sich in weiteren Gesprächen, so dass später angefertigte Protokolle weniger präzise sein werden.

Im Sinne einer offenen und vertrauensvollen Zusammenarbeit zwischen Erheber und Betroffenen hat es sich bewährt, das Interviewprotokoll dem Befragten zur *Einsichtnahme* vorzulegen. Sollten schwerwiegende Missverständnisse aufgetreten sein, können sie korrigiert werden.

4.3.1.2.4 Interviewzeit

Der *begrenzten Konzentrationsfähigkeit* der Menschen sollte auf zweierlei Art und Weise Rechnung getragen werden. Interviews sollten in Zeiträumen stattfinden, zu denen die meisten Menschen ihre *Leistungsspitzen* haben, d.h. von Arbeitsbeginn bis etwa 11.00 Uhr und von 15.00 Uhr bis Arbeitsschluss. Außerdem sollten Interviews im Normalfall *nicht länger als 30 Minuten* dauern. Bei länger dauernden Interviews sollte der Erheber ganz bewusst Erholungsphasen einschieben, die der Regeneration der Beteiligten dienen (siehe dazu weiter unten „Interviewintensitäten").

Interviews sollten grundsätzlich am Arbeitsplatz des Befragten stattfinden. Im Regelfall sitzt einem Interviewer ein Befragter gegenüber. Während des Interviews ist nur das absolut Notwendige vom Interviewer selbst zu dokumentieren. Direkt nach jedem Interview ist ein ausführliches Protokoll anzufertigen. Interviews sollten zu günstigen Tageszeiten geführt werden.

4.3.1.3 Interviewformen

Es gibt verschiedene Möglichkeiten, die Gesprächssituation zu gestalten. Man kann folgende *Formen* unterscheiden:

- Das standardisierte Interview
- das halbstandardisierte Interview
- das nicht-standardisierte Interview.

Beim *standardisierten Interview* liegt ein *Fragebogen* vor. Der Interviewer liest die *Fragen in der vorgegebenen Reihenfolge wörtlich* vor. Die *Antwortmöglichkeiten* sind ganz oder teilweise im voraus *festgelegt*. Einem solchen Vorgehen liegen zwei Annahmen zugrunde:

- Das Vokabular und die Formulierungen sind für alle Befragten gleich
- die Bedeutung jeder Frage ist für jeden Befragten identisch.

Diese Annahmen treffen häufig nicht zu. Insbesondere sind organisatorisch relevante Tatbestände für den Laien meist erklärungsbedürftig - sie müssen übersetzt werden in die Sprache des Befragten.

Vielfach entdeckt der Interviewer bei der Befragung, dass in dem speziellen Fall ganz besondere Bedingungen vorliegen, die organisatorisch äußerst bedeutsam sind, denen er aber aufgrund seines standardisierten „Korsetts" nicht nachgehen kann. Bei organisatorischen Vorhaben ist es meistens auch nicht sinnvoll, allen Betroffenen die gleichen Fragen vorzulegen. In verschiedenen Bereichen, auf verschiedenen Ebenen interessieren oft sehr unterschiedliche Informationen, die gar nicht auf einen Nenner gebracht werden können.

Dem *halbstandardisierten Interview* liegt ein fest vorgegebener Themenblock sowie ein flexibel aufgebautes Fragenschema zugrunde, das der Interviewer nach eigenem Gutdünken mit eigenen Formulierungen durchgeht. Er hält sich nicht an eine fest vorgegebene Reihenfolge, sondern macht die Reihenfolge von der Auskunftsbereitschaft des Interviewpartners abhängig.

Wird die Form des *nicht-standardisierten Interviews* gewählt, liegt dem Frager nur ein *Interviewleitfaden* vor. Dieser Leitfaden enthält stichwortartige *Merkhilfen*, damit der Interviewer keine wichtige Frage vergisst. Sowohl die Formulierung als auch die

Reihenfolge sind in das Ermessen des Interviewers gestellt. Er entscheidet, ob er alle Fragen stellt, ob sich einiges erübrigt oder ob er zusätzliche Fragen stellt, weil Gesichtspunkte auftauchen, an die zuvor niemand gedacht hat.

	Interviewform		
Merkmale	**standardisiertes Interview**	**halbstandardisiertes Interview**	**nicht-standardisiertes Interview**
Anzahl der Fragen	feststehend	im Kern feststehend freier Bereich	frei (stichwortartiger Interview-Leitfaden)
Inhalt der Fragen	feststehend	im Kern feststehend	weitgehend frei
Formulierung	feststehend	teils feststehend - teils frei	frei
Reihenfolge	feststehend	Grundgerüst steht fest	frei
Antwortmöglichkeiten	nicht feststehend	meist feststehend	meist frei
Anwendung/Inhalte	quantitative, bekannte Dimensionen Erhebung von Vorhandenem rein rationale Ebene	quantitative und qualitative, weitgehend bekannte Dimensionen Erhebung von Vorhandenem vorwiegend rationale Ebene	qualitative, weitgehend unbekannte Dimensionen Gewinnung neuer Aspekte weitgehend emotionale Ebene
Kreis der Befragten	homogen	weitgehend homogen	heterogen
Terminologie	einheitlich	weitgehend einheitlich	uneinheitlich (nicht notwendig)
Kenntnisse der Interviewer über			
• Interviewtechniken	gering	mittel bis hoch	hoch
• Gegenstand des Interviews	gering	mittel bis hoch	hoch
Zusammenhang mit anderen Erhebungsverfahren	entspricht weitgehend Fragebogen	entspricht teilweise Fragebogen	mögliche Vorstufe zu Fragebogen

Abb. 4.7: Interviewformen

In der Organisationspraxis überwiegt das nicht-standardisierte Interview auf der Basis eines Interviewleitfadens. Gelegentlich werden auch halbstandardisierte Interviews durchgeführt. Standardisierte Interviews können allenfalls dann eingesetzt werden, wenn unerfahrene Erheber als Interviewer tätig werden.

Standardisierte Interviews sind mündliche Befragungen nach einem festen Schema. Nicht-standardisierten Interviews liegt ein stichwortartiger Leitfaden zugrunde, den der Erheber lediglich als Gedächtnisstütze verwendet.

4.3.1.4 Interviewintensitäten

Desweiteren können Gesprächssituationen unterschiedlich gestaltet werden nach dem Merkmal der *Beziehung des Interviewers zum Befragten*. Nach diesem Kriterium lassen sich wiederum drei Arten der Beziehungen unterscheiden:

- Weiches Interview
- hartes Interview
- neutrales Interview.

Bei der Form des *weichen Interviews* enthält sich der Interviewer jeglicher Unterbrechungen. Er ermutigt den Befragten, Auskünfte zu geben, hilft nach durch ermunternde Bemerkungen. Eine angenehme Gesprächsatmosphäre gehört zu dieser Interviewform, die sich für organisatorische Erhebungen schon deswegen weniger gut eignet, weil von der Art der persönlichen Beziehungen zwischen dem Interviewer und dem Befragten die Auskunft, zumindest aber die Färbung der Antworten abhängen kann. In der einleitenden Phase, die dazu diesen soll, eine entkrampfte Gesprächsatmosphäre zu bewirken, ist das weiche Interview jedoch geeignet. Ebenso zum Ende des Interviews. Außerdem kann durch weiche Phasen die geistige Regeneration gefördert werden mit dem Ziel, lange Interviews bei hoher Konzentration durchzuführen.

Das *harte Interview* zeichnet sich durch schnelle, suggestive, u.U. auch provozierende Fragen aus. Die Auskunftsperson wird unter ständigen Druck gesetzt, um ihr kaum Chancen zum Nachdenken zu lassen. Die schnelle Folge der Fragen verhindert, dass die einzelne Antwort auf ihre Verträglichkeit mit früheren Antworten geprüft wird. Unrichtigkeiten und Denkfehler werden so am besten erkannt. Diese Interviewform wird auch als „Verhör“ bezeichnet. Abgeschwächte Formen des harten Interviews mögen gelegentlich auch in Projekten von Nutzen sein. Insbesondere wenn offensichtlich „gemauert“ wird, können provokative Fragen oder Feststellungen dazu beitragen, den Interviewpartner aus der Reserve zu locken. Damit geht jedoch die Gefahr einher, die Auskunftsperson zu verärgern.

Die übliche und geeignete Form der Beziehung zwischen Interviewer und Befragtem wird im *neutralen Interview* hergestellt, wenn es um organisatorische Sachverhalte geht. Zwischen dem Interviewer und seinem Partner wird eine versachlichte Beziehung angestrebt. Der Frager versucht, Färbungen der Antworten zu vermeiden, die sich auf Zuneigung, Abneigung, Gefallenwollen usw. zurückführen lassen. Er verbirgt seinen eigenen Standpunkt, selbst wenn er danach gefragt wird. Diese neutrale Form des Interviews spricht die rationale Ebene des Menschen an.

> *Weiche Interviewphasen eignen sich im Einführungs- und Schlussteil. Ansonsten sollte die Interviewintensität neutral sein.*

	Beziehung zum Befragten		
Merkmale	**weich**	**neutral**	**hart**
Auftreten	freundlich, zuvorkommend, hilfsbereit, nachgiebig	freundlich, höflich zurückhaltend	Provokativ aggressiv
Orientierung	personen- und sachorientiert	sachorientiert, nicht emotional	sachorientiert, nach außen emotional
Eingriffe	vermeiden	nur wenn sachlich begründet	permanent auch zur Provokation und Irreführung
Offenlegung des eigenen Standpunktes	zulässig zur Ermunterung	nicht zulässig	Mittel, um Gegenposition zu beziehen
Steuerung der Antworten	in Grenzen zulässig	unzulässig	Mittel, um gewünschte Reaktionen zu provozieren
Zeitlicher Ablauf	kein Zeitdruck	vorgegebener Zeitrahmen	permanenter Zeitdruck
Anwendung	Vorgehen zur • Lockerung der Gesprächsatmosphäre • Kontaktgewinnung • positiver Ausklang nach neutralem und hartem Interview	Normalfall, um • sachliche Beziehungen herzustellen • rationale Argumente • unbeschönigte Auskünfte • klare Antworten zu erhalten	Ausnahmefall • Information durch Aggression und Provokation • wenn erhebliche Widerstände vorliegen Gefahren • völlige Verweigerung • Kontakt zerstört • Verwirrung

Abb. 4.8: Interviewintensitäten

4.3.1.5 Interviewphasen

Interviews sollten grundsätzlich in *drei Phasen* ablaufen (vgl. dazu auch die Ausführungen zu den Interviewintensitäten sowie Abb. 4.9):

- Einleitungsphase
- sachliche Erhebungsphase
- Ausklangphase.

Die *Einleitungsphase* dient zwei Zielen. Zum einen und ganz zu Beginn gibt der Interviewer den Auftrag und die *Zielsetzung* der Untersuchung bekannt. Auch wenn der Befragte bereits informiert ist, empfiehlt sich eine Wiederholung. Zum zweiten, und das ist der wesentlich wichtigere Teil der Einleitung, sollte bewusst versucht werden, die *Gesprächsatmosphäre aufzulockern*, etwa durch persönliche Hinweise oder aktuelle Themen, d.h. nicht zur eigentlichen Untersuchung gehörende Bemerkungen. Dieser Gesprächsabschnitt verlangt viel Geschick und Einfühlungsvermögen, damit er nicht mit der Bemerkung abgeschlossen wird: „Aber deswegen sind Sie doch nicht hier? Wollen Sie nicht zum Thema kommen?" Der Interviewanfänger befürchtet immer wieder, durch dieses „Vorgeplänkel" zu viel Zeit zu verlieren. Es drängt ihn, in die Sachfragen einzusteigen. Erfahrene Interviewer - wie auch Verhandlungspartner - bestätigen jedoch, dass dieser ungemein wichtige Vorlauf leicht wieder aufgeholt wird, wenn es gelingt, zwischen den Partnern eine positive Einstellung herbeizuführen.

Die *sachliche Erhebungsphase* gliedert sich wie folgt:

- Sammlung allgemeiner Informationen
- Probleme bzw. Ziele
- Problemursachen
- Lösungsansätze
- Bewertung der Lösungsansätze
- Zusammenfassung.

Die *Sammlung allgemeiner Informationen* dient einmal dazu, nach der Einleitungsphase nicht zu abrupt in Einzelfragen einzusteigen. Noch wichtiger ist jedoch, dass Probleme, Ursachen und Lösungen für den Interviewer überhaupt erst verständlich werden, wenn er deren Hintergrund kennt. Ein Beispiel für eine allgemeine Frage wäre etwa: „Was sind Ihre Aufgaben?", „Wie läuft die Arbeit bei Ihnen ab?". Derartige Fragen sind für den Interviewten „subjektiv" leicht und helfen, die Anfangsspannungen zu überwinden.

Als nächster Schritt sind die *Probleme* zu erfragen, es sei denn, sie liegen offen auf der Hand. Hier ist zu beachten, dass sich der Interviewer die Probleme aus der Sicht des Befragten nennen lässt. Es gibt viele Beispiele, in denen Projektmitarbeiter glaubten, die Probleme zu kennen, die Beteiligten die Probleme jedoch ganz woanders sahen. Die Frage nach Problemen kann ein Interview belasten, weil der Befragte sich „mitverantwortlich" oder „angeklagt" fühlt. Aus diesem Grund hat es sich bewährt, nicht nach Problemen, sondern nach *Verbesserungsmöglichkeiten* oder Zielen zu fragen. Dadurch wird der Befragte *subjektiv entlastet.*

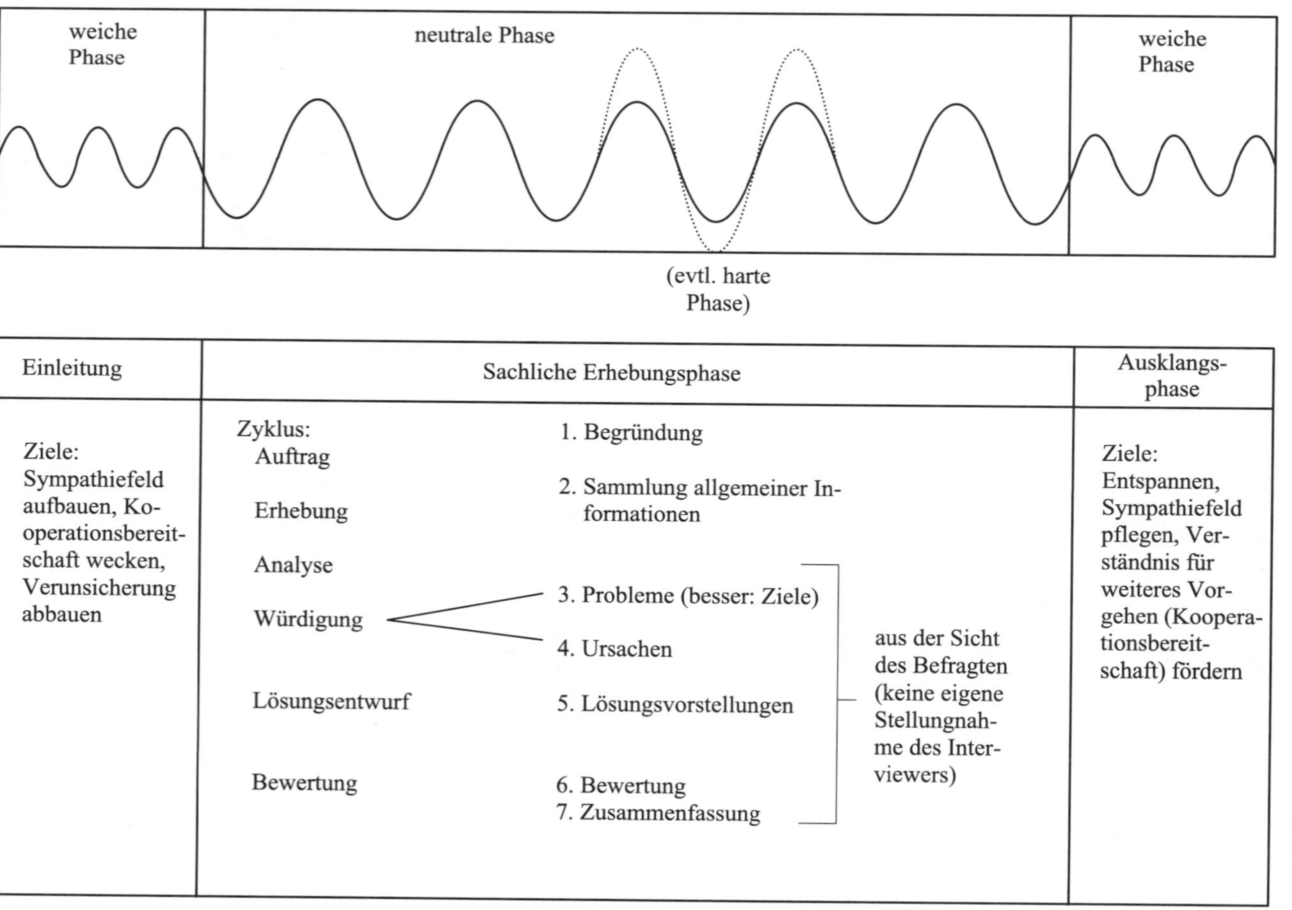

Abb. 4.9: Formaler Aufbau eines Interviews

Die Fragen nach *Problemursachen* folgen logisch als nächster Schritt im Interview. Nur wenn die Ursachen bekannt sind, können Wege zu deren Beseitigung gesucht werden.

Sehr häufig haben sich die Betroffenen selbst schon Gedanken gemacht, wie ein bestehendes Problem gelöst werden könnte. Deswegen sind im Interview auf jeden Fall *Lösungsansätze* zu erfragen. So wird den Betroffenen bewusst, dass sie selbst entscheidend die Lösungen beeinflusst haben, was sich in der Einführung als wesentliche Erleichterung herausstellen kann. Soweit aus übergeordneten Gesichtspunkten die Vorschläge des Befragten nicht berücksichtigt werden können, sollte dieses auf jeden Fall vor der Einführung begründet werden.

Falls die Zeit es zulässt, sollte der *Befragte* gebeten werden, sich selbst zu den *Vor- und Nachteilen seiner Vorschläge* zu äußern. Diese Bewertung darf auf keinen Fall durch den Interviewer vorgenommen werden. Hier ist die Technik des „advocatus diaboli" unangebracht, da der Befragte das meistens als Besserwisserei empfindet. Wie in allen Gesprächsabschnitten gilt, dass der Interviewer fragt und sich eigener Stellungnahmen prinzipiell enthält. Es sei denn, er wendet Verstärkungstechniken an, die den Gesprächspartner zu weiteren Äußerungen ermuntern. Oft sind das ganz einfache Floskeln wie „hm, ja, gut", „das ist ja interessant" oder die Wiederholung eines Teiles der Aussage (Echo-Antwort) usw.

Nach jeder Etappe der sachlichen Erhebungsphase sollte der Interviewer *zusammenfassen*. Das dient zur Prüfung, ob alles richtig verstanden wurde, zur Vervollständigung der Notizen und zur Strukturierung des Interviews. Ob zum Schluss eine Gesamt-Zusammenfassung versucht wird, hängt vom Umfang des Themas und von der „Wiederholbarkeit" ab.

In der *Ausklangphase* soll erneut versucht werden, eine *positive Atmosphäre auf- oder auszubauen,* da in vielen Fällen weitere Gespräche notwendig werden bzw. im Projektfortschritt sich weitere Kontakte ergeben.

> *Jedes Interview folgt einem formalisierten Aufbau. Zwischen den „weichen" Einführungs- und Ausklangsphasen liegt eine sachliche Erhebungsphase, in der die Stufen „Sammlung allgemeiner Informationen", „Probleme/Ziele", „Ursachen", „Lösungen", „Bewertung der Lösungen" und „Zusammenfassung" durchlaufen werden.*

4.3.1.6 Technik der Frage

Fragen lassen sich auf sehr unterschiedliche Art und Weise stellen. Beispielsweise können sie dem Befragten einen weiten Spielraum belassen oder ihn in der Wahl der Antwortmöglichkeiten einengen. Sie können ihn zu objektiven Aussagen ermuntern oder eine Erwartungshaltung des Interviewers erkennen lassen. Sie können kurz, eindeutig und leicht verständlich oder lang, mehrdeutig und vielschichtig sein. So gesehen, gibt es keine richtigen oder falschen Fragen, sondern nur zweckmäßige und unzweckmäßige Fragen, je nach der Zielsetzung des Erhebers und nach der jeweiligen Situation.

In der nachfolgenden Aufstellung werden Wirkungen bestimmter Frage-Typen charakterisiert. Daraus leitet sich die KROKUS-Regel ab, eine Merkhilfe, die sich aus den Anfangsbuchstaben der Frage-Typen (Regeln) ergibt (Abb. 4.10). Einige Fachbegriffe aus der Übersicht werden unten erläutert.

Fragetyp/Regel	Wirkungen des Fragetyps/der Regel
Kurze Fragen stellen	• Interviewer wird besser seiner Steuerungsfunktion gerecht • höhere Chance, dass Antwort ebenfalls kurz ausfällt • Befragter wird nicht überfordert
Redundante Fragen vermeiden	Redundanzfreie Fragen bewirken • eine geringere zeitliche Belastung für den Befragten • eine erleichterte Dokumentation • bessere Transparenz (der rote Faden ist leichter erkennbar)
Offene Fragen stellen	• wecken Auskunftsbereitschaft • geben Fragendem Zeit zum Nachdenken • vermeiden Manipulation und Spekulation • fördern neue Gesichtspunkte • engen den Befragten nicht ein, wie es bei geschlossenen Fragen der Fall ist
Konkrete Fragen stellen	• straffen • bremsen Vielredner • fördern Verständnis
Unterfragen und Kettenfragen vermeiden	Werden Unter- und Kettenfragen vermieden, • wird jede Frage beantwortet (nicht nur die letzte) • sichert sich der Fragende ab, dass er nichts übersieht • wird der Befragte weniger verunsichert
Suggestive Fragen vermeiden	Werden suggestive Fragen vermieden • sagt der Befragte, was er denkt, nicht was der andere erwartet • wird weniger Widerspruch geweckt.

Abb. 4.10: KROKUS-Regel der Fragestellung

Als *redundant* werden Fragen bezeichnet, in denen mit anderen Worten mehrfach inhaltlich das Gleiche gefragt wird. Es kann allerdings gelegentlich sinnvoll sein, eine Frage mit anderen Worten zu wiederholen, wenn auf diesem Wege sichergestellt werden kann, dass die Frage richtig verstanden wird.

Offene Fragen enthalten keine vorgegebenen Anwortkategorien. Der Befragte wird dadurch gezwungen, selbst über die Antwort nachzudenken. Bei *geschlossenen Fra-*

gen werden Antworten angeboten, aus denen der Befragte auszuwählen hat - im Extremfall kann nur mit Ja oder Nein geantwortet werden. Geschlossene Fragen empfehlen sich, wenn der Interviewer prüfen will, ob er richtig verstanden hat oder auch, wenn er Vielredner bremsen will.

Unter- und Kettenfragen bezeichnen eine Aneinanderreihung von Fragen, ohne dass der Befragte zwischenzeitlich antworten kann. Bei *Kettenfragen* handelt es sich um eine unzusammenhängende Folge von Fragen, eine *Unterfrage* detailliert eine zuvor gestellte Frage.

Eine *suggestive Frage* legt dem Befragten die Antwort in den Mund. Der Befragte erkennt, welche Aussage der Fragende erwartet. Schon der Tonfall einer Frage kann suggestiv wirken.

Grundsätze der Fragestellung

Bei den eben erwähnten Frage-Typen/Regeln wurde bereits auf deren Wirkung und Einsatzmöglichkeiten hingewiesen. Darüber hinaus sind folgende Grundsätze zu beachten:

- Mit allgemeinen Fragen sollte zu Beginn die Auskunftsbereitschaft geweckt werden
- einleitende Fragen am besten mit Beispiel. So können innere Widerstände abgebaut werden
- die Frage sollte in der Alltagssprache gehalten sein. Der Befragte verfügt im allgemeinen nicht über den speziellen Wortschatz des Fragenden. Verunsicherung und unrichtige oder nichtssagende Antworten sind oft die Folge
- gefühlsbeladene Begriffe sollten vermieden werden. Wird etwa der Begriff Profit an Stelle von Gewinn gebraucht, so ruft das bei vielen Menschen eine negative Reaktion hervor
- das Erinnerungsvermögen an Vergangenes sollte nicht überstrapaziert werden. Es besteht die Gefahr der Verallgemeinerung von Einzelfällen, Verdrängung unangenehmer Einzelheiten usw.
- alle Antwortmöglichkeiten sind anzugeben oder gar keine. Werden nur einige genannt, fällt beim Befragten häufig der Prüfvorgang weg, ob es nicht noch weitere Möglichkeiten gibt. Bei mündlicher Befragung spielen Anzahl und Reihenfolge der Antwortmöglichkeiten eine entscheidende Rolle. Werden viele Fälle angeboten, steigt für die zuletzt genannten die Wahrscheinlichkeit als zutreffend bezeichnet zu werden, weil sie noch „frisch“ in der Erinnerung haften
- Fragen sollten an konkrete Erfahrungen anknüpfen. Die meisten Menschen besitzen kein ausgeprägtes Abstraktionsvermögen. Beispiele und Sachverhalte aus dem eigenen Erfahrungsbereich erhöhen die Verständlichkeit und damit auch die Auskunftsbereitschaft
- gefühlsbeladene oder wertende Fragen sollten erst gestellt werden, nachdem die Auskunftsbereitschaft geweckt ist. Allgemeine, sachliche Fragen muss man an den Anfang stellen, um ein positives Klima zu schaffen. Insbesondere sollte das

Prestige des Befragten nicht gefährdet werden. Indirekte Fragen bieten sich hier an

- die Reihenfolge der Fragen ist zu beachten. Von der Reihenfolge hängen u.U. die Antworten ganz erheblich ab. Wenn beispielsweise erst gefragt wird: „Haben Sie mitgewirkt, als das Formular gestaltet wurde?" und mit „Ja" geantwortet wird, dann fällt es dem Befragten normalerweise schwer, auf die anschließende Frage „Finden Sie das Formular zweckmäßig" mit „Nein" zu antworten. Bei umgekehrter Reihenfolge und insbesondere dann, wenn einige andere Fragen dazwischengeschaltet werden, kann eher mit unverfälschten Auskünften gerechnet werden
- Hast sollte vermieden werden. Schnell aufeinanderfolgende Fragen lassen dem Antwortenden kaum Zeit, sich zu besinnen. Die Antworten bewegen sich auf den vorgedachten Bahnen
- fragendes Schweigen nutzen. Diese Technik lässt sich mit Vorteil anwenden, wenn der Frager das Gefühl hat, dass die Auskunft noch nicht vollständig ist, dass Sonderfälle nicht berücksichtigt wurden oder dass der Partner noch irgend etwas zurückhält, das er vielleicht gerne loswerden möchte
- an Mengenangaben herantasten. Da es häufig schwerfällt, durchschnittliche Bearbeitungszeiten oder den durchschnittlichen Arbeitsanfall zu schätzen, empfiehlt sich ein Umweg. Zuerst wird nach der kürzesten Zeit oder der geringsten Menge gefragt, dann nach der längsten Zeit oder der größten Menge. Dann wird geprüft, ob der rechnerische Mittelwert dem tatsächlichen Mittelwert entspricht. Dadurch, dass reelle Bezugsgrößen vorab geklärt werden, steigt die Wahrscheinlichkeit, dass die Schätzung realistischer wird.

Neben diesen Grundsätzen der Fragestellung sind, wie erwähnt, weitere Punkte zu beachten, von denen der Erfolg des Interviews entscheidend abhängt. Der wohl stärkste Einfluss geht von der *Vorbereitung* des Interviews aus. Ein ausgewogener, ausgereifter Fragebogen beim standardisierten Interview und ein klarer Stichwortkatalog beim nicht-standardisierten Interview, durch den sichergestellt wird, dass keine wesentlichen Punkte übersehen werden, sind unerlässliche Vorarbeiten des Interviewers, sollen Rückfragen vermieden werden.

> *Fragen im Interview sollten kurz, redundanzfrei, offen, konkret, nicht-suggestiv sein und keine Unterfragen enthalten. Der Interviewer sollte die Grundsätze der Fragestellung beherrschen.*

4.3.2 Fragebogen (schriftliche Befragung)

4.3.2.1 Besonderheiten des Fragebogens

Erhebungen durch Fragebogen sind dem standardisierten Interview ähnlich. In diesem Zusammenhang wird auf die Ausführungen zum Punkt 4.3.1 hingewiesen. Es besteht jedoch ein wesentlicher Unterschied. Die *Fragen* werden nicht vorgelesen, sondern *schriftlich festgehalten und zugesandt.* Da hier kein sachkundiger Interviewer zur Verfügung steht, muss eine Fragebogenaktion *besonders sorgfältig vorbereitet* werden.

Auch im Fragebogen sollten die Fragen kurz, redundanzfrei und nicht suggestiv sein. Allerdings ist eine Besonderheit zu beachten. *Geschlossene Fragen* bzw. Fragen mit vorgegebenen Antwortmöglichkeiten stehen eindeutig im Vordergrund, da so die Auswertung der Fragebogen erheblich erleichtert wird. *Offene Fragen* werden immer dann verwendet, wenn differenzierte Antworten oder auch Anregungen erwartet werden. Werden dem Befragten zu viele offene Fragen zugemutet, steigt die Gefahr, dass Antworten verweigert oder nur oberflächlich gegeben werden.

4.3.2.2 Anwendungsbedingungen

Fragebogen erweisen sich als besonders leistungsfähig, wenn folgende *Bedingungen* gegeben sind:

- Es handelt sich um quantitative Sachverhalte, d.h. die Befragung dient dem Zählen oder Messen
- es handelt sich um sensitive Inhalte - da bei Fragenbogen Anonymität hergestellt werden kann, sind eher ehrliche Antworten zu erwarten
- dem Erheber ist bekannt, zu welchen Sachverhalten Informationen erhoben werden müssen
- die zu erhebende Thematik betrifft gleichzeitig eine größere Anzahl von Mitarbeitern
- die Fragen sind nicht erklärungsbedürftig
- die Inhalte liegen weitgehend auf der rationalen Ebene; sie sind zumindest nicht in jüngster Zeit emotional hochgespielt
- der Kreis der Befragten ist relativ homogen und
- die Befragten sprechen alle in etwa die gleiche Sprache.

Wegen des noch zu erwähnenden relativ *großen Vorbereitungsaufwandes* - im Vergleich zum Interview - sind Fragebogenaktionen normalerweise erst ab einer Mindestzahl von 10-20 Befragten wirtschaftlich sinnvoll. Sind die Fragen unkompliziert und/oder sind die Befragten schwer erreichbar - z.B. wegen größerer räumlicher Distanzen oder wegen häufiger Abwesenheiten -, kann die Schwelle niedriger liegen.

4.3.2.3 Durchführung einer Fragebogenaktion

Im ersten Schritt ist der *Kreis der Befragten festzulegen.* Dabei muss darauf geachtet werden, dass dieser Kreis in sich relativ homogen ist, zumindest soweit es den Inhalt des Fragebogens betrifft. Ansonsten besteht die Gefahr, dass der Fragebogen durch Fragen und durch Erläuterungen, die nur einige Auskunftspersonen betreffen, zu sehr aufgebläht wird.

Zur inhaltlichen *Vorbereitung* kann nur selten auf vorhandenes Material zurückgegriffen werden. Neben dem *Dokumentenstudium* sind deswegen *meistens noch nicht-standardisierte Interviews* zu führen. Mit ihrer Hilfe soll der Themenbereich abgesteckt werden. Es ist nicht sinnvoll, diese Vorbereitung am Schreibtisch vorzunehmen, da der Erheber von vornherein kaum erkennen kann, welche Informationen er zur Lösung eines Problems benötigt und bei den Auskunftspersonen auch erwarten kann.

Im Anschluss daran wird ein *Fragebogen-Entwurf* hergestellt. Eindeutige Formulierungen und standardisierte Antwortmöglichkeiten erleichtern die Auswertung. Werden präzise definierte Begriffe zugrunde gelegt, die nicht allen geläufig sein könnten, oder sind beim Ausfüllen andere, nicht selbstverständliche Dinge zu beachten, müssen - möglichst im Fragebogen selbst - entsprechende Ausfüll-Anleitungen gegeben werden. Zusätzlich ist ein *Begleitbrief* als Anschreiben an die Empfänger zu entwerfen.

Um Fehler zu vermeiden, sollte man *Tests* vorausschicken. Diese dienen der Untersuchung, ob

- die Fragen richtig verstanden werden
- die verwendeten Ausdrücke eindeutig sind oder an verschiedene Kreise von Befragten angepasst werden müssen
- die Antwortmöglichkeiten klar und vollständig abgegrenzt sind
- Antworten nicht suggestiv herausgefordert werden
- eingebaute Kontrollfragen richtig funktionieren
- benutzte Hilfsmittel (Listen, Bilder usw.) richtig verstanden und angewendet werden
- das Auswertungsverfahren geeignet ist.

Nach dem Test wird der Fragebogen *korrigiert*, *hergestellt* und an die Auskunftspersonen unter Angabe eines spätesten Rücksendetermins *verteilt*. Nach Ablauf der Frist wird der *Rücklauf geprüft*. Ausstehende Bogen werden *angemahnt*. Die *Auswertung* schließt sich an.

4.3.2.4 Technische Hinweise

Bei der Gestaltung und dem Versand von Fragebogen sind einige technische Hinweise und Regeln zu beachten.

Regeln für das Anschreiben

- Gründe für die Befragung nennen
- Vorteile für die Befragten soweit möglich deutlich machen
- allgemeine Bearbeitungshinweise geben (z.B. spätester Abgabetermin, Empfänger des ausgefüllten Fragebogens, Ansprechpartner bei Rückfragen etc.).

Allgemeine Regeln für den Fragebogen

- Angemessene äußere Form (z.B. gut lesbar, sorgfältig aufbereitet)
- nur Inhalte behandeln, die man den Befragten auch zumuten kann
- zugesagte Anonymität in jedem Fall einhalten
- nicht zu viele Fragen stellen, da mit der Zahl der Fragen normalerweise auch die Bereitschaft zur Beantwortung sinkt - ausgenommen, der Befragte hat ein starkes persönliches Interesse an der Befragung
- wenn eine EDV-gestützte Auswertung beabsichtigt ist, sollte eine Codierungsspalte vorgesehen werden
- übersichtliche Anordnung der Fragen und der Antwortmöglichkeiten
- optische Trennung der Fragen (nicht zu viele auf einer Seite)
- durchnummerieren der Fragen (um die Auswertung zu erleichtern).

Hinweise zum Ausfüllen

- In die Fragebögen sind gut verständliche Ausfüllanleitungen einzuarbeiten (nicht ans Ende stellen)
- der Befragte soll durch den Fragebogen geführt werden (z.B. Hinweis, wo es weitergeht, wenn eine Frage nicht zutreffen sollte)
- dem Befragten ist zu sagen, was er tun soll (z.B. ankreuzen, unterstreichen, streichen)
- bei offenen Fragen sollte ausreichend Platz für die Antwort gelassen werden
- wenn Verständnisprobleme erwartet werden, sollten Beispiele angeboten werden - auf einem getrennten Blatt oder auf der Rückseite des Fragebogens
- werden Skalen verwendet, sollten die Skalenwerte auch verbalisiert werden (z.B. 1 = sehr gut erreicht oder trifft zu).

Vor dem Einsatz von Fragebogen müssen die Anwendungsbedingungen geprüft werden. Nach dem Entwurf des Fragebogens sollte ein Test durchgeführt werden, ob der Bogen und die Ausfüllanleitungen so wie beabsichtigt verstanden werden.

4.3.2.5 Fragebogen und Interview

4.3.2.5.1 Gegenüberstellung

Vorteile des nicht-standardisierten Interviews (gegenüber dem Fragebogen)	Vorteile des Fragebogens, die gleichzeitig Nachteile von nicht-standardisierten Interviews sind
• Gewinnung vorher nicht bedachter, neuer Gesichtspunkte • Fragen können der Position, Bildung und Auskunftsbereitschaft des Befragten angepasst werden – konkretisierte, auf das Notwendigste beschränkte Fragen • Bedeutsame, aber vorher nicht erkannte Punkte können entdeckt und weiter verfolgt werden • die Aussagen des Befragten können von einem erfahrenen Interviewer weitgehend aus dem Bild heraus interpretiert werden, das der Befragte hinterlässt • die persönliche Anwesenheit des Interviewers am Arbeitsplatz des Befragten kann mit einer zusätzlichen Aufnahme verbunden werden (Anzahl der Anrufe, Unterbrechungen, angetragenen Probleme usw.) • die Befragungssituation ist kontrollierbar. Andere Personen können keinen Einfluss nehmen, wie das beim Fragebogen häufig geschieht. Dort setzen sich Gruppen zusammen und füllen die Fragebogen in Gemeinschaftsarbeit aus. • die direkte Befragung wirkt persönlicher. Gegenüber Fragebogen bestehen häufig starke emotionale Widerstände • weniger Vorbereitungsaufwand	• Schnellere Auskünfte. Nach wenigen Tagen kann die Ist-Aufnahme zu einem Stichtag fertig sein. Interviews dauern zwischen 30 Minuten und mehreren Stunden. Die notwendigen Protokolle verschlingen ebenfalls erhebliche Zeit. Selbst bei mittleren Untersuchungen zieht sich die Befragung häufig über Wochen hin. Werden mehrere Interviewer eingesetzt, steigen die Koordinationsprobleme • die Fragen können präziser formuliert werden • ausgewogenere Auskünfte; die Befragten haben genügend Zeit, sich Gedanken zu machen • die Befragten können in Ruhe Informationen zusammentragen, z.B. Statistiken erstellen • es sind keine Erheber notwendig • der Interviewer fällt als Fehlerquote weg. Die möglichen Einflüsse auf die Antworten, die sich durch das Verhalten, die Frageform oder die Reihenfolge der Fragen ergeben können, werden ausgeschaltet • es sind keine thematischen Abschweifungen möglich • mehr dementieren • es kann - falls gewünscht – Anonymität gewahrt werden • es können Kontrollfragen eingebaut werden

• die Befragten haben weniger Hemmungen, sich zu äußern. Viele Menschen haben eine Scheu, sich schriftlich zu artikulieren (gilt speziell für „offene“ Fragen) • durch ein Interview fühlt sich der Befragte eher aufgewertet und identifiziert sich besser mit der Untersuchung.	• billigere Auskünfte. Dieses Argument leitet sich aus dem geringeren Zeitaufwand speziell in der Auswertungsphase ab • es ist leichter, Vielbeschäftigte und häufig abwesende Mitarbeiter zu erreichen • es ist kein gesondertes Protokoll nötig • die Auskunftsperson kann eine einmal gemachte Aussage später nicht mehr dementieren

4.3.2.5.2 Kombinierte Anwendung

Wie aus der Gegenüberstellung der Vor- und Nachteile beider Verfahren hervorgeht, werden die Nachteile der einen Technik durch die Vorteile der jeweils anderen teilweise wieder aufgehoben. Ideal erscheint deswegen eine *Kombination beider Verfahren.* In der Aufnahme wird *mit* der Versendung von *Fragebogen begonnen.* Als Ergebnis liegt eine Darstellung des Zustandes zu einem bestimmten Zeitpunkt vor. Die schriftlich erhobenen Sachverhalte werden systematisch weiter untersucht. Normalerweise zeigen sich dann Unstimmigkeiten, Fragen tauchen auf und neue Probleme werden sichtbar. Andererseits liegen aber bereits umfangreiche Informationen über den Untersuchungsgegenstand vor. Um Lücken aufzufüllen und Unklarheiten zu beseitigen, schließt man an die Auswertung der Fragebogen Interviews an. In diesem Interview kann nun gleich auf das Wesentliche, auf die Besonderheiten sowie auf die offenen Punkte eingegangen werden, da der Interviewer sich an Hand der Fragebogen bereits ein umfassendes Bild gemacht hat. Die Beschränkung auf Besonderheiten bedeutet, dass die Interviewzeiten wesentlich verkürzt werden können.

> *Die Kombination von Fragebogen und Interview ergibt häufig die besten Ergebnisse bei der Befragung.*

4.3.3 Beobachtung

Beobachten umfasst die *optische Aufnahme* und die Interpretation *der* beobachteten *Vorgänge*. Beobachten lassen sich *nur sinnlich wahrnehmbare Sachverhalte* und Prozesse. Bei der Beobachtung fließt der Informationsstrom nur in einer Richtung, nämlich vom Beobachtungsgegenstand zum Beobachter. Die Beobachtung ermöglicht *keine Aussagen über Sinnzusammenhänge*, auslösende Ursachen und Zielsetzungen. Deswegen ist die Beobachtung für verschiedene Fragestellungen ungeeignet, z.B. um die Aufbaustruktur einer Unternehmung erkennen zu lassen.

Die Beobachtung gibt *Auskunft über das wirkliche Verhalten*, unabhängig von der Fähigkeit und der Bereitwilligkeit der beobachteten Person, Auskünfte zu geben. Das wirkliche Verhalten ist wiederum nicht eindeutig durch die Befragung zu ermitteln. Für die vollständige Erfassung von Vorgängen sind häufig beide Erhebungsformen notwendig.

4.3.3.1 Typisierung der Beobachtung

4.3.3.1.1 Offene und verdeckte Beobachtung

Abhängig von der Beziehung zwischen Beobachtungsgegenstand und Beobachter und abhängig von der Vorgehensweise gibt es verschiedene Beobachtungsformen.

Bei der *offenen Beobachtung* tritt der Beobachter ausdrücklich als Untersuchender auf, d.h. die *beobachteten Personen kennen zumindest den Zweck* seiner Anwesenheit. Der Beobachter sollte bei organisatorischen Erhebungen die beobachteten Personen grundsätzlich über Ziel und Inhalt der Beobachtung informieren.

Der Beobachter kann *aktiv* im beobachteten Bereich *mitarbeiten* (aktiv-teilnehmende Beobachtung) oder *lediglich beobachten* und aufzeichnen (passiv-teilnehmende Beobachtung).

Bei der *verdeckten Beobachtung* gibt der Untersuchende seine Identität als Beobachter nicht zu erkennen. Diese Form dürfte in Organisationsprojekten praktisch bedeutungslos sein.

Abhängig von der Art des Vorgehens lässt sich die Beobachtung weiter in die strukturierte und in die unstrukturierte Beobachtung aufteilen.

4.3.3.1.2 Strukturierte und unstrukturierte Beobachtung

Bei der strukturierten Beobachtung zeichnet der Beobachter seine Beobachtungen nach einem *System von Beobachtungskategorien* auf. Diese Beobachtungskategorien werden im Voraus festgelegt. Dadurch wird später die *Auswertung* der erhobenen Daten *erleichtert*. Außerdem wird eine *einheitliche Erfassung* beim Einsatz mehrerer Beobachter erreicht. Eine Sonderform der strukturierten Beobachtung ist die Multimomentstudie, die weiter unten behandelt wird.

Bei der *unstrukturierten Beobachtung* liegen nur grobe Hauptkategorien (allgemeine Richtlinien) als Rahmen vor. Innerhalb dieses Rahmens hat der Beobachter Spielraum für seine Beobachtungen. Begehungen, Film- und Fotoaufnahmen, deren zeitliche und räumliche Reihenfolge nicht vorgegeben sind, fallen in diese Kategorie. Ein typisches Beispiel für die unstrukturierte Beobachtung ist die sogenannte Dauerbeobachtung. Dabei hält sich der Beobachter über mehrere Tage hinweg kontinuierlich an den Arbeitsplätzen auf, die untersucht werden sollen. Aufgaben, Hilfsmittel, Störungen, Belege, Umwelteinflüsse und ähnliche Größen hält er laufend fest.

Der zeitliche Rahmen der Beobachtung hängt wesentlich von der Vielfalt der Beobachtungskategorien ab. Je mehr verschiedenartige Aufgaben oder Arbeitsabläufe vorkommen, desto länger ist der notwendige Beobachtungszeitraum. Normalerweise stellt eine Woche die Untergrenze dar, da bei kürzeren Beobachtungen ein möglicherweise verfälschender Einfluss, der vom Beobachter ausgehen kann, zu stark ist.

Eine Dauerbeobachtung kann nur in räumlich eng begrenzten Bereichen angewandt werden. Besonders vorteilhaft ist dieses Verfahren, wenn es um die Beurteilung der Auslastung von Aufgabenträgern, Fehlerquellen im Arbeitsablauf und um die Auswirkungen von Umwelteinflüssen geht. Unabdingbare Voraussetzung ist, dass der Beobachter etwas von den anfallenden Arbeiten und Arbeitsabläufen versteht, da er andernfalls zu leicht getäuscht werden kann und zu falschen Schlüssen kommt.

4.3.3.2 Beurteilung der Beobachtung

Die Beobachtung bringt verschiedene Vor- und Nachteile mit sich, wie die folgende Gegenüberstellung zeigt.

Vorteile der Beobachtung:	Nachteile der Beobachtung:
• Die Vorgänge werden im Zeitpunkt ihres tatsächlichen Geschehens aufgenommen • der Erheber kann alle Vorgänge direkt und unverfälscht beobachten • die Beobachtung vermittelt die Kenntnis über die Sachverhalte und Vorgänge, unabhängig von der Fähigkeit und Bereitwilligkeit der Beobachteten, sie bekanntzugeben.	• Die Ermittlung von Daten mit Hilfe der Beobachtung kostet immer den Zeitaufwand, den der beobachtete Vorgang dauert • die Vorgänge können nur während ihres Auftretens beobachtet werden. Dieser Zeitpunkt lässt sich häufig nicht vorherbestimmen. Damit der Beobachter nicht auf Zufälligkeiten angewiesen ist, muss die Beobachtung oft über längere Zeiträume vorgenommen werden • es besteht die Gefahr der Identifizierung mit den beobachteten Personen, was zu Verfälschungen führen kann • der Beobachter beeinflusst den Beobachteten; dieser kann z.B. durch die Anwesenheit des Beobachters sein Verhalten ändern • bei allen nicht wahrscheinlichkeitstheoretisch abgesicherten Beobachtungen können atypische Beobachtungszeitpunkte oder -zeiträume zu falschen Beobachtungsergebnissen führen.

In der Organisationspraxis werden nur die Formen offener Beobachtungen angewendet. Neben strukturierten Beobachtungen, bei denen die Beobachtungsmerkmale vorher festgelegt werden, gibt es auch unstrukturierte Formen.

4.3.3.3 Multimomentstudie

4.3.3.3.1 Grundlagen

Ziel einer Multimomentstudie ist es, *von einer begrenzten Anzahl beobachteter Fälle* - einer Stichprobe - *auf die Gesamtheit aller Ereignisse* (die Grundgesamtheit) zu *schließen.* Man beobachtet den in Frage kommenden Sachverhalt in vielen Augenblicken (Multi-Moment). Werden bestimmte Regeln befolgt, kann unterstellt werden, dass die *Stichprobe* ein brauchbares *Abbild der Grundgesamtheit* liefert. Dieses Verfahren erspart im Vergleich zu einer Dauerbeobachtung erheblich Zeit und Kosten.

Das Multimomentverfahren tritt in zwei Formen auf. Am weitesten verbreitet ist das *Multimoment-Häufigkeitszählverfahren.* Dabei werden Vorkommnisse (Ereignisse) zu zufällig bestimmten Zeitpunkten notiert. Man erhält eine Auskunft über absolute oder prozentuale Häufigkeiten von Vorgängen. Wenn beispielsweise bei 1000 Beobachtungen 280mal Schreibarbeiten und 720mal andere Vorkommnisse angetroffen wurden, ist unter bestimmten Voraussetzungen der Schluss zulässig, dass der tatsächliche Zeitanteil der Schreibarbeiten etwa 28% beträgt (280 : 1000) x 100. Dieses Ergebnis erlaubt dann die Folgerung, dass in etwa 28% der gesamten Arbeitszeit, also etwa während 50 Stunden pro Monat (= Grundgesamtheit), an der betreffenden Stelle Schreibarbeiten erledigt werden.

Beim *Multimoment-Zeitmessverfahren* werden *Zeitwerte in Minuten oder Stunden* ermittelt. Es wird also festgestellt, wie groß beispielsweise die durchschnittliche Bearbeitungszeit einer Bestellung ist. In beiden Fällen werden die Ergebnisse statistisch abgesichert. Im Gegensatz zur Dauerbeobachtung werden bei den beiden Arten der Multimomentstudie nur zu bestimmten Zeitpunkten Häufigkeiten von Tätigkeiten (Ereignissen) oder Zeitwerte ermittelt.

Ehe auf das Häufigkeitszählverfahren näher eingegangen wird, sollen kurz die wichtigsten Begriffe skizziert werden.

Wenn man eine totale Sicherheit erreichen wollte, müsste man eine Vollerhebung vornehmen. Jede Stichprobe bringt Unsicherheit mit sich. Durch die *statistische Sicherheit* (*Wahrscheinlichkeit*) wird angegeben, wie zuverlässig die Aussagen sind. Normalerweise geht man bei Multimomentstudien von einer statistischen Sicherheit (Wahrscheinlichkeit) von 95% aus, d.h. in 95% der Fälle stimmen die ermittelten Ergebnisse. In 5% der Fälle kann es durchaus sein, dass der tatsächliche Wert (in der Regel dicht) neben dem ermittelten Ergebnis liegt.

Das Ergebnis einer Stichprobe ist ein Prozentanteil (z.B. 28 % Schreibarbeiten). Nun gibt die Multimomentstudie aber nicht nur diesen Punkt an. Sie sagt vielmehr, dass der tatsächliche Wert - mit 95% Sicherheit - innerhalb eines Bereiches liegt, dessen Mittelpunkt der ermittelte Prozentsatz darstellt. Der Bereich wird durch die sogenannte *Genauigkeit* begrenzt.

Beispiel: 28±x%, wobei x die Genauigkeit ist. Bei einer gewählten Genauigkeit von 2% bedeutet das beispielsweise: 28±2%, d.h. der tatsächliche Wert liegt innerhalb der Grenzen 28-2% = 26% und 28+2% = 30%, und das mit einer Sicherheit von 95%.

Statistische *Sicherheit und Genauigkeit* stehen in einer *gegenläufigen Beziehung zueinander*. Je sicherer eine Aussage sein soll, desto ungenauer muss sie sein, vorausgesetzt der Sachverhalt ist nicht exakt bekannt. So ist z.B. die Aussage, dass ein bestimmter Zug um 16.50 Uhr abfährt, sehr genau, aber auch nicht hundertprozentig sicher. Je ungenauer die Aussage gemacht wird - der Zug fährt zwischen 16.50 und 17.00 Uhr - desto sicherer wird sie.

Die Multimomentstudie ist eine Stichprobenerhebung, die aus punktuellen Beobachtungen Aussagen über Zeitanteile zulässt. Die Aussagen gelten mit einer statistischen Sicherheit von 95%. Die Genauigkeit der Ergebnisse legt der Erheber selbst fest.

4.3.3.3.2 Vorgehensweise

Eine Multimomentstudie läuft nach folgendem *Schema* ab:

- Ziel festlegen
- Beobachtungsmerkmale festlegen
- Zahl der notwendigen Notierungen (Beobachtungen) festlegen
- Zahl der Rundgänge festlegen
- Rundgangswege und Beobachtungsstandpunkte festlegen
- Startzeitpunkte der Rundgänge festlegen
- Beobachtungsbogen entwerfen
- Betroffene und Betriebs-/Personalrat informieren
- erheben
- auswerten.

Ziel festlegen

Es ist zu bestimmen, was mit der Multimomentstudie erreicht werden soll. Mögliche Aufgabenstellungen sind etwa die *Ermittlung von*

- Zeitanteilen für bestimmte Aufgabenarten
- Bearbeitungszeiten je Vorgang (nur bei gleichzeitiger Erfassung des Mengengerüstes)
- Auslastungsgraden für Mitarbeiter (über die „Verteilzeiten")
- Auslastungsgraden für Sachmittel

- Häufigkeiten bestimmter Ablaufarten
- Warteschlangen (z.B. vor Schaltern).

Beobachtungsmerkmale festlegen

Es ist festzulegen, *welche Sachverhalte* (Merkmale) in der Studie *erhoben* werden sollen. Diese Sachverhalte müssen *beobachtbar* und eindeutig abgrenzbar sein. Die Zahl der Merkmale sollte 20 nicht überschreiten.

Aus

- Erfahrungswerten
- vergleichbaren Studien
- dem Untersuchungsauftrag oder
- Vorstudien

können die zu beobachtenden Merkmale (Sachverhalte) gewonnen werden.

An mehreren Arbeitsplätzen ist beispielsweise zu ermitteln, wie groß der *Anteil* bestimmter *Aufgaben* ist, wie etwa

- telefonieren
- Bildschirmarbeit
- schreiben
- ablegen
- Sonstiges.

Zur Festlegung empfiehlt sich die Aufgabenanalyse (siehe Kapitel 5). Neben Aufgaben sind häufig aber noch *weitere Merkmale* von Interesse, wie z.B. Ursachen für Abwesenheiten oder Wartezeiten

planmäßige Abwesenheit

- Pausen
- Krankheit
- Arztbesuch
- Urlaub
- Schulung
- abwesende Teilzeitkräfte
- Gleitzeitspanne

dienstliche Abwesenheit
persönlich bedingte Abwesenheit
arbeitsablaufbedingte Wartezeit
persönlich bedingte Wartezeit.

Da Abwesenheit nur als solche beobachtet werden kann - der Grund der Abwesenheit bleibt dem Beobachter verschlossen - muss das *Prinzip der reinen Beobachtung durchbrochen* werden. In der Praxis hat es sich bewährt, dem Beobachteten entsprechende Kärtchen zu geben, die er je nach der Ursache der Abwesenheit aufstellt. Zweifellos erhält der Beobachtete hier ein Instrument zur Manipulation. Andererseits sollte nicht darauf verzichtet werden, derartige Abwesenheitszeiten aufzuschlüsseln, da zumindest die dienstliche Abwesenheit für organisatorische Aussagen sehr wichtig ist.

Zahl der Notierungen festlegen

Die notwendige Zahl der Notierungen (N) bei einer vorgegebenen Genauigkeit = absoluter Fehler (f) kann auf einem Nomogramm (Abb. 4.11) abgelesen werden, indem die Gerade, die den Merkmalsanteil mit der gewünschten Genauigkeit verbindet, verlängert wird. Die *erforderliche Anzahl an Beobachtungen ist* somit *abhängig von der gewünschten Genauigkeit und dem Anteilswert p.* Da bei einer Multimomentstudie p zu Beginn nicht bekannt ist, muss dieser Wert geschätzt werden (p') - notfalls nach einer Voruntersuchung von etwa 400 Notierungen. Im Normalfall werden bei einer Studie gleichzeitig verschiedene Anteilswerte ermittelt. Die Zahl der Notierungen hängt dann von dem Anteilswert ab, der voraussichtlich am dichtesten bei 50% liegt.

Beispiel: Die geschätzten p-Werte sind

$p'_1 = 30\%$ liegt am dichtesten bei 50%
$p'_2 = 25\%$
$p'_3 = 20\%$
$p'_4 = 15\%$
$p'_5 = 10\%$
Die gewünschte Genauigkeit sei
f = 2,5%
Die erforderliche Anzahl der Notierungen beträgt N = 1300. Sie ergibt sich aus der Verlängerung der Geraden, die den relevanten (geschätzten) Anteilswert (p'= 30) mit der gewünschten Genauigkeit (f = 2,5) verbindet.

Es ist allerdings auch möglich, einen kleineren Anteilswert zugrunde zu legen, etwa wenn dieses Merkmal für die Untersuchung entscheidend ist.

Häufig steht auch die Frage am Anfang einer Multimomentstudie, welchen Untersuchungsaufwand das anstehende Problem rechtfertigt. Ist der Auftraggeber bereit, für die Untersuchung einen Mitarbeiter einen Monat lang als Erheber freizustellen, so kann dieser Erheber pro Stunde zwei bis sechs, d.h. im Monat 360 - 1080 Rundgänge erledigen. Das bedeutet, dass bei zehn gleichartigen Stellen 3600 bis 10800 Beobachtungen gemacht werden. So lassen sich sehr hohe Genauigkeiten erreichen und - was wichtiger ist - für jede einzelne Stelle können immer noch sehr zuverlässige Aussagen gemacht werden.

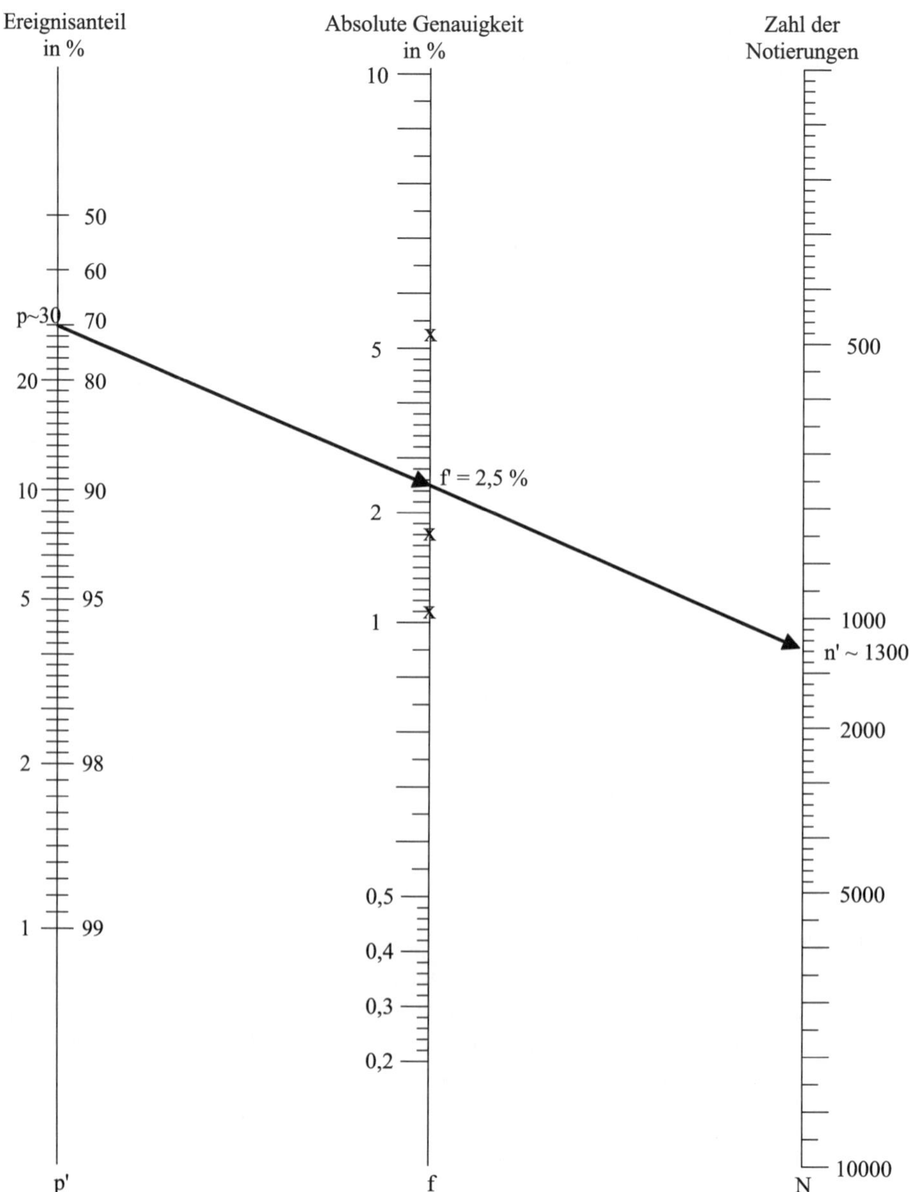

Abb. 4.11: Nomogramm für die Auswertung von Multimomentstudien bei einer Aussagewahrscheinlichkeit von S=99,5%

In Anlehnung an REFA, Methodenlehre des Arbeitsstudiums, Band 2, München 1971, S.234

Zahl der Rundgänge festlegen

Die Zahl der notwendigen Rundgänge R ermittelt man aus der Zahl der notwendigen Notierungen N und aus der Zahl der je Rundgang zu beobachtenden gleichartigen Stellen oder Arbeitsplätze (Ap)

$$R = \frac{N}{Ap}$$

Je mehr Stellen oder Arbeitsplätze man bei einem Rundgang beobachten kann, desto weniger Rundgänge sind erforderlich. Diese Aussage gilt nur, wenn an jedem Arbeitsplatz die gleichen Sachverhalte beobachtet werden. Alle Aussagen der Multimomentstudie gelten dann auch nur für alle Beobachtungssituationen als Durchschnittswert. Wird eine bestimmte Aussagegenauigkeit für eine einzelne Beobachtungssituation angestrebt, müssen an dieser Station so viele Beobachtungen durchgeführt werden, wie es oben beschrieben wurde.

Beispiel: N = 2000
10 Plätze
Merkmalsanteil p = 10%
Aussagegenauigkeit über alle Plätze 10% ±1,1
Aussagegenauigkeit für einen Platz 10% ±5,25 (bei 200 Notierungen je Platz)

Rundgangswege und Beobachtungsstandpunkte festlegen

Die Rundgangswege werden skizziert und die Beobachtungsstandpunkte eingetragen.

Startzeitpunkte der Rundgänge festlegen

Die statistische Sicherheit und Genauigkeit von Stichprobenergebnissen kann nur dann gewährleistet werden, wenn alle Ereignisse oder Merkmale die gleiche Chance haben, bei der Beobachtung notiert zu werden. Diese Voraussetzung wird nur erfüllt, wenn die *Beobachtungen zufällig* gewählt werden. Zur Festlegung der Startzeitpunkte der Rundgänge können Zufallszahlentabellen (Zufallszahlentabellen finden sich in REFA: Methodenlehre des Arbeitsstudiums. Teil 2, Datenermittlung, 7. Aufl., München 1978) oder entsprechende EDV-Programme herangezogen werden.

Beobachtungsbogen entwerfen

Nach diesen Vorarbeiten muss ein Beobachtungsbogen entworfen werden. Besondere Rubriken für Rundgangszeiten, Arbeitsplätze, Beobachtungsmerkmale sowie Summen und Auswertungsspalten und ausreichender Raum für die eigentlichen Notierungen sind vorzusehen.

In Abbildung 4.12 und 4.13 sind zwei Beispiele für Erhebungsformulare aufgeführt. Im ersten Beispiel gibt es für jedes Merkmal eine Spalte, so dass der Erheber bei jedem Rundgang nur anstreicht, was er gerade beobachtet hat. Diese Form der Aufschreibung sprengt leicht die üblichen Formate. Besonders dann, wenn 15 bis 20 Merkmale und mehrere gleichartige Stellen beobachtet werden. In diesen Fällen ist das zweite Formularbeispiel besser geeignet. Es hat allerdings gegenüber dem ersten den Nachteil, nicht so leicht ausgewertet werden zu können. Außerdem ist es schwerer auszufüllen, da der Erheber die Schlüssel beherrschen muss.

Informieren

Da es sich um eine offene Beobachtung handelt, ist es unerlässlich, vorher die *Betroffenen* über die Art der Vorgehensweise und über die Zielsetzung zu informieren.

Der *Betriebsrat* hat lt. § 90 des Betriebsverfassungsgesetzes ein Unterrichtungs- und Beratungsrecht und lt. § 91 ein Mitbestimmungsrecht bei verschiedenen organisatorischen Belangen und lt. § 92 ein Unterrichtungs- und Beratungsrecht bei der Personalplanung (entsprechendes gilt auch für die verschiedenen Personalvertretungsgesetze, welche die Mitbestimmung durch Personalräte im öffentlichen Dienst regeln). Da Multimomentstudien grundsätzlich vor dem Hintergrund organisatorischer Regelungen und u.U. auch mit dem Ziel der Personalbemessung durchgeführt werden, empfiehlt es sich in jedem Fall, den Betriebsrat (Personalrat) rechtzeitig einzuschalten und über das geplante Vorgehen zu informieren.

Erhebung

Mit *Proberundgängen* vor Beginn der Multimomentaufnahme prüft man, ob jeder Erheber jedes Merkmal richtig notiert. Der Erheber kann sich mit dieser Aufnahmetechnik vertraut machen. Gleichzeitig wird der Beobachtungsbogen nochmals auf Vollständigkeit geprüft.

Nach etwa 300-500 Notierungen sollte eine Zwischenauswertung folgen. Dann kann schon recht zuverlässig gesagt werden, ob die geschätzten Merkmalsanteile zutreffen und wieviele Beobachtungen insgesamt gemacht werden müssen, um die gewünschte Genauigkeit zu erreichen.

Auswerten

In der Auswertung ermittelt man die Notierungen je Beobachtungsmerkmal und setzt sie zur Gesamtzahl der Notierungen in Beziehung.

Beispiel: 1300 Gesamtzahl der Notierungen

		Anteile
Telefonieren	(210 : 1300) x 100 =	16,2%
Bildschirmarbeit	(180 : 1300) x 100 =	13,9%
Schreiben	(640 : 1300) x 100 =	49,2%
Ablegen	(90 : 1300) x 100 =	6,9%
Sonstiges	(180 : 1300) x 100 =	13,8%
	1300	100,0%

Wenn insgesamt
10 Mitarbeiter vier Wochen lang beobachtet wurden, errechnen sich folgende

Zeiten:
10 Mitarbeiter x 4 Wochen x 40 Stunden/W = 1600 Stunden
16,2% der Zeit Telefonieren = 259,2 Stunden

Zeit	Stelle																								
	1					2					3					4					5				
	Merkmale					Merkmale					Merkmale					Merkmale					Merkmale				
	a	b	c	d	e	a	b	c	d	e	a	b	c	d	e	a	b	c	d	e	a	b	c	d	e
7.28	I					I								I						I					I
7.36	I						I							I					I		I				
7.58				I			I							I					I						I
8.04																									
8.26																									
8.31																									

Abb. 4.12: Erhebungsbogen mit Merkmalsspalten

Zeit	Stelle												
	1	2	3	4	5	6	7	8	9	10	11	12	13
7.28	a	a	d	e	e	a							
7.36	a	b	d	e	d	a							
7.58	d	b	d	d	e	e							
8.04													
8.26													
8.31													

Abb. 4.13: Erhebungsbogen ohne Merkmalsspalten (Die Merkmale sind verschlüsselt)

Aus dem Nomogramm (Abb. 4.11) lässt sich jetzt die Genauigkeit, bezogen auf dieses Merkmal, ermitteln, indem die Punkte 1300 (Beobachtungen) und 16,2% (Merkmalsanteil) miteinander verbunden werden. Es ergibt sich ± 1,8%.

Die Aussage lautet demnach: Der tatsächliche Zeitanteil, der für das Telefonieren
aufgewandt wird, liegt
mit 95% Sicherheit
innerhalb des Intervalls von
16,2 + 1,8 = 18,0% und
16,2 - 1,8 = 14,4% der gesamten Arbeitszeit.

Eine Multimomentstudie läuft nach folgendem Schema ab:
Ziel festlegen, Beobachtungsmerkmale festlegen, Zahl der Notierungen festlegen, Zahl der Rundgänge festlegen, Startzeitpunkte der Rundgänge festlegen, Rundgangswege und Beobachtungsstandpunkte festlegen Beobachtungsbogen entwerfen, informieren, erheben, auswerten.

4.3.3.3.3 Beurteilung der Multimomentstudie

Die Multimomentstudie birgt eine Reihe von Vor- und Nachteilen in sich, wie die folgende Gegenüberstellung zeigt.

Vorteile ♁	Nachteile ♆
• Die Untersuchungsergebnisse sind ein Spiegelbild des tatsächlichen Ist-Zustandes. Es gibt keine Verfälschung durch bewusst oder unbewusst falsche Auskünfte • es werden keine Zeitmessgeräte benötigt • der Arbeitsablauf wird nicht gestört, da der Beobachtete keine Auskünfte zu geben braucht • auf einem Rundgang können nahezu beliebig viele Arbeitsplätze beobachtet werden (bis zu 50) • die Beobachtung kann jederzeit abgebrochen und später fortgesetzt werden • jede gewünschte Genauigkeit - von der Grob- bis zur Feinuntersuchung - ist möglich • die Auswertung geht schnell.	• Durch Multimomentaufnahmen können keine Aussagen über Leistungsgrade gemacht werden • bei Ereignissen, deren Anteil kleiner als 1% ist, können keine Genauigkeitsaussagen getroffen werden • die Beobachtung durch außenstehende Erheber kann menschliche Abwehrhaltungen hervorrufen. Deswegen müssen die Beobachteten gründlich vorbereitet - informiert und mit den erhebenden Personen bekanntgemacht - werden.

4.3.3.4 Multimomentstudien mit Selbstnotierung

4.3.3.4.1 Das Verfahren

Im Prinzip handelt es sich um Multimomentstudien, so dass alle allgemeinen Aussagen über Stichprobenerhebungen aus dem Kapitel 4.3.3.3 sinngemäß auch hier gelten. Der wesentliche Unterschied zu oben geschilderter Multimomentstudie mit Fremdbeobachtern ist die *Selbstnotierung der Merkmale durch die Betroffenen*. Dazu wird ihnen ein *Gerät* zur Verfügung gestellt, das von einem Zufallsgenerator gesteuert wird und durch optische und akustische Signale den betreffenden Mitarbeiter zur Notierung auffordert und die Eingabe der jeweiligen Aufgabe ermöglicht. Auch diese Erhebungstechnik ist insofern *strukturiert*, als nur bestimmte, vorher festgelegte Merkmale notiert werden.

Zur Vorbereitung einer solchen Studie müssen die Merkmale in einem *Katalog* zusammengefasst werden. Jedes Ereignis soll möglichst in *drei Komponenten* beschrieben werden:

- Verrichtung - was wird getan?
- Objekt - woran wird es getan?
- Empfänge - bei wem oder für wen wird es getan?

Was? Verrichtung	**Woran? Objekt**	**Bei wem? Für wen? Leistungsempfänger**
1. Lesen 2. Schreiben/Konzipieren 3. Rechnen 4. Besprechen 5. Telefonieren 6. Warten 7. Fahren 8. Pause/Privates 9. Sonstiges	1. Anfragen 2. Bestellungen 3. Reklamationen 4. Lageraufträge 5. Fertigungsaufträge 6. Statistik 7. Sonstiges	1. Kunden 2. Mitarbeiter 3. Lager 4. Fertigung 5. Allgemeine Verwaltung 6. Vorgesetzter 7. Sonstige

Abb. 4.14: Merkmalskatalog für eine Multimomentstudie mit Selbstnotierung

Aus Gründen der Übersichtlichkeit sollten in jeder Kategorie möglichst nicht mehr als 10 Kriterien verwandt werden.

Bei Arbeitsbeginn schaltet der Mitarbeiter das Gerät ein und vermerkt bei jedem Signal die Kombination entweder auf einem *Erhebungsbogen oder* er gibt die Kombination *direkt über eine Tastatur in das Gerät* ein.

Mitarbeiter: Schulz Abteilung: Verkauf						Tag: 05.09.					
Notierung im Zeitraum von bis											
07.00 - 10.00			10.00 - 13.00			13.00 - 16.00			16.00 - 19.00		
4	3	4	2	4	3	2	5	4	1	6	5
1	1	1	4	5	4	5	3	1	3	2	1
5	5	4				1	1	1	3	6	5
5	7	6									

Abb. 4.15: Beispiel für einen Erhebungsbogen bei einer Multimomentstudie mit Selbstnotierung

Nach Abschluss der meist etwa einmonatigen Erhebung erfolgt die *Auswertung*. Dazu werden - analog zur Multimomentstudie mit Fremdbeobachtern - folgende Ergebnisse ermittelt:

- Die Zahl der Notierungen insgesamt
- die prozentualen Anteile der Merkmale
  - für die Verrichtungen
  - für die Objekte
  - für die Leistungsempfänger
  - für beliebige Kombinationen
- der Zeitverbrauch für die Merkmale
- die erreichten Genauigkeiten (siehe Kapitel 4.3.3.3.2)
- die Mengen (wenn in getrennten Strichlisten erfasst).

4.3.3.4.2 Bewertung

Die Multimomentstudie mit Selbstnotierung hat gegenüber der Studie mit Fremdbeobachtern einige wesentliche Vorteile und Nachteile.

Multimomentstudie mit Selbstnotierung (Vergleich zur Multimomentstudie mit Fremdbeobachtern)	
Vorteile 👍	**Nachteile** 👎
• Die Merkmale können erheblich weiter aufgegliedert werden, weil jetzt die fehlende „Beobachtbarkeit" einzelner Merkmale nicht mehr im Wege steht. Die Ergebnisse sind aussagefähiger und genauer	• Der Mitarbeiter kann nahezu unbegrenzt manipulieren. Das wirkt sich vor allem im Auslastungsgrad aus. Verteilzeiten werden nicht ihrem wirklichen Gewicht entsprechend notiert. Insofern ist dieses Verfahren

• da die Merkmale nach den drei Komponenten geordnet sind, können sehr fundierte Analysen der Verrichtungen, Objekte und Leistungsempfänger sowie beliebige Kombinationen vorgenommen werden • es werden keine Erheber benötigt • die Selbstnotierung wird von den Betroffenen leichter akzeptiert, weil sie weniger als Kontrolle empfunden wird • es können auch einzelne Stellen untersucht werden (bei Multimomentstudien mit Fremdbeobachtern würde sich der Aufwand nicht lohnen).	für Auslastungsstudien und Personalbemessungsaktionen nur begrenzt verwendbar. Die Manipulation kann auch dazu führen, dass solche Aufgaben, die der Betroffene als höherwertig empfindet, überrepräsentiert werden • die laufenden Notierungen belasten und stören den Mitarbeiter.

Diese Erhebungstechnik eignet sich besonders, wenn *differenzierte Untersuchungen über Zeitanteile* für bestimmte Aufgabenarten durchzuführen sind. Besonders vorteilhaft ist es, wenn mehrere gleichartige Stellen untersucht werden, da dann durch *Quervergleiche* objektivere Ergebnisse erreicht werden können.

> *Die Multimomentstudie mit Selbstnotierung ist eine Stichprobenerhebung, die durch Zufallsgeneratoren gesteuert wird und differenzierte Aussagen über Zeiten liefert, die für bestimmte Verrichtungen, Objekte und Leistungsempfänger anfallen. Das wesentliche Problem ist die mit der Selbstnotierung verbundene Manipulationsgefahr.*

4.3.3.5 Zeitaufnahmen

Die Zeitaufnahme (Zeitstudie) setzt die Gliederung der zu untersuchenden Aufgaben in bestimmte Teilaufgaben bzw. Abläufe voraus. Für diese Teilaufgaben oder Abläufe werden direkt und kontinuierlich mit Hilfe von Zeitmessgeräten die Bearbeitungszeiten für einzelne beobachtbare Fälle erfasst.

Die Zeitaufnahme ist das genaueste Verfahren zur Zeitermittlung. Sie lässt sich sinnvoll jedoch nur bei kurzzyklischen Arbeiten und bei solchen Arbeiten anwenden, bei denen keine großen Schwankungen im Zeitverbrauch auftreten. Die Zeitstudie per Stoppuhr oder Filmkamera oder Tonbandgerät, die nur von Fachleuten vorgenommen werden kann, da gleichzeitig ein Leistungsgrad geschätzt werden muss, ist ein äußerst kostspieliges Verfahren. Deswegen lohnt sich dieses Verfahren nur bei sehr häufig wiederkehrenden Arbeitsprozessen, die einen hohen Zeitbedarf haben. Zeitstudien im Büro oder Verwaltungsbereich sind besonders schwierig, da die Aufgaben meistens inhaltlich gar nicht beobachtbar sind. Aus diesem Grund wurden Zeitstudien im Verwaltungsbereich bisher nur in sehr geringem Umfang, vorwiegend bei manuellen Routinearbeiten eingesetzt.

Zeitaufnahmen sind Verfahren zur Ermittlung von Einzelzeiten mit Hilfe von Zeitmessgeräten. Diese Erhebungstechnik ist im Verwaltungsbereich nur selten anzuwenden, weil der Anteil der Routinearbeiten immer geringer wird und weil die meisten Aufgaben beobachtbar sind.

4.3.4 Dokumentenstudium

Beim Dokumentenstudium werden *Erhebungen am Schreibtisch* vorgenommen. In der Regel werden die Betroffenen nicht eingeschaltet. Das Dokumentenstudium steht meistens am Anfang einer Untersuchung, um sich in eine Materie *einzuarbeiten* und allgemeine Informationen zu sammeln.

Da Dokumente in Form von Briefen, Berichten, Dateien, Akten, Gutachten, Arbeitsanweisungen, Stellenplänen, Statistiken usw. nahezu alle betrieblichen Sachverhalte abdecken, ist das Dokumentenstudium eine wichtige und häufig angewandte Erhebungstechnik.

Zwei *Arten von Dokumenten* können unterschieden werden:

- Planmäßig, unabhängig von dem organisatorischen Vorhaben erstellte Dokumente
- ad-hoc erstellte Dokumente.

Da bei den *planmäßig erstellten Dokumenten* keine aktuelle organisatorische Untersuchung im Hintergrund steht, sind diese Unterlagen nicht im Hinblick auf das Untersuchungsziel manipuliert, was aber nicht heißt, dass sie vollständig und aktuell sind und dass (etwa bei Arbeitsanweisungen) tatsächlich nach ihnen gearbeitet wird. Typische Beispiele sind Stellenbeschreibungen, Stellenpläne, Arbeitsanweisungen, Durchführungsverordnungen, allgemeine Regelungen usw.

Ad-hoc erstellte Dokumente sind *aus* irgendwelchen *aktuellen Anlässen entstanden.* Typische Beispiele sind Sitzungsberichte, Protokolle, Prüfungsberichte, Aktennotizen und allgemeine Aufzeichnungen. Mit ihnen wird häufig ein bestimmtes Ziel verfolgt, das mit organisatorischen Vorhaben im Zusammenhang stehen kann.

Dokumente können *strukturiert oder unstrukturiert ausgewertet* werden. Bei einer unstrukturierten Auswertung setzt sich der Erheber mit den Dokumenten auseinander, macht eventuell Auszüge und versucht, die ihm wichtig erscheinenden Sachverhalte zu speichern. Eine strukturierte Auswertung erfordert Vorarbeit. Der Erheber legt vorab die Merkmale fest, nach denen er die Auswertung vornehmen will. So werden beispielsweise bei jedem Dokument systematisch Empfänger, Ersteller, Zeitpunkt der Erstellung oder auch die Inhalte nach vorher definierten Gruppen ausgewertet. Diese Strukturierung ist bei einem größeren Volumen vergleichbarer Dokumente sinnvoll, da die spätere Analyse des Materials beschleunigt werden kann.

Folgende Vorteile und Nachteile bringt das Dokumentenstudium mit sich:

Dokumentenstudium	
Vorteile	**Nachteile**
• Breite Informationsbasis • gezieltere Erhebung in der eventuell nachfolgenden Befragung • schneller Zugriff (wenn gut geordnetes und registriertes Material vorliegt) • keine Verfälschung durch den aktuellen Organisationsanlass • keine Störung der Betroffenen • vermeidet unnötige Unruhe, etwa im Rahmen einer Vorstudie, wo noch gar nicht feststeht, ob das Projekt fortgeführt wird.	• Fehlende Vollständigkeit • fehlende Aktualität • Dokumente geben u.U. nur Soll, nicht aber Ist wieder.

Wegen der genannten Eigenschaften wird das Dokumentenstudium selten allein, sondern meistens im Zusammenhang mit anderen Erhebungstechniken eingesetzt.

Das Dokumentenstudium wird meistens benutzt, um sich in eine Materie einzuarbeiten.

4.3.5 Selbstaufschreibung

Neben Befragung, Beobachtung und Dokumentenstudium kann die Selbstaufschreibung als Erhebungstechnik herangezogen werden. Die Selbstaufschreibung wird insbesondere zur *Ermittlung von Aufgaben bzw. Tätigkeiten sowie Zeiten und Mengen* eingesetzt. *Um* die spätere *Auswertung zu erleichtern*, empfehlen sich leicht verständliche *Vordrucke*, die von den Betroffenen ohne organisatorische Vorkenntnisse ausgefüllt werden können. Eine sorgfältige Information über das Ziel der Erhebung und über die Vorgehensweise ist unerlässlich. Speziell in den ersten Tagen der Erhebung muss der Erheber Starthilfe geben.

4.3.5.1 Aufgaben und Zeiterhebung

Ein typisches Beispiel der Selbstaufschreibung ist ein *Tagesbericht*. In die erste Spalte eines Erfassungsvordrucks werden die erledigten *Aufgaben* oder Tätigkeiten eingetragen. Sie werden in der Reihenfolge ihres Auftretens untereinander vermerkt. In der zweiten Spalte werden die zugehörigen *Zeiten* festgehalten. Tritt eine Aufgabe erneut auf, wird in der zweiten Spalte lediglich der Zeitverbrauch notiert. So bedeutet in der zweiten Spalte „3, 2, 4, 5, 2“, dass fünfmal die Aufgabe auftrat und insgesamt 16 Minuten beanspruchte.

Es empfiehlt sich, vorab einen Aufgabenkatalog zu erarbeiten, aus dem die Aufgaben oder Tätigkeiten auszuwählen sind. Außerdem sollen auch all die Aktivitäten mit erfasst werden, die keine Aufgabenerfüllung darstellen, dennoch aber Arbeitszeit des Betroffenen beanspruchen. Darunter fallen etwa Wartezeiten, Privatgespräche, persönliche Verrichtungen, Erholungszeiten und ähnliches. Für organisatorische Maßnahmen sind auch Informationen über solche Zeiten von Interesse, die nicht für die Aufgabenerfüllung anfallen.

Neben der Spalte, in der die Aufgaben/Tätigkeiten eingetragen werden, können noch weitere Spalten vorgesehen werden, in denen durch bestimmte Symbole Zwischentätigkeiten (wie ein- und ausgehende Anrufe, Besprechungen usw.) einzutragen sind. Durch diese zusätzlichen Informationen lassen sich *Störungen* und deren Häufigkeit abbilden. In einer weiteren Spalte kann der Mitarbeiter noch angeben, mit wem er *zusammengearbeitet* hat, um bestimmte Aufgaben zu erledigen.

Die Selbstaufschreibung eignet sich bei entsprechender Vordruckgestaltung und Einweisung insbesondere zur Erfassung von Aufgaben bzw. Tätigkeiten, Mengen und Zeiten. Die Tagesberichte werden zur Analyse verdichtet. Die Aufbereitung für die spätere Analyse und Würdigung kann nur von organisatorisch ausgebildeten Mitarbeitern vorgenommen werden.

Die Tagesberichte müssen *parallel zur Arbeit erstellt* werden, da andernfalls Schätzfehler und Manipulationen auftreten. Speziell zu Beginn einer Erhebung muss der Erheber durch Stichproben prüfen, ob die Aufschreibungen auf dem Laufenden sind und ob es noch ungeklärte Fragen gibt. Die Tagesberichte sind jeden Abend möglichst vom Vorgesetzten einzusammeln und zumindest grob zu prüfen. Offensichtliche Unrichtigkeiten bzw. oberflächliche Handhabung muss er sofort reklamieren, um zu zeigen, dass die Erhebung ernst genommen wird.

Die Ergebnisse der Selbstaufschreibung sind nur dann hinreichend aussagekräftig, wenn sie mindestens während zweier Wochen erstellt werden. Sie sollten *in* größeren *Zeitintervallen*, etwa nach Wochenabschnitten, *zusammengefasst* und verdichtet werden.

In einer *weiteren Liste* müssen noch solche Aufgaben erfasst werden, die *periodisch wiederkehren* - etwa Jahresabschlussarbeiten - und solche, die nur gelegentlich anfallen, in den Tagesberichten jedoch nicht aufgeführt worden sind.

<table>
<tr><td colspan="2" rowspan="2">Tagesbericht</td><td colspan="6">Name: Vorname:</td></tr>
<tr><td colspan="6">Abteilung:</td></tr>
<tr><td rowspan="2">Datum:</td><td rowspan="2">Unterschrift:</td><td>Stellenbez.:</td><td colspan="5">Stellennr.:</td></tr>
<tr><td>Raum:</td><td colspan="5">Telefon:</td></tr>
<tr><td colspan="2" rowspan="3">Aufgabe/
Tätigkeit</td><td rowspan="3">Einzelfälle
in Minuten</td><td colspan="4"></td></tr>
<tr><td colspan="2">Telefon</td><td rowspan="2">Bespre-
chung</td><td rowspan="2">Zusam-
menar-
beit mit</td></tr>
<tr><td>Ein</td><td>Aus</td></tr>
<tr><td colspan="2">a</td><td>b</td><td>c</td><td>d</td><td>e</td><td>f</td></tr>
<tr><td colspan="2"></td><td></td><td></td><td></td><td></td><td></td></tr>
<tr><td colspan="2">Zeichen
Vorgesetzter</td><td></td><td colspan="4">Blatt</td></tr>
</table>

Abb. 4.16: Formblatt „Tagesbericht“

4.3.5.2 Mängel- oder Wunschlisten

Es kann zweckmäßig sein, zusätzlich mit Mängel- und Wunschlisten zu arbeiten, die der Mitarbeiter selbst parallel zu seiner Arbeit ausfüllen kann. Sie können als wichtige *Materialsammlung für die Würdigung* angesehen werden.

Die Mitarbeiter werden aufgefordert, sich über Verbesserungsmöglichkeiten Gedanken zu machen. Hier wird eine deutliche Beziehung der Technik „Selbstaufschreibung" zum *betrieblichen Vorschlagswesen* erkennbar. Mitdenken und Vorschläge sollen gefördert werden, weil gerade die Ausführenden, aber auch die mittleren hierarchischen Ebenen die Einzelheiten der Aufgabenerfüllung am besten kennen. Die wichtigsten Anregungen für organisatorische Verbesserungen stammen daher häufig von denjenigen, die täglich die zu erfüllenden Aufgaben erledigen müssen. Eindeutig besser bewährt haben sich hier allerdings sogenannte Workshops, in denen Verbesserungsvorschläge gemeinsam erarbeitet werden.

Bei dem Verfahren der Selbstaufschreibung werden von den Mitarbeitern Tagesberichte sowie Formblätter für zusätzliche Aufgaben bzw. Tätigkeiten ausgefüllt. Sie werden verdichtet und für die Analyse aufbereitet.

4.3.5.3 Verlässlichkeit der Aufschreibung

Bei der Selbstaufschreibung taucht die Frage auf, inwieweit die Angaben *vertrauenswürdig* sind. Allgemeine Aussagen sind dazu nicht möglich. Nirgendwo wird es dem Betroffenen leichter gemacht, Informationen zu manipulieren. Er kann in aller Ruhe überlegen, was er angeben will.

Die Neigung, sich besser - z.B. stärker ausgelastet - darzustellen, als es den Tatsachen entspricht, kann sicherlich nicht ignoriert werden. Es gibt jedoch ein wichtiges *Korrektiv*, wodurch starke Verzerrungen eingeschränkt werden. *Tagesberichte sind dem jeweiligen Vorgesetzten vorzulegen,* der sie bearbeitet oder doch zumindest abzeichnet. Allein das Wissen darum, dass diese Berichte vom Vorgesetzten - und nicht nur von einem Außenstehenden - zur Kenntnis genommen werden, verhindert extreme Verfälschungen. Ein zweites Korrektiv hat der Erheber selbst in der Hand. Wenn ein Stelleninhaber bei einem Acht-Stunden-Tag *acht Stunden produktive Arbeit* angibt, ist die *Manipulation* offenkundig. Nicht-produktive Zeit (Verteilzeiten) für persönliche Bedürfnisse oder auch Wartezeiten sind normalerweise nicht zu umgehen. Behauptet also ein Mitarbeiter von sich, „pausenlos" gearbeitet zu haben, so sollte nachgefasst werden, damit er sieht, dass die Berichte sorgfältig ausgewertet werden. Bei der weiteren Selbstaufschreibung sinkt dann die Neigung zur Verfälschung.

Das wohl wichtigste Korrektiv ist der *Quervergleich zwischen vergleichbaren Stellen.* Von dieser Möglichkeit sollte immer Gebrauch gemacht werden, wenn es die Situation erlaubt. Die *gemeinsame Erörterung von* deutlichen *Abweichungen* zwischen vergleichbaren Stellen fördert die Bereitschaft, korrekte Aufzeichnungen zu führen.

Mit Hilfe der Selbstaufschreibung können in Verbindung mit einer Aufgabengliederung *folgende Informationen gewonnen* werden:

- Die den Stellen und Abteilungen übertragenen Aufgaben
- der Zeitaufwand für einzelne Aufgaben
- der Zeitanteil einzelner Aufgaben (Zeitrang) im Vergleich zu anderen
- die Häufigkeit des Aufgabenanfalls.

Damit kann ein aussagefähiger Katalog für die anschließende Auswertung geschaffen werden.

4.3.6 Systeme vorbestimmter Zeiten

Die Systeme vorbestimmter Zeiten wurden hauptsächlich zur Ermittlung von Vorgabezeiten in der Fertigung entwickelt.

„Das Prinzip des Systems vorbestimmter Zeiten besteht in der Erkenntnis, dass sich jede menschliche Tätigkeit nicht geistiger Art als eine Sequenz von Grundbewegungen erklären lässt, deren Art und Zahl von der Anatomie des Menschen her relativ eng begrenzt ist. Unterschiedliche Tätigkeiten sind danach nichts anderes als die unterschiedliche Sequenz von Grundbewegungen, wie Hinlangen, Kreisen, Transportieren, Loslassen u.ä., oder Armbewegungen, Fingerbewegungen, Kopfdrehen, Augeneinstellen usw. Untersuchungen haben gezeigt, dass der unterschiedliche Zeitbedarf für ein und dieselbe Grundbewegung praktisch auf einige wenige Einflussgrößen - Bewegungslänge und -schwierigkeit, Gewicht, Form und Abmessungen zu bewegender Teile usw. - rückführbar ist. Es war dadurch möglich, die Grundbewegungen mit ihren Einflussgrößen zu sogenannten Bewegungselementen zu kombinieren und sie in Katalogen, zusammen mit dem jeweiligen durchschnittlichen Zeitbedarf, als Bausteine menschlicher Tätigkeit auszuweisen. Die Systeme vorbestimmter Zeiten bestehen also praktisch nur aus Katalogen von Bewegungselementen und dazugehörenden Regelwerken für ihre Anwendung." (Helm)

Die bekanntesten Verfahren in Deutschland sind *Work-Factor* und *Methods-Time-Measurement* (MTM). Sie unterscheiden sich nicht wesentlich voneinander. MTM berücksichtigt neben quantitativen auch qualitative Einflüsse, z.B. Hinlangen an gleiche oder unterschiedliche Orte.

Ein entscheidendes Kriterium dieser Systeme ist darin zu sehen, dass man Aussagen über den Zeitverbrauch machen kann, ohne die Zeiten der ablaufenden Arbeitsprozesse erheben zu müssen. Die unmittelbare Aufnahme kann also ersetzt werden durch die mittelbare Bestimmung der Zeitverbrauche. Im Rahmen einer Würdigung kann dann untersucht werden, ob bestimmte Bewegungselemente wegfallen können oder durch kürzere zu ersetzen sind.

Richtzeitverfahren für die Verwaltungsarbeit sind *Master Clerical Data (MCD)* und *Methods-Time-Measurement (MTM) für Bürotätigkeiten.* Neben Zeiten für Bewegungselemente liegen auch Richtzeiten für einfache physische und geistige Bürotätigkeiten vor wie z.B. kuvertieren, falzen, lesen, schreiben usw.

Diese Verfahren werden schrittweise angewandt. Als erstes muss der *Arbeitsablauf*, für den Zeiten zu ermitteln sind, *erhoben* werden. Der Arbeitsablauf muss als nächstes *analysiert* werden, d.h. dass der Ablauf in Verrichtungselemente gegliedert wird. Dann ist jedes *Ablaufelement* genau zu *definieren*, d.h. es sind die Einflussgrößen zu bestimmen. Bei manuellen Arbeitsprozessen ist z.B. die Länge des Weges, die die Hand beim „Greifen" eines Gegenstandes zurücklegt, eine Einflussgröße. Je länger der Weg, desto größer der Zeitverbrauch. Neben dieser quantitativen Einflussgröße ist für den Zeitverbrauch weiterhin entscheidend, wie schwierig der Vorgang ist. So ist es z.B. wesentlich einfacher, einen alleinstehenden Gegenstand zu greifen als einen Gegenstand aus einer größeren Menge gezielt herauszugreifen. Nachdem die Einflussgrößen bestimmt sind, kann *aus Tabellen* der den Elementen zugehörige *Zeitwert abgelesen* werden. Die Summe der Zeitwerte der Elemente ergibt dann die Zeit für den gesamten Arbeitsprozess.

Die so ermittelten Zeiten sind noch *nicht identisch mit den Zeitvorgaben*, da zusätzlich Rast-, Erholungszeiten usw. als Zuschläge berücksichtigt werden müssen.

Alle Verfahren dienen im Wesentlichen folgenden *Zielen*:

- Arbeitsbewertung und Leistungsbeurteilung
- Personalbemessung
- Rationalisierung.

Voraussetzung ist allerdings, und das schränkt die Anwendbarkeit der Systeme im Verwaltungsbereich erheblich ein, dass es sich um eindeutig visuell analysierbare Aufgaben handelt. Diese Voraussetzung ist bei vorwiegend geistigen Arbeiten normalerweise nicht gegeben.

> *Die Systeme vorbestimmter Zeiten ermöglichen synthetische Zeitbestimmungen ohne tatsächliche Zeitmessungen.*

4.3.7 Laufzettelverfahren

Das Laufzettelverfahren ist eine arbeitsablaufbezogene Untersuchungstechnik. *An einen Informationsträger* (Beleg, Vorgang, Akte, Antrag usw.) wird *ein Laufzettel* geheftet, der ähnlich geführt wird wie die *Begleitpapiere* eines Auftrages in der Fertigung. Der jeweilige Aufgabenträger trägt die folgenden Informationen ein, ehe der Laufzettel mit dem bearbeiteten Objekt weitergegeben wird:

- Bearbeiter/Stelle
- Art der Bearbeitung/Aufgabe(n)
- Eingangstag und Eingangszeit
- Bearbeitungstag mit Beginn und Ende der Bearbeitung

- Ausgangstag und Ausgangszeit
- Dauer des Bearbeitungsvorganges.

Damit die Art der Bearbeitung *standardisiert aufgeschrieben* wird - was die spätere Auswertung erleichtert -, ist es sinnvoll, auf dem Laufzettel einen *Katalog* der in Frage kommenden Bearbeitungsarten *anzugeben*, aus dem die Aufschreibenden jeweils die zutreffende auswählen.

Der *Erhebungszeitraum* ist so festzulegen, dass eine ausreichende Anzahl von Fällen erfasst wird. Meistens genügt ein Zeitraum von einem Monat. Zur Auswertung können auf dem Laufzettel gesonderte Spalten für die verschiedenen Bearbeitungsarten, für die dafür aufgewendeten Zeiten usw. vorgegeben werden.

Mit Hilfe des Laufzettelverfahrens können *folgende Fragestellungen* beantwortet werden:

- Beteiligte an einem Arbeitsprozess
- alternative Wege (Verzweigungen) in einem Prozess
- Häufigkeiten der alternativen Wege
- gesamte Durchlaufzeit, Bearbeitungszeiten, Liegezeiten, Transportzeiten
- Bearbeitungszeiten an den einzelnen Arbeitsplätzen
- Rückläufe.

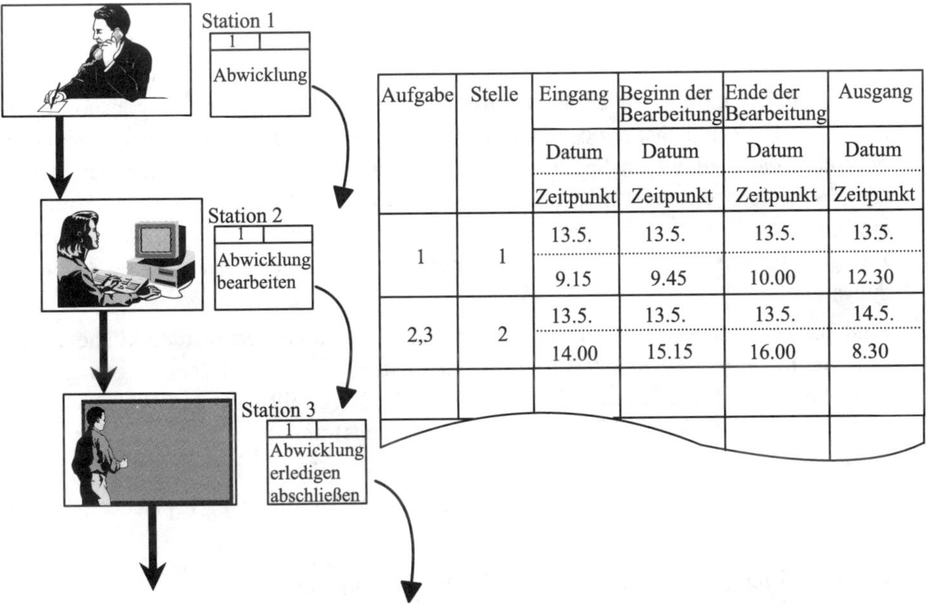

Aufgabe	Stelle	Eingang	Beginn der Bearbeitung	Ende der Bearbeitung	Ausgang
		Datum	Datum	Datum	Datum
		Zeitpunkt	Zeitpunkt	Zeitpunkt	Zeitpunkt
1	1	13.5.	13.5.	13.5.	13.5.
		9.15	9.45	10.00	12.30
2,3	2	13.5.	13.5.	13.5.	14.5.
		14.00	15.15	16.00	8.30

Abb. 4.17: Laufzettel

Das Laufzettelverfahren ist eine ablauforientierte Erhebungstechnik. Im Laufzettel werden Eingangs-, Ausgangs- und Bearbeitungszeiten, die Art der Bearbeitung und der Bearbeiter eingetragen.

4.3.8 Schätzungen

Eine Schätzung ist formal eine einfache Technik der Erhebung. Durch möglichst leicht greifbare *Daten von Vorperioden* (historische Schätzmethode), eventuell auch durch *Vergleich* mit verwandten Sachverhalten können *Informationen über Zeiten und Mengen* gewonnen werden, die auch der Gegenwart und Zukunft zugrunde gelegt werden. Schätzungen lassen sich leicht durchführen und bringen wenig Aufwand mit sich. Dieser Vorteil wird meist mit Ungenauigkeiten in den Aussagen erkauft. Damit ist die Anwendung bereits umrissen. Schätzungen sind für Grobuntersuchungen speziell in Vorstudien besonders geeignet.

Am Anfang einer Schätzung muss der *Sachverhalt*, der zu schätzen ist, festgelegt werden. Es kann sich dabei handeln um:

- Zeiten für Arbeitsabläufe (Stückzeiten)
- Zeiten für bestimmte Aufgabenarten oder für Teilprojekte
- Mengen (z.B. Anzahl von Bestellungen) und Häufigkeiten
- zeitliche Verteilung von Ereignissen
- Veränderungen in der Zeit usw.

Wenn hinsichtlich des zu schätzenden Sachverhaltes bereits Erfahrungen vorliegen, muss die als Vergleichsperiode verwendete Zeitspanne bestimmt werden. Dabei ist zu beachten, dass bei vielen Sachverhalten zyklische Schwankungen auftreten. Atypische Vergleichszeiträume müssen ausgesondert werden. Ist der Sachverhalt komplex, empfiehlt es sich, ihn in *kleinere, klar voneinander abgrenzbare Schätzgrößen* zu zerlegen, für die *getrennte Schätzungen* durchgeführt werden (analytische Zeitschätzung).

Sind keinerlei schriftliche Unterlagen vorhanden, die analysiert werden können, müssen z.B. in *Interviews* Schätzwerte von Fachleuten oder Betroffenen abgefragt werden. Hier hat sich die *Technik des „Eingabelns"* als vorteilhaft erwiesen. Es wird erst nach den Extremwerten (z.B. mindestens, höchstens) und dann nach dem Normalfall gefragt.

Liegen brauchbare Aufzeichnungen vor, sind diese auszuwerten. Typische *Kennzahlen* sind beispielsweise

- Zeit : Menge = Stückzeit (z.B. x Minuten je Vorgang)
- Menge : Zeit = Menge pro Zeiteinheit (z.B. y Vorgänge pro Tag)

Da Schätzungen meist für zukünftig wirksame Regelungen vorgenommen werden, müssen die Werte *in die Zukunft „verlängert"* (extrapoliert) werden. Dabei sind jedoch solche Bedingungen zu beachten, die sich auf die Schätzwerte auswirken und die sich verändert haben oder verändern werden. Um diese Veränderungen der Bedingungen müssen die Schätzwerte korrigiert werden.

> *Schätzungen dienen der groben Ermittlung von Zeiten oder Mengen. Sie lassen sich durch eine Zerlegung der Gesamtschätzung in Teilschätzungen und durch das „Eingabeln" präzisieren.*

4.4 Erhebungs-Mix

4.4.1 Notwendigkeit

In der Organisationspraxis geht es meistens nicht darum, die eine oder andere Erhebungstechnik zur organisatorischen Bestandsaufnahme einzusetzen. Vielmehr wird es häufig auf das Sowohl-als-auch hinauslaufen. Da jede Erhebungsaktion vorbereitender und nachbereitender Schritte bedarf, kommt es auf die zweckmäßige *Kombination einzelner Erhebungstechniken* an. Zur Vorbereitung einer Interview-Serie wird es beispielsweise nützlich sein, auf vorhandene Unterlagen (Dokumentenstudium) zurückzugreifen. Zur Vorbereitung einer Multimomentstudie bzw. einer Fragebogenaktion muss eine Reihe von Interviews mit „Schlüsselpersonen" oder es müssen Gruppeninterviews stattfinden. In der Phase der Auswertung wiederum wird weder eine Multimomentstudie noch eine Fragebogen- oder Selbstaufschreibungsaktion ohne klärende bzw. weiterfragende Gespräche („Nachfass"-Interviews) auskommen können.

Erhebungsinstrumente können *sowohl hintereinander, wie auch parallel* geschaltet werden. Bei größeren relativ homogenen Untersuchungsbereichen könnte sich beispielsweise die parallele Durchführung einer Fragebogenaktion (für z.B. 95 % der Betroffenen) einerseits und einer Interviewserie (für die restlichen 5 %) andererseits empfehlen.

4.4.2 Auswahlproblematik

Bei der Hintereinanderschaltung einzelner Erhebungsinstrumente hat der Erheber normalerweise einen Entscheidungsspielraum. Soll er beispielsweise nach Durchführung eines Dokumentenstudiums und einzelner Schlüssel-Interviews in der Vorbereitungsphase nachfolgend eine Selbstaufschreibung, eine größere Auswahl standardisierter Interviews oder eine Multimomentstudie (plus begleitender Mengenzählung) durchführen?

Ein „Rezept" für den „richtigen" Erhebungs-Mix gibt es nicht. Entscheidend sind die Ziele der Erhebung und die besonderen Anwendungsbedingungen der Techniken. Im Folgenden werden die wichtigsten Kriterien genannt, die bei der Auswahl der Erhebungstechniken herangezogen werden können.

4.5 Einsatzmöglichkeiten der Techniken

Bei der Darstellung der verschiedenen Erhebungstechniken wurde bereits darauf hingewiesen, dass diese Instrumente unterschiedlich geeignet sind, bestimmte Sachverhalte zu erfassen. Darüber hinaus sind bestimmte *Kriterien* zu berücksichtigen, die im konkreten Fall eine *Hilfe bei der Auswahl der geeigneten Erhebungstechnik* sein können. Im Folgenden werden die wesentlichen Kriterien genannt, deren *Gewichtung allerdings vom jeweiligen Einzelfall abhängig* ist.

Ein wesentliches Kriterium sind die durch die Erhebung verursachten *Kosten.* Dabei sind unterschiedliche Kostenarten zu berücksichtigen:

- Kosten der Vorbereitung
- Kosten der Durchführung
  - die bei den Erhebern anfallen
  - die bei den Auskunftspersonen anfallen
- Kosten der Aufbereitung der Erhebungsinhalte
- sonstige Sachkosten.

Einige weitere Kriterien betreffen die *Zeit.* Hier ist einmal bedeutsam, wie schnell die Ergebnisse vorliegen müssen, d.h. die *Dringlichkeit* der Erhebung. Zum anderen ist wichtig, ob die Informationen zu einem *Zeitpunkt* erhoben werden müssen oder ob es zulässig oder wünschenswert ist, die Informationen über einen *Zeitraum* zu erfassen. Schließlich sind die Erhebungsvarianten unterschiedlich geeignet zur Erhebung *vergangenheits-, gegenwarts- oder zukunftsbezogener Informationen.*

Auch die *räumlichen und geographischen Gegebenheiten* spielen eine Rolle. So bieten sich beispielsweise Interviews an, wenn die Anzusprechenden räumlich leicht erreichbar sind, wohingegen bei starker regionaler Streuung Fragebogen eher eingesetzt werden könnten.

Bei der Auswahl einer geeigneten Erhebungstechnik ist außerdem zu beachten, dass unterschiedliche *Anforderungen an die Erheber* gestellt werden. Die entscheidenden Kriterien sind die fachlichen und menschlichen Anforderungen, der Stand der Vorinformation und die quantitative und qualitative Verfügbarkeit des Erhebungspersonals.

Die verschiedenen Erhebungsinstrumente stellen auch unterschiedliche *Anforderungen an die Auskunftspersonen.* So erfordern beispielsweise Multimomentstudien durch Fremdbeobachter oder durch Eigennotierung eine sehr gründliche Schulung. Auch kann die innere Einstellung der Befragten zum Projekt, zur Erhebungstechnik und zum Erheber mitbestimmend für die Wahl der Technik sein. Wenn beispielsweise vor kurzer Zeit eine misslungene Fragebogenaktion durchgeführt wurde, so liegt es schon aus diesem Grund nahe, bei dem nächsten Projekt eine andere Technik einzusetzen. Auch die *hierarchische Position der Auskunftsperson* kann die Auswahl der Erhebungstechnik beeinflussen. So lassen sich ranghohe bzw. qualifizierte Mitarbeiter nur ungern nach einem standardisierten Schema befragen. Sie bevorzugen vielmehr das nicht-standardisierte Interview. Darüber hinaus ist der *Umfang der Störung* durch die Erhebung in Abhängigkeit vom jeweiligen Erhebungsverfahren zu beachten.

Die Erhebungsergebnisse sind *unterschiedlich genau bzw. sicher,* je nach der gewählten Technik. Auch ist nicht in allen Fällen die *Gefahr der Manipulation* gleich groß. Schließlich gibt es Instrumente, die die Prüfung der Ergebnisse leichter ermöglichen als andere.

Weiterhin sind noch einzelne *technische Gesichtspunkte* zu beachten. Unabdingbare Voraussetzung einer Multimomentstudie mit Fremdbeobachtern sind beobachtbare Erhebungsmerkmale. Daneben spielt eine Rolle, ob die Auskunftspersonen überhaupt angetroffen werden können. Mitarbeitergruppen, die ständig unterwegs sind, erzwingen möglicherweise den Einsatz von Fragebogen, ohne Rücksicht auf die Eignung anderer Erhebungstechniken. Auch ist die Anzahl der Auskunftspersonen zur Bestimmung der geeigneten Erhebungstechnik zu beachten. Es wurde bereits darauf hingewiesen, dass sich Fragebogen erst ab einer Mindestzahl von 10 bis 20 Auskunftspersonen anbieten.

Zum Abschluss sollten noch zwei wesentliche Kriterien etwas genauer untersucht werden. Die Abbildung 4.18 soll verdeutlichen, *welche Erhebungstechnik besonders geeignet ist, bestimmte Erhebungsinhalte zu erfassen.* Die Anzahl der Kreuze in den nachfolgenden Abbildungen signalisiert die Eignung der Erhebungstechniken. Drei Kreuze bedeuten „sehr geeignet“, ein Schrägstrich bedeutet, dass diese Technik praktisch nicht einsetzbar ist, bekannt bedeutet, dass diese Information für diese Erhebungstechnik vorausgesetzt wird.

Auch *hinsichtlich der Projektphasen gibt es unterschiedliche Einsatzschwerpunkte* (siehe dazu das Kapitel 2.3 „Projektablauf“). Es ist ersichtlich, dass die gröberen Instrumente, wie Schätzungen und Dokumentenstudium, in der Vorstudie eine bedeutsame Rolle spielen. Die arbeitsaufwendigeren Instrumente, die darüber hinaus die Betroffenen stärker „stören“, gewinnen erst im Projektfortschritt an Bedeutung (siehe dazu Abb. 4.19).

Selbstverständlich geben beide Übersichten nur eine Richtschnur, die nicht für jeden Einzelfall passen muss.

	Erhebungsinhalte / Erhebungstechniken	Interview	Fragebogen	Multimomentstudie	Zeitstudie	Struktur. Selbstaufschreibung	MM mit Selbstnotierung	Laufzettelverfahren	Dokumentenstudium	Schätzungen	MTM
Elemente	Aufgaben	x x x	x	bekannt	bekannt	bekannt	bekannt	x x	x	/	bekannt
	Aufgabenträger	x x x	x x	bekannt	bekannt	bekannt	bekannt	x x x	x	/	bekannt
	Sachmittel	x x x	x x	bekannt	bekannt	bekannt	bekannt	/	x	/	bekannt
	Informationen	x x x	x x	/	bekannt	bekannt	bekannt	/	x	/	bekannt
Dimensionen	Menge	x	x x	gesonderte Ermittlung	gesonderte Ermittlung	x x x	gesonderte Ermittlung	x x x	x x	x	gesonderte Ermittlung
	Zeit	x	x x	x x x	x x x	x x	x x x	x x x	/	x x	x x x
	Raum	x x x	x x	bekannt	bekannt	/	x x	x	x	/	bekannt
Beziehungen	Aufbaubeziehungen - Stellen	x x x	x x	bekannt	/	bekannt	bekannt	x	x x	/	/
	- hierarchische Beziehungen	x x x	x x	/	/	/	/	/	x x	/	/
	- Kommunikationsbeziehungen	x x x	x x	/	/	x x	x	/	x	/	/
	Ablaufbeziehungen	x x x	x	/	bekannt	/	/	x x x	x	/	bekannt

/ kommt nicht in Frage
x weniger geeignet
xx gut geeignet
xxx sehr gut geeignet
bekannt diese Information wird vorausgesetzt

Abb. 4.18: Erhebungstechnik und Erhebungsinhalt

Projekt-phasen \ Erhebungstechnik	Interview	Fragebogen	Multimoment-studie	Zeitstudien	Begehung	Selbstauf-schreibung	Multimoment und Selbstnotierung	Laufzettel	Dokumenten-studium	Schätzungen	MTM
Vorstudie	x x x	x x	x	/	x x	x	x	/	x x x	x x x	/
Hauptstudie	x x x	x x	x x	x x	/	x x	x x	x x	x x	x x	/
Teilstudien	x x x	x x x	x x x	x x x	/	x x x	x x x	x x x	x	x	x x

xxx sehr gut geeignet
xx gut geeignet
x wenig geeignet
/ nicht geeignet

Abb. 4.19: Erhebungstechnik und Projektphasen

Fragen zum Kapitel 4	**Texte dazu auf Seite**
1. Welche Erhebungsinhalte können bei organisatorischen Untersuchungen von Bedeutung sein?	164
2. Welche Zeiten können im Zusammenhang mit dem Aufgabenträger erfasst werden?	166
3. Kennzeichnen Sie die stimmungsmäßige Lage des Befragten im Interview.	168
4. Wie kann die Verunsicherung des Befragten abgebaut werden?	168
5. Was ist bei der Wahl des Interviewortes zu beachten?	169f
6. In welche Phasen gliedert sich ein Interview?	175
7. Warum sind zu Beginn der neutralen Phase allgemeine Informationen zu sammeln?	175
8. Was ist im Abschnitt „Bewertung“ vom Interviewer besonders zu beachten?	175ff
9. Was sagt die KROKUS-Regel?	178

Fortsetzung siehe nächste Seite

10.	Welche Vorteile haben offene Fragen?	178
11.	Warum sind bei Fragebogen vorwiegend geschlossene Fragen zu verwenden?	181
12.	Nennen Sie einige wichtige Anwendungsbedingungen für Fragebogen.	181
13.	Nennen Sie die einzelnen Schritte, die im Rahmen einer Fragebogenaktion zu durchlaufen sind.	181f
14.	Welches sind die wichtigsten Vorteile des Fragebogens gegenüber dem nicht-standardisierten Interview?	184
15.	Aus welcher Überlegung entstand die Multimomentstudie?	188
16.	Welche Beziehungen bestehen zwischen der statistischen Sicherheit und der Genauigkeit einer Aussage?	188f
17.	Wovon hängt die Anzahl der notwendigen Notierungen bei einer Multimomentstudie ab?	191
18.	Was ist bei der Festlegung der Startzeitpunkte der Rundgänge zu beachten?	193
19.	Innerhalb welches Intervalls liegt der tatsächliche Zeitanteil der Tätigkeit A, wenn bei einer Multimomentstudie 2000 Notierungen gemacht wurden und dabei 500mal die Tätigkeit A angetroffen wurde?	192
20.	Nennen Sie einige Vorteile der Multimomentstudie.	196
21.	Was sind die wesentlichen Unterschiede zwischen einer Multimomentstudie mit Fremdbeobachtern und einer Multimomentstudie mit Selbstnotierung?	196f
22.	Welche organisatorischen Vorarbeiten sind bei einer MM-Studie mit Selbstnotierung zu erbringen?	196f
23.	Welche Vor- und Nachteile bringt das Dokumentenstudium mit sich?	201
24.	Wie beurteilen Sie die Verläßlichkeit der Aufschreibung?	204
25.	Welche Grundüberlegung steht hinter den Systemen vorbestimmter Zeiten?	205
26.	Welche Informationen sollten auf einem Laufzettel erfasst werden?	207
27.	Was sind die typischen Anwendungsbedingungen für Schätzungen?	208
28.	Wie können Schätzungen präzisiert werden?	209

Weiterführende Literatur zu diesem Kapitel

Acker, H.B.: Organisationsanalyse. Verfahren und Techniken praktischer Organisationsarbeit. 9. Aufl., Baden-Baden/Bad Homburg v.d.H. 1977

Atteslander, P.: Methoden der empirischen Sozialforschung, 7. Aufl., Berlin 1992

Becker, B.: Erhebungstechniken. In: Handbuch der Verwaltung. Hrsg. v. U. Becker und W. Thieme. Heft 4.1 Köln/Berlin/Bonn/München 1974

Bender, E.: Personalbemessung durch Multimomentstudien mit Fremdbeobachtern. In: Personalbemessung. Praktische Verfahren zur Bestimmung des quantitativen Personalbedarfs. Gießen 1980. S. 115-145

Bethke, H.-D.: MTM zur Datenerfassung in Büro und Verwaltung. Deutsche MTM - Vereinigung e.V., Düsseldorf 1970

Bossert, R.: Personalbemessung mit Hilfe von Zufallsgeneratoren. In: Personalbemessung. Praktische Verfahren zur Bestimmung des quantitativen Personalbedarfes. Gießen 1980, S. 65-114

Eickhoff, K.H.; R. Krüger; H.-H. Stachowiak: Multimoment-Studien im Sparkassenbetrieb. Stuttgart 1971

Haller-Wedel, E.: Das Multimoment-Verfahren in Theorie und Praxis. Ein statistisches Verfahren zur Untersuchung von Vorgängen in Industrie, Wirtschaft und Verwaltung. Bd. II, 2. Aufl., München 1969

Holm, K. (Hrsg.): Die Befragung. 4. Aufl., München 1991

Kahn, R.L.; Ch.F. Cannel: The Dynamics of Interviewing. Theory, Technique and Cases. London/Sydney 1964

König, R.: Die Beobachtung. In: Handbuch der empirischen Sozialforschung. Bd. 1, Hrsg. v. R. König. 3. Aufl., Stuttgart 1973

Kommunale Gemeinschaftsstelle für Verwaltungsvereinfachung: Organisationsuntersuchungen in der Kommunalverwaltung. 5. Aufl., Köln 1977

REFA (Hrsg.): Methodenlehre des Arbeitsstudiums. Teil 2, Datenermittlung. 7. Aufl., München 1978

Sadler, G.; G. Leimbach: Personalbemessung durch Verfahren der Selbstaufschreibung. In: Personalbemessung. Praktische Verfahren zur Bestimmung des quantitativen Personalbedarfs. Gießen 1980. S. 15-63

Schildknecht, J.: Personalbemessung im Büro mit MTM. In: Personalbemessung. Praktische Verfahren zur Bestimmung des quantitativen Personalbedarfs. Gießen 1980, S. 147-204

Schmidt, G.: Organisationstechniken. In: Handwörterbuch der Organisation. 3. Aufl., Hrsg. v. E. Frese, Stuttgart 1992, Sp. 1688 - 1706

Schnell, R.;P.B.Hill; E. Esser: Methoden der empirischen Sozialforschung. 2. Aufl., München/Wien 1989

Schönecker, H.G.; M. Nippa (Hrsg.): Computerunterstützte Methoden für das Informationsmanagement. Baden-Baden 1990

5 Techniken der Analyse

Analyse wurde definiert als die *Ordnung des erhobenen Materials. Ordnungskriterien sind* solche *Merkmale, die für die weitere Organisationsarbeit relevant sind.* Grundsätzlich kann der Würfel nach allen „Seiten" analysiert werden, nach den Elementen, den Beziehungen und den Dimensionen.

Den Aufbau- und Ablaufbeziehungen sind gesonderte Kapitel gewidmet, die dort behandelten Techniken der Aufbau- und Ablauforganisation können auch zur Analyse der Aufbau- und Ablauforganisation herangezogen werden. Von den organisatorischen *Elementen* werden hier die *Aufgabenanalyse* und die *Informationsanalyse* behandelt. Der „Analyse" des Aufgabenträgers (Menschen) ist eine eigene Publikation in dieser Schriftenreihe (Chalupsky, J.; S. Gottlob u.a.: Der Mensch in der Organisation) gewidmet. Das Element Sachmittel soll hier ausgeklammert bleiben, da es dazu eine fast unüberschaubare Anzahl von Veröffentlichungen gibt, die zudem mit dem technischen Fortschritt schnell veralten. Auch gibt es im strengen Sinn kaum organisatorische Techniken, die die Analyse der Sachmittel unterstützen.

Die Analyse von Raum und Zeit steht im Mittelpunkt der Ablauforganisation. Detailliert wird diese Thematik in einer eigenständigen Schrift dieser Schriftenreihe behandelt (Fischermanns, G.; W. Liebelt: Grundlagen der Prozeßorganisation).

In diesem Kapitel werden einige allgemein bedeutsame Techniken zur Zeit- und Mengenanalyse dargestellt, die sowohl in der Aufbau- wie in der Ablauforganisation eingesetzt werden können. Im Übersichtsmodell (Abbildung 5.1) sind die Organisationstechniken aufgelistet, die in diesem Kapitel behandelt werden.

5.1 Technik der Aufgabenanalyse

5.1.1 Sinn der Aufgabenanalyse

Ganz gleich ob eine Gesamtunternehmung neu aufgebaut, eine bestehende Unternehmung reorganisiert oder nur ein kleines Segment einer Unternehmung organisatorisch bearbeitet werden soll, immer lässt sich der *Bezugsbereich durch seine Aufgabe beschreiben.* Diese Aufgabe des Teils der Untersuchungseinheit, der organisatorisch bearbeitet werden soll, stellt die Basis aller aufbau- und ablauforganisatorischen Lösungen dar. *Organisieren bedeutet „Verknüpfen von Elementen". Die wesentlichste Elementgruppe wird von den Teilaufgaben gebildet,* die so miteinander verbunden werden sollen, dass die Gesamtaufgabe bestmöglich erfüllt werden kann. Anders gesagt, *ohne Aufgaben* ist auch *keine Organisation* notwendig, gibt es nichts zu regeln. Die in der Analyse (erhobenen und) geordneten *Aufgaben* stellen das *Baumaterial der Organisationsarbeit* dar, die Steine, aus denen organisatorische Gebäude zusammengesetzt sind.

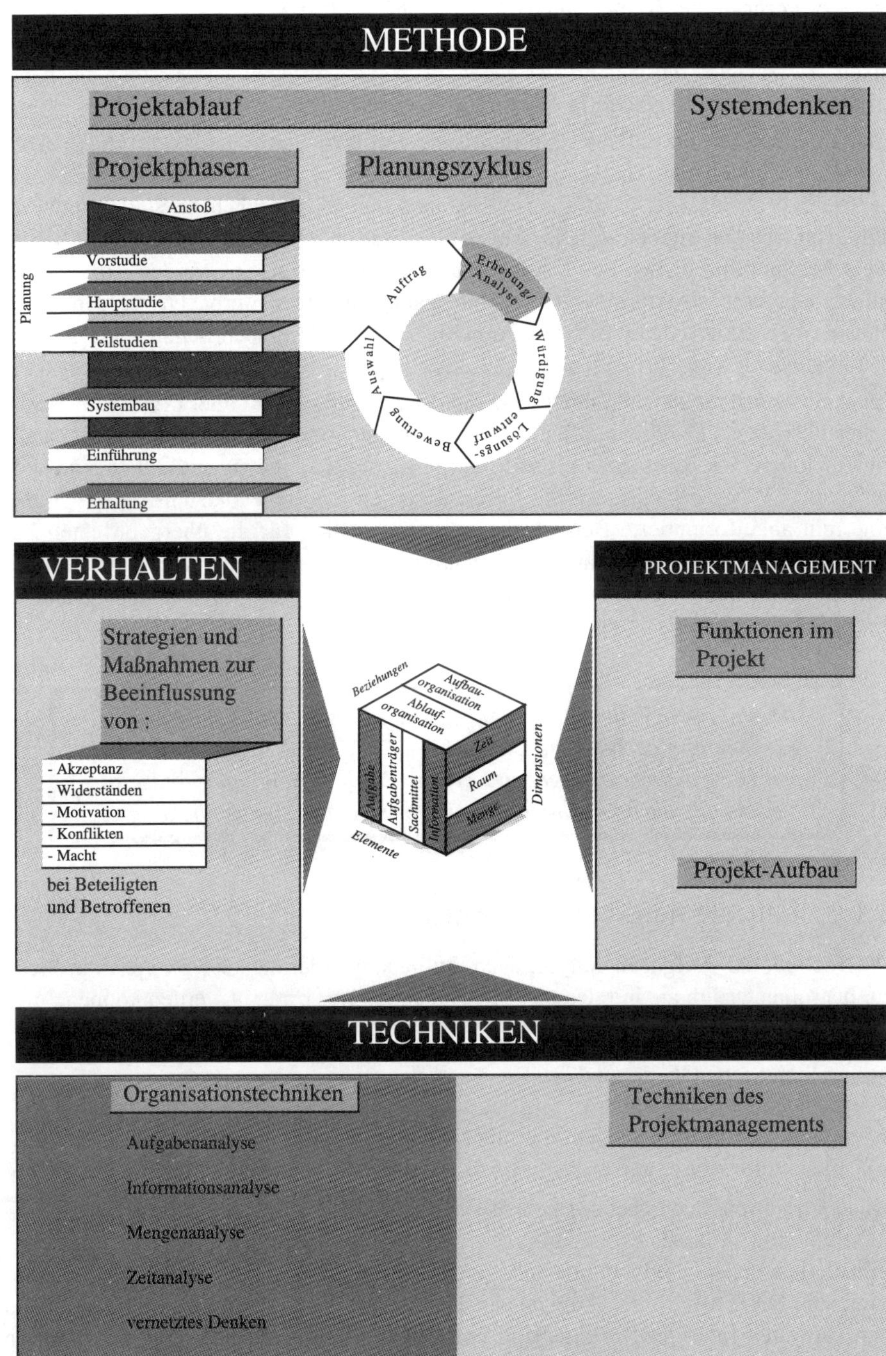

Abb. 5.1: Einordnung der Analysetechniken

Die hier vorgestellte *Technik unterstützt sowohl die Erhebung wie auch die Analyse*. Sie kann *direkt im* Interview eingesetzt werden. Wenn sie dennoch den Analysetechniken zugerechnet wird, dann deswegen, weil das Zerlegen und Ordnen nach bestimmten Merkmalen eindeutig im Vordergrund steht.

Aufgaben müssen für aufbauorganisatorische und für ablauforganisatorische Projektvorhaben erhoben und analysiert, d.h. geordnet und gegliedert werden. Im Rahmen der Aufbauorganisation werden analytisch gewonnene Aufgaben zu Stellen und Abteilungen zusammengefasst. Die Ablauforganisation regelt, in welcher zeitlichen, logischen und räumlichen Folge Aufgaben zu erledigen sind - es werden Aufgabenerfüllungsprozesse strukturiert. Bei ablauforganisatorischen Vorhaben werden damit meistens wesentlich detailliertere Informationen über Aufgaben benötigt als bei aufbauorganisatorischen Projekten.

Analysierte Aufgaben sind nicht zwingend der Ausgangspunkt aller organisatorischen Untersuchungen. Es gibt durchaus Fälle, in denen bestehende Abläufe - etwa die Abwicklung eines Auftrages - als erstes erhoben werden. Selbstverständlich sind auch auf diesem Wege organisatorische Verbesserungen möglich. Meistens versperrt aber eine rein ablauforientierte Betrachtungsweise den Blick für die übergeordneten Zusammenhänge. Werden aufbau- oder ablauforganisatorische Untersuchungen auf der Basis einer vollständigen Aufgabenanalyse durchgeführt, so folgt das Vorgehen der Regel „Vom Groben ins Detail".

Die Aufgabengliederung dient dazu, die zu verteilenden Aufgaben zu erkennen und nach organisatorisch bedeutsamen Kriterien zu ordnen. Die erhobenen Aufgaben werden sowohl für aufbauorganisatorische als auch für ablauforganisatorische Regelungen benötigt.

5.1.2 Ziele der Aufgabenanalysetechnik

Die Technik der Aufgabenanalyse, auch Aufgabengliederungstechnik genannt, bietet ein Instrumentarium an, mit dessen Hilfe folgende *Ziele* erreicht werden können:

- Vollständige Erfassung
- systematische Gliederung
- übersichtliche Darstellung
- beliebige, stufenweise Detaillierung (Vom Groben ins Detail)
- erleichterte Kommunikation und Arbeitsteilung.

Mit den traditionellen Erhebungstechniken, wie unstrukturiertes Interview und Selbstaufschreibung, können zwar Aufgaben erhoben werden, Vollständigkeit und Systematik lassen sich jedoch nur mit einem unvertretbar hohen Erhebungsaufwand erreichen. Die Technik der Aufgabenanalyse liefert demgegenüber bereits im ersten „strukturierten Interview" weitgehend vollständige und geordnete Ergebnisse. Diese Ergebnisse können mit einfachen Mitteln übersichtlich und leicht lesbar dargestellt werden.

Die ermittelten *Aufgaben* stehen nicht unverbunden nebeneinander. Die Analysetechnik zwingt vielmehr dazu, sie *in einem stufenweisen Prozess* aus jeweils übergeordneten Aufgaben *abzuleiten*. Dieser Prozess kann auf jeder beliebigen Ebene abgebrochen und später gegebenenfalls fortgesetzt werden, so dass der Detaillierungsgrad der analysierten Aufgaben dem Projektauftrag und dem Projektfortschritt entsprechend gewählt werden kann.

Da die Technik für vollständige und systematisch geordnete Ergebnisse sorgt, die außerdem noch übersichtlich dargestellt werden, ist die *Kommunikation zwischen den Projektbearbeitern und den Betroffenen wesentlich verbessert.*

Die Analysetechnik stellt sicher, dass vollständige, systematisch geordnete und übersichtliche Ergebnisse entstehen. Sie erlaubt eine beliebige Detaillierung und fördert Kommunikation und Arbeitsteilung in der Erhebung. Weder das unstrukturierte Interview noch die Selbstaufschreibung liefern auch nur annähernd so gute Ergebnisse.

5.1.3 Aufgabenmerkmale und Aufgabenerfüllungsmerkmale

Um eine Aufgabe vollständig zu beschreiben, muss man Angaben über sämtliche Merkmale der Aufgabe machen.

Beispiel: Das Wort „Bier" von einem beliebigen Gesprächspartner ausgerufen, kann verschieden interpretiert werden. Stammt dieses Wort von einem Maurergesellen, so eilt der anwesende Auszubildende zu seinem Vorgesetzten, nimmt Geld in Empfang, holt einen Behälter, läuft zur nächsten Einkaufsstätte und bringt das gewünschte Bier.

Wie kommt es, dass diese Äußerung als Aufgabe verstanden wird? Der unbefangene Zuhörer hat keine Möglichkeit, den Begriff *Bier* schlüssig zu interpretieren. Hätte man ihm gesagt *Bier holen*, so wäre klar geworden, dass etwas getan werden soll, wenngleich unklar bleibt, wer das tun soll, wann und wo es geschehen soll. Der Auszubildende weiß demgegenüber aus seiner „langjährigen" Berufserfahrung, dass soeben ein dringender Wunsch geäußert wurde und dass er gut daran tut, diesen Wunsch zu erfüllen. Er weiß auch, dass es sich empfiehlt, umgehend zu reagieren und schließlich weiß er auch, wo die nächste Einkaufsstätte liegt. Er kann die fehlenden Informationen selbst ergänzen und fasst folgerichtig die Äußerung des Maurergesellen als Aufgabe auf.

In die Sprache des Erhebers übersetzt, zeigt das Beispiel nun, dass *folgende Informationen mindestens bekannt sein* müssen, damit man erkennt, dass eine *Aufgabe* vorliegt.

Objekt	hier: Bier
Verrichtung	hier: holen

Zur Beschreibung der Aufgabe selbst ist es nicht notwendig zu sagen, *wer* die Aufgabe erfüllen soll - die Aufgabe besteht unabhängig von dem, der sie ausführt. *Gleiches gilt für die Sachmittel*, die herangezogen werden müssen, um die Aufgaben zu erfüllen. *Verrichtung und Objekt* stellen *Merkmale einer Aufgabe* dar. Daneben sind für den Erheber auch noch andere Informationen wichtig. Sie sollen hier *Merkmale der Aufgabenerfüllung* (= Organisation der Aufgabe) genannt werden. Für die Erfüllung der Aufgaben ist nicht nur wichtig „was" „woran" getan werden muss. Angaben über den Zeitpunkt oder die Zeitdauer sind nötig, um die Aufgabenerfüllung zeitlich zu konkretisieren.

wann? wie lange? Zeit

Zur Konkretisierung der Aufgabenerfüllung ist weiterhin anzugeben, wo eine Aufgabe zu erfüllen ist bzw. woher etwas kommt und wohin etwas weiterzuleiten ist.

wo? woher? wohin? Ort/Raum

Außerdem müssen noch Angaben über die Menge gemacht werden.

wieviel? wie oft? Menge

Die Interpretation des Auszubildenden, jetzt sofort am nächsten Kiosk 20 Flaschen Bier holen zu müssen, beinhaltet diese drei Dimensionen der Aufgabenerfüllung, die den eigentlichen Inhalt der Ablauforganisation ausmachen. Ein weiteres wichtiges Merkmal der Aufgabenerfüllung, das nur bei bereits bestehenden Regelungen untersucht werden kann, ist der Aufgabenträger,

wer? Person

der für die Erfüllung der Aufgabe zuständig ist. Auch diese Information konnte der Auszubildende aus seiner Erfahrung heraus interpretieren.

Vielfach muss man sich bestimmter Hilfsmittel bedienen, um eine Aufgabe erledigen zu können. In unserem Beispiel nimmt sich der Auszubildende einen Kasten, weil er nur so die geforderten 20 Flaschen transportieren kann. In wenigen Fällen kommt nur ein Hilfsmittel in Frage. Zum Holen des Bieres könnten auch Tragetaschen verwendet werden; ein Brief lässt sich z.B. mit der Hand, mit einer Schreibmaschine oder einem Schreibautomaten schreiben. Es ist nicht ohne Bedeutung - insbesondere nicht für die spätere Zuweisung der Aufgaben, welches Hilfsmittel gewählt wird. Eine vollständige organisatorische Regelung erfordert also zusätzlich Aussagen über die einzusetzenden Sachmittel.

womit? Sachmittel

Die Angabe der Erfüllungsmerkmale, das sei noch einmal betont, dient jedoch nicht mehr der Beschreibung der Aufgabe. Aufgabenträger (wer?), Raum (wo?), Zeit (wann?), Menge (wieviel, wie oft?) und Sachmittel (womit?) stellen vielmehr zusätzliche Informationen dar, die für den Analytiker von Bedeutung sind, weil sie die Aufbau- und Ablauforganisation der Aufgabe beschreiben, und die er deswegen auch erheben muss. Die Aufgabe selbst wird durch diese Merkmale der Aufgabenerfüllung jedoch nicht bestimmt.

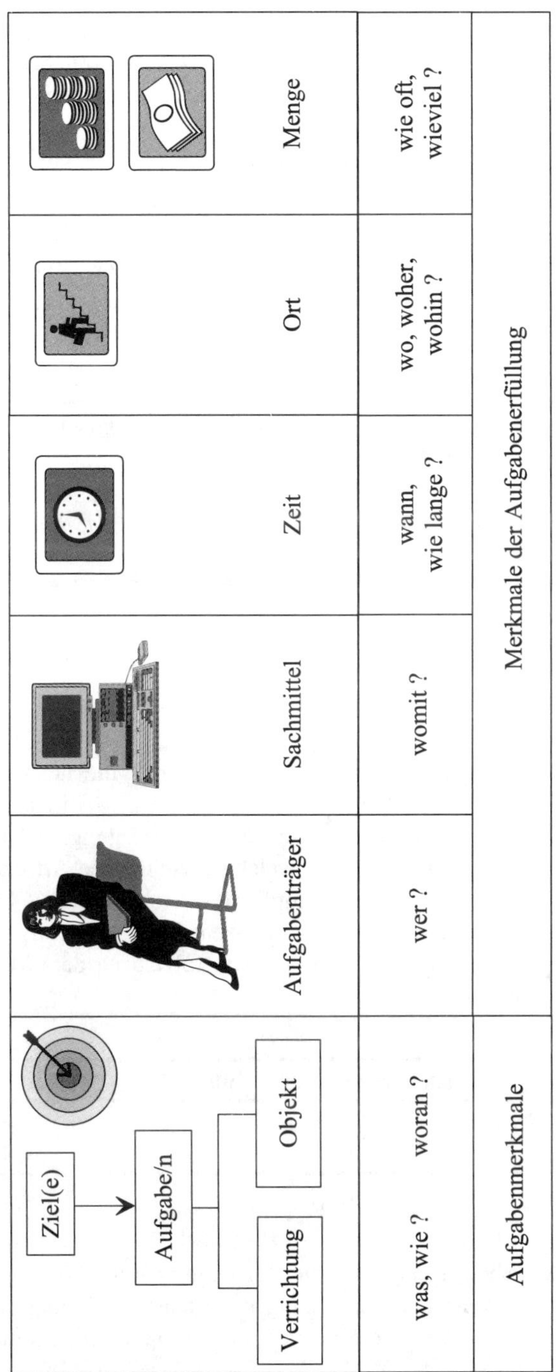

Abb. 5.2: Begriffsübersicht der Aufgabenanalyse

In diesem Zusammenhang soll noch ein Bezug zu den Zielen hergestellt werden. Ziele sind angestrebte Wirkungen oder Zustände. Um Ziele erreichen zu können, muss das System Aufgaben erfüllen. Anders gesagt, lassen sich Aufgaben aus den verfolgten Zielen ableiten.

Die genannten Begriffe sind im Überblick dargestellt (Abb. 5.2, S. 221).

Die Aufgabenanalyse ist eine Verrichtungs- und Objektanalyse. Wenn aber dennoch Aufgabenerfüllungsmerkmale in einer Aufgabenanalyse auftauchen, dann deswegen, weil sie gelegentlich als Oberbegriffe zur Gruppierung bzw. Zuordnung der Aufgabenmerkmale geeignet sind oder weil eine Dokumentation einer organisatorischen Lösung angestrebt wird.

Aufgaben leiten sich aus Zielen ab. Mit Angaben über Verrichtung und Objekt wird eine Aufgabe beschrieben. Neben diesen Aufgabenmerkmalen sind organisatorisch weiter bedeutsam die Merkmale der Aufgabenerfüllung – Aufgabenträger, Sachmittel, Raum, Zeit und Menge.

5.1.4 Analyse der Aufgabenmerkmale

5.1.4.1 Verrichtungsanalyse

Die Verrichtung ist die eine Seite der Münze „Aufgabe“, die andere Seite ist das Objekt. Die *Verrichtung* (Tätigkeit oder Aktivität) gibt an, *was zu tun* ist. *Verrichtung und Objekt gehören immer zusammen*. Nur für die Überlegung, welche verschiedenen Verrichtungen zu erfüllen sind oder auf welche verschiedene Art und Weise ein und dieselbe Aufgabe erfüllt werden kann, empfiehlt es sich, von den Objekten zu abstrahieren und sich auf die Verrichtungen zu konzentrieren. Die Aufgabe „Bereitstellen von Automobilen für den Markt“ lässt sich wie folgt nach dem Merkmal „Verrichtung“ weiter untergliedern:

Bereitstellen von Automobilen für den Markt				
Forschen + Entwickeln	Beschaffen	Fertigen	Vertreiben	Verwalten

Abb. 5.3: Verrichtungsanalyse

Auf dieser zweiten Ebene stehen also die Verrichtungen im Vordergrund, nach ihnen wird gegliedert. Das Merkmal Verrichtung kann nahezu beliebig oft hintereinander angewandt werden. So lässt sich die Verrichtung „fertigen“ etwa weiter unterteilen:

Fertigen		
Vorfertigen	Hauptfertigen	Montieren

Abb. 5.4: Verrichtungsanalyse

Die Aufgabe „vorfertigen“ kann weiter untergliedert werden:

Vorfertigen			
Fräsen	Bohren	Schleifen	Schweißen

Abb. 5.5: Verrichtungsanalyse

Im Extremfall lässt sich jede körperlich ausgeführte Teilverrichtung bis hinab zum Griff oder Griffelement und jede geistige Tätigkeit bis zur kleinsten logischen Einheit untergliedern.

Die nötige *Tiefe der Untergliederung* der Verrichtung lässt sich nicht allgemeingültig bestimmen. Sie *hängt unter anderem von der voraussichtlichen Lösung ab.* Es dürfte beispielsweise sinnlos sein, bei einer aufbauorganisatorischen Neugliederung eines kleineren Unternehmens die Teilaufgabe „Einkauf“ weiter zu untergliedern, wenn diese Aufgabe auf jeden Fall nur von einem Mitarbeiter zukünftig bewältigt werden soll. Die gleiche Aufgabe wird bei der Reorganisation des Teilbereiches Einkauf in einem Großunternehmen noch mehrfach untergliedert, da sie in jedem Fall arbeitsteilig von verschiedenen Aufgabenträgern wahrgenommen werden wird. Mit anderen Worten: Der Blick auf die spätere organisatorische Lösung gibt Hinweise für die zweckmäßige Tiefe der Untergliederung.

Bei der beispielhaften Untergliederung der Verrichtungskomponente wird deutlich, dass *nur vordergründig vom Objekt abstrahiert* werden kann. Zwar werden nur Verrichtungen genannt, aber die Unterscheidung in „Fräsen“, „Bohren, „Schleifen“ usf. legt die Vermutung nahe, dass nicht alle Teilobjekte, die in die Hauptfertigung und Montage eingehen, in gleicher Weise bearbeitet werden. An manchen Teilen gibt es u.U. nichts zu bohren, an Holz z.B. gibt es nichts zu schweißen. Die immer feinere Unterteilung der Verrichtungen führt somit zwangsläufig dazu, dass die *Objekte mitgezogen,* immer weiter aufgegliedert und zerlegt werden müssen. Somit ist eine Verrichtungsgliederung völlig losgelöst vom Objekt nicht denkbar, wenn es unterschiedliche Objekte oder Teilobjekte gibt. Die Verrichtungen stehen - wie erwähnt - nur gedanklich im Vordergrund.

Bei einer Verrichtungsanalyse wird die Verrichtungskomponente zerlegt, ohne Betrachtung der Auswirkungen auf das Objekt. Die Tiefe der Zerlegung hängt vom Ziel der Untersuchung und von den möglichen Lösungen ab.

In der *Verrichtungsanalyse* gibt es *zwei logisch zu unterscheidende Gliederungsmöglichkeiten.* Das soll das folgende Beispiel zeigen. Die zu analysierende Aufgabe heißt „Schreiben eines Briefes".

Verrichtung			am Objekt
Schreiben			eines Briefes
Eingeben *und*	Korrigieren *und*	Ausdrucken	

Abb. 5.6: Und-Verrichtungsgliederung

Diese Form der Analyse wird als *„Und"-Gliederung* bezeichnet (man muss eingeben und korrigieren und ausdrucken).

Zur Und-Verrichtungsgliederung gelangt man durch folgende Frage:

Was muss man alles tun, um das Objekt zu bearbeiten?

Es gibt noch eine andere Art der Verrichtungsgliederung, wie das folgende Beispiel zeigt.

Verrichtung			am Objekt
Schreiben			eines Briefes
manuell	oder	maschinell	

Abb. 5.7: Oder-Verrichtungsgliederung

Es sind also zwei Fälle denkbar. *Entweder* wird der Brief nur mit der Hand *oder* nur mit einer Maschine (einem PC) geschrieben (sogenanntes „exklusiv oder"). Daneben gibt es das sogenannte „logisch oder", d.h. die eine Möglichkeit schließt die andere nicht aus (Schreibweise: und/oder).

Beispiel: Wer Jugendlicher bis 21 Jahre und/oder Student ist, erhält Ermäßigung. (Beides ist zugleich möglich, aber nur eine Bedingung braucht erfüllt zu sein.) Dagegen: Wer unter 18 oder über 65 Jahre alt ist, erhält Ermäßigung. (Nur eins ist möglich.)

In der Umgangssprache werden häufig keine Unterschiede im Gebrauch des Wortes „oder" gemacht. Bei der Oder-Gliederung im folgenden Abschnitt können beide Fälle auftreten; sie werden aber nicht getrennt behandelt.

Zu dieser Oder-Verrichtungsgliederung gelangt man durch folgende Frage:

Auf welche verschiedene Art und Weise kann man das Objekt bearbeiten?

(Gibt es verschiedene Verfahren?)

Es ist leicht einzusehen, dass die Frage nach der Oder-Verrichtung grundsätzlich vor der Frage nach der Und-Verrichtung zu stellen ist. Oder-Verrichtungsfälle enthalten meistens verschiedenartige Teilaufgaben auf der nächsten Gliederungsstufe:

Beispiel:

Schreiben eines Briefes				
maschinell			manuell	
eingeben	korrigieren	ausdrucken	schreiben	korrigieren

Abb. 5.8: Mehrstufige Verrichtungsanalyse

In einem Aufgabenanalyse-Interview muss also immer erst die Frage gestellt werden, ob es verschiedene Verfahren gibt. Wenn ja, kommt die Oder-Verrichtungsgliederung vor der Und-Verrichtungsgliederung.

> *In der Verrichtungsanalyse können zwei logische Fälle unterschieden werden, die Oder-Verrichtungsgliederung, die als erste zu erfragen ist, und die Und-Verrichtungsgliederung.*

Bei der Und-Verrichtungsgliederung gibt es einen Spezialfall, die sogenannte Phasengliederung. Jede Aufgabenerfüllung vollzieht sich in drei Abschnitten, hier Phasen genannt:

- Planung
- Realisation oder Ausführung
- Kontrolle.

Eine Aufteilung des Verrichtungsmerkmals nach diesen drei Phasen wird *Phasenanalyse* genannt.

Planungsphasen

Jede Realisation muss geplant werden. Planung ist die geistige Vorwegnahme der Realisation - ganz gleich, ob sie lange oder unmittelbar vor der Realisation geschieht. Auch das „Schreiben eines Briefes“ wird geplant , d.h. wird geistig vorweggenommen. Eine Konsequenz, die sich daraus ableitet: Es ist dafür zu sorgen, dass die Planung als Aufgabe erkannt wird, damit sie überhaupt erledigt und damit entschieden werden kann, ob sie einem besonderen „Planer“ übertragen oder vom „Macher“ (Ausführer) mit übernommen werden soll.

Die Planung gliedert sich in Entscheidungsvorbereitung und Entscheidung. Während die *Entscheidung* eine *Auswahl unter mindestens zwei bewerteten Lösungsmöglichkeiten* darstellt, enthält die *Entscheidungsvorbereitung* eine Reihe von Teilschritten, die oftmals auch spezialisierten Stellen (z.B. Stäben) übertragen werden. Diese Schritte wurden im Planungszyklus bereits dargestellt (Erhebung, Analyse, Würdigung, Lösungsentwurf, Bewertung).

Planung	
Entscheidungs-vorbereitung	Entscheidung

Abb. 5.9: Planungsbestandteile

Realisationsaufgaben und Kontrollaufgaben

Auf die Planung folgt die *Realisation. Pläne werden in die Tat umgesetzt.* Häufig wird angestrebt, Planung und Realisation verschiedenen Aufgabenträgern (Personen) zu übertragen. Dies geschieht u.a. aus Gründen einer besseren Koordination, höherer Objektivität und Neutralität sowie höherer Spezialkenntnisse der Planungsfachleute.

An die Realisation schließt sich die *Kontrolle* an. Kontrolle ist ein *Vergleich zwischen Planwerten und Realisationswerten (Soll-Ist-Vergleich).* Mit diesen Kontrollmaßnahmen wird versucht, die Planung zu verbessern. Zielt der Vergleich primär nicht auf die *Ergebnisse* (Ergebniskontrolle) sondern auf die Prozesse, die zum Ergebnis geführt haben, wird von einer *Verfahrenskontrolle* gesprochen.

Die bisher verwendeten Begriffe sollen noch einmal im Überblick dargestellt werden:

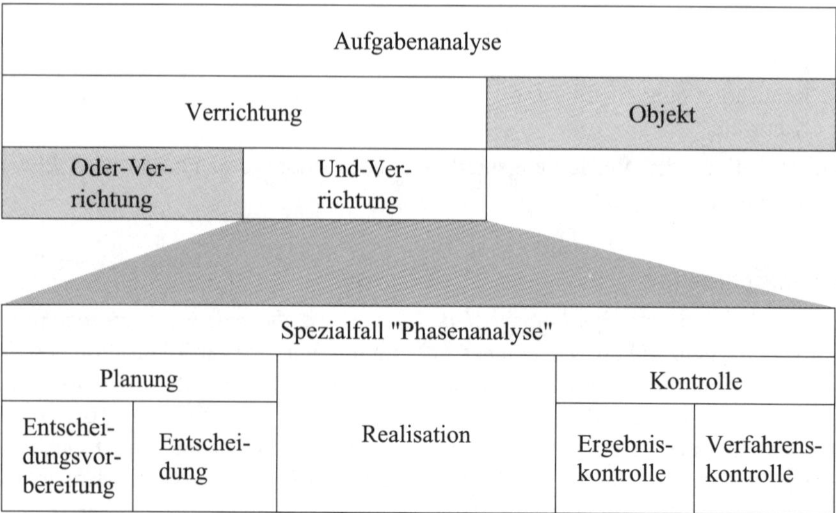

Abb. 5.10: Elemente der Verrichtungsanalyse

Die Phasenanalyse ist ein Sonderfall der Und-Verrichtungsanalyse. Phasen einer Aufgabe sind Planung (Entscheidungsvorbereitung und Entscheidung), Realisation und Kontrolle (Ergebnis- und/oder Verfahrenskontrolle).

5.1.4.2 Objektanalyse

Es wurde bereits erwähnt, dass praktisch die Verrichtungen nicht vom Objekt getrennt werden können. Verrichtungen werden immer an Objekten vollzogen. Aber so, wie bei der Untergliederung nach der Verrichtung dieses Merkmal in den Vordergrund geschoben wurde, so können gedanklich auch die Objekte isoliert werden.

Beispiel einer Aufgabengliederung nach dem Merkmal „Objekt“:

Bereitstellen von Fahrzeugen für den Markt			
Personenwagen		Lastwagen	Omnibusse
Limousinen	Kombis		

Abb. 5.11: Oder-Objektgliederung

Bei dieser Form der Aufgabenanalyse wird nicht ein Objekt gegliedert, sondern ein *Oberbegriff* wird *in* für sich *selbständige Objekte aufgeteilt*. Diese Gliederungsart wird analog zur Oder-Verrichtungsgliederung als *Oder-Objektgliederung* bezeichnet. Sie kann durch folgende Frage erreicht werden:

Gibt es verschiedene selbständige Objekte, die bearbeitet werden?

Das Objekt „Personenwagen“ kann aber auch in einer anderen Logik nach dem Objektmerkmal untergliedert werden. Ein *Ausgangsobjekt wird in kleinere Teilobjekte zerlegt*, ein Vorgehen, das in einem früheren Kapitel als *Denken in Untersystemen* bezeichnet wurde. Diese Und-Objektgliederung kann durch folgende Frage erreicht werden:

Welche Teile eines Objektes werden bearbeitet?

Personenwagen		
Chassis	Karosserie	Motor + Getriebe

Abb. 5.12: Und-Objektgliederung

In der Objektanalyse werden - analog zur Verrichtungsanalyse – die Und-Objektgliederung und die Oder-Objektgliederung unterschieden.

5.1.4.3 Kombination der Merkmale

Bisher wurden die vier logisch möglichen Formen der Aufgabenanalyse vorgestellt. Andere Möglichkeiten, eine Aufgabe zu analysieren, gibt es nicht. Abbildung 5.13 zeigt die bisher abgeleiteten Aussagen im Überblick.

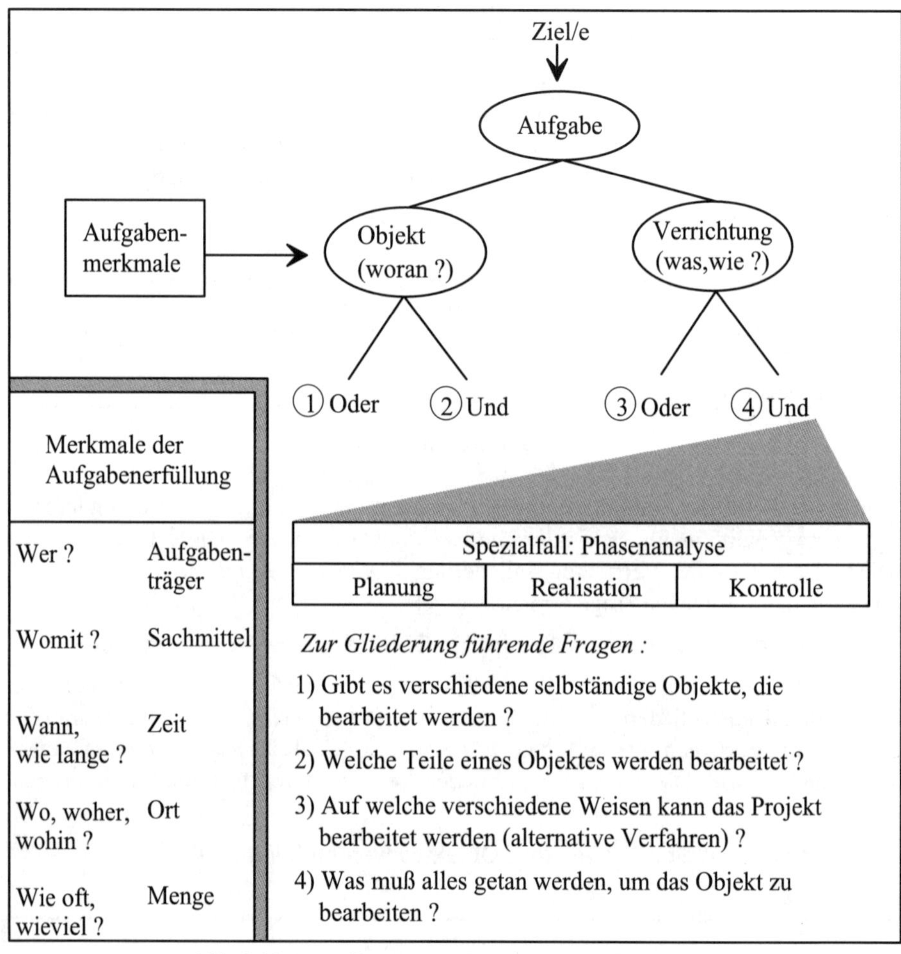

Abb. 5.13: Begriffszusammenhang der Aufgabenanalyse

Die hier verwendeten Formulierungen müssen in der Praxis in die *Sprache des Interviewten* übersetzt werden. Sie können variabel gehandhabt werden. Es muss jedoch immer die Gliederungslogik beibehalten werden. Theoretisch können diese vier Fragen in beliebiger Reihenfolge gestellt werden. Um jedoch die Gliederungstiefe zu begrenzen und um rechtzeitig zu entdecken, dass es „Oder-Objekte" und „Oder-Verrichtungen" gibt, sollte man *an jedem Gliederungspunkt auf jeder beliebigen Ebene* einer Aufgabenhierarchie *immer wieder alle vier Fragen in der Reihenfolge 1, 2, 3, 4* stellen.

Begonnen wird also zweckmäßigerweise mit der Frage 1: „Gibt es verschiedene selbständige Objekte?“ *Wenn* sie *unterschiedlich bearbeitet* werden, *liegt es nahe, mit einer Oder-Objektgliederung zu beginnen.* Es folgt die Frage 2: „Gliedert sich das Objekt in mehrere Teilobjekte“? Wenn diese unterschiedlich bearbeitet werden, liegt es nahe, nach der Und-Objektgliederung aufzugliedern. Wird diese Frage ebenfalls verneint, folgt die Frage 3: „Auf welche verschiedene Art und Weise kann die vorliegende Aufgabe erfüllt werden?“ Wird festgestellt, dass es keine verschiedenen Verfahren gibt, kann nach der Frage 4 „Was muss man alles tun, um das Objekt zu bearbeiten?“ gegliedert werden.

> *Die vier Gliederungsfälle sind an jedem Zerlegungspunkt einer Aufgabe in der Reihenfolge Oder-Objekt, Und-Objekt, Oder-Verrichtung, Und-Verrichtung zu prüfen.*

Ein Beispiel für eine mehrstufige Aufgabenanalyse nach verschiedenen Merkmalen findet sich in Abbildung 5.14.

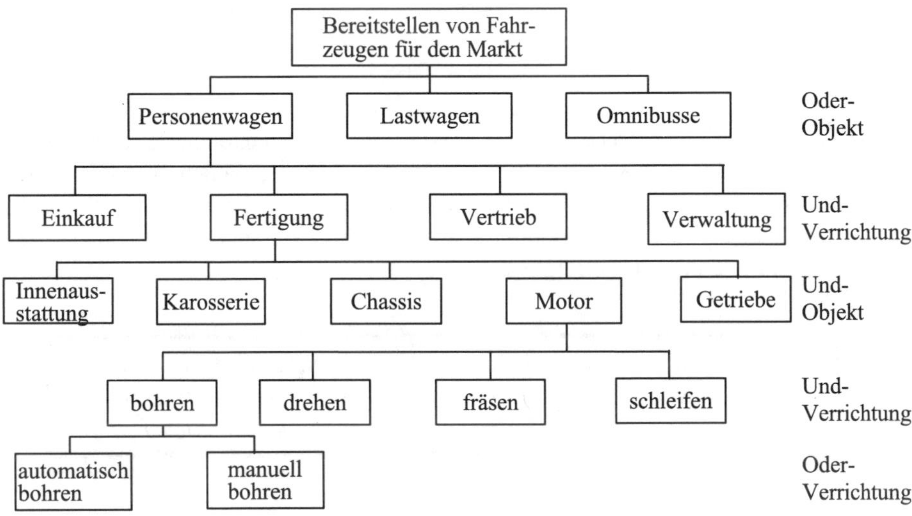

Abb. 5.14: Mehrstufige Aufgabenanalyse

Diese Gliederung zeigt, dass die Merkmale der Gliederung nicht in der Reihenfolge Oder-Objekt, Und-Objekt, Oder-Verrichtung, Und-Verrichtung folgen. Auf der zweiten Ebene (Und-Verrichtungsgliederung) war es nicht sinnvoll, nach Objekten bzw. nach Oder-Verrichtungen zu gliedern, weil die Verrichtungsfolge für alle Objekte und

Verrichtungsfälle zutrifft. Es wird weiter deutlich, dass auch auf den tieferen Ebenen immer wieder alle Fragen von 1 bis 4 gestellt werden müssen. So könnte sich beispielsweise bei der Aufgabe „Fertigen von Getrieben" auch eine Oder-Objekt-Analyse ergeben:

Beispiel:

Fertigen von Getrieben	
Automatik-Getriebe	Handgeschaltete Getriebe

Abb. 5.15: Oder-Objekt-Analyse

Die Gefahr, bei diesem Vorgehen Teilaufgaben zu vergessen, ist weitaus geringer, als wenn beispielsweise ein Informant einfach gebeten würde, einmal zu sagen, welche Aufgaben er zu erfüllen hat. Die Frage- und Gliederungstechnik zwingt hier dazu, dass an jedem Gliederungspunkt - angefangen bei der übergeordneten Aufgabe des Bezugsbereiches - geprüft wird, ob noch andere Aufgaben der gerade betrachteten Gliederungsebene vorliegen oder nicht. Im Fall einer freien Beantwortung wird normalerweise von einem Gliederungskriterium zu einem anderen gesprungen, ohne dass die Möglichkeit besteht zu prüfen, ob auch nichts vergessen wurde.

Aus Zweckmäßigkeitsgründen empfiehlt es sich, Aufgaben *nicht zu breit aufzufächern*, da sonst die *Übersichtlichkeit* leidet, die gerade gewonnen werden soll. Erfahrungswerte lassen es ratsam erscheinen, eine Aufgabe in nicht mehr als fünf bis sechs Unteraufgaben zu gliedern. Das bedeutet, dass man *geeignete Oberbegriffe* finden muss.

Beispiel: Die Aufgabe „Herstellen von Personenwagen" könnte untergliedert werden in die Teilaufgaben „Herstellen von Reifen, Achsen, Wellen, Trägern, Sitzen, Lampen, Kolben, Ventilen usf.". Zweckmäßigerweise könnte unterteilt werden in „Motor, Getriebe, Chassis, Karosserie, Innenausstattung". Diese Objekte können dann weiter zerlegt werden.

> *An jedem Gliederungspunkt ist zu prüfen, ob alle Teilaufgaben vollständig genannt wurden. Um eine zu weite Auffächerung der Aufgaben zu vermeiden, muss man geeignete Oberbegriffe suchen.*

5.1.4.4 Die Technik der Darstellung

Hier soll eine Technik gezeigt werden, mit deren Hilfe die Verrichtungs- und Objektkomponenten der Aufgaben systematisch erhoben und dargestellt werden können.

5.1.4.4.1 Die Ordnung von Aufgaben

Um die häufig recht willkürlichen Begriffsverwendungen zu vermeiden, die sich ergeben, wenn Aufgaben klassifiziert werden sollen - etwa: Oberaufgabe, Unteraufgabe, Teilaufgabe, Elementaraufgabe usf. - soll hier von Aufgaben bestimmter Ordnung gesprochen werden.

Die Aufgabe des Bezugsbereiches, d.h. des Bereiches, der organisatorisch untersucht werden soll, heißt dann

- Aufgabe erster Ordnung. Die Untergliederung dieser Aufgaben führt zu
- Aufgaben zweiter Ordnung, deren Untergliederung zu
- Aufgaben dritter Ordnung usf. bis hin zu den
- Aufgaben n-ter Ordnung.

Diese Untergliederung kann auch durch ein System von Ordnungsnummern (Dezimalklassifikation) gebildet werden.

<table>
<tr><td colspan="12">1</td></tr>
<tr><td colspan="6">11</td><td colspan="3">12</td><td colspan="3">13</td></tr>
<tr><td>111</td><td colspan="3">112</td><td colspan="2">113</td><td>121</td><td>122</td><td>123</td><td>131</td><td>132</td><td>133</td></tr>
<tr><td></td><td>112.1</td><td>112.2</td><td>112.3</td><td>113.1</td><td>113.2</td><td></td><td></td><td></td><td></td><td></td><td></td></tr>
</table>

Abb. 5.16: Ordnungsnummern

Aus der Zahl der Ziffern der Ordnungsnummer kann die „Ordnungsgröße“ (Zerlegungstiefe) einer Aufgabe entnommen werden. Eine vierstellige Zahl beschreibt dann eine Aufgabe vierter Ordnung, eine siebenstellige Zahl eine Aufgabe siebenter Ordnung.

Ein Hinweis am Rande: Gemäß der Dezimalklassifikation müsste nach jeder Ziffer ein Punkt gesetzt werden. Aus Platzgründen unterbleibt das jedoch meistens. Lediglich bei zweistelligen laufenden Nummern (1.1, 1.2 ... 1.9, 1.10) *muss* ein Punkt gesetzt werden. Aus den oben genannten Gründen sollten jedoch derart breite Gliederungen möglichst unterbleiben. Aus optischen Gründen können auch Nummernblöcke durch Punkte oder Leerstellen leichter lesbar gemacht werden. (z.B. 111.121, 111 122).

Als *Gliederungspunkt* wird jeweils die *Aufgabe* bezeichnet, *die weiter untergliedert werden soll.* Von der Aufgabe des Bezugsbereiches ausgehend, wandert also der Gliederungspunkt immer weiter. Der Gliederungspunkt kennzeichnet den jeweiligen Stand der Untersuchung.

Unter einem *Gliederungskriterium* soll *das allen folgenden Teilaufgaben gemeinsame Merkmal* verstanden werden.

> *Die gegliederten Aufgaben werden mit stufenweise aufgebauten Ordnungsnummern versehen. Die Ziffernzahl oder Ordnungsnummer zeigt die Zerlegungsstufe an.*

5.1.4.4.2 Dokumentation in der Erhebung

Zur *Dokumentation* in der Erhebung kann ein *Rasterblatt* verwendet werden (siehe dazu Muster Abb. 5.17). Die Aufgabe des Bezugsbereiches wird in das linke obere Feld eingetragen. Diese Aufgabe erhält eine Ordnungsziffer. Nachdem für diese Aufgabe die vier möglichen Gliederungsfälle abgefragt sind, und die zweckmäßigste Form bestimmt ist, werden in der zweiten Zeile *von links nach rechts* gehend die Teilaufgaben zweiter Ordnung eingetragen. Der Ast 11 wird weiter aufgegliedert in der Zeile c. Der Ast 111 soll *nicht weiter analysiert* werden. Das wird symbolisch gekennzeichnet durch einen *waagerechten Balken*. Man spricht hier von *abblocken*. Als nächstes wird die Aufgabe 112 „Telefonische Aufträge" gegliedert (Zeile d). Die Teilaufgabe 112.1 wird abgeblockt. Es geht weiter mit der Untergliederung der Aufgabe „Erstellen internen Auftrag" 112.2. Die *Untergliederung* der Aufgabe 112.2 ist *abgeschlossen*, nachdem die Aufgaben 112.21 und 112.22 abgeblockt sind. Das wird durch einen *diagonal verlaufenden Balken* symbolisiert. Er lässt auf einen Blick erkennen, dass die Aufgabe unten weiter aufgefächert wurde, dass die Untergliederung aber abgeschlossen ist. Damit ist auch die Untergliederung der Aufgabe 112 abgeschlossen. Sie wird ebenfalls diagonal abgestrichen, ebenso wie die Aufgabe 11. Es geht dann weiter mit der Zerlegung der Aufgabe 12.

> *Die Aufgaben werden im Rasterblatt von links nach rechts fortlaufend untergliedert und mit Ordnungsnummern versehen. Aufgaben, die nicht weiter untersucht werden sollen, sind abzublocken. Sind alle Aufgaben einer Zeile abgeblockt (oder diagonal abgestrichen), wird die zugehörige Komplexaufgabe diagonal abgestrichen.*

Diese Verfahrenstechnik bringt einige *Vorteile* mit sich. Zum einen besteht ständig die Notwendigkeit, das zweckmäßigste Gliederungskriterium herauszusuchen, d.h. das Kriterium, das die *größtmögliche Transparenz* der Aufgabenstruktur mit sich bringt. Die Entscheidung für jeweils ein Kriterium erleichtert die Prüfung, ob auch alle Teilaufgaben *vollständig* erfasst sind. Durch die Fragen „Gibt es noch andere Objekte?", „Gibt es noch weitere Teilobjekte?", „Gibt es noch andere Verfahren?", „Was muss man noch tun?" wird die Vollständigkeit wesentlich verbessert.

Es besteht die *Möglichkeit, an jedem beliebigen Punkt abzubrechen und* dort unmittelbar *wieder anzuknüpfen,* selbst wenn ein größerer Zeitraum zwischen den beiden Phasen der Analyse liegt. Auch kann ein anderer Analytiker die Erhebung fortsetzen, weil der jeweilige Erhebungsstand eindeutig dokumentiert ist.

1	2	3	4	5	6	
1 X Abwickeln von Aufträgen						a
1 1 X Annehmen Auftrag	1 2 X Prüfen Auftrag	1 3 — Weiterleiten Auftrag	1 4 X Fakturieren	1 5 — Versenden		b
111 — Schriftliche Aufträge	112 X Telefonische Aufträge					c
112 1 — Entgegen-nehmen	112 2 X Erstellen internen Auftrag					d
112 21 — Kunden-daten	112 22 — Auftrags-daten					e
121 X Vollständig-keit prüfen	122 X Bonität prüfen	123 X Lieferfähig-keit prüfen				f
121 1 — Nachfragen	121 2 — Ergänzen					g
122 1 — Vermerk: Rechnung	122 2 — Vermerk: Nachnahme					h
123 1 — Absagen	123 2 — Weiterbe-arbeiten					i
141 X Erstellen Rechnung	142 — Prüfen Rechnung	143 — Trennen Rechnungs-satz	144 — Weiterleiten Rechnung			k
141 1 — Aufrufen Maske	141 2 — Eingeben Kunden-nummer	141 3 X Eingeben Auftrags-daten	141 4 — Auslösen Auftrag			l
141 31 — Artikel	141 32 — Menge	141 33 — Mehrwert-steuersatz	141 34 — Lieferart			m

Projekt : Vertrieb Buch			
Aufgenommen am : 30.06.	bei : Huber	durch : SCH	
Aufgabe : Auftragsabwicklung			Blatt 1

Abb. 5.17: Rasterblatt (1)

Die Aufgabengliederung im Rasterblatt besitzt schon einige Vorteile, stellt die Aufgaben aber noch *nicht* ausreichend *transparent* dar. Durch eine relativ einfache *Umordnung* können nun die im Rasterblatt aufgeführten Aufgaben in eine sehr transparente Form überführt werden, in das sogenannte *Aufgabenstrukturbild*, das auch als *Aufgabengliederungsübersicht* bezeichnet wird.

> *Die Erhebung im Rasterblatt und die Verwendung der vier analytischen Fragen fördern die Vollständigkeit der Aufgabenanalyse, verdeutlichen den jeweiligen Untersuchungsstand und erleichtern die Arbeitsteilung.*

5.1.4.4.3 Transparente Darstellung im Aufgabenstrukturbild

Damit die im Rasterblatt erhobenen Informationen leicht verständlich abgebildet werden können, sollen sie in eine astförmige, von links nach rechts verlaufende Strukturdarstellung überführt werden. Diese Darstellung folgt der Leserichtung und ist auch dem Laien leicht zugänglich (siehe Abb. 5.20).

<table>
<tr><th>1. Spalte</th><th>2. Spalte</th><th>3. Spalte</th><th>4. Spalte</th></tr>
<tr><td rowspan="11">1</td><td rowspan="7">11</td><td rowspan="4">111</td><td>111.1</td></tr>
<tr><td>111.2</td></tr>
<tr><td>111.3</td></tr>
<tr><td>111.4</td></tr>
<tr><td>112</td><td></td></tr>
<tr><td>113</td><td></td></tr>
<tr><td>114</td><td></td></tr>
<tr><td rowspan="3">12</td><td>121</td><td></td></tr>
<tr><td>122</td><td></td></tr>
<tr><td>123</td><td></td></tr>
<tr><td>13</td><td></td><td></td></tr>
</table>

Abb. 5.18: Nummerierung im Aufgabenstrukturbild

Um die Aufgaben zuzuordnen, werden zwei Informationen benötigt:

- In welche Spalte muss die Aufgabe eingetragen werden?
- In welche Zeile muss die Aufgabe eingetragen werden?

Die Zuordnung zu den Spalten ist einfach. Die *Spalte entspricht* der *Ziffernzahl der Ordnungsnummer.* In die erste Spalte gehören Aufgaben mit einer einziffrigen Ordnungsnummer, in die zweite Spalte Aufgaben mit zweiziffriger Ordnungsnummer, in die dritte Spalte Aufgaben mit dreiziffriger Ordnungsnummer usw.

Die Zuordnung zu den Zeilen ist etwas aufwendiger. Dazu müssen als erstes *alle abgeblockten Aufgaben durchnummeriert* werden. Diese Zeilennummer ist möglichst in einer anderen Farbe auffällig im jeweiligen Feld des Rasterblattes zu vermerken (siehe Abb. 5.19). Die Aufgabe, die als erste abgeblockt wurde - Beispiel die Aufgabe 111 Schriftliche Aufträge - erhält die Zeilennummer 1. Als nächstes wurden die Aufgaben 112 1 Entgegennehmen, 112 21 Kundendaten sowie 112 22 Auftragsdaten abgeblockt. Sie erhalten die Zeilennummern 2, 3 und 4. Damit ist der Ast 112 2 abgearbeitet. Das wird durch einen *gegenläufigen Querstrich* gekennzeichnet. Gleiches geschieht mit der Aufgabe 112 Telefonische Aufträge und der Aufgabe 11 Aufnehmen Auftrag. Es folgt dann der Ast 12. Hier wurden die Aufgaben 121 1 und 121 2 als nächste abgeblockt. Diesem Vorgehen entsprechend werden sämtliche abgeblockten Aufgaben aufsteigend durchnummeriert.

Diese Zeilennummern ermöglichen nun eine eindeutige Zuordnung aller abgeblockten Aufgaben. Zur Übertragung wird ein in Zeilen und Spalten gegliedertes Formular verwendet. Zunächst werden die abgeblockten Aufgaben in der Reihenfolge übernommen, derzufolge ihnen die Zeilennummer zugeordnet wurde.

Beispiel:

111	Schriftliche Aufträge (3. Spalte, da dreiziffrige Ordnungsnummer und 1. Zeile)
112 1	Entgegennehmen (4. Spalte, da vierziffrige Ordnungsnummer und 2. Zeile)
112 21	Kundendaten (5. Spalte, da fünfziffrige Ordnungsnummer und 3. Zeile) usw.

Erst wenn sämtliche abgeblockten Aufgaben übertragen wurden - im Beispiel sind es zweiundzwanzig - werden die zugehörigen Oberaufgaben, die durch den Diagonalbalken gekennzeichnet sind, zugeordnet. Man beginnt in der letzten Spalte. Alle Aufgaben, die bis auf die letzte fortlaufende Zahl die gleiche Ordnungsnummer haben, sind aus der gleichen Oberaufgabe abgeleitet.

Beispiel:

<table>
<tr><td rowspan="3">112 2</td><td>112 21</td></tr>
<tr><td></td></tr>
<tr><td>112 22</td></tr>
</table>

In dieser Weise werden alle zugehörigen Komplexaufgaben ermittelt, bis schließlich die Aufgabe des Bezugsbereiches als Endpunkt erreicht wird.

	1	2	3	4	5	6
a	1 ☒ Abwickeln von Aufträgen					
b	1 1 ☒ Annehmen Auftrag	1 2 ☒ Prüfen Auftrag	1 3 — ⑪ Weiterleiten Auftrag	1 4 ☒ Fakturieren	1 5 — ㉒ Versenden	
c	111 — ① Schriftliche Aufträge	112 ☒ Telefonische Aufträge				
d	112 1 — ② Entgegen-nehmen	112 2 ☒ Erstellen internen Auftrag				
e	112 21 — ③ Kunden-daten	112 22 — ④ Auftrags-daten				
f	121 ☒ Vollständig-keit prüfen	122 ☒ Bonität prüfen	123 ☒ Lieferfähig-keit prüfen			
g	121 1 — ⑤ Nachfragen	121 2 — ⑥ Ergänzen				
h	122 1 — ⑦ Vermerk: Rechnung	122 2 — ⑧ Vermerk: Nachnahme				
i	123 1 — ⑨ Absagen	123 2 — ⑩ Weiterbe-arbeiten				
k	141 ☒ Erstellen Rechnung	142 — ⑲ Prüfen Rechnung	143 — ⑳ Trennen Rechnungs-satz	144 — ㉑ Weiterleiten Rechnung		
l	141 1 — ⑫ Aufrufen Maske	141 2 — ⑬ Eingeben Kunden-nummer	141 3 ☒ Eingeben Auftrags-daten	141 4 — ⑱ Auslösen Auftrag		
m	141 31 — ⑭ Artikel	141 32 — ⑮ Menge	141 33 — ⑯ Mehrwert-steuersatz	141 34 — ⑰ Lieferart		

Projekt : Vertrieb Buch			
Aufgenommen am : 30.06.	bei : Huber	durch : SCH	
Aufgabe : Auftragsabwicklung			Blatt 1

Abb. 5.19: Rasterblatt (2)

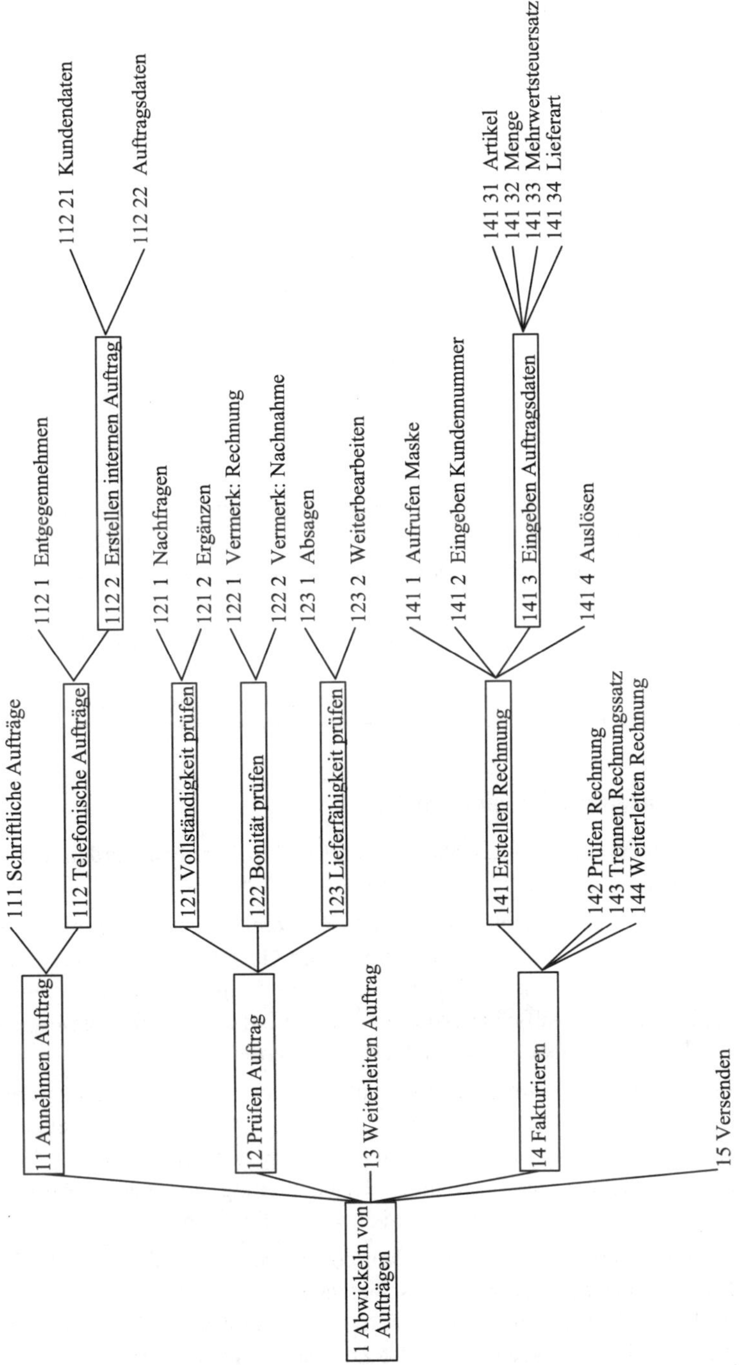

Abb. 5.20: Aufgabengliederungsübersicht

Das *Aufgabenstrukturbild* erfüllt die Forderung nach *vollständiger und transparenter Abbildung* der vorliegenden Aufgaben in bestmöglicher Weise. Es stellt eine *Basis* dar, auf der die eigentliche *organisatorische Arbeit* - nämlich die Analyse des bestehenden Zustandes im Hinblick auf seine zweckmäßige Gestaltung und die Entscheidung über die spätere Struktur - erst aufbaut.

In den letzten Jahren wurde leistungsfähige PC-Software entwickelt, die den Analytiker bei der Erfassung, Aufbereitung, Pflege und transparenten Darstellung von Aufgaben unterstützt. Wird diese Software schon bei der Erhebung verwendet, erübrigt sich das Rasterblatt. Aufgaben können direkt erfasst und dokumentiert, automatisch nummeriert, sortiert, dupliziert, umgeordnet etc. werden.

Aufgabenanalysen können in eine Matrix überführt und zur Dokumentation der Aufbauorganisation verwendet werden. Beispiele dafür finden sich unter den Techniken der Aufbauorganisation (Kapitel 9).

Um die erhobenen Aufgaben übersichtlich darzustellen, überträgt man sie in ein Aufgabenstrukturbild. Die Spalten werden durch die Ziffernzahl der Ordnungsnummern angesteuert. Die Zeilen werden ermittelt, indem die abgeblockten Aufgaben in der gleichen Folge aufsteigend nummeriert werden, wie sie abgeblockt wurden. Damit wird die Zeilennummer festgelegt. Die Oberaufgaben werden dann den abgeblockten Aufgaben spaltenweise zugeordnet.

5.1.4.5 Grenzen der Aufgabenanalyse

Bei allen Vorzügen der Aufgabenanalyse darf nicht übersehen werden, dass auch sie ihre Grenzen hat.

Zum einen - und das versteht sich von selbst - liefert die Aufgabengliederung nicht alle Informationen, die für die organisatorischen Gestaltungsmaßnahmen notwendig sind. Angaben über die zur Verfügung stehenden Aufgabenträger, Sachmittel, Häufigkeit und Dauer der Aufgabenerfüllung, die vorhandene Aufbauorganisation, Formulare, Abläufe usf. müssen zusätzlich erhoben werden.

Eine weitaus wichtigere Grenze der Aufgabengliederung, die sich zudem nicht ohne weiteres beheben lässt, ist darin zu sehen, dass einige Aufgaben unmittelbar abhängig sind von der gewählten organisatorischen Gestaltung. *Durch strukturelle Maßnahmen entstehen Aufgaben neu*, die im Rahmen der Gliederung vorhandener Aufgaben nicht erkannt werden konnten, weil sie noch nicht zu erfüllen waren.

Beispiel: Es wird ein Benutzerservice neu eingerichtet. Aufgaben, die der Leiter des Benutzerservice erledigen muss - etwa Einteilung der Arbeit, Leistungskontrolle -, gab es in dieser Form früher überhaupt nicht. Sie können also auch nicht bei der Untersuchung des Ist-Zustandes erkannt werden.

Und umgekehrt fallen u.U. bestimmte Aufgaben durch organisatorische Maßnahmen fort.

Aus diesen Grenzen wird ersichtlich, dass die Aufgabengliederung immer nur Auskunft geben kann über Aufgaben, die zu einem bestimmten Zeitpunkt zu erfüllen sind.

Trotz dieser Grenzen ist die Aufgabenanalyse eines der wichtigsten Instrumente der Organisationsarbeit. Es gibt keinen schnelleren und zuverlässigeren Weg, vollständig und systematisch geordnete und übersichtlich dargestellte Aufgaben zu erheben und zu dokumentieren.

Ein wesentlicher Vorteil dieser Technik ist die Tatsache, dass sie *auch für die Analyse von Projektaufgaben* eingesetzt werden kann. Dann kann zwar nicht auf Informanten zurückgegriffen werden, die die Aufgaben kennen. Die Fragetechnik fördert aber das Erkennen aller möglichen bzw. notwendigen Aufgaben, die in Projekten erledigt werden müssen. Die so ermittelten Aufgaben (Aktivitäten) bilden dann die Basis der Zeitplanung von Projekten etwa mit Hilfe der Netzplantechnik (siehe dazu Kapitel 11).

> *Die Aufgabenanalyse liefert nicht alle organisatorisch bedeutsamen Informationen. Sie kann auch zur Ermittlung von Projektaufgaben (Aktivitäten) verwendet werden.*

5.2 Informationsanalyse

5.2.1 Begriffe

Informationen sind ein wesentliches *Element der Organisation. Aufgabenträger benötigen Informationen*, um überhaupt tätig werden zu können. So braucht ein Kassierer Informationen über den Kontostand eines Kunden, ehe er eine Auszahlung vornehmen kann. Gleichzeitig *verarbeitet* er *Informationen*, indem er den Kundenwunsch entgegennimmt und in ein System eingibt. Schließlich *produziert* er - oder auch das ihn unterstützende EDV-System - neue *Informationen* über die Abbuchung und den veränderten Kontostand.

In Banken, Versicherungen und sonstigen Unternehmen des Dienstleistungssektors wie der öffentlichen Verwaltung sind die eigentlichen *Leistungsaufgaben* - die „Produktion“ - mit Prozessen der *Informationsaufnahme, -verarbeitung, -speicherung und -weiterleitung* weitgehend identisch. In allen anderen - z.B. Güter produzierenden - Unternehmen werden die physischen Prozesse (z.B. Beschaffen, Herstellen, Verkaufen von Gütern) von breiten Informationsströmen begleitet.

Beispiele für Entwicklungen, bei denen die Information eindeutig im Mittelpunkt steht, sind Kunden-Informations-Systeme, Personal-Informations-Systeme, Produkt-Informations-Systeme, Börsen-Informations-Systeme und computerunterstützte Sachbearbeitung. Sollen solche oder ähnliche Systeme entwickelt werden, müssen zuvor *Informations-Analysen* vorgenommen werden. Dieses Thema soll hier nur insoweit behandelt werden, wie die Informations-Analyse durch organisatorische Techniken unterstützt werden kann.

Informations-Systeme bestehen - wie alle Systeme - aus Elementen und Beziehungen. Auch hier sind wieder die bekannten *Elemente der Organisation* anzutreffen:

- Aufgabe
- Aufgabenträger
- Sachmittel
- Informationen.

Diese *Elemente* werden *in einem Informations-System miteinander verbunden*:

- Beziehungen zwischen den Informationen selbst, beispielsweise in einer Datenbank aber auch in einem Telefonbuch
- Beziehungen zwischen Aufgaben und Informationen, etwa durch die Ermittlung des Informationsbedarfs zur Erledigung der Aufgaben
- Beziehungen zwischen Informationen und Aufgabenträgern bzw. Stellen (z.B. Zugriffsberechtigungen)
- Beziehungen zwischen Sachmitteln und Informationen, indem beispielsweise geregelt wird, welche Sachmittel zur Informationsaufnahme, Informationsspeicherung, Informationsverarbeitung, Informationsabgabe bereitgestellt werden.

Diese Zusammenhänge zeigt der Würfel (Abb. 5.21). Darüber hinaus wird im Würfel verdeutlicht, dass zum Informations-System auch noch die *Regelungen* gehören, *wo, wann und in welcher Menge Informationen bereitgestellt werden.*

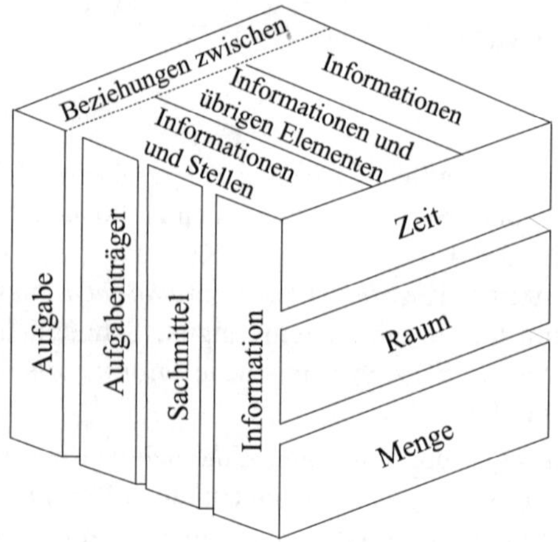

Abb. 5.21: Informationssystem

> *Die Analyse von Informationen ist die notwendige Voraussetzung für die Gestaltung von Informationssystemen. Im Vordergrund steht die Ermittlung des Informationsbedarfes.*

5.2.2 Techniken zur Ermittlung des Informationsbedarfes

Für den *Informationsbedarf* können zwei wesentliche *Ursachenbündel* verantwortlich gemacht werden:

- Die zu erledigenden Aufgaben (sachbezogener Bedarf)
- die Bedürfnisse des Menschen z.B. nach Anerkennung, Sicherheit o.ä. (personenbezogener Bedarf).

Da der personenbezogene Bedarf nicht verallgemeinert werden kann, ist er einer organisatorischen Regelung nicht zugänglich. Die Informations-Analyse muss sich also an den zugrunde liegenden Aufgaben orientieren. Soll der *Informationsbedarf* ermittelt werden, müssen die zu erledigenden *Aufgaben bekannt sein.*

Grundsätzlich bieten sich *Interviews* zur Ermittlung des Informationsbedarfes an. Der dabei angemeldete Bedarf ist jedoch meistens überhöht. Das hat verschiedene Ursachen, wie z.B. das jedem Menschen eigene Sicherheitsbestreben, Neugierde, der mit dem Informationsbesitz verbundene Status, evtl. aber auch die fehlende Urteilsfähigkeit eines Aufgabenträgers.

Der *Informationsbedarf* lässt sich *tendenziell objektivieren*, wenn *folgende Maßnahmen* ergriffen werden:

- Logische Überprüfung anhand der zu erledigenden Aufgaben
- wert-analytische Abklärung - was könnte schlimmstenfalls passieren, wenn eine Information nicht zur Verfügung stehen würde?
- Befragung von Experten - z.B. Vorgesetzten, Fachleuten etc.
- gemeinsame Diskussion zwischen Nachfragern und Anbietern (etwa in workshops)

> *Voraussetzung einer systematischen Informationsanalyse ist Kenntnis der Aufgaben. Der aufgabenbezogene Bedarf kann durch Befragungen, durch Diskussionen von Nachfragern und Anbietern oder durch gedankliche Ableitung ermittelt werden.*

Soll der Informationsbedarf auf der Basis der Aufgaben ermittelt werden, bietet sich das aus der Datenverarbeitung bekannte EVA-Prinzip an:

E = Eingabe

V = Verarbeitung

A = Ausgabe.

Diese Grundidee liegt auch dem HIPO-Verfahren (Hierarchy-Input-Process-Output) zugrunde. Es wird eine Hierarchie der Aufgaben erstellt. Für verschiedene Hierarchieebenen wird dann der notwendige Input (die Eingabe), der Prozess (die Verarbeitung) und der Output (die Ausgabe) erhoben und dargestellt.

Der Informationsbedarf kann auch aus der Sicht einer Stelle oder einer größeren Organisationseinheit untersucht werden, ohne dabei auf die verarbeitenden Prozesse einzugehen (siehe dazu auch das Beispiel einer Schnittstellenmatrix in Kapitel 2 Abbildung 2.29, in der Informationseingänge und -ausgänge dargestellt werden können).

Stelleninhaber besitzen normalerweise noch Dispositionsspielräume, sie arbeiten nicht ausschließlich nach einem festen Programm, sondern müssen in der Lage sein, in geplanten wie in unvorhergesehenen Situationen richtig zu reagieren. Diesen Bedingungen versucht die „stellenorientierte Informationsanalyse“ gerecht zu werden.

In der *stellenorientierten Informationsanalyse* wird der *Informationsbedarf einer Stelle* systematisiert, um damit gezielte Hinweise auf bestimmte Informationsklassen zu geben, die ein Stelleninhaber benötigt. Dadurch soll die Ordnung und Vollständigkeit der Analyse gefördert werden. Im Mittelpunkt dieses Modells stehen die Stelle (Organisationseinheit) und damit die von dem Stelleninhaber zu bewältigenden Aufgaben.

Unterschieden werden der *regelbare* und der *nicht regelbare Informationsbedarf* (Informationseingabe). Zu dem nicht regelbaren Informationsbedarf gehören dispositive Eingriffe etwa zur Koordination, die beispielsweise aufgrund unvorhergesehener Ereignisse notwendig werden. Zum nicht regelbaren Bedarf zählen auch sogenannte Führungsinformationen, z.B. Informationen, die der Motivation eines Mitarbeiters dienen. Diesen Informationsbedarf kann ein Vorgesetzter normalerweise nur situativ erkennen. Wie die Bezeichnung schon sagt, kann dieser Bedarf nicht organisatorisch geregelt werden, eben weil er vorher kaum erkennbar ist und weil er von beteiligten Individuen und der jeweiligen Situation abhängig ist. Analog zur nicht regelbaren Informationseingabe gibt es die nicht regelbare Informationsausgabe.

Zu der *regelbaren Informationseingabe* gehören

- der generelle Bedarf
- der Bedarf je Aufgabenerfüllung und
- der geregelte Ausnahmebedarf.

Diese Klassen des Informationsbedarfes werden unten näher beschrieben.

Der regelbaren Informationseingabe (Informationsbedarf) steht auch hier wieder eine regelbare Informationsausgabe gegenüber.

Die bisher behandelten Sachverhalte werden in der Abbildung 5.22 verdeutlicht.

Die Bestandteile der regelbaren Informationseingabe (Informationsbedarf) werden nun näher erläutert.

Genereller Bedarf

Der generelle Bedarf ist eine grundlegende Voraussetzung für die Aufgabenerfüllung. Er muss nicht für jede Aufgabenerledigung einzeln bereitgestellt werden. Dazu zählen:

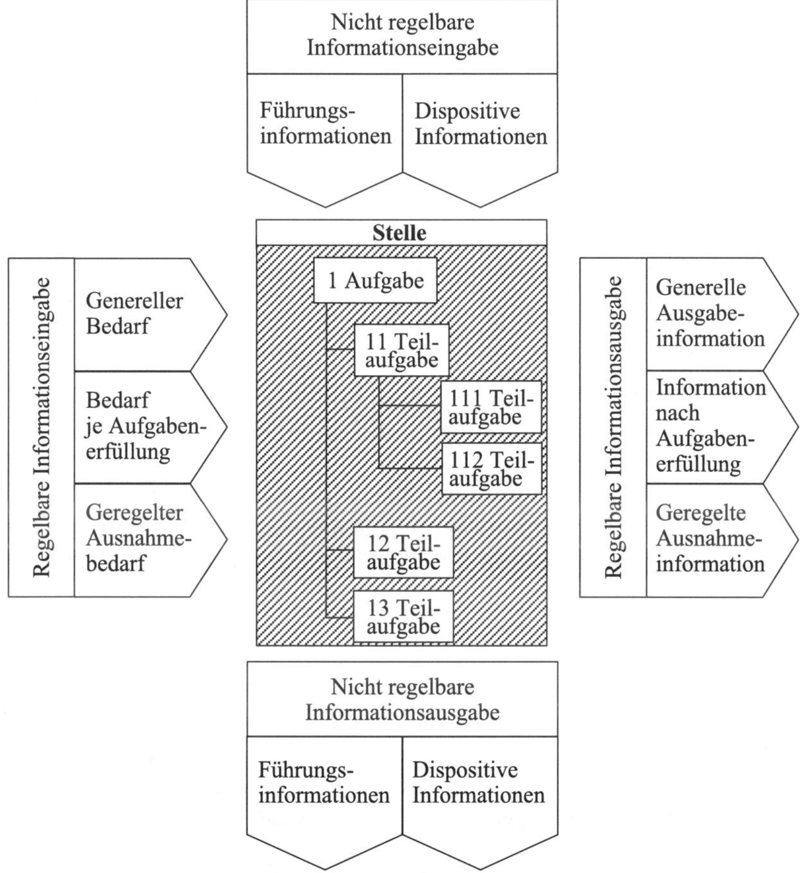

Abb. 5.22: Modell einer stellenorientierten Informationsanalyse

Rahmeninformationen

- Betriebliche Rahmeninformationen (z.B. Informationen über Produkte, Kapazitäten, Preise, Konditionen, Lieferfähigkeit, Lieferzeiten, betriebliche Gepflogenheiten)
- Außerbetriebliche Rahmeninformationen (z.B. Informationen über Wettbewerbssituation, Lieferanten, Börsenentwicklung, Marktpreise, gesetzliche Vorschriften, Verordnungen).

Zielinformationen

- Informationen über Ziele, die der Aufgabenträger erreichen soll (z.B. schnelle Abwicklung, qualifizierte Beratung, Geschäftsausweitung um X Prozent)
- Informationen über die tatsächliche Zielerreichung im Sinne eines Soll-Ist-Vergleiches

- Informationen über Abweichungen zwischen Soll und Ist.

Organisations-Informationen

- Informationen über die eigenen Aufgaben und über die Zuständigkeiten anderer
- Informationen über die mit den Aufgaben verbundenen Kompetenzen und Befugnisse
- Informationen über Arbeitsabläufe, über sonstige Verfahrensvorschriften, Regeln der Zusammenarbeit, Informationsrechte und -pflichten etc.

Bedarf je Aufgabenerfüllung

- Informationen über die Aufgabe selbst (z.B. eingehender Auftrag, Kreditantrag, Bestellung) (was ist woran zu tun?), aber auch über die Dimensionen der Aufgaben (z.B. wann, wo, wieviel?)
- Informationen, die zur Aufgabenerfüllung benötigt werden (z.B. bei einer Kreditgewährung, Informationen über Einkommensverhältnisse, Informationen über das zu beleihende Objekt oder bei Aufträgen, Informationen über die Zahlungsfähigkeit eines Kunden)

Geregelter Ausnahmebedarf

- Entscheidungsinformationen, die bei klar definierten Fällen benötigt werden (z.B. Bewilligung von Sonderkonditionen durch den Vorgesetzten oder Entscheidungen über Aufträge, die einen bestimmten Betrag überschreiten). Diese Entscheidungsinformationen lassen sich normalerweise aus den Kompetenzen ableiten.
- Sonstige Informationen, die ebenfalls nicht in jedem einzelnen Fall, sondern nur in geregelten Fällen benötigt werden (wenn z.B. ein neuer Kunde einen Kredit beantragt, der eine bestimmte Höhe überschreitet, sind bei einer Auskunftei zusätzliche Informationen über die Bonität des Kunden einzuholen).

In der Abb. 5.23 findet sich ein vereinfachtes Beispiel für die Umsetzung dieses Modells auf den konkreten Fall eines Kreditsachbearbeiters.

> *Die stellenorientierte Informationsanalyse unterscheidet den regelbaren und den nicht regelbaren Bedarf. Zum regelbaren Bedarf gehören der generelle Bedarf mit Rahmeninformationen, Zielinformationen und Organisationsinformationen, der Bedarf je Aufgabenerfüllung und der geregelte Ausnahmebedarf.*

	Regelbare Informationseingabe (Informationsbedarf)							
	Genereller Bedarf				Bedarf je Aufgabenerfüllung		Geregelter Ausnahmebedarf	
	Rahmeninformationen		Ziele - Soll - Ist - Abweichungen	Organisation/ Regeln	Anstoß und Konkretisierung der Aufgabe "was, woran, wie, wann, wo, wie oft?" etc.	Je Fall grundsätzlich benötigte Information zur Aufgabenerfüllung	Einzuholende Entscheidungsinformationen	Einzuholende sonstige Informationen
	Betrieblich	Außerbetrieblich						
Kreditsachbearbeitung	Information über Gesamtbeziehung des Kunden zur Bank, geschäftspolitische Grundsätze	Konditionen der Konkurrenz, Wettbewerbssituation, gesetzliche Regelungen	Wachstum, Sicherheit, Anteil notleidender selbstbearbeiteter Kredite (Ausfallquote)	Zuständigkeitsregelung, Kompetenzverzeichnis, Arbeitsanweisungen	Kreditantrag: Antragsteller, Höhe, Laufzeit, Tilgung, Verwendung, Sicherung des Kredits	Einkommensverhältnisse, Bonität, Belastungen, Gesamtobligo, Tilgungsverhalten etc. des Antragstellers	Entscheidungen nach dem Prinzip des "Management by Exception", z.B. Kredit höher als 20.000 EURO, Sonderkonditionen bei Großkunden	Auskunft von Auskunftei bei Kunden, die keine feste Kontoverbindung zur Bank haben

Abb. 5.23: Informationsanalyse für einen Kreditsachbearbeiter

5.2.3 Techniken zur Analyse der Informationen/Datenanalyse

Bisher stand die Analyse des Informationsbedarfs im Vordergrund. Hier soll nun eine Technik skizziert werden, mit deren Hilfe der ermittelte Informationsbedarf geordnet und aufbereitet werden kann. In der Fachliteratur wird dazu auch der Begriff Datenmanagement bzw. Datenanalyse verwendet (Daten sind Informationen, die maschinell verarbeitet werden können).

Ziel der Datenanalyse ist es, Informationen (Daten), die in relationalen Datenbanken verwaltet werden, möglichst redundanzfrei und damit auch widerspruchsfrei zu erfassen und bereitzustellen. Es entsteht dadurch ein Datenmodell, auf dessen Grundlage dann nahezu beliebige Auswertungen für die Anwender erstellt werden können. Ein solches sauber strukturiertes Datenmodell erleichtert die Pflege wie auch die Erweiterung der Datenbank.

Der vorgestellte Ansatz baut auf der Normalisierungsmethode auf. Es handelt sich dabei um ein sehr komplexes Modell, das hier nur in einer vereinfachten, aber in der Praxis bewährten Form dargestellt werden soll.

5.2.3.1 Begriffe

Bei diesem Ansatz werden in der Fachliteratur einige Begriffe verwendet, die anhand eines kleinen Beispiels vorgestellt werden sollen.

KFZ-Datenbank:

Hersteller	Autotyp	Hubraum	Leistung	Farbe	
BMW	523i	2.5	170	schwarz	
Mercedes	T320	3.0	220	grau	
BMW	540i	4.0	286	rot	

Abb. 5.24: Fahrzeug-Datenbank

Ein *Tupel* ist eine Liste von Werten. In einer Tabelle entspricht ein Tupel einer Zeile.

Attribute finden sich in den Spalten einer Tabelle. Jede Spalte hat einen Attributsnamen (z.B. Farbe). Attributswerte sind die eigentlichen Inhalte (z.B. rot).

Eine *Relation* ist eine Menge von Tupeln, die in der Regel tabellenförmig dargestellt werden (die obige Tabelle stellt eine Relation dar).

5.2.3.2 Datenanalyse

Die Datenanalyse läuft in den folgenden Schritten ab.

- Datensammlung/Datenkatalog erstellen

- Primärschlüssel definieren
- Normalisierung durchführen.

Datensammlung/Datenkatalog

Zu Beginn ist die Frage zu klären, welche Datenfelder überhaupt benötigt werden, um in eine relationale Datenbank übernommen zu werden. Ein Datenfeld setzt sich aus dem Namen, den Eigenschaften und der Beschreibung des Datenfeldes zusammen. Dafür ein *Beispiel:*

Name	Eigenschaften		Bedeutung/Beschreibung	Inhalt (Beispiel)
	Typ	Länge		
PLZ	Num	5	Schlüssel zur postalischen Klassifikation von Orten	35435

Abb. 5.25: Beschreibung von Datenfeldern

Der Name des Datenfeldes sollte eindeutig und „sprechend" sein. Bei den Eigenschaften werden Typ (z.B. „alpha" besteht nur aus Buchstaben oder Sonderzeichen, „num" besteht nur aus Zahlen, „alphanum" besteht aus Buchstaben und Zahlen) und Länge (z.B. 5 Zeichen) unterschieden. Die Bedeutung/Beschreibung soll auch für Dritte nachvollziehbar machen, was der Ersteller der Datenbank gemeint hat. Dem gleichen Ziel dient auch das Beispiel.

Ergebnis der Datensammlung ist ein vollständiger Katalog an Beschreibungen der Datenfelder, der auch als Datadictionary bezeichnet wird. Er beinhaltet Daten über Daten (Metadaten).

Primärschlüssel definieren

Im nächsten Schritt ist für den erarbeiteten Datenkatalog der Primärschlüssel zu definieren. Der Primärschlüssel sollte ein Tupel aus einer Relation eindeutig identifizieren. Der Primärschlüssel kann aus einem oder aus mehreren Datenfeldern bestehen. Im letzten Fall spricht man von einem zusammengesetzten Primärschlüssel. In der Fahrzeug-Datenbank könnte die Modellbezeichnung (z.B. BMW 523i) der Primärschlüssel sein.

Normalisierung durchführen

Es gibt 7 Normalformen, von denen allerdings nur die ersten drei für die Praxis relevant sind. Diese drei Schritte der Normalisierung werden hier zuerst abstrakt beschrieben und dann in einem Beispiel dargestellt.

1. Normalform (Mehrfachabhängigkeiten)

Die wesentliche Zielsetzung ist es, die Zahl der Zeilen (Tupel) einer Tabelle so gering wie möglich zu halten. Dazu werden Mehrfachfelder (Felder, die bezogen auf den Primärschlüssel mehrfach - unterschiedlich - vorkommen) zusammen mit dem Primärschlüssel in einer neuen Tabelle abgelegt. Diese neue Tabelle ist über den Primärschlüssel mit der Ausgangstabelle verknüpft.

2. Normalform (Teilschlüsselabhängigkeiten)

Felder, die nur von einem Teilschlüssel abhängen, werden zusammen mit dem Teilschlüssel in jeweils einer zusätzlichen Tabelle abgelegt.

3. Normalform (Transitive Zergliederung)

Nichtschlüsselfelder, die von anderen Nichtschlüsselfeldern abhängen, werden zusammen mit diesen in jeweils eigenen Tabellen abgelegt.

Um diese schwierig erscheinende Thematik ein wenig greifbarer zu machen, soll die Datenanalyse an einem vereinfachten Beispiel gezeigt werden. Es wird von dem folgenden Datenkatalog ausgegangen, der beispielhaft mit Tupeln gefüllt wurde.

Gin-ven-tarnr.	Gtyp	Gmarke	Gart	Abt. nr.	Abt.	Pro-dukt-nr.	Pseri-ennr.	Pro-dukt-bez.	Ver-sion	Pro-dukt-art
0001	300 PL	IBM	PC	0047	Kredit	13	1234567	1-2-3	V 9.0	Kalk
0001	300 PL	IBM	PC	0047	Kredit	15	2233445d	Word	97	Text
0002	300 GL	IBM	PC	0047	Kredit	13	3437543	1-2-3	V 9.0	Kalk
0003	4080 XCDT	Toshiba	Note-book	0053	Beratung	14	1234567	Excel	97	Kalk
0003	4080 XCDT	Toshiba	Note-book	0053	Beratung	15	2233445d	Word	97	Text
0004	300 GL	IBM	PC	0059	Vertrieb	13	9876543	1-2-3	V 9.0	Kalk

Abb. 5.26: Beispieldatenbank

Ginventarnr:	Geräte Inventarnummer
Gtyp:	Geräte Typ
Gmarke:	Geräte Marke
Gart:	Geräte Art
Abt.nr:	Abteilungs Nummer
Abt.:	Abteilungs Name
Produktnr:	Produkt Nummer
Pseriennr:	Produkt Seriennummer
Produktbez:	Produkt Bezeichnung

Version: Versionsnummer
Produktart: Produkt Art

Als Primärschlüssel wird zunächst das Datenfeld „Ginventarnr." ausgewählt.

1. Normalform

Unter der Annahme, dass „Ginventar" der Primärschlüssel ist, kommen die Datenfelder „Produktnr", „Pseriennr", „Version" und „Produktart" mehrfach unterschiedlich vor. Einfacher gesagt, auf dem Gerät „0001" sind mehrere unterschiedliche Softwareprodukte installiert. Nach den Regeln der ersten Normalform ergibt sich somit eine neue Tabelle, die Ausgangstabelle wird dafür von sechs Tupel auf vier und von 11 Spalten auf 6 verkleinert. Der Primärschlüssel „Ginventarnr" wurde dupliziert, so dass die beiden Tabellen miteinander verknüpft werden können. In der zusätzlich aufgebauten Tabelle ist ein neuer Primärschlüssel definiert worden, der sich aus den Teilschlüsseln „Ginventarnr" und „Produktnr" zusammensetzt.

Ginventarnr.	Gtyp	Gmarke	Gart	Abteilnr.	Abteilung
0001	300 PL	IBM	PC	0047	Kredit
0002	300 GL	IBM	PC	0047	Kredit
0003	4080 XCDT	Toshiba	Notebook	0053	Beratung
0004	300 GL	IBM	PC	0059	Vertrieb

Ginventarnr.	Produktnr.	Pseriennr.	Produktbez.	Version	Produktart
0001	13	1234567	1-2-3	V 9.0	Kalk
0001	15	2233445d	Word	97	Text
0002	13	3437543	1-2-3	V 9.0	Kalk
0003	14	1234567	Excel	97	Kalk
0003	15	2233445d	Word	97	Text
0004	13	9876543	1-2-3	V 9.0	Kalk

Abb. 5.27: Tabellen nach der 1. Normalisierung

2. Normalform

Um nach der 2. Normalform weiter zu analysieren, muss ein zusammengesetzter Primärschlüssel vorliegen. Einen solchen zusammengesetzten Primärschlüssel gibt es in der neu entstandenen, zweiten Tabelle. Es ist nun zu prüfen, welche Datenfelder von nur einem Teilschlüssel abhängen. Von „Ginventarnr." allein hängt kein Datenfeld ab, von „Produktnr." allerdings „Produktbez.", „Version" und „Produktart". Die „Pseriennr." hängt sowohl von der „Ginventarnr." wie von der „Produktnr." ab.

Primärschlüssel der dritten Tabelle ist nun „Produktnr.“. Durch dieses Datenfeld wird die Verknüpfung zu der ursprünglichen Tabelle hergestellt.

Ginventarnr.	Gtyp	Gmarke	Gart	Abteilnr.	Abteilung
0001	300 PL	IBM	PC	0047	Kredit
0002	300 GL	IBM	PC	0047	Kredit
0003	4080 XCDT	Toshiba	Notebook	0053	Beratung
0004	300 GL	IBM	PC	0059	Vertrieb

Ginventarnr.	Produktnr.	Pseriennr.
0001	13	1234567
0001	15	2233445d
0002	13	3437543
0003	14	1234567
0003	15	2233445d
0004	13	9876543

Produktnr.	Produktbez.	Version	Produktart
13	1-2-3	V 9.0	Kalk
14	Excel	97	Kalk
15	Word	97	Text

Abb. 5.28: Tabellen nach der 2. Normalisierung

3. Normalform

Nun ist zu prüfen, ob es in den Tabellen Nichtschlüsselfelder gibt, die von anderen Nichtschlüsselfeldern in der jeweiligen Tabelle abhängen. Wenn das der Fall sein sollte, sind sie in eine eigene Tabelle zu bringen.

In der ersten Tabelle hängen die Datenfelder „Gmarke“ und „Gart“ von „Gtyp“ ab. Sie werden in einer neuen Tabelle ausgegliedert und über „Gtyp“ mit der Ausgangstabelle verknüpft. Von dem Datenfeld „Abteilnr.“ hängt „Abteilung“ ab, sie werden ebenfalls ausgegliedert und über „Abteilnr.“ mit der Ausgangstabelle verknüpft. Damit ergibt sich das folgende Ergebnis:

Ginventarnr.	Gtyp	Abteilnr.
0001	300 PL	0047
0002	300 GL	0047
0003	4080 XCDT	0053
0004	300 GL	0059

Gtyp	Gmarke	Gart
300 PL	IBM	PC
300 GL	IBM	PC
4080 XCDT	Toshiba	Laptop

Abteilnr.	Abteilung
0047	Kredit
0053	Beratung
0059	Vertrieb

Ginventarnr.	Produktnr.	Pseriennr.
0001	13	1234567
0001	15	2233445d
0002	13	3437543
0003	14	1234567
0003	15	2233445d
0004	13	9876543

Produktnr.	Produktbez.	Version	Produktart
13	1-2-3	3.0	Kalk
14	Excel	1.0	Kalk
15	Word	97	Text

Abb. 5.29: Tabellen nach der 3. Normalisierung

Als Ergebnis der Normalisierung liegen Tabellen vor, die bis auf die Schlüssel redundanzfrei sind. Das Ergebnis sieht zunächst etwas komplexer aus, es minimiert jedoch die zu verwaltenden Datenbestände, ist in sich konsistent, fördert die umfassende Auswertbarkeit und beschleunigt in der Regel Abfragen und Auswertungen der Datenbank.

Die Datenanalyse beginnt mit der Erstellung eines Datenkataloges. Dann wird der Primärschlüssel definiert. Schließlich wird die Normalisierung durchgeführt, die in der Praxis in der Regel aus drei Schritten besteht: Ermittlung von Mehrfachabhängigkeiten, Ermittlung von Teilschlüsselabhängigkeiten und Transitive Zergliederung. Dadurch entstehen redundanzfreie, konsistente, leicht zu verarbeitende Datenbestände.

5.3 Analyse der Dimensionen

Bei der Analyse der Dimensionen geht es einerseits um die *Mengenanalyse*, andererseits um die *Zeitanalyse*. Mengen und Zeiten werden z.B. für die Stellenbildung (Anzahl notwendiger Stellen) wie auch für die Ablauforganisation benötigt (z.B. wann Stapelverarbeitung, wann Direktverarbeitung).

5.3.1 Mengenanalyse (ABC-Analyse)

Die ABC-Analyse ist eine allgemein anwendbare Methode, um Aufgaben oder sonstige mengenmäßig erfassbare Sachverhalte (Produkte, Kunden, Artikel, Verfahren usw.) *nach* ihrer *Häufigkeit oder nach anderen Kriterien zu ordnen* und daraus eventuell Prioritäten für deren Behandlung festzulegen. Welche Kriterien für die Gruppierung maßgebend sind, ist je nach Anwendungsgebiet verschieden.

Werden Kunden in Kategorien A/B/C eingeteilt, so werden möglicherweise die Umsätze maßgebend sein, d.h. die wenigen Kunden mit den großen Umsätzen gehören in die Kategorie A, die mittelgroße Anzahl Kunden mit mittleren Umsätzen in die Kategorie B und die vielen Kunden, die zusammen nur wenig Umsatz machen, in die Kategorie C. Wenn es z.B. darum geht, Lagerkosten zu optimieren, wird man u.U. die Positionen ermitteln, die den größten Anteil am Inventarwert haben. Von 1000 Positionen sind z.B. 50 A-Positionen, weil sie zusammen 80% des Lagerwerts ausmachen. Einsparungen bei diesen Artikeln können zu drastischen Einsparungen insgesamt führen, während Verbesserungen bei C-Artikeln keinen nennenswerten Einfluss auf das Gesamtergebnis haben. Auch im Verwaltungs- und Dienstleistungsbereich kann die ABC-Analyse eingesetzt werden, z.B. um festzustellen, welche Aufgaben in erster Linie untersucht werden sollten. Hier werden die *Kriterien* vor allem sein:

- Wie häufig ist diese Aufgabe zu erfüllen?
- Wieviel Zeit wird jeweils dafür benötigt?

Von dieser Frage geht das folgende Beispiel aus. Es können aber auch andere Sachverhalte nach der ABC-Analyse untersucht werden, z.B. Antragsteller und Zahl der Anträge, Aufträge und Auftragswert etc.

Die Technik

Steht die Untersuchung der Aufgaben im Vordergrund, werden vor der Durchführung der ABC-Analyse die einzelnen Aufgaben ermittelt. Sodann werden für die einzelnen Aufgaben *Häufigkeit und Zeitbedarf* für die Durchführung erhoben. Anstelle einer exakten Zeitmessung oder sonstigen Erhebung, die oft mit einem großen Aufwand verbunden ist, kann zunächst geschätzt werden (groß/mittel/klein). Mit den Werten Häufigkeit und Zeitbedarf lässt sich der *prozentuale Zeitanteil der einzelnen Aufgaben* am gesamten Zeitaufwand errechnen.

Als nächstes sind die Kategorien A, B, C gegeneinander abzugrenzen und die einzelnen Aufgaben diesen Kategorien zuzuteilen - nachdem die Aufgaben vorher nach dem fallenden Anteil am gesamten Zeitaufwand geordnet wurden. Die Praxis zeigt, dass normalerweise einige wenige Aufgaben zusammen bereits ca. 80% des Gesamtzeitaufwandes beanspruchen und somit als A-Aufgaben behandelt werden. Der im allgemeinen zahlenmäßig viel größere Rest der Aufgaben wird auf B- und C-Aufgaben aufgeteilt, die z.B. 15% bzw. 5% des Gesamtzeitaufwandes beanspruchen.

	A - Aufgaben	B - Aufgaben	C - Aufgaben
Anteil am Gesamt-Arbeitsaufwand	ca. 80%	ca. 15 %	ca. 5%
Anzahl Aufgaben	klein	mittel	groß

Die Verteilung kann *graphisch aufgezeichnet* werden. Die der fortlaufend gebildeten Zwischensumme entsprechende Kurve nennt man *Lorenzkurve*. Bei völliger Gleichverteilung müssten die kumulierten (Schritt für Schritt addierten) Werte auf Abszisse (Waagerechte) und Ordinate (Senkrechte) gleich sein, die Lorenzkurve wäre identisch mit dieser Geraden. Je stärker die Konzentration ist, um so mehr weicht die Lorenzkurve von dieser Geraden ab (vgl. Abb. 5.31).

Der wesentliche *Vorteil* der ABC-Analyse liegt darin, dass die Aufgaben (allgemein: Sachverhalte) leicht erkannt werden können, für die es sich lohnt, organisatorisch tätig zu werden. In den A-Aufgaben finden sich meistens die vielen Normalfälle. Gelegentlich kann es sinnvoll sein, nur für diese Normalfälle überhaupt Regelungen zu entwerfen. Einzel- und Ausnahmefälle werden als solche erkannt.

Die Anwendung

Die beschriebene Technik soll hier am Beispiel der Auftragsabwicklung eines Buchverlages angewendet werden.

Die Aufgabe wird in Teilaufgaben aufgegliedert und für jede Teilaufgabe werden Häufigkeit (Anzahl pro Jahr) und jeweiliger Zeitaufwand (min.) festgestellt oder geschätzt. Der Rest ist Rechenarbeit. Im hinteren Teil der Tabelle werden dann die Teilaufgaben nach ihrem %-Anteil am Gesamtzeitaufwand geordnet und die kumulierten Werte werden errechnet.

VORBEREITEN							ORDNEN		
Kurz-bez.	Aufgaben	Anzahl pro Jahr	Zeitaufw. Gewicht	Ges.Zeit-aufwand	Proz.-anteil		Kurz-bez.	Proz.-anteil	Add. Proz.
AA	Auftrag annehmen	10.000	3`	30.000	8,86		VS	59,18	59,18
AV	Vollständigkeit prüfen	10.000	2`	20.000	5,9		F	11,8	71,0
AB	Bonität prüfen	500	5`	2.500	0,7		AA	8,86	79,8
AL	Lieferfähigkeit prüfen	1.000	2`	2.000	0,6		RB	8,86	88,7
RB	Rückfragen bearbeiten	2.000	15`	30.000	8,86		AV	5,9	94,6
F	Fakturieren	10.000	4`	40.000	11,8		SO	2,9	97,5
AE	Änderungen bearbeiten	500	8`	4.000	1,2		AE	1,2	98,7
SO	Sonderfälle (Eilaufträge) verfolgen	1.000	10`	10.000	2,9		AB	0,7	99,4
VS	Versenden	10.000	20`	200.000	59,18		AL	0,6	100,0
	Summen:	45.000		338.500	100			100	

Abb. 5.30: ABC-Analyse von Aufgaben

Die Teilaufgaben werden nun in dieser Reihenfolge längs der Abszisse eingetragen und die zugehörigen kumulierten Werte auf der Ordinate vermerkt. Dies ergibt die Lorenzkurve (s. Abb. 5.31).

Es ist nun eine Ermessensfrage, ob man als A-Aufgaben diejenigen bezeichnen und entsprechend behandeln will, die zusammen z.B. 70% oder 80% der Zeit beanspruchen. Je nach Wahl erhält man 2 oder 3 A-Aufgaben. Im Beispiel wurde der Wert 80% gewählt, und die Grenze zwischen B- und C-Aufgaben wurde bei 95% angesetzt.

Die ABC-Analyse dient dazu, Aufgaben oder sonstige Sachverhalte nach ihrer Menge, dem Zeitverbrauch oder anderen Merkmalen zu ordnen, um daraus Prioritäten für deren Behandlung zu ermitteln.

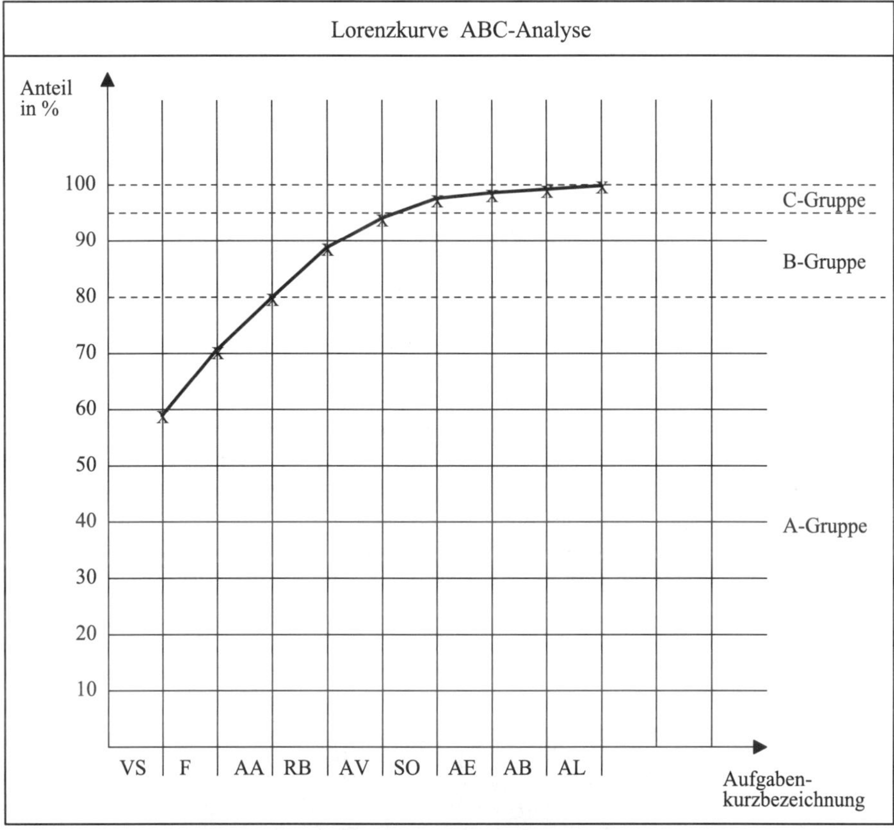

Abb. 5.31: Lorenzkurve zur Darstellung einer ABC-Analyse

5.3.2 Zeitanalyse (Zeitreihen)

Von einer *Zeitreihe* wird gesprochen, wenn *Daten über den gleichen Sachverhalt für eine Reihe von Zeitpunkten oder Zeiträumen vorliegen.* Zur Darstellung wird normalerweise ein Koordinatensystem verwendet. Auf der Abszisse werden die Zeitpunkte oder Zeiträume und auf der Ordinate die Merkmalswerte (Kapazität, Menge, Kosten, usw.) dargestellt. Der zeitliche Abstand der einzelnen Werte sollte gleich groß gewählt werden.

Normalerweise werden die aufeinanderfolgenden Punkte durch eine Gerade miteinander verbunden. Dadurch kommt die zeitliche Entwicklung besser zum Ausdruck. Das soll durch folgendes Beispiel verdeutlicht werden. Die Verkäufe für bestimmte Produkte haben sich folgendermaßen entwickelt:

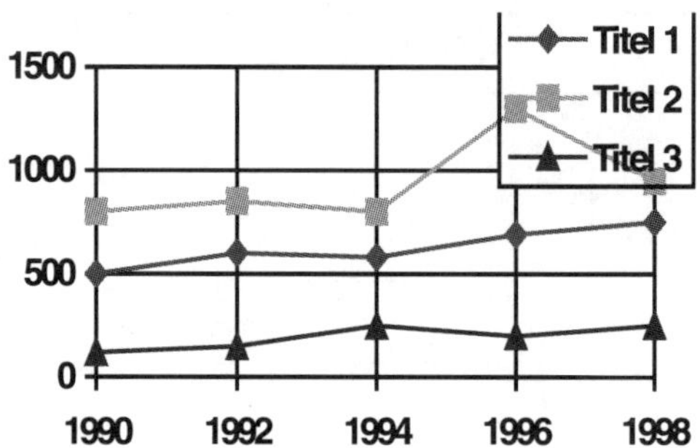

Abb. 5.32: Liniendiagramm

Soll demgegenüber die exakten Mengen dargestellt und in ihrer absoluten Größe verglichen werden, bietet sich die *Säulendarstellung* an, die auch als *Histogramm* bezeichnet wird. Die Fläche des Balkens (bzw. die Höhe, da die Breite stets gleich sein soll) repräsentiert die Merkmalswerte, d.h. die Besetzungszahlen oder Häufigkeiten. Durch Schraffierung, Rasterung oder Farbgebung können mehrere Zeitreihen (hier Absatzmengen verschiedener Produkte) in dem gleichen Koordinationssystem abgebildet werden, wie das folgende Beispiel zeigt.

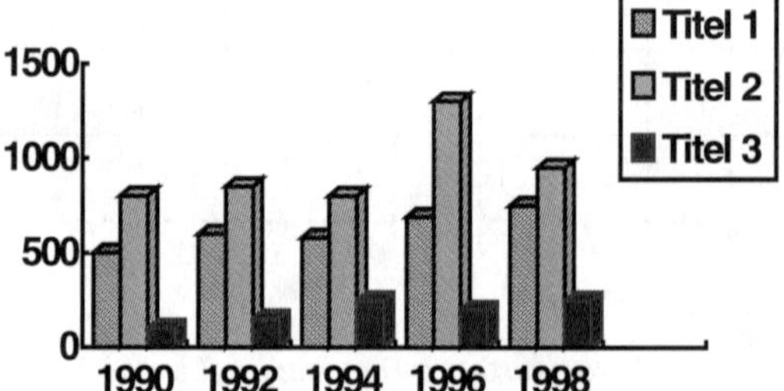

Abb. 5.33: Säulendiagramm

Es ist leicht möglich, durch die „geeignete Wahl des Maßstabes" den Eindruck über eine Entwicklung in einem gewünschten Sinn zu manipulieren, wie die folgenden zwei Darstellungen des gleichen Sachverhaltes zeigen.

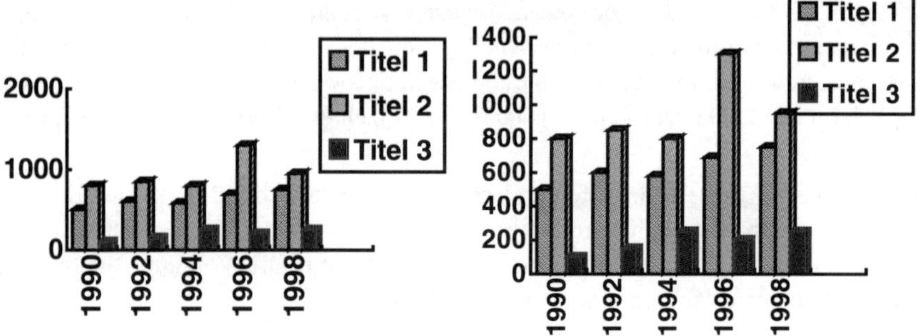

Abb: 5.34: Veränderungen der Skalierung

Zeitreihen liegen vor, wenn Daten über den gleichen Sachverhalt für eine Reihe von Zeitpunkten oder Zeiträumen zueinander in Beziehung gesetzt werden. Zeitreihen können durch Liniendiagramme oder Säulendiagramme graphisch dargestellt werden.

5.4 Vernetztes Denken

Das vernetzte Denken wird hier unter den Techniken der Analyse behandelt, es kann aber auch in anderen Schritten im Zyklus angewendet werden, wie noch gezeigt wird. Das sogenannte vernetzte Denken ist ein *Anwendungsfall des Systemdenkens*. Es greift auf Begriffe und Denkansätze systemorientierter Arbeit zurück. Mit Hilfe des vernetzten Denkens werden Projekte und die in ihnen zu bearbeitenden *Problemsituationen modelliert*, das heißt dargestellt und in ihrem Verhalten untersucht.

Mit dem vernetzten Denken wird versucht, *Probleme ganzheitlich darzustellen* und zu lösen. Menschen neigen dazu, komplexe Zusammenhänge zu vereinfachen. „Wenn - dann - Aussagen" etwa mit dem Inhalt: „Wenn ich einem Kundenberater eine bessere Technik zur Verfügung stelle, gewinnt er Zeit für die Beratung!" sind zwar prinzipiell vermutlich richtig. Derartige Vereinfachungen lassen aber beispielsweise außer Betracht, dass verschiedene Faktoren dafür maßgeblich sind, ob die Technik genutzt wird (empfundene Bedrohung durch die Technik, Schulungsanstrengungen bei den Anwendern usw.), ob die Technik überhaupt geeignet ist (Art der Aufgaben, Wiederholungshäufigkeit der Aufgaben etc.), ob die Technik nicht neue Aufgaben hervorruft, die mit ihrem Einsatz einher gehen (z.B. Anwender legen sich selbst umfangreiche Dateien an) usw. Werden solche Zusammenhänge unzulässig vereinfacht, treten unerwartete (Neben-)Wirkungen auf, die oftmals sogar das Gegenteil von dem bewirken, was eigentlich beabsichtigt wurde.

Mit dem vernetzten Denken wird versucht, *Problemsituationen in ihrer realen Komplexität zu erfassen und die Auswirkungen von Eingriffen zu untersuchen*. Aus diesem Grund beschränkt sich das vernetzte Denken auch nicht auf organisatorische Sachverhalte (Elemente und Beziehungen), sondern es *bezieht alle Faktoren und deren Verknüpfungen mit ein, die mit einem Problem bzw. mit einem Vorhaben zusammenhängen*, auch wenn sie durch das Projekt nicht verändert werden können. So können dann aus einem organisatorischen Projekt heraus Hinweise gegeben werden, wo weiterer Handlungsbedarf besteht, wenn das Problem ganzheitlich gelöst werden soll.

Ein weiteres Merkmal des vernetzten Denkens besteht darin, dass die *zeitliche Dynamik von Systemen bewusst berücksichtigt* wird. Veränderungen im Zeitablauf und die sich daraus ergebenden Wirkungsverläufe werden bewusst untersucht. Es sind also Entwicklungen zu prognostizieren, die sich aus Eingriffen ergeben (so kann beispielsweise der Einsatz von Technik erst zu Einbußen und später zu deutlichen Verbesserungen führen).

Bei der Modellierung einer Situation geht man von Zielen oder erwünschten Wirkungen aus. Es werden dann alle Faktoren ermittelt, die direkt oder indirekt, positiv oder negativ auf das Ziel wirken. Im Einzelnen sind folgende Bearbeitungsschritte zu durchlaufen:

Schritte zur Modellierung von Netzwerken	Beispiele
Zielvorstellungen klären	Verbesserung der Beratungsleistung
relevante, zielwirksame Faktoren ermitteln	Beraterqualifikation Beratermotivation Aussagefähige Informationen beim Berater Teilhabe am Erfolg
verbinden der Faktoren durch Beziehungen (möglichst als Regelkreise)	Teilhabe am Erfolg wirkt auf Beratermotivation Motivation wirkt auf Beratungsqualität Qualität wirkt auf Umsatz Umsatz wirkt auf Teilhabe-Ergebnis
Wirkungsverläufe ermitteln • positiv oder negativ • stark oder schwach • kurz-, mittel- oder langfristig	Positive Wirkung von Teilhabe auf Motivation Starke Wirkung bei hoher Teilhabe Kurzfristige Wirkung bei hoher Teilhabe Langfristig stark negative Wirkung bei langsamen Entscheidungen durch Vorgesetzte usw
Wechselbeziehungen mit der Systemumwelt darstellen	Teilhabe wirkt eher negativ, wenn sie im Vergleich mit anderen Stellen oder Abteilungen als ungerecht - zu niedrig - empfunden wird
Rahmenbedingungen ermitteln, die durch das Projekt nicht beeinflusst werden können.	Konjunktur und Verhalten der Mitbewerber haben unabhängig von den Anstrengungen der Berater einen ganz wesentlichen Einfluss auf die Erfolge der Berater.

Im Beispiel Abb. 5.35 wird die Problemstellung „Stärkung der Marktstellung durch verbesserte Beratungsleistungen in einem Kreditinstitut“ modelliert. Es wurden hier bewusst auch Faktoren mit aufgenommen, die nicht zur Organisation gehören und somit eventuell in anderen Projekten weiter verfolgt werden müssen (z.B. Konditionengestaltung, Teilhabe am Erfolg usw.).

Das vernetzte Denken unterstützt die Projektarbeit nicht nur in der Analyse sondern auch bei den übrigen Schritten im Zyklus, wie die folgende Übersicht zeigt.

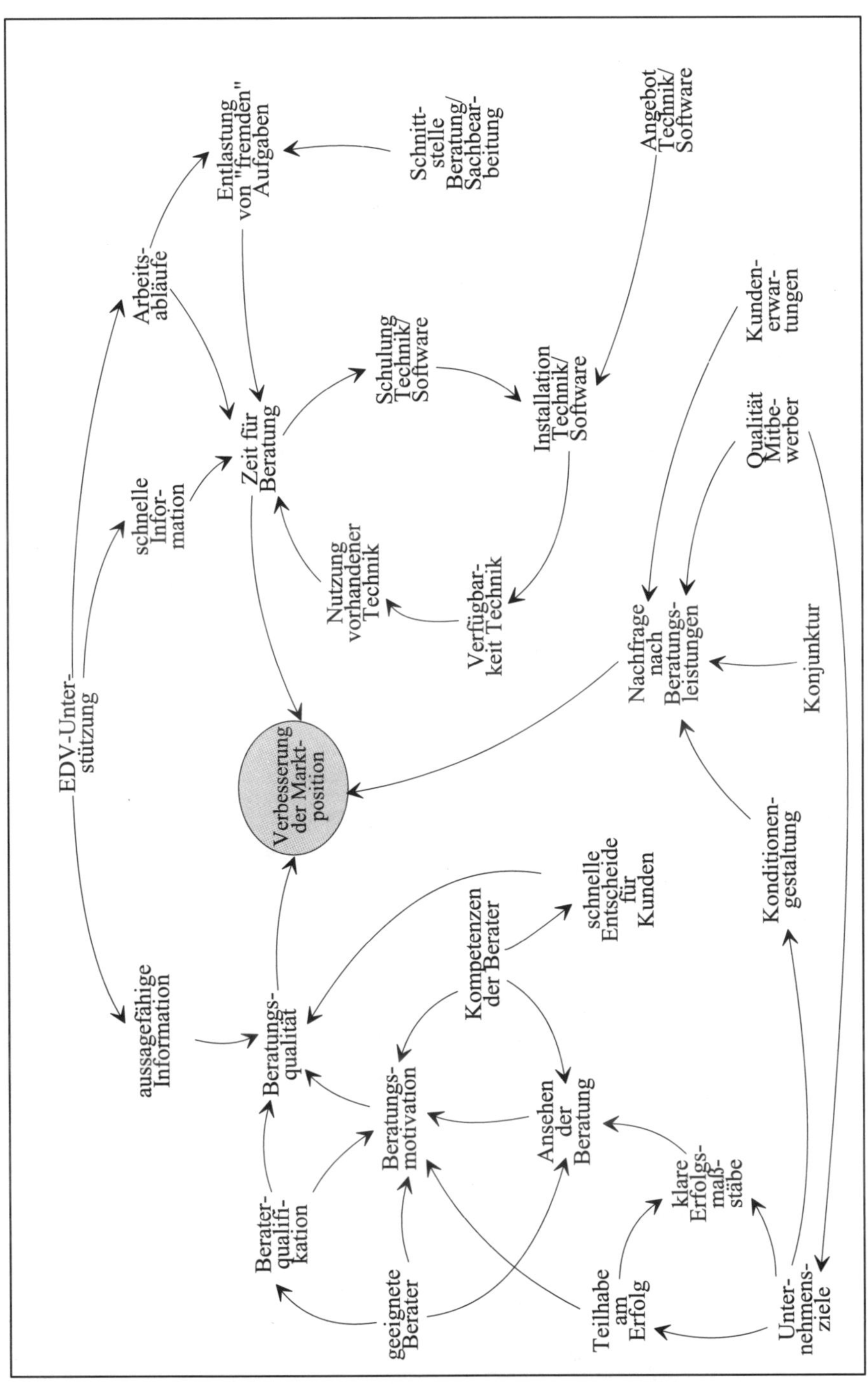

Abb: 5.35: Netzwerk im Projekt Verbesserung der Marktposition

Schritt im Zyklus	Anwendung des vernetzten Denkens
Erhebung /Analyse	Modellierung der Ausgangssituation Ermittlung des Erhebungsbedarfs durch die Modellierung
Würdigung	Ermittlung der Faktoren, welche die Zielerreichung im Ist-Zustand behindern (Ursache-Wirkungs-Ketten)
Lösungsentwurf	Ermittlung von beeinflussbaren (lenkbaren) Faktoren bzw. Varianten, die geeignet erscheinen, die Zielerreichung zu verbessern
Bewertung	Untersuchung der voraussichtlichen Wirkung (Richtung, Stärke und Fristigkeit) von Eingriffen unter Berücksichtigung des notwendigen Aufwandes

Das vernetzte Denken ist angewendetes Systemdenken. Problemsituationen werden in ihren komplexen, mehrstufigen Wirkungszusammenhängen dokumentiert, gewürdigt und daraufhin untersucht, welche Einflüsse geplante Eingriffe voraussichtlich haben werden.

Fragen zum Kapitel 5	Text dazu auf Seite
1. Inwiefern stehen die Aufgaben im Mittelpunkt des organisatorischen Interesses?	216
2. Wovon hängt die Gliederungstiefe bei der Aufgabengliederung ab?	222f
3. Welche Informationen sind zu einer vollständigen Beschreibung von Aufgaben notwendig?	219
4. Welche Aufgabenerfüllungsmerkmale kennen Sie?	219f
5. Weshalb muss bei der Aufgabenanalyse „Vollständigkeit" angestrebt werden?	220
6. Welche Erhebungstechnik wird bei der Aufgabengliederung verwendet?	225
7. Geben Sie ein Beispiel für eine Und-Gliederung der Verrichtung.	224
8. Durch welche Prüffrage kann die Oder-Gliederung der Verrichtung erkannt werden?	224
9. Durch welche Prüffragen können Formen der Objektgliederung erkannt werden?	227
10. Inwiefern wird durch die Technik der Aufgabengliederung die Arbeitsteilung im Projekt erleichtert?	234
11. Wozu dient ein Aufgabenstrukturbild?	234
12. Inwiefern kann eine Software zur Aufgabenanalyse die Arbeit erleichtern?	238
13. Was versteht man unter einem Informationssystem?	240
14. Wie ist die stellenorientierte Informationsanalyse aufgebaut?	242
15. Was soll mit einer Datenanalyse (Datennormalisierung) erreicht werden?	246
16. In welchen Schritten läuft die Datennormalisierung ab?	248f
17. Schildern Sie den Aufbau einer ABC-Analyse.	252f
18. Was soll mit dem vernetzten Denken erreicht werden?	257f
19. In welchen Schritten wird ein Netzwerk modelliert?	258

Weiterführende Literatur zu diesem Abschnitt

Berthel, J.: Informationsbedarf. In: Handwörterbuch der Organisation. Hrsg. v. E. Frese. 3. Aufl., Stuttgart 1992, Sp. 872 - 886

Burch, J.G.: Information Systems. New York 1986

Davis, G.B.; M.H. Olson: Management Information Systems. Conceptual Foundations, Structure, and Development. 2. Aufl., New York 1985

Fornfeist, M.: Kommunikationstechnik und Aufgaben - Organisatorische Aufgabenanalyse unter Berücksichtigung des Kommunikationsproblems. Forschungsprojekt Bürokommunikation. Band 7. Hrsg. A. Picot; R. Reichwald. München 1985

Gomez, P.; G. Probst: Die Praxis des ganzheitlichen Problemlösens. Bern/Stuttgart/Wien 1995

Heinrich, L.J.; P. Burgholzer: Systemplanung. Die Planung von Informations- und Kommunikationssystemen. Bd. 1, 5. Aufl., München/Wien 1991

Jordan, C.: Datentabellen in Systemplanung und DV-Organisation. Stuttgart/Wiesbaden 1976

Koreimann, D.S.: Methoden der Informationsbedarfsanalyse. Berlin / New York 1976

Kosiol, E.: Die Organisation der Unternehmung. 2. Aufl., Wiesbaden 1976

Krüger, W.: Aufgabenanalyse und -synthese. In: Handwörterbuch der Organisation. Hrsg. v. E. Frese. 3. Aufl., Stuttgart 1992, Sp.221 - 236

Mertens, P.; J. Griese: Industrielle Datenverarbeitung. Bd. 2. Informations- und Planungs- und Kontrollsysteme. 5. Aufl., Wiesbaden 1988

Schmidt, G.: Grundlagen der Aufbauorganisation. 4.Aufl., Gießen 2000

Ulrich, H.: G.J.B. Probst: Anleitung zum ganzheitlichen Denken und Handeln. 3. Aufl., Stuttgart 1991

6 Techniken der Würdigung

6.1 Grundlagen

Die Würdigung setzt sich *wertend* mit dem *Ist-Zustand* auseinander. Sie fragt nach *Stärken* und *Schwächen* einer bereits vorhandenen Lösung. Bei einer *unerwünschten Abweichung von* einem *Soll-Zustand* (z.B. die Bestellabwicklung dauert fünf Tage, sollte aber nur maximal zwei Tage in Anspruch nehmen) spricht man von einem *Problem.*

Probleme als Abweichung zwischen einem Ist-Zustand und einem erwünschten Soll-Zustand können offenkundig sein - es treten beispielsweise Störungen auf, die beseitigt werden müssen - oder sie zeigen sich als ein diffuses Störgefühl - „man sollte einmal untersuchen, ob das alles richtig läuft" - oder sie sind niemandem bewusst, weil „es ja schon immer so lief". Oft sind *Abweichungen* jedoch erst erkennbar, wenn von außen auf das eigene Unternehmen oder auf einen Bereich geblickt wird, wenn also ein *Vergleich* mit Dritten, möglichst *mit den Besten* vorgenommen wird. Dieser Ansatz wird als *Benchmarking* bezeichnet.

Wenn *Abweichungen bereits bestehen* und bekannt sind, müssen - unter Umständen schnelle - *Maßnahmen* ergriffen werden. *Abweichungen* können auch *erst in der Zukunft* auftreten. In diesen Fällen ist eine vorausschauende Aktion angezeigt, um die Situation von vornherein in den Griff zu bekommen, d.h. *vorbeugend* tätig zu werden, um das Problem zu verhindern oder um Maßnahmen zu ergreifen, die das Problem begrenzen.

Beispiel: Die Unterstützung für eine installierte Software läuft in zwei Jahren aus, da der Anbieter bereits seit mehreren Jahren auf eine neue Produktlinie umgestiegen ist. Die fehlende Serviceleistung wird zu einem Problem. Vorbeugend kann rechtzeitig auf eine neue Anwendung umgestiegen werden (vorbeugende Maßnahme), oder man sucht am Markt ein Dienstleistungsunternehmen, das bereit ist, zukünftig die Pflege zu übernehmen (Problembegrenzung).

Häufig wird die *Würdigung* mit einer *Problemanalyse* gleichgesetzt. Planvolles Organisieren setzt allerdings auch voraus, dass nicht nur Abweichungen zwischen dem Ist und dem Soll untersucht werden. Es müssen daneben die wesentlichen *Übereinstimmungen zwischen dem Ist und dem Soll* untersucht werden, d.h. es müssen auch die *Stärken* des Ist bewusst gemacht werden, um sie zu konservieren und weiterzuentwickeln bzw. durch neue Lösungen nicht zu gefährden.

Damit ergeben sich in der Würdigung folgende Kombinationen und mögliche Reaktionen:

		heute	zukünftig
Stärken	Bekannt	Ursachen ermitteln, konservieren	Ursachen und mögliche Bedrohung ermitteln, gegen Bedrohung absichern / Stärken weiter entwickeln
	Unbekannt	Stärken ermitteln, Ursachen ermitteln, konservieren	Mögliche Stärken ermitteln, Ursachen ermitteln, Bedrohungen ermitteln, absichern, Stärken weiter entwickeln
Soll/Ist-Abweichungen (Probleme)	Bekannt	Ursachen ermitteln, beseitigen	Ursachen ermitteln, vorbeugen
	Unbekannt	Probleme ermitteln, Ursachen ermitteln, beseitigen	Zukünftig mögliche Probleme und deren Ursachen ermitteln, vorbeugen

Abb. 6.1: Inhalte einer Würdigung

Würdigung ist ein *Prozess des Ermittelns der gegenwärtigen oder zukünftigen Stärken und Schwächen und der dafür verantwortlichen Ursachen (Diagnose)*, um durch geeignete Maßnahmen reagieren oder vorausschauend agieren zu können (Therapie).

Soweit organisatorische Maßnahmen nicht von außen erzwungen werden, z.B. durch den Gesetzgeber oder durch Verpflichtungen gegenüber Verbänden o.ä., besteht die Freiheit, selbst zu entscheiden, ob eine Abweichung groß genug ist, um darauf mit einer organisatorischen Maßnahme zu reagieren. Da organisatorische Maßnahmen immer neben den eigentlichen Kosten des Projektes zusätzliche „Kosten" in Form von Anlaufschwierigkeiten und menschlichen Anpassungswiderständen mit sich bringen, während der Erfolg einer organisatorischen Maßnahme oftmals nur schwer zu messen ist, sollten *organisatorische Maßnahmen nur dann eingeleitet werden, wenn wesentliche Verbesserungen zu erwarten sind.*

Bevor die Einordnung der Würdigung in den Projektablauf und ausgewählte Techniken behandelt werden, soll ausdrücklich ein „menschliches Problem der Würdigung" angesprochen werden. Ob ein *Problem* vorliegt oder nicht, hängt von *subjektiven Maßstäben* ab. Ein Sachverhalt, der aus der Sicht des Auftraggebers als Problem angesehen wird (z.B. zu hohe Kosten für eine Bestellabwicklung), ist noch lange nicht auch ein Problem der Betroffenen. Und umgekehrt sind manche Probleme der betroffenen Anwender aus der Sicht der Auftraggeber irrelevant (z.B. gelegentlich Überstunden leisten zu müssen).

Was als Problem angesehen wird, hängt einmal von der *Interessenlage* und zum anderen von der *Wahrnehmung* jeder einzelnen Person ab. Für den Projektbearbeiter ist es unerlässlich, sich mit den wahrgenommenen Problemen derjenigen auseinanderzusetzen, die in irgendeiner Weise von dem Projekt berührt werden, unabhängig davon, ob er das Urteil dieser Menschen teilt oder nicht. Wenn ein Mensch etwas als ein Problem empfindet, dann ist es für diesen Menschen auch ein Problem, ganz gleich, wie andere das sehen. Ein „Problemlöser“ wird für die Beteiligten nur glaubhaft sein, wenn er sich mit deren Problemen auseinandersetzt. Ob er dann allen Problemen abhelfen kann, steht auf einem anderen Blatt.

In der Würdigung setzt man sich mit den Stärken und Schwächen sowie mit den Chancen und Risiken des Ist-Zustandes und deren Ursachen auseinander. Organisatorische Maßnahmen sollten nur eingeleitet werden, wenn wesentliche Verbesserungen zu erwarten sind. Ob ein Sachverhalt als Stärke oder Schwäche angesehen wird, hängt wesentlich von der Interessenlage und der Wahrnehmung der beteiligten Menschen ab.

6.2 Einordnung der Würdigung

Die Würdigung ist ein *Schritt im Planungszyklus*, der sich an die Erhebung und Analyse anschließt. Nachdem das Material über den Ist-Zustand gesammelt und geordnet ist (Erhebung und Analyse), setzt man sich wertend mit dem Ist-Zustand auseinander. Selbstverständlich gibt es auch sehr oft den Fall, wo ein *Problem am Anfang eines Organisationsvorhabens* steht. Aber auch in diesem Fall wird versucht, in der Würdigung möglichst vollständig und möglichst *systematisch Soll-Ist-Abweichungen zu erkennen*. Das ist aber erst möglich, wenn man sich näher mit dem Ist-Zustand auseinandergesetzt hat.

Negative Soll-Ist-Abweichungen (Probleme) wie auch Stärken oder Chancen werden in der Würdigung normalerweise *in Ziele umformuliert*. So kann aus dem Problem einer „zu langen Durchlaufzeit“ das Ziel einer „kürzeren Durchlaufzeit“ werden. Sind die Durchlaufzeiten im Ist-Zustand bereits sehr kurz, so wird diese Stärke dennoch als Ziel mit aufgenommen, wenn diese Stärke auch für die Zukunft erhalten bleiben soll. Die Würdigung führt also zu einer Überarbeitung der Projektziele, hier wird auch von einer Zielüberarbeitung (Zielrevision) gesprochen.

Die Einordnung der Würdigung in den Projektablauf wird in der Abbildung 6.2 noch einmal verdeutlicht.

Die Würdigung führt zu einer Überarbeitung der Projektziele. Probleme und Stärken werden zu Zielen umformuliert.

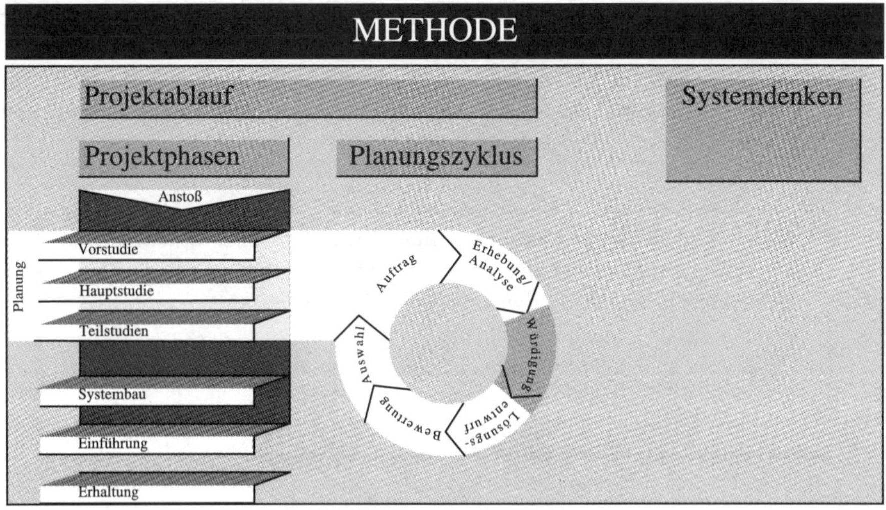

Abb. 6.2: Einordnung der Würdigung

6.3 Techniken der Problemanalyse

6.3.1 Übersicht

Die Würdigung kann folgendermaßen durchgeführt werden:

Vorgehen in der Würdigung	
unsystematisch	**systematisch**
• Störgefühl/Erfahrung • Prüffragenkataloge	• Benchmarking • Problemanalyse • Prüfmatrix

Grundsätzlich ist bei komplexen Aufgabenstellungen ein *systematisches Vorgehen* einem unsystematischen *überlegen*, da nur so sichergestellt werden kann, dass

- möglichst alle Probleme/Stärken/Chancen/Risiken erkannt werden
- Probleme klar beschrieben werden
- planmäßig nach den Ursachen gesucht wird, um nicht nur an den Symptomen zu kurieren und um Ursachenketten zu erkennen
- subjektive Einschätzungen in Grenzen gehalten werden.

Allerdings kann auch ein methodisches Vorgehen bei der Würdigung Subjektivität nicht verhindern. Ob ein Problem vorliegt oder nicht, hängt wie erwähnt von subjektiven Maßstäben ab (was ist gut oder schlecht, was ist wünschenswert, was ist zukünftig zu erwarten etc.). Methodisches Vorgehen bei der Würdigung kann allerdings insofern die Subjektivität in Grenzen halten als die

- Vollständigkeit (gegenüber subjektiver Einseitigkeit) und die
- Nachvollziehbarkeit einer Aussage

eher gewährleistet sind.

Auf Störgefühle und Erfahrungen soll hier nicht eingegangen werden, da sie methodisch nicht nachvollziehbar sind. In Abb. 6.3 wird zuerst ein Beispiel für einen Prüffragenkatalog gezeigt. Dann werden die Verfahren des Benchmarking, der systematischen Problemanalyse und der Prüfmatrix im Einzelnen dargestellt.

6.3.2 Prüffragenkataloge

Prüffragenkataloge gehören zu den unsystematischen Ansätzen der Würdigung. Mit ihnen werden gleichzeitig zwei Zielsetzungen verfolgt:

- Typische Schwachstellen - Fehler und Versäumnisse - sollen erkannt werden. Dieses Verfahren ähnelt den Diagnose-Centern für Menschen oder Automobile, die auf mögliche Defekte untersucht werden.
- Bekannte Lösungsmöglichkeiten sollen auf ihre Anwendbarkeit im konkreten Fall untersucht werden. So kann etwa geprüft werden, ob auch im vorliegenden Fall regelmäßig Meetings einer bestimmten Mitarbeitergruppe veranstaltet werden sollten, um die Kommunikation zu verbessern.

Prüffragenkataloge haben einen entscheidenden *Mangel*; sie sind *unsystematisch* und bilden kein allgemeines Gerüst für alle Probleme. Es muss letztlich *für jede Problemstellung ein neuer Prüffragenkatalog* aufgestellt werden, da die Fragen immer nur ganz spezielle Sachverhalte ansprechen können. Diese Arbeit wird durch den erwähnten Umstand sehr erschwert, dass bisher keine allgemeine Systematik zum Aufbau von Prüffragenkatalogen vorliegt. Ein Prüffragenkatalog zur Untersuchung des Leitungssystems muss beispielsweise ganz anders aufgebaut sein als ein Katalog zur Rationalisierung des Posteingangs. Die Fragen selbst und der Detaillierungsgrad der Fragen unterscheiden sich in den beiden Fällen ganz erheblich.

Damit soll die Leistungsfähigkeit der Prüffragenkataloge nicht in Frage gestellt werden. Ausgereifte und problembezogene Kataloge sind ein sehr wirksames Instrument in der Stufe der Würdigung. Sie reichen in den Lösungsentwurf (Synthese) hinein.

In Abb. 6.4 wird ein Ausschnitt aus einem recht allgemein gehaltenen Katalog vorgestellt. Die Fragen zielen auf generelle aufbauorganisatorische Probleme. Obwohl das Hauptanwendungsgebiet der Prüffragenkataloge die Stufe der Würdigung ist, können sie auch zur Beurteilung neu konzipierter Lösungen herangezogen werden.

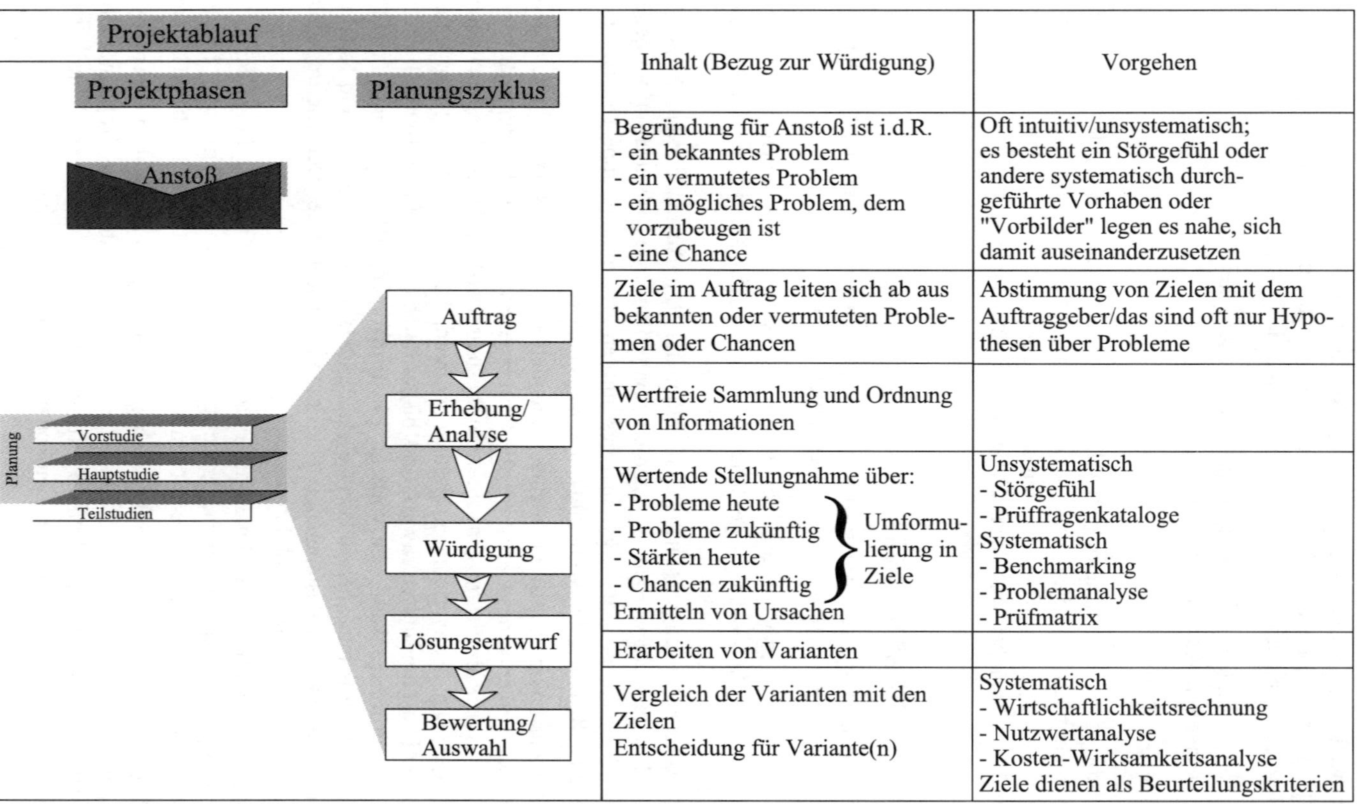

Planungszyklus	Inhalt (Bezug zur Würdigung)	Vorgehen
Anstoß	Begründung für Anstoß ist i.d.R. - ein bekanntes Problem - ein vermutetes Problem - ein mögliches Problem, dem vorzubeugen ist - eine Chance	Oft intuitiv/unsystematisch; es besteht ein Störgefühl oder andere systematisch durchgeführte Vorhaben oder "Vorbilder" legen es nahe, sich damit auseinanderzusetzen
Auftrag	Ziele im Auftrag leiten sich ab aus bekannten oder vermuteten Problemen oder Chancen	Abstimmung von Zielen mit dem Auftraggeber/das sind oft nur Hypothesen über Probleme
Erhebung/ Analyse	Wertfreie Sammlung und Ordnung von Informationen	
Würdigung	Wertende Stellungnahme über: - Probleme heute - Probleme zukünftig - Stärken heute - Chancen zukünftig } Umformulierung in Ziele Ermitteln von Ursachen	Unsystematisch - Störgefühl - Prüffragenkataloge Systematisch - Benchmarking - Problemanalyse - Prüfmatrix
Lösungsentwurf	Erarbeiten von Varianten	
Bewertung/ Auswahl	Vergleich der Varianten mit den Zielen Entscheidung für Variante(n)	Systematisch - Wirtschaftlichkeitsrechnung - Nutzwertanalyse - Kosten-Wirksamkeitsanalyse Ziele dienen als Beurteilungskriterien

Abb. 6.3: Zusammenhang Projektablauf und Würdigung

Prüffragenkatalog zur Aufbauorganisation - Stellen- und Abteilungsbildung
1. Sind die Aufgaben der Stelle klar definiert?
2. Kann ein gedachter Aufgabenträger die erforderliche Qualifikation besitzen? Wurde die Stelle berufs-typologisch (nach vorhandenen Berufsbildern) gebildet?
3. Sind alle Phasen einer Aufgabe verteilt (Entscheidungsvorbereitung, Entscheidung, Realisation und Kontrolle)?
4. Sind einzelne Aufgaben mehrfach auf verschiedene Stellen verteilt?
5. Kontrolliert ein Aufgabenträger (eine Gruppe) seine (ihre) eigene Aufgabenerfüllung?
6. Hat ein Aufgabenträger wirklich Einfluss auf die zu erreichenden Ziele?
7. Fehlen bestimmte Aufgaben, die in vergleichbaren Unternehmen anzutreffen sind (z.B. Zukunftsaufgaben)?
8. Ist die Messung der Leistung von Stelleninhabern, Gruppen, Abteilungen oder Bereichen möglich?
9. Begünstigt die Stellenbildung die Spezialisierung? Wie weit ist die Spezialisierung vorangeschritten? Sind negative Auswirkungen der Spezialisierung zu erwarten?
10. Kann der Stelleninhaber seinen eigenen Beitrag zur Leistungserfüllung deutlich erkennen?
11. ....

Abb. 6.4: Beispiel für einen Prüffragenkatalog zur Aufbauorganisation

> *Prüffragenkataloge dienen dazu, typische Schwachstellen gezielt zu erkennen und die Anwendbarkeit bekannter Lösungsmöglichkeiten zu prüfen. Gute Prüflisten sind eine wesentliche Hilfe. Ihr Nachteil ist, dass für jeden Problemkreis und für jede Detaillierungsstufe neue Prüffragenkataloge entwickelt werden müssen.*

6.3.3 Benchmarking

Um eine Lösung oder ein Ergebnis als gut oder schlecht qualifizieren zu können, sind geeignete Maßstäbe notwendig. Die Umsetzung dieser selbstverständlich erscheinenden Aussage kann in der Praxis durchaus Schwierigkeiten bereiten, weil oft allgemein anerkannte Vergleichsmaßstäbe fehlen. Je höher die Latte liegt, desto kleiner sieht derjenige aus, der sie überqueren möchte. Im *Benchmarking*, dem *Vergleich mit dem Besten* steckt man sich die denkbar höchsten Ziele, nämlich mindestens so gut zu sein, wie der Beste.

Die Technik des Vergleiches mit Dritten ist zwar im Prinzip schon lange bekannt - so gibt es seit Jahrzehnten Vergleichszahlen innerhalb bestimmter Branchen - durch die konsequente Umsetzung und durch eine erweiterte - nicht nur finanzielle Größen betreffende - Fragestellung hat das Benchmarking jedoch spektakuläre Erfolge gebracht, so dass es heute gerade auch im Zusammenhang mit dem gestiegenen Qualitätsbewusstsein (Total Quality Management) einen hohen Stellenwert gewonnen hat.

Wenn Vergleiche angestellt werden, muss geklärt werden

- was soll verglichen werden (Objekt der Messung)?
- woran soll es gemessen werden (Kriterium)?
- wo soll gemessen werden (Vergleichspartner)?
- wie soll gemessen werden (Verfahren der Messung)?
- wann soll gemessen werden (Zeitpunkt/Zeitraum der Messung)?

Diese Parameter sollen im Folgenden näher betrachtet werden.

Parameter der Messung	**Mögliche Ausprägungen**			
Objekt	Produkte	Prozesse	Verfahren/ Technik	
Kriterien	Kosten	Funktionalität	Qualität	Zeit
Vergleichspartner	innerhalb des eigenen Unternehmens	innerhalb der gleichen Branche	unabhängig von der Branche	
Verfahren	Studium von Sekundärquellen	Informations-austausch	Besichtigung	
Zeit	einmalig	kontinuierlich		

Abb. 6.5: Parameter der Messung beim Benchmarking

Zu allen genannten Parametern müssen im konkreten Fall Entscheidungen gefällt werden. Aus dem morphologischen Kasten ist also die beste *Kombination* herauszufinden. Dabei ist selbstverständlich auch die *Machbarkeit* zu berücksichtigen.

Die Messung kann sich an dem jeweiligen *Produkt* orientieren. Dabei kann es sich um *marktfähige* Produkte handeln, also Leistungen, die für externe Kunden erbracht werden, wie auch um *interne* Produkte wie zum Beispiel Leistungen der EDV für den Vertrieb. Es ist unerheblich, ob es sich um Dienstleistungen - z.B. Beratung für Kunden - oder um physische Produkte handelt. Die Messung kann sich auch auf *Prozesse* beziehen, also beispielsweise auf den Prozess der Auftragsabwicklung oder auf den Prozess der Kreditbewilligung. In diesem Fall stehen die aufbau- und ablauforganisatorischen Regelungen im Vordergrund. Diese Thematik hat in den letzten Jahren insbesondere unter den Schlagworten Lean Organisation und Business Reengineering einen sehr hohen Stellenwert erhalten. Ausgehend von sogenannten Kernprozessen - aus der Sicht des Kunden wichtige Prozesse - werden Verbesserungsmöglichkeiten untersucht. Schließlich kann die Messung die eingesetzten *Verfahren* bzw. die verwendeten *Techniken* - z.B. die Technik der Informationsspeicherung im Archiv und das damit verbundene Zugriffsverfahren - zum Gegenstand haben.

Als Kriterien der Messung können die *Kosten* verwendet werden. Das liegt immer dann nahe, wenn die Produkte (Leistungen) weitgehend vergleichbar sind, diese Leistungen aber offensichtlich oder vermutlich zu unterschiedlichen Kosten erbracht werden. Bei Unterschieden in den Produkten kann auch verglichen werden, welche *Leistungen* - welche Funktionen - die Produkte des Vergleichspartners beinhalten. So kann sich beispielsweise herausstellen, dass Mitbewerber ihren Kunden einen Zusatznutzen bieten, der einen wesentlichen Wettbewerbsvorteil darstellt (z.B. der Lieferant von Verbrauchsmaterial übernimmt die Entsorgung des Leergutes). Schließlich kann sich der Vergleich auf die *Qualität der Leistung* beziehen. Mögliche Kriterien können sein die Störanfälligkeit, die ergonomische Gestaltung, die Flexibilität eines Produktes usw. Schließlich kann auch die *Zeit* ein wichtiger Vergleichsmaßstab sein. So ist es für die Abnehmer - insbesondere bei gleicher Qualität und bei vergleichbaren Preisen - oft entscheidend, wer schneller liefern oder wer schneller auf Forderungen des Marktes reagieren kann.

Vergleichspartner können *im gleichen Unternehmen*, z.B. in anderen Abteilungen oder Unternehmensbereichen gesucht werden. Das bietet sich bei großen Unternehmen an, die in sich erhebliche Unterschiede aufweisen. Größere Abweichungen und damit größere Potenziale zeigen sich meistens, wenn man sich an den besten *Mitbewerbern* oder an den Besten aus der gleichen Branche misst. Noch wichtiger können Impulse aus dem *Vergleich mit fremden Branchen* sein, deren Kernprozesse ähnlich zu den untersuchten Prozessen sind. So kann beispielsweise ein Versandunternehmen als Vergleichsbasis für die Logistik im Lager eines produzierenden Unternehmens dienen oder der Änderungsdienst bei einem Kreditkartenunternehmen für die Ausgabestelle von Personalausweisen in einer Kommune.

Als mögliche Verfahren kommen das Studium von *Fachliteratur*, der Besuch von *Tagungen* oder Messen in Frage. Wesentlich gezieltere Informationen sind möglich, wenn mit den Vergleichspartnern *schriftlich oder mündlich Informationen ausgetauscht* werden. Die *unmittelbare Besichtigung* liefert ohne Zweifel die besten Informationen, dieser Weg ist aber aus Wettbewerbsgründen oft versperrt. Als Ausweg bietet es sich an, neutrale Dritte wie z.B. Beratungsunternehmen mit dem Vergleich zu beauftragen.

Benchmarking kann eine einmalige Aktion sein. Den größten Nutzen dürfte es jedoch bringen, wenn die Vergleiche kontinuierlich mit konstanten oder wechselnden Objekten, Kriterien und Vergleichspartnern durchgeführt werden.

Mit der Festlegung der Objekte, der Kriterien, der Vergleichspartner und der Verfahren ist die Vorbereitung des Benchmarking abgeschlossen. In einem nächsten Schritt sind dann *Abweichungen zu ermitteln*, die z.B. die Kosten, die Qualität, die Zeit usw. betreffen können. Im Anschluss ist dann herauszufinden, auf welche *Ursachen* diese Abweichungen zurückzuführen sind.

Wenn die Probleme (Verbesserungsmöglichkeiten) und deren Ursachen bekannt sind, müssen Maßnahmen ergriffen werden, um die erkannten Chancen zu nutzen. Dazu werden Projekte eingerichtet, an denen normalerweise Mitarbeiter der betroffenen Fachbereiche beteiligt sind, die methodisch betreut werden. Es empfiehlt sich, derartige Projekte auch „sozial" zu betreuen, insbesondere wenn die Betroffenen wenig Erfahrung in Gruppenarbeit haben.

> *Als Objekte der Messung im Benchmarking bieten sich Produkte, Prozesse und Verfahren an. Kriterien können sein die Kosten, die Leistungen, die Qualität und die Zeit der Leistungen. Vergleichspartner können im eigenen Unternehmen, in der gleichen Branche oder über die Branche hinaus gefunden werden. Abweichungen werden auf ihre Ursachen untersucht. In Projekten wird dann versucht, die eigenen Potenziale zu nutzen. Die besten Erfolgschancen bietet ein kontinuierliches Benchmarking.*

6.3.4 Systematische Problemanalyse

Zur Problemanalyse im hier verstandenen Sinne gehören die *Erkennung, Untersuchung und Beurteilung organisatorischer Probleme*. Nicht immer liegen Probleme „klar auf der Hand", wie gerade am Beispiel des Benchmarking deutlich wurde, noch weniger sind die *Problemursachen* immer leicht erkennbar. Oft ist auch das von einem Auftraggeber geschilderte „Problem" beim näheren Hinsehen nur das Symptom für tiefer liegende Problemstellungen. Daher ist ein schrittweises Einkreisen und Präzisieren des Problems, seiner Struktur sowie seiner Ursachen erforderlich. Sonst geht die spätere Lösungssuche teilweise oder ganz am Problem vorbei. Mängel der Problemanalyse „rächen" sich spätestens bei der Einführung ungeeigneter Lösungen.

Welche Schritte des Prozesses der Problemanalyse durchlaufen werden müssen, hängt vom jeweiligen Informationsstand ab, wie die Abbildung 6.6 zeigt.

6.3.4.1 Problemerkennung

Die Problemerkennung läuft in drei Teilschritten ab:

- Problemsuche
- Problemdarstellung
- Problembewertung.

Problemsuche

Gegenstand der Problemsuche sind nicht nur die *Probleme* (Soll-Ist-Abweichungen) der Gegenwart, sondern auch diejenigen, deren Entstehen in der Zukunft absehbar sind. Es kann sich dabei um drohende *Gefahren* oder mögliche *Chancen* handeln. *Soll-Ist-Abweichungen* machen sich in erster Linie beim *Ergebnis der Aufgabenerfüllung* bemerkbar. Mit Hilfe einer *Mängelsystematik* soll das Erkennen möglicher Mängel unterstützt werden. Die Abb. 6.8 zeigt eine Systematik möglicher Mängel in der Aufgabenerfüllung.

Die Systematik möglicher Mängel kann sich nur an *formalen Kriterien* orientieren. Wenn diese Systematik eingesetzt werden soll, müssen die abstrakten Kriterien umgesetzt werden auf die konkrete Situation. Dazu einige Beispiele aus einem fiktiven Projekt zur Reorganisation einer Vertriebsorganisation - die Mängel sind der Systematik entnommen:

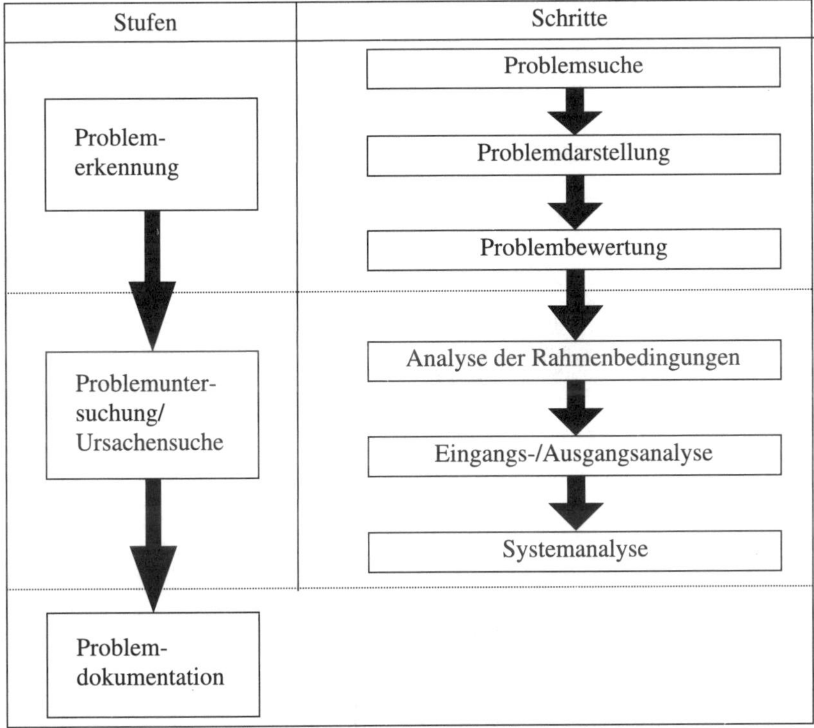

Abb. 6.6: Stufen und Schritte der Problemanalyse (KRÜGER)

Mängel aus der Systematik	Übersetzung auf das Projekt
• Zeitliche Mängel Zeitpunkt der Bereitstellung - zu spät • Mengenmäßige Mängel absolut - zu wenige • Qualitative Mängel in der Verarbeitung zu minderwertig • Wirtschaftliche Mängel zu hohe Kosten	• Werden die bestellten Waren rechtzeitig ausgeliefert? • Schaffen die Mitarbeiter das Mengenvolumen, gibt es öfters Arbeitsrückstände? • Wie hoch ist die Fehlerquote bei den ausgelieferten Sendungen? • Wie hoch sind die Kosten für den Vertrieb in Relation zu den Leistungen?

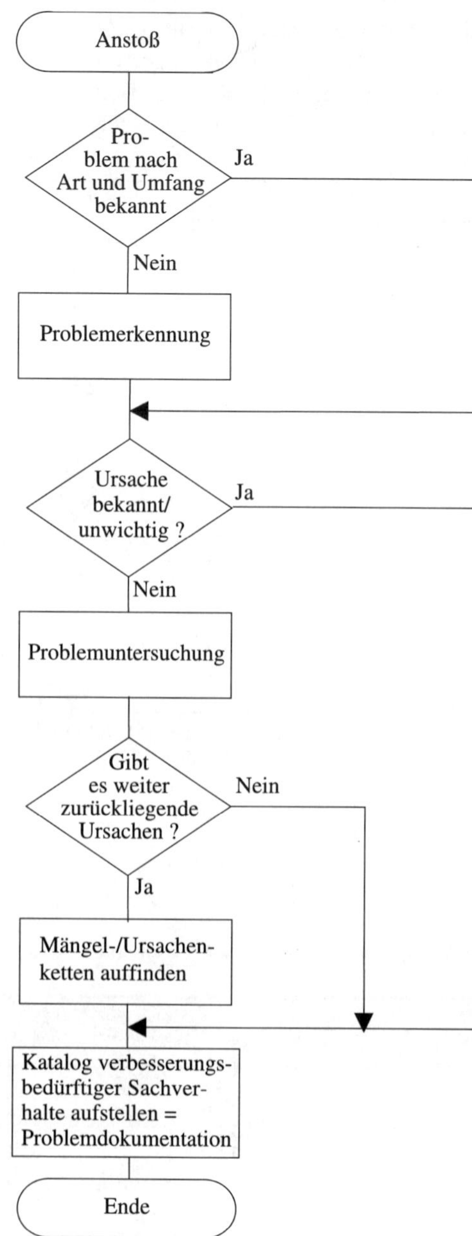

Abb. 6.7: Einstieg in die Problemanalyse

<table>
<tr><td rowspan="26">Ergebnis der Aufgabenerfüllung</td><td>fehlt</td><td colspan="3"></td></tr>
<tr><td>vorhanden, aber</td><td colspan="3">überflüssig</td></tr>
<tr><td rowspan="24"></td><td rowspan="2">räumliche Mängel</td><td colspan="2">ungünstiger Ort der Bereitstellung</td></tr>
<tr><td colspan="2">falscher Ort der Bereitstellung</td></tr>
<tr><td rowspan="6">zeitliche Mängel</td><td rowspan="2">Zeitpunkt der Bereitstellung</td><td>zu früh</td></tr>
<tr><td>zu spät</td></tr>
<tr><td rowspan="2">Zeitdauer der Bereitstellung</td><td>zu lang</td></tr>
<tr><td>zu kurz</td></tr>
<tr><td rowspan="2">Zeitraum der Bereitstellung</td><td>ungünstig</td></tr>
<tr><td>falsch</td></tr>
<tr><td rowspan="4">mengenmäßige Mängel</td><td rowspan="2">absolut</td><td>zu viel(e)</td></tr>
<tr><td>zu wenig(e)</td></tr>
<tr><td rowspan="2">relativ</td><td>Prozentanteil zu klein</td></tr>
<tr><td>Prozentanteil zu groß</td></tr>
<tr><td rowspan="8">qualitative Mängel</td><td rowspan="2">Material</td><td>zu hochwertig</td></tr>
<tr><td>zu minderwertig</td></tr>
<tr><td rowspan="2">Gestaltung, Form</td><td>zu hochwertig</td></tr>
<tr><td>zu minderwertig</td></tr>
<tr><td rowspan="2">Inhalt, Gehalt</td><td>zu hochwertig</td></tr>
<tr><td>zu minderwertig</td></tr>
<tr><td rowspan="2">Verarbeitung</td><td>zu hochwertig</td></tr>
<tr><td>zu minderwertig</td></tr>
<tr><td rowspan="2">wirtschaftliche Mängel</td><td colspan="2">zu hohe Aufwendungen/Kosten</td></tr>
<tr><td colspan="2">zu niedrige Erträge/Leistungen</td></tr>
<tr><td rowspan="2">formale Mängel</td><td colspan="2">nicht normgerecht</td></tr>
<tr><td colspan="2">vorschrifts-/gesetzeswidrig</td></tr>
</table>

Abb. 6.8: Mängelsystematik

Diese Systematik kann und soll lediglich eine Unterstützung bei der Mängelsuche bieten. Sie kann - bei der Fülle denkbarer Mängel, die in der Praxis vorkommen können - nicht gewährleisten, dass alle Mängel mit Sicherheit erkannt werden. Gleiches gilt auch für die später noch vorzustellenden Ursachenkataloge.

Neben den Mängeln am Ergebnis der Aufgabenerfüllung selbst können *unerwünschte Auswirkungen* innerhalb und außerhalb des Untersuchungsbereiches auftreten (z.B.

übermäßige Belastungen der Aufgabenträger durch Überstunden). Dies kann auch der Fall sein, wenn die Aufgaben einwandfrei erfüllt werden.

In der systematischen Problemanalyse sollen Mängelkataloge helfen, Probleme im Ergebnis der Aufgabenerfüllung zu erkennen. Diese Kataloge müssen auf die konkrete Situation übertragen werden.

Problemdarstellung

Zur Problemdarstellung werden die folgenden *Fragen* gestellt und beantwortet:

- Was für eine Abweichung tritt auf? Diese Frage ist zwar schon im Schritt „Problemsuche" beantwortet worden. Hier soll das erkannte Problem so präzise wie eben möglich beschrieben werden.
- wo tritt die Abweichung auf bzw. wo (am bearbeiteten Objekt oder innerhalb/außerhalb des Untersuchungsbereiches) finden sich die mangelhaften Ergebnisse?
- wann tritt die Abweichung auf (in welchem Zeitraum, zu welchen Zeitpunkten, mit welcher Zeitdauer)?
- wieviele der bearbeiteten Objekte sind betroffen bzw. wie groß ist die Abweichung?

Die Fragen werden für den Bereich gestellt und beantwortet, der betroffen IST. Sie werden aber auch für den Bereich gestellt, der NICHT betroffen IST, obwohl er aufgrund scheinbarer Gleichheit oder Ähnlichkeit bzw. aufgrund von Gemeinsamkeiten ebenfalls hätte betroffen sein können. Durch einen Vergleich von IST und IST-NICHT lassen sich die möglichen Ursachen besser abgrenzen. Denkbare Ursachen, die im IST wie im IST-NICHT vorkommen, können ausgeschieden werden, da Ursachen, die im IST für die Abweichung verantwortlich sind, andernfalls auch im IST-NICHT zu Abweichungen hätten führen müssen.

Bei der Beschreibung des IST-NICHT handelt es sich also nicht um die Beschreibung des „Soll", sondern um eine mögliche Abweichung, die hätte auftreten können.

	IST	IST-NICHT
Was	Lange Durchlaufzeiten von Bestellungen	Lange Bearbeitungszeiten
Wo	Vertrieb Katalogprodukte	Vertrieb Sonderanfertigungen
Wann	Seit etwa zwei Monaten	Vorher
Wieviel	Es sind ca. 30% aller Bestellungen betroffen. Die Durchlaufzeiten betragen mehr als 4 Tage	Etwa 50% aller Bestellungen werden innerhalb von einem Tag abgewickelt

Abb. 6.9: Beispiel für eine Problemdarstellung IST/IST-NICHT

Problembewertung

Der dritte Schritt im Rahmen der Problemerkennung ist die Problembewertung, die durchzuführen ist, bevor die Ursachenforschung in Angriff genommen wird. Es geht letztendlich darum, ob nach der Beschreibung des Problems die *Entscheidung* dafür fällt, *das Problem weiter zu untersuchen,* oder ob man zu dem Ergebnis kommt, dass sich der Aufwand nicht lohnt. Ein großer Teil der in der Praxis auftretenden Probleme ist eher als unwichtig einzustufen; nur wenige Probleme sind von grundlegender Bedeutung. Mit Hilfe der Problembewertung sollen die Kernprobleme aus den Randproblemen heraus gefiltert werden. Als *Kriterien* hierfür werden herangezogen:

- Dringlichkeit des Problems (z.B. gibt es einen Termin, bis zu dem das Problem gelöst sein muss?)
- Wichtigkeit des Problems (wie groß sind die Auswirkungen?)
- Entwicklung des Problems (verschärft oder entschärft sich das Problem, je länger nichts unternommen wird?)
- verfügbare Ressourcen (welche Kapazität steht für die Problembearbeitung bereit?)
- Abhängigkeit (ist die Lösung dieses Problems Voraussetzung für die Lösung anderer Probleme? Sollte das Problem in einem Zug mit anderen gelöst werden?)

> *Zur Problemdarstellung wird ermittelt, was für eine Abweichung wo, wann und in welchem Umfang auftritt, aber auch, wo sie nicht auftritt, aufgrund einer ähnlichen Situation aber hätte auftreten können. Zur Problembewertung werden die Dringlichkeit und Wichtigkeit des Problems, die Entwicklung, sowie die Verfügbarkeit von Ressourcen und die Abhängigkeit von anderen Problemen untersucht.*

6.3.4.2 Problemuntersuchung (Ursachenermittlung)

Vorgehensweise

Nach der Beschreibung der Symptome muss die Frage nach der/den *Ursache(n)* des Problems gestellt werden (sofern die Ursache nicht schon von vornherein bekannt ist). Erst die Kenntnis der Ursache(n) eines Problems ermöglicht es, wirkungsvolle Maßnahmen für das Problem zu entwickeln.

Wesentliche Anhaltspunkte für die Ursache(n) ergeben sich bereits aus der Beschreibung des IST und des IST-NICHT. Ein besonderes Augenmerk ist hierbei auf die Unterschiede bzw. die *Besonderheiten* zu richten, die sich *zwischen* dem *IST* und dem *IST-NICHT* zeigen. Diese Unterschiede müssen vorhanden sein, da sonst auch der angrenzende Bereich vom Problem betroffen wäre, was ja ausdrücklich nicht der Fall ist (IST-NICHT!).

Beispiel: Da beim Vertrieb von Sonderanfertigungen keine Verzögerungen auftreten, muss die Ursache im Bereich der Katalogprodukte zu suchen sein. Es muss hier irgendwelche Sonderheiten geben, da andernfalls auch der Vertrieb von

Sonderanfertigungen mit dem Problem der langen Durchlaufzeiten zu tun hätte. Die Sonderheit ist, dass Katalogprodukte vom Lager verkauft werden, während Sonderanfertigungen nicht über das Lager laufen.

Ist ein *Problem neu* aufgetaucht, *muss* als Ursache für das Problem eine irgendwie geartete *Veränderung verantwortlich* sein. Diese Veränderung gilt es zu erfassen. Jede eingetretene Veränderung kommt als mögliche *Ursache* in Frage. Alle Veränderungen müssen deshalb geprüft werden, ob sie als Ursache in Betracht gezogen werden können. Dass die Veränderungen ursächlich sind, ist um so wahrscheinlicher, je besser sich die eingetretenen Wirkungen (IST) wie auch die nicht eingetretenen Wirkungen (IST-NICHT) durch die Veränderung erklären lassen. Je weniger das möglich ist, desto unwahrscheinlicher ist es, dass die Veränderung auch die gesuchte Ursache ist.

Beispiel: Verändert hat sich seit zwei Monaten die technische Ausstattung des Lagers. Dort wurde ein neues vollautomatisches System der Ein- und Auslagerung eingeführt. Aufgrund von Programmfehlern kommt es immer wieder zu erheblichen Verzögerungen.

Es wird die Hypothese aufgestellt, dass die Verzögerungen auf diese technischen Probleme zurückzuführen sind. Anschließend wird versucht, diese Hypothese durch Untersuchungen zu untermauern.

Bei der Durchführung der Problemuntersuchung empfiehlt sich die *Anwendung* des *Systemdenkens*. Danach sollte die Suche nach der Ursache und nach den das Problem hervorrufenden Veränderungen nach dem Prinzip *vom Groben ins Detail* und *von außen nach innen* erfolgen. Hier bieten sich drei *Arbeitsschritte* an:

- Analyse der Rahmenbedingungen
- Eingangs-/Ausgangsanalyse
- Systemanalyse.

> *Ursachen müssen auf Veränderungen bei den Besonderheiten des IST beruhen. Diese Veränderungen sind zu ermitteln, um Hypothesen für die Ursachen zu finden.*

Analyse der Rahmenbedingungen

Kein Problemfeld ist völlig isoliert. Auf jedes System wirken Faktoren *von außen* ein. Solche Rahmenbedingungen können sein die Wettbewerbssituation, die technologische Entwicklung, rechtliche Regelungen, die Situation auf dem Arbeitsmarkt usw. Ziel der Analyse der Rahmenbedingungen ist es, die Art und den Umfang der Einflüsse *von außen* auf das zu betrachtende System zu ermitteln, die möglicherweise eingetretenen Veränderungen festzustellen und ihre Auswirkungen für das Problem zu erfassen.

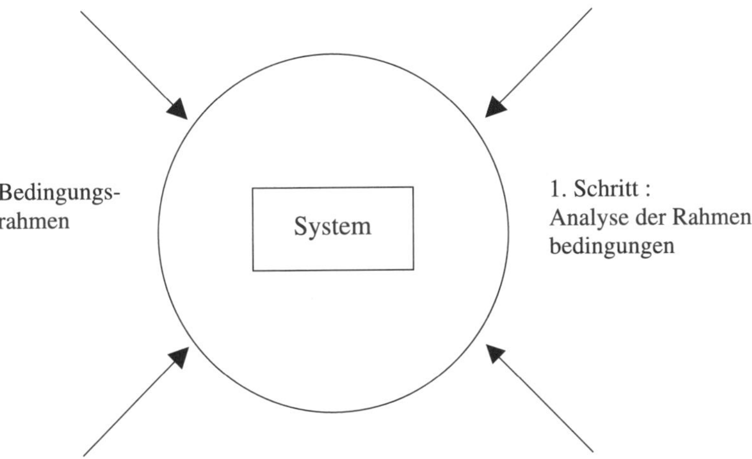

Abb. 6.10: Rahmenbedingungen der Ursachen

Beispiel: Die Marktbedingungen haben sich verändert. Während früher fast ausschließlich die Bestellungen telefonisch eingingen, bestellen heute immer mehr Kunden über das Internet. Dadurch kommt es heute öfter vor, dass Bestellungen unvollständig sind, so dass der Vertrieb die fehlenden Informationen einholen muss.

Analyse der Ein- und Ausgänge

Mängel in der Aufgabenerfüllung zeigen sich an den *Ergebnissen*, die von dem untersuchten System produziert werden. Da in dieser Phase die - mängelbehafteten – Ausgänge bekannt sind, ist zu prüfen, inwieweit die *Mängel auf* die *Eingänge* in das betrachtete System *zurückzuführen* sind. Das System selbst wird hier immer noch als *Schwarzer Kasten* (Black-Box) betrachtet.

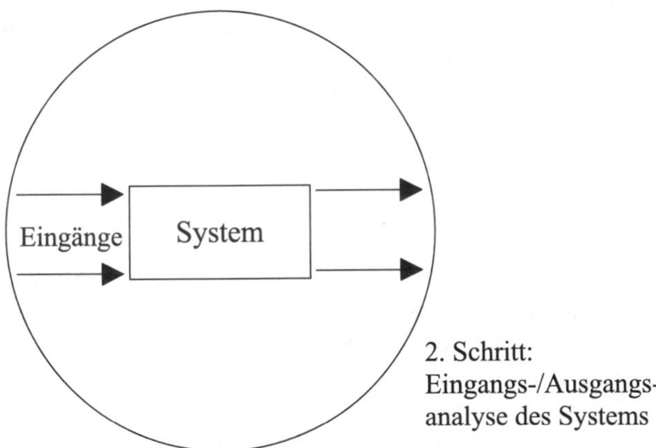

Abb. 6.11: Eingänge als Ursachen

Zeigt sich im Ausgang des Systems ein *Mangel*, muss dieser Mangel entweder *durch* das *System* selbst *oder* bereits *durch* die *Eingänge in das System verursacht* sein. Ehe man sich detailliert mit dem System auseinandersetzt, ist es besser, *erst* einmal die *Eingänge* zu *überprüfen*. Sollten nämlich bereits die Eingänge mit Mängeln behaftet sein, die die Abweichung im Ausgang hinreichend erklären, ist es nicht nötig, das System selbst näher zu untersuchen. Die Ursachen liegen dann offensichtlich im Vorfeld des untersuchten Systems und sind dort ausfindig zu machen. Dazu muss dann der Untersuchungsbereich entsprechend ausgeweitet werden.

Beispiel: Durch die veränderten Bestellgewohnheiten der Kunden kommt es heute öfter vor, dass Bestellungen unvollständig sind, so dass der Vertrieb die fehlenden Informationen einholen muss.

Systemanalyse

Erklären die Eingänge in das System nicht oder nicht hinreichend die Mängel im Ergebnis, muss das *System* selbst näher *untersucht* werden. Auch innerhalb des Systems empfiehlt sich ein Vorgehen *vom Groben ins Detail* und *von außen nach innen.* Dazu wird das System in *Untersysteme* aufgegliedert, die jedes für sich als Quelle der Ursache in Frage kommen. Bei einer ablauforientierten Betrachtung werden – ausgehend von dem Untersystem, welches das mängelbehaftete Ergebnis liefert - die Eingänge dieses Untersystems geprüft. Wenn sie nicht oder nicht hinreichend die Abweichung im Ergebnis erklären, werden die Eingänge des Untersystems überprüft, das im Ablauf vorgelagert ist. Dieses Vorgehen wird so lange fortgesetzt, bis das Untersystem oder die Untersysteme feststehen, deren Eingänge in Ordnung sind, deren Ausgänge jedoch Abweichungen aufweisen. Innerhalb dieses Untersystems bzw. dieser Untersysteme müssen die Ursache oder die Ursachen liegen (siehe dazu die Abbildung 6.12).

Beispiel: Die fehlerhaften Auslieferungen treten beim Kunden auf. Der Versand kann nicht die Ursache sein, da er selbst bereits fehlerhafte Zusammenstellungen der Produkte erhält. Als nächstes wird das Lager untersucht. Auch hier kann nicht die alleinige Ursache liegen, weil das Lager fehlerhafte Lageraufträge erhält. Allerdings werden die Auslieferungen durch die Softwareprobleme im Lager teilweise verzögert. Also ist zu vermuten, dass der vorgelagerte Vertrieb die fehlerhaften Sendungen verursacht.

Durch dieses *schrittweise Einzingeln des verursachenden Untersystems* bzw. der verantwortlichen Untersysteme wird die Ursachensuche nicht zu früh abgebrochen. Wenn nämlich ein Eingang eine Abweichung im Ausgang nur teilweise erklärt, wird in den vorgelagerten Untersystemen weiter gesucht, bis die Abweichung restlos erklärt ist. Auf diese Art und Weise können ganze Ursachenketten ermittelt werden, die insgesamt verantwortlich für die Abweichung im Ergebnis des Systems sind. Nach dem Prinzip *vom Groben ins Detail* müssen nun die als ursächlich erkannten Untersysteme analysiert werden. Innerhalb des Systems können die *Ursachen* liegen an den

- Elementen und deren Dimensionen
- Beziehungen
  - Aufbaubeziehungen
  - Ablaufbeziehungen.

Als Systematisierungshilfe kann hier wiederum der *Würfel* herangezogen werden. Für das eingegrenzte (die eingegrenzten) Untersystem(e) werden die Elemente und deren Dimensionen sowie die Beziehungen daraufhin untersucht, ob und in welchem Umfang sie für die Abweichungen verantwortlich sind.

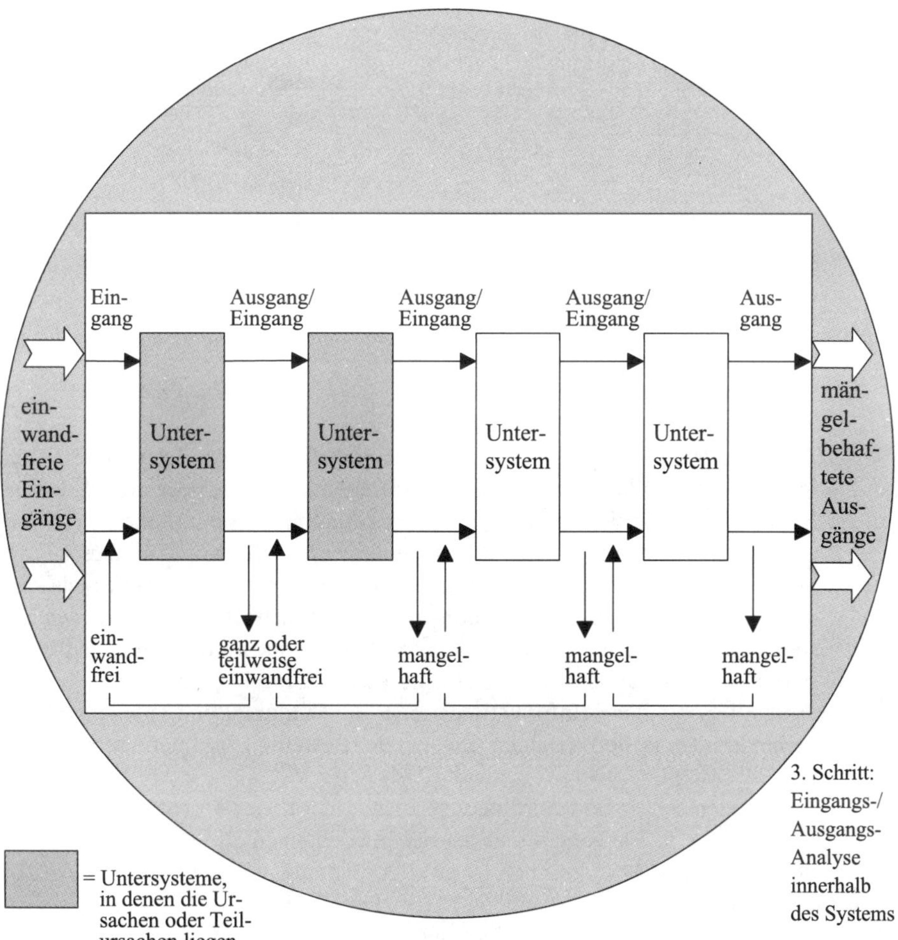

Abb. 6.12: Einengen des Ursachenbereiches

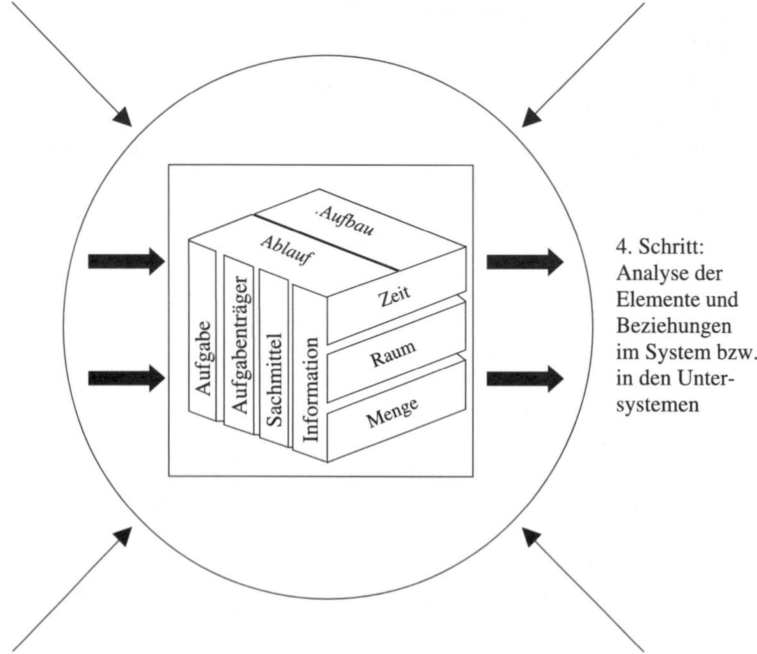

Abb. 6.13: Elemente, Beziehungen und Dimensionen als Ursachen

Beispiel: Bei einer großen Anzahl von Bestellungen, die über das Internet eingehen, fehlt die Zeit, beim Auftraggeber nachzufragen. Fehlende oder unvollständige Informationen werden nach bestem Wissen und Gewissen ergänzt. So verlassen immer wieder Sendungen das Unternehmen, die der Kunde in dieser Form nicht bestellen wollte. Die im Internet angebotenen Produkte sind nicht eindeutig nach den vorhandenen Varianten gekennzeichnet, so dass Kunden Bestellungen abschicken, die so nicht korrekt bearbeitet werden können. Organisatorische Maßnahmen müssen also an diesen Ursachen, an der eindeutigen Produktbeschreibung (Informationen über die Produkte) und an einem Fehler verhindernden Bestellverfahren (Prozess der Bestellung im Internet) ansetzen.

Auf den folgenden Seiten finden sich einige Listen, mit denen versucht wird, mögliche *Ursachen* bei den Elementen und bei den Beziehungen zu *systematisieren*. Bei der Vielfalt real möglicher Ursachen ist es allerdings nur möglich, relativ *abstrakte Ursachenkategorien* zu verallgemeinern. Diese allgemeinen Ursachen müssen auf die konkrete, zu analysierende Situation übertragen werden.

Beim Einsatz solcher Kataloge ist zu beachten, dass eigentlich niemals nur ein Element für sich genommen eine Ursache darstellt. So ist zum Beispiel ein Sachmittel nicht seiner Natur nach ungeeignet, sondern es ist ungeeignet für eine bestimmte Aufgabe oder für einen bestimmten Aufgabenträger. Deswegen müssen gedanklich die Elemente miteinander in Beziehung gesetzt werden, um die Ursachen aufzufinden. Auch ohne solche Ursachenkataloge hilft allein schon die systematische Überprüfung der Elemente und Beziehungen, Ursachen aufzufinden.

> *Die Problemuntersuchung (Ursachenermittlung) erfolgt in den Arbeitsschritten: Analyse der Rahmenbedingungen, Analyse der Ein- und Ausgänge des betrachteten Systems, Gliederung des Systems in Untersysteme und schrittweise rückwärts verlaufende Untersuchung der Ein- und Ausgänge sowie Analyse der Untersysteme, in denen Abweichungen entstehen. Ursachenkataloge unterstützen das Auffinden der Ursachen in den betrachteten Untersystemen.*

6.3.4.3 Problemdokumentation

In der Problemdokumentation werden die ermittelten heutigen oder zukünftigen Probleme und die für sie verantwortlichen oder prognostizierten Ursachen oder Ursachenketten umfassend und übersichtlich dargestellt. Im gleichen Sinne können auch die festgestellten Chancen und die zu ihrer Realisierung notwendigen Voraussetzungen als Ergebnisse der Problemanalyse dokumentiert werden.

<table>
<tr><td colspan="3">Aufgabenträger fehlt</td></tr>
<tr><td colspan="3">Aufgabenträger überflüssig</td></tr>
<tr><td colspan="3">Aufgabenträger untätig</td></tr>
<tr><td rowspan="2">Raum</td><td colspan="2">ungeeignete Wege</td></tr>
<tr><td colspan="2">ungeeigneter Standort</td></tr>
<tr><td rowspan="5">Zeit</td><td rowspan="2">Verfügbarkeit</td><td>zu früh</td></tr>
<tr><td>zu spät</td></tr>
<tr><td rowspan="3">Anwesenheit</td><td>zu lang</td></tr>
<tr><td>zu kurz</td></tr>
<tr><td>ungeeigneter Zeitraum</td></tr>
<tr><td rowspan="2">Menge</td><td colspan="2">zu viele Aufgabenträger</td></tr>
<tr><td colspan="2">zu wenige Aufgabenträger</td></tr>
<tr><td rowspan="6">Qualität</td><td rowspan="2">Qualifikation</td><td>zu hoch</td></tr>
<tr><td>zu niedrig</td></tr>
<tr><td rowspan="2">Motivation</td><td>zu hoch</td></tr>
<tr><td>zu niedrig</td></tr>
<tr><td colspan="2">Gesundheit</td></tr>
<tr><td colspan="2">soziales Verhalten</td></tr>
<tr><td colspan="3">zu hohe Personalkosten</td></tr>
<tr><td rowspan="2">formal</td><td colspan="2">nicht normgerechtes Verhalten</td></tr>
<tr><td colspan="2">vorschriftswidriges Verhalten</td></tr>
</table>

Abb. 6.14: Mängelursachen bei den Aufgabenträgern (AT)

<table>
<tr><td colspan="3">Aufgabe fehlt</td></tr>
<tr><td colspan="3">Aufgaben überflüssig</td></tr>
<tr><td colspan="3">Aufgabe nicht erfüllt</td></tr>
<tr><td rowspan="2">Raum</td><td colspan="2">ungeeigneter Ort der Aufgabenerfüllung</td></tr>
<tr><td colspan="2">ungeeignete Wege der Aufgabenerfüllung</td></tr>
<tr><td rowspan="5">Zeit</td><td rowspan="2">Zeitpunkt der Aufgabenerfüllung</td><td>zu früh</td></tr>
<tr><td>zu spät</td></tr>
<tr><td rowspan="2">Zeitdauer der Aufgabenerfüllung</td><td>zu lang</td></tr>
<tr><td>zu kurz</td></tr>
<tr><td colspan="2">Ungeeigneter Zeitraum der Aufgabenerfüllung</td></tr>
<tr><td rowspan="2">Menge</td><td colspan="2">zu viele/zu oft zu erfüllende Aufgaben</td></tr>
<tr><td colspan="2">zu wenige/zu selten zu erfüllende Aufgaben</td></tr>
<tr><td rowspan="3">Qualität</td><td colspan="2">zu hochwertige Aufgaben</td></tr>
<tr><td colspan="2">zu minderwertige Aufgaben</td></tr>
<tr><td colspan="2">unvollständige Aufgaben</td></tr>
<tr><td rowspan="3">formal</td><td colspan="2">nicht normgerecht definierte Aufgaben</td></tr>
<tr><td colspan="2">unklare, missverständliche Aufgaben</td></tr>
<tr><td colspan="2">vorschrifts-/gesetzeswidrige Aufgaben</td></tr>
</table>

Abb. 6.15: Mängelursachen bei den Aufgaben (A)

Sachmittel fehlt		
Sachmittel überflüssig		
Sachmittel nicht genutzt		
Raum	ungeeigneter Standort	
	ungeeignete Förderwege	
Zeit	Zeitpunkt der Verfügbarkeit	zu früh
		zu spät
	Zeitdauer der Verfügbarkeit	zu lang
		zu kurz
	ungeeigneter Zeitraum	
Menge	zu wenige Sachmittel	
	zu viele Sachmittel	
Qualität	zu hochwertig	
	zu minderwertig	
	nicht ergonomisch	
	zu hoher Verschleiß	
	zu hohe Störanfälligkeit	
Kosten zu hoch für	Energie	
	Wartung/Reparatur	
	Anschaffung/Abschreibung	
	Miete	
formal	nicht normgerecht	
	gesetzeswidrig	

Abb. 6.16: Mängelursachen bei den Sachmitteln (SM)

Informationen fehlen		
Informationen sind überflüssig		
Informationen werden nicht nachgefragt		
Raum	ungeeigneter Ort der Bereitstellung	
	ungeeignete Transportwege	
Zeit	Zeitpunkt	zu frühe Bereitstellung
		zu späte Bereitstellung
	Zeitdauer	zu lange Bereitstellung
		zu kurze Bereitstellung
Qualität	zu hochwertig	
	zu minderwertig	
	miss-/unverständlich	
	falsch/fehlerhaft	
	unvollständig	
	zu detailliert	
	zu grob	
Kosten zu hoch für	Beschaffung	
	Aufbereitung	
	Bereitstellung	
	Aufbewahrung	
formal	nicht normgerecht aufbereitet	
	gesetzeswidrig	

Abb. 6.17: Mängelursachen bei den Informationen (I)

Aufgabenbeziehungen	Abgrenzungen	zu viele Schnittstellen
		zu komplexe Schnittstellen
	Kombination	Koordination erschwert
		Beherrschung erschwert
		zu hohe Gleichförmigkeit
		keine Spezialisierung
	gleichmäßige Auslastung	erschwert
		unmöglich
Leistungsbeziehungen	Koordination	nicht zielorientiert
		Hierarchie zu tief
		Hierarchie zu breit
		ungeeignete Schnittstellen
	Kooperation erschwert	fehlende Transparenz
		ungeeignete Arbeitsteilung
	Autonomie eingeschränkt	geringe Motivation
		geringe Flexibilität
	geringe Entwicklungschancen	
	hohes Konfliktpotenzial	
Kommunikationsbeziehungen	lange Wege	
	lange Laufzeiten	
	erschwerter Zugriff	
	störanfällige Wege	

Abb. 6.18: Mängelursachen in der Aufbauorganisation

<table>
<tr><td rowspan="6">Verzweigungen</td><td rowspan="4">zu viele</td><td>Koordinationsprobleme</td></tr>
<tr><td>Schnittstellen</td></tr>
<tr><td>hohe Komplexität</td></tr>
<tr><td>Überforderung der Aufgabenträger</td></tr>
<tr><td rowspan="2">zu wenige</td><td>zu lange Durchlaufzeiten</td></tr>
<tr><td>zu geringe Arbeitsteilung</td></tr>
<tr><td rowspan="2">Verknüpfungen</td><td rowspan="2">zu viele</td><td>Probleme bei Taktabstimmung</td></tr>
<tr><td>Wartezeiten/Leerkosten</td></tr>
<tr><td rowspan="3">Rückkopplungen</td><td rowspan="2">zu viele</td><td>häufige Wiederholung von Aufgaben</td></tr>
<tr><td>längere Durchlaufzeiten</td></tr>
<tr><td colspan="2">zu wenige: fehlende Kontrollen</td></tr>
<tr><td rowspan="6">ungeeignete Reihenfolge</td><td rowspan="4">Objekte</td><td>falsche Prioritäten</td></tr>
<tr><td>zu lange Durchlaufzeiten</td></tr>
<tr><td>zu lange Liegezeiten</td></tr>
<tr><td>Wartezeiten/Leerkosten</td></tr>
<tr><td rowspan="2">Verrichtungen</td><td>umständliche Arbeiten</td></tr>
<tr><td>zu lange Bearbeitung</td></tr>
<tr><td rowspan="5">Objektgruppe</td><td rowspan="3">zu groß</td><td>hohe Liegezeiten</td></tr>
<tr><td>lange Wartezeiten</td></tr>
<tr><td>Leerkosten</td></tr>
<tr><td rowspan="2">zu klein</td><td>hohe Transportzeiten</td></tr>
<tr><td>hohe anteilige Rüstkosten</td></tr>
<tr><td rowspan="2">häufiger Aufgabenträgerwechsel</td><td colspan="2">hohe Liegezeiten</td></tr>
<tr><td colspan="2">hohe Transportzeiten</td></tr>
<tr><td colspan="3">lange Transportwege / lange Zeiten</td></tr>
</table>

Abb. 6.19: Mängelursachen in den Ablaufbeziehungen

6.3.5 Prüfmatrix

Abschließend soll ein vereinfachtes Verfahren dargestellt werden, das in vielen Normalfällen ausreicht, um Mängel und deren Ursachen zu erkennen. Als Grundidee werden *Mängel und mögliche Ursachenkategorien einander in der Form der Matrix gegenübergestellt*, um im Schnittpunkt von Mangel und denkbarer Ursache gezielte Fragen zu stellen. Auch dieses Verfahren erleichtert das Erkennen von Ursachenketten, wenn systematisch alle Ursachenkategorien geprüft werden.

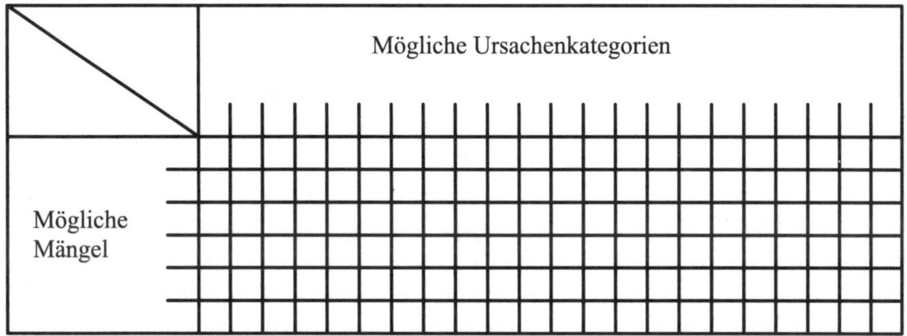

Abb. 6.20: Grundschema einer Prüfmatrix

Bei den Ursachenkategorien kann wiederum auf den Würfel zurückgegriffen werden. Ursachen können im Würfel selbst, aber auch in den Eingängen und in den Umweltbedingungen liegen, wie Abb. 6.21 verdeutlichen soll.

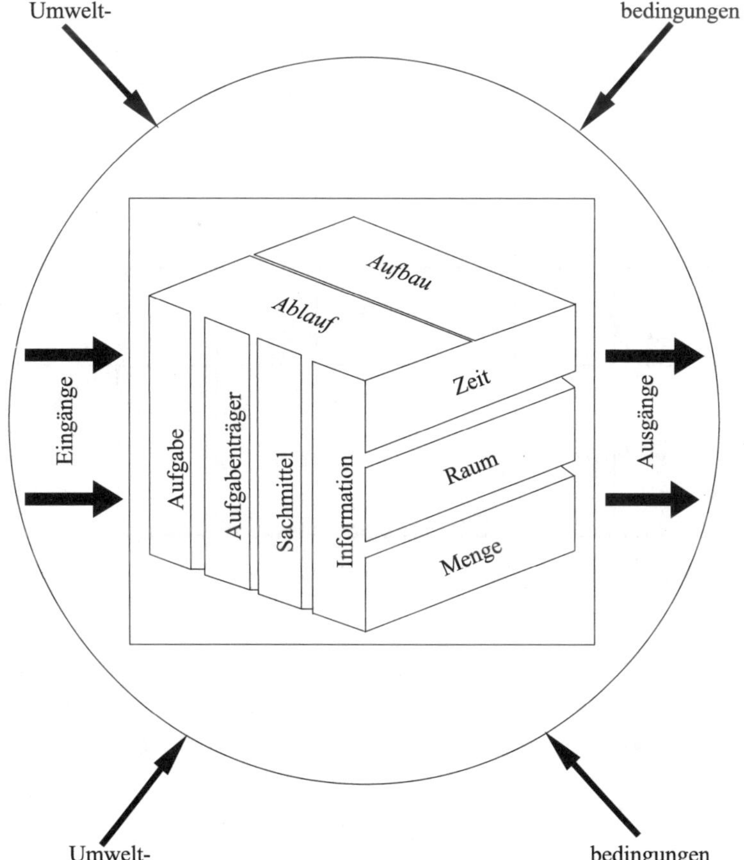

Abb. 6.21: Ursachensystematik der Prüfmatrix

Diese Faktoren können nun zu einer Matrix verknüpft werden (siehe Abb. 6.22): Sowohl zur Unterstützung der Suche nach möglichen Mängeln (Abb. 6.8) wie auch zur Unterstützung der Suche nach möglichen Ursachen (Abb. 6.14 - 6.19) können die Kataloge aus der systematischen Problemanalyse herangezogen werden.

> *Die Prüfmatrix ist ein vereinfachtes Verfahren, um Mängel und deren Ursachen zu ermitteln. Dazu werden den Mängeln mögliche Ursachenkategorien matrixförmig gegenübergestellt. Im Schnittpunkt von Mangel und Ursachenkategorie werden die tatsächlichen Ursachen gesucht.*

Mögliche Mängel in der (den)	Mögliche Ursachenkategorien							
	Rahmen		Elemente				Beziehungen	
	Eingänge	Umweltbedingungen	Aufgabenträger	Aufgaben	Sachmittel	Information	Aufbauorganisation	Ablauforganisation
Aufgabenerfüllung								
Wirtschaftlichkeit								
Sonstigen Auswirkungen								

Abb. 6.22: Prüfmatrix

Fragen zum Kapitel 6	Text dazu auf Seite
1. Warum sollen bei einer Würdigung neben den Schwächen auch die Stärken des Ist-Zustandes betrachtet werden?	263f
2. Weshalb sind auch die Chancen und die Risiken in die Überlegungen zur Würdigung mit einzubeziehen?	265
3. Erläutern Sie den Zusammenhang zwischen Würdigung und Zielformulierung.	265
4. Welche Absicht wird mit Prüffragenkatalogen verfolgt?	269
5. Skizzieren Sie Nachteile, die sich beim Einsatz von Prüffragenkatalogen ergeben können.	269
6. In welche Schritte gliedert sich die systematische Problemanalyse?	272f
7. Wozu dient eine Mängelsystematik?	275
8. Was ist bei der Problemdarstellung zu beachten?	276
9. Erläutern Sie die Kriterien, nach denen eine Problembewertung durchgeführt wird.	277f
10. In welche Schritte gliedert sich die Ursachenermittlung in der systematischen Problemanalyse?	278
11. Weshalb sollten auch die Rahmenbedingungen untersucht werden?	278
12. Inwieweit kann der Würfel bei der Ursachensuche in einem Untersystem helfen?	282
1 Skizzieren Sie den Aufbau der Prüfmatrix.	288f

Weiterführende Literatur zu diesem Abschnitt

Braun, K.: Chr. Lawrence: Von der Vision über die Ziele zum Benchmarking. Zeitschrift Organisation + Führung, 1/1997, S. 16 - 20

Camp, R.C.: Benchmarking: The Search for Industry Best Practices that Lead to Superior Performance. Milwaukee, Wisc. 1989

Grochla, E.; H. Lippolt; J. Breithard: Prüflisten zur Schwachstellenermittlung im Büro und Verwaltung. Baden-Baden 1986

Harrington, H.J.: Business Process Improvement: The Breakthrough Strategy for Total Quality, Productivity and Competitiveness. New York 1991

Horvàth, P.; R.N. Herter: Benchmarking. Vergleich mit den Besten der Besten. Controlling 1/1992, S. 4 - 11

Jordt, A.C.; K. Gscheidle: Methoden und Verfahrenstechniken der problemanalytischen Arbeit. Interner Sonderdruck der Datenzentrale Schleswig-Holstein o.J.

Kepner, Ch.H.; B.B. Tregoe: Entscheidungen vorbereiten und richtig treffen. Rationales Management - neue Herausforderung. Landsberg L. 1991

Krüger, W.: Grundlagen der Organisationsplanung, Gießen 1983

7 Techniken des Lösungsentwurfs

7.1 Einordnung

Normalerweise folgt der Lösungsentwurf auf Erhebung, Analyse und Würdigung. Lösungen dienen dazu, Probleme zu beseitigen, Chancen wahrzunehmen, Risiken abzuwehren, Stärken auszubauen. Dazu muss der Ist-Zustand mit seinen Stärken und Schwächen bekannt sein. Die Bedingungen des Ist-Zustandes (z.B. das Mengengerüst der Aufgaben, die personelle Struktur etc.) sind im Einzelfall auch dafür maßgeblich, welche Lösungen in Frage kommen bzw. besonders geeignet sind.

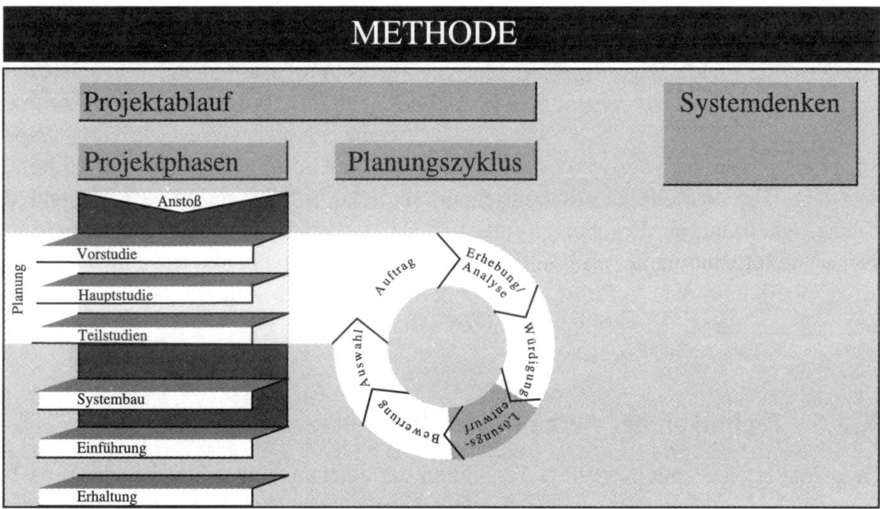

Abb. 7.1: Einordnung der Techniken des Lösungsentwurfs

Oft stehen die Lösungen allerdings schon zu Beginn eines Projektes fest, so dass die weiteren Schritte nur noch dazu dienen, das feststehende Lösungskonzept sachgerecht umzusetzen und in die bestehende Organisation einzubetten. Grundsätzlich sollten allerdings Varianten gesucht und untersucht werden, weil die Eignung einer Lösung letztlich erst dann beurteilt werden kann, wenn sie mit anderen Varianten verglichen wurde - siehe dazu das Kapitel 8 „Techniken der Zielfindung und Bewertung".

Bei den in Frage kommenden Lösungsvarianten können verschiedene Formen unterschieden werden. *Vorläufige Lösungen* sollen dazu beitragen, Zeit zu gewinnen. Ohne die Ursache auszuschalten, mildert man die negativen Auswirkungen, so wie bei Kopfschmerzen Tabletten genommen werden. *Anpassende Lösungen* müssen in den Fällen gewählt werden, wenn sich Bedingungen geändert haben, auf die man nur reagieren kann. *Abstellende Lösungen* beseitigen die Ursache einer Abweichung und stellen den gewünschten Soll-Zustand wieder her.

Neben Lösungsansätzen, die bereits eingetretene Abweichungen beheben oder mildern sollen, gibt es Lösungsvarianten, die der Vorbereitung auf ein künftiges Ergebnis dienen. So können *vorbeugende Maßnahmen* ergriffen werden, welche die möglichen Ursachen eines in der Zukunft auftretenden Problems beseitigen oder die Wahrscheinlichkeit des Auftretens verringern sollen. Daneben gibt es *Lösungsvarianten für Eventualfälle*, das sind „Schubladenlösungen", die nur dann eingesetzt werden, falls ein mögliches Problem tatsächlich auftreten sollte.

7.2 Techniken

7.2.1 Traditionelle Technik

Ausgehend von den Zielvorstellungen werden Möglichkeiten zusammengetragen, die aus Erfahrung, logischer Einsicht, vergleichbaren Fragestellungen, d.h. aus einem *vorhandenen Wissenspotenzial* heraus als Lösungen des Problems in Frage kommen. Dieses Vorgehen ergibt sich zwangsläufig, wenn beispielsweise bestimmte Anpassungsleistungen verlangt werden oder wenn das gewünschte Ergebnis vorher bereits feststeht. Die Vorteile dieses Vorgehens sind das relativ geringe Risiko und die Schnelligkeit, mit der Ergebnisse vorliegen. Aber auch der Nachteil ist offensichtlich: Neue, unkonventionelle und unter Umständen bahnbrechende Lösungen dürften, wenn überhaupt, eher zufällig als systematisch entstehen. Diesem Ziel kommen die unten geschilderten Kreativitätstechniken näher.

7.2.2 Techniken der Aufbau- und Ablauforganisation

In gesonderten Kapiteln werden Techniken der Aufbau- und Ablauforganisation behandelt. Diese Techniken dienen der Erhebung (Darstellung), Analyse, Würdigung wie auch dem Entwurf neuer Lösungen einschließlich deren Dokumentation. So kann beispielsweise ein systematisch erhobener Ablauf, dessen Dokumentation die Zahl der berührten Stellen offensichtlich macht, Lösungen zur Verminderung der Anzahl der Bearbeitungsstationen und damit zur Reduzierung der Transportwege und -zeiten nahelegen. So gesehen sind viele der *Techniken,* die in den *Kapiteln 9 und 10* behandelt werden, *gleichzeitig Techniken zum Lösungsentwurf.*

Hier sollen nur solche Techniken behandelt werden, die darüber hinaus eingesetzt werden können. Dabei handelt es sich um die sogenannten *Kreativitätstechniken*, die allerdings im engeren Sinn keine Organisationstechniken sind, sondern ganz allgemeine Werkzeuge der geistigen Arbeit.

7.2.3 Kreativitätstechniken

Kreative Ideen entstehen, wenn *vorhandenes Wissen und Erfahrungen in bisher unbekannter Weise kombiniert und geordnet* werden. Das Ziel der Techniken ist es, aus vorhandenen Denkmustern oder Denkschablonen auszubrechen. Das menschliche Gehirn programmiert wiederkehrende Verhaltensmuster. Treten gleiche oder ähnliche Situationen auf, wird normalerweise ohne Nachdenken (unreflektiert) das Bewährte wiederholt. Diese Fähigkeit ist ungeheuer wichtig und positiv, soweit der Mensch sich in gewohnten Bahnen bewegt. Bei der Suche nach Neuem führt dieses Verhalten jedoch zu sogenannten *Denkblockaden*, die durch Kreativitätstechniken bewusst umgangen werden sollen. Aus einer riesigen Anzahl von Techniken sollen vier gezeigt werden.

7.2.3.1 Brainstorming

Brainstorming ist die bekannteste und am häufigsten angewandte Technik des Lösungsentwurfs. Sie dient gemeinsamem Nachdenken und damit *gemeinsamer Ideenfindung* zu einem vorgegebenen Problem unter der Leitung eines *Moderators*. Der Teilnehmerkreis sollte zwischen 5 und 12 Personen liegen, bei möglichst *unterschiedlichem Erfahrungshintergrund*. Auch ist darauf zu achten, dass keine allzu großen hierarchischen Unterschiede zwischen den Teilnehmern bestehen, da andernfalls der Ideenfluss gebremst werden könnte. In der Einladung sind Ort, Zeit, Teilnehmer und Themenkreis, möglichst aber nicht das zu behandelnde Problem bekanntzugeben, da zu viele Vorüberlegungen zu Blockaden führen können.

Zu Beginn der Brainstorming-Sitzung sind die *Regeln* bekanntzugeben:

- Keine Kritik oder Bewertung
- Quantität vor Qualität
- Möglichst ungewöhnliche Ideen
- Fortführen und weiterentwickeln bereits vorgebrachter Ideen
- Auch „spinnen" ist erlaubt.

Dann wird das *Thema* vorgestellt und möglichst *visualisiert*. Es ist darauf zu achten, dass eine von allen akzeptierte Problembeschreibung - nicht zu weit und nicht zu eng gefasst - gefunden wird.

Der Moderator achtet auf die Einhaltung der Regeln, aktiviert alle Mitglieder und visualisiert die Ideen. Besonders wichtig für die ungehemmte Ideenproduktion ist, dass der Moderator durch zustimmende Gesten oder Bemerkungen *positiv verstärkt* und auch sinnlos erscheinende Ideen nicht abblockt.

Am Ende einer Brainstorming-Sitzung, die 30 Minuten nicht überschreiten sollte, werden die Ideen vom Moderator systematisiert, gruppiert (Bildung sogenannter Cluster) und gemeinsam mit den Gruppenmitgliedern bewertet.

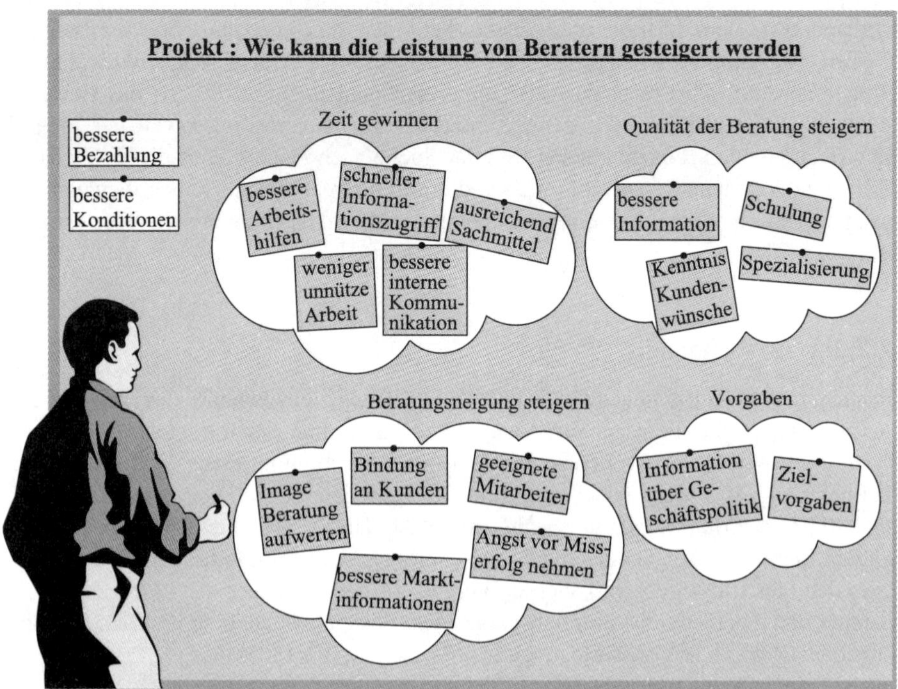

Abb. 7.2: Clustern von Ideen nach einem Brainstorming

7.2.3.2 Methode 635

Die Methode 635 wurde aus dem Brainstorming entwickelt und zeichnet sich durch eine höhere Formalisierung aus. *Ideen* werden *schriftlich* festgehalten und weitergereicht. Das fördert die Konzentration auf die Weiterentwicklung bereits produzierter Ideen. Gerade die systematische *Vertiefung* von Ideen führt häufig zu besonders guten Ergebnissen.

Zu Beginn werden wiederum Regeln und Thema bekanntgegeben. Jedes Mitglied der aus *6 Teilnehmern* bestehenden Gruppe schreibt *3 Ideen* auf ein Blatt Papier. Danach reicht jedes Mitglied sein Blatt im Kreisverkehr weiter. Aufbauend auf den vorliegenden Gedanken sollen die Teilnehmer jeweils drei weitere Ideen zur Problemlösung ergänzen. Die Ideen sollen sich möglichst an die vorhandenen anlehnen und diese weiterentwickeln. Insgesamt werden die Blätter *fünfmal weitergereicht.*

Als besonderer Vorteil dieser Technik gilt, dass die Teilnehmer nicht unbedingt zusammenkommen müssen. Wegen der vertiefenden Wirkung eignet sich die Methode 635 insbesondere auch als *Folgeaktion* auf das *Brainstorming*. Die attraktivsten Vorschläge aus dem Brainstorming werden in die Kopfzeile der Blätter eingetragen. Die Methode 635 baut auf diesen Ideen auf und vertieft sie. So können auch die Vorteile des Brainstorming, insbesondere die wechselseitigen Anregungen während der Sitzung, genutzt werden.

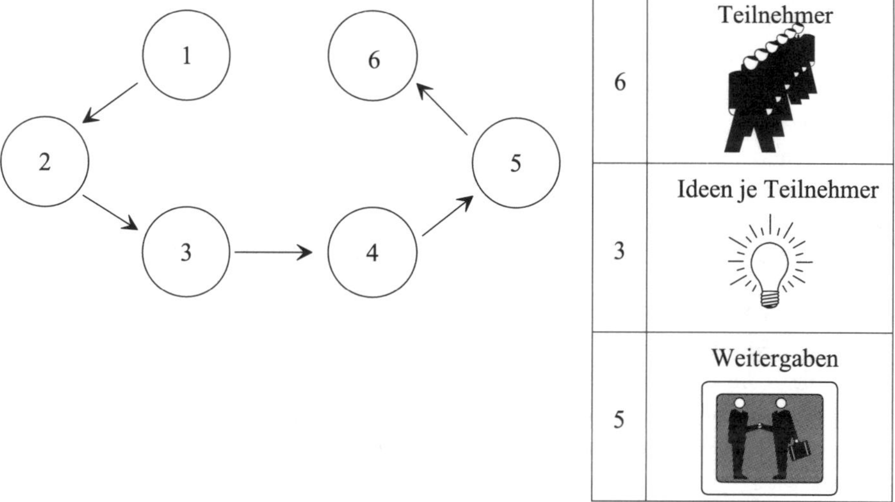

Abb. 7.3: Methode 635

7.2.3.3 CNB-Methode

Bei der CNB-Methode (Collective Notebook = gemeinsames Notizbuch) soll die Schwierigkeit umgangen werden, die zur Lösung notwendigen Spezialisten u.U. mehrmals an einen Tisch zu bringen. Dazu erhält jeder Teilnehmer ein kleines *Notizbuch*, in dem das anstehende Problem beschrieben ist und das außerdem die folgenden *Aufforderungen* enthält:

- Schreiben Sie alle Ideen zum Problem nieder
- versuchen Sie, das Problem neu zu definieren
- vermerken Sie, wo Lösungsansätze etwa in der Fachliteratur zu finden sind.

Während eines festgelegten Zeitrahmens - etwa 4 Wochen - trägt jeder Teilnehmer spontan seine Ideen ein. Nach Ablauf der Frist fasst jedes Mitglied

- die besten Ideen,
- Vorschläge zum weiteren Vorgehen und
- weitergehende Ideen

zusammen. Verdichtete Ergebnisse und Notizbücher werden dann vom Moderator ausgewertet und auf einer gemeinsamen Sitzung der Beteiligten erörtert.

Vorteilhaft an dieser Technik ist, dass Ideen und Hinweise nicht nur spontan geäußert werden, so dass abgewogene Vorschläge später vertieft werden können.

7.2.3.4 Morphologische Analyse

Die Morphologie - Denken in geordneter Form - befasst sich mit einer Denkmethode, der *Theorie des Entdeckens und Erfindens.* Die morphologische Analyse dient der vollständigen *Erfassung eines* komplexen *Problembereiches,* um daraus alle möglichen Lösungen abzuleiten.

Kern der morphologischen Analyse ist eine *Matrix.* In der Kopfspalte werden mindestens 5, maximal 10 möglichst voneinander unabhängige Teilprojekte bzw. isolierbare Problemfelder aufgelistet, für die Lösungen gefunden werden müssen. Für jedes Teilprojekt (Problemfeld) wird jede denkbare Lösungsvariante eingetragen. So entsteht ein sogenannter „morphologischer Kasten". Bei der Sammlung der Teilprojekte und deren Lösungsansätzen kann man sich des Brainstorming bedienen, damit auch ungewöhnliche Vorschläge gemacht werden. In der Matrix werden anschließend denkbare Kombinationen der verschiedenen Lösungselemente zusammengestellt (siehe dazu die zwei beispielhaften Linien in Abb. 7.4). Eine Lösungsvariante für das Gesamtprojekt setzt sich dann aus der Kombination mehrerer Teillösungen zusammen. Durch diese Formalisierung des Lösungsbereiches können systematisch originelle Lösungen gefunden werden.

Der morphologische Kasten hat sich insbesondere in der Arbeit einer Projektgruppe oder in Workshops bewährt. Er kann auch als Dokumentationswerkzeug in Präsentationen eingesetzt werden.

Lösungen können traditionell - auf Erfahrungen beruhend - mit Hilfe der Techniken der Aufbau- und Ablauforganisation oder durch den Einsatz von Kreativitätstechniken erarbeitet werden. Es steht eine Fülle von Kreativitätstechniken zur Verfügung. Sie dienen dazu, festsitzende Verhaltensmuster und Denkblockaden zu überwinden.

Beispiel einer morphologischen Analyse zum Lösungsentwurf
Projekt: Dezentrale Schreibsekretariate

Teilprojekte		Mögliche Varianten				
Anzahl dezentraler Schreibsekretariate		je Abteilung ein Schreibsekretariat	je Abteilung ein Schreibsekretariat und ein Vorstandssekretariat	je Gebäude ein Schreibsekretariat	je ein Schreibsekretariat für Abteilung A und B sowie eines für Übrige	
Zuständigkeit für		nur Schreiben	Schreiben und Ablage	Schreiben, Ablage und Sitzungsvorbereitung	Schreiben, Ablage, Sitzungsvorbereitung und Service	Schreiben und Service
Sachmittel	**Geräte**	Einzelplatz PC	vernetzte PC	TV auf HOST		
Sachmittel	**Möbel**	keine Neuinvestition	neue Tische und Stühle			
Software		reine Textverarbeitung	Textverarbeitung und Tabellenkalkulation	Textverarbeitung, Tabellenkalkulation und Grafik	Software auf HOST	
Textstandardisierung		keine	Bausteinverarbeitung	nur Masken	Ganzbriefe	
Personelle Besetzung		ehemalige Sekretärinnen	freiwillige Sekretärinnen und Sonstige	keine Sekretärinnen		
Transport Schriftgut		durch Schreibkräfte	durch Sachbearbeiter	durch Botendienst	durch Rohrpost	

——● Variante 1
·······● Variante 2

Abb. 7.4: Morphologischer Kasten

Fragen zum Kapitel 7	Text dazu auf Seite
1. Nennen Sie verschiedene Typen von Lösungsvarianten.	293
2. Wie werden traditionell Lösungskonzepte entwickelt?	294
3. Auf welcher Überlegung beruhen Kreativitätstechniken?	294
4. Skizzieren Sie das Brainstorming. Was sind wichtige Regeln des Brainstorming?	295
5. In welchem Zusammenhang stehen das Brainstorming und die Methode 635?	296
6. Erläutern Sie den Aufbau eines morphologischen Kastens.	298

Weiterführende Literatur zu diesem Abschnitt

De Bono, E.: Laterales Denken. Düsseldorf 1992

Hollinger, H.: Kurs in elementarer Morphologie. Zürich 1970

Musiol, A.: Präsentations- und Kreativitätstechniken. Wiesbaden 1981

Schlicksupp, H.: Kreative Ideenfindung in der Unternehmung. Berlin/New York 1977

8 Techniken der Zielfindung und Bewertung

8.1 Grundlagen

8.1.1 Begriffe

Unter einem *Ziel* wird ein *angestrebter Zustand, eine erwünschte Wirkung* verstanden. Ziele beschreiben also zukünftige Ergebnisse, die *durch* bestimmte Maßnahmen oder *Lösungen erreicht* werden sollen. Hier werden Ziele behandelt, die im Rahmen organisatorischer Projekte angestrebt werden, sogenannte Projektziele. Sie sollten mit den allgemeinen Unternehmenszielen verträglich sein, lassen sich aber nicht immer eindeutig aus den Unternehmenszielen ableiten.

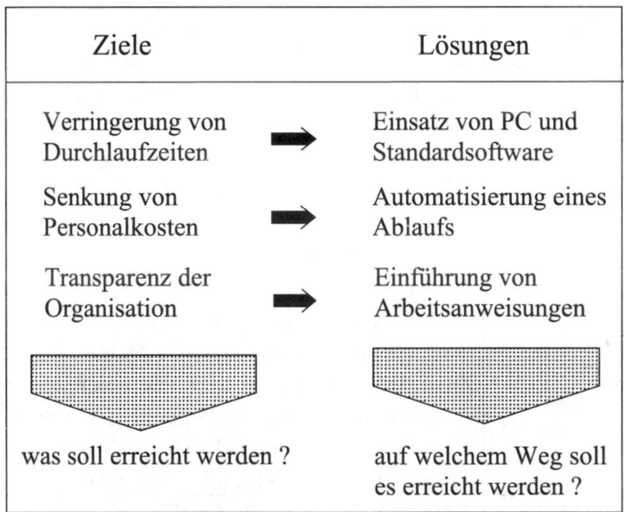

Abb. 8.1: Ziele und Lösungen

Nicht immer kann eindeutig entschieden werden, ob ein Ziel oder eine Lösung vorliegt. Es ist zu beachten, dass mit zunehmender Detaillierung der Ziele diese auch immer lösungsnäher werden.

Ziele, die sich auf die Lösung selbst beziehen, werden als *Systemziele* bezeichnet (z.B. die fehlerfreie Auslieferung von Bestellungen). Daneben gibt es sogenannte *Vorgehensziele*, die den Weg zur Lösung betreffen (z.B. schneller Abschluss des Projektes).

Von den Zielen sind Restriktionen zu unterscheiden. Restriktionen sind zwingende Vorgaben, die in verschiedenen Ausprägungen auftreten können. Gelegentlich werden diese Restriktionen auch als Muss-Ziele bezeichnet.

	Restriktionen	
Richtung	*Positiv* - zwingende Forderung (z.B. Konzernrichtlinien sind einzuhalten)	Negativ - verbindliches Verbot (z.B. keine Eigenentwicklung von Software)
Quelle	*Intern* - Vorgaben durch Entscheider im Projekt	*Extern* - Vorgaben durch Stellen außerhalb des Projektes (z.B. Gesetze)

Mit Zielen werden unterschiedliche Zwecke verfolgt, wie die folgende Übersicht zeigt.

Zwecksetzung	Beschreibung
Koordination	Projekte erfordern normalerweise die Zusammenarbeit mehrerer Beteiligter. Über Ziele soll gewährleistet werden, dass die Leistungen der Beteiligten zielorientiert erfolgen und aufeinander abgestimmt sind. Darüber hinaus soll durch Ziele auch die Koordination zwischen Projekten gefördert werden.
Steuerung	Die Steuerung von Projekten durch Entscheider wie auch die Steuerung innerhalb des Projektes durch den Projektleiter erfolgt auf der Basis von Zielen.
Lösungssuche	Ziele stoßen die Suche nach Lösungen an, wenn der Ist-Zustand bzw. die bereits bekannten Varianten aus der Sicht der Ziele unbefriedigend sind (das wird auch als Value-Focused Thinking bezeichnet).
Bewertung/Entscheidung	Ziele sind Kriterien für die Eignung von Lösungen. Zielkataloge oder Zielhierarchien ermöglichen Bewertungen von Lösungsvarianten (Prognose zukünftiger Wirkungen).
Messung	Ziele erlauben die Messung von Resultaten der Projektarbeit. So kann im Nachhinein überprüft werden, inwieweit angestrebte Ziele erreicht worden sind (Feststellung eingetretener Wirkungen).
Motivation	Sind die Ziele bekannt und realistisch gesetzt (nicht zu hoch und nicht zu niedrig), fördert dieses die Leistungsbereitschaft der Beteiligten.

Im Rahmen organisatorischer Projekte werden normalerweise *mehrere Ziele gleichzeitig angestrebt*, die jedoch dem *Auftragnehmer* oft nicht oder zumindest *nicht alle bekannt* sind.

Das kann folgende *Gründe* haben:

- Der Auftraggeber ist sich über die Ziele selbst nicht im Klaren - er hat möglicherweise nur ein Störgefühl
- der Auftraggeber hat relativ klare Vorstellungen über die Lösung, hat aber über die damit verfolgten Ziele noch nicht nachgedacht
- der Auftraggeber hat klare Zielvorstellungen, die er jedoch dem Auftragnehmer nicht mitteilt, weil er sie für selbstverständlich hält
- neben dem Auftraggeber bringen noch andere Interessenten ihre Ziele in das Projekt ein - z.B. Betroffene, Arbeitnehmervertreter, Revision, Kunden usw. Deren Ziele (Interessenlage) sind nicht immer offensichtlich und können erst im Verlauf des Projektes fundiert ermittelt werden.

Eine Technik der Zielformulierung dient dazu
• möglichst frühzeitig die relevanten Ziele zu erkennen
• Ziele zu Zielsystemen zu ordnen
• Ziele klar und möglichst eindeutig zu formulieren
• die Zielgewichtung zu unterstützen
• die Zielformulierung als einen Prozess zu verstehen, der ein Projekt begleitet.

Die Forderung, sich über das Ziel klar zu werden, ehe man sich auf den (Projekt-) Weg macht, ist trivial, und dennoch wird in der praktischen Arbeit immer wieder dagegen verstoßen. Vermutlich steht den Beteiligten oftmals von Anfang an eine Lösung klar vor Augen, so dass es auszureichen scheint, im Nachhinein Ziele zu formulieren, die die Berechtigung der favorisierten Lösung „beweisen".

Sollen Ziele die oben genannten Zwecke erfüllen, sind einige Forderungen zu erfüllen.

Anforderungen an Ziele	
Strategieverträglichkeit	Ziele dürfen der Strategie nicht widersprechen
Lösungsneutralität	Ziele müssen unterschiedliche Lösungen erlauben, sie dürfen nicht von vornherein nur eine Lösung zulassen
Redundanzfreiheit	Gleiche Ziele - auch wenn sie sich hinter unterschiedlichen Begriffen verbergen - sollen nicht mehrfach genannt werden
Widerspruchsfreiheit	Ziele dürfen sich nicht widersprechen, Zielkonkurrenzen sind nicht zu vermeiden

Fortsetzung siehe nächste Seite

Realisierbarkeit	Ziele müssen im Rahmen des konkreten Projektes beeinflusst werden können (nicht unrealistisch sein oder außerhalb des Kompetenzbereiches des Projektes liegen)
Beurteilbarkeit	Ziele sind so zu formulieren, dass im Vorhinein bekannt ist, anhand welcher Kriterien die Zielerreichung gemessen werden soll (Operationalisierung)
Vollständigkeit	Alle Ziele mit einem nennenswerten Gewicht sollten bekannt sein (zu viele Ziele können allerdings den Blick für das Wesentliche verstellen)
Relevanz	Ziele müssen für die jeweilige Fragestellung (z.B. ein Teilprojekt) maßgeschneidert sein
Aktualität	Ziele sind permanent an die aktuelle Situation und den aktuellen Wissensstand anzupassen

Ziele beschreiben angestrebte Wirkungen oder Zustände. Die Zielfindungstechnik (Zielformulierung) soll helfen, Ziele zu erkennen, zu ordnen, zu präzisieren und die Gewichtung zu unterstützen.

8.1.2 Einordnung in den Projektablauf

Die Technik der Zielfindung (Zielformulierung) hat ihre *größte Bedeutung beim Start* und in den ersten Planungsphasen eines Organisationsprojektes. Da Organisationsaufträge normalerweise nicht so aussagefähig sind, wie sie für den Auftragnehmer sein müssten, um zielorientiert vorgehen zu können, und da es praxisfern wäre, einfach vollständige Projektaufträge zu fordern, muss der *Auftragnehmer sich selbst darum kümmern.* Ziele sind somit - wie auch die übrigen Bestandteile eines Projektauftrages - eine *Holschuld des Projektleiters.*

Es ist aber auch denkbar, dass zu Beginn eines Projektes die Probleme bekannt sind. Entweder sind sie offenkundig oder sie wurden durch eine systematische Untersuchung in einer Würdigung ermittelt und waren der Anstoß für das Projekt.

Die Zielformulierung ist ein *Prozess*, der die Projektarbeit begleitet. In jeder Phase werden

- Ziele ergänzt oder eliminiert
- Ziele präzisiert oder detailliert
- neue Zielkataloge für die nächste Projektphase vereinbart.

Die Zielformulierung findet in allen *Planungsphasen* und auf folgenden *Schritten* des *Planungszyklus* statt:

- Auftrag (Vereinbarung von Zielen mit dem Auftraggeber)

- Würdigung (aus Stärken und Schwächen, Risiken und Chancen werden Ziele abgeleitet)
- Lösungsentwurf (Leistungsmerkmale von Lösungen, deren Stärken und Schwächen können weitere Hinweise auf Ziele geben)
- Bewertung und Auswahl (Ziele dienen als Kriterien der Bewertung).

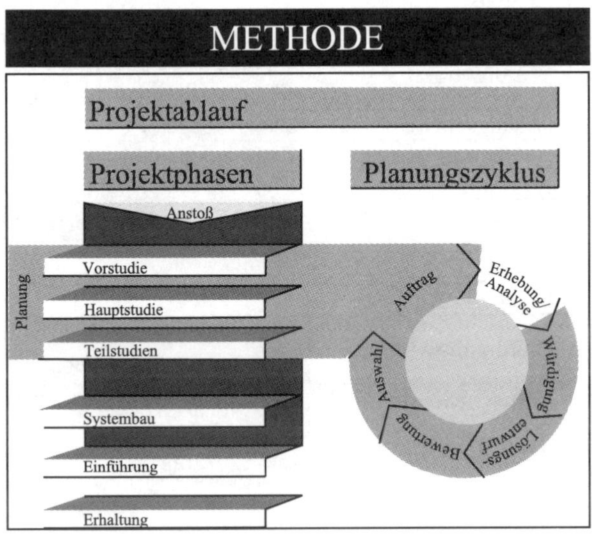

Abb. 8.2: Einordnung der Zielfindung und Bewertung in das Organisationsmodell

Diese Aussage soll mit der Darstellung in Abb. 8.3 präzisiert werden:

Da die Ziele die Maßstäbe der Bewertung sind, werden hier die Techniken Zielfindung und Bewertung auch im Zusammenhang dargestellt.

Die Zielfindung begleitet die Projektarbeit. Ziele werden mit dem Projektfortschritt zunehmend detailliert und mit dem jeweiligen Planungsfortschritt konkretisiert.

Phase	Zyklus	Aktivität zur Zielformulierung
Anstoß	Auftragsbestandteile klären	Ziele ermitteln und abstimmen
Vor-studie	Auftrag	
	Erhebung/Analyse	
	Würdigung	Weitere Ziele aus Stärken/Schwächen Chancen/Risiken ableiten
	Lösungsentwurf	aus Lösungen Ziele ableiten
	Bewertung	Ziele zur Bewertung aufbereiten
	Auswahl	Ziele Auftrag Hauptst. abstimmen
Haupt-studie	Auftrag	
	Erhebung/Analyse	
	Würdigung	Ziele überarbeiten - für Unter- und Teilsysteme detaillieren/ergänzen/präzisieren
	Lösungsentwurf	aus Lösungen Ziele ableiten
	Bewertung	Ziele zur Bewertung aufbereiten
	Auswahl	Ziele Auftrag Teilstudien abstimmen
Teil-studien	Auftrag	
	Erhebung/Analyse	
	Würdigung	Ziele für Unter- und Teilsysteme weiter präzisieren/detaillieren/ergänzen
	Lösungsentwurf	aus Lösungen Ziele ableiten
	Bewertung	Ziele zur Bewertung aufbereiten
	Auswahl	Ziele Auftrag Systembau abstimmen

Abb. 8.3: Einordnung der Zielfindung und Bewertung in die Projektphasen

8.2 Zielfindung

8.2.1 Übersicht

Folgende Schritte gehören zum Prozess der Zielfindung (siehe Abb. 8.4). Sie werden hier im Einzelnen vorgestellt.

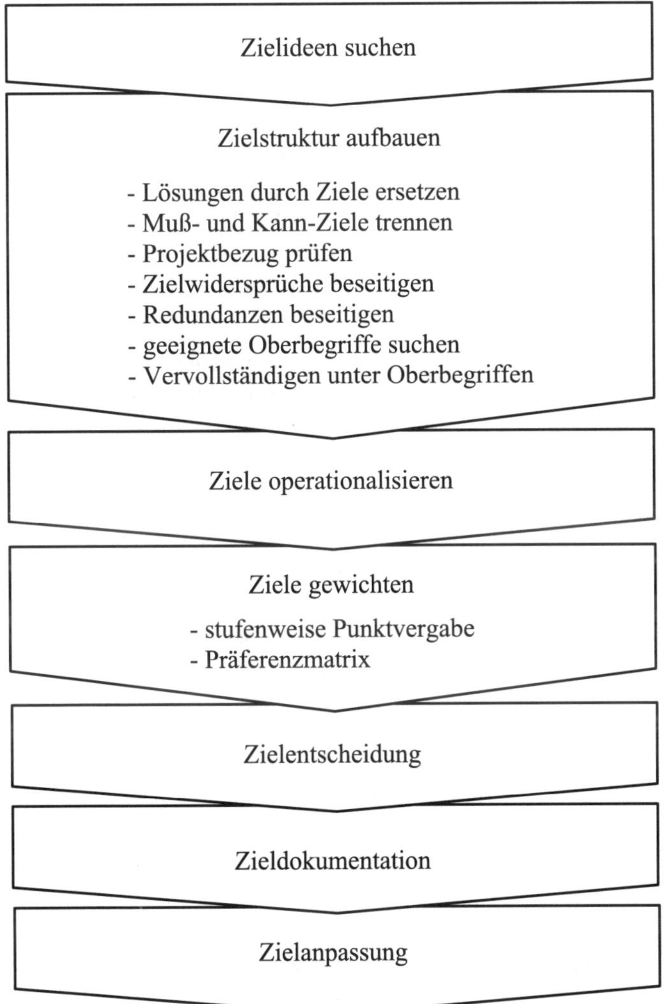

Abb. 8.4: Zielfindungsprozess

8.2.2 Zielideen suchen

Von organisatorischen *Projekten* sind normalerweise *unterschiedliche Personengruppen betroffen.* Betroffene Personen oder Personengruppen bringen grundsätzlich in Organisationsvorhaben *eigene Zielvorstellungen* ein. Dass diese Ziele normalerweise nicht deckungsgleich sind, sich teilweise sogar widersprechen, zeigt die Lebenserfahrung. Nicht umsonst gibt es für bestimmte Zielträger sogar formalisierte Interessenvertretungen, die dafür sorgen sollen, dass die Ziele ihrer Gruppe nicht zu kurz kommen (z.B. Arbeitnehmervertreter). Wenn wirklich „alle in einem Boot sitzen“ oder „alle an einem Strang ziehen“ würden, käme es nicht zu den ständigen Interessenkonflikten, die den betrieblichen Alltag kennzeichnen.

Organisationsarbeit liegt mitten im Spannungsfeld dieser Interessen. Da unmöglich alle Betroffenen in allen Belangen ihre Ziele realisieren können, ist Organisation die *Kunst des Möglichen* - es muss ein Ausgleich gefunden werden, indem die jeweilige Situation und damit auch die *Macht* der Träger von Zielen berücksichtigt wird.

Auch wenn nicht alle Ziele gleichzeitig erreicht werden können, ist es für die Auftragnehmer wichtig, die Ziele aller Interessengruppen zu kennen. Nur wenn die Ziele bekannt sind, können

- Wege der Zielerreichung gesucht und beurteilt werden
- Begründungen geliefert werden, warum einzelne Interessen zurücktreten mussten
- adressatengerechte Argumente beim Verkauf der Lösungen gefunden werden (der Köder - das Argument - muss dem Fisch und nicht dem Angler schmecken).

Bei nahezu allen organisatorischen Vorhaben gibt es folgende Zielträger (Zielträgergruppen) (Abb. 8.5).:

- Geschäftsführung/oberes Management
- leitende Vertreter der/des betroffenen Bereiche(s)(Abteilungsverantwortliche)
- unmittelbar betroffene Mitarbeiter (die damit arbeiten müssen)
- interne oder externe Kunden der betroffenen Bereiche.

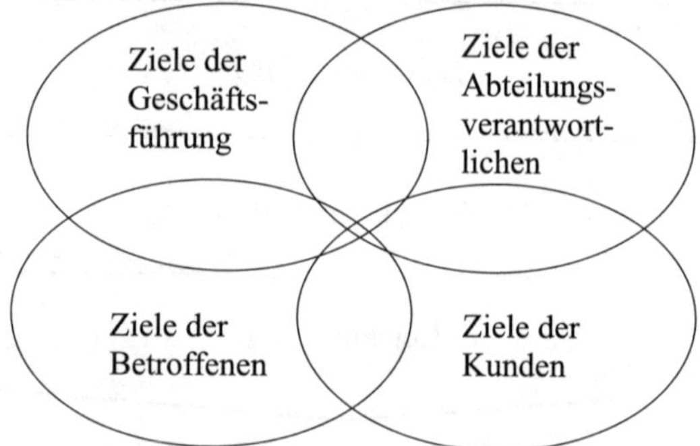

Abb. 8.5: Modell wichtiger Zielträger

Daneben können noch der Betriebs- oder Personalrat, die Revision, die Organisation/Datenverarbeitung selbst und viele andere eigene Ziele in Projekte einbringen. Für eine erste Näherung reicht es jedoch normalerweise aus, sich mit den vier erstgenannten Zielträgern auseinanderzusetzen, da sie die Mehrzahl der wichtigen Ziele vertreten.

Um frühzeitig die für das anstehende Projekt bedeutsamen Ziele zu ermitteln, empfiehlt es sich

- durch ein Brainstorming ungeordnet zu sammeln und
- sich dabei gedanklich in die Interessenlage der Zielträger zu versetzen.

Dieses Vorgehen ist besonders zu Beginn eines Projektes in der Anstoßphase geeignet. Später können dann die Betroffenen nach ihren Zielen befragt werden.

Hier sollen die Zielformulierung und die Bewertungstechniken anhand eines durchgehenden Beispiels gezeigt werden.

Beispiel: In einem Kreditinstitut gibt es neben der Hauptstelle eine ganze Reihe von Geschäftsstellen. Alle Geschäftsstellen und die Hauptstelle sind für alle Belange ihrer Kunden zuständig, verkaufen also alle Produkte. Außerdem gibt es eine Arbeitsteilung zwischen der Kundenberatung und der weiteren Bearbeitung der Vorgänge, der sogenannten Folgebearbeitung. Bei einzelnen Prozessen sind bis zu 5 verschiedene Bearbeitungsstationen zu durchlaufen. Es wird eine Projektgruppe eingerichtet, die sich mit der Frage beschäftigen soll, wie der Vertrieb der Bankprodukte verbessert werden kann.

Zur Auftragsabstimmung bei dem obigen Projekt, hat der Projektleiter mit Hilfe des Zielträgermodells folgende Ziele erarbeitet:

Ziele der Geschäftsführung	**Ziele Geschäftsstellenleiter**
• Kosten senken • Marktanteile steigern • Kunden binden • Unabhängigkeit von einzelnen Beratern • kein zusätzliches Personal • kein Outsourcing des Vertriebs • schnelle Abwicklung des Projektes • Einhaltung des vorgegebenen Budgets • Zentralisation der Firmenkunden	• mehr Personal • qualifizierte Mitarbeiter • schnelle Abwicklung • transparente Lösung • gute Kundenkenntnis beim Berater • Chancengleichheit der Berater • Betroffene beteiligen
Ziele der Mitarbeiter	**Ziele als Kunden**
• gute Ausbildung in den Produkten • gleichmäßiger Arbeitsanfall • anspruchsvolle Aufgaben • gute Bezahlung • gute DV-Unterstützung	• schnelle Abwicklung • hochwertige Beratung • eindeutige Ansprechpartner • kurze Wege • schnelle Entscheidungen • niedrige Preise

Abb. 8.6: Beispiele für Ziele unterschiedlicher Zielträger

Die *Zahl der Ziele ist zu begrenzen*, da Ziele, die in der Rangfolge weit hinten stehen, kaum noch einen Einfluss auf die Wahl der Lösung haben. Pragmatisch können 15-20 Ziele als Obergrenze angesehen werden.

In organisatorischen Projekten werden durch verschiedene Interessenten die unterschiedlichsten Ziele verfolgt. Bei der Sammlung der Ziele empfiehlt es sich deswegen, die Position der Interessenten einzunehmen und mit Hilfe eines Brainstorming deren mögliche Ziele zu sammeln.

8.2.3 Ziele analysieren und Zielstruktur aufbauen

Die - nach dem Zielträgermodell - gesammelten Ziele sind in einem nächsten Schritt zu *analysieren* und *zu einer Zielstruktur zu verdichten*. Zur Analyse und Strukturierung gehören:

- Lösungen durch Ziele ersetzen
- Restriktionen und Ziele trennen
- Projektbezug prüfen
- Zielwidersprüche beseitigen
- Redundanzen beseitigen
- Geeignete Oberbegriffe suchen
- Vervollständigen unter den Oberbegriffen

Lösungen durch Ziele ersetzen

Oft werden in Zielkatalogen bereits Lösungen genannt. Die Aussage *Zentralisation der Firmenkunden* ist eine Lösung. Wenn der Auftraggeber diese Zentralisation unbedingt haben will, ist sie als Restriktion aufzunehmen. Andernfalls ist zu prüfen, welche Ziele hinter dieser Lösung stehen - z.B. gute Produktkenntnis oder gute Kundenkenntnis. Es lässt sich allerdings nicht immer eine eindeutige Grenze zwischen Lösungen und Zielen ziehen. In allen Fällen jedoch, wo eine *bestimmte Wirkung auf verschiedenen Wegen erreicht* werden kann, sollte immer die gewünschte *Wirkung* - das Ziel - und *nicht die Lösung genannt werden.*

Restriktionen und Ziele trennen

Restriktionen sind K.O.-Kriterien für ein Projekt. Wenn eine Variante auch nur eine Restriktion nicht erfüllt, ist diese Variante nicht zulässig und damit zu eliminieren. Restriktionen sind immer *Ja/Nein-Ziele*. Es muss eindeutig beurteilt werden können, ob die Restriktion erreicht ist oder nicht. Dabei können Restriktionen als *Ober- oder Untergrenze* formuliert werden wie im Beispiel „kein zusätzliches Personal" oder als *Aufforderung* wie bei „Kein Outsourcing". Da Restriktionen K.O.-Kriterien sind, ist eine *Gewichtung* (Bestimmung der relativen Bedeutung) *nicht notwendig.*

Die übrigen *Ziele* sind demgegenüber *Wunsch-Ziele.* Entweder wird eine möglichst gute Zielerreichung angestrebt „schnelle Abwicklung" oder es wird ein Ja/Nein-Ziel als wünschenswert (nice to have) genannt wie z.B. „Einsatz vorhandener Mitarbeiter". In diesem Fall sind Lösungen - zwar nicht erwünscht aber - zulässig, in denen die Leistung nicht durch bereits vorhandene Mitarbeiter erbracht wird. Die *Kann-*

Ziele müssen gewichtet werden, um ihre *relative Bedeutung* bei der Entscheidung berücksichtigen zu können. Dazu werden unten noch zwei Verfahren der Gewichtung vorgestellt.

Nur die *Wunsch-Ziele werden zu einer Zielstruktur* - auch als Zielhierarchie bezeichnet - *verdichtet*. Die *Restriktionen* werden *getrennt aufgeführt,* um ihren Stellenwert als KO-Kriterien zu verdeutlichen.

Somit können *folgende Fälle* unterschieden werden:

	Zielarten			
	Restriktionen (K.O.-Kriterien)		Ziele (Wunsch-Ziele)	
	Es gibt nur erfüllt oder nicht erfüllt (Ja/Nein)	Ober- oder Untergrenze eines (dimensionalen) Zieles	Dimensionales Ziel (mehr oder weniger gut erreichbar)	Ja/Nein-Ziel (es gibt nur erfüllt oder nicht erfüllt)
Beispiele	Unterstützung muss intern erfolgen	Keine Erhöhung der Personalkosten (wenn dieses Ziel erfüllt ist, kann es gleichzeitig noch ein dimensionales Ziel sein)	möglichst niedrige Personalkosten	Einsatz vorhandener Mitarbeiter
Gewichtung	Nein		Ja	
Regel	Ziele nicht in Zielstruktur aufnehmen		Ziele zur Zielstruktur verdichten/ausbauen	

Abb. 8.7: Zielarten

Projektbezug prüfen

Aus der Zielsammlung sind solche Ziele zu *streichen*, die zwar durchaus gültig sein können, die aber *im Rahmen des anstehenden Projektes nicht erreicht bzw. nicht beeinflusst werden können.* In der Zielsammlung wurde „niedrige Preise" als Ziel der Kunden bezeichnet. Das ist ohne Frage deren Ziel, das allerdings im Rahmen des Projektes nicht erreicht werden kann. Die Entscheidung für die Höhe der Preise fällt nicht in dem Projekt. Bestenfalls ist ein indirekter Bezug denkbar, indem darauf geachtet wird, dass insgesamt niedrige Kosten anfallen, so dass damit eine Grundlage für niedrige Preise gelegt wird.

Zielwidersprüche beseitigen

Wenn in einer Zielsammlung einander widersprechende Ziele auftreten - wird *ein Ziel* erreicht *verhindert* es die *Erreichung des anderen Zieles* - dann ist dieser Widerspruch vor der anschließenden Strukturierung zu beseitigen, d.h. eines der sich widersprechenden Ziele ist zu streichen oder aber als limitierende Restriktion zu formulieren. So widersprechen sich das Ziel „Senkung der Kosten“ und „mehr Personal“. Dieser Widerspruch lässt sich beispielsweise auflösen, indem das Ziel „Senkung der Kosten“ durch die Restriktion „Keine Erhöhung der Personalkosten“ oder „Personalkosten maximal x“ ersetzt wird. Das Ziel „Mehr Personal“ ist dann zu ersetzen durch „ausreichend Personal“.

Redundanzen beseitigen

Wird *das gleiche Ziel mehrfach genannt*, sollte diese *Mehrfachnennung* (Redundanz) *beseitigt* werden. Andernfalls besteht die Gefahr, dass dieses *Ziel insgesamt zu stark gewichtet* - weil zu oft berücksichtigt - wird. Diese Bereinigung ist insofern nicht immer ganz einfach, als sich häufig hinter sehr unterschiedlichen Begriffen letztlich die gleichen Inhalte verbergen. So sind die Ziele „hochwertige Beratung“ und „qualifizierte Mitarbeiter“ redundant.

Geeignete Oberbegriffe suchen

Die *Ziele* sind dann *zu* einer *Zielstruktur* (Zielhierarchie) zu *verdichten*. Dabei sollten die *Zielträger möglichst nicht als Oberbegriffe* verwendet werden, weil sonst unweigerlich Diskussionen darüber entstehen, wem ein Ziel „wirklich“ zuzurechnen ist. Eine Ausnahme wird häufig bei dem Zielträger *Betroffene Mitarbeiter* gemacht. Unter dem Oberbegriff *Personelle Ziele* oder *Anwender-Ziele* werden die Ziele der Benutzer aufgeführt, weil die Akzeptanz organisatorischer Lösungen in der Regel entscheidend davon abhängt, inwieweit die Ziele dieser Zielträger erreicht wurden.

Typische Oberziele in organisatorischen Projekten sind beispielsweise:

Systemziele			Vorgehensziele
Wirtschaftlichkeit	**Leistungsziele**	**Mitarbeiterziele**	
z.B. Investitionskosten, lfd. Kosten	z.B. kurze Bearbeitungszeiten	z.B. attraktive Aufgaben	z.B. schnelle Abwicklung des Projektes

Abb. 8.8: Oberziele

Die hier verwendete Unterscheidung von *Systemzielen* und *Vorgehenszielen* weist auf einen wichtigen Unterschied hin. *Systemziele* sind Ziele, die *mit der eigentlichen Lösung angestrebt* werden. Sie dienen gleichzeitig als Kriterien zur Beurteilung von Lösungen. Bei *Vorgehenszielen* handelt es sich demgegenüber um Ziele, die *nur während der Laufzeit des Projektes gültig* und mit dem Abschluss des Projektes erledigt sind. Vorgehensziele eignen sich deswegen normalerweise nicht zur Auswahl einer geeigneten Lösung.

Vervollständigen unter den Oberbegriffen

Nachdem geeignete Oberziele (Oberbegriffe) gefunden und die Ziele den Oberbegriffen zugeordnet wurden, sollten die Oberziele darauf hin untersucht werden, ob *weitere Unterziele* für das anstehende Projekt relevant sein könnten, die in der Sammlung nach den Zielträgern noch nicht erkannt wurden. So wird beispielsweise das Ziel „Niedrige Investitionskosten“ ergänzt, nachdem der Oberbegriff „Wirtschaftlichkeitsziele“ eingeführt wurde.

Aufgrund der Zielanalyse und Zielstrukturierung (-ergänzung) ergibt sich für das Beispiel die folgende Zielhierarchie (Zielstruktur):

Reorganisation Vertrieb			
Wirtschaftlich-keitsziele	**Leistungsziele**	**Mitarbeiterziele (Anwenderziele)**	**Vorgehensziele**
niedrige Kosten - Investitions-kosten • Personal • Bau/Einrich-tung - Laufende Per-sonalkosten	qualifizierte Berater - gute Produkt-kenntnisse - gute Kunden-kenntnisse eindeutige An-sprechpartner kurze Wege für Kunden schnelle Bearbei-tung - geringe Warte-zeit - schnelle Ab-wicklung Transparente Lö-sung	anspruchsvolle Aufgaben Chancengleichheit der Mitarbeiter gleichmäßiger Arbeitsanfall	schnelle Abwick-lung des Projektes Betroffene beteili-gen (akzeptiertes Vorgehen)

Abb. 8.9: Beispiel für eine Zielhierarchie

Zusätzlich sind folgende *Restriktionen* zu beachten:

- Kein zusätzliches Personal
- kein Outsourcing
- Budgeteinhaltung

Die gesammelten Ziele sind zu analysieren und zu strukturieren. Dazu werden Lösungen auf ihre Ziele zurückgeführt, Restriktionen und Ziele werden getrennt, Ziele, die sich durch das Projekt nicht erreichen lassen, werden ebenso wie Zielwidersprüche und Redundanzen beseitigt, für die Ziele werden gemeinsame Oberbegriffe gesucht und schließlich werden die Ziele unter den Oberbegriffen vervollständigt.

8.2.4 Ziele operationalisieren

Ziele sollten möglichst eindeutig formuliert werden, um Missverständnisse zwischen Auftraggebern und Planern zu vermeiden. Ziele müssen normalerweise durch ergänzende Hinweise

Maßstäbe für die Zielerreichung = Kriterien

eindeutig gemacht werden. Wenn Ziele durch Kriterien verdeutlicht werden, spricht man von der *Operationalisierung* von Zielen. Neben dem Zielinhalt (z.B. Personalkosten) muss die Zielausprägung (welchen Zustand soll das Ziel annehmen, wieviel soll erreicht oder vermieden werden?) genannt werden.

Zur *Zielausprägung* gehören

- Zieleigenschaft (z.B. Gesamtkosten für einen Mitarbeiter incl. Sozialabgaben ohne Arbeitsplatzkosten)
- Zielmaßstab (z.B. Geldeinheiten wie Euro, FR)
- Zielausmaß (z.B. möglichst niedrig, nicht mehr als etc.).

Beispiele für die Operationalisierung von Zielen	
Ziel	**Maßstab**
• niedrige Personalkosten	• Gehälter und Gehaltsnebenkosten pro Jahr für alle Mitarbeiter, die im Marktbereich und im Marktfolgebereich tätig sind
• kurze Durchlaufzeiten	• Durchschnittliche Laufzeit eines Kundenauftrages vom Auftraggeber zum Auftraggeber gemessen in Stunden
• anspruchsvolle Aufgaben	• Anzahl unterschiedlicher Aufgaben in einer Stelle

Bei der Auswahl der Maßstäbe für die Operationalisierung ist zu beachten, dass *sinnvolle Vorhersagen (Prognosen)* etwa auf der Basis von eigenen oder fremden Erfahrungen gemacht werden können. Die Maßstäbe sollen helfen, aus mehreren Varianten die geeignete herauszufinden. Dazu können nicht alle Varianten eingeführt und „ausprobiert“ werden. Diese Forderung erschwert die Auswahl geeigneter Maßstäbe.

Je nach Zielart ist unter Umständen auch noch die

- Zielzeit (z.B. Umsatz pro Monat) anzugeben.

Einige Ziele sind schwer oder gar nicht operationalisierbar, wie z.B. die Ziele „Transparente Lösung“ oder „Chancengleichheit der Mitarbeiter“. Dennoch sollte man solche Ziele aufnehmen, wenn sie tatsächlich angestrebt werden. Man muss sich dann aber dessen bewusst sein, dass es große Auffassungsunterschiede darüber geben kann, ob und in welchem Umfang solche Ziele erreicht werden.

Ziele sollen soweit möglich und sinnvoll operationalisiert werden, indem der Zielinhalt und die Zielausprägung (Zieleigenschaft, -maßstab und -ausmaß) angegeben werden. Dabei ist zu beachten, dass der Maßstab Prognosen zulassen muss.

8.2.5 Zielgewichtung

Kann-Ziele haben nicht alle den gleichen Stellenwert, die gleiche Bedeutung. Diese *unterschiedliche Bedeutung* der Ziele wird durch die Gewichtung ausgedrückt. Dabei ist zu beachten:

- eine quantifizierte Gewichtung erfolgt sinnvollerweise erst nach dem Lösungsentwurf im Zusammenhang mit der Bewertung der Lösungen. Bereits zu Beginn sollten aber die aus der Sicht des Auftraggebers „gewichtigsten“ Ziele bekannt sein
- die Gewichtung ist ein subjektiver Vorgang, der auch durch das beste Verfahren nicht objektiviert werden kann. Die Gewichtung hängt immer von der individuellen Interessenlage desjenigen ab, der gewichtet
- das „letzte Wort“ bei der Gewichtung hat der Entscheider (das Entscheidungsgremium) im Projekt.

Zur Zielgewichtung können zwei *Verfahren* eingesetzt werden:

- stufenweise Gewichtung
- Präferenzmatrix.

8.2.5.1 Stufenweise Vergabe von Gewichtspunkten

Bei der stufenweisen Gewichtung wird von einem begrenzten Punktvorrat - normalerweise 100 - ausgegangen. Dadurch wird die Möglichkeit begrenzt, alle Ziele als wichtig zu qualifizieren - werden einige Ziele hoch gewichtet, „fehlen“ die Punkte bei den weniger wichtigen. Diese Punkte werden dann auf die erste Zerlegungsstufe verteilt. In einem nächsten Schritt werden die verbliebenen Punkte je Oberziel auf die darunter stehenden Ziele verteilt - je nach Gliederungstiefe, evtl. in mehreren Schritten. Das Ergebnis kann dann folgendermaßen aussehen:

Reorganisation Vertrieb		
Wirtschaftlichkeitsziele G = 30	**Leistungsziele** G = 50	**Mitarbeiter-/Anwenderziele** G = 20
niedrige Kosten - Investitionskosten **G = 10** • Personal G = 5 • Bau/Einrichtung G = 5 - Laufende Personalkosten **G = 20**	qualifizierte Berater **G = 35** - gute Produktkenntnisse G = 15 - gute Kundenkenntnisse G = 20 eindeutige Ansprechpartner **G = 5** kurze Wege für Kunden **G = 3** schnelle Bearbeitung **G = 5** - geringe Wartezeit G = 3 - schnelle Abwicklung G = 2 Transparente Lösung **G = 2**	anspruchsvolle Aufgaben **G = 10** Chancengleichheit **G = 5** gleichmäßiger Arbeitsanfall **G = 5**

Abb. 8.10: Stufenweise Gewichtung von Zielen

Die stufenweise Gewichtung hat verschiedene Vor- und Nachteile.

Stufenweise Gewichtung	
Vorteile	**Nachteile**
• Einfache Handhabung • hohe Transparenz des Gewichtungsverfahrens.	• Bei einer größeren Anzahl von Zielen ist das Urteilsvermögen schnell überfordert, insbesondere was die Abhängigkeiten der Ziele betrifft (wichtiger als, weniger wichtig als...) • es sind frühzeitige, bewusste Weichenstellungen leicht möglich, da das Verfahren sehr „durchsichtig“ ist.

8.2.5.2 Präferenzmatrix

In der Präferenzmatrix wird *jedes Ziel mit jedem anderen verglichen.* Es werden die Ziele ermittelt, die im jeweiligen Paarvergleich bevorzugt (präferiert) werden. Je öfter ein Ziel im direkten Vergleich „gewinnt", desto wichtiger ist es relativ zu den anderen Zielen.

Die Gewichtung mit Hilfe der Präferenzmatrix läuft in folgenden Schritten ab:

1. Entscheidung für die Ebene, auf der gewichtet werden soll (häufig die zweite oder dritte Ebene der Zielhierarchie). Große Unterschiede in der gewählten Ebene bei den verschiedenen Ästen einer Zielhierarchie sollten vermieden werden.
2. Die Ziele der gewählten Zerlegungsstufe (somit ohne die jeweiligen Oberbegriffe) werden in die Präferenzmatrix eingetragen und alphabetisch (a, b, c usw.) aufsteigend gekennzeichnet.
3. Jedes Ziel wird mit jedem anderen verglichen. Im Schnittfeld der beiden betrachteten Ziele wird dann der „Gewinner", das präferierte Ziel mit der alphabetischen Kurzbezeichnung eingetragen. Hier können auch unsinnig erscheinende Vergleiche auftauchen. Das ist insofern unschädlich, als es um die Tendenz geht, nicht um die Ermittlung eines einzig richtigen, präzisen Wertes.
4. Nachdem alle Ziele bewertet wurden, wird in der Matrix ausgezählt, welches Ziel wie oft gewonnen hat.
5. Diese Zahl wird dann in die Spalte m (Zahl der Nennungen) eingetragen. Nach der Formel N = n * (n-1) / 2 gibt es insgesamt 13 * (13 - 1) / 2 = 78 direkte Vergleiche.
6. Nach der Formel A = m * 100/N (N = Zahl der Vergleiche insgesamt) wird dann der prozentuale Anteil der „Gewinne" ermittelt, so dass sich wie bei der stufenweisen Gewichtung wieder ein Gesamtgewicht von 100 ergibt. Diese Werte werden in die Spalte % eingetragen.
7. Da bei jedem direkten Vergleich die Aussage immer zu 100% zu Gunsten des Gewinners ausgeht (wenn z. B. nur 2 Ziele vorhanden sind, hat ein Ziel ein Gewicht von 100 und das andere von 0), da das Verfahren also nicht erlaubt, hier zu differenzieren, ist es in einem weiteren Schritt zulässig und auch üblich, die Gewichtung noch einmal zu verändern. Dabei darf allerdings die Rangfolge der Ziele nicht beeinflusst werden. Die veränderte Gewichtung kann dann in der Spalte „Gewicht" eingetragen werden.

Die Präferenzmatrix für das Beispiel kann dann wie folgt aussehen:

Modifiz. Gewichte	%-Anteile	Zahl der Nennungen		Ziele
5	6,4	5	a	niedrige Investitionskosten Personal
4	3,8	3	b	niedrige Investitionskosten Bau
10	11,5	9	c	niedrige lfde. Personalkosten
15	14,1	11	d	gute Produktkenntnis
25	15,4	12	e	gute Kundenkenntnis
12	12,8	10	f	eindeutige Ansprechpartner
4	5,1	4	g	kurze Wege
6	9,0	7	h	geringe Wartezeiten
3	2,6	2	i	schnelle Abwicklung
2	1,3	1	k	transparente Lösung
6	7,7	6	l	anspruchsvolle Aufgaben
7	10,3	8	m	Chancengleichheit Mitarbeiter
1	0	0	n	gleichmäßiger Arbeitsanfall
			o	
			p	
			q	
			r	
			s	
			t	
			u	
			v	
			w	
			x	
			y	
			z	
100	100	78		

Abb. 8.11: Präferenzmatrix

Die Präferenzmatrix hat folgende Vor- und Nachteile:

Präferenzmatrix	
Vorteile	**Nachteile**
• Weitergehende Auseinandersetzung mit den Zielen - man steigt gedanklich tiefer ein • die Einzelvergleiche erschweren den Überblick und behindern frühzeitige bewusste Weichenstellungen.	• Aufwendiger als die stufenweise Vergabe von Gewichtspunkten • das Verfahren ist einem Dritten gegenüber erklärungsbedürftig.

Die Gewichte kennzeichnen die Bedeutung von Zielen. Sie können freihändig vergeben werden, indem stufenweise der Vorrat von 100 Punkten verteilt wird. Der Gefahr einer relativ leichten Manipulation kann mit der Präferenzmatrix begegnet werden, die weniger transparent ist und dazu zwingt, jedes Ziel mit jedem anderen zu vergleichen.

8.2.6 Zielentscheidung, Zieldokumentation und Zielanpassung

Da die Auftragnehmer organisatorischer Projekte normalerweise nicht selbst entscheiden können, welche Ziele mit welcher Gewichtung in einem Projekt berücksichtigt werden sollen, ist eine *Entscheidung* bei denjenigen *einzuholen*, die dazu autorisiert sind. Diese Zielentscheidung sollte auch *schriftlich* festgehalten werden. Das ist insbesondere deswegen wichtig, weil sich oftmals im Verlaufe eines Projektes die Vorstellungen und damit auch die Ziele wandeln. Die Zieldokumentation - am besten im Projektauftrag für die nächste Projektphase - stellt sicher, dass jederzeit nachvollzogen werden kann, welche Ziele den Projektverantwortlichen mit auf den Weg gegeben worden sind.

Wie schon erwähnt, werden Ziele nicht einmalig festgeschrieben, sondern *im Projektverlauf weiterentwickelt.* Diese Anpassung geschieht in enger Abstimmung mit dem Auftraggeber und allen vom Projekt betroffenen Stellen.

Abschließend sollen noch einmal die *wichtigsten Regeln der Zielfindung* genannt werden:

- Es sollten nur wirkliche Ziele, nicht Lösungen oder Ergebnisse formuliert werden
- bei der Sammlung sollte man sich an den Zielträgern orientieren
- Ziele sollten möglichst mit allen Betroffenen gemeinsam erarbeitet werden
- Ziele sind mit dem Auftraggeber permanent abzustimmen
- Ziele dürfen nicht inhaltsgleich mit anders formulierten Zielen sein
- Ziele müssen durch das Projekt erreichbar sein, andernfalls sind sie auszuscheiden, wenn die Unerreichbarkeit offensichtlich wird
- werden Ziele zur Bewertung von Varianten verwendet, müssen alle Ziele auf alle Varianten anwendbar sein
- maximal sollten 15-20 Ziele berücksichtigt werden
- Restriktionen sind kenntlich zu machen
- Ziele sollten so weit wie möglich operationalisiert werden
- die Zielhierarchie ist laufend auf Vollständigkeit zu prüfen
- Ziele sind schriftlich zu fixieren.

8.3 Bewertung

8.3.1 Probleme der Bewertung

In der Bewertung werden die in Frage kommenden *Varianten den Zielen bzw. Kriterien gegenübergestellt.* Die *Eignung* einer Alternative hängt ab vom *Grad der Zielerreichung*. Nur in den seltensten Fällen können organisatorische Lösungen ausschließlich *quantitativ bewertet* werden. Aufwendungen lassen sich weitgehend in Geldeinheiten ausdrücken und damit quantifizieren. Die Ertragsseite ist jedoch selten eindeutig in Geld- oder Mengeneinheiten zu erfassen, neben quantifizierbaren Kriterien gibt es fast immer auch *qualitative Beurteilungsmaßstäbe*. Deswegen müssen meistens Hilfsrechnungen verwendet werden, in denen *qualitative Nutzenschätzungen in*

„quantifizierte" Werte überführt werden. Ein weiteres Problem ist die *Subjektivität* jeder Bewertung, die mit quantitativen (z.B. Erwartung zukünftiger Kosten) wie mit qualitativen (z.B. gute Kundenkenntnis) Zielen fast immer verbunden ist. Jedes Bewertungsverfahren baut im Kern auf subjektiven Größen auf.

Subjektive Einflüsse gibt es schon vor der eigentlichen Bewertung. Auch die Zielfindung (was wird als Ziel anerkannt?) und die Zielgewichtung sind nicht objektivierbar. *Einseitige subjektive Verzerrungen* können *begrenzt* werden, indem der *Zielfindungs- und Bewertungsvorgang von mehreren Mitarbeitern oder von einer Gruppe übernommen* wird. Wesentlich ist dabei allerdings, dass nicht alle Bewerter die „gleiche Brille aufhaben", d.h. die gleiche Urteilsposition einnehmen, andernfalls wird die „Subjektivität" u.U. noch erhöht.

Beispiel: Es hat keinen Sinn, mehrere Verkäufer hinsichtlich der Vertriebsorganisation zu befragen. Eine Objektivierung ist zu erwarten, wenn auch der Vertriebsleiter, Kunden, Mitarbeiter des Marktfolgebereichs etc. bei der Beurteilung mit herangezogen werden.

Neben der Begrenzung einseitiger subjektiver Verzerrungen ist eine *Erhöhung der Transparenz* der Bewertung anzustreben. Da organisatorische Konzepte in aller Regel von Entscheidern verabschiedet werden, die an der Entscheidungsvorbereitung nicht mitgewirkt haben, ist die Transparenz der Bewertung oberstes Gebot. Eine Erhöhung der Transparenz bedeutet, dass der *Entscheider* den *Bewertungsprozess* des Entscheidungsvorbereiters *nachvollziehen kann*, dass ihm dazu sämtliche Gesichtspunkte offengelegt werden, die zu der Entscheidung geführt haben. Diese Forderung wird von verbalen Berichten, Gutachten etc. nicht oder nur bedingt erfüllt.

Zunächst werden nun einfache Wirtschaftlichkeitsrechnungen zur Bewertung vorgestellt. Dann folgen Verfahren, in denen auch der nicht-monetäre Nutzen berücksichtigt wird.

> *In Bewertungen fließen quantitative und qualitative Kriterien ein. Obwohl Bewertungen immer subjektiv sind, sollten einseitige subjektive Verzerrungen durch die Beteiligung mehrerer Personen begrenzt werden. Da Subjektivität nicht vermieden werden kann, gilt als Mindestanforderung an seriöse Bewertungen, dass sie transparent und damit nachvollziehbar sein sollen.*

8.3.2 Vorprüfung

Bevor Varianten in einer systematischen Bewertung einander gegenübergestellt werden, ist es zweckmäßig, sie einer *Vorprüfung* zu unterziehen. Damit werden zwei Ziele verfolgt:

- Es soll verhindert werden, dass nichtfunktionstüchtige Varianten in die Bewertungsphase gelangen
- mangelhafte oder verbesserungsfähige Varianten sollen die Chance zur Verbesserung erhalten.

In der folgenden Liste werden Prüffragen vorgestellt, die typischerweise in einer Vorprüfung zu beachten sind.

Prüffragen in einer Vorprüfung
• Ist die Lösung mit anderen Varianten vergleichbar? (z.B. gleicher Konkretisierungsgrad) • Formale Aspekte: Sind die Restriktionen eingehalten? • Abläufe (nach innen gerichtete Betrachtung): Sind die Abläufe aus der Sicht der Benutzer, der Lieferanten (Material, Information, Energie etc.) und des Bedienungspersonals zu Ende gedacht? • Sind Normalfälle und Sonderfälle geregelt? • Integration (nach außen gerichtete Betrachtung): Ist die Integrationsfähigkeit sichergestellt? Was benötigt das System aus der Umwelt? Was liefert es? Werden die benötigten Eingänge bereitgestellt? Können die Ausgaben des Systems von der Umwelt verarbeitet werden? • Sicherheit, Zuverlässigkeit: Welche Möglichkeiten und Wahrscheinlichkeiten des Ausfalls von Komponenten bestehen? Welche Folgen könnten sich ergeben? Ist eine Ausfallorganisation nötig und geregelt? • Gibt es Regelungen für die laufende Erhaltung? • Voraussetzungen: Sind die Bedingungen für die Funktionstüchtigkeit erfüllt? • Konsequenzen: Ergeben sich negative Konsequenzen bei der Wahl dieser Lösung? Wie kann negativen Konsequenzen vorgebeugt werden?

Bevor Lösungsansätze systematisch bewertet werden, sollten sie einer Vorprüfung unterzogen werden.

8.3.3 Wirtschaftlichkeitsrechnungen

8.3.3.1 Kostenvergleiche

Wenn den Lösungsmöglichkeiten eindeutig Kosten zugerechnet werden können, kann man diese unmittelbar vergleichen. Es werden die *durchschnittlichen Gesamtkosten oder* die *Stückkosten* einer Lösung den Kosten der alternativen Lösung(en) *gegenübergestellt.*

Beispiel	Lösung A	Lösung B
Personalkosten	1000	1200
Abschreibungen auf Sachmittel	200	50
Verbrauchsgüter	50	100
Gesamtkosten	1250	1350

Wird unterstellt, dass beide Lösungen die gleichen mengenmäßigen Leistungen erbringen, erübrigt sich die Ermittlung von Stückkosten. Ansonsten sind die Stückkosten bei optimaler Auslastung zu ermitteln. Wird unterstellt, dass im obigen Beispiel mit der Lösung A 1000 Mengeneinheiten (ME) (etwa Drucksachen) erstellt werden können, mit der Lösung B aber 1500, so erweist sich das Verfahren B als günstiger, da die Stückkosten hier nur 0,90 gegenüber 1,25 bei der Lösung A betragen. An diesem Beispiel wird auch die Bedeutung einer *Prognose* der zukünftigen mengenmäßigen Leistung für die Beurteilung der Alternativen deutlich. Liegt die voraussichtliche Auslastung unter 1000 ME, bleibt A die günstigere Lösung.

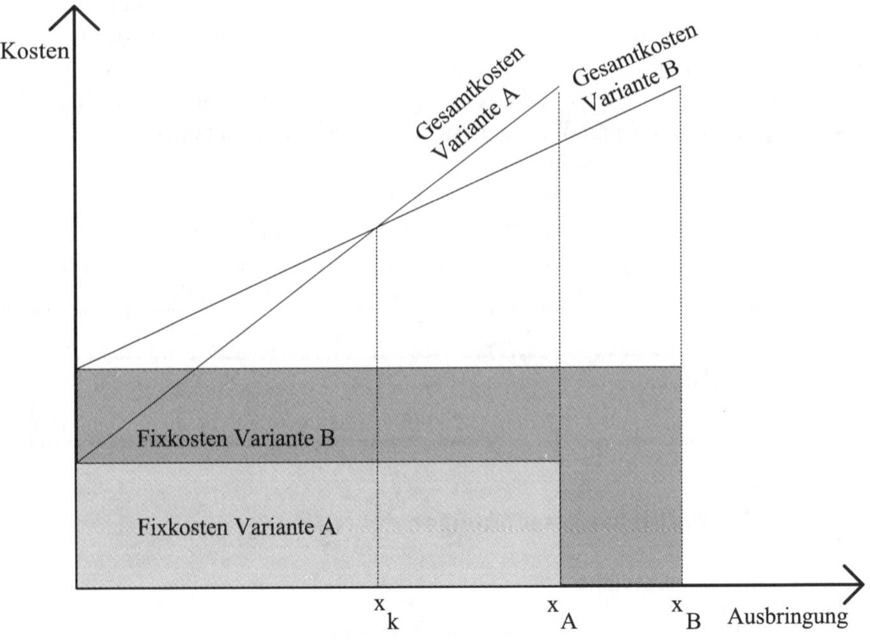

Abb. 8.12: Kostenvergleich

Meistens sind nicht alle Kostengrößen konstant. Viele verändern sich in irgendeiner Form mit der Ausbringung. Es liegen also *fixe und variable Kostenbestandteile* vor. Fixe Kosten entstehen beispielsweise für Gehälter, Abschreibungen (AfA), Zinsen etc. Ausbringungsabhängig und damit variabel sind etwa Stücklöhne, Portokosten bei Aussendungen, Materialeinsatz, leistungsabhängige Abschreibungen etc.

Sollen die Kosten alternativer Lösungen verglichen werden, spielt die Erwartung über die zukünftige Auslastung immer dann die erwähnte Rolle, wenn mit den Alternativen unterschiedliche Leistungsmengen hervorgebracht werden können und wenn das Verhältnis von fixen und variablen Kosten bei beiden Alternativen unterschiedlich ist. Grafisch kann diese Situation wie in Abb. 8.12 dargestellt werden:

Bis zur Menge X_K (Kritische Menge) ist die Variante A kostengünstiger. Im Bereich von X_K bis $X_A$ist die Variante B kostengünstiger. Im Bereich X_A bis X_B kommt überhaupt nur die Alternative B in Frage, da die maximale Ausbringung der Variante A X_A Einheiten beträgt.

Die *Kostenvergleichsrechnungen* weisen einen erheblichen *Mangel* auf. Die Vergleiche berücksichtigen nicht, dass die *Alternativen* unter Umständen - über die Mengenunterschiede hinausgehend - mit *unterschiedlichen Leistungen* verbunden sind. Diese Unterschiede können in der Schnelligkeit, Fehlerfreiheit, Sicherheit, Genauigkeit usw. liegen. Wenn das der Fall ist, müssen zusätzlich sonstige Vor- und Nachteile der Alternativen mit in die Überlegungen einbezogen werden. Dazu sind Nutzwertanalysen und Kosten-Wirksamkeits-Analysen geeignet.

Kostenvergleiche sind rechnerische Gegenüberstellungen der Kosten mehrerer zur Auswahl stehender organisatorischer Lösungen.

8.3.3.2 Gewinn- und Rentabilitätsvergleiche

Da die Lösungsmöglichkeiten unter Umständen unterschiedliche Leistungen erbringen, sind Kostenvergleichsrechnungen häufig nicht ausreichend aussagekräftig. Sie können sogar zu Fehlschlüssen verleiten. Diesen Mangel beheben Gewinnvergleichs- oder Rentabilitätsberechnungen. Voraussetzungen für diese Rechnungen sind isolierbare, d.h. den einzelnen Varianten zurechenbare Leistungen und ihre Bewertung in Geldeinheiten. Diese Bedingungen liegen bei organisatorischen Lösungen recht selten vor. Es sind jedoch Anwendungsfälle denkbar, in denen einem Projekt nicht nur Kosten sondern auch Erlöse zugerechnet werden können. Ein Beispiel könnte der Einsatz von Geldausgabeautomaten sein. Neben den Kosten könnten Erlöse je Auszahlung rechnerisch mit angesetzt werden. Auch in diesen Fällen bereitet jedoch die Bewertung qualitativer Sachverhalte, wie etwa weniger Wartezeiten für Kunden, geringeres Überfallrisiko usw. Probleme.

Beispiel für eine Gewinnvergleichsrechnung:

	Variante A		Variante B	
	Ertrag/ Leistung	Kosten	Ertrag/ Leistung	Kosten
Umsatzerlöse	5000		6000	
Personalkosten		1000		2000
Abschreibungen		500		800
Zinsen		50		80
Material		1500		800
Gewinn	1950		2320	

Bei unterschiedlichen Leistungsmengen der Alternativen muss die Berechnung auf die erwartete Ausbringung bezogen werden.

In *Rentabilitätsvergleichsrechnungen* wird die Verzinsung des für die Varianten notwendigen Kapitaleinsatzes verglichen. Alle organisatorischen Maßnahmen sind letztlich auch unter dem Gesichtspunkt zu beurteilen, ob sie sich positiv auf die Verzinsung des eingesetzten Kapitals auswirken. Insofern ist dieser Ansatz sinnvoll. Es ergibt sich aber wiederum das Problem, dass den organisatorischen Lösungen nur selten Gewinne direkt zugerechnet werden können.

Beispiel für eine Rentabilitätsvergleichsrechnung:

	Variante A	Variante B
Jahresgewinn	1.000	800
Kapitaleinsatz	10.000	7.000
Rentabilität (Gewinn/Kapital * 100)	10%	11,4%

Eine ganze Reihe weiterer im Rahmen der Investitionstheorie entwickelter Rechenverfahren kann auch zur Beurteilung organisatorischer Lösungen herangezogen werden. Das recht aufwendige rechentechnische Instrumentarium lohnt sich aber in aller Regel nicht, da die Rechengrößen meistens mit noch größeren Unsicherheiten verbunden sind, als es etwa bei Anlageinvestitionen im Produktionsbereich von Unternehmen der Fall ist.

In Gewinn- und Rentabilitätsvergleichsrechnungen wird versucht, zusätzlich zu den Kosten organisatorischer Lösungen auch deren Leistungen bzw. deren notwendigen Kapitaleinsatz zu berücksichtigen. Ihre Einsatzmöglichkeiten sind sehr begrenzt, da die Leistungen organisatorischer Lösungen nur selten in Geldeinheiten quantifiziert werden können.

Das bei der Zielformulierung und Gewichtung bereits herangezogene Beispiel - die Reorganisation des Vertriebs - wird allen folgenden Bewertungstechniken zugrundegelegt. Es soll den Aufbau der Techniken verdeutlichen und deren Vergleich erleichtern.

Folgende Varianten zur Reorganisation des Vertriebs wurden untersucht:

Varianten	
Variante 1	Spezialisten, die für bestimmte, abzugrenzende Kundengruppen zuständig sind, wie z.B. kleine und mittlere Unternehmen, vermögende Privatkunden, Schüler und Studenten,
Variante 2	Spezialisten für bestimmte Produkte und Kundengruppen wie z. B. Kredite, Auslandsgeschäft, Zahlungsverkehr für gewerbliche Kunden
Variante 3	Spezialisten für bestimmte Produkte, die für alle Kunden gleichermaßen zuständig sind wie z.B. Kreditspezialisten für alle Kunden in einer Region
Variante 4	Regionale Einteilung, jeder Mitarbeiter im Vertrieb bearbeitet alle Produkte der Kunden seiner Region (Ausgangslösung = Null-Variante)

Anhand dieses Beispiels sollen nun verschiedene Bewertungstechniken vorgestellt werden. Dabei wird auf den oben erarbeiteten Zielen aufgebaut.

8.3.4 Verbale Bewertung

In der verbalen Bewertung werden den Varianten Vor- und Nachteile zugeordnet.

	Varianten Spezialisierung nach			
	Kundengruppen	**Kunden und Produkten**	**Produkten**	**Region (alle Kunden alle Produkte)**
Vorteile	• gute Kenntnis der Kunden • Kundenbindung • eindeutige Ansprechpartner	• qualifizierte Berater	• gute Produktkenntnis	• kurze Wege für Kunde • gute Kundenkenntnis

Fortsetzung siehe nächste Seite

	• wenig Wartezeiten • transparente Lösung • anspruchsvolle Aufgaben	•	•	•
Nachteile	• Lange Wege für Kunden	• hohe Personalkosten • ungleichmäßige Auslastung • lange Wege für den Kunden • hohe Investitionskosten • keine Chancengleichheit der Mitarbeiter	• geringe Kundenkenntnis • lange Wege für den Kunden • hohe Investitionskosten • keine Chancengleichheit der Mitarbeiter • ungleichmäßige Auslastung	• schlechte Produktkenntnis • lange Wartezeiten • wenig transparente Lösung • Überforderung der Mitarbeiter • ungleichmäßiger Arbeitsanfall

Abb. 8.13: Beispiel für eine verbale Bewertung

Bei diesem Bewertungsverfahren kann der Entscheider sehr leicht manipuliert werden, indem der favorisierten Variante viele Vorteilsargumente und wenige Nachteilsargumente zugeordnet werden. Das ist insofern sehr leicht möglich, als Vor- und Nachteile nahezu beliebig aufgegliedert bzw. verdichtet werden können (z.B. Kundenfreundliche Lösung einerseits oder eindeutige Ansprechpartner, kurze Wege, gute Kundenkenntnis, leichte Erreichbarkeit, gute Parkmöglichkeiten usw. andererseits. Das Verfahren macht eine Manipulation auch deswegen so leicht, weil aus der Darstellung nicht ersichtlich wird, welches Gewicht ein Vorteils- oder Nachteilsargument hat.

Die verbale Bewertung verletzt die Grundregel der Transparenz und Nachvollziehbarkeit von Bewertungen. Sie fördert damit die Manipulation der Entscheider durch die Entscheidungsvorbereiter.

Die verbale Bewertung ist ein sehr einfaches und leicht zu erstellendes Bewertungsverfahren, das allerdings die Transparenz behindert und eine bewusste Manipulation der Entscheider erleichtert.

Verbale Bewertung	
Vorteile ♁	**Nachteile** ♁
• Einfach zu erstellen • leicht lesbar, keine weiteren Vorkenntnisse notwendig	• Es werden nicht an alle Varianten die gleichen Maßstäbe angelegt (das Verfahren zwingt zumindest nicht dazu) • eine Gewichtung der Ziele wird nicht berücksichtigt • der Leser neigt dazu, aus der Zahl der Argumente Schlüsse zu ziehen (viele Vorteile bedeuten vorteilhafte Variante), was aber insofern irreführend sein kann, als viele unbedeutende Argumente gegen wenige schwergewichtige Argumente stehen können.

8.3.5 Nutzwertanalyse

In der Nutzwertanalyse wird ein vergleichbares Beurteilungsmaß - ein Punktwert - für alle bewerteten Varianten ermittelt. Dieser Punktwert ist eine kompakte Kennzahl für die Vorteilhaftigkeit - den Nutzen - einer Variante im Vergleich zu allen anderen Varianten.

Eine Nutzwertanalyse läuft in *sechs Stufen* ab (Abb. 8.14):

1. Ermittlung der Ziele
2. Gewichtung der Ziele
3. Vergabe von Punkten für die Varianten
4. Multiplikation von Gewichten mit zugehörigen Punkten
5. Ermittlung der gewichteten Punkttotale
6. Sensitivitätsanalyse.

Voraussetzung der Nutzwertanalyse sind gewichtete Zielkataloge. Die Sammlung, Ordnung und Gewichtung von Zielen wurde oben bereits behandelt. Im nächsten Schritt sind Punkte zu vergeben.

Vergabe von Punkten

Die Anzahl der Punkte hängt ab vom Grad der Zielerreichung durch die Varianten. Dazu werden die Ziele den Lösungsmöglichkeiten gegenüber gestellt. Dazu bedient man sich zweckmäßigerweise der Matrix Abb. 8.15. In der Kopfzeile werden die Varianten grob beschrieben. Im oberen Bereich wird geprüft, ob die Varianten die Restriktionen (Muss-Ziele) einhalten. Bei quantifizierbaren Restriktionen sollte nicht nur JA oder NEIN vermerkt sondern der effektive Wert angegeben werden. Für die übrigen Ziele werden maximal 10, minimal 0 *Punkte* vergeben. Normalerweise erhält die Variante, die das Ziel *sehr gut erfüllt, 10*, die Lösung, die *sehr schlecht abschneidet, erhält 0 Punkte*. Diese *Extremwerte müssen* aber *nicht* immer *vergeben werden*, wenn keine Variante extrem gut oder schlecht ist. Es können auch alle untersuchten Varianten gleich benotet (bepunktet) werden, wenn sie sich bei dem betreffenden Kriterium nicht unterscheiden.

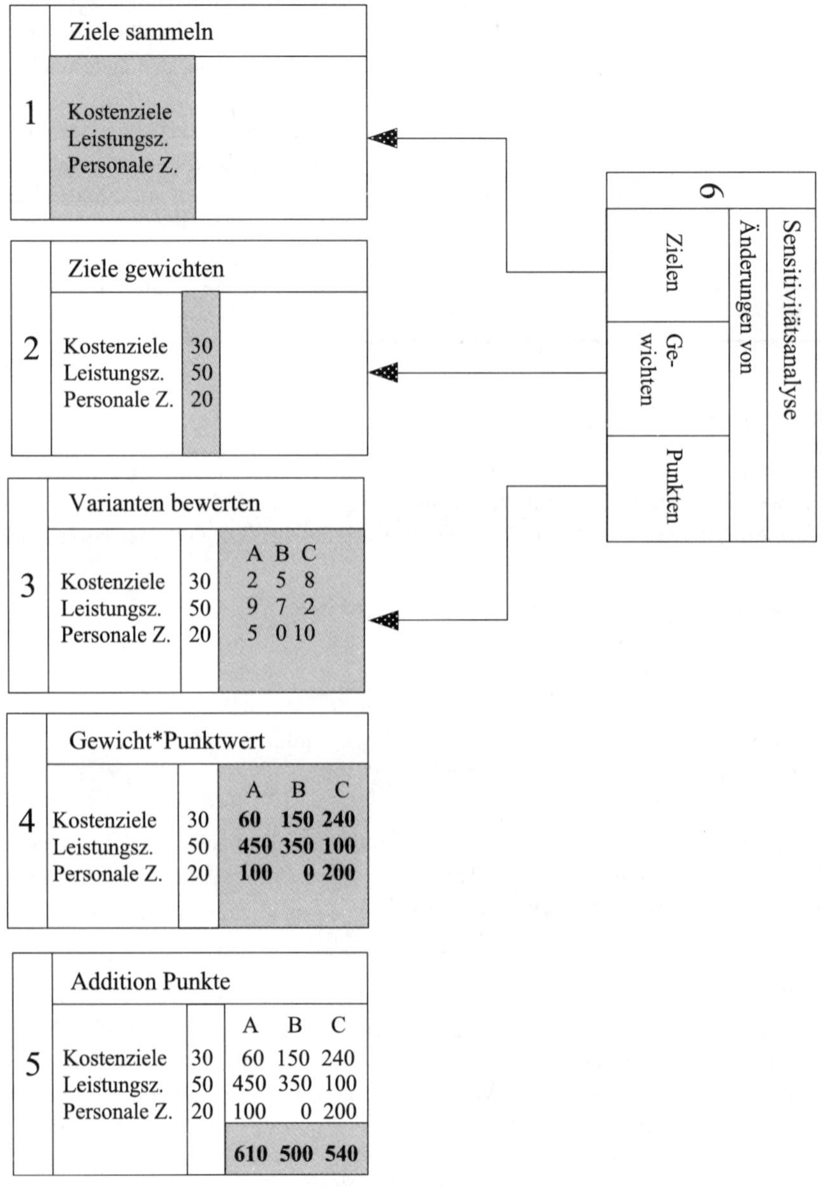

Abb. 8.14: Schematische Darstellung der Nutzwertanalyse

Nutzwertanalyse

Muss-Ziele / Lösungsvarianten		A		B		C		D	
		Kundengruppen		Kunden + Produkt		Produkte		Region	
Kein zusätzliches Personal Budgeteinhaltung(2.500.000 DM) Kein Outsourcing Vertrieb		Nein 1.800.000 Nein		Nein 900.000 Nein		Nein 900.000 Nein		Nein 2.300.000 Nein	
Kann-Ziele	Gewicht	Punkte	Produkt	Punkte	Produkt	Punkte	Produkt	Punkte	Produkt
Wirtschaftlichkeit									
- Investition für Personal	5	5	25	10	50	10	50	0	0
- Invest. für Bau/Einrichtg.	5	3	15	3	15	3	15	8	40
- niedrige lfd. Personalkosten	20	4	80	0	0	10	200	6	120
Leistungsziele									
- gute Produktkenntnisse	15	2	30	10	150	10	150	0	0
- gute Kundenkenntnis	20	10	200	10	200	3	60	6	120
- eindeutige Ansprechpartner	5	10	50	6	30	3	15	3	15
- kurze Wege für Kunden	3	3	9	3	9	3	9	10	30
- kurze Wartezeit für Kunden	3	6	18	10	30	8	24	3	9
- schnelle Abwicklung	2	6	12	10	20	6	12	5	10
- transparente Lösung	2	10	20	5	10	4	8	2	4
Anwenderziele									
- anspruchsvolle Aufgaben	10	10	100	8	80	6	60	3	30
- Chancengleichheit MA	5	3	15	3	15	3	15	10	50
- gleichmäßiger Arbeitsanfall	5	5	25	5	25	5	25	2	10
Summe	100	X	599	X	634	X	643	X	438
Zielerreichungsgrad			60%		63%		64%		44%
Mögliche nachteilige Wirkungen									

Abb. 8.15: Beispiel für eine Nutzwertanalyse

Multiplikation und Ermittlung der gewichteten Punkttotale

Die vergebenen Punkte müssen mit den Gewichten multipliziert werden. Die Summe der gewichteten Punkttotale wird dann durch die spaltenweise Addition der Produkte errechnet. Das Bewertungsbeispiel ergibt somit die Rangfolge:

Variante	Punkte
Produkte	643
Kunden + Produkt	634
Kundengruppen	599
Region	438

In einer erweiterten Form können auch noch verbale Erläuterungen zu den Punktwerten gegeben werden um zu erklären, weswegen dieser Punktwert vergeben wurde. Diese Erläuterungen fördern zwar die Nachvollziehbarkeit beim Entscheider, sie neigen aber dazu, sehr umfangreich und wenig übersichtlich zu werden. Nutzwertanalysen werden etwa in Präsentationen oder in Berichten üblicherweise in die Anlage „verbannt". In einer Präsentation oder in einem Bericht werden lediglich die Ergebnisse der Bewertung und die wichtigsten Gründe für „Sieg oder Niederlage" erläutert, um die Entscheider nicht mit zu vielen Zahlen zu überfordern. Bei Bedarf sollte man aber immer in der Lage sein, den Entscheidern eine vollständige Nutzwertanalyse zur Einsicht vorzulegen.

Sensitivitätsanalyse

Unter einer Sensitivitätsanalyse versteht man das *Variieren von Zielen, Gewichten und Punktwerten, um die Auswirkungen dieser Veränderungen auf die bewertete* Reihenfolge der Varianten zu überprüfen. Wird beispielsweise ein Gewicht auf- und ein anderes abgewertet, so errechnet man die punktmäßige Auswirkung auf das Gesamtergebnis. Diese Sensitivitätsanalyse kann verschiedenen Zielen dienen, wie z.B.

- dem Beweis, dass selbst bei veränderten Annahmen eine favorisierte Lösung standhält
- der Demonstration, wie sich die Reihenfolge ändert, wenn bestimmte Teilbewertungen geändert werden
- dem Versuch, zu der Lösung hin zu manipulieren, die man intuitiv haben möchte. Dieses Vorgehen kann durchaus legitim sein, wird dem Manipulierer doch auf jeden Fall deutlich, wo Abstriche gemacht werden und welche Ziele besonders hoch gewichtet werden müssen, um das gewünschte Ergebnis zu erhalten.

In einer Nutzwertanalyse werden an alle Varianten die gleichen, gewichteten Ziele angelegt. Für die Zielerreichung werden 0 bis maximal 10 Punkte vergeben. Aus der Multiplikation der Gewichte mit den Punkten und der anschließenden Addition dieser Produkte ergibt sich der Nutzwert. Mit einer Sensitivitätsanalyse soll ermittelt werden, wie stabil oder empfindlich ein Bewertungsergebnis auf veränderte Annahmen (Ziele, Gewichte, Punkte) reagiert.

Abschließend soll die Nutzwertanalyse selbst - verbal - bewertet werden.

Nutzwertanalyse	
Vorteile 👍	**Nachteile** 👎
• Besser vergleichbare Bewertung, weil an alle Varianten die gleichen, gleich gewichteten Kriterien angelegt werden • fördert die Transparenz, ermöglicht damit dem Entscheider, den Bewertungsvorgang nachzuvollziehen, und nimmt ihm und anderen Beteiligten das Gefühl, dem Entscheidungsvorbereiter ausgeliefert zu sein • ermöglicht Sensitivitätsanalysen, so dass die Auswirkungen abweichender Wertvorstellungen durchgerechnet werden können • fördert die Objektivität, wenn der Bewertungsvorgang von verschiedenen Beteiligten - möglichst vielfältiger Interessen - selbständig vorgenommen wird.	• Punktwerte können eine Scheingenauigkeit oder Scheinobjektivität vortäuschen. Objektivität und Richtigkeit kann es bei Bewertungsvorgängen nie geben. Bewertungen sind immer subjektiv • für die nicht in Geldeinheiten quantifizierbaren Größen ist die Nutzwertanalyse sehr sinnvoll. Nachteilig ist jedoch, dass finanzielle Größen, in denen die Menschen zu denken gelernt haben, in Punktwerte umgeformt werden.

Der zuletzt genannte Nachteil, die Umwandlung von Geldbeträgen in Punktwerte und die damit verbundene Verfremdung, soll durch die sogenannte Kosten-Wirksamkeits-Analyse behoben werden, die nun vorgestellt wird.

8.3.6 Kosten-Wirksamkeits-Analyse (= Kosten-Nutzen-Analyse)[1]

In der Nutzwertanalyse werden sowohl monetäre wie auch nicht-monetäre Größen zu einem Punktwert verdichtet. Das widerspricht insofern dem normalen wirtschaftlichen Denken, als *Entscheider* fast immer die *Kosten der Lösungsvarianten kennen*

[1] Hier wird der Begriff Kosten-Wirksamkeits-Analyse verwendet, um deutlich zu machen, dass damit ein anderes Verfahren gemeint ist als die Kosten-Nutzen-Analyse, die in der öffentlichen Verwaltung verbreitet ist. Dort wird versucht, auch die nicht-monetären Nutzenbestandteile in monetäre Größen umzuwandeln, d.h. einen gesamten monetären Nutzenausdruck zu gewinnen. Wegen der Problematik der Bemessung von Geldwerten für die Erreichung nicht-monetärer Ziele wird dieses Verfahren hier nicht näher behandelt.

wollen. In der Kosten-Wirksamkeits-Analyse werden deswegen *zwei Werte je Variante* ermittelt

- Kosten je Periode (z.B. Jahr)
- Nutzen (gemäß Nutzwertanalyse).

Damit wird - zumindest formal und vorläufig - auch das Problem umgangen, die Kostengrößen und die übrigen Größen gegeneinander zu gewichten.

Anhand des gewählten Beispiels soll die Kosten-Wirksamkeits-Analyse demonstriert werden. Dazu wurden für jede Variante die relevanten Kosten ermittelt. Hier wird beispielhaft von drei Kostenkategorien ausgegangen. Außerdem werden die in der Nutzwertanalyse ermittelten *Punktwerte um die Beträge vermindert, die aufgrund der Kostenziele erreicht wurden.* So hat die Variante „Produkte" in der Nutzwertanalyse insgesamt 643 Punkte erreicht, davon allein 200 wegen der relativ niedrigen laufenden Kosten für Personal und 65 für die Investitionskosten. Es verbleiben also 378 Punkte für die nicht-monetären Ziele. Nach diesem Muster wurden auch die übrigen Punktwerte korrigiert. Bei den Kosten und Punktwerten ergeben sich die nachfolgenden Werte. Dabei ist zu beachten, dass die Investitionskosten für Personal in 3 Jahren und die Investitionskosten in Bau und Einrichtung in fünf Jahren abgeschrieben werden.

	Varianten			
	A	B	C	D
Invest.-Kosten Personal	1.000.000	200.000	200.000	2.000.000
Invest.-Kosten Bau/Einrichtg.	500.000	500.000	500.000	100.000
Laufende Personalkosten	2.000.000	3.000.000	1.500.000	1.800.000
Kosten pro Jahr	3.500.000	3.700.000	2.200.000	3.900.000
Bereinigte Punktwerte	479	569	378	278
Kosten/Punkt	7.306	6.502	5.820	14.028

Abb. 8.16: Kosten-Wirksamkeits-Analyse

In der letzten Zeile der Tabelle wurden die *Kosten den verbleibenden Punktwerten gegenübergestellt.* Damit ergibt sich eine *Kennziffer*, die den finanziellen Aufwand für einen Qualitätspunkt ausdrückt, ein Wert, der auch als das *Preis-Leistungs-Verhältnis* bezeichnet wird. Demnach ist Variante C am besten, weil sie den geringsten Aufwand (5.820 Geldeinheiten) je Punkt verursacht.

Die Relation Kosten zu Nutzen wird noch informativer aufbereitet, wenn die ermittelten Größen in einem Koordinatensystem grafisch dargestellt werden. Auf der Senkrechten werden die Punktwerte, auf der Waagerechten die Geldbeträge abgebildet (siehe Abb. 8.17).

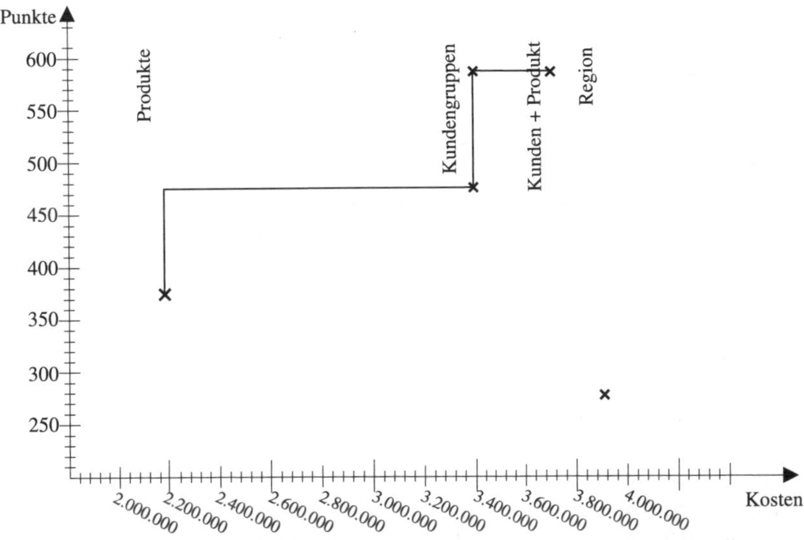

Abb. 8.17: Kosten-Wirksamkeits-Grafik

Es werden dann alle Punkte miteinander verbunden, die im Bereich links oben liegen. Die in der Abbildung 8.17 eingetragene Variante „Region" ist nicht weiter zu verfolgen, weil sie schlechter als andere Varianten ist und dabei höhere Kosten verursacht. Durch diese Darstellung werden *die überhaupt in Frage kommenden Varianten offensichtlich, ohne jedoch daraus ableiten zu können, welche die beste Variante ist.* Die *Entscheidung für die „beste" Variante hängt ab* von der - subjektiven – *Gewichtung* der *Kostenziele* einerseits *und* der *Qualitätsziele* andererseits. Wird eine solche Bewertung vorgelegt, muss der Entscheidungsvorbereiter zusätzlich eine verbale Empfehlung abgeben, die im Beispiel etwa lauten könnte: „Wir empfehlen die Variante *Produkte*, weil sie die niedrigsten Kosten und eine hinreichende Qualität bietet". Die Empfehlung könnte aber auch heißen: „Trotz der hohen Kosten von *Kunden + Produkte* empfehlen wir diese Variante, weil zu den Mehrkosten von 1.5 Millionen Geldeinheiten eine deutlich höhere Qualität erreicht werden kann, die wir auch anstreben sollten". Im ersten Fall werden die Kostenziele im zweiten Fall die Qualitätsziele höher gewichtet. Der Entscheider kann dann relativ leicht selbst zu einem Urteil kommen, ob er diese abschließende Gewichtung teilt.

Anwendungsbedingungen

Eine Kosten-Wirksamkeits-Analyse empfiehlt sich, wenn

- die Kostenverursachung einer Variante eindeutig festgestellt werden kann
- neben den monetären Zielen auch die nicht-monetären Ziele bedeutend sind (andernfalls genügt eine Kostenvergleichs- oder Rentabilitätsrechnung)

- die monetären Ziele gegenüber den übrigen Nutzgrößen einen relativ hohen Stellenwert haben.

> *Die Kosten-Wirksamkeits-Analyse entspricht bei den nichtfinanziellen Zielen der Nutzwertanalyse (Punktbewertung). Die Kosten werden jedoch nicht in Punkte umgerechnet, sondern periodisiert und rechnerisch (Kosten je Punkt) oder grafisch in einem Koordinatensystem den Punktwerten gegenübergestellt.*

8.3.7 Visuelle Bewertung

Als letzte, relativ einfache Technik soll hier die visuelle Bewertung vorgestellt werden. Für die *Zielerreichung* werden lediglich *Punkte oder Kreuze* vergeben. Je mehr Symbole eine Variante auf sich vereinigt, desto besser werden die Ziele erreicht. Diese Technik ist im Prinzip der Nutzwertanalyse sehr ähnlich, allerdings werden *keine Gewichte* berücksichtigt. Auch erscheint es für den Entscheider schwieriger, die Entscheidungsvorlage nachzuvollziehen. Sensitivitätsanalysen sind nicht möglich.

Die visuelle Bewertung wird hier gleichzeitig dazu verwandt, die Leistungsfähigkeit der verschiedenen Bewertungstechniken einander vergleichend gegenüberzustellen (Abb. 8.18).

Ziele \ Varianten	Verbale Bewertung	Nutzwert-analyse	Kosten-Wirk-samkeits-Analyse	Visuelle Bewertung
Beliebig viele Ziele können berücksichtigt werden	●●●	●●●	●●●	●●●
Einheitliche Maßstäbe für alle Varianten		●●●	●●●	●●●
Berücksichtigung der Gewichte		●●●	●●●	
Sensitivitätsanalysen möglich		●●●	●●●	
Transparenz/ Nachvollziehbarkeit		●●	●●	●
Erklärungsbedarf bei Entscheider	●●●	●	●	●●●
Finanzielle Auswirkungen direkt erkennbar			●●●	
	6	15	18	10

Abb. 8.18: Visuelle Bewertung

8.3.8 Sammlung negativer Auswirkungen und Absicherung der Lösung

Nach der *Bewertung* der Varianten sollten deren - *potentielle - negative Auswirkungen ermittelt* werden. Dieser zusätzliche Prüfvorgang empfiehlt sich insbesondere deswegen, weil bei der Bewertung zwar der Zielerreichungsgrad, weniger aber mögliche oder wahrscheinliche Nachteile für Nebenziele oder Randgebiete beachtet werden. Eine bewährte Technik, negative Auswirkungen zu erarbeiten, ist das *Pro-und-Contra-Spiel*, das im Kapitel 11.6 „Präsentationstechnik" beschrieben wird.

Die *nachteiligen Wirkungen* werden nach den *Kriterien Wahrscheinlichkeit und Tragweite* bewertet. Varianten mit sehr wahrscheinlichen und weitreichenden negativen Auswirkungen werden auf diese Weise erkannt. Entweder sind die Varianten auszusondern, oder es werden *Anstrengungen* unternommen, die *nachteiligen Wirkungen abzufangen*. Sollten damit Kosten verbunden sein, so sind diese Kosten den jeweiligen Varianten anzulasten. Das kann zu einer neuen Rangreihe der Lösungsmöglichkeiten führen.

Nach der Entscheidung für eine Variante werden *vorbeugende Maßnahmen gegen potenzielle Probleme* ergriffen, indem versucht wird, *Ursachen möglicher Probleme auszuschalten*. Solche absichernden Maßnahmen kommen allerdings nur für wahrscheinliche und weitreichende negative Abweichungen in Frage. Alternativ können *Eventual-Maßnahmen* geplant werden, die erst zu ergreifen sind, wenn bereits Probleme aufgetreten sind.

Fragen zum Kapitel 8	Text dazu auf Seite
1. Was ist der Unterschied zwischen einem Ziel und einer Lösung?	301
2. In welchen Phasen eines Projektes setzt man sich mit den Zielen auseinander?	304
3. In welchen Schritten im Zyklus werden Ziele gesucht, modifiziert oder als Maßstäbe verwendet?	304f
4. Nennen Sie die einzelnen Schritte der Zielfindung.	306
5. Geben Sie Beispiele für mögliche Zielträger und für typische Ziele, die diese Zielträger verfolgen.	309
6. Welche Hilfen soll das Zielträgermodell bieten?	310
7. Wie unterscheiden sich Restriktionen von Zielen?	310f
8. Nach welchen Kriterien können Ziele analysiert werden?	311ff
9. Was bedeutet es, Ziele zu operationalisieren?	314
10. Erklären Sie den Aufbau einer Präferenzmatrix. Schildern Sie die Vorteile der Gewichtung mit Hilfe der Präferenzmatrix.	318
11. Weshalb sollten Varianten einer Vorprüfung unterzogen werden, ehe sie systematisch bewertet werden?	320f
12. Welche Rolle spielt die Auslastung bei einem Kostenvergleich?	321
13. Wann eignen sich Gewinn- und Rentabilitätsvergleiche?	323f
14. Nennen Sie Vor- und Nachteile einer verbalen Bewertung.	327
15. Erläutern Sie den Aufbau einer Nutzwertanalyse.	327ff
16. Wozu dient eine Sensitivitätsanalyse?	330
17. Wie unterscheidet sich die Kosten-Wirksamkeits-Analyse von der Nutzwertanalyse?	331
18. In welcher Form können die Ergebnisse einer Kosten-Wirksamkeits-Analyse dargestellt werden?	332
19. Welche Nachteile hat eine visuelle Bewertung im Vergleich mit der Nutzwertanalyse?	335

Weiterführende Literatur zu diesem Kapitel

Altrogge, G.: Investition. 2. Aufl., München et. al. 1991

Blohm, H.; K. Lüder: Investition. 6. Aufl., München 1988

Bundesminister des Innern (Hrsg.): Empfehlung zur Durchführung von Wirtschaftlichkeitsbetrachtungen beim Einsatz der IT in der Bundesverwaltung. Schriftenreihe der Koordinierungs- und Beratungsstelle der Bundesregierung für Informationstechnik in der Bundesverwaltung. Köln 1992

Daenzer, W.F.; Huber, F. (Hrsg.): Systems Engineering. Methodik und Praxis. Haberfellner/Nagel/Becker/Büchel/von Massow. 7. Auflage, Zürich 1992

Eisenführ, F.; M. Weber: Rationales Entscheiden. 2. Aufl., Berlin/Heidelberg et.al. 1994

Hahn, D.: Unternehmensziele im Wandel. In: Unternehmerischer Wandel. Hrsg. V. P Gomez; D. Hahn; et.al., Wiesbaden 1994

Hauschild, J.: Zielbildung und Problemlösung. In: Innovative Entscheidungsprozesse. Hrsg. V. E. Witte; J. Hauschild; O. Grün.

Kepner, C.H.; W.B. Tregoe: Entscheidungen vorbereiten und richtig treffen. Rationales Management: neue Herausforderung. Landsberg L. 1992

Krüger, W.: Zielbildung und Bewertung in der Organisationsplanung. Wiesbaden o.J.

Meyer, M.: Ziele in Organisationen. Funktionen und Äquivalente von Zielentscheidungen. Wiesbaden 1994

Rinza, P.; H. Schmitz: Nutzwert-Kosten-Analyse. Düsseldorf 1977

Schmidt, R.-B.: Zielsysteme der Unternehmung. In: Handwörterbuch der Betriebswirtschaft. Hrsg. v. W. Wittmann et al., 5.Aufl., Stuttgart 1993, Sp. 4794 - 4806

Schneider, D.: Investition und Finanzierung. 6. Aufl., Wiesbaden 1990

Wild, J.: Grundlagen der Unternehmensplanung. 3. Aufl., Opladen 1981

Zangemeister, Chr.: Nutzwertanalyse in der Systemtechnik. 4. Aufl., Opladen 1981

9 Techniken der Aufbauorganisation

9.1 Inhalte der Aufbauorganisation

Die wesentlichen *Inhalte* der Aufbauorganisation, die durch organisatorische Techniken unterstützt werden, sind:

- Aufgabenbeziehungen (Stellen)
- Leitungsbeziehungen (Hierarchie).

Sie können mit Hilfe der folgenden Techniken dokumentiert werden.

Inhalte	Techniken
Stellen	Stellenbeschreibung Funktionendiagramm
Leitungsbeziehungen	Organigramm Funktionendiagramm

Die hier vorgestellten Techniken sind primär *Techniken zur Dokumentation* der Aufbauorganisation. Eine geeignete Dokumentation *kann in allen Phasen und Schritten die Projektbearbeitung unterstützen*. Im Einzelnen dient eine geeignete Dokumentation der (dem)

- Erhebung
- Analyse
- Würdigung
- Lösungsentwurf
- Bewertung

aufbauorganisatorischer Sachverhalte. Damit handelt es sich bei den Techniken der Aufbauorganisation im weitesten Sinne um *Techniken der organisatorischen Gestaltung*. Aus dem Übersichtsmodell sind damit die gerasterten Teilgebiete angesprochen (siehe Abb. 9.1).

9.2 Von der Aufgabenanalyse zur Aufbauorganisation

Die Stellenbildung und die Verbindung von Stellen sind zentrale Inhalte der Aufbauorganisation. Stellen sind Aufgabenbündel für Aufgabenträger (Personen). Organisatorische Regelungen setzen somit voraus, dass die zu bündelnden (verteilenden) *Aufgaben vollständig* bekannt sind. Um die zu verteilenden Aufgaben zu erkennen, kann die Technik der Aufgabenanalyse (siehe dazu Kapitel 5.1) eingesetzt werden. Bei der Stellenbildung ist darüber hinaus darauf zu achten, dass der Stelleninhaber in der Lage sein muss, qualitativ *und quantitativ* die *Aufgaben zu bewältigen*. Er muss

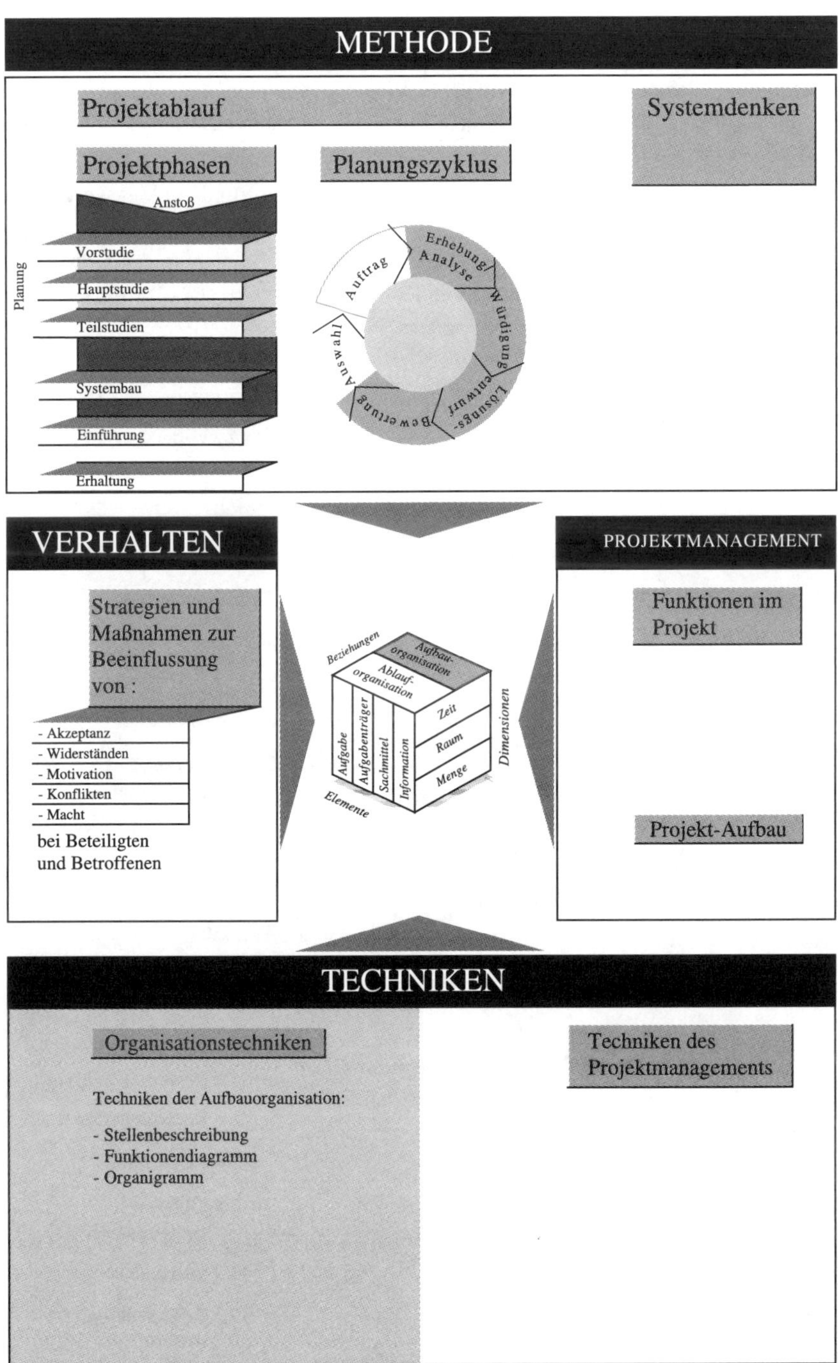

Abb. 9.1: Aufbauorganisation im Gesamtzusammenhang

also nicht nur den inhaltlichen Anforderungen gewachsen sein, sondern auch das Mengenvolumen bewältigen können. Voraussetzung der Stellenbildung ist deswegen die Kenntnis der Dimensionen der Aufgabe: Wie oft fällt eine Aufgabe an, und wie groß ist der Zeitverbrauch je Aufgabenerfüllung? Diese Sachverhalte wurden im Abschnitt Analyse ebenfalls behandelt.

Hier soll beispielhaft die Aufgabengliederung in Abb. 9.2 zugrunde gelegt werden.

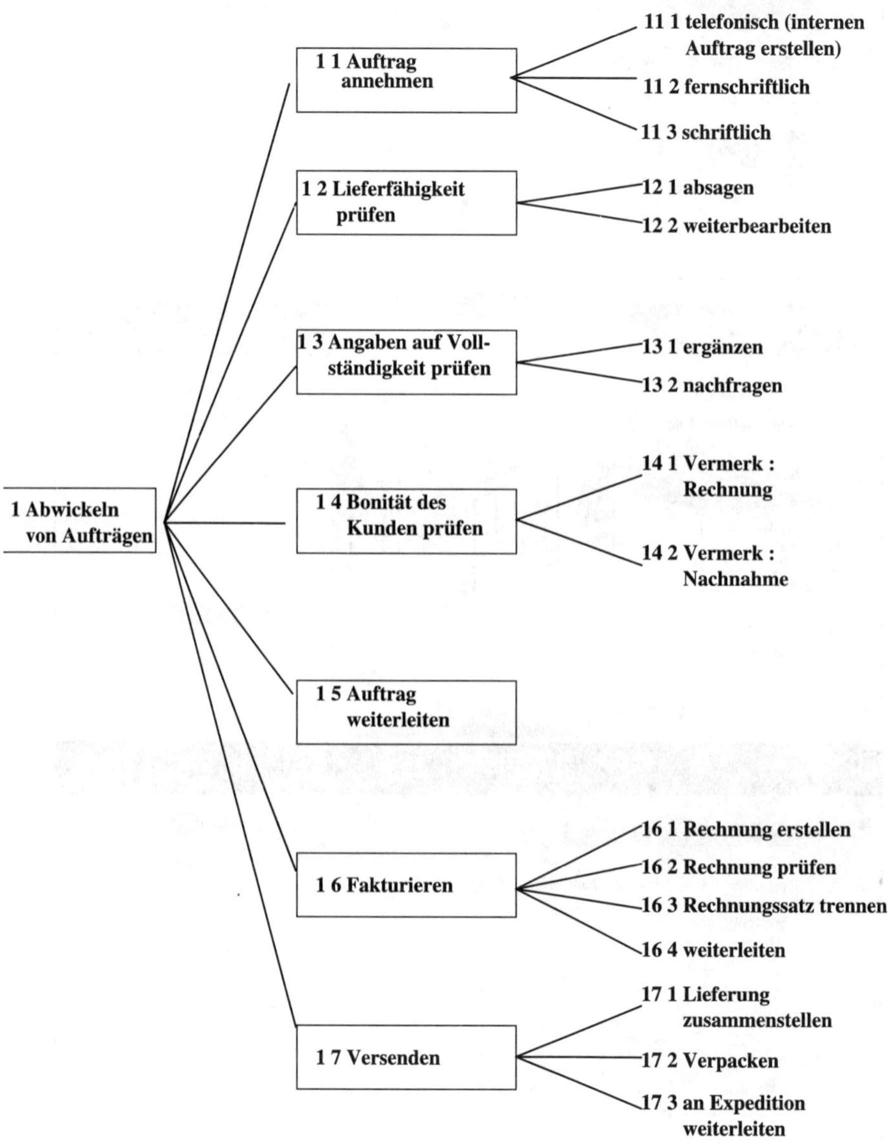

Abb. 9.2: Aufgabenstrukturbild Auftragsabwicklung

Die Stellenbildung in der Auftragsabwicklung könnte bei diesem Beispiel etwa so aussehen, dass die Stelleninhaber auf einzelne Teilaufgaben spezialisiert werden.

Stelle 1	Stelle 2	Stelle 3	Stelle 4
Antrag annehmen Lieferfähigkeit prüfen Angaben auf Vollständigkeit prüfen Bonität prüfen Auftrag weiterleiten	Rechnung erstellen	Rechnung prüfen Rechnungssatz trennen Rechnungssatz weiterleiten	Lieferung zusammenstellen Verpacken An Expedition weiterleiten

Abb. 9.3: Stellenbildung als Aufgabenbündelung

Werden den ausführenden Stellen stufenweise Leitungsstellen übergeordnet, entsteht ein *Leitungssystem* (die Stellen werden durch Weisungswege miteinander verbunden).

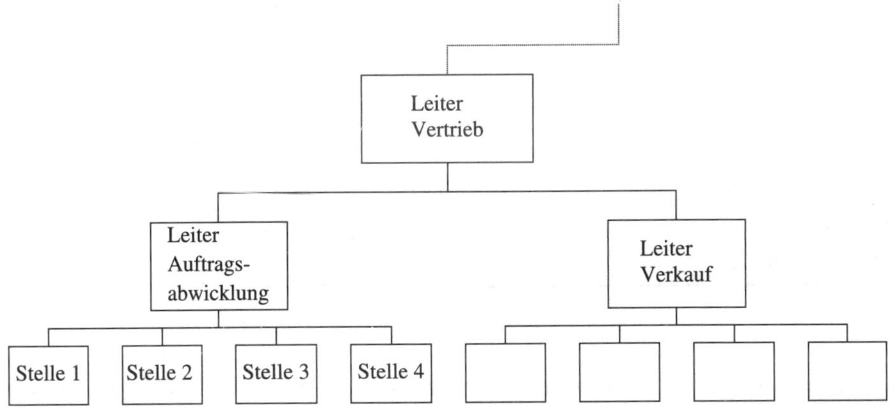

Abb. 9.4: Leitungshierarchie

Schließlich wird noch ein überlagerndes *Netz von Kommunikationskanälen* eingerichtet, damit jeder Stelleninhaber mit anderen Stellen oder Einheiten in Verbindung treten kann, soweit dies seine Aufgabe erfordert. Im Folgenden sollen nun die Techniken der Aufbauorganisation vorgestellt werden.

Aufbauorganisatorische Regelungen setzen Aufgaben voraus. Aufgaben werden auf Stellen übertragen. Stellen werden durch Weisungsbeziehungen miteinander verbunden. Die Ergebnisse können durch entsprechende Dokumentations- und Gestaltungstechniken abgebildet werden.

9.3 Verbale Gestaltungstechniken der Aufbauorganisation

9.3.1 Stellenbeschreibungen

Stellenbeschreibungen finden sich in der Literatur auch unter den Bezeichnungen „Funktionenbeschreibung“, „Pflichtenheft“, „Tätigkeits- oder Aufgabenbeschreibung“, „Positionsbeschreibung“ oder „job-description“. Stellenbeschreibungen sind *innerbetrieblich verbindliche Dokumentation personenbezogener Aufgabenkomplexe, zugehöriger Befugnisse sowie der organisatorischen Einordnung des Stelleninhabers.* Häufig werden in Stellenbeschreibungen auch die *Anforderungen an den Stelleninhaber* aufgenommen.

Instanzielle Einordnung	Ziele, Aufgaben, Kompetenzen	Informations-, Kommunikationssystem	Anforderungsprofil
Bezeichnung der Stelle (Dienst-)Rang des Stelleninhabers Vorgesetzter (Unterstellung) Mitarbeiter (Überstellung) Stellvertretung	Allgemeine Zielsetzung der Stelle Einzelaufgaben (Fach-/ Sonderaufgaben) Kompetenzen (Befugnisse) Einzelaufträge	Eingehende Informationen Ausgehende Informationen Zusammenarbeit mit anderen Stellen Mitarbeit in Ausschüssen, Kollegien etc.	Vorbildung, Erfahrung, Qualifikation, etc.

Abb. 9.5: Inhalte einer Stellenbeschreibung

In Stellenbeschreibungen können nur *vorhersehbare Aufgaben* beschrieben werden. Der Anteil vorhersehbarer, programmierbarer Aufgaben nimmt mit steigender Hierarchieebene und mit zunehmender Qualifizierung der Mitarbeiter normalerweise ab. Hat eine Stelle unvorhersehbare, nicht programmierbare Aufgaben zu erfüllen, so können in einer Stellenbeschreibung keine detaillierten Angaben über die Aufgaben gemacht werden. Lediglich zu verfolgende *Ziele* können daher auf der obersten Ebene angegeben werden. Mit abnehmender Höhe der hierarchischen Einordnung steigt normalerweise die Voraussehbarkeit der zukünftig anfallenden Aufgaben. Sie können exakt bestimmt und vorgegeben werden. Mit der steigenden *Umweltdynamik* wird allerdings der *Anteil vorhersehbarer Aufgaben generell* auch auf den ausführenden Ebenen *immer kleiner.* Zumindest sind in immer kürzeren Abständen Anpassungen vorzunehmen.

In den Stellenbeschreibungen werden im Einzelnen folgende *Sachverhalte* schriftlich fixiert.

01 Bezeichnung der Stelle

Beispiel:
Leiter Vertrieb Inland
Leiter Rechnungsprüfung
Assistent des Geschäftsführers
Einkaufssachbearbeiter
Abteilung (z.B. Einkauf) und Unternehmungsbereich sind hier ebenfalls anzugeben, wenn das nicht deutlich aus der Bezeichnung der Stelle hervorgeht.

02 Rang des Stelleninhabers

Beispiel:
Gruppenleiter
Abteilungsleiter
Hauptabteilungsleiter

03 Vorgesetzte(r) des Stelleninhabers

Hier sind folgende Fälle möglich:
031 Unterstellung unter einen Vorgesetzten, sowohl in fachlicher als auch in disziplinarischer Hinsicht
032 Unterstellung unter mehrere Vorgesetzte

04 Unmittelbar unterstellte Mitarbeiter

Hier werden wiederum nur die Stellenbezeichnungen aller total (fachlich und disziplinarisch) oder partiell (fachlich und/oder disziplinarisch) unterstellten Stelleninhaber genannt. Teilzeitbeschäftigte sind auch anzuführen.

05 Stellvertretung durch

051 Stelleninhaber wird (bei Abwesenheit oder hauptamtlich) vertreten durch: (Angabe der Stellenbezeichnung sowie des Umfanges der Stellvertretung. Sind mehrere Stellvertreter vorgesehen, so sollen sie alle mit ihrem Vertretungsgebiet genannt werden).
052 Stelleninhaber vertritt
Auch hier sind Aufgabengebiete und Umfang zu nennen.

06 Zielsetzung der Stelle

Es soll nur die Zielsetzung und evtl. die Hauptaufgabe global, kurz und treffend beschrieben werden, da auf die Einzelaufgaben noch gesondert eingegangen wird.

07 Einzelaufgaben der Stelle

Alle dauerhaften einzelnen Aufgaben, die der Stelleninhaber zu erfüllen hat, sollen der nachfolgenden Gliederung entsprechend hier aufgeführt werden.
071 Fachaufgaben
Dieser Komplex bildet den Kern der Aufgabenbeschreibung.
072 Sonderaufgaben

0721 Organisationsaufgaben
Gilt nur dann als Sonderaufgabe, wenn es sich nicht um eine spezialisierte Organisationsstelle handelt. Zu nennen wären hier etwa „Ge-

staltung des Berichtssystems“, „Aufgabenzuweisung“, „Ablaufgestaltung“ etc.

0722 Personalaufgaben

Ebenfalls nur dann eine Sonderaufgabe, wenn es sich nicht um eine spezialisierte Personalstelle handelt. Zu den Aufgaben zählen etwa Ausbildung, Einsatz, Einstellung und Entlastung von Mitarbeitern.

0723 Sonstige

Hier werden solche Aufgaben genannt, die sich keiner der obenstehenden Kategorien eindeutig zuweisen lassen.

08 Befugnisse des Stelleninhabers

Zusammenstellung aller Befugnisse, die den Stelleninhaber ermächtigen, über seine fachlichen und personellen Entscheidungsrechte hinausgehend zu handeln.

081 Vertretungsbefugnisse

Rechtliche, nach außen wirkende Vollmachten, etwa Verträge abzuschließen, Bank-Vollmachten etc.

082 Verfügungsbefugnisse

Berechtigungen, etwa im Einkaufs- und Verkaufsverkehr, Urlaubsgewährung, Gewährung von Darlehen an Mitarbeiter usf.

083 Unterschriftsbefugnisse

Angaben über den Schriftverkehr, der nicht im eigenen Bereich liegt, aber vom Stelleninhaber gegengezeichnet werden muss.

09 Schriftliche Information der Stelle

091 Eingehende Berichte, Mitteilungen, Statistiken, Zugriffsrechte auf zentral geführte Datenbestände.

092 Ausgehende

Zu untergliedern nach täglich, wöchentlich, monatlich, jährlich, unregelmäßig.

10 Zusammenarbeit mit anderen Stellen

Hier werden alle diejenigen Stellen genannt, mit denen der Stelleninhaber regelmäßig zusammentritt, um bestimmte - zu nennende - Aufgaben zu lösen. Die Zusammenarbeit kann sein: informativ, koordinierend, beratend, mitentscheidend, mitausführend.

11 Mitarbeit in Ausschüssen, Konferenzen, Arbeitskreisen o.ä. Gremien.

Es ist anzugeben, welche Aufgabenstellung von dem Gremium verfolgt wird und in welchem Turnus Sitzungen stattfinden (z.B. wöchentliche Sitzung des Projekt-Bewilligungsgremiums).

111 Innerbetriebliche

112 Außerbetriebliche

12 Einzelaufträge

Welche Einzelaufträge - außerhalb des üblichen Aufgabengebietes - erhält der Stelleninhaber von wem? Hier werden häufig standardisierte Formulierungen verwandt, die im Wesentlichen darauf abzielen, dass ein Stelleninhaber sich nicht nur auf die in der Stellenbeschreibung fixierten Aufgaben zurückziehen kann, wenn er unvorhergesehene Aufträge erfüllen soll.

13 Bewertungsmaßstab für die Stelle

Die Bewertungsmaßstäbe sollen als Messlatte für die Leistung des Stelleninhabers verwendbar sein. Es handelt sich letztlich um eine Vorgabe von Leistungsstandards.

14 Anforderungen an den Stelleninhaber

Berufliche Vorbildung, Erfahrungen, Qualifikationen und charakterliche Eigenschaften, die zur Wahrnehmung der Stellenaufgaben notwendig sind.

Da die Aufgaben den Kern jeder Stellenbeschreibung bilden, sollte *zu Beginn* einer Stellenbeschreibungsaktion eine gründliche, ausreichend detaillierte und vollständige *Aufgabengliederung* aller betroffenen Bereiche angefertigt werden. Daneben sind weitere Informationen wie z.B. geltende Regelungen, Umfang des Aufgabenanfalls, eingesetzte Sachmittel usw. zu erheben.

Vor der endgültigen schriftlichen *Fixierung* ist die organisatorische Lösung auf ihre Eignung zu *prüfen* und mit dem betroffenen Stelleninhaber *abzustimmen.*

Einmal eingeführte Stellenbeschreibungen müssen periodisch - mindestens alle zwei Jahre - geprüft und u.U. überarbeitet werden. Diese Prüfung ist unerlässlich, da andernfalls nach wenigen Jahren keine Stellenbeschreibung mehr der Realität entspricht. Generell kann festgestellt werden, dass der zunehmende Zwang zu schnellen Anpassungen wie auch die Neigung, Aufgabenverteilungen durch Arbeitsgruppen selbst vornehmen und bei Bedarf auch anpassen zu lassen, die *Bedeutung der Stellenbeschreibung* deutlich *verringert* hat. Abschließend soll die Stellenbeschreibung bewertet werden.

Stellenbeschreibung	
Vorteile	**Nachteile / Gefahren**
• Klare Unterstellungsverhältnisse • Vermeidung von Kompetenzstreitigkeiten • klare Delegation • bessere Übersicht über das Gesamtsystem, da sich jeder informieren kann und damit bessere Koordination • leichtere Einarbeitung neuer Mitarbeiter • erleichterte Stellvertretung	• Hoher Aufwand bei Einführung und Änderungsdienst • Gefahr der Überorganisation - das ist jedoch nur ein Scheinargument, denn auch wenn Stellenbeschreibungen vorliegen, kann den Stelleninhabern ein breiter Entscheidungsspielraum zugebilligt werden • nicht sehr übersichtlich – insbesondere im Vergleich mit dem noch vorzustellenden Funktionendiagramm

• präzisere Vorgaben für Personalbedarfsermittlung, Personalwerbung und -einstellung • Bewertungsmaßstäbe bringen Sicherheit für die Stelleninhaber hinsichtlich der Beurteilung ihrer Leistung • Besetzungsbilder können Grundlage für die Lohn- und Gehaltsfindung sein.	• keine Möglichkeit, Überschneidungen und Lücken organisatorischer Regelungen zu erkennen.

In Stellenbeschreibungen werden die weisungsbezogene und kommunikative Einordnung von Stellen, Aufgaben und Kompetenzen des Stelleninhabers, sowie die Anforderungen an den Stelleninhaber festgehalten. Sie sichern klare Zuständigkeiten, Unterstellungsverhältnisse und Kompetenzen, erleichtern Zusammenarbeit, berufliche Förderung und gerechte Beurteilung der Stelleninhaber.

9.3.2 Verzeichnisse, Organisationsanweisungen und Geschäftsordnungen

Zu den verbalen Gestaltungstechniken der Aufbauorganisation gehören noch Verzeichnisse, Anweisungen und Geschäftsordnungen. Folgende *Arten von Verzeichnissen* können z.B. als Instrumente der Dokumentation eingesetzt werden:

- Befugnisverzeichnisse
  - Vertretungsbefugnisse (Stellvertretung)
  - Verfügungsbefugnisse (Bewilligungen)
  - Unterschriftsbefugnisse
- Sachmittelverzeichnisse
- Formularverzeichnisse
- Kollegienverzeichnisse.

Die genannten Befugnisse finden sich auch in den Stellenbeschreibungen. Die *Verzeichnisse* dienen dazu, *übergreifend für bestimmte betriebliche Bereiche oder Einheiten* beispielsweise die Gesamtheit aller Verfügungsbefugnisse *darzustellen.*

Besonders wichtige Instrumente zur Dokumentation der Aufbauorganisation sind *Organisationsanweisungen.* Dies sind Veröffentlichungen verbindlicher Vorschriften organisatorischen Inhalts. Sie enthalten im Wesentlichen:

- Grundsatzentscheidungen zur Geschäftspolitik und daraus resultierende Ausführungsmaßnahmen;

- Festlegungen der Organisation des Unternehmens (Aufbauorganisation), seiner Bereiche, Abteilungen (Stellen- und Aufgabenbeschreibungen einschließlich Organigrammen);
- Festlegung von Ordnungsbegriffen und Normen;
- Festlegung des Informationsinhaltes, Informationsflusses und der Berichtstermine.

Unverbindlichen Charakter haben *Mitteilungen*; sie sind Veröffentlichungen über Vorgänge mit rein informatorischem Inhalt.

Bei all diesen Formen interner Veröffentlichungen, insbesondere bei den verbindlichen Anweisungen, sind bestimmte *formale Gesichtspunkte* zu beachten:

Eine *Organisationsanweisung* muss folgende Punkte enthalten:

- BEZEICHNUNG
  Name der Anordnung und kurze Inhaltsangabe
- ORDNUNGSNUMMER
  z.B. Buchstabe des Ressorts und fortlaufende Nummer
- VERFASSER
  Aktenzeichen und Unterschrift des Mitarbeiters, der für die fachliche und sachliche Richtigkeit, d.h. Inhalt und Form, verantwortlich ist. Die Veröffentlichung hat jedoch der Ressortleiter zu verantworten
- DATUM
- SEITENZAHL
- SEITENNUMMER
- GENEHMIGT
  Unterschrift des Ressortleiters (ohne Unterschrift sind Anordnungen ungültig)
- GÜLTIG AB
  Datum, an dem sie in Kraft tritt
- ERSATZ FÜR
  In dieser Rubrik ist einzutragen, ob bestehende Anordnungen aufgehoben werden
- VERTEILER
  Die Namen der Empfänger, besser jedoch die Bezeichnungen der empfangenden Stellen.

Es empfiehlt sich, für die Anweisungen *einheitliche Formulare* zu verwenden. Auf einem Formular darf nur eine Anweisung stehen. Bei Änderungen oder Nachträgen ist so die Möglichkeit gegeben, die Anweisung unter der alten Nummer mit dem neuen Datum erscheinen zu lassen und sie gegen die überholte auszutauschen. Neben diesen Aspekten des formalen Aufbaues einer Anweisung sind noch *folgende organisatorische Punkte zu berücksichtigen*:

- Die Koordination aller Anordnungen
- die Veröffentlichungsverantwortung
- Herausgabe und Verteilung
- Änderungsdienst
- Kontrolle des Einhaltens der Anordnung.

Mit der Verbreitung von Intranets gehen Unternehmen und Verwaltungen immer mehr dazu über, die Aufbau- und Ablauforganisationen mit Hilfe geeigneter Programme elektronisch zu dokumentieren und den Mitarbeitern im Direktzugriff über das Intranet bereitzustellen.

> *Organisationsanweisungen sind schriftlich fixierte, verbindliche Veröffentlichungen geltender Regelungen. Aufbau und Einsatz von Anweisungen sollten vereinheitlicht werden.*

9.4 Grafische und tabellarische Techniken der Aufbauorganisation

9.4.1 Leitungsbeziehungen (Organigramme)

9.4.1.1 Symbole

In einem *Organigramm* wird die bestehende Aufgabenverteilung auf Stellen und die *hierarchische Verknüpfung der Stellen* abgebildet. Es ist das Ergebnis der aufbauorganisatorischen Arbeit. Organigramme bieten eine wichtige Informationsquelle über vorhandene oder geplante Lösungen. Im Organigramm werden Leitungs- und Ausführungsstellen als Rechtecke und Stäbe als Ovale oder Arena dargestellt.

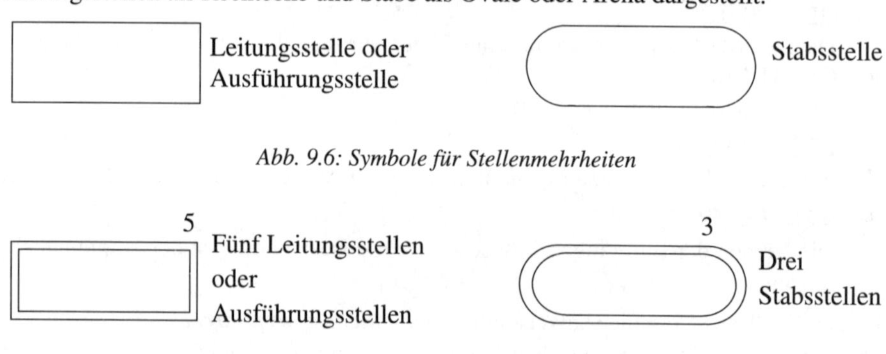

Abb. 9.6: Symbole für Stellenmehrheiten

Abb. 9.7: Symbole für einzelne Stellen

In dem Feld wird normalerweise die jeweilige *Stellenaufgabe* angegeben, zumeist in Kurzform.

Beispiel: Einkauf, Fertigung, Vertrieb, Verwaltung

Häufig finden sich auch Bezeichnungen über die hierarchische Position.

Beispiel: Vorstand, Hauptabteilungsleiter Einkauf, Hauptabteilungsleiter Fertigung usf.

Selbst wenn die Aufgaben in Kurzfassung genannt werden, so sagen Organigramme doch wenig über die vorhandene Aufgabenverteilung aus. Durch die grobe Darstellung bietet dieses Darstellungsinstrument nur allgemeine Informationen. Die eigentliche Stärke des Organigramms liegt in der Abbildung der weisungsmäßigen Beziehungen, d.h. der hierarchischen Über- und Unterordnungen.

Normalerweise sollten kommunikative Verbindungen, d.h. *Kommunikationskanäle*, die ja durchaus nicht immer mit den Weisungswegen übereinstimmen müssen, im Organigramm *nicht gleichzeitig* abgebildet werden. Viele einander überschneidende Linien würden nur die Transparenz vermindern. Techniken zur Darstellung kommunikativer Beziehungen werden unten in diesem Kapitel vorgestellt.

Tiefe organigrafische Untergliederungen führen schon bei mittleren Unternehmen zu Schwierigkeiten der Darstellung, da man häufig nicht alle Stellen auf einem Bogen unterbringen kann. Es besteht dann die Möglichkeit, auf einer beliebigen Ebene abzubrechen, um dann von dieser Ebene ausgehend neue Bögen anzulegen und hier weiter zu untergliedern. Um jedoch die Übersicht zu vereinfachen und damit die Orientierung zu erleichtern, sollte man mit einem *System von Ordnungsnummern* arbeiten. Jede Stelle erhält eine bestimmte Stellennummer, aus der hervorgeht, in welche hierarchische Kette sie einzuordnen ist und auf welcher Ebene sie liegt.

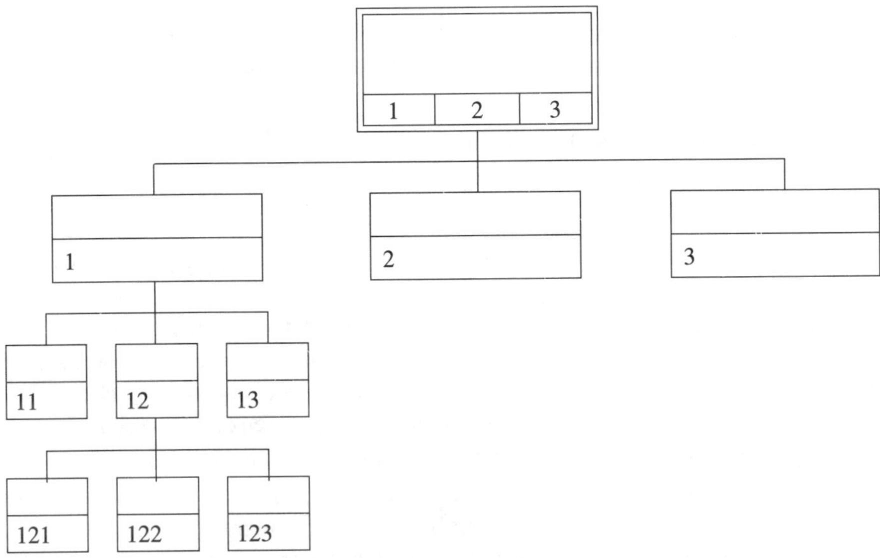

Abb. 9.8: Stellennummerierung (Personalunion 1. und 2. Ebene)

Die Interpretation der ersten beiden Ebenen in Abbildung 9.8 lautet: Der Vorstand oder die Geschäftsführung setzt sich aus drei Mitgliedern zusammen, die gleichzeitig Ressortleiter sind. Bestünde keine Personalunion zwischen der ersten und der zweiten Ebene, würde man auf der zweiten Ebene die Ziffern 11, 21, 31 einführen. Daraus würde ersichtlich, dass die Stelle 11 dem Mitglied 1 der Geschäftsführung zugeordnet ist. (Vorstandsmitglied 3 wäre mit seinen Kollegen gemeinsam zuständig für die gesamte Unternehmung, den Bereich 31 und den Stab 32 in Einzelverantwortung, d.h. die Mitarbeiter 31 und 32 sind ihm direkt unterstellt - siehe dazu Abbildung 9.9)

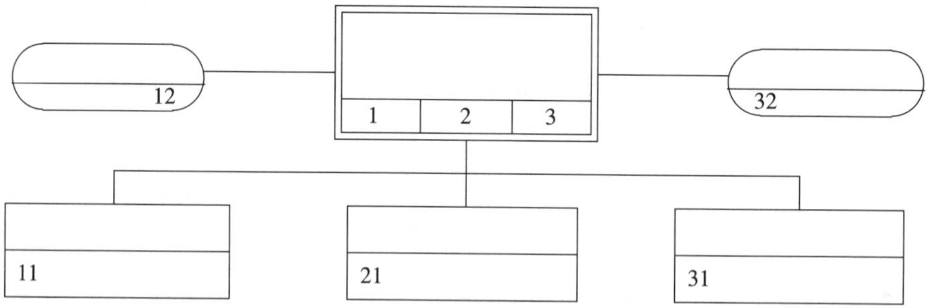

Abb. 9.9: Stellennummerierung

Liegen keine einzelnen Zuständigkeiten innerhalb des obersten Organs in Bezug auf die zweite Ebene oder auf die Stäbe vor, so ist die Nummerierung der zweiten Ebene beliebig.

Die Stellennummern können auch ergänzt werden durch merktechnisch gestaltete alphanummerische Stellenkurzzeichen, die gleichzeitig als Kurz-Adresse dienen.

Beispiel:

BWA = Betriebswirtschaftliche Abteilung

ORG = Organisationsabteilung

Häufig werden im Organigramm auch die *Kostenstellen* mit angegeben, denen die einzelnen Stellen zuzuordnen sind. Die Kostenstellennummer sollte jedoch nicht gleichzeitig zur allgemeinen Kennzeichnung verwendet werden. Der Aufbau eines Nummernschlüssels von Kostenstellen folgt normalerweise keinen aufbauorganisatorischen Prinzipien. Eine Systematik der Verknüpfung von organisatorischen Stellen wäre damit nicht zu erkennen, und der Vorteil der Transparenz ginge verloren.

In vielen Organigrammen werden auch die *Namen der Stelleninhaber* mit eingetragen. Die praktische Begründung lautet dann meistens: „Die Leute wollen doch sehen, wo sie stehen!“ Da häufig gerade die auf hohen Ebenen eingezeichneten Stelleninhaber dieses Bedürfnis verspüren, ist es verständlich, wenn diesen Wünschen meistens stattgegeben wird. Stellen bestehen jedoch normalerweise auch dann weiter, wenn sie von neuen Personen besetzt werden. Das Organigramm muss also jedesmal geändert werden, wenn eine personelle Veränderung vorkommt.

Ein Kästchen in einem Organigramm sieht häufig wie in Abb. 9.10 aus.

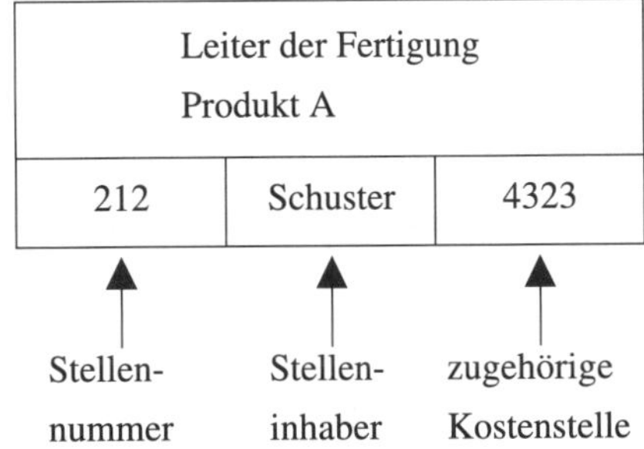

Abb. 9.10: Inhalt und Aufbau eines Stellensymbols

Nun muss eine Stelle weder zwangsläufig in Form eines Kästchens dargestellt sein, noch muss eine derartig hierarchisch betonte Darstellungsform wie in den obigen Beispielen in jedem Fall zweckmäßig sein. Deswegen soll hier noch auf andere Formen der organisatorischen Abbildung der Aufgabenverteilung und der hierarchischen Verknüpfungen von Stellen eingegangen werden. Vor- und Nachteile der jeweiligen Darstellungsweise werden kurz erwähnt.

> *Organigramme bilden die Leitungsbeziehungen ab. Stellennummern erleichtern eine eindeutige Einordnung einer Stelle in die Hierarchie. Oft werden auch die Namen der Stelleninhaber und die Nummern der Kostenstelle mit angegeben.*

9.4.1.2 Erscheinungsformen

Am weitesten verbreitet ist eine *hierarchische Anordnung* der Elemente des Organigramms. Das oberste Leitungsorgan (Vorstand, Geschäftsführung) ist auch grafisch zuoberst abgebildet. Dreiecksförmig verbreitern sich die daraus abgeleiteten Ebenen. Ein wesentlicher Vorteil dieser Darstellung liegt darin, dass leicht erkannt wird, wo „oben“ und „unten“ ist. Jede Position kann schnell im Zusammenhang lokalisiert werden. Leitungshilfsstellen (Stäbe) können zeichnerisch leicht eingebaut werden. Diesen Vorteilen stehen zwei Nachteile gegenüber. Einmal fördert diese Darstellung das Denken in „Oben“ und „Unten“ und widerspricht damit einem kooperativen Führungsverständnis. Außerdem leidet diese Form der Abbildung unter einem technischen Mangel. Die Schaubilder „gehen stark in die Breite“. Schon ab der dritten bis spätestens der vierten Ebene muss das Schaubild in Einzelbilder aufgelöst werden.

Der darstellungstechnische Nachteil der hierarchischen Anordnung wird gemindert bei der sogenannten *Säulenform*. Die ersten zwei oder drei Ebenen werden nach wie vor hierarchisch angeordnet, die der letzten *horizontal* gegliederten Ebene unterstehenden Ebenen werden *vertikal weiter untergliedert*. Dafür spricht - wie erwähnt - vor allem der Vorteil geringeren Platzbedarfs (siehe Abb. 9.11).

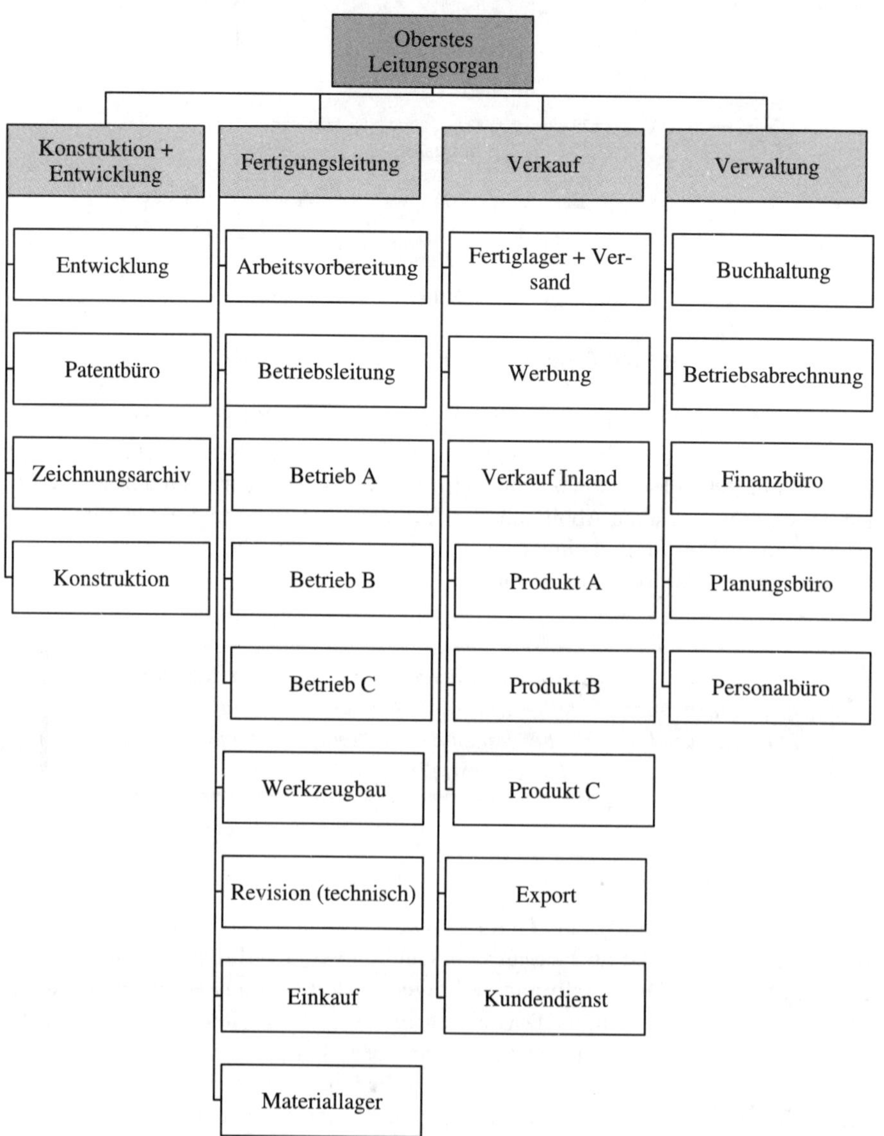

Abb. 9.11: Beispiel eines säulenartig aufgebauten Organigramms

ACKER weist auf eine andere Darstellungsform hin, in der dem gleichen Schema gefolgt wird wie bei der Aufgabengliederung. Dadurch *folgt* das *Organigramm* der *normalen Leserichtung*. Der verfügbare Platz wird besser genutzt als in der hierarchischen Form. Auch psychologisch bietet diese Form den Vorteil des optischen „Abbaus" der Hierarchie (Abb. 9.12).

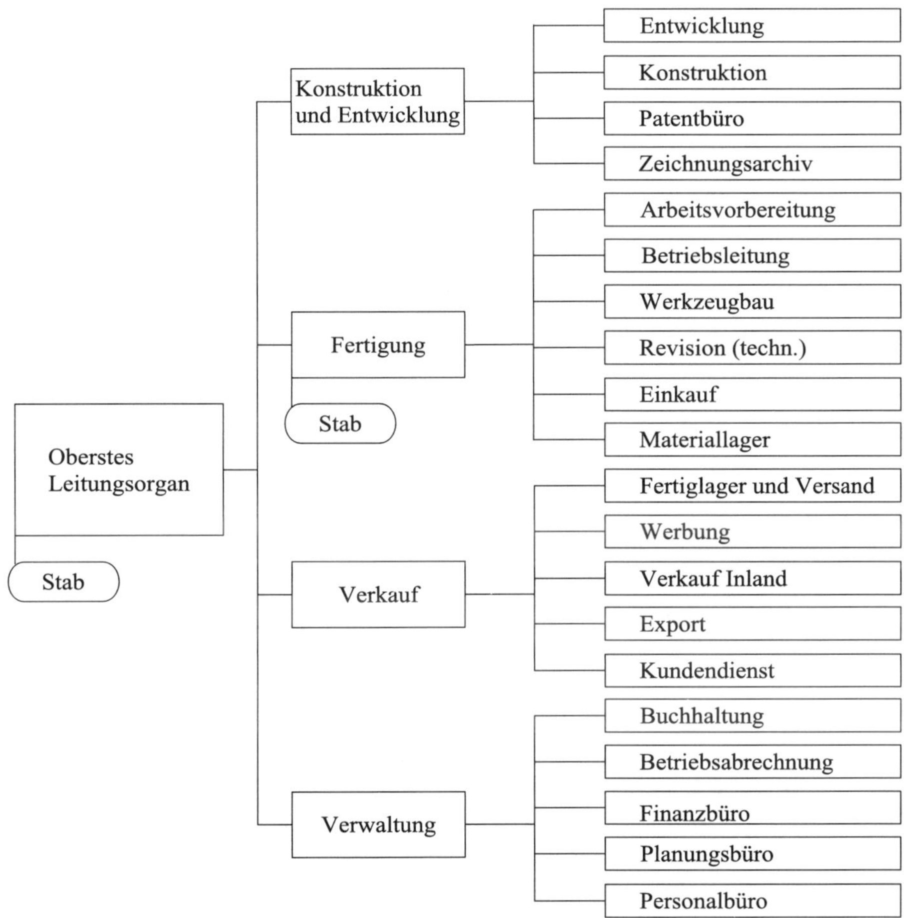

Abb. 9.12: Beispiel für ein horizontales Organigramm

In anderen möglichen Gestaltungsformen wird noch weitergehend versucht, die hierarchischen Beziehungen optisch weniger deutlich werden zu lassen. So werden in einem *Blockorganigramm* auf wenig Platz in rechteckiger Form alle hierarchischen Beziehungen abgebildet. Die Möglichkeit der Einflussnahme (Weisung) wird durch entsprechend breite Blöcke dargestellt, die andere Blöcke überlagern. Die leitungsmäßigen Bezüge werden sehr transparent. Die Transparenz kann durch unterschiedliche Linienstärken noch gesteigert werden. Stabsstellen können jedoch nur schwer abgebildet werden. Bei tief gegliederten Hierarchien wird entweder der „Kopf" übergroß, oder für die letzte abgebildete Ebene steht nur noch sehr wenig Raum je Stelle zur Verfügung (Abb. 9.13).

Oberstes Leitungsorgan																				
Konstruktion und Entwicklung				Fertigung						Verkauf					Verwaltung					
Entwicklung	Konstruktion	Patentbüro	Zeichnungsarchiv	Arbeitsvorbereitung	Betriebsleitung	Werkzeugbau	Revision (techn.)	Einkauf	Materiallager	Fertiglager und Versand	Werbung	Verkauf Inland	Export	Kundendienst	Buchhaltung	Betriebsabrechnung	Finanzbüro	Planungsbüro	Personalbüro	

Abb. 9.13: Beispiel für ein *Blockorganigramm*

Diese Form kann leicht modifiziert werden. Jede Stelle wird links in einer Zeile eingetragen. Durch die Fortsetzung des Zeilenfreiraums nach rechts unten wird dargestellt, wie weit die Weisungsrechte (Leitungsbeziehungen) reichen (siehe Abb. 9.14).

Welche *Form der Darstellung* im konkreten Fall zu wählen ist, *hängt von* verschiedenen *Faktoren ab*, die hier nur stichwortartig genannt werden sollen. Welchen Faktoren dann welches Gewicht zukommt, muss im Einzelfall entschieden werden:

- Wieviele hierarchische Ebenen sind zu berücksichtigen?
- wieviel Raum steht zur Verfügung?
- für wen wird das Organigramm gemacht? (ist leichte Verständlichkeit Voraussetzung, wie können unter Umständen Betroffene reagieren?)
- was soll im Vordergrund stehen? (klare Leitungsbeziehungen oder optische Aufbesserung hierarchischer Beziehungen?).

Diese - und unter Umständen noch andere - Größen müssen im konkreten Fall in die Überlegungen eingehen, ehe eine Entscheidung zugunsten einer der möglichen Darstellungsformen gefällt werden kann.

Im Weiteren soll nun gezeigt werden, wie die Aufgabengliederung und das Blockdiagramm kombiniert werden können, um zusätzliche Informationen zu liefern, die insbesondere für die Würdigung der Aufbauorganisation sehr nützlich sind.

> *Zur Darstellung der Hierarchie in einem Organigramm stehen verschiedene Formen zur Verfügung. Ihre Eignung hängt ab von der Zahl der Stellen, der beabsichtigten Aussage, dem verfügbaren Platz und den beabsichtigten Adressaten.*

Oberstes Leitungsorgan
Konstruktion und Entwicklung
Entwicklung
Konstruktion
Patentbüro
Zeichnungsarchiv
Fertigung
Arbeitsvorbereitung
Betriebsleitung
Werkzeugbau
techn. Revision
Einkauf
Materiallager
Verkauf
Fertiglager und Versand
Werbung
Verkauf Inland
Export
Kundendienst
Verwaltung
Buchhaltung
Betriebsabrechnung
Finanzbüro
Planungsbüro
Personalbüro

Abb. 9.14: Beispiel für ein modifiziertes Blockorganigramm

9.4.2 Funktionendiagramme

Mit Hilfe der *Aufgabengliederung* werden die zu erledigenden Aufgaben erfasst und transparent dargestellt. *Organigramme* dienen demgegenüber dazu, die Verteilung globaler Aufgabenpakete auf Stellen und die hierarchische Verbindung der Stellen abzubilden. Beide Ergebnisse besitzen für den Leser einen hohen Informationswert. Das *Funktionendiagramm vereint beide Darstellungsinstrumente der Aufbauorganisation* und bietet die Möglichkeit, weitere aufbauorganisatorische Sachverhalte detailliert darzustellen.

Während aus dem Organigramm nur die globale Zuordnung von Aufgaben auf Stellen ersichtlich ist (z.B. Leiter Einkauf, Einkaufssachbearbeiter, Verkäufer etc.) kann im Funktionendiagramm - so detailliert wie man es wünscht - die Zuordnung der Aufgaben auf Stellen abgebildet werden.

Folgende *Inhalte* können also im *Funktionendiagramm* dargestellt werden:

- Die Summe der Aufgaben
- die an der Aufgabenerfüllung beteiligten Stellen
- die Kombination der Aufgaben bei jedem einzelnen Stelleninhaber
- die Mitwirkung verschiedener Stelleninhaber an der Erfüllung einer Aufgabe und damit die Arbeitsteilung.

Dieses sehr wirksame Instrument, das gelegentlich verwirrenderweise auch als Stellenbeschreibung bezeichnet wird, hat in den letzten Jahren an Bedeutung gewonnen. Das liegt sicherlich einmal daran, dass die Technik der Aufgabengliederung, die die wichtigsten Eingangsinformationen zur Verfügung stellt, sich immer weiter verbreiten konnte. Zum anderen steht heute leistungsfähige Software zur Verfügung, welche die Erfassung und Verwaltung von Aufgaben unterstützt und eine automatische Umsetzung in eine Matrix ermöglicht. Die folgenden Dokumente wurden mit Hilfe einer solchen Standard-Software (*ibo Aufbau-Manager*) erstellt.

In der *Kopfspalte* werden die *Aufgaben* eingetragen. Hier können zwei unterschiedliche Darstellungsformen gewählt werden:

- geblockte Aufgabendarstellung (siehe dazu die Abbildung 9.15) oder die
- hierarchische Aufgabendarstellung (siehe dazu die Abbildung 9.16)

In Abbildung 9.17 wird ein Beispiel für ein einstufiges Funktionendiagramm gezeigt. Dieses Funktionendiagramm ist einfach gehalten, weil nur das Symbol x für „Zuständigkeit" verwendet wurde. In der Praxis muss hier oftmals weiter differenziert werden. Dazu folgt noch ein Beispiel.

Die geblockte Darstellung wird immer dann eingesetzt, wenn die Oberaufgaben lediglich dazu dienen, Aufgaben zu klassifizieren bzw. zu ordnen. Dann ist es völlig ausreichend, nur für die letzte Zerlegungsstufe der Aufgaben eine Zeile in der Matrix zu öffnen. Wenn die Aufgaben der verschiedenen Gliederungsstufen arbeitsteilig unterschiedlichen Aufgabenträgern übertragen werden (z.B. der Vertriebsleiter ist für das Marketing, den Verkauf usw. insgesamt zuständig, der ihm zugeordnete Leiter Marketing für die Teilaufgaben „Marktbeobachtung", „Werbung" und „Verkaufsförderung" und der dem Leiter Marketing zugeordnete Leiter Werbung ist zuständig für die „Wahl der Medien", „Entwurf der Werbeaussagen", „Zusammenarbeit mit Agenturen" etc.) können mit Hilfe der hierarchischen Aufgabendarstellung in einem mehrstufigen Funktionendiagramm diese Zuständigkeiten abgebildet werden (siehe dazu Abb. 9.18). Wenn man hier geblockte Aufgabendarstellungen verwenden würde, müssten u.U. mehrere Funktionendiagramme erstellt werden, die sich in der Tiefe der Gliederung der Aufgaben unterscheiden.

ibo Software GmbH	ORGANISATIONSHANDBUCH	AUFBAUORGANISATION		
	Sachgebiet:	KAPITEL	ABSCHNITT	SEITE
	Betreff:			1

	1	2	3	4
1	Auftrag annehmen	telef. Aufträge	entgegennehmen	
2			Kundendaten	
3			Auftragsdaten	
4		schriftl. Aufträge	annehmen	
5			Eingang stempeln	
6			weiterleiten	
7	Auftrag prüfen	Vollständigkeit	nachfragen	
8			ergänzen	
9		Bonität	klären	
10			vermerken	Rechnung
11				Nachnahme
12		Lieferfähigkeit	Absagen	Brief verfassen
13				Brief schreiben
14				Brief unterschreiben
15				Brief versenden
16			Papiere erstellen	Auftragspapiere
17				Versandpapiere
18			Papiere weiterleiten	
19	fakturieren	Rechnung erstellen	aufrufen Maske	
20			eingeben Kundennummer	
21			eingeben Auftragsdaten	Artikel
22				Menge
23				Mehrwertsteuer
24				Lieferart
25				Zahlweise
26		Papiere prüfen	Rechnung	
27			Versandpapiere	
28			Nachnahme	
29		Rechnungssatz trennen		
30		weiterleiten	A-Papiere	Versandpapiere
31				Rechnungsoriginal
32				Nachnahmeschein
33			Rechnungskopien	
34	versenden	Sendung zusammenstellen		
35		Sendung verpacken		
36		Sendung an Poststelle		
37		Post ausliefern		

Erstellt: 27.04.2000	Geändert: 27.04.2000	Gültig ab:	Gültig bis:

Abb. 9.15: Geblockte Aufgabendarstellung (Kopfspalte Funktionendiagramm)

ibo Software GmbH	ORGANISATIONSHANDBUCH	AUFBAUORGANISATION		
	Sachgebiet:	KAPITEL	ABSCHNITT	SEITE
	Betreff:			1

	KfNr	Bezeichnung
1	1	Auftrag annehmen
2	1.1	telef. Aufträge
3	1.1.1	entgegennehmen
4	1.1.2	Kundendaten
5	1.1.3	Auftragsdaten
6	1.2	schriftl. Aufträge
7	1.2.1	annehmen
8	1.2.2	Eingang stempeln
9	1.2.3	weiterleiten
10	2	Auftrag prüfen
11	2.1	Vollständigkeit
12	2.1.1	nachfragen
13	2.1.2	ergänzen
14	2.2	Bonität
15	2.2.1	klären
16	2.2.2	vermerken
17	2.2.2.1	Rechnung
18	2.2.2.2	Nachnahme
19	2.3	Lieferfähigkeit
20	2.3.1	Absagen
21	2.3.1.1	Brief verfassen
22	2.3.1.2	Brief schreiben
23	2.3.1.3	Brief unterschreiben
24	2.3.1.4	Brief versenden
25	2.3.2	Papiere erstellen
26	2.3.2.1	Auftragspapiere
27	2.3.2.2	Versandpapiere
28	2.3.3	Papiere weiterleiten
29	3	fakturieren
30	3.1	Rechnung erstellen
31	3.1.1	aufrufen Maske
32	3.1.2	eingeben Kundennummer
33	3.1.3	eingeben Auftragsdaten
34	3.1.3.1	Artikel
35	3.1.3.2	Menge
36	3.1.3.3	Mehrwertsteuer
37	3.1.3.4	Lieferart
38	3.1.3.5	Zahlweise
39	3.2	Papiere prüfen
40	3.2.1	Rechnung

Erstellt: 27.04.2000	Geändert: 27.04.2000	Gültig ab:	Gültig bis:

Abb. 9.16: Hierarchische Aufgabendarstellung (Kopfspalte Funktionendiagramm)

ibo Software GmbH	ORGANISATIONSHANDBUCH	AUFBAUORGANISATION		
	Sachgebiet:	KAPITEL	ABSCHNITT	SEITE
	Betreff:			1

	1	2	3	4	AA	PO	RW	VE	SB	FA
1	Auftrag annehmen	telef. Aufträge	entgegennehmen		x					
2			Kundendaten		x					
3			Auftragsdaten		x					
4		schriftl. Aufträge	annehmen			x				
5			Eingang stempeln			x				
6			weiterleiten			x				
7	Auftrag prüfen	Vollständigkeit	nachfragen		x					
8			ergänzen		x					
9		Bonität	klären		x					
10			vermerken	Rechnung						
11				Nachnahme	x		x	x		
12		Lieferfähigkeit	Absagen	Brief verfassen	x					
13				Brief schreiben					x	
14				Brief unterschreiben	x					
15				Brief versenden		x				
16			Papiere erstellen	Auftragspapiere	x					
17				Versandpapiere				x		
18			Papiere weiterleiten							
19	fakturieren	Rechnung erstellen	aufrufen Maske							x
20			eingeben Kundennummer							x
21			eingeben Auftragsdaten	Artikel						x
22				Menge						x
23				Mehrwertsteuer						x
24				Lieferart						x
25				Zahlweise						x
26		Papiere prüfen	Rechnung				x			
27			Versandpapiere		x		x	x		
28			Nachnahme		x		x	x		
29		Rechnungssatz trennen					x			
30		weiterleiten	A-Papiere	Versandpapiere	x		x	x		
31				Rechnungsoriginal			x			
32				Nachnahmeschein			x			
33			Rechnungskopien				x			
34	versenden	Sendung zusammenstellen						x		
35		Sendung verpacken						x		
36		Sendung an Poststelle						x		
37		Post ausliefern			x					

Erstellt: 27.04.2000 | Geändert: 23.05.2000 | Gültig ab: | Gültig bis:

Abb. 9.17: Einstufiges Funktionendiagramm

Aufgabenträger (Stellen) / Aufgaben	Leiter Vertrieb	Leiter Marketing	Leiter Werbung		
Vertrieb					
Marketing	x				
Marktbeobachtung		x			
Werbung		x			
Wahl der Medien			x		
Entwurf Werbeaussagen			x		
Zusammenarbeit mit Agenturen			x		
Verkaufsförderung		x			
Verkäuferschulung					
Bereitstellung Verkaufsmaterial					
Verkauf					

Abb. 9.18: Beispiel für ein mehrstufiges Funktionendiagramm

Häufig reicht es nicht aus, lediglich die Zuständigkeiten anzugeben. Vielmehr muss *differenziert* werden, *in welchem Umfang oder in welchen Fällen der Stelleninhaber zuständig* ist. Um die Zuständigkeiten differenziert darstellen zu können, wurden früher oft grafische Symbole empfohlen. Da für die Leser eines Funktionendiagramms die Interpretation der Symbole schwierig ist, haben sich eher alphanummerische Zeichen (Buchstaben bzw. Zahlen) durchgesetzt. Zwar gibt es für diese Zeichen keine Norm, jedoch sind folgende Kürzel heute weit verbreitet:

- G = Gesamtzuständigkeit
- EV = Entscheidungsvorbereitung
- E = Entscheidung
- EM = Mitentscheidung
  - EK = Kollektiventscheidung
  - EN = Entscheidung im Normalfall
  - EG = Grundsatzentscheidung
  - EW = Entscheidung in wichtigen Fällen
  - EA = Entscheidung im Ausnahmefall
- A = Ausführung
  - AM = Mitwirkung bei der Ausführung
- K = Kontrolle
  - KE = Ergebniskontrolle
- KV = Verfahrenskontrolle.

Diese Kürzel erlauben eine sehr differenzierte Darstellung der Zuständigkeiten. Prinzipiell sind sie vor allem geeignet, den Umfang von Funktionendiagrammen zu begrenzen. Grundsätzlich ist es zwar ohne weiteres möglich, in der Aufgabenanalyse so tief zu gliedern, dass ein Symbol für „zuständig" ausreichen würde. Damit würden aber solche Diagramme sehr aufgebläht, was sowohl für die Lesbarkeit wie auch für die Pflege nachteilig wäre.

Selbstverständlich ist es möglich, in der Matrix auch noch *andere Sachverhalte* abzubilden. Wird in dem Beispiel die Aufgabe „bewilligen" nicht weiter untergliedert, kann dafür in der Matrix eingetragen werden, wer bis zu welchem Betrag hin zuständig ist (siehe dazu Abb. 9.19). An dem Beispiel wird deutlich, dass auch auf diesem Weg ein Funktionendiagramm wesentlich verdichtet werden kann.

Aufgabenträger (Stellen) / Aufgaben: Kredit gewähren		Geschäftsleitung	Filialleiter	Leiter Kredit	Kreditberater	Kreditsachbearbeiter	Schreibkraft
entscheiden	bewilligen		>50.000	>10.000 <50.000	<10.000		

Abb. 9.19: Erweitertes Funktionendiagramm

Das Funktionendiagramm ist ein sehr leistungsfähiges Instrument zur

- Darstellung des Ist-Zustandes
- Würdigung bzw. Bewertungen von Lösungen
- Dokumentation des Soll-Zustandes.

Im Vergleich zur Stellenbeschreibung bildet das *Funktionendiagramm* nur einen Teil aller Informationen ab. Insbesondere *fehlt* die Darstellung der *Information, der Kommunikation* und des *Anforderungsprofils*. Diese Nachteile relativieren sich jedoch, da der Kern einer Stellenbeschreibung, die Zuordnung der Aufgaben und Kompetenzen eindeutig und transparent aus dem Funktionendiagramm hervorgehen. Zusammenhänge werden gut sichtbar. Deswegen haben sich Funktionendiagramme in der Praxis weitgehend durchgesetzt.

Abschließend sollen die Vor- und Nachteile des Funktionendiagramms aufgelistet werden.

Funktionendiagramm	
Vorteile ✍	**Nachteile** ✍
• Wirtschaftliche Erstellung, beansprucht weniger Zeit als eine entsprechende Stellenbeschreibungsaktion • Darstellung von Zusammenhängen auf engem Raum • Übersichtlichkeit bei der Abgrenzung von Aufgaben und Kompetenzen • Hilfe bei der Würdigung und Bewertung, da fehlende oder unzweckmäßige Regelungen sofort ins Auge fallen • niedriger Änderungs-/Pflegeaufwand.	• Es ist nicht ganz einfach, eine zweckmäßige Aufgabengliederung zu erstellen, die auf ein Funktionendiagramm und die abzubildende Arbeitsteilung abgestimmt ist • bestimmte Sachverhalte wie z.B. die Informations- und Kommunikationsbeziehungen und die Anforderungsprofile können nicht wiedergegeben werden. Dazu werden dann gesonderte Darstellungsinstrumente (z.B. Matrizen) benötigt.

Da Stellenbeschreibungen wie Funktionendiagramme wenig geeignet sind, Anforderungsprofile und Kommunikationsbeziehungen abzubilden, sollen in den folgenden Abschnitten dafür geeignete Darstellungstechniken behandelt werden.

Im Funktionendiagramm werden Aufgaben und Aufgabenträger in einer Matrix einander gegenübergestellt. In den Kreuzungspunkten werden die Zuständigkeiten durch Symbole eingetragen. In einem einstufigen Funktionendiagramm lassen sich jeweils nur die Zuständigkeiten für die letzte Zerlegungsstufe der Aufgaben abbilden. Sollen auch die Zuständigkeiten für Oberaufgaben dokumentiert werden, muss ein mehrstufiges Funktionendiagramm verwendet werden.

9.4.3 Anforderungsprofile

Anforderungsprofile können verbal in Stellenbeschreibungen dargestellt werden. Sollen übergreifende Zusammenhänge sichtbar gemacht werden, bietet sich eine *Matrix* an, um die Anforderungen an Stelleninhaber zu dokumentieren.

Drei *Arten von Anforderungen* können unterschieden werden:

- Aus- und Weiterbildung
- fachspezifische Anforderungen
- persönliche Merkmale.

Diese Anforderungen müssen dann im Einzelfall weiter untergliedert und konkretisiert werden. Die folgende Matrix zeigt ein verkürztes Beispiel:

Anforderungen \ Stellen		Zweigstellen-leiter	Kunden-berater	Sachbe-arbeiter	Schreibkraft
Aus- und Weiterbildung	Mittlere Reife	X	X		
	Lehrabschluss	X	X	X	
	Fachlehrgang Bankkaufleute	X			
	Verkaufstraining	X	X		
	Applikations-Schulung	X	X	X	
	Schulung-Text-Software			X	X
fachspezifische Anforderung	2 Jahre Kreditabteilung	X			
	6 Monate Kreditabteilung		X	X	
	6 Monate Passivgeschäft	X	X		
	3 Jahre Berater-Tätigkeit	X			
persönliche Merkmale	sicheres Auftreten	X	X		
	Kontaktfähigkeit	X	X		
	Teamfähigkeit	X	X	X	
	Verhandlungs-geschick	X	X		
	Belastbarkeit	X	X		X

Abb. 9.20: Anforderungsprofil-Matrix

9.4.4 Kommunikationsbeziehungen

Insbesondere durch die raschen Fortschritte auf dem Gebiet der Kommunikationstechnik hat die Untersuchung der kommunikativen Beziehungen in jüngerer Zeit erheblich an Bedeutung verloren. Technisch kann heute jeder Mitarbeiter mit jedem anderen problemlos in Verbindung treten, wenn die Infrastruktur dementsprechend bereitsteht (z.B. Intranet, Internet). Die Kosten für die Infrastruktur und für die laufende Nutzung sinken ständig, so dass die Wirtschaftlichkeit der Kommunikation ständig gestiegen ist. Deswegen werden heute kaum noch Untersuchungen über die wichtigsten Kommunikationskanäle, die Art der Interaktion (z.B. schriftlich, mündlich), den Inhalt der Kommunikation usw. durchgeführt. Aus diesem Grund sollen hier auch die früher einmal bedeutenden Techniken wie z.B. Kommunikationstabellen, Kommunikationsdiagramme und -matrizen nicht behandelt werden. Der technische Fortschritt ist über sie hinweg gegangen.

Fragen zum Kapitel 9	Text dazu auf Seite
1. Welche Inhalte enthält eine Stellenbeschreibung?	342
2. Wovon hängt der Detaillierungsgrad ab, mit dem die Aufgaben in einer Stellenbeschreibung beschrieben werden können?	342
3. Weswegen erscheint es sinnvoll, in eine Stellenbeschreibung auch die Anforderungen an den Stelleninhaber aufzunehmen?	346
4. Welche Vorteile haben Ihrer Ansicht nach Stellenbeschreibungen?	345f
5. Welche Aussagen enthält ein Organigramm?	348
6. Was wird in einem Funktionendiagramm abgebildet?	355f
7. Inwieweit kann das Funktionendiagramm zur Würdigung organisatorischer Lösungen herangezogen werden?	361
8. Wie beurteilen Sie das Funktionendiagramm als organisatorisches Dokumentationsmittel?	361f

Weiterführende Literatur zu diesem Abschnitt

Acker, H.B.: Organisationsanalyse. Verfahren und Techniken praktischer Organisationsarbeit. 9. Aufl., Baden-Baden und Bad Homburg v.d.H. 1977

Frese, E.: Grundlagen der Organisation. 7. Aufl., Wiesbaden 1998

Höhn, R.: Stellenbeschreibungen - aber richtig. Bad Harzburg 1977

Jenny, H.-D.: Die Stellenbeschreibung als Hilfsmittel zur Fixierung der Organisation. Winterthur 1966

Menzel, A.; E. Nauer: Das Funktionendiagramm, ein flexibles Organisations- und Führungsinstrument. Bonn 1972

Nordsieck, F.: Betriebsorganisation. Lehre und Technik. Tafelband - Textband. Stuttgart 1961

Nordsieck, F.: Die schaubildliche Erfassung und Untersuchung der Betriebsorganisation. 6. Aufl., Stuttgart 1962

Schmidt, G.: Stellenbeschreibung. In: Handwörterbuch der Betriebswirtschaft. 4. Aufl. Hrsg. von E. Grochla und W. Wittmann, Bd. 2, Stuttgart 1975, Sp. 3720-3725

Schönecker, H.G.; M. Nippa (Hrsg.): Neue Methoden zur Gestaltung der Büroarbeit. Computergestützte Organisationshilfen für die Praxis. Baden-Baden 1987

Schwarz, H. u. Mitarbeiter: Arbeitsplatzbeschreibungen. 5. Aufl., Freiburg i.Br. 1972

Folgende Abbildungen wurden mit dem ibo Aufbau-Manager erstellt:

Abb. 9.11, S.352
Abb. 9.15, S.357
Abb. 9.16, S.358
Abb. 9.17, S.359

10 Techniken der Ablauforganisation

10.1 Inhalte der Ablauforganisation

Organisation kann untergliedert werden nach Aufbauorganisation und Ablauforganisation, letztere wird heute meistens als Prozessorganisation bezeichnet. Zur *Aufbauorganisation* gehören *folgende Regelungen*:

- Zusammenfassen von Aufgaben für Personen (Stellenbildung)
- Verbindung von Stellen durch Leitungsbeziehungen
- Bereitstellen von Informationen
- Einrichtung von Kommunikationsbeziehungen
- Bereitstellen von Sachmitteln.

Aus Sicht eines Stelleninhabers steht damit fest:

- Was er zu tun hat
- wem er unter- bzw. übergeordnet ist
- welche Informationen er erhält bzw. zu liefern hat
- welche Kommunikationswege ihm zur Verfügung stehen
- welche Sachmittel bereitstehen.

Darüber hinaus sind im Detail jedoch noch weitere *Regelungen* notwendig, die den *aufbauorganisatorischen Rahmen präzisieren*. Beispielsweise muss geregelt werden:

- Wie die Aufgaben im Einzelnen zu erfüllen sind
  - welche Schritte in welcher zeitlichen Folge zu tun sind
  - ob es in einem Ablauf Verzweigungen gibt, z.B. für parallel arbeitende Stellen
  - unter welchen *Bedingungen* Aufgaben zu erledigen sind
  - ob und ggf. unter welchen Bedingungen Prozesse zurück verzweigen
  - wie das anfallende *Volumen* bewältigt werden soll (z.B. kontinuierlich oder stapelweise)
- wo die Aufgaben zu erfüllen sind, wohin Arbeitsergebnisse zu liefern sind bzw. woher etwas zu beschaffen ist
- wann und wo Kontakte mit den über- oder untergeordneten Stellen stattfinden
- wann Informationen geliefert werden bzw. zu liefern sind
- zu welchen Zeiten Kommunikation stattfinden kann oder soll
- wann und wo welche Sachmittel zur Verfügung stehen bzw. genutzt werden können.

Hinter diesen Beispielen verbergen sich die Grundstrukturen von Prozessen und die *Dimensionen der Organisation*.

Dimensionen			Beispiele
Zeit	**wann**	• Zeitpunkt der Aufgabenerledigung	Öffnen des Büros um 8.00 Uhr
		• Zeitliche Folge der Aufgabenerfüllung	Erst Post öffnen, dann stempeln, dann weiterleiten
		• Zeitpunkt der Weiterleitung von Informationen	Abgabe des Berichts jeweils zum Monatsende
	wie lange	• Zeitraum der Bearbeitung	Telefondienst von 8.00 bis 12.00 Uhr
		• Dauer der Aufgabenerfüllung	Vorgabezeit für die Bearbeitung eines Antrages 30 Minuten
Raum	**wo**	• Standort	Arbeitsplatz Standort Sachmittel Ort der Registratur
	woher/ wohin	• Transportwege	Abholen der Post vom Posteingang (örtlich) Lieferung der Vorlage an Sachbearbeitung (örtlich)
		• Weg	Transport über einen bestimmten Weg
Menge	**wieviel**	• Anzahl	Menge zu bearbeitender Vorgänge
		• Gruppierung	Größe eines zu bearbeitenden Stapels Größe einer Stichprobe

Abb. 10.1: Dimensionen der Ablauforganisation

Die hier vorgestellten *Techniken* sind *primär* Techniken zur *Darstellung der Ablauforganisation.* Geeignete Formen der Darstellung *unterstützen in allen Phasen und Schritten die Projektbearbeitung*. Im Einzelnen dient eine geeignete Darstellungstechnik der (dem)

- Erhebung
- Analyse
- Würdigung
- Lösungsentwurf
- Bewertung

ablauforganisatorischer Sachverhalte. Damit handelt es sich bei den Techniken der Ablauforganisation im weitesten Sinne um *Techniken der ablauforganisatorischen Gestaltung*. Aus dem Übersichtsmodell sind damit hauptsächlich die folgenden Teile (Abb. 10.2) angesprochen.

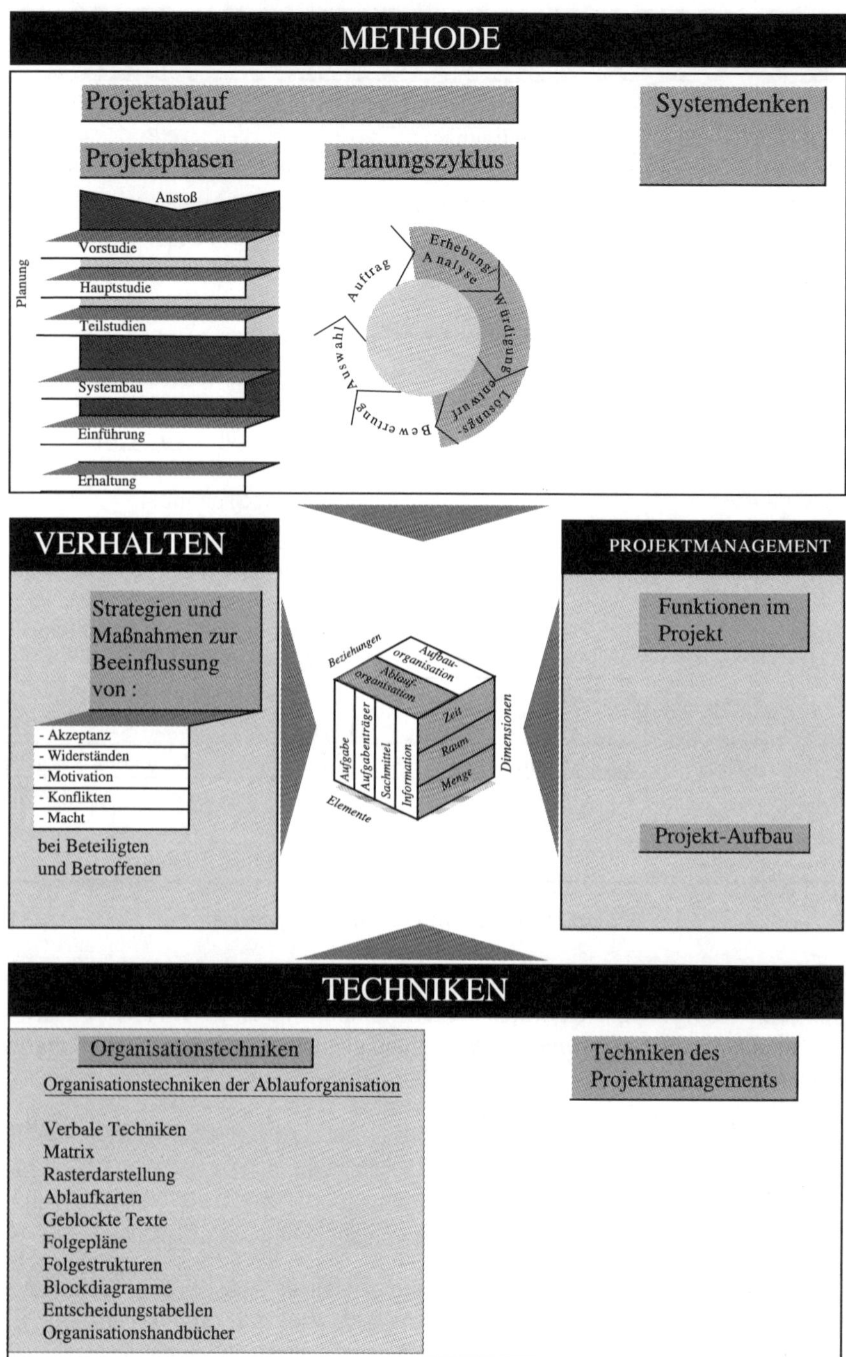

Abb. 10.2: Ablauforganisation im Gesamtzusammenhang

Detailliertere Ausführungen zum Thema Ablauf- bzw. Prozessorganisation finden sich in Band 9 dieser Schriftenreihe: Grundlagen der Prozessorganisation von G. Fischermanns und W. Liebelt.

> *In der Ablauforganisation wird die Aufgabenerfüllung geregelt. Dabei geht es um die Gestaltung verzweigter und unverzweigter Prozesse, mit oder ohne Rückkopplungen und Verknüpfungen sowie um die Regelungen der zeitlichen, räumlichen und mengenmäßigen Dimensionen.*

10.2 Ziele der Ablauforganisation

Ziele sind *erwünschte Wirkungen* bzw. Zustände. Sie lassen sich erkennen über die Frage: *Was soll erreicht werden?*

Die Ziele der Ablauforganisation leiten sich aus den Unternehmenszielen ab. Unternehmensziele sind normalerweise eher allgemein gehalten. Sie lauten beispielsweise: Sicherstellen von kontinuierlichem Wachstum, Erzielen eines möglichst großen Gewinnes, Erweitern von Marktanteilen, Sicherung des Unternehmens usw.

Von den eher globalen Unternehmenszielen müssen *Gestaltungsziele* abgeleitet werden, die von den Aufgabenträgern *in der praktischen Arbeit umgesetzt werden können* und die vor allem auch messbar sind, d.h. es muss überprüft werden können, ob bzw. inwieweit die Ziele erreicht worden sind. Wenn diese Bedingung gegeben ist, spricht man von operationalisierten Zielen. Ziele der Ablauforganisation sind grundsätzlich zu operationalisieren (siehe dazu Kapitel 8).

In der Praxis formuliert man normalerweise *stellenbezogene* oder *objektbezogene* Ziele. Die wichtigsten Ziele der Ablauforganisation sind:

- Die Maximierung der Kapazitätsauslastung von Stellen oder Sachmitteln
- die Minimierung der Durchlaufzeit von Objekten (z.B. Aufträgen).

10.2.1 Maximierung der Kapazitätsauslastung

Mitarbeiter stellen eine bestimmte Kapazität - beispielsweise 8 Stunden pro Tag und 160 Stunden pro Monat zur Verfügung. Bei Mitarbeitern, die nicht leistungsabhängig bezahlt werden, ist diese Arbeitszeit zu vergüten, unabhängig davon, in welchem Umfang sie genutzt wird (Fixkosten). Betriebswirtschaftlich ist es also sinnvoll, diese *verfügbare Kapazität möglichst gut auszulasten.* Der Anteil der nicht produktiv genutzten Arbeitszeit verursacht *Leerkosten.* Steht dem Aufwand jedoch eine Arbeitsleistung gegenüber, erfüllt der Mitarbeiter also seine Aufgabe, spricht man von *Nutzkosten.*

Durch ablauforganisatorische Regelungen soll sichergestellt werden, dass der Anteil der Leerkosten möglichst gering und damit der *Anteil der Nutzkosten möglichst hoch* ist. Das ist vor allem dadurch möglich, dass die *Wartezeiten der Aufgabenträger* möglichst *klein* gehalten werden. Es ist durch entsprechende Regelungen dafür zu sorgen, dass bei den Aufgabenträgern immer ausreichend Arbeit vorliegt. Je weniger Mitarbeiter eingesetzt werden, desto kleiner werden - bei gleichbleibender Arbeitsmenge - die Leerkosten für das Personal. Außerdem hat das zur Folge, dass ein Mitarbeiter mehr Objekte bearbeitet, je besser er ausgelastet ist, d.h. dass die *Kosten pro Stück* auch entsprechend geringer werden. Es ist also naheliegend, die bereitgestellte Kapazität möglichst knapp zu halten. Diese Aussagen gelten in gleichem Sinne auch für die Auslastung von Sachmitteln.

Da der Arbeitsanfall normalerweise nicht gleichmäßig erfolgt, kann die Maximierung der Auslastung eine sehr *unerwünschte Auswirkung* haben: die *Durchlaufzeit* der bearbeiteten Objekte kann sehr *lang* werden. Und damit verstößt man gegen das zweite Oberziel der Ablauforganisation, die *Minimierung der Durchlaufzeit.*

10.2.2 Minimierung der Durchlaufzeit

Als *Durchlaufzeit* wird die *Zeitdauer* bezeichnet, die *für die Bearbeitung eines einzelnen Vorganges* (Objektes) benötigt wird, *einschließlich* der dabei anfallenden *Transport-* und *Liegezeiten.* So ist die Durchlaufzeit einer Bestellung etwa die Zeit von der Auftragsannahme bis zur Auslieferung an den Kunden. Offensichtlich ist es oft schon aus Wettbewerbsgründen sehr wichtig, diese Durchlaufzeit möglichst klein zu halten. Außerdem wird bei kurzen Durchlaufzeiten weniger Kapital gebunden (etwa beim Durchlauf von Fertigungsaufträgen). Es ist also sehr vernünftig, die Durchlaufzeiten zu minimieren.

Wie lässt sich nun die Durchlaufzeit minimieren? Die Summe aller Bearbeitungs-, Liege- und Transportzeiten ergibt die Durchlaufzeit. Somit kann die *Durchlaufzeit verkürzt* werden, *wenn*

- Bearbeitungszeiten,
- Transportzeiten und
- Liegezeiten

verkürzt werden.

Die *Bearbeitungszeiten* können verkleinert werden, indem z.B. unnötige Verrichtungen vermieden werden oder wenn geeignete Sachmittel zur Unterstützung des Aufgabenträgers bereitgestellt werden. Auch kann eine bessere Ausbildung des Aufgabenträgers helfen, die Bearbeitungszeiten zu senken.

Transportzeiten können z.B. durch den Einsatz zeitsparender Transportmittel verringert werden.

Liegezeiten können verkürzt werden, indem die zu bearbeitenden Objekte so schnell wie möglich an die Reihe kommen, indem also immer ausreichende Kapazitäten vorhanden sind. Den gleichen Effekt haben verkürzte Rüstzeiten. Liegezeiten entstehen auch nach der Bearbeitung, wenn die bearbeiteten Objekte auf den Transport zur nächsten Bearbeitungsstation warten. Diese Liegezeiten können verkürzt werden, indem kleinere Objektgruppen gebildet werden, die dann in kürzeren Abständen transportiert werden. Schließlich ist auf eine gute Taktabstimmung zu achten, also darauf, dass der zeitliche Abstand zwischen dem Bearbeitungsendpunkt bei der vorgelagerten Stelle und dem Bearbeitungsanfang bei der nachgelagerten Stelle möglichst klein ist.

10.2.3 Das Dilemma der Ablauforganisation

Die beiden *Ziele*

- Maximierung der Kapazitätsauslastung und
- Minimierung der Durchlaufzeit von Objekten

vertragen sich normalerweise nicht miteinander. Man spricht hier vom Dilemma der Ablauforganisation.

Verkürzt gesagt, führt in aller Regel eine *Maximierung der Kapazitätsauslastung* - z.B. durch sehr enge Kapazitäten - zu sehr *langen Durchlaufzeiten*, weil die Bearbeitungsobjekte bei ungleichmäßigem Arbeitsanfall warten müssen, wenn die Aufgabenträger oder Sachmittel momentan überlastet sind. Werden die Kapazitäten vergrößert, sinken die Durchlaufzeiten, es steigen aber gleichzeitig die Leerkosten.

Dieses Dilemma kann nur gelöst werden, indem die miteinander *konkurrierenden Ziele gewichtet* werden. Man muss also entscheiden, was wichtiger ist, extrem kurze Durchlaufzeiten bei hohen Kapazitäten und damit hohen Kosten oder niedrigere Kosten bei längeren Durchlaufzeiten. Über diese Gewichtung muss in jedem einzelnen Fall entschieden werden. Sie hängt von vielen Faktoren ab wie z.B. von der jeweiligen Wettbewerbssituation, von Rentabilitäts- und Liquiditätszielen usw.

Die Abbildung 10.3 soll die Hauptziele der Ablauforganisation noch einmal zusammenfassend verdeutlichen.

> *Ziele der Ablauforganisation sind möglichst messbar (operationalisiert) zu formulieren. Die Grundziele der Ablauforganisation sind die Maximierung der Kapazitätsauslastung und die Minimierung von Durchlaufzeiten. Diese Ziele stehen normalerweise in Konkurrenz zueinander (Dilemma der Ablauforganisation), so dass sie gewichtet werden müssen.*

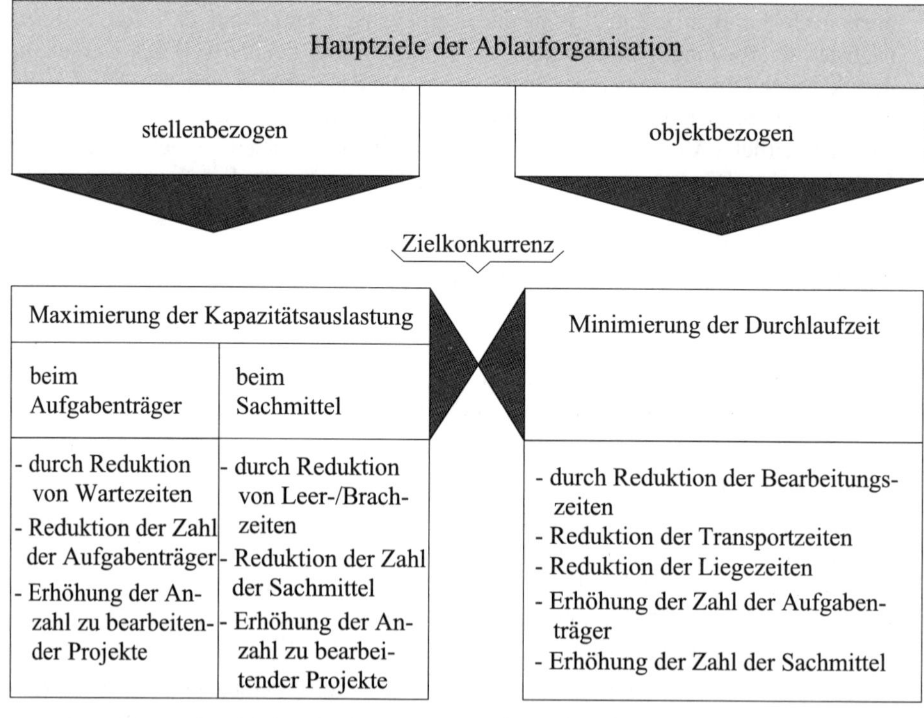

Abb. 10.3: Ziele der Ablauforganisation

10.3 Vorgehensweisen in der Ablauforganisation

Wie schon aus dem Würfel hervorgeht, sind *Aufgaben Elemente* oder Bausteine der *Ablauforganisation.* Sollen Abläufe geregelt werden, müssen die zugrunde liegenden Aufgaben bekannt sein. In der Praxis sind bei der Gestaltung von Abläufen verschiedene Ansätze anzutreffen:

- Erhebung des Ist-Zustandes und Verbesserung des Prozesses (empirische Bearbeitung)
- Ergebnisorientiertes Vorgehen (was soll der Prozess hervorbringen, welche Leistungen sind dazu zu erbringen, d.h. welche Aufgaben müssen erfüllt werden?)
- Erhebung und Analyse von Aufgaben und Umsetzung der Aufgaben in Prozesse.

Den folgenden Ausführungen liegt die bereits aus der Aufgabenanalyse bekannte - bei Bedarf etwas erweiterte oder modifizierte - Gliederung der Aufgabe „Vertrieb Buch“ zugrunde (siehe Seite 237, zur Technik der Aufgabenanalyse siehe Kapitel 5.1).

10.4 Gestaltung der Ablauforganisation

10.4.1 Objekt- und Verrichtungsfolgen

Aufgaben bestehen aus Verrichtungen an Objekten. So kann in der Ablauforganisation eine Regelung aus der Sicht der Objekte (Objektfolge) oder aus der Sicht der Verrichtungen (Verrichtungsfolge) vorgenommen werden.

10.4.1.1 Objektfolgen

Eine Objektfolge regelt, *welches Objekt an welchem Ort zu welcher Zeit zu bearbeiten* ist. Wenn Einzelbestellungen und Großaufträge gleichzeitig eingehen, so kann beispielsweise festgelegt werden, welcher Auftragstyp als erster zu bearbeiten ist. Die Objektfolge könnte heißen: Großaufträge vor Einzelaufträgen.

10.4.1.2 Verrichtungsfolgen

Wird *für eine Auftragsart (Objekt) festgelegt, welche Verrichtungen* an ihr vorzunehmen sind, wird von *Verrichtungsfolgen* oder *Stückprozessen* gesprochen. So ist bei einem Einzelauftrag der Auftrag anzunehmen, zu prüfen, die Lieferung ist zusammenzustellen, eine Rechnung ist zu schreiben, die Lieferung ist zu versenden. Diese Folge von Verrichtungen ist an dem Objekt „Einzelauftrag" vorzunehmen.

10.4.2 Grundformen von Ablaufstrukturen

Selbst die kompliziertesten *Ablaufstrukturen bestehen* immer *aus einer Kombination von nur sieben Grundformen*, die nun kurz dargestellt werden sollen. Diese Grundformen tauchen in allen später darzustellenden Techniken der Ablauforganisation wieder auf. Allerdings sind nicht alle Techniken gleichermaßen geeignet, alle Grundformen zu dokumentieren.

Kette

Bei der Kette handelt es sich um eine unverzweigte Folge von Teilaufgaben. Die Pfeile zeigen die Flussrichtung des Ablaufes (siehe Abb. 10.4).

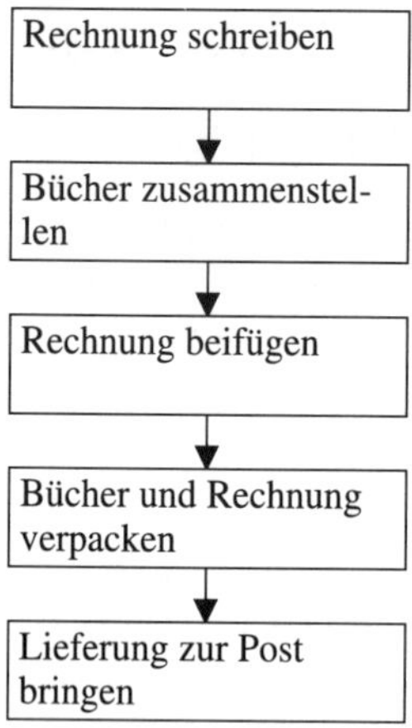

Abb. 10.4: Kette

UND-Verzweigung

Können oder sollen Aufgaben parallel nebeneinander durchgeführt werden, wird dieses grafisch durch die UND-Verzweigung dargestellt (Abb. 10.5).

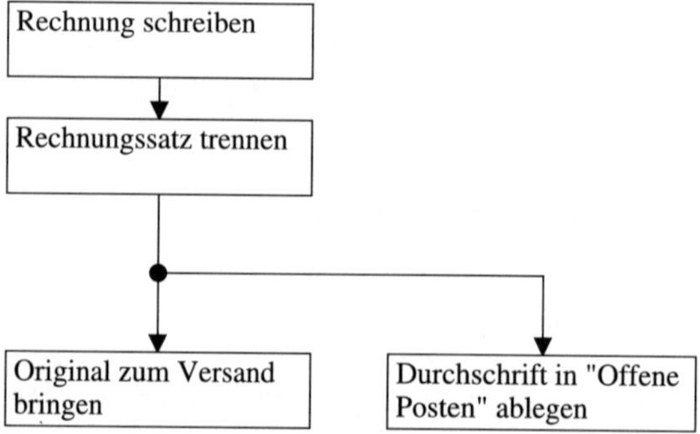

Abb. 10.5: UND-Verzweigung

UND-Verknüpfung

Die nach einer Verzweigung parallel verlaufenden Äste können getrennt ihren Abschluss finden oder aber sich wieder vereinigen und eine gemeinsame Fortsetzung haben. Die Verknüpfung wird durch einen Punkt • gekennzeichnet, um eindeutig erkennen zu können, dass hier nach einer UND-Verzweigung verknüpft wird. Die Aufgabe, die im Beispiel durch ein ∗ gekennzeichnet ist, kann erst ausgeführt werden, wenn beide Äste durchlaufen sind (Abb. 10.6).

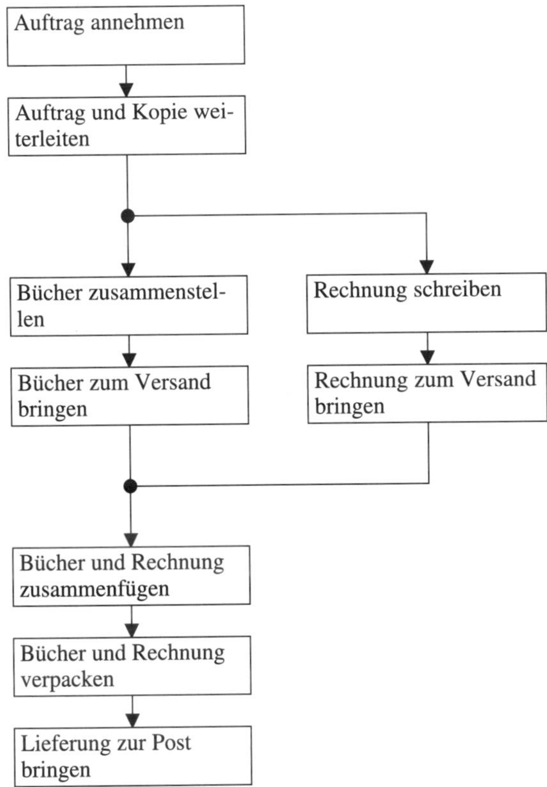

Abb. 10.6: UND-Verknüpfung

ODER-Verzweigung

Eine ODER-Verzweigung tritt auf, wenn sich zwei oder mehr Alternativen gegenseitig ausschließen (exklusives ODER). Die Verzweigung wird durch eine Raute gekennzeichnet. Im Folgenden werden Beispiele für eine Verzweigung mit zwei und drei Ausgängen dargestellt.

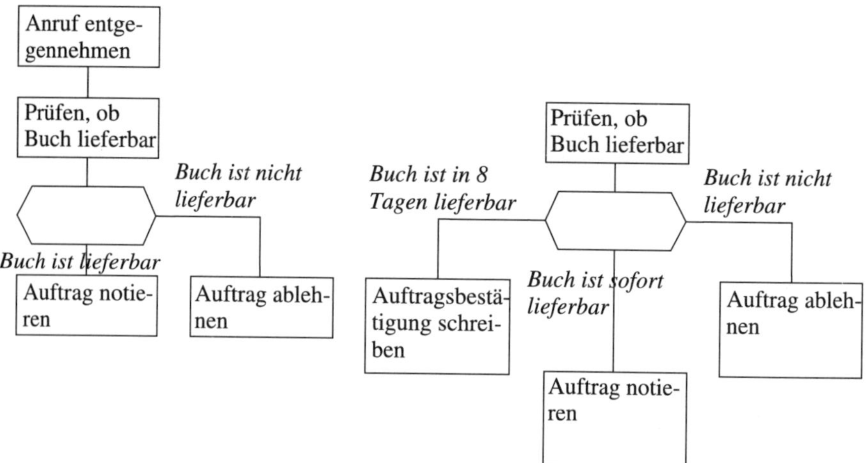

Abb. 10.7: Beispiele für Oder-Verzweigungen

ODER-Verknüpfung

Wie im Fall der UND-Verknüpfung ist es auch nach einer ODER-Verzweigung möglich, dass die alternativen Äste gemeinsam fortgesetzt und deshalb wieder zusammengeführt werden müssen. Hier wird ein Pfeil ← verwendet, um die Verknüpfung der beiden Flusslinien darzustellen. So ist eindeutig erkennbar, dass hier eine Zusammenführung nach einer ODER-Verzweigung vorliegt.

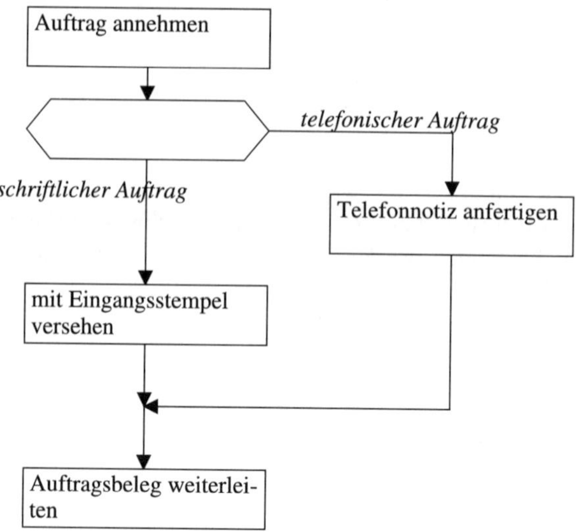

Abb. 10.8: Oder-Verknüpfungen

ODER-Rückkopplung

Wird in einem Ablauf die Bedingung geprüft, ob weiter gemacht werden kann oder ob zu einer früheren Aufgabe zurückgesprungen werden muss, liegt eine ODER-Rückkopplung vor. Im Kern handelt es sich um eine ODER-Verzweigung mit einer ODER-Verknüpfung, allerdings wird hier nach „oben" und nicht nach „unten" verzweigt. Derartige ODER-Rückkopplungen treten immer auf, wenn geprüft werden muss, ob etwas fertig bearbeitet, abgeschlossen, richtig etc. ist.

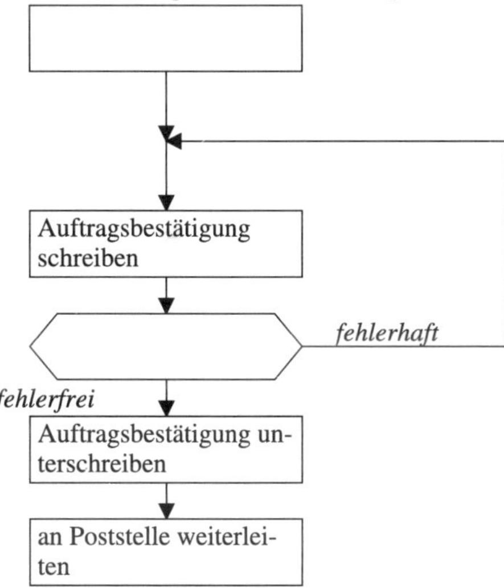

Abb. 10.9: Oder-Rückkopplung

UND-Rückkopplung

Bei einer UND-Rückkopplung erfolgt immer ein Rücklauf zu einem vorgelagerten Abschnitt im Ablauf, und zusätzlich wird der Aufgabenerfüllungsprozess fortgesetzt. Dieser Fall ist nur theoretisch bedeutsam. Er muss in der praktischen Gestaltung vermieden werden, da sonst ein *Teufelskreis* entstehen würde, aus dem es kein Entrinnen gäbe.

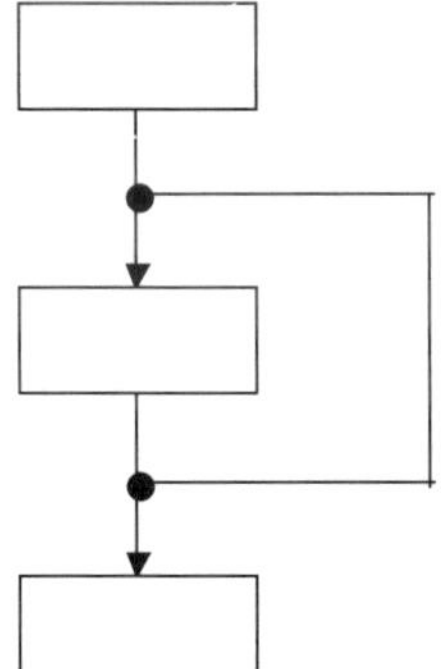

Abb. 10.10: Und-Rückkopplung

Abschließend sollen die Grundformen noch einmal als Übersicht dargestellt werden.

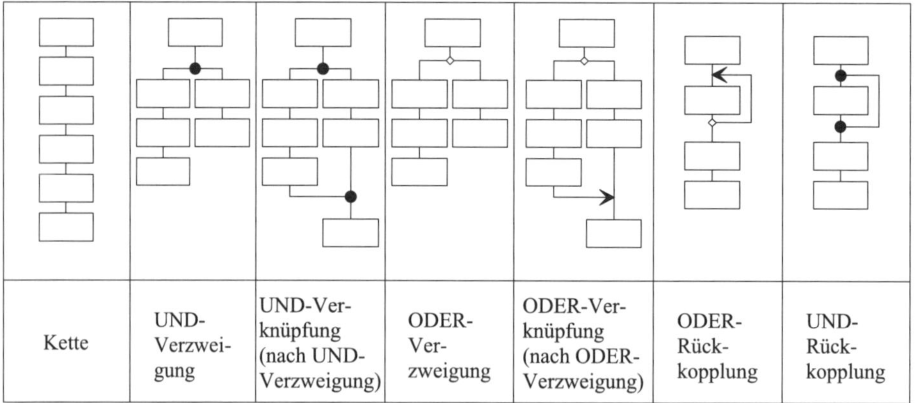

Abb. 10.11: Übersicht über die Grundformen

> *In der Ablauforganisation werden Objektfolgen oder Verrichtungsfolgen geregelt. Alle Abläufe können auf sieben Grundformen zurückgeführt werden. Kette, UND-Verzweigung, UND-Verknüpfung, ODER-Verzweigung, ODER-Verknüpfung, ODER-Rückkopplung und UND-Rückkopplung. Die UND-Rückkopplung ist nur theoretisch interessant.*

10.5 Techniken der Ablauforganisation

10.5.1 Verbale Beschreibung

In der verbalen Beschreibung wird das geschriebene Wort in der Form eines fortlaufenden Textes verwandt. Der Leser wird lediglich *optisch unterstützt* durch

- Einrückungen
- Unterstreichungen
- Bildung von Absätzen

oder ähnliche Mittel zur Förderung der Übersichtlichkeit von Texten.

Obwohl die verbale Beschreibung am wenigsten geeignet ist, Zusammenhänge darzustellen und Abläufe gut lesbar zu machen, ist sie in der Praxis immer noch sehr verbreitet.

10.5.2 Grafisch-verbale Techniken

Bei den grafisch-verbalen Techniken stehen die Texte im Vordergrund. Sie werden jedoch mehr oder weniger stark grafisch aufbereitet.

10.5.2.1 Matrix

Die Matrix ist eine der grundlegendsten Techniken der Ablauforganisation. Ihre Struktur sieht folgendermaßen aus:

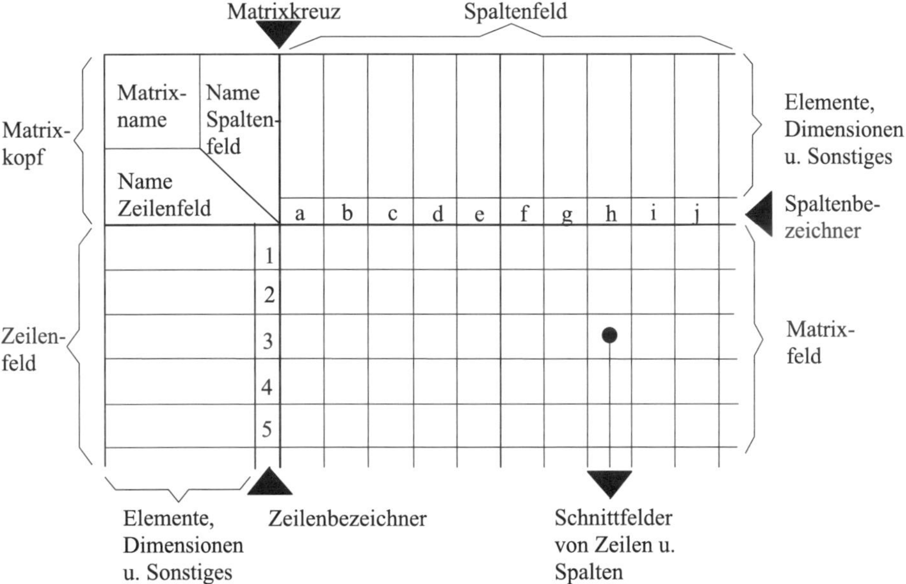

Abb. 10.12: Grundaufbau einer Matrix

In Spalten und Zeilen können die unterschiedlichsten Sachverhalte eingetragen werden. Beispiele für Matrizen finden sich etwa in den Abbildungen 9.17 - 9.18, S. 359ff.

10.5.2.2 Verbale Rasterdarstellung

Die folgende Technik, eine sogenannte verbale Rasterdarstellung, soll nur als historische Reminiszenz vorgestellt werden. Da heute leistungsfähige Standardsoftware zur Verfügung steht, um Abläufe darzustellen und zu analysieren, ist dieses Instrument in der Praxis selten anzutreffen.

In einer verbalen Rasterdarstellung werden die Aufgaben stichwortartig in die Felder eines Vordruckes eingetragen. In der *Kopfzeile* werden die *am Ablauf beteiligten Stellen* abgebildet. Damit stehen für alle Aufgabenträger (Stellen) Spalten bereit, in die in der *zeitlichen Folge*
- *Zeile für Zeile* - die zugehörigen *Aufgaben* eingetragen werden (siehe Abb. 10.13).

Arbeitsablauf				Inhalt Abteilung oder Bereich			
Aufgenommen von				Geprüft von			
am				am			
Lfd. Stufe	Berührte Stelle der Abteilung						
	Post-stelle	Schreib-kraft	Sachbe-arbeiter	Fakturistin	Rechnungs-prüfer	Versand	Buch-haltung
1	Annahme Auftrag						
2			Lieferfä-higkeit prüfen				
3			Nicht lieferfähig: Absage				
4		Absage-schreiben					
5			Unter-schrift				
6	Versand Absage						
7			Lieferfähig: Angaben prüfen				
8			Fehlende Angaben ergänzen/ nachfragen				
9			Bonität prü-fen/Ver-merk Re.o. Nachn.				
10				Rechnung schreiben			
11					Rechnung prüfen		
12					Rechnungs-sätze trennen		
					2.+3. Rech-nungs-kopie		
					Original und 1. Kopie		
						Sendung zusammen-stellen	
Auftrag Nr.					Blatt		

Abb. 10.13: Verbale Rasterdarstellung

10.5.2.3 Geblockte Texte

Mit Geblockten Texten lassen sich *Ablaufbeziehungen grafisch unterstützt darstellen.* Der Leser wird durch

- Umrahmung (Blockung der Texte)
- Anordnung im Fluss des Ablaufes (von oben nach unten, von links nach rechts)
- Symbole z.B. für Beginn, Ende, Abbruch, Unterbrechung etc.

geleitet. Aufgaben, Bedingungen und weitere Informationen werden in Felder geschrieben, die durch horizontale und vertikale Trennlinien gebildet werden. Diese Felder werden *Blöcke* genannt. Es ist sinnvoll, Aufgaben, Aufgabenträger und Bedingungen optisch deutlich zu unterscheiden (z.B. Aufgabenträger durch Fettdruck zu kennzeichnen). Folgende Symbole werden in geblockten Texten verwendet:

Die Grundformen von Abläufen werden im Geblockten Text folgendermaßen dargestellt (Abb. 10.14).

Heute ist am Markt Software verfügbar, die aus strukturell eindeutig definierten Abläufen automatisch Geblockte Texte generiert. Die Geblockten Texte werden häufig mit Arbeitsanweisungen gleichgesetzt. Sie sind in der Tat eine der wichtigsten Formen der Darstellung von Arbeitsanweisungen, da sie sehr benutzerfreundlich, das heißt leicht lesbar sind. Zur Verdeutlichung soll das Beispiel (Abb. 10.15) dienen.

Folgende *Regeln* erleichtern die Lesbarkeit und damit die Akzeptanz der Anwender:

- Senken und Rückkopplungs - Ausgänge am rechten Rand darstellen
- die häufigsten Fälle (der Hauptast) links anordnen, soweit möglich
- vermeiden von leeren Blöcken
- Blattbreite möglichst nutzen
- vertikale Linien (Fluchtlinien) soweit möglich beibehalten.

Die Geblockten Texte werden in der folgenden Gegenüberstellung bewertet.

Geblockte Texte	
Vorteile 👍	**Nachteile** 👎
• Eindeutige Darstellung • Überblick über den Gesamtablauf (wesentlich transparenter als die verbale Beschreibung) • leicht lesbar auch von Anwendern • leicht zu erstellen • wenig Akzeptanzprobleme.	• Erklärungsbedürftig (Schulungsaufwand) • mehrere ODER-Verzweigungen nacheinander sind schwer darzustellen, da die Felder immer schmaler werden • nur als Arbeitsanweisung sinnvoll.

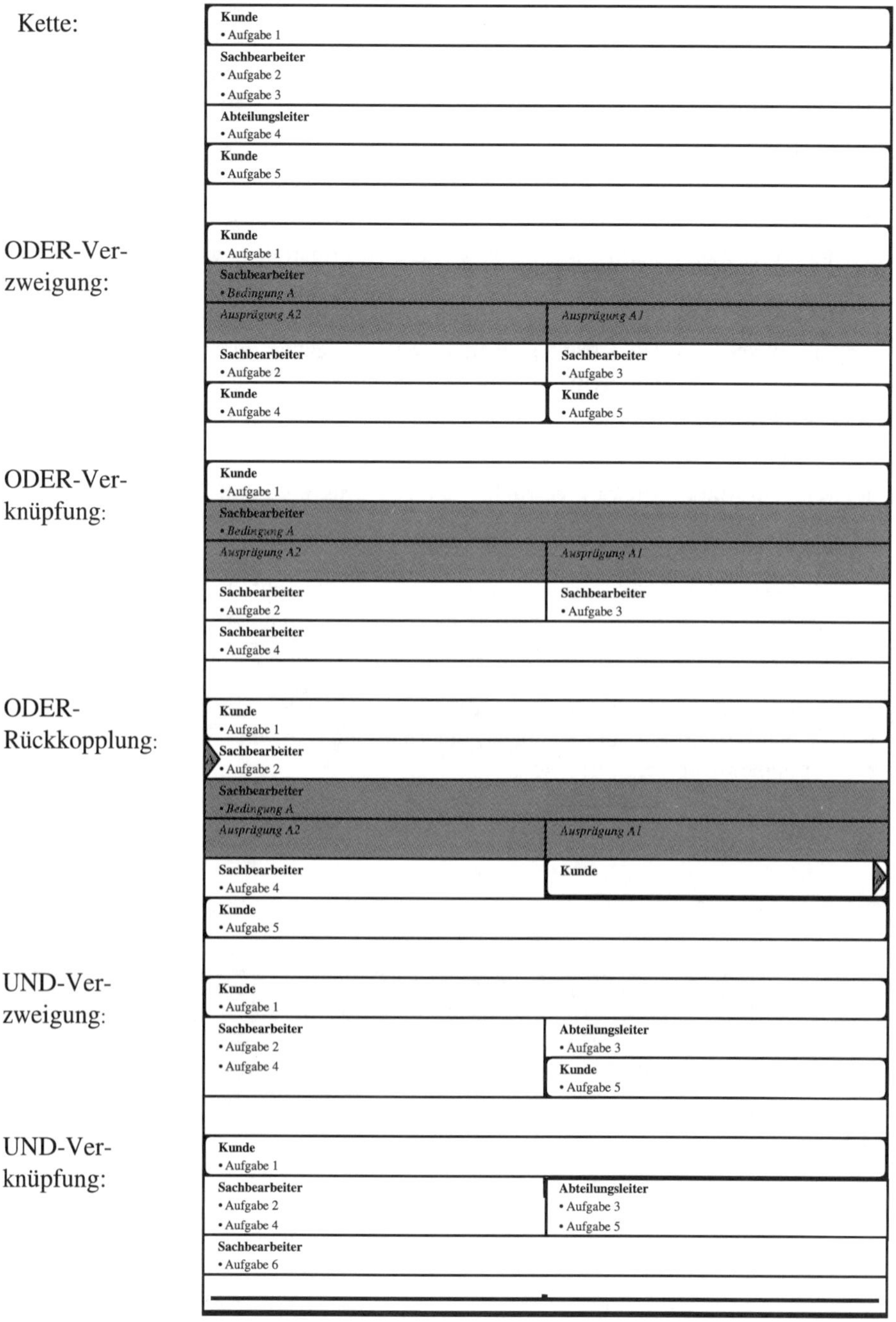

Kette:

Kunde • Aufgabe 1
Sachbearbeiter • Aufgabe 2 • Aufgabe 3
Abteilungsleiter • Aufgabe 4
Kunde • Aufgabe 5

ODER-Verzweigung:

Kunde • Aufgabe 1	
Sachbearbeiter • *Bedingung A*	
Ausprägung A2	*Ausprägung A1*
Sachbearbeiter • Aufgabe 2	**Sachbearbeiter** • Aufgabe 3
Kunde • Aufgabe 4	**Kunde** • Aufgabe 5

ODER-Verknüpfung:

Kunde • Aufgabe 1	
Sachbearbeiter • *Bedingung A*	
Ausprägung A2	*Ausprägung A1*
Sachbearbeiter • Aufgabe 2	**Sachbearbeiter** • Aufgabe 3
Sachbearbeiter • Aufgabe 4	

ODER-Rückkopplung:

Kunde • Aufgabe 1	
Sachbearbeiter • Aufgabe 2	
Sachbearbeiter • *Bedingung A*	
Ausprägung A2	*Ausprägung A1*
Sachbearbeiter • Aufgabe 4	**Kunde**
Kunde • Aufgabe 5	

UND-Verzweigung:

Kunde • Aufgabe 1	
Sachbearbeiter • Aufgabe 2 • Aufgabe 4	**Abteilungsleiter** • Aufgabe 3
	Kunde • Aufgabe 5

UND-Verknüpfung:

Kunde • Aufgabe 1	
Sachbearbeiter • Aufgabe 2 • Aufgabe 4	**Abteilungsleiter** • Aufgabe 3 • Aufgabe 5
Sachbearbeiter • Aufgabe 6	

Abb. 10.14: Grundformen von Ablaufstrukturen

ibo Software GmbH

ORGANISATIONSHANDBUCH	ABLAUFORGANISATION		
Sachgebiet:	KAPITEL	ABSCHNITT	SEITE
Betreff:			1

KUNDE

AUFTRAGSANNAHME
• Auftrag annehmen

AUFTRAGSANNAHME
• Auftragsart prüfen

Schriftlicher Auftrag	*Telefonischer Auftrag*
	AUFTRAGSANNAHME • internen Auftrag erstellen

AUFTRAGSANNAHME
• weiterleiten

VERKAUFSSACHBEARBEITER
• Kundenbeziehung prüfen

Alter Kunde	*Neuer Kunde*
VERKAUFSSACHBEARBEITER • Kundennummer eingeben	**VERKAUFSSACHBEARBEITER** • Kundenstamm eröffnen

VERKAUFSSACHBEARBEITER
• Vollständigkeit prüfen

Vollständiger Auftrag	*Unvollständiger Auftrag*
	VERKAUFSSACHBEARBEITER • Rückfragen
	VERKAUFSSACHBEARBEITER • Ergänzen/Ändern

A **VERKAUFSSACHBEARBEITER**
• Lieferfähigkeit prüfen

Verspätet lieferfähig	*Lieferfähig*	*Nicht lieferfähig*
VERKAUFSSACHBEARBEITER • Kunden informieren	**VERKAUFSSACHBEARBEITER** • Bonität prüfen	**VERKAUFSSACHBEARBEITER** • Absagen
VERKAUFSSACHBEARBEITER • Auf Termin legen		

	Bonität in Ordnung	*Bonität nicht in Ordnung*
VERKAUFSSACHBEARBEITER • Vermerk Rechnung		**VERKAUFSSACHBEARBEITER** • Vermerk Nachnahme

VERKAUFSSACHBEARBEITER
• Auftrag erfassen

VERKAUFSSACHBEARBEITER
• Auftragsbestätigung an Kunden

VERKAUFSSACHBEARBEITER
• Auftragspapiere an Versand

VERSAND
• Empfänger prüfen

Inländischer Auftrag	*Ausländischer Auftrag*
VERSAND • Gewicht prüfen	**VERSAND** • Dringlichkeit prüfen

Sendung < 10 kg	*Sendung >= 10 kg*	*Hohe Dringlichkeit*	*Geringe Dringlichkeit*
VERSAND • Dringlichkeit prüfen	**VERSAND** • Dringlichkeit prüfen	**VERSAND** • Luftfrachtpapiere erstellen	**VERSAND** • Bahnfrachtpapiere erstellen

Hohe Dringlichkeit	*Geringe Dringlichkeit*	*Hohe Dringlichke*	*Geringe Dringlichkeit*

Erstellt: 27.03.2000 Geändert: 18.05.2000

Abb. 10.15: Geblockte Texte

Geblockte Texte unterstützen die leichte Lesbarkeit von Abläufen, indem die verbale Beschreibung grafisch aufbereitet wird. Sie sind als Arbeitsanweisungen sehr geeignet.

10.5.3 Grafisch-strukturelle Techniken

Ein grundlegender Mangel der bisher behandelten Techniken liegt darin, dass umfangreiche Verzweigungen (UND-/ODER), Zusammenführungen und Rückkopplungen nur schwer darzustellen sind. Und wenn sie dargestellt werden können, wird dadurch normalerweise die Lesbarkeit beeinträchtigt. Diesen Mangel beheben die grafisch-strukturellen Techniken, mit denen alle Grundformen von Ablaufstrukturen eindeutig abgebildet werden können. Als Beispiele sollen hier *Folgepläne* und *Folgestrukturen* gezeigt werden.

10.5.3.1 Folgepläne

10.5.3.1.1 Aufgabenfolgepläne

Der Aufgabenfolgeplan setzt sich aus den bereits oben vorgestellten Grundformen von Ablaufstrukturen zusammen. Mit seiner Hilfe werden die in der Aufgabenanalyse ermittelten Aufgaben in eine zeitliche bzw. logische Folge gebracht.

Folgende Regeln der Darstellung gelten:

- Teilaufgaben werden in Rechtecke geschrieben
- Rechtecke werden mit einer Flusslinie verbunden
- ODER-Verzweigungen werden durch eine Raute dargestellt
- ODER-Verknüpfungen werden durch einen Pfeil gekennzeichnet, der auf die Flusslinie zurückführt
- UND-Verzweigungen und -verknüpfungen werden durch einen Punkt kenntlich gemacht.

In Aufgabenfolgeplänen werden zusätzlich noch *weitere Symbole* verwendet, die hier vorgestellt werden sollen:

Arena

Mit Hilfe dieses Symbols sollen *Aufgaben*, die *außerhalb des Untersuchungsbereiches* liegen, von solchen unterschieden werden, die innerhalb des Untersuchungsbereiches liegen. Aufgabenerfüllungsprozesse werden oft von außen angestoßen. Deswegen steht üblicherweise die Arena am *Anfang einer Ablaufstruktur* und wird als „*Quelle*" bezeichnet. Wird ein Ablauf außerhalb des Untersuchungsbereiches fortgesetzt oder endet er dort, wird ebenfalls dieses Symbol verwendet. Hier spricht man von einer „*Senke*". Auch innerhalb eines Ablaufes kann dieses Symbol verwendet werden, wenn Aufgaben folgen, die nicht Gegenstand der Untersuchung sind, die also gegenwärtig als Black-Box betrachtet werden.

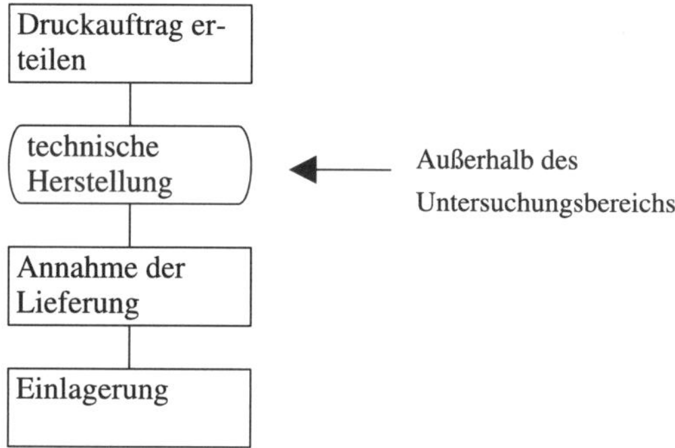

Abb. 10.16: Ablauf mit Aufgaben außerhalb des Untersuchungsbereiches

Wenn aus Platzgründen ein *Ablauf unterbrochen* werden muss, dienen *Konnektoren* dazu, die *Verbindungsstellen* eindeutig zu beschreiben. Konnektoren geben Antwort auf zwei Fragen

- welcher Konnektor ist dies? (K1, K2, K3 ...)
- auf welcher Seite geht es weiter, bzw. auf welcher Seite endete die vorhergehende Darstellung (1, 2, 3 ...)?

Dazu werden die folgenden *Symbole* verwendet:

Ursprung und Fortsetzung müssen vor allem dann deutlich kenntlich gemacht werden, wenn Abläufe über mehrere Seiten abgebildet werden.

Sollen *zeitliche Unterbrechungen eines Ablaufes* dargestellt werden, kann das folgende Symbol verwendet werden:

Wird ein *Ablauf* innerhalb des Untersuchungsbereiches *beendet*, wird das durch folgendes Symbol verdeutlicht:

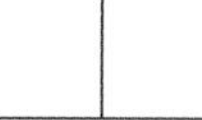

Soll ein *Ablauf* an einer Stelle - gegenwärtig oder grundsätzlich - *nicht weiter dargestellt* (untersucht) werden, wird dieses durch folgendes Symbol gekennzeichnet:

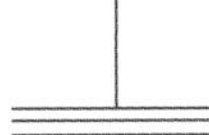

Die wichtigsten Symbole und ihre Verwendung werden in dem folgenden verkürzten Aufgabenfolgeplan noch einmal zusammenfassend dargestellt (siehe Abb. 10.17 und 10.18).

Dieser Aufgabenfolgeplan kann - ohne die Lesbarkeit wesentlich zu beeinträchtigen - auch noch um die jeweiligen *Aufgabenträger* erweitert werden. Zu diesem Zweck ist das Aufgabensymbol zu teilen, wie es in den Beispielen Abb. 10.19 und 10.20 dargestellt wird.

10.5.3.1.2 Aufgabenträger-Folgeplan

Wenn ausschließlich die Folge der Aufgabenträger dargestellt werden soll, etwa um zu dokumentieren, wie häufig einzelne Stellen von einem Ablauf berührt werden - das ist eine besonders häufige Fragestellung bei der Analyse sogenannter Kernprozesse - kann dazu der Aufgabenträger-Folgeplan verwendet werden. Der betroffene Aufgabenträger wird als Kreis oder Rechteck symbolisiert, ansonsten gelten die gleichen Symbole wie beim Aufgabenfolgeplan. Wenn ein Aufgabenträger mehrere Aufgaben nacheinander erfüllt, wird nur ein Aufgabenträgersymbol verwendet. Nur wenn ein Aufgabenträger wechselt, folgt das nächste Symbol (siehe Abb. 10.21).

Abschließend werden die Vor- und Nachteile von Folgeplänen aufgeführt.

Folgepläne	
Vorteile 👍	**Nachteile** 👎
• Übersichtliche Darstellung insbesondere von Beziehungen • problemlose Darstellung aller Grundformen von Ablaufstrukturen • relativ schnelle Dokumentation • leicht erlernbar.	• Erschwerte Übersichtlichkeit, deswegen nur bedingt für Anwender in Fachabteilungen geeignet • relativ platzaufwendig (gilt insbesondere für die Aufgabenfolgepläne).

Aufgabenfolgepläne setzen sich aus den Grundformen von Ablaufstrukturen und einigen weiteren Symbolen (Arena, Konnektor, Unterbrechung, Ende) zusammen. Mit den Aufgabenfolgeplänen können sämtliche Ablaufformen einfach und eindeutig dargestellt werden, allerdings platzaufwendig und damit für den Laien möglicherweise unübersichtlich. Aufgabenträger-Folgepläne zeigen die zeitliche Folge, in der die Aufgabenträger tätig werden.

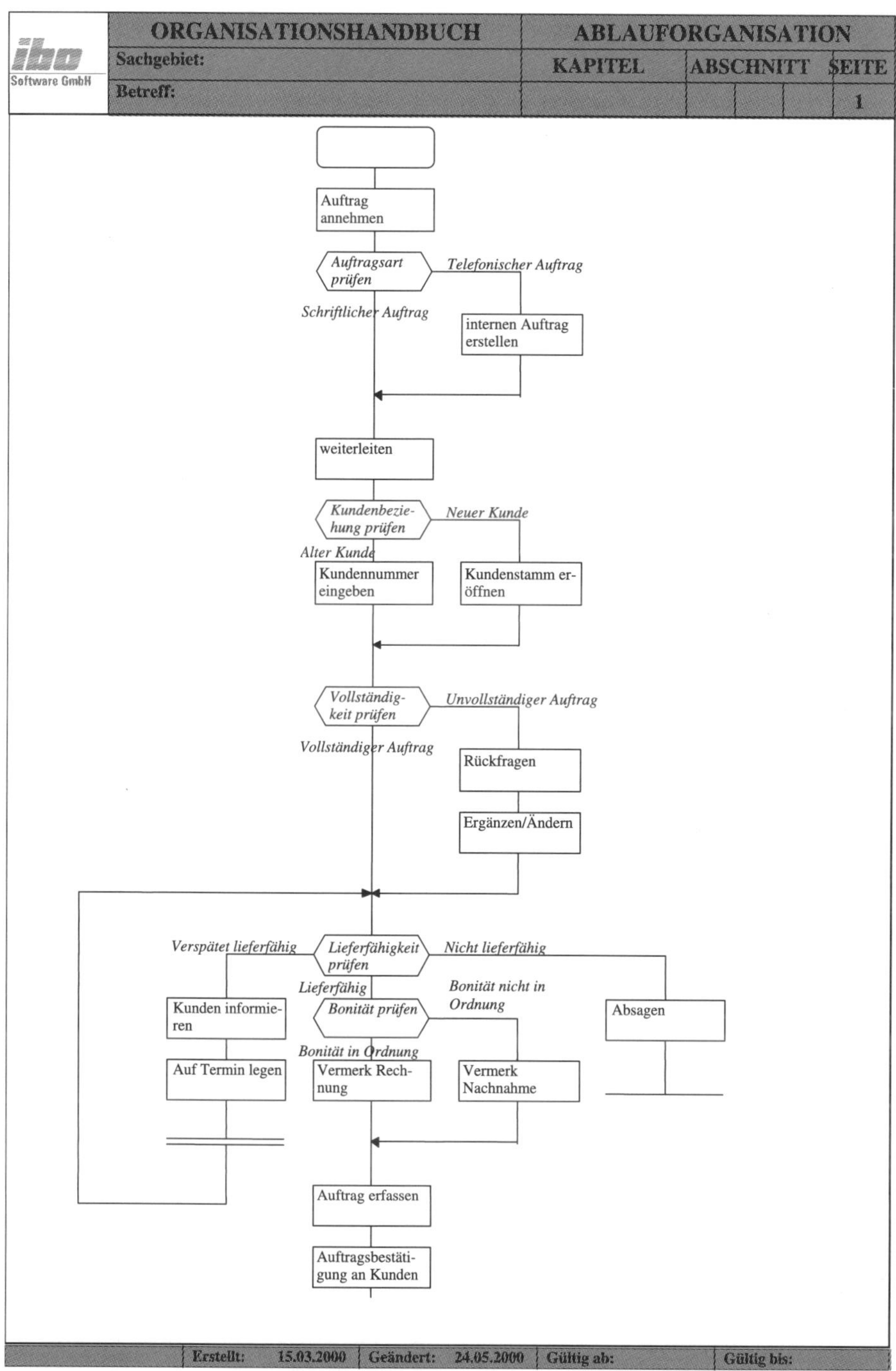

Abb. 10.17: Aufgabenfolgeplan (1)

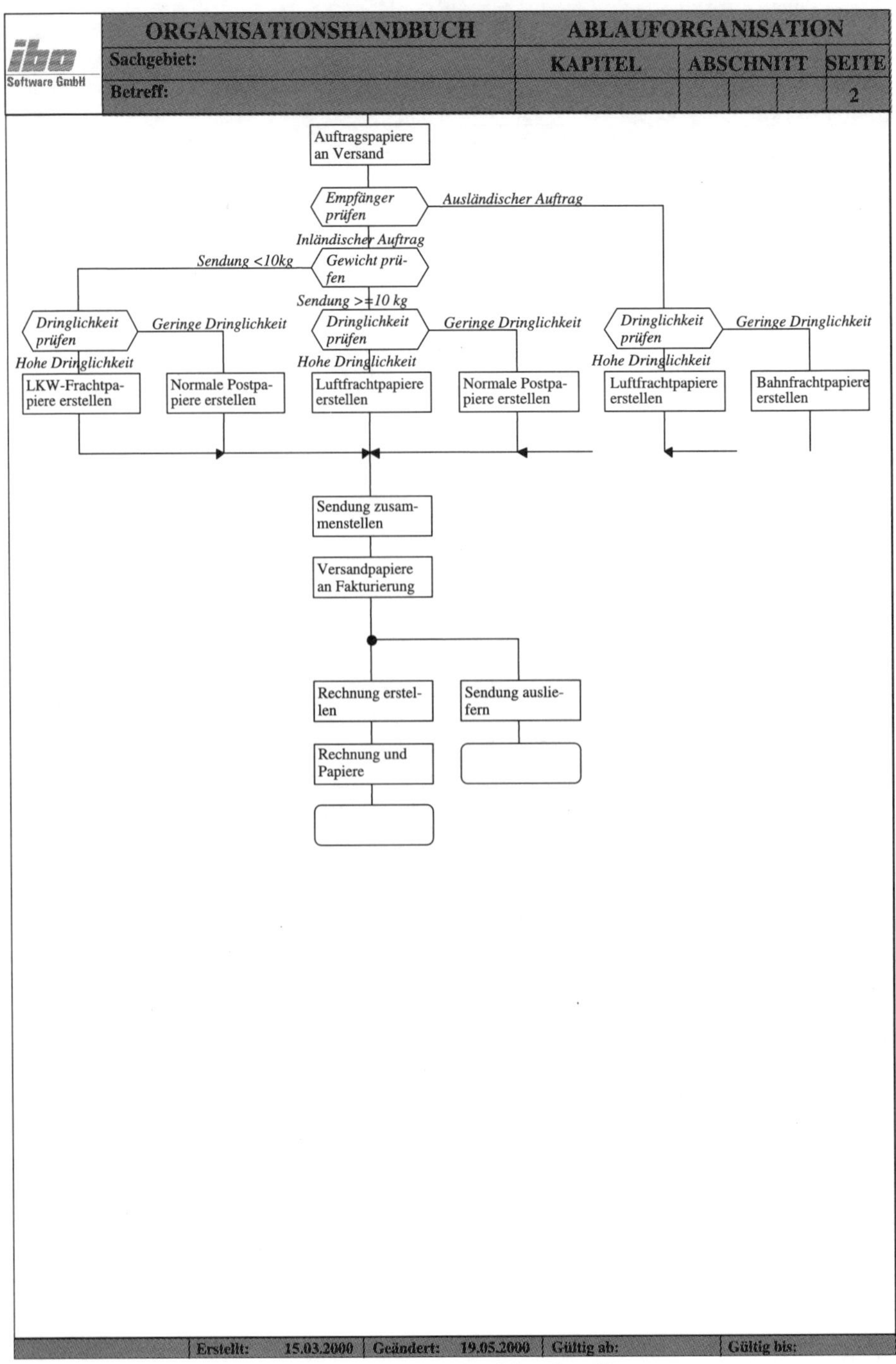

Abb. 10.18: Aufgabenfolgeplan (2)

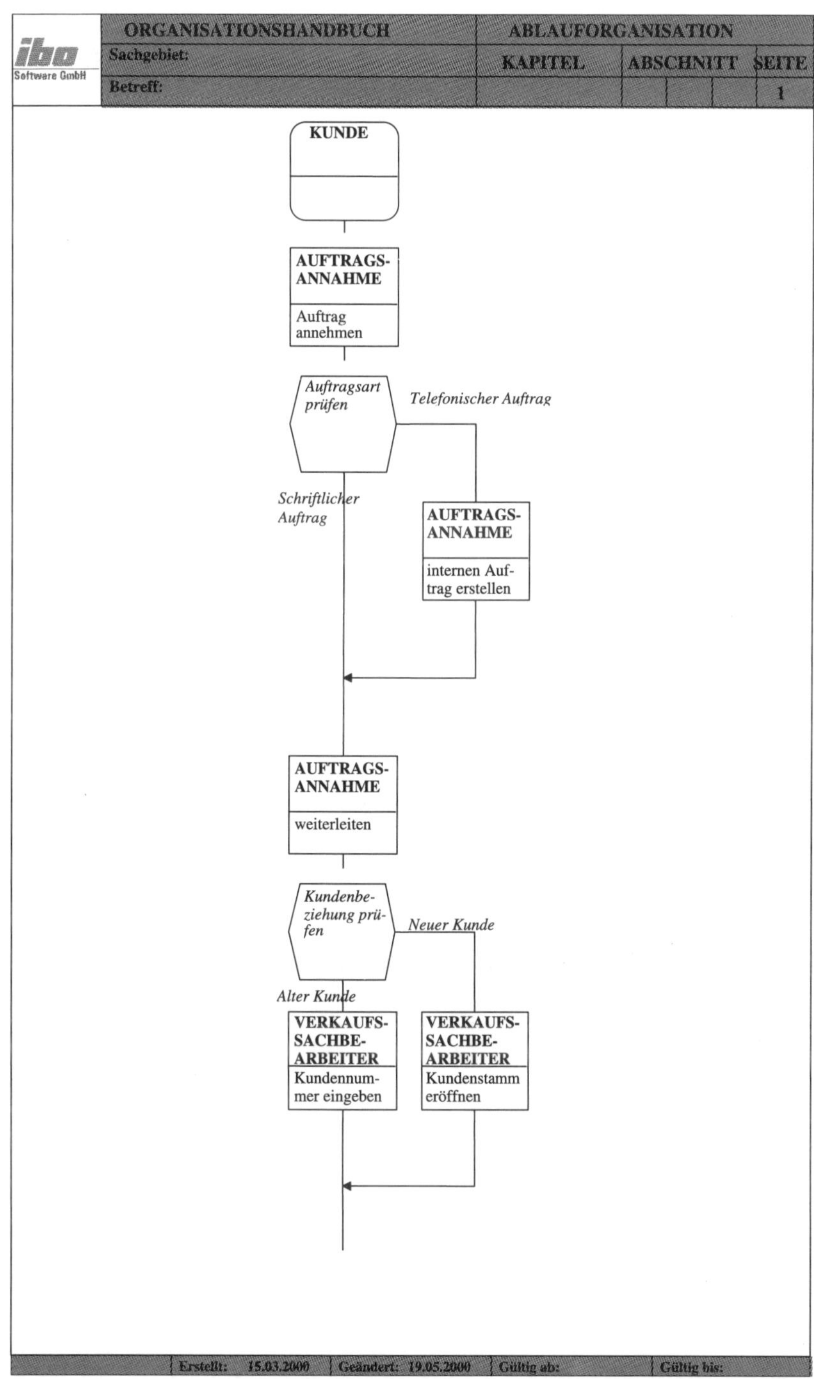

Abb. 10.19: Aufgabenfolgeplan mit Aufgabenträgern (1)

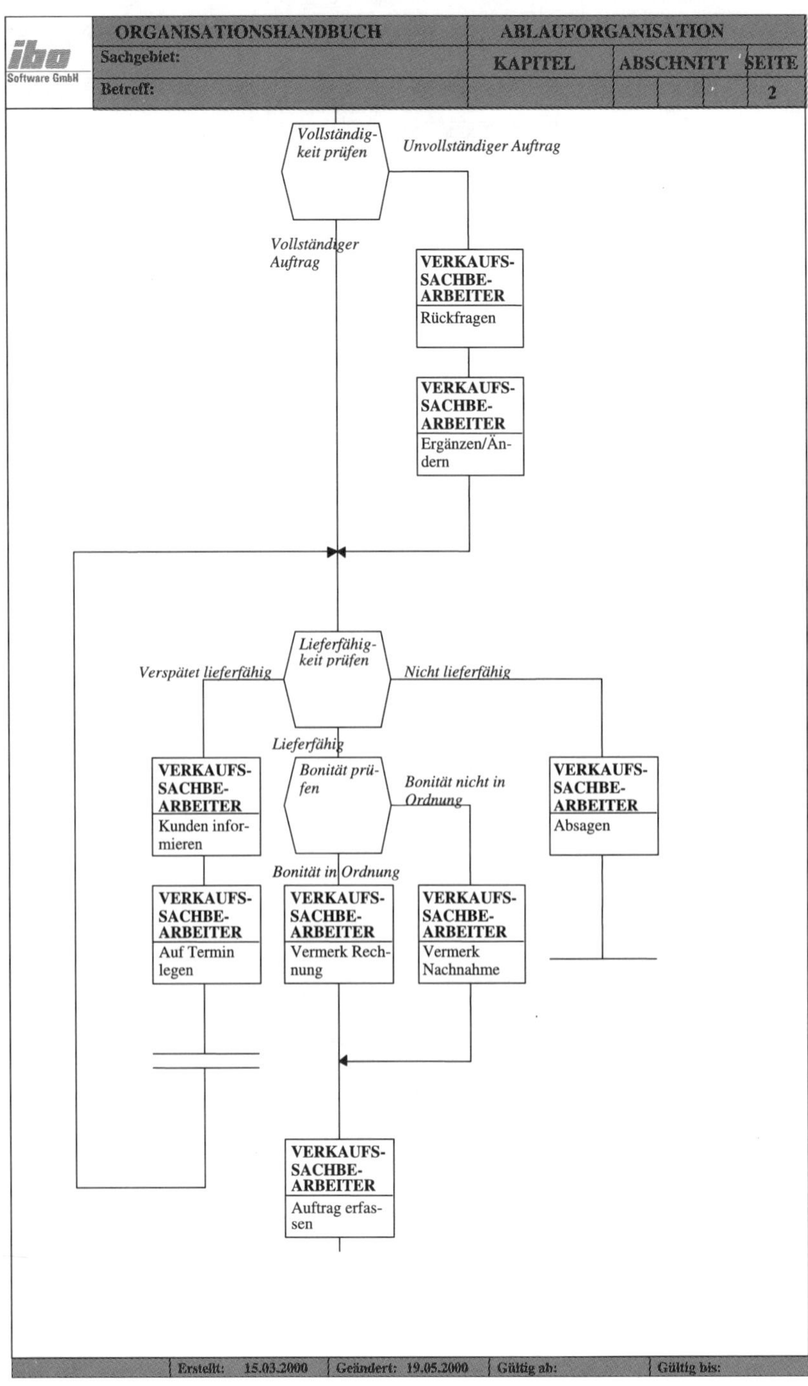

Abb. 10.20: Aufgabenfolgeplan mit Aufgabenträgern (2)

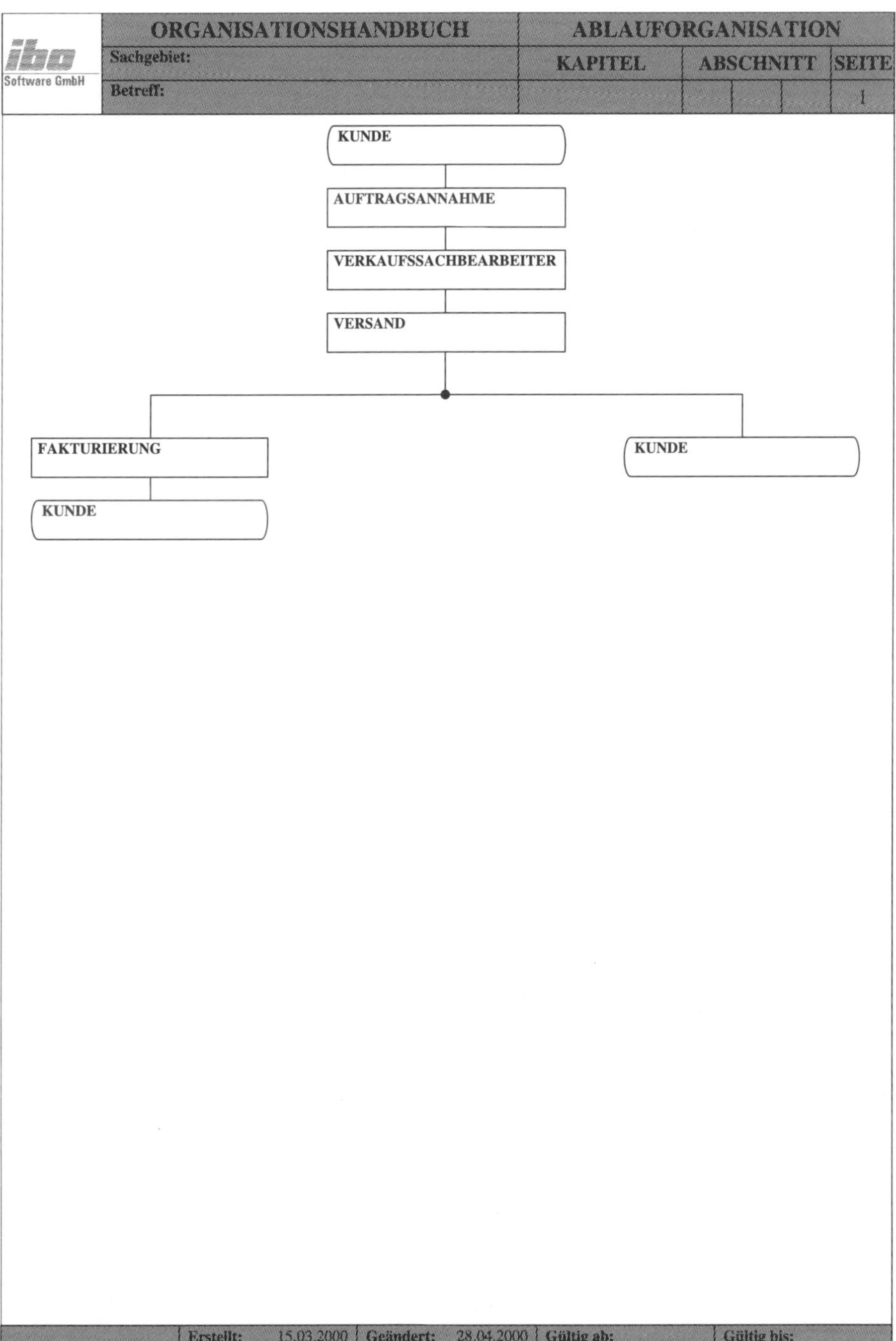

Abb. 10.21: Aufgabenträger-Folgeplan

10.5.3.2 Folgestrukturen

Folgestrukturen können dasselbe leisten *wie* die *Folgepläne*. Es können Aufgaben, Aufgabenträger, Sachmittel und Informationen und sämtliche Grundformen von Ablaufstrukturen dargestellt werden. Sie *unterscheiden sich lediglich in der Verdichtung*. Diese Verdichtung wird durch die *Größe der Symbole* und die *Trennung von Grafik und Text* erreicht.

Die *Symbole* sind *weitgehend identisch mit denen der Folgepläne*. Auch die Regeln über den Einsatz dieser Symbole sind gleich. Der wesentliche Unterschied liegt darin, dass die Texte nicht in die Symbole, sondern in eine getrennte Erläuterungszeile geschrieben werden.

Übersicht über die verwendeten Symbole und deren Bedeutung siehe Abb. 10.22

In Abbildung 10.23 wird ein Beispiel für eine Aufgaben-Folgestruktur und in Abbildung 10.24 ein Beispiel für eine Aufgabenträger-Folgestruktur vorgestellt.

Folgestrukturen sind als Techniken der Ablauforganisation speziell für den Organisations-Fachmann geeignet. Allgemein weisen sie folgende Vor- und Nachteile auf:

Folgestrukturen	
Vorteile	**Nachteile**
• Eindeutige Darstellung aller Grundstrukturen • Dokumentation auf kleinstem Raum • individuelle Aufnahme der jeweils benötigten Elemente • durch die Komprimierung verbesserte Übersichtlichkeit • schnelle Erhebung selbst im Interview möglich • gute Basis für Analysen und Würdigung von Abläufen • einfache Übertragung in Arbeitsanweisungen (Folgepläne, Geblockte Texte) möglich.	• Erschwerte Lesbarkeit wegen der Trennung von Symbolen und Texten • aufwendig zu erlernen • nicht sinnvoll für Präsentationen • für Benutzer in Fachabteilungen als Arbeitsanweisung nicht brauchbar (erklärungsbedürftig).

Folgestrukturen bieten die gleichen Darstellungsmöglichkeiten wie die Folgepläne. Durch die Trennung von Symbolen und Text wird es möglich, Abläufe noch weiter zu verdichten und für die Analyse aufzubereiten. Das geht allerdings zu Lasten der Allgemeinverständlichkeit.

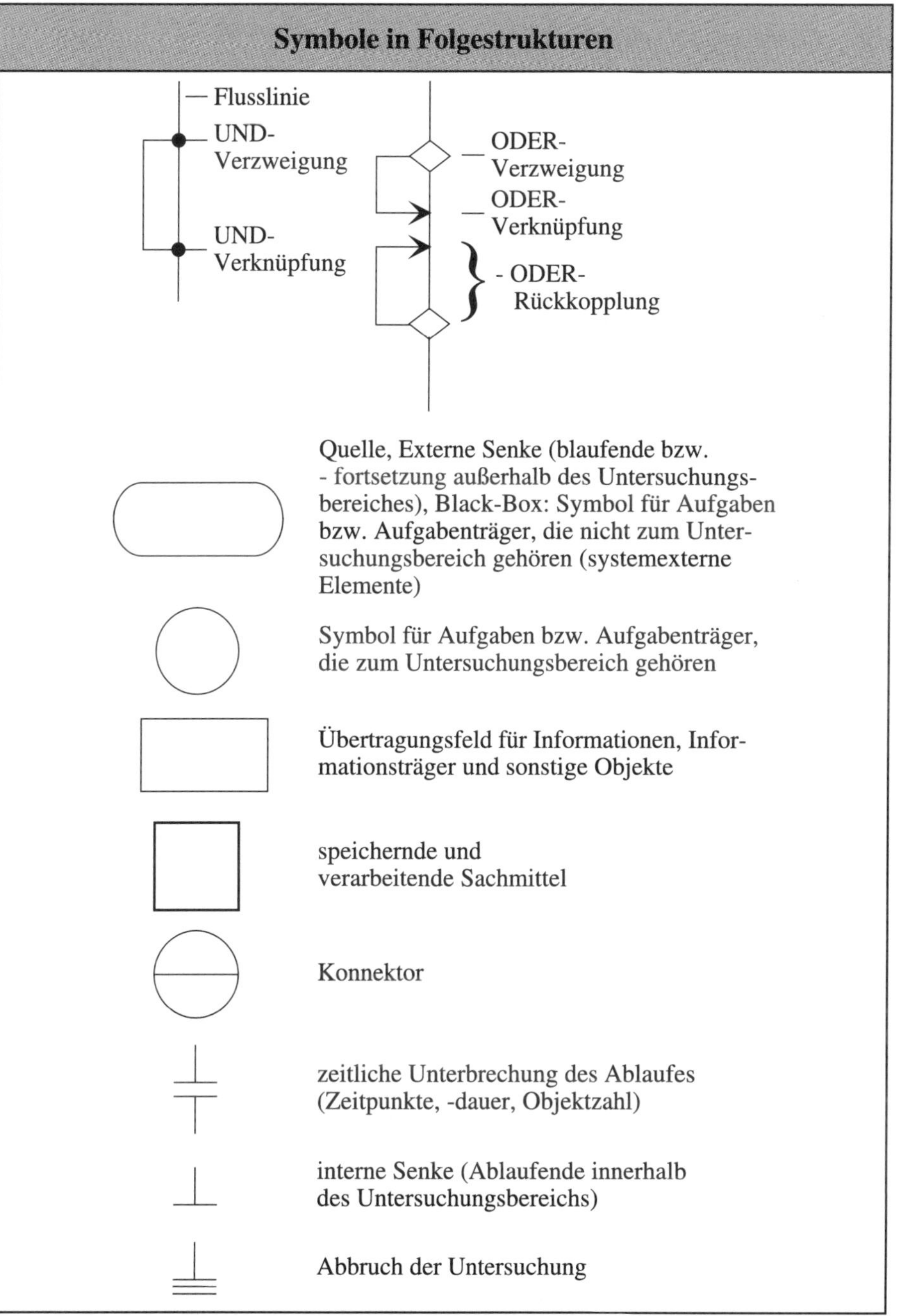

Abb. 10.22: Symbole der Folgestrukturen

ibo Software GmbH	ORGANISATIONSHANDBUCH	ABLAUFORGANISATION		
	Sachgebiet:	KAPITEL	ABSCHNITT	SEITE
	Betreff:			1

KD	FRM	ST	SM	BD	AG	Beschreibender Text
		KD				**KUNDE**
		AA				**AUFTRAGSANNAHME**
					1	Auftrag annehmen
				A		
				A1		*Telefonischer Auftrag*
				A2		*Schriftlicher Auftrag*
					2	internen Auftrag erstellen
					3	weiterleiten
				B		*Kundenbeziehung prüfen*
				B1		*Neuer Kunde*
				B2		*Alter Kunde*
		VS				**VERKAUFSSACHBEARBEITER**
					4	Kundennummer eingeben
					5	Kundenstamm eröffnen
				C		*Vollständigkeit prüfen*
				C1		*Unvollständiger Auftrag*
				C2		*Vollständiger Auftrag*
					6	Rückfragen
					7	Ergänzen/Ändern
				D		*Lieferfähigkeit prüfen*
				D1		*Nicht lieferfähig*
				D2		*Lieferfähig*
				D3		*Verspätet lieferfähig*
					8	Kunden informieren
				E		*Bonität prüfen*
				E1		*Bonität nicht in Ordnung*
				E2		*Bonität in Ordnung*
					9	Absagen
					10	Auf Termin legen
					11	Vermerk Rechnung
					12	Vermerk Nachnahme

Erstellt: 15.03.2000 | Geändert: 19.05.2000 | Gültig ab: | Gültig bis:

Abb. 10.23: Aufgaben-Folgestruktur (1)

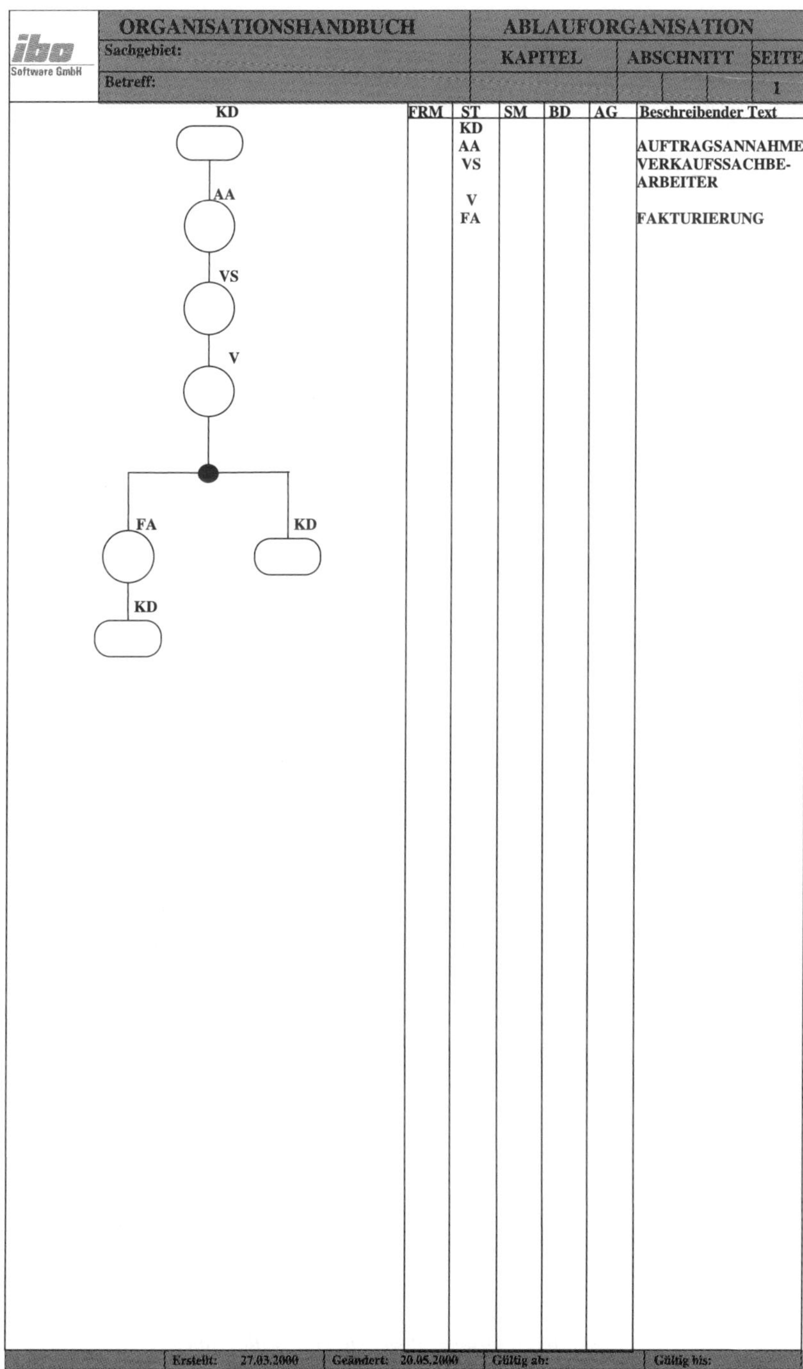

Abb. 10.24: Aufgabenträger-Folgestruktur

10.5.3.3 Blockdiagramme

Blockdiagramme sind *EDV-orientierte Techniken der Darstellung von Abläufen.* Um zu einer einheitlichen Sprach- und Dokumentationsregelung zu kommen, wurden diese Techniken schon frühzeitig durch eine Norm festgelegt. Der „Fachnormenausschuss Informationsverarbeitung" im „Deutschen Normenausschuss" erarbeitete die DIN-Norm 66001.

Der Oberbegriff „Blockdiagramme" umfasst zwei Typen, das *Datenflussdiagramm (Datenflussplan)* und den *Programmablaufplan.*

10.5.3.3.1 Datenflussdiagramm

Datenflussdiagramme zeigen den *Fluss der Daten durch ein informationsverarbeitendes System.* Es handelt sich um eine grafische Darstellung der Eingabe- und Ausgabedaten (Eingabe- und Ausgabemedium). Die *Verarbeitung* wird *nur angedeutet.* Aus dem Datenflussdiagramm kann also entnommen werden, welche Daten eingehen, wie die Daten zwischen den beteiligten Geräten (Sachmitteln) fließen und welche Ergebnisse aus dem Verarbeitungsprozess herauskommen.

Das Grundschema eines Datenflussdiagramms sieht folgendermaßen aus:

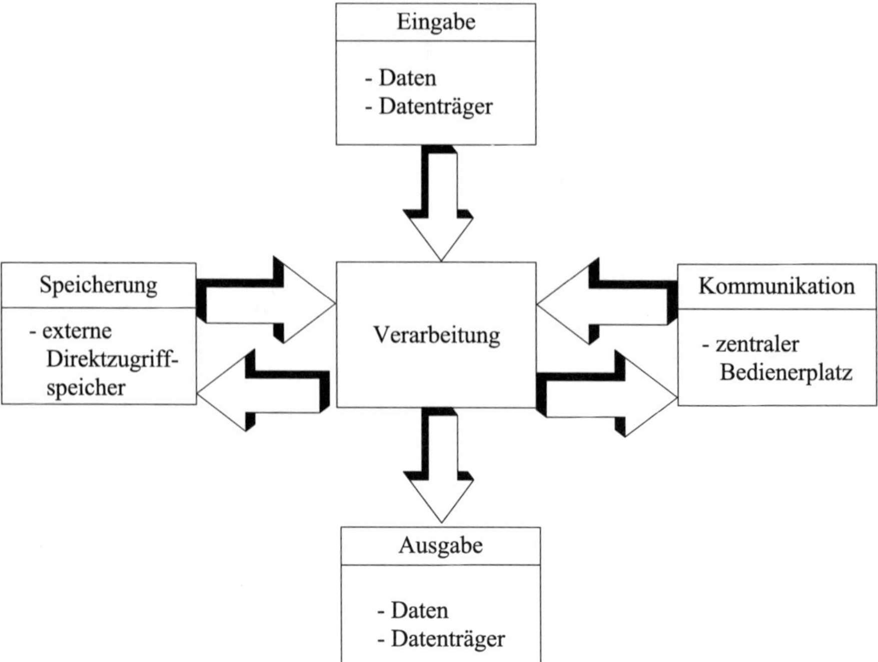

Abb. 10.25: Grundschema Datenflussdiagramm

Es können drei Gruppen von Symbolbildern unterschieden werden:

- Sinnbilder für Eingaben/Ausgaben
- Sinnbilder für Bearbeiten
- Sinnbild für Ablauflinie.

Folgende Regeln für die Darstellung sind zu beachten:

- Es werden nur Ketten, UND-Verzweigungen und UND-Verknüpfungen, keine ODER-Verzweigungen, ODER-Verknüpfungen und keine ODER-Rückkopplungen abgebildet
- es ist immer die Folge „Eingabe-Verarbeitung-Ausgabe" einzuhalten. Eine Ausgabe kann die Eingabe einer nachfolgenden Verarbeitung sein
- Stamm- und Bestandsdateien, die im sogenannten Update-Verfahren (Einlesen, Verarbeiten, Zurückschreiben) verarbeitet werden, sind links vom Verarbeitungssymbol mit Doppelpfeilen einzuzeichnen
- Flusslinien verlaufen immer waagerecht und senkrecht von oben nach unten. Wenn von dieser Regel abgewichen wird, müssen Pfeile eingezeichnet werden
- von einem Symbol dürfen mehrere Flusslinien ausgehen
- mehrere gleichartige Datenträger können durch hintereinander gezeichnete Symbole dargestellt werden
- Symbole können miteinander kombiniert werden, indem sie ohne Verbindungslinie direkt aufeinander gezeichnet werden.

Beispiel für einen Datenfluss (verbale Beschreibung): Die eingehenden Einzel-Bestellungen werden am Bildschirm erfasst. Bestellungen des Großhandels werden direkt in das System eingegeben. In der Verarbeitung werden die Buchbestände fortgeschrieben (um die entnommenen Mengen verringert). Für alle Bücher, bei denen eine definierte Mindestmenge erreicht ist, wird eine Liste „Meldebestand" ausgedruckt. Das System erstellt für die lieferfähigen Bestellungen Rechnungssätze. Die Rechnungsdaten (Kunde, Artikel, Menge, Preis, Gesamtsumme) werden in die Finanzbuchhaltung übertragen. Aus der Finanzbuchhaltung erfolgen Ausgaben in die Debitoren-Datei (Band) sowie Kostenträger-Rechnungen als Listen (siehe Abb. 10.26).

Datenflussdiagramme sind für den EDV-Fachmann gedacht und vom Laien nur schwer zu interpretieren. Sie ermöglichen einen schnellen und zuverlässigen Überblick.

Ein Datenflussdiagramm ist eine EDV-orientierte, genormte Darstellungstechnik, die den Fluss der Daten durch ein informationsverarbeitendes System zeigt. Dabei wird die Verarbeitung nur angedeutet.

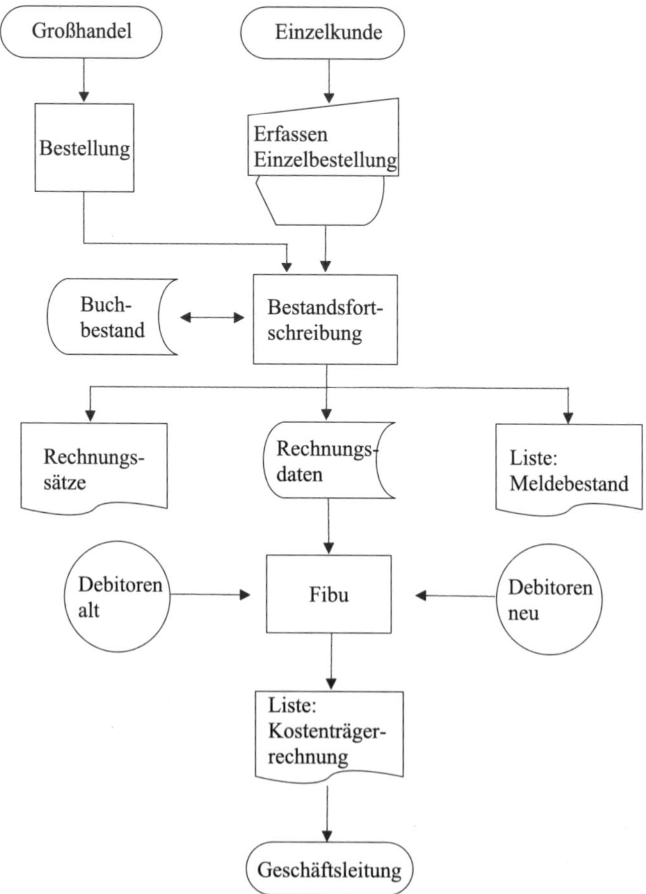

Abb. 10.26: Beispiel für ein Datenflussdiagramm

10.5.3.3.2 Programmablaufplan

Die Verarbeitung wird in einem Datenflussdiagramm nur als „Black-Box" angedeutet. Im Programmablaufplan wird diese „Black-Box" geöffnet. Die *Art und die zeitliche Reihenfolge der Operationen, die Bedingungen, unter denen bestimmte Operationen vorgenommen werden,* d.h. also die Folge der Verarbeitungsschritte, die dazu führen, dass aus den Eingaben die geforderten Ausgaben entstehen, werden *in einem Programmablaufplan dargestellt.* Es wird also die zeitliche und logische Folge von Programmschritten mit Hilfe von Symbolen dargestellt. Diese Symbole werden auch Blöcke genannt.

Programmablaufpläne können in *unterschiedlichem Detaillierungsgrad* dargestellt werden. Grobabläufe können stufenweise verfeinert werden (Zoom-Effekt), so dass Programmablaufpläne sowohl eine Übersicht als auch die größtmögliche Zerlegungstiefe erlauben. Heute - insbesondere bei der objektorientierten Programmierung - dominieren allerdings die Programmablaufpläne auf relativ grober Ebene. In seiner Logik und Symbolik ist der Programmablaufplan eine *Ausprägung des Aufgabenfolgeplans*, der oben bereits vorgestellt wurde.

Für die Darstellung in Programmablaufplänen sind folgende *Regeln* zu beachten:

- Es sind nur Ketten, ODER-Verzweigungen, ODER-Verknüpfungen und ODER-Rückkopplungen, keine UND-Verzweigungen bzw. UND-Verknüpfungen erlaubt
- jeder Programmablauf beginnt und endet mit einer Grenzstelle oder Verbindungsstelle
- Flusslinien laufen von oben nach unten (Ausnahme bei der Rückkopplung) und waagerecht
- von dem Symbol für die ODER-Verzweigung dürfen mehr als zwei Flusslinien ausgehen.

Programmabläufe sind relativ einfach zu lesen. Die Symbole erleichtern den Überblick, verglichen mit einer verbalen Beschreibung. Da allerdings nur relativ wenige Symbole verwendet werden, sind umfangreiche textliche Ergänzungen notwendig. Da Symbole und Texte viel Raum beanspruchen, können Programmablaufpläne sehr umfangreich werden. Wenn solche Pläne über mehrere Seiten gehen, fällt es sehr schwer, einen Überblick zu erhalten.

Das Beispiel Abb. 10.27 zeigt einen einfachen Programmablaufplan für den folgenden Arbeitsablauf, der hier verkürzt verbal beschrieben wird:

Die Auftragsdaten werden eingegeben. Für den jeweiligen Artikel wird geprüft, ob er lieferbar ist. Wenn ja, wird der Bestand um die nachgefragte Menge vermindert, wenn nein, wird die Meldung „nicht lieferbar" ausgegeben. Nach der Abbuchung der entnommenen Menge wird geprüft, ob der Meldebestand erreicht ist. Wenn ja, wird die Meldung „Meldebestand erreicht" ausgegeben und es wird automatisch eine Bestellung ausgelöst. Für die abgebuchten Artikel werden die Preise ermittelt usw.

> *Ein Programmablaufplan ist eine EDV-orientierte, genormte Darstellungstechnik, in der die Art und zeitliche Folge von Bearbeitungsschritten sowie die Bedingungen, unter denen bestimmte Schritte zu tun sind, dargestellt werden. Der Detaillierungsgrad ist frei wählbar.*

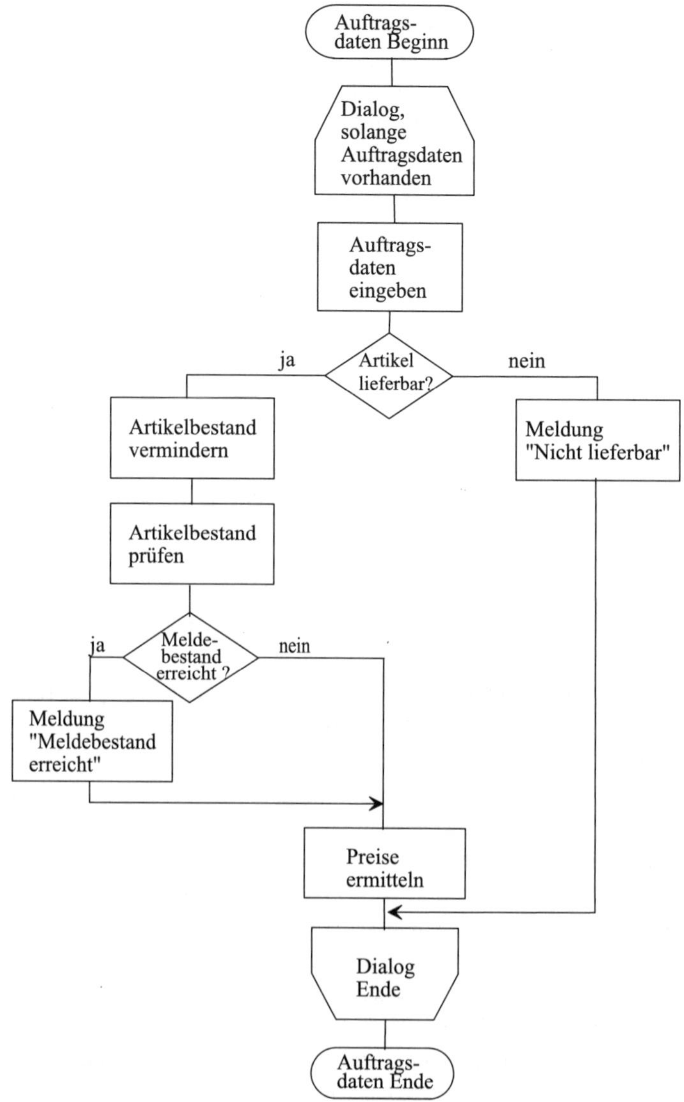

Abb. 10.27: Beispiel für einen Programmablaufplan

10.5.4 Entscheidungstabellen

10.5.4.1 Grundlagen

Entscheidungstabellen sind Hilfsmittel zur *Beschreibung von Entscheidungssituationen*. Mit ihrer Hilfe lassen sich sehr transparent und eindeutig komplexe Abhängigkeiten dokumentieren.

Mit Hilfe der grafisch-verbalen Techniken sowie der Folgepläne und der Folgestrukturen können zwar auch verzweigte Abläufe dargestellt werden. Ihre Stärke liegt aber in der Dokumentation von Abläufen, in denen die Kette (unverzweigte Folge von Aufgaben) dominiert. Viele organisatorische Abläufe sind jedoch sehr komplex. Oft müssen *viele Bedingungen* bzw. *Bedingungskombinationen* geprüft werden, die *zu unterschiedlichen Maßnahmen (Aktionen) bzw. Kombinationen von Maßnahmen* führen. Zwar lassen sich solche Sachverhalte beispielsweise auch mit den Folgestrukturen abbilden, darunter leidet dann allerdings die Transparenz.

Die Transparenz und Eindeutigkeit von *Entscheidungstabellen fördern vollständige Lösungen*. Es ist ohne weiteres möglich, für alle überhaupt denkbaren Fälle zu prüfen, ob sie in der Praxis vorkommen können und falls ja, welche Regelungen für diese Fälle zu treffen sind. Außerdem erleichtern Entscheidungstabellen die Kommunikation zwischen Fachabteilung und Analytiker. Entscheidungstabellen enthalten präzise Vorgaben für die Programmierung. Aus Entscheidungstabellen können mit Hilfe entsprechender Generatoren Programme automatisch erstellt werden. Schließlich können Entscheidungstabellen auch als Arbeitsanweisungen eingesetzt werden.

10.5.4.2 Grundaufbau

Entscheidungstabellen bestehen aus *vier Feldern*. In den beiden oberen Feldern werden die *Bedingungen* angegeben und in den beiden unteren Feldern die sogenannten *Aktionen* (Maßnahmen, Aufgaben, Entscheidungen). Im linken oberen Feld stehen die Bedingungen (Bedingungsbezeichner), und im oberen rechten Feld wird durch Texte oder Symbole angezeigt, welche Bedingungen erfüllt, nicht erfüllt oder unerheblich sind. Wenn die Bedingungen durch Symbole angezeigt werden, kommen normalerweise folgende Kürzel zum Einsatz:

J Bedingung ist erfüllt

N Bedingung ist nicht erfüllt

– Bedingung ist unerheblich.

Das linke untere Feld enthält den *Aktionsteil mit allen möglichen Aktionen*, die auf die Bedingungen folgen können. Im Feld rechts unten, in dem sogenannten *Aktionsanzeigerteil* wird dokumentiert, welche Aktionen oder Entscheidungen bei den jeweiligen Bedingungskombinationen ausgelöst werden sollen. Werden Aktionen durch Symbole angezeigt, werden folgende Kürzel verwendet:

X Aktion wird ausgelöst

„ „ (Blank) Aktion wird nicht ausgelöst.

Jede Spalte mit den angezeigten Bedingungen und den dazugehörigen Anzeigen, welche Aktionen ausgelöst bzw. nicht ausgelöst werden sollen, stellt eine *Entscheidungsregel* dar.

Somit sieht der *Grundaufbau einer Entscheidungstabelle* folgendermaßen aus:

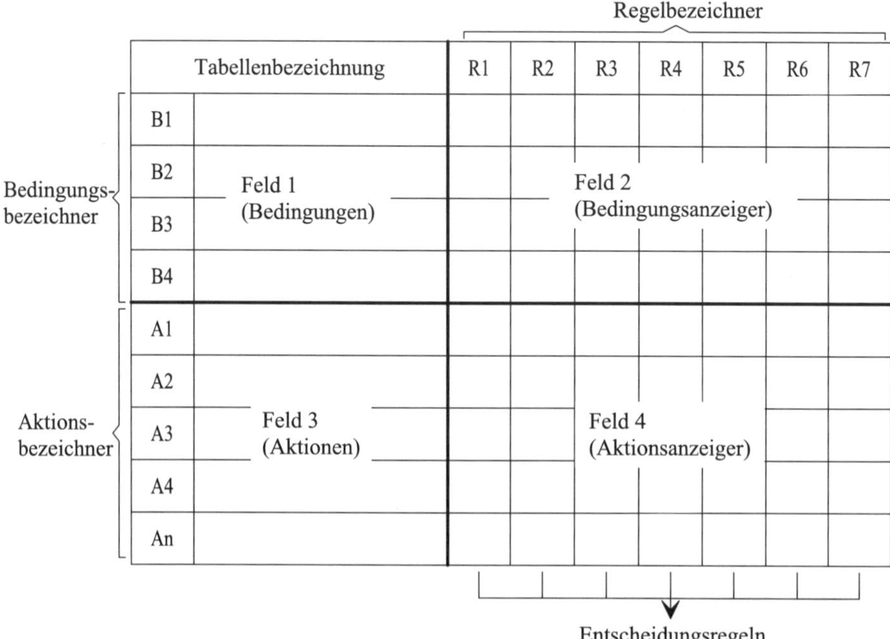

Abb. 10.28: Grundaufbau einer Entscheidungstabelle

> *Entscheidungstabellen bilden übersichtlich und eindeutig auch die komplexesten Entscheidungssituationen ab. Entscheidungstabellen bestehen aus Feldern für Bedingungen und Bedingungsanzeiger sowie Aktionen und Aktionsanzeiger.*

10.5.4.3 Erstellen von Entscheidungstabellen

Entscheidungstabellen werden normalerweise in folgenden Schritten aufgebaut:

- Ermitteln aller Bedingungen
- überprüfen aller Bedingungen (vervollständigen, eliminieren identischer Bedingungen)
- ermitteln aller Aktionen
- überprüfen aller Aktionen
- eintragen der Bedingungen und Aktionen in den jeweiligen Beschreibungsteil
- ermitteln der Anzahl der Entscheidungsregeln
- eintragen der Bedingungsanzeiger
- eliminieren von Bedingungskombinationen, die in der Praxis nicht vorkommen
- eintragen der Aktionsanzeiger.

Anhand eines einfachen Beispiels soll der Grundaufbau einer sogenannten *begrenzten Entscheidungstabelle* gezeigt werden. Entscheidungstabellen werden begrenzt genannt, wenn Bedingungen und Aktionen so vollständig bezeichnet sind, dass im jeweiligen Anzeigerteil nur die Symbole J, N, „-“ bzw. X und „ „ (Blank) verwendet werden. Dieser Typ von Entscheidungstabellen ist aufgrund seiner Standardisierung als Programmvorgabe geeignet.

Von den begrenzten Entscheidungstabellen werden die *erweiterten Entscheidungstabellen* unterschieden. In erweiterten Entscheidungstabellen sind die *Bedingungen und die Aktionen unvollständig beschrieben*, so dass sie in den jeweiligen Anzeigerteilen *ergänzt* werden müssen, damit sie vollständig definiert sind. Hier ist auch jede beliebige Anzeigeform erlaubt, nicht nur J und N. Weiter unten werden noch Beispiele für erweiterte Entscheidungstabellen vorgestellt.

	Entscheidungsregeln															
	1	2	3	4	5	6	7	8	9	10	11	12	13	14	15	16
B1 Besteller ist bereits Kunde	J	J	J	J	J	J	J	J	N	N	N	N	N	N	N	N
B2 Auftrag ist vollständig	J	J	J	J	N	N	N	N	J	J	J	J	N	N	N	N
B3 Artikel ist lieferbar	J	J	N	N	J	J	N	N	J	J	N	N	J	J	N	N
B4 Bonität ist in Ordnung	J	N	J	N	J	N	J	N	J	N	J	N	J	N	J	N
A1 Vervollständigen Auftrag					X	X							X	X		
A2 Lieferung mit Rechnung	X				X				X				X			
A3 Lieferung mit Nachnahme		X				X				X				X		
A4 Kundenstammsatz anlegen									X	X			X	X		
A5 Nichtlieferfähigkeit mitteilen			X	X			X	X			X	X			X	X
A6 Bonität prüfen	X	X			X	X			X	X			X	X		

Abb. 10.29: Beispiel für eine begrenzte Entscheidungstabelle

Aus der *Anzahl der Bedingungen* lässt sich die *maximale Anzahl der Entscheidungsregeln errechnen.* Wird die Anzahl der Bedingungen mit „n“ bezeichnet, beträgt die Zahl der Entscheidungsregeln 2^n. Bei vier Bedingungen ergeben sich somit $2^4 = 2 \times 2 \times 2 \times 2 = 16$ Entscheidungsregeln. Werden alle theoretisch möglichen Bedingungskombinationen darauf überprüft, ob sie in der Praxis überhaupt vorkommen können, ist gewährleistet, dass auch der berühmte Sonderfall nicht vergessen wird.

Da diese Entscheidungstabellen jedoch sehr umfangreich werden können, wurden Verfahren zur *Reduktion* (Verdichtung bzw. Konsolidierung und Gliederung) entwickelt. Mit ihrer Hilfe sollten Entscheidungstabellen bzw. Entscheidungstabellensysteme überschaubar gemacht werden.

In begrenzten Entscheidungstabellen sind Bedingungen und Aktionen im Beschreibungsteil vollständig dargestellt. Bei erweiterten Entscheidungstabellen müssen demgegenüber im Anzeigerteil noch weitere Angaben gemacht werden. (Es ist jede beliebige Anzeigerform erlaubt - nicht nur J/N.)

10.5.4.4 Analyse von Entscheidungstabellen

10.5.4.4.1 Redundanz- und Widerspruchstest

Durch Redundanz- und Widerspruchstests können in einer Entscheidungstabelle überflüssige (redundante) und widersprüchliche Entscheidungsregeln aufgedeckt werden. Zwei Entscheidungsregeln werden als redundant bezeichnet, wenn es mindestens zwei gleiche Bedingungskombinationen gibt, die gleiche Aktionen hervorrufen. Zwei Entscheidungsregeln werden als widersprüchlich bezeichnet, wenn es gleichartige Bedingungskombinationen gibt, die zu unterschiedlichen Aktionen führen. Um Redundanz und Widerspruch festzustellen, wird jede Entscheidungsregel mit jeder anderen Entscheidungsregel verglichen.

Wenn eine Entscheidungstabelle keine widersprüchlichen oder redundanten Entscheidungsregeln mehr enthält, kann sie verdichtet werden, falls die Entscheidungstabelle Entscheidungsregeln mit identischen Aktionen oder Aktionsfolgen enthält.

10.5.4.4.2 Verdichtung von Entscheidungstabellen

Es gibt verschiedene Hilfen, um Entscheidungstabellen zu verdichten. Zwei davon sollen hier vorgestellt werden.

Entscheidungstabellen werden systematisch auf solche Bedingungen untersucht, die alle weiteren Bedingungen unerheblich machen. Die dritte Entscheidungsregel in der Abb. 10.33 besagt, dass die Kunden über die Nichtlieferbarkeit benachrichtigt werden. Die gleiche Aktion ergibt sich bei der Regel vier, es ist mit anderen Worten unerheblich, ob die Bonität des Kunden in Ordnung ist oder nicht. Auf die gleiche Art und Weise können die Entscheidungsregeln 7 und 8, 11 und 12 sowie 15 und 16 zusammengefasst werden. Die verdichtete Entscheidungstabelle sieht dann folgendermaßen aus - insgesamt wurden vier Regeln eingespart:

	Entscheidungsregeln											
	1	2	3	4	5	6	7	8	9	10	11	12
B1 Besteller ist bereits Kunde	J	J	J	J	J	J	N	N	N	N	N	N
B2 Auftrag ist vollständig	J	J	J	N	N	N	J	J	J	N	N	N
B3 Artikel ist lieferbar	J	J	N	J	J	N	J	J	N	J	J	N
B4 Bonität ist in Ordnung	J	N	-	J	N	-	J	N	-	J	N	-
A1 Vervollständigen Auftrag				X	X					X	X	
A2 Lieferung mit Rechnung	X			X			X			X		
A3 Lieferung mit Nachnahme		X			X			X			X	
A4 Kundenstammsatz anlegen							X	X		X	X	
A5 Nichtlieferfähigkeit mitteilen			X			X			X			X
A6 Bonität prüfen	X	X		X	X		X	X		X	X	

Abb. 10.30: Verdichtete begrenzte Entscheidungstabelle

In weiteren Schritten können die Regeln 3 und 6 sowie 9 und 12 zusammengefasst werden.

	Entscheidungsregeln									
	1	2	3	4	5	6	7	8	9	10
B1 Besteller ist bereits Kunde	J	J	J	J	J	N	N	N	N	N
B2 Auftrag ist vollständig	J	J	-	N	N	J	J	-	N	N
B3 Artikel ist lieferbar	J	J	N	J	J	J	J	N	J	J
B4 Bonität ist in Ordnung	J	N	-	J	N	J	N	-	J	N
A1 Vervollständigen Auftrag				X	X				X	X
A2 Lieferung mit Rechnung	X			X		X			X	
A3 Lieferung mit Nachnahme		X			X		X			X
A4 Kundenstammsatz anlegen						X	X		X	X
A5 Nichtlieferfähigkeit mitteilen			X					X		
A6 Bonität prüfen	X	X		X	X	X	X		X	X

Abb. 10.31: Verdichtete begrenzte Entscheidungstabelle

Hier sind noch zwei Regeln enthalten, die weiter verdichtet werden können, nämlich die neuen Regeln 3 und 8.

	Entscheidungsregeln								
	1	2	3	4	5	6	7	8	9
B1 Besteller ist bereits Kunde	J	J	-	J	J	N	N	N	N
B2 Auftrag ist vollständig	J	J	-	N	N	J	J	N	N
B3 Artikel ist lieferbar	J	J	N	J	J	J	J	J	J
B4 Bonität ist in Ordnung	J	N	-	J	N	J	N	J	J
A1 Vervollständigen Auftrag				X	X			X	X
A2 Lieferung mit Rechnung	X			X		X		X	
A3 Lieferung mit Nachnahme		X			X		X		X
A4 Kundenstammsatz anlegen						X	X	X	X
A5 Nichtlieferfähigkeit mitteilen			X						
A6 Bonität prüfen	X	X		X	X	X	X	X	X

Abb. 10.32: Verdichtete begrenzte Entscheidungstabelle

Aus den ehemals sechzehn Regeln sind nun noch neun übrig geblieben.

Aus Entscheidungstabellen, die nach diesem Verfahren verdichtet wurden, kann rechnerisch ermittelt werden, wie viele Entscheidungsregeln ursprünglich vorhanden waren. Damit kann zugleich geprüft werden, ob bei der Zusammenfassung der Tabellen unter Umständen Fehler aufgetreten sind, indem etwa ganze Entscheidungsregeln vergessen wurden.

Die Zahl der Stellen in einer Entscheidungsregel, die ein „-" aufweisen, soll r genannt werden. Eine Entscheidungsregel mit r $*$ „-" entspricht 2^r reinen Entscheidungsregeln. In dem Beispiel gibt es acht nicht verdichtete Entscheidungsregeln. Hinzu kommen $2^3 = 2 * 2 * 2 = 8$ Regeln, die zu einer verdichtet wurden. Die Ursprungstabelle beinhaltet also 16 Regeln.

Mit Hilfe eines modifizierten Beispiels sollen *erweiterte* bzw. gemischte *Entscheidungstabellen* und eine *weitere Form der Verdichtung* gezeigt werden.

	Entscheidungsregeln											
	1	2	3	4	5	6	7	8	9	10	11	12
B1 Besteller Einzelhandel	J	J	J	J	N	N	N	N	N	N	N	N
B2 Besteller Grossist	N	N	N	N	J	J	J	J	N	N	N	N
B3 Besteller Privatkunde	N	N	N	N	N	N	N	N	J	J	J	J
B4 Buch ist lieferbar	J	J	N	N	J	J	N	N	J	J	N	N
B5 Bonität ist in Ordnung	J	N	J	N	J	N	J	N	J	N	J	N
A1 Nichtlieferfähigkeit mitteilen			X	X			X	X		X	X	X
A2 Lieferung mit Rechnung	X					X			X			
A3 Lieferung mit Nachnahme		X				X			X			
A4 Monatliche Abrechnung					X							

Abb. 10.33: Entscheidungstabelle mit drei sich gegenseitig ausschließenden Bedingungen

Wenn sich zwei oder mehr Bedingungen gegenseitig ausschließen, kann hier eine andere Darstellung gewählt werden, die auch als erweiterte Entscheidungstabelle bezeichnet wird. Als Besteller kommen der Einzelhandel, Grossisten und Privatkunden in Frage. Die Bedingungen „Besteller Einzelhandel" (E), „Besteller Grossist" (G) und „Privatkunde" (P) werden nicht im Bedingungsteil, sondern im Anzeigerteil gekennzeichnet.

	Entscheidungsregeln											
	1	2	3	4	5	6	7	8	9	10	11	12
B1 Besteller	E	E	E	E	G	G	G	G	P	P	P	P
B4 Buch ist lieferbar	J	J	N	N	J	J	N	N	J	J	N	N
B5 Bonität ist in Ordnung	J	N	J	N	J	N	J	N	J	N	J	N
A1 Nichtlieferfähigkeit mitteilen			X	X			X	X			X	X
A2 Lieferung mit Rechnung	X											
A3 Lieferung mit Nachnahme		X				X			X	X		
A4 Monatliche Abrechnung					X							

Abb. 10.34: Erweiterte Entscheidungstabelle

Diese Tabelle kann nach dem schon vorgestellten Verfahren weiter verdichtet werden. So können die Regeln 2, 6 und 10 zusammengefasst werden. Damit gibt es vier

Entscheidungsregeln, auf die unterschiedliche Aktionen folgen. Alle übrigen Regeln können dann zu der sogenannten ELSE-Regel („else decision rule“) zusammengefasst werden, wie das folgende Beispiel zeigt. Allerdings kann aus einer Entscheidungstabelle mit einer ELSE-Entscheidungsregel nicht mehr die Zahl der ursprünglichen Entscheidungsregeln errechnet werden.

	Entscheidungsregeln				
	1	2	3	4	5
B1 Besteller	E	-	G	P	**E**
B4 Buch ist lieferbar	J	J	J	J	**L**
B5 Bonität ist in Ordnung	J	N	J	J	**S**
					E
A1 Nichtlieferfähigkeit mitteilen					X
A2 Lieferung mit Rechnung	X				
A3 Lieferung mit Nachnahme		X		X	
A4 Monatliche Abrechnung			X		

Abb. 10.35: Erweiterte Entscheidungstabelle mit ELSE-Regel

Diese Entscheidungstabelle kann noch weiter modifiziert werden, indem die Aktionsanzeige als Text unter die Bedingungsanzeige gesetzt wird. Das kann vor allem dann sinnvoll sein, wenn die Entscheidungstabelle auch als Arbeitsanweisung verwendet werden soll. Dazu ein weiteres Beispiel:

	1	2	3	4	5
B1 Besteller B4 Buch ist lieferbar B5 Bonität ist in Ordnung	E J J	- J N	G J J	P J J	E L S E
A Art der Behandlung	Lieferung mit Rechnung	Lieferung mit Nachnahme	Lieferung mit Monatsrechnung	Lieferung mit Nachnahme	Absagen

Abb. 10.36: Erweiterte, verdichtete Entscheidungstabelle

Erweiterte Entscheidungstabellen können auch helfen, sehr große Entscheidungstabellen zu reduzieren und damit für den Leser überschaubarer zu machen.

Mit einem abschließenden Beispiel soll eine Entscheidungstabelle gezeigt werden, die als Arbeitsanweisung konzipiert wurde und ausschließlich aus Texten besteht.

	1	2	3	4	5
B1 Auftrag durch B4 Buch ist B5 Bonität ist	E.-Händler lieferbar gut	Unerheblich lieferbar schlecht	Grossist lieferbar unerheblich	Privatkunden lieferbar Nachnahme	E L S E
A1 liefern	mit Rech- nung	mit Nach- nahme	mit Monats- rechnung	Mit Nach- nahme	
A2 Nicht liefern					mitteilen

Abb. 10.37: Entscheidungstabelle als Arbeitsanweisung

> *Redundanz- und Widerspruchstests dienen dazu, überflüssige oder widersprüchliche Entscheidungsregeln zu finden und zu eliminieren. Um Entscheidungstabellen zu verdichten, werden Bedingungen gesucht, die alle weiteren Bedingungen überflüssig machen. Erweiterte Entscheidungstabellen und die ELSE-Regel tragen ebenfalls dazu bei, Entscheidungstabellen zu verdichten. Erweiterte und verdichtete Entscheidungstabellen eignen sich auch als Arbeitsanweisungen.*

10.5.4.5 Beurteilung der Entscheidungstabellentechnik

Entscheidungstabellen können zur Erhebung und Analyse herangezogen werden. Ein Analytiker kann bereits bei der Aufnahme des Ist-Zustandes Entscheidungstabellen erstellen, indem er systematisch alle möglichen Bedingungen und Bedingungskombinationen sowie die daraus resultierenden Aktionen und Aktionskombinationen abfragt. Die Anwendung auf der Stufe der Erhebung ist jedoch selten, da das Erstellen von Entscheidungstabellen aufwendig ist. Werden Entscheidungstabellen zur *Analyse* herangezogen, so erleichtern sie die *Prüfung des logischen Aufbaus und der Vollständigkeit* der Analyse. Der Hauptanwendungsbereich liegt jedoch im *Lösungsentwurf*. Hier können ebenfalls logische Richtigkeit, Vollständigkeit, Redundanzfreiheit und Widerspruchsfreiheit geprüft werden. Generell erleichtern Entscheidungstabellen das Verständnis zwischen Analytikern, Programmierern und Mitarbeitern von Fachbereichen. Besonders hervorzuheben sind folgende weitere *Vorteile*:

- Eindeutige Richtlinien (Arbeitsanweisungen) für den Fachbereich
- kurze und präzise Vorgaben für die Programmierung
- direkte Umsetzung in Programme möglich.

Weiterhin eignen sich Entscheidungstabellen auch für die Dokumentation bestehender oder geplanter organisatorischer Lösungen.

> *Entscheidungstabellen können die Erhebung und Würdigung erleichtern, die Dokumentation verbessern und die Kommunikation zwischen allen betroffenen Stellen fördern.*

10.6 Organisationshandbücher

Unter einem Organisationshandbuch wird eine *gegliederte Zusammenfassung der allgemein gültigen betrieblichen Regelungen und Vorschriften verstanden.* Es dient damit der Dokumentation auch solcher Normen, die nicht im engeren Sinne als organisatorisch zu bezeichnen sind. Das Organisationshandbuch kann als das *Gesetzbuch einer Unternehmung* verstanden werden. Es sollte grundsätzlich alle Vorschriften und Regelungen beinhalten, die durch Rundschreiben, Organisationsanweisungen und Betriebsvereinbarungen bekannt gemacht worden sind. Heute werden solche Organisationshandbücher zunehmend elektronisch verwaltet. Über Intranet-Systeme haben dann die Anwender einen direkten Zugriff auf die jeweilig aktuellste Version.

Umfangreiche Organisationshandbücher bestehen normalerweise aus *vier Abteilungen*:

1) Allgemeiner Teil (1. Teil)

In diesem Abschnitt werden Unternehmungsziele, Unternehmungspolitik sowie generelle Organisationsprinzipien dargestellt. Bei Aktiengesellschaften enthält dieser Teil häufig auch die Satzung der Unternehmung. Der allgemeine Teil kann jedoch auch ausschließlich Sinn und Zweck eines Organisationshandbuches oder nur die allgemeine Unternehmungsgeschichte beinhalten. In vielen Fällen ist es auch üblich, eine allgemeine Führungsanweisung zur Dokumentation des hausinternen Führungsstils wiederzugeben.

2) Aufbauorganisation (2. Teil)

Dieser Teil besteht in der Regel aus folgenden verbalen und grafischen Unterlagen:

- Organigramm
- Besetzungsplan
- Kostenstellenplan
- Stellenbeschreibungen
- Geschäftsordnung
- Unterschriftenregelung
- Kassenvollmachten.

3) Ablauforganisation (3. Teil)

Dieser Teil enthält Arbeitsanweisungen (Ablaufbeschreibungen) und darüber hinaus Verfahrensregelungen, wie z.B. Kassenordnung und Spesenordnung, Regelung der

Aus- und Weiterbildung, Benutzung des Rechenzentrums, Benutzung von Dienstwagen und ähnliches.

4) Anhang (4. Teil)

Der Anhang kann folgende Unterlagen beinhalten:

- Begriffssystem
- Nummernsystem
- Formularverzeichnis
- Abkürzungsverzeichnis
- Verkaufs- und Lieferbedingungen
- Organisationsmittel-Verzeichnis
- Lage- und Wegeplan.

In der Praxis haben sich verschiedene *Arten von Organisationshandbüchern* herausgebildet. *Handbücher für das Gesamtunternehmen* sind in der Regel so untergliedert, wie eben beschrieben wurde. Daneben gibt es *Handbücher für Teilbereiche* der Unternehmung, in denen der oben geschilderte allgemeine Teil normalerweise fehlt. Außerdem gibt es Handbücher für die Darstellung von Abläufen und Verfahren. In ihnen werden Regelungen der Arbeitszusammenhänge für alle an Abläufen beteiligten Stellen dokumentiert. Sie haben insbesondere für das *Personalwesen* (Personalhandbuch), den *Einkauf* (Einkaufshandbuch), den *Verkauf* (Verkaufshandbuch) und das *Rechnungswesen* Bedeutung. Schließlich gibt es noch *Handbücher Projektmitarbeiter und EDV-Analytiker*, in denen die Regelungen für das Vorgehen in Projekten zusammengefasst sind (Projekt-Verfahren, Handbuch der Systementwicklung, Organisationshandbuch etc.). Zunehmend werden diese Entwicklungsverfahren auch als EDV-Anwendung im Dialog eingesetzt.

> *Organisationshandbücher - in Papierform oder in elektronischer Form - beinhalten eine schriftliche Dokumentation der allgemein gültigen betrieblichen Regelungen und Vorschriften. Sie bestehen normalerweise aus vier Teilen - Allgemeiner Teil, Aufbauorganisation, Ablauforganisation, Anhang. Neben Handbüchern für das Gesamtunternehmen gibt es Handbücher für Teilbereiche, Handbücher für die Darstellung von Abläufen und Verfahren und Handbücher mit Verfahrensregelungen.*

Fragen zum Kapitel 10	Text dazu auf Seite
1. Welcher Zusammenhang besteht zwischen der Aufbau- und der Ablauforganisation?	366
2. Was wird in der Ablauforganisation geregelt?	369
3. Geben Sie einige Beispiele, in denen die Dimensionen der Ablauforganisation geregelt werden.	367
4. Was sind die wichtigsten Ziele der Ablauforganisation?	369f
5. Worin besteht das Dilemma der Ablauforganisation?	371
6. Welche Grundformen von Ablaufstrukturen kennen Sie?	373f
7. Stellen Sie eine ODER-Verzweigung dar.	375f
8. Wie ist eine Matrix aufgebaut?	379
9. Nennen Sie wesentliche Vorteile der verbalen Rasterdarstellung.	379
10. Inwiefern eignen sich Geblockte Texte besonders gut als Arbeitsanweisungen?	384
11. Wie unterscheidet sich der Aufgabenfolgeplan vom Aufgabenträger-Folgeplan?	386
12. Welche Vorteile haben Folgestrukturen gegenüber Folgeplänen?	386
13. Wie wird eine Quelle in einem Folgeplan bzw. in einer Folgestruktur dargestellt?	393
14. Welche Nachteile hat der Einsatz von Folgestrukturen?	392
15. Was sind für den Analytiker die Vorteile des Einsatzes von Folgestrukturen?	392
16. Was wird in einem Datenflussplan dargestellt?	396
17. Was bildet ein Programmablaufplan ab?	398
18. Für welche Zielgruppe eignen sich die Blockdiagramme?	399
19. Wie ist eine Entscheidungstabelle aufgebaut?	400f
20. Was ist der Unterschied zwischen einer begrenzten und einer erweiterten Entscheidungstabelle?	402
21. Weswegen sind Techniken zur Verdichtung von Entscheidungstabellen wichtig?	404f
22. Was bedeutet die ELSE-Entscheidungsregel?	407
23. Welche Vorteile hat der Einsatz der Entscheidungstabellentechnik?	408
24. Welche wesentlichen Inhalte (Abteilungen) gehören zu einem Organisationshandbuch?	409

Weiterführende Literatur zu diesem Abschnitt

Buschardt, D.: Zur rationellen Organisation von Arbeitsabläufen. Berlin 1973

Fischermanns, G.; W. Liebelt: Grundlagen der Prozeßorganisation. 5. Aufl., Gießen 2000

Gaitanides, M.: Ablauforganisation. In: Handwörterbuch der Organisation. Hrsg. v. E. Frese, 3. Aufl., Stuttgart 1992, Sp. 1 - 18

Gaitanides, M.: Prozeßorganisation - Entwicklung, Ansätze und Programme prozeßorientierter Organisationsgestaltung. München 1983

Jordt, A.; K. Gscheidle: Ist-Aufnahme von Arbeitsabläufen in Büro und Verwaltung. Industrial Engineering. Heft 1 / 1971

Kommunale Gemeinschaftsstelle für Verwaltungsvereinfachung: Organisationsuntersuchungen in der Kommunalverwaltung. 5. Aufl., Köln 1977

Müller-Nobiling, H.-M.: Organisationshandbuch. In: Handwörterbuch der Organisation. Hrsg. v. E. Grochla, Stuttgart 1980, Sp. 1557-1563

REFA (Hrsg.): Methodenlehre der Organisation. Teil 2. Ablauforganisation. München 1985

Scheel, J.: Erfolgsfaktor Ablauforganisation. Köln 1990

Strunz, H.: Entscheidungstabellentechnik. München/Wien 1977

Thurner, R.: Entscheidungstabellen. Aufbau, Anwendung und Programmierung. Düsseldorf 1972

Wersch, M.: Workflow Management. Systemgestützte Steuerung von Geschäftsprozessen. Wiesbaden 1995

Folgende Abbildungen wurden mit dem ibo Process-Designer erstellt:

Abb. 10.14, S.382
Abb. 10.15, S.383
Abb. 10.17, S.387
Abb. 10.18, S.388
Abb. 10.19, S.389
Abb. 10.20, S.390
Abb. 10.21, S.391
Abb. 10.23, S.394
Abb .10.24, S.395

11 Managementtechniken

11.1 Einordnung

In den vorangegangenen Abschnitten wurden Organisationstechniken behandelt. Die Organisationstechniken dienen dazu, unmittelbar aufbau- oder ablauforganisatorische Ergebnisse zu gestalten. So müssen Informationen erhoben, analysiert und gewürdigt werden, um sinnvolle, d.h. zielgerechte Lösungsvarianten zu erarbeiten. Dazu werden geeignete Erhebungs-, Analyse-, Würdigungs-, Lösungsentwurfs- und Bewertungstechniken eingesetzt. Die Techniken der Aufbau- und Ablauforganisation stellen weitere Werkzeuge bereit, um Ist-Lösungen abzubilden, sie für die Analyse und Würdigung aufzubereiten und Soll-Lösungen zu dokumentieren. Alle diese Techniken dienen dazu, unmittelbar organisatorische Lösungen (den Würfel) zu gestalten.

Demgegenüber helfen die *Managementtechniken* den Beteiligten bei der *Organisation der Projektarbeit*. Sie unterstützen beispielsweise die *Planung* von Projektprioritäten, die Aufgaben- und Zeitplanung des Projektes - was muss im Projekt alles getan werden und in welcher zeitlichen Folge? - und die *Information* über Projektergebnisse - z.B. wie präsentiert man ein Ergebnis? Im weiteren Sinn gehören *alle Werkzeuge* zu den *Managementtechniken*, welche die

- Projektplanung
- Projektdiagnose und -steuerung
- Projektinformation
- Projektqualitätssicherung

unterstützen.

Hier sollen nur einige *ausgewählte Managementtechniken zur Projektplanung und -kontrolle* behandelt werden, die für die praktische Arbeit wichtig sind. Darüber hinaus wird die *Präsentationstechnik* als ein Instrument zur Projektinformation dargestellt. Die Projektdokumentation - was wird wie dokumentiert? - ist normalerweise von Unternehmen zu Unternehmen sehr unterschiedlich geregelt, so dass dieses Thema hier nicht behandelt werden soll.

Die hier vorgestellten Themen werden in dem Übersichtsmodell (Abb. 11.1) genannt und in den Gesamtzusammenhang eingeordnet.

Managementtechniken unterstützen die Funktionen der Projektarbeit.

11.2 Projektprioritäten

Normalerweise reichen die personellen und finanziellen Mittel nicht aus, um alle angetragenen Wünsche unmittelbar, d.h. ohne zeitliche Verzögerung zu erfüllen. Oft werden auch Wünsche geäußert, die nicht unbedingt erfüllt werden müssen. Nicht alles, was z.B. der Fachbereich gern hätte, ist auch mit einem wirtschaftlich vertretba-

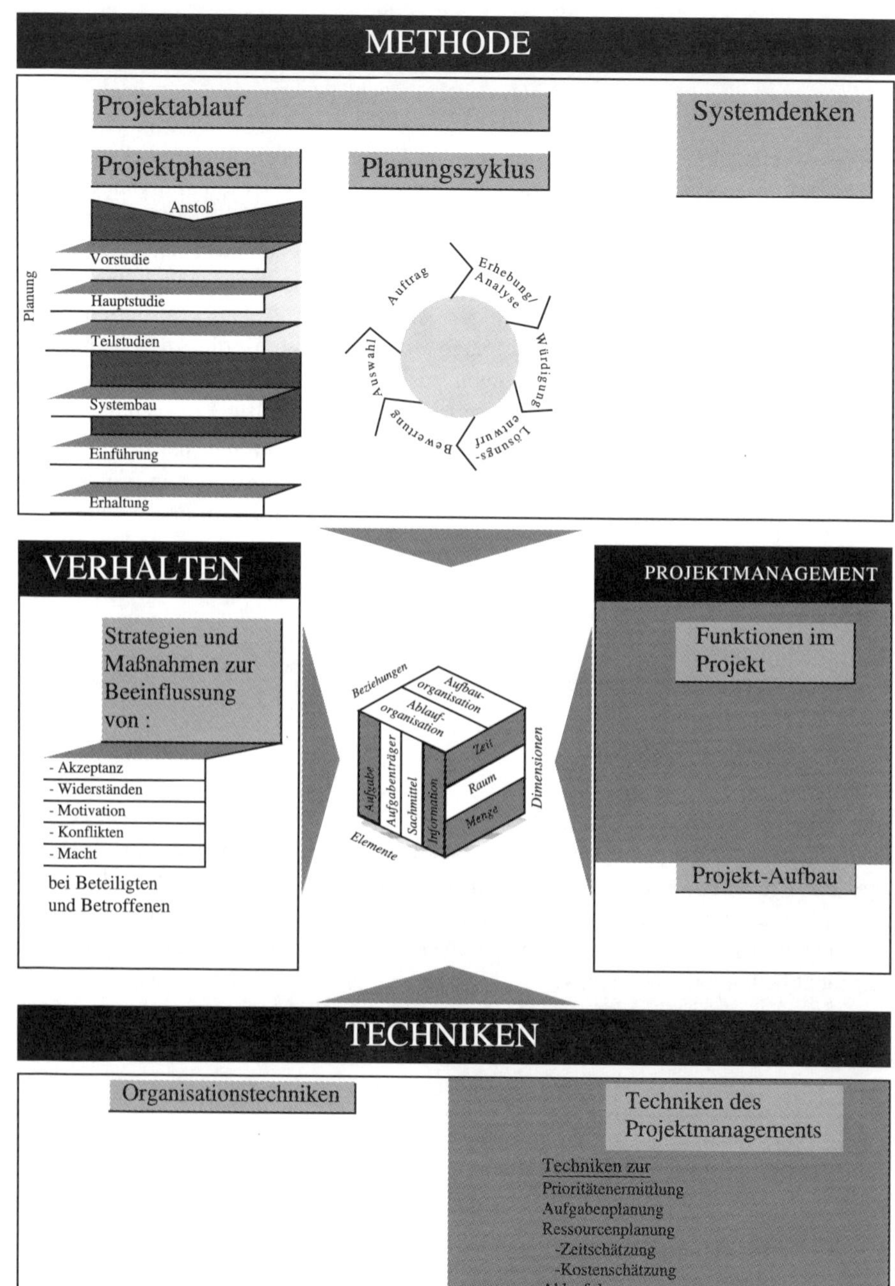

Abb. 11.1: Einordnung der Managementtechniken

ren Aufwand zu bewältigen. Die *Prioritätenplanung* soll somit zwei *Fragen beantworten*:

- Welche Projekte müssen - bei begrenzten Ressourcen - überhaupt bearbeitet werden?
- in welcher zeitlichen Folge sollen die anstehenden Projekte abgewickelt werden?

11.2.1 Kriterien für Projektprioritäten

Sollen die beiden genannten Fragen beantwortet werden, sind Entscheidungskriterien notwendig. Um die Handhabung der Vergabe von Prioritäten zu erleichtern und um die Durchsichtigkeit zu fördern, sollten möglichst wenige Kriterien verwendet werden. Die beiden *Hauptkriterien* sind die

- Dringlichkeit und die
- Wichtigkeit eines Projektes.

Projekte, die gleichzeitig wichtig und dringlich sind, erhalten eine hohe Priorität. Dringliche, aber weniger wichtige bzw. wichtige aber weniger dringliche Projekte erhalten eine mittlere Priorität und weniger wichtige und weniger dringliche Vorhaben rangieren weit hinten oder fallen sogar ganz heraus.

Diese beiden Kriterien können noch weiter unterteilt und operationalisiert werden, wie die folgende Übersicht zeigt.

Kriterien	Beschreibung
Wichtigkeit	
Art negativer Auswirkungen	• Was ist das Problem/Ziel? Ist das Problem/Ziel bedeutsam oder relativ unwichtig? • Wie wichtig ist es im Vergleich zu anderen Projekten im Hinblick auf übergeordnete Ziele?
Umfang der negativen Auswirkungen	• Sind die Abweichungen von einem gewünschten Soll-Zustand unabhängig von der Gewichtung des Problems/Zieles - klein oder groß?
Dringlichkeit	
aktuelle Dringlichkeit	• Wie ist die Dringlichkeit momentan zu beurteilen? Ist das Projekt sehr eilig, eilig oder kann es warten?
tendenzielle Dringlichkeit	• Würde sich das Problem durch „Liegenlassen selbst erledigen“, oder würde es durch Aufschieben nur schwieriger?

Abb. 11.2: Kriterien für Prioritäten

In einzelnen Fällen kann es notwendig sein, *weitere Kriterien* hinzuzuziehen. Einige *Beispiele* für weitere Kriterien sind:

- Gesetzliche oder vertragliche Verpflichtungen (wie frei kann darüber entschieden werden, ob und wann ein Vorhaben erledigt wird?)
- Verfügbarkeit von Ressourcen (gibt es ausreichend Personal, finanzielle Mittel?)
- Belastung der Betroffenen (z.B. gibt es unzumutbaren „Änderungsstress“ bei den Betroffenen?)
- Abhängigkeiten zwischen verschiedenen Projekten (so muss z.B. ein Projekt fertig sein, ehe mit einem anderen überhaupt begonnen werden kann, oder es sollten zwei Projekte direkt nacheinander bearbeitet werden, weil sich daraus Effizienzvorteile ergeben)
- Abbruch- oder Verschiebungskosten bei bereits begonnenen Projekten.

Wenn eine größere Anzahl von Zielen berücksichtigt wird, ist es sinnvoll, die *Nutzwertanalyse* zur Vergabe von Projektprioritäten einzusetzen. Beschränkt man sich auf die Kriterien Wichtigkeit und Dringlichkeit, kann das folgende Rangziffernverfahren verwendet werden.

11.2.2 Rangziffernverfahren zur Vergabe von Prioritäten

Die genannten Kriterien müssen an alle anstehenden Projekte angelegt werden. Dabei kann nicht absolut bewertet werden. Vielmehr ist darauf zu achten, dass die Projekte *relativ zueinander* „richtig“ *bewertet* werden. Aus diesem Grund empfiehlt sich ein *Rangziffernverfahren.* Das Projekt, das hinsichtlich eines Kriteriums die höchste Priorität hat, erhält die Rangziffer 1, das Projekt mit der zweithöchsten Priorität erhält die Rangziffer 2 usw. Nach diesem Muster werden an Hand aller vier Kriterien Rangziffern vergeben. Diese Rangziffern sind zu addieren. Das Projekt mit der kleinsten Summe erhält die höchste Prioritätsstufe, das mit der zweitkleinsten Summe die zweite Prioritätsstufe usw.

Bei dieser Bewertung wird vereinfachend unterstellt, dass *alle vier Kriterien gleichgewichtig* sind. Selbstverständlich können die Kriterien unterschiedlich gewichtet werden, indem die entsprechenden Rangziffern durch Multiplikation mit Konstanten auf- oder abgewertet werden.

Ist nur zwischen drei Projekten zu entscheiden, kann die Stärke dieses Verfahrens nicht sehr überzeugend demonstriert werden. Je mehr Projekte vorliegen, desto schwieriger wird der Überblick, desto größer ist die Versuchung, intuitiv vorzugehen und sich beispielsweise dabei vom Status bzw. vom Durchsetzungsvermögen des Auftraggebers leiten zu lassen oder von eigenen Präferenzen.

Da es sich um ein Bewertungsverfahren handelt, können die Prioritäten natürlich nicht „objektiv richtig“ sein. Die Kriterien und deren Gewichtung sind ebenso *subjektiv* wie die Vergabe der Rangziffern. Dennoch objektiviert dieses Vorgehen die Bestimmung der Prioritäten. Zum einen werden an alle anstehenden Projekte die gleichen Kriterien angelegt. Eine Leistung, die schon bei drei bis vier Projekten im Kopf nicht mehr zu erbringen ist. Zum anderen können zur Bestimmung der Prioritäten mehrere Stellen eingeschaltet werden, wodurch einseitige Urteile ausgeschaltet werden. Vor allen Dingen aber verbessert sich die Position des Beauftragten gegenüber den Auftraggebern. Es ist wesentlich leichter, jemanden davon zu überzeugen, dass ein Projekt noch nicht an der Reihe ist, wenn ihm an Hand des Verfahrens verdeutlicht werden kann, weshalb andere Projekte eine höhere Priorität erhalten haben. Auch ist es im Konfliktfall wesentlich einfacher, die eigene Position vor den entscheidungsberechtigten Instanzen zu vertreten, weil der Bewertungsvorgang nachvollziehbar ist.

		Projekt				
	Fakturierung ändern		Mahnwesen ändern		Verkaufsstatistiken erstellen	
Wichtigkeit Art der Auswirkungen	Gegenwärtig können keine Rechnungen erstellt werden. Image gegenüber Kunden. Liquiditätsverlust. Zinsentgang.	1	Mahnungen zu spät. Liquiditäts- und Zinsverlust. Mahnungen auch an gute Kunden. Ärger.	3	Fundierte Beurteilung der Kundenbeziehung fehlt. Erschwerte Kundenansprache. Umsatzeinbußen.	2
Umfang der Auswirkungen	Betrifft sämtliche Rechnungen. Sehr hohe finanzielle Auswirkungen.	1	Relativ großer Anteil säumiger Kunden.	2	Betrifft vor allem die große Zahl der kleineren und mittleren Kunden.	3
Dringlichkeit aktuell	Sehr groß.	1	Nicht allzu dringlich.	3	Groß.	2
tendenziell	Stark zunehmende Verschärfung.	1	Gleichbleibende Problematik.	3	Leicht zunehmende Problematik bei starken Aktivitäten der Konkurrenz.	2
Rangfolge gesamt	(1)	4	(3)	11	(2)	9

Abb. 11.3: Beispiel für eine Prioritätsermittlung

Die Prioritäten sollten *periodisch überarbeitet* werden, um die neu hinzugekommenen Projektanforderungen „einzurütteln".

> *Wichtigkeit und Dringlichkeit sind die Kriterien zur Bestimmung von Projektprioritäten. Diese Kriterien sollten mit Hilfe eines Rangziffernverfahrens an alle anstehenden Projekte angelegt werden.*

11.3 Aufgabenplanung/Projektstrukturplan

Die im Projekt zu erledigenden *Aufgaben müssen bekannt sein, ehe alle übrigen Pläne erstellt werden können.* Erst wenn bekannt ist, welche Aufgaben anstehen, können Aussagen gemacht werden über die benötigten Ressourcen (Mitarbeiter, Sachmittel, Finanzen), über den Zeitbedarf des Projektes und damit über Termine (Start- und Endtermine), über den Projektablauf und Meilensteine im Ablauf sowie schließlich über die Kosten des Projektes. Da in Projekten aber sehr oft Neuland betreten wird, ist es gar nicht einfach, die Aufgaben rechtzeitig zu erkennen.

Zur Aufgabenplanung kann auf drei *methodische Hilfen* zurückgegriffen werden, die in früheren Kapiteln bereits beschrieben wurden:

- Projektphasen und Planungszyklus
- Systemdenken
- Technik der Aufgabenanalyse.

Die *Projektphasen* und der *Planungszyklus* wurden im Kapitel 2.3 ausführlich behandelt. Die *Projektphasen* können als (grobe und allgemeine) *Aufgabenkomplexe* in einem Projekt angesehen werden, die *durch den Planungszyklus präzisiert* werden. Die Schritte im Planungszyklus können zusammengefasst oder gruppiert werden, wie das folgende Beispiel zeigt.

Vorstudie durchführen	• Ausgangssituation untersuchen • Grobkonzepte erarbeiten und bewerten • Präsentation vorbereiten und durchführen
Hauptstudie durchführen	• Informationen über die Ausgangssituation verfeinern • Lösungen für Teilprojekt I erarbeiten und bewerten • Präsentation für Teilprojekt I vorbereiten und durchführen • Lösung für Teilprojekt II erarbeiten und bewerten • Präsentation für Teilprojekt II vorbereiten und durchführen • usw.
Teilstudien durchführen	....
Systeme bauen	• Teilprojekt I realisieren • Teilprojekt I testen • Projektdokumentation abschließen • Einführung vorbereiten • usw.
Lösungen einführen	• Indirekt Betroffene informieren • Direkt Betroffene schulen • Einführungsunterstützung bieten • usw.

Abb. 11.4: Grobaufgaben abgeleitet aus Projektphasen und Planungszyklus

Im konkreten Einzelfall wird es normalerweise notwendig sein, die Aufgaben zusätzlich zu konkretisieren und zu detaillieren. Eine wesentliche Hilfe bietet das *Systemdenken*, das bereits im Kapitel 2.4 näher beschrieben wurde. Insbesondere das dort behandelte Modell zur Abgrenzung von Teilsystemen (Seite 104ff.) kann dazu beitragen, Teilprojekte zu ermitteln, die geplant, realisiert und eingeführt werden müssen.

Lautet die Aufgabenstellung eines Projektes beispielsweise, einen PC-Benutzerservice einzurichten, dann können mit Hilfe des Systemdenkens unter anderem folgende Teilprojekte abgeleitet werden:

- Aufgaben des PC-Benutzerservice festlegen (Teilprojekt I)
- Hierarchische Einordnung des Benutzerservice (Teilprojekt II)
- Personelle Besetzung (Teilprojekt III)
- Sachmitteltechnische Ausstattung des Benutzerservice (Teilprojekt IV)
- ... (Teilprojekt V).

In einem nächsten Schritt sind dann der *Projektablauf* und das *Systemdenken miteinander* zu *verbinden*, wie am Beispiel der Hauptstudie auszugsweise gezeigt werden soll:

Hauptstudie durchführen	*Teilprojekt I* • Mögliche Aufgaben eines Benutzerservice erheben und analysieren. Stärken und Schwächen des Ist-Zustandes ermitteln • Lösungsvarianten für die Zuständigkeiten des Benutzerservice erarbeiten und bewerten • Präsentation für Teilprojekt I vorbereiten und durchführen *Teilprojekt II* • Lösungsvarianten für Teilprojekt II erarbeiten und bewerten • Präsentation für Teilprojekt II vorbereiten und durchführen *Teilprojekt III* .... *Teilprojekt IV* • Heutige Sachmittelausstattung und räumliche Situation untersuchen und würdigen • Marktuntersuchung für geeignete Sachmittel • Lösungsvarianten für die Sachmittelausstattung erarbeiten und bewerten Präsentation vorbereiten und durchführen.

Abb. 11.5: Projektstrukturplan (Ausschnitt)

Sind die Teilprojekte bekannt, lassen sich relativ einfach die Aufgaben ableiten, die in der weiteren Planung, im Systembau und in der Einführung anfallen.

Bei sehr großen, innovativen Projekten kann die *Technik der Aufgabenanalyse* zusätzlich herangezogen werden, um im Projekt zu erledigende Aufgaben zu erkennen.

Die Fragetechnik wird dann auf das Projekt oder auf ein Teilprojekt angewendet, wie das folgende Beispiel zeigen soll.

Fragetyp	Projektaufgabe	Gegliederte Aufgabe
Oder-Objekt: Welche selbständigen Objekte sind zu bearbeiten?	Sachmittel bereitstellen: Welche (selbständigen) Sachmittel müssen bereitgestellt werden?	• Arbeitsplätze • Räume • Vordrucke
Und-Objekte: Welche Teile eines Objektes sind zu bearbeiten?	Arbeitsplätze bereitstellen: Welche Teile gehören zu einem Arbeitsplatz?	• Möbel • PC • Drucker • Telefon
Oder-Verrichtung: Auf welche verschiedene Art und Weise kann die Aufgabe erfüllt werden?	Sachmittel beschaffen: Auf welche verschiedene Art und Weise können Sachmittel beschafft werden?	• Auftrag an Materialverwaltung • Einkauf im Markt
Und-Verrichtung: Was muss alles getan werden?	Sachmittel bereitstellen: Was muss alles getan werden, um Sachmittel bereit zu stellen?	• Bedarf ermitteln • Sachmittel beschaffen • Sachmittel installieren • Sachmittel testen • Sachmittel einführen

Abb. 11.6: Aufgabenanalyse und Projektstrukturplan

Die so ermittelten - und bei Bedarf über mehrere Ebenen hinweg gegliederten - Aufgaben werden dann den Phasen bzw. den Teilprojekten in den Phasen zugeordnet.

Es ist zu beachten, dass in dieser Planung die Ermittlung und Ordnung der Aufgaben im Vordergrund stehen, ohne Aussagen über die Abläufe zu machen. Aus der Aufgabenplanung wird noch nicht ersichtlich, wann die einzelnen Teilprojekte begonnen und abgeschlossen werden, welche Leistungen erbracht sein müssen, um mit anderen Aufgaben fortfahren zu können. Das bleibt einer getrennten Planung vorbehalten.

Die - unabhängig vom Ablauf ermittelten - Aufgaben werden in dem sogenannten *Projektstrukturplan* dargestellt, der für dieses Beispielprojekt stark verkürzt folgendermaßen aussehen könnte:

Strukturplan zum Projekt „Einrichtung eines PC-Benutzerservice“				
Vorstudie	**Hauptstudie**	**Teilstudien**	**Systembau**	**Einführung**
Ausgangssituation untersuchen Grobkonzepte erarbeiten und bewerten Präsentation vorbereiten und durchführen	Teilprojekte abgrenzen *Teilprojekt I (Aufgaben)* Mögliche Aufgaben eines Benutzerservice erheben und analysieren Stärken und Schwächen des Ist-Zustandes ermitteln Lösungsvarianten für die Zuständigkeiten des Benutzerservice erarbeiten und bewerten Präsentation für Teilprojekt I vorbereiten und durchführen *Teilprojekt II* Lösungsvarianten für Teilprojekt II erarbeiten und bewerten Präsentation für Teilprojekt II vorbereiten und durchführen	Teilprojekt I Ausführungsreife Planung - Formulierung von Stellenbeschreibungen Teilprojekt II .... Teilprojekt III .... Teilprojekt Sachmittel Detaillierte Bedarfsermittlung Pflichtenheft erstellen Angebote einholen Angebote auswerten Entscheidungsvorlage erarbeiten	Teilprojekt I Herstellung der Stellenbeschreibungen. *Teilprojekt II* .... *Teilprojekt III* .... *Teilprojekt Sachmittel* Bestellen der Sachmittel Installation veranlassen Tests Schulung zum Sachmitteleinsatz vorbereiten	*Teilprojekt I* Schulung der Mitarbeiter im Benutzerservice für ihre Aufgaben *Teilprojekt II* .... *Teilprojekt III* .... *Teilprojekt Sachmittel* Schulung der Anwender Unterstützung in der Einführungsphase

Abb. 11.7: Beispiel für einen Projektstrukturplan

Die im Projektstrukturplan ermittelten Aufgaben werden auf den oberen Ebenen auch als *Teilprojekte*, auf den mittleren Ebenen als *Aufgabenkomplexe* und auf der letzten Zerlegungsstufe als *Arbeitspakete* bezeichnet. Bei der *Abgrenzung* solcher kleineren Einheiten sind folgende *Grundsätze zu beachten*:

Grundsatz	**Teilprojekte, Aufgabenkomplexe oder Arbeitspakete sind so abzugrenzen dass...**
Innerer Zusammenhang	• Module entstehen, die möglichst wenige Schnittstellen nach außen haben (Übergewicht der inneren Bindung)
Vorhandene Ressourcen	• sie auf entsprechend qualifizierte Spezialisten übertragen werden können
Vollständigkeit	• vollständig alle im Projekt zu bewältigenden Aufgaben abgedeckt werden (Vollständigkeit in der Breite)
Angemessene Zerlegungstiefe	• sie für die Verteilung auf Mitarbeiter, für die Zeit-, Kosten- und Ablaufplanung geeignet sind
Rollende Planung	• sie mit dem Projektfortschritt - mit zunehmendem Wissen - immer detaillierter und genauer geplant werden

An die Aufgabenplanung schließen sich die Ressourcenplanung, die Zeitschätzung, die Kostenschätzung und die Ablaufplanung an, die in den folgenden Abschnitten behandelt werden.

Die Planung der Aufgaben eines Projektes basiert methodisch auf dem Projektablauf, dem Systemdenken und der Technik der Aufgabenanalyse. Vollständigkeit, angemessene Tiefe (bei rollender Planung), verteilungsfähige Pakete und möglichst wenige Schnittstellen sind anzustreben, um die Zuordnung auf Aufgabenträger sowie die Planung der Ressourcen, Kosten und Zeiten zu ermöglichen.

11.4 Ressourcenplanung (-schätzung)

Die *Ermittlung der notwendigen Ressourcen* für Projekte ist in der Praxis ein sehr *schwieriges* Kapitel. Normalerweise wird in einem Projekt ja Neuland betreten. Damit sind Überraschungen nahezu programmiert. Es können sich im Laufe des Projektes neue Entwicklungen ergeben, neue Erfahrungen können gemacht, neue oder zusätzliche Anforderungen gestellt werden. Dennoch muss der Projektverantwortliche Aussagen machen über den vermutlichen Bedarf an Ressourcen, sonst würde ein Projekt für jede Unternehmung ein völlig unkalkulierbares Risiko.

11.4.1 Zeitschätzung

Die Terminplanung (Ablaufplanung) von Organisationsprojekten umfasst die Planung von

- wichtigen Zwischenterminen (Projekt-Meilensteine) und
- Endterminen.

Voraussetzung der Terminplanung ist die Schätzung *des zeitlichen Aufwandes für* die zu erledigenden *Aufgaben*. Hilfen zur Zeitschätzung sind:

- Zerlegung des Projektes in überschaubare Bestandteile (siehe dazu die Ausführungen zum Projektstrukturplan, der evtl. für die Zeitschätzung noch detailliert werden muss)
- systematische Aufzeichnungen über den Zeitbedarf abgeschlossener Teilprojekte, die dann später zum Vergleich verwendet werden können (wenn Aufzeichnungen aus früheren Projekten vorhanden sind, können ähnliche Teilprojekte und deren Zeitbedarf ermittelt werden)
- Berücksichtigung von Sondereinflüssen (z.B. die Qualifikation damaliger und heutiger Mitarbeiter, besondere Erschwernisse oder Erleichterungen etc.)
- Berücksichtigung auch extremer Zeitüber- oder unterschreitungen, indem z.B. die aus der Netzplantechnik bekannte Formel (Drei-Zeiten-Verfahren) angewandt wird.

$$t' = \frac{1\,tp + 4\,tw + 1\,to}{6}$$

t' = geschätzte Zeit für den Projektabschnitt

tp = pessimistischste Zeitschätzung

tw = wahrscheinlichste Zeitschätzung

to = optimistischste Zeitschätzung

In jedem Fall sollte eine *Zeitreserve* von ca. 10% von vornherein mit eingeplant werden, die der Projektleitung zum Ausgleich von Zeitüberziehungen zur Verfügung steht.

Die so ermittelten Zeitwerte geben Aufschluss über die Menge und Qualität des benötigten Personals. Außerdem fließen sie in die später noch zu behandelnde Ablaufplanung ein.

11.4.2 Kostenschätzung/Budgetierung

Um die Kosten schätzen zu können, muss der Projektverantwortliche zuvor die *Aufgaben* im Projekt geplant, den notwendigen Personalbedarf ermittelt und die Beschaffung (Investition) oder Inanspruchnahme von sonstigen Kapazitäten (z.B. EDV-Zeiten, Nutzung externer Beratungsleistungen usw.) festgestellt haben. Diese Anforderungen werden *mit Kostensätzen versehen* und zu einem Budgetantrag verdichtet. Unter einem Budget wird ein finanzieller Rahmen verstanden, der für ein Projekt oder eine Projektphase freigegeben, d.h. von einer entscheidungsberechtigten Instanz zur Verfügung gestellt wird. Das Budget ist gelegentlich bereits im Projektauftrag enthalten, oft muss es aber auch in einem formalisierten innerbetrieblichen Verfahren beantragt werden.

Üblicherweise wird bei größeren Projekten zu *Beginn* der Projektplanung nur ein grober finanzieller *Gesamtrahmen* abgesteckt. Die Freigabe von einzelnen *Teilbudgets* erfolgt dann entsprechend dem *Projektfortschritt* für einzelne Projektphasen.

Aus dem bewilligten Budget muss der Projektleiter bei arbeitsteiliger Projektbearbeitung Teilbudgets auf Projektbearbeiter bzw. auf verschiedene Projektgruppen aufteilen. Dabei sollten von vornherein 10% nicht freigegeben , sondern für unvorhergesehene Aufwendungen zurückbehalten werden.

Die *Budgetplanung* erfolgt ebenso wie die Terminplanung *rollend*; d.h. nachdem bestimmte Meilensteine erreicht wurden, wird ein Soll-Ist-Vergleich vorgenommen und die Schätzung des vorausliegenden Zeit- bzw. Kostenaufwandes präzisiert. So können rechtzeitig Über- oder Unterschreitungen erkannt werden. Die veränderten Plangrößen werden dann Bestandteil der Vorschläge für Projektaufträge. Wenn diese Vorschläge bewilligt werden, bestehen neue verbindliche Termin- und Budgetvorgaben.

Bei der Ressourcenplanung geht es um die (rollende) Planung von Zeiten und Kosten für die bereits geplanten im Projekt zu erledigenden Aufgaben. Aus dem Zeitbedarf kann auf die Menge und Qualität des benötigten Personals geschlossen werden. Für die Kostenschätzung werden der notwendige Personalbedarf, die geplanten Anschaffungen und die Inanspruchnahme sonstiger Kapazitäten ermittelt, mit Kostensätzen versehen und im Budget verdichtet. Bei größeren Projekten wird das Budget in Teilbudgets aufgeteilt und entsprechend dem Projektfortschritt für einzelne Projektphasen freigegeben.

11.5 Ablaufplanung von Projekten

11.5.1 Balkendiagramm

Balkendiagramme werden nach ihrem geistigen Vater auch Gantt-Diagramme genannt. Sie sind wohl die älteste Technik zur *Darstellung von Projektabläufen* und bestehen aus einem zweidimensionalen Koordinatensystem. *Horizontal* wird üblicherweise ein *Zeitmaßstab* eingetragen, *vertikal* werden *Aufgabenträger* oder *Sachmittel* dargestellt, um abzubilden, zu welcher Zeit diese Kapazitäten genutzt werden. Alternativ können der Vertikalen auch *Aufgaben* zugeordnet werden, um dann darstellen zu können, wieviel Zeit die Erledigung der Aufgaben beansprucht.

Werden in der Vertikalen Aufgaben dargestellt, spricht man auch von einem *Auftrags- bzw. Projektfortschrittsplan*, der für die Planung kleinerer oder mittlerer Projekte eingesetzt werden kann. Die *Länge* der *Balken* gibt die geplante und/oder tatsächliche *Dauer* für die *Durchführung* der einzelnen Projektaufgaben an. Die *Lage der Balken zueinander* bildet *zeitliche Abhängigkeiten* ab. Damit müssen die Aufgaben (Teilaufgaben, Projektschritte, Aktivitäten) ebenso bekannt sein wie ihr voraussichtlicher Zeitbedarf.

Für das Balkendiagramm sowie für die Netzplantechnik wird ein gemeinsames Beispiel als Grundlage verwendet, um dadurch auch die Vorteile und Grenzen der beiden Verfahren besser erkennen zu können. Es handelt sich um einen Verlag, in dem die Herausgabe eines neuen Buches geplant wird. Die folgende *Vorgangsliste* zeigt, welche *Teilaufgaben* anfallen, wie groß der *Zeitverbrauch* ist und *welche Aufgaben erfüllt* sein müssen, damit später folgende Aufgaben begonnen oder abgeschlossen werden können.

Nr.	Name	Beschreibung	Dauer	Berechnetes Ende	VG	NF
1	Start	Projektbeginn	0t	10.03.94		2
2	Vertrag	Vertrag abschließen	5t	16.03.94	1	3;5;6
3	Manuskript	Manuskript herstellen	30t	27.04.94	2	4;7
4	Satzvorbereitung	Satzvorbereitung Manuskript	15t	18.05.94	3	9
5	Angebote	Angebote einholen	5t	23.03.94	2	9
6	Info Handel	Information des Handels	15t	06.04.94	2	14
7	Werbg. Vorb.	Vorbereitung der Werbung	20t	25.05.94	3	8
8	Werbung	Werbung	25t	29.06.94	7	14
9	Satz	Satz der Texte	20t	15.06.94	4;5	10;11
10	Korrekturen	Korrektur der gesetzten Texte	15t	06.07.94	9	12
11	Zeichnungen	Anfertigen der Zeichnungen	20t	13.07.94	9	12
12	Umbruch	Umbruch der Fahnen	10t	27.07.94	10;11	13
13	Herstellung	Einrichten, Druck, Buchbinden	10t	10.08.94	12	14
14	Ende	Projektende	0t	10.08.94	13;6;8	

Abb. 11.8: Vorgangsliste

VG = Vorgänger (welche Aufgaben müssen fertig sein, damit mit dieser Aufgabe begonnen werden kann?)

NF = Nachfolger (welche Aufgaben können erst nach dieser Aufgabe begonnen werden?)

In der Abbildung 11.9 wird ein Balkendiagramm mit Planwerten gezeigt.

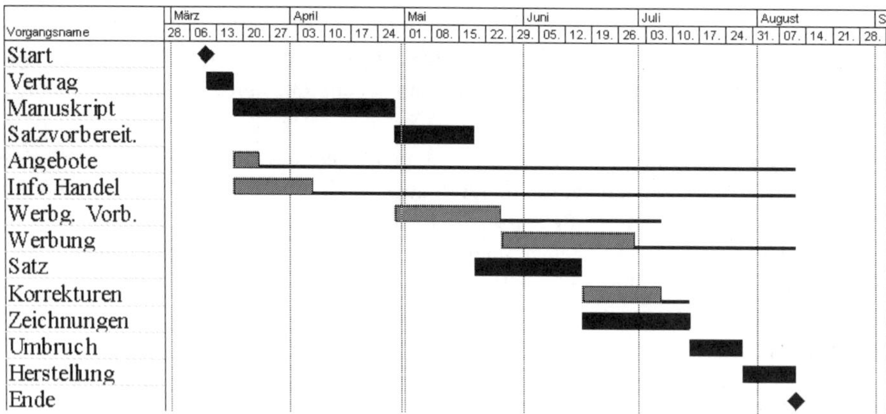

Abb. 11.9: Balkendiagramm mit Planwerten

Zum Vergleich wird in Abbildung 11.10 das gleiche Balkendiagramm noch einmal gezeigt, nun allerdings ergänzt um einige inzwischen eingetretene Ist-Werte. So wird deutlich, dass die Manuskriptherstellung einige Tage verspätet begann - was zu Reserven beim Vertragsabschluss führte - und außerdem auch noch länger gedauert hat als ursprünglich vorgesehen. Die Verschiebung um fast vier Wochen hat Auswirkungen auf den Starttermin der Satzvorbereitung und der Werbungsvorbereitung sowie auf den Endtermin des gesamten Vorhabens. Die Information des Handels hat ebenfalls mit einer vierwöchigen Verspätung begonnen, was aber keine Auswirkungen hat, da hier große Zeitreserven bestanden. Das Einholen der Angebote begann drei Tage verspätet und dauerte zwei Wochen, wirkt sich aber nicht weiter aus, da auch hier ausreichende Zeitreserven vorlagen.

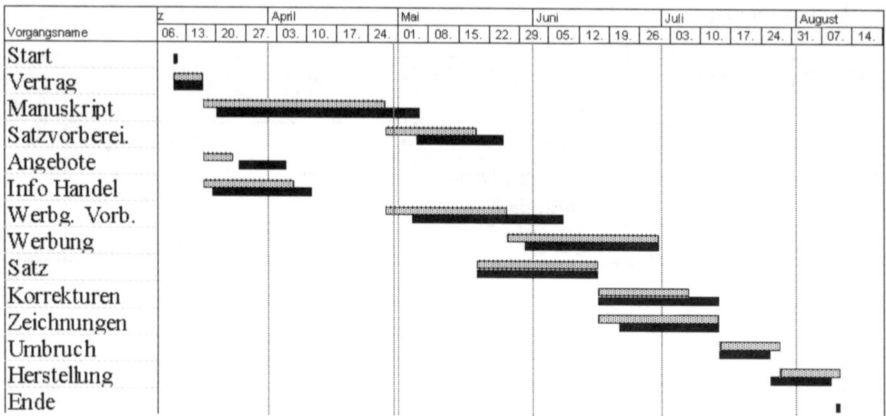

Abb. 11.10: Balkendiagramm mit Plan- und Istwerten

Durch die Berücksichtigung von Plan- und Istwerten ist das Balkendiagramm ein geeignetes Werkzeug zur Projektkontrolle und Projektsteuerung.

Beide Diagramme sind mit Hilfe einer Standard-Software erstellt.

> *In einem Balkendiagramm in der Form des Projektfortschrittplans können Projektabläufe grafisch dargestellt werden. Diese Technik eignet sich bei kleinen und mittleren Projekten. Sehr leicht können IST- und PLAN-Werte dargestellt und verglichen werden.*

11.5.2 Netzplantechnik

11.5.2.1 Grundlagen

Die Netzplantechnik ist ein Verfahren zur *Planung, Kontrolle und Steuerung großer Projekte*. Sie ist eine grafische *Darstellungstechnik* für die Ablaufstruktur eines Projektes wie auch eine *Rechentechnik*, mit der die Projektdauer, die Anfangs- und Endtermine der Vorgänge (Teilaufgaben), der Kapazitätsbedarf und der Kostenverlauf geplant bzw. ermittelt werden können. Im Einzelnen unterstützt die Netzplantechnik somit die

- Strukturplanung
- Zeitplanung
- Kapazitätsplanung
- Kostenplanung.

Es gibt verschiedene Typen von Netzplänen. Hier soll jedoch nur der heute am weitesten verbreitete Typ, der sogenannte *Vorgangsknoten-Netzplan* vorgestellt werden. Die *Knoten* des Netzes stellen *Vorgänge* und die *Pfeile* oder *Kanten* stellen *Folgebeziehungen* dar.

Für die Netzplantechnik wurden in den letzten Jahren leistungsfähige *Standardprogramme* entwickelt, die auch auf dem Personal Computer laufen. Dadurch wurde die Akzeptanz dieser Planungstechnik erheblich gesteigert. Die hier gezeigten Beispiele wurden mit einer solchen Standardsoftware[1] hergestellt.

11.5.2.2 Ablaufstrukturplanung

Mit Hilfe der Strukturplanung soll die Ablaufstruktur eines Projektes grafisch dargestellt werden. Zuerst müssen die zu erledigenden Aufgaben (Vorgänge) ermittelt und die Reihenfolge der Bearbeitung - was muss fertig sein, um mit diesem Vorgang zu beginnen, was kann erst begonnen werden, nachdem dieser Vorgang beendet ist? – festgelegt werden. Hier soll auf das Beispiel in Abbildung 11.8 zurückgegriffen werden. Der Netzplan wird aufgrund dieser Angaben automatisch erstellt. Mit wenigen

[1] MS-Projekt

Befehlen können darüber hinaus Vorgänge ergänzt oder eliminiert, Beziehungen hergestellt oder gelöscht werden. Abbildung 11.11 zeigt für das Beispiel einen Netzplan.

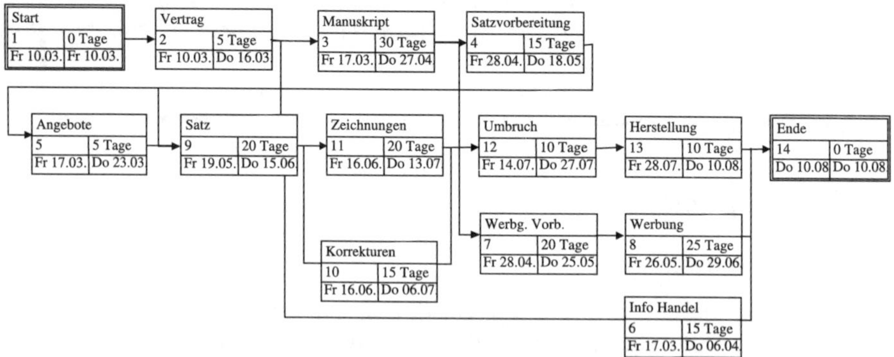

Abb. 11.11: Netzplan

> *Die Netzplantechnik unterstützt die Struktur-, Zeit-, Kosten- und Kapazitätsplanung von Projekten. Mithilfe eines Netzplanes kann die Ablaufstruktur eines Projektes grafisch dargestellt werden.*

11.5.2.3 Zeitplanung

Mit der Zeitplanung werden folgende *Ziele* verfolgt:

- Ermittlung der Projektdauer und damit des Endtermins
- Bestimmung der Anfangs- und Endtermine der einzelnen Vorgänge
- ermitteln der Pufferzeiten, d.h. der Zeitreserven je Vorgang
- Feststellung des sogenannten kritischen Weges, d.h. des Weges durch das Projekt, auf dem keinerlei Zeitreserven verfügbar sind - zeitliche Verzögerungen auf diesem Weg führen also zu einer Verschiebung des Endtermins.

Bei der Zeitplanung werden folgende *Schritte* durchlaufen:

- Ermittlung der Dauer jedes Vorgangs
- bestimmen der frühesten zeitlichen Lage jedes Vorgangs (Start- und Endtermin)
- errechnen der Projektdauer
- bestimmen der spätesten zeitlichen Lage jedes Vorgangs
- errechnen der Zeitreserven je Vorgang
- ermitteln des kritischen Weges.

Ermitteln der Dauer jedes Vorgangs

Als geschätzte Zeiten werden die Vorgangsdauern aus der Abbildung 11.8 zugrunde gelegt. Sie werden in Tagen gemessen. Bei Projekten bis zu einer Woche empfehlen sich Stunden als Zeiteinheit. Bei Projekten, die länger als ein halbes Jahr dauern, sind Wochen geeignete Zeiteinheiten.

Bestimmen der frühesten Lage, sowie des frühesten Endes jedes Vorganges

Die frühestmöglichen Anfangszeitpunkte werden ermittelt, indem beim Starttermin beginnend vorwärts gerechnet wird. Damit ergibt sich auch das frühestmögliche Ende jedes Vorganges.

Bestimmen der spätesten zeitlichen Lage jedes Vorganges

Wenn im Beispiel der späteste Endtermin des Projektes also der 15. September angenommen wird, dann ergibt sich die späteste zeitliche Lage durch eine Rückwärtsrechnung, d.h. vom Endtermin werden die Zeiten abgezogen, die die Vorgänge beanspruchen. Spätester Starttermin für die Werbung ist somit der 15. September minus 25 Arbeitstage, d.h. der 14. August, spätester Starttermin für die Vorbereitung der Werbung ist der 14. August minus 20 Arbeitstage, d.h. der 17. Juli usw. Hat ein Vorgang zwei oder mehr Vorgänger, dann ist der späteste Starttermin abhängig vom längeren Weg. So ist der späteste Starttermin für die Manuskripterstellung von dem spätesten Termin für die Satzvorbereitung abhängig und nicht vom spätesten Termin für die Werbungsvorbereitung.

Ermittlung der Zeitreserven je Vorgang

Zeitreserven werden in der Netzplantechnik „Pufferzeiten“ genannt. Innerhalb dieser Zeitreserven kann ein Vorgang verschoben oder verlängert werden, ohne die Projektdauer zu gefährden. Sie erweitern damit den Gestaltungsspielraum des Planers. Besonders wichtig ist die Gesamtpufferzeit. Sie sagt aus, um wieviele Zeiteinheiten ein Vorgang verlängert oder nach vorne verschoben werden kann, so dass der oder die Nachfolger gerade noch zum spätesterlaubten Anfangszeitpunkt beginnen können. Man errechnet die Gesamtpufferzeit eines Vorgangs, indem man vom spätesten Endzeitpunkt den frühesten Endzeitpunkt subtrahiert. Für die Werbung beträgt die Gesamtpufferzeit somit vom 14. August bis 15. September, das sind 30 Tage. Diese Pufferzeiten können auch sehr gut aus dem Balkendiagramm in Abbildung 11.9 abgelesen werden.

Ermitteln der Projektdauer und des kritischen Weges

Der kritische Weg ist der zeitlängste Weg durch das Projekt, d.h. der Weg, auf dem keine Zeitreserven mehr verfügbar sind. Die Projektdauer ist identisch mit dem zeitlängsten Weg. Der kritische Weg ist in der Abbildung 11.10 fett gedruckt.

Die Ergebnisse dieser Berechnungen für das Beispielprojekt finden sich in Abbildung 11.12.

Name	Beschreibung	Berechneter Anfang	Berechnetes Ende	Dauer
Start	Projektbeginn	10.03.94	10.03.94	0t
Vertrag	Vertrag abschließen	10.03.94	16.03.94	5t
Manuskript	Manuskript herstellen	21.03.94	27.04.94	30t
Satzvorbereitung	Satzvorbereitung Manuskript	09.05.94	18.05.94	15t
Angebote	Angebote einholen	31.03.94	23.03.94	5t
Info Handel	Information des Handels	22.03.94	06.04.94	15t
Werbg. Vorb.	Vorbereitung der Werbung	09.05.94	25.05.94	20t
Werbung	Werbung	06.06.94	29.06.94	25t
Satz	Satz der Texte	30.05.94	15.06.94	20t
Korrekturen	Korrektur der gesetzten Texte	27.06.94	06.07.94	15t
Zeichnungen	Anfertigen der Zeichnungen	27.06.94	13.07.94	20t
Umbruch	Umbruch der Fahnen	25.07.94	27.07.94	10t
Herstellung	Einrichten, Druck, Buchbinden	08.08.94	10.08.94	10t
Ende	Projektende	19.08.94	10.08.94	0t

Abb. 11.12: Zeitplanung mit Hilfe der Netzplantechnik

Die Berechnung der spätesten Lage der Vorgänge und des Puffers geht aus Abbildung 11.13 hervor. Es ist offenkundig, dass bei mittleren bis größeren Projekten diese Berechnungen nur mit einem wirtschaftlich vertretbaren Aufwand vorgenommen werden können, wenn sie maschinell unterstützt werden.

Name	Spätester Anfang	Spätestes Ende	Gesamte Pufferzeit
Start	10.03.94	10.03.94	0t
Vertrag	10.03.94	16.03.94	0t
Manuskript	21.03.94	27.04.94	0t
Satzvorbereitung	09.05.94	18.05.94	0t
Angebote	31.03.94	23.03.94	0t
Info Handel	22.03.94	06.04.94	0t
Werbg. Vorb.	09.05.94	25.05.94	30t
Werbung	06.06.94	29.06.94	30t
Satz	30.05.94	15.06.94	0t
Korrekturen	27.06.94	06.07.94	5t
Zeichnungen	27.06.94	13.07.94	0t

Umbruch	25.07.94	27.07.94	0t
Herstellung	08.08.94	10.08.94	0t
Ende	19.08.94	10.08.94	0t

Abb. 11.13: Späteste Lage und Pufferzeiten

> *Mit der Zeitplanung werden Projektdauer, früheste und späteste Anfangs- und Endtermine, der kritische Weg und die Pufferzeiten ermittelt. Diese Werte ergeben sich durch Vorwärts- bzw. Rückwärtsrechnung.*

11.5.2.4 Kapazitätsplanung

Jeder Schätzung über den Zeitverbrauch bestimmter Vorgänge liegt eine Annahme über die Zahl der einzusetzenden Aufgabenträger und Sachmittel zugrunde. Da die früheste und späteste Lage der Vorgänge bereits errechnet wurden, kann vorausgesagt werden, *innerhalb welcher Zeiträume wie viele Aufgabenträger und Sachmittel benötigt* werden, vorausgesetzt, die Leistung dieser Kapazitäten ist bekannt.

Wenn bei einzelnen Vorgängen Pufferzeiten vorhanden sind, können die Vorgänge verschoben werden mit dem Ziel, die vorhandenen Kapazitäten möglichst gut zu nutzen. In der Abbildung 11.14 sind zwei Kapazitätsanforderungsprofile dargestellt, je eines für den frühestmöglichen (FA) und eines für den spätestmöglichen (SA) Anfang der Tätigkeiten. Diese Profile zeigen den Kapazitätsbedarf im Zeitablauf des Projektes.

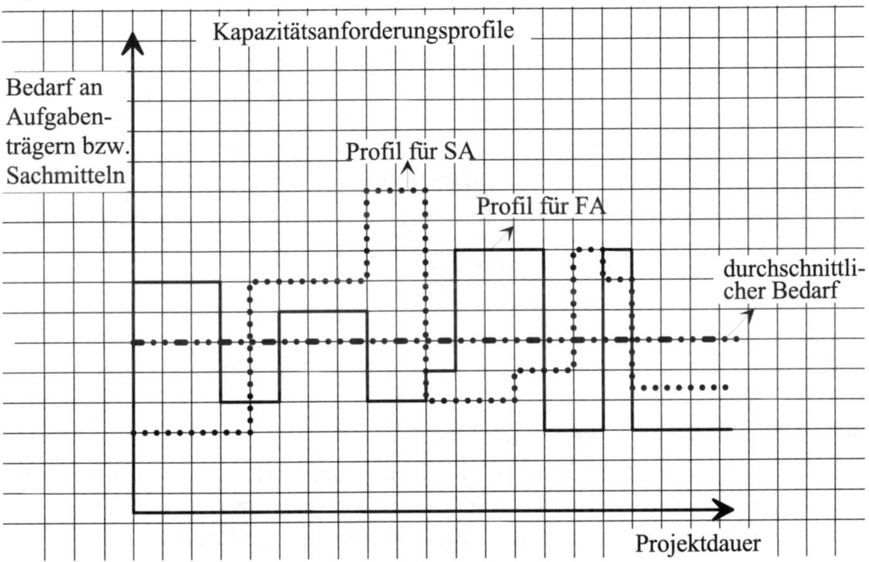

Abb. 11.14: Kapazitätsanforderungsprofile

Ziel der Planung kann es nun sein, möglichst gleichmäßig die Kapazitäten zu nutzen, d.h. so nahe wie möglich an den durchschnittlichen Bedarf heranzukommen, oder aber auch bewusst Spitzen einzuplanen, etwa wenn benötigte Mitarbeiter für dieses Projekt nur zu bestimmten Zeiten zur Verfügung stehen.

11.5.2.5 Kostenplanung

Prinzipiell ähnelt die Kostenplanung der Kapazitätsplanung. Es werden die *Kosten* ermittelt, die jeder *Vorgang* verursacht. Die Addition der einzelnen Vorgangskosten ergibt die Gesamtkosten. In einem Koordinatensystem kann analog zur Kapazitätsbedarfskurve der Projektkostenverlauf in Abhängigkeit von der zeitlichen Lage der Vorgänge ermittelt und dargestellt werden.

> *Kapazitätsanforderungsprofile werden für den frühesten Anfang und den spätesten Anfang ermittelt. Durch die Verschiebung der Vorgänge mit Pufferzeiten kann der Bedarf an die verfügbaren Kapazitäten angepasst werden. Analog können die Kosten der Vorgänge ermittelt und dargestellt werden.*

11.6 Präsentationstechnik

11.6.1 Präsentation im Rahmen des Projektablaufs

Die typische Präsentation bei kleineren organisatorischen Vorhaben liegt als *Entscheidungssitzung* vor dem sogenannten Systembau. Hier soll von den Entscheidungsberechtigten grünes Licht eingeholt bzw. eine Entscheidung für eine von mehreren Konzeptionen gefällt werden. Bei umfangreichen organisatorischen Vorhaben finden im Laufe der Projektarbeit häufig mehrere *Präsentationen* mit *unterschiedlichen Inhalten* und *unterschiedlichen Zielvorstellungen* statt:

Vier verschiedene *Anlässe von Präsentationen* können unterschieden werden:

- Präsentation zur Entscheidungsfindung
- Präsentation zur Information
- Präsentation zur Meinungsbildung
- Präsentation zur Überzeugung.

Präsentationen zur Entscheidungsfindung

Entscheidungspräsentationen finden zu *ereignis- und* u.U. auch zu *zeitpunktorientierten Entscheidungspunkten* statt. Sie sind mit Verkaufssitzungen vergleichbar. Der Leiter der Projektgruppe präsentiert allein oder mit seinen Projektmitarbeitern vor dem Entscheider (Entscheidungskollegium), um grünes Licht für die Fortführung des Projektes zu erhalten, oder um zu erfahren, welchen Weg sie weiter verfolgen sollen.

Präsentationen zur Information

Bei den Präsentationen zur Information *stehen* die *Ergebnisse fest*. Es sind keine Entscheidungen zu fällen. Die Veranstaltungen dienen lediglich dazu, entwickelte und verabschiedete Lösungen *vorzustellen*, zu *erläutern* und zu *begründen*. Sie unterstützen die Politik der offenen Tür während der Projektarbeit und dienen der Einführung neuer Lösungen.

Präsentationen zur Meinungsbildung

Bei Präsentationen zur Meinungsbildung (heute häufig auch *Workshop* genannt) soll weniger ein geplantes Ergebnis verkauft, als vielmehr eine breite *gemeinsame Basis für Lösungen* gefunden werden. Mitglieder des betroffenen Bereiches werden mit Lösungsansätzen und offenen Fragen konfrontiert. Die Beteiligung der vom Vorhaben Betroffenen bringt neben sachlichen Hinweisen normalerweise auch psychologisch positive Folgen mit sich. Durch die Beteiligung wird meistens eine *Identifikation* mit dem Projekt erreicht. Die Ergebnisse der Projektarbeit werden eher akzeptiert. Aus diesen Überlegungen heraus sollte regelmäßig geprüft werden, ob und in welchem Umfang Präsentationen zur Meinungsbildung abzuhalten sind.

Präsentationen zur Überzeugung

Diese Form einer Präsentation ist der Informationspräsentation sehr ähnlich. Allerdings wird hier größerer Wert darauf gelegt, den Anwesenden die Vorteile der Lösung glaubhaft zu machen. Die Schilderung der Varianten tritt demgegenüber zurück.

> *Hinsichtlich ihres Zwecks können Präsentationen zur Entscheidungsfindung, zur Information, zur Meinungsbildung und zur Überzeugung unterschieden werden.*

Präsentationen bieten viele *Chancen*, bergen allerdings immer auch *Risiken* in sich. Gelingt eine Präsentation, gewinnt die Projektgruppe Vertrauen und Unterstützungsbereitschaft. In der Einführung werden eher weniger Widerstände zu überwinden sein. Eine Präsentation ist eine Leistungsschau der Projektverantwortlichen, nicht eine lästige Pflichtübung. Misslungene Präsentationen sind häufig auf eine mangelhafte Vorbereitung, nicht auf schlechte Sachlösungen zurückzuführen. Die Vorbereitung kann in zweierlei Hinsicht mangelhaft sein: Zum einen sind vielleicht elementare technische Regeln nicht beachtet worden, und zum anderen wurde die psychologische Komponente der Präsentation unterschätzt. Was für den geschulten Verkäufer ein Gemeinplatz ist, wird von vielen Projektleitern noch nicht ausreichend beachtet: Neben rationalen, sachorientierten Argumenten muss die psychische Situation der Beteiligten, müssen Wünsche, Bedürfnisse, Befürchtungen, Werthaltungen, Erfahrungen bewusst berücksichtigt und angesprochen werden.

11.6.2 Vorbereitung der Präsentation

11.6.2.1 Information

Die *Vorabinformation* der Teilnehmer beschränkt sich auf *technische Daten*. Ort, Zeit, voraussichtliche Dauer, Teilnehmer, Begründung, Thema und Ziel der Veranstaltung sind mitzuteilen. Im Normalfall sollten keine Informationen über Inhalte, Lösungsansätze, Thesen usf. vorab gegeben werden. Derartige Vorabinformationen führen zu Diskussionen und Meinungsbildungsprozessen vor der Präsentation, die nicht beeinflusst werden können. Die Teilnehmer kommen dann mit festgefügten Standpunkten in die Präsentation und sind nicht mehr offen für einen gemeinsamen Meinungsbildungsprozess. Allerdings sollte bei *wichtigen Entscheidern* bereits *im Vorfeld* der Präsentation geklärt werden, ob grundsätzliche *Bedenken* gegen die beabsichtigten Vorschläge bestehen, bzw. ob die mit dem Projekt verbundenen Erwartungen voraussichtlich erfüllt werden. Dazu muss für diese Zielgruppe der „Schleier" vorher schon ein wenig gelüftet werden.

11.6.2.2 Raum

Die Präsentation sollte möglichst in einem Raum stattfinden, in dem die benötigten technischen Hilfsmittel verfügbar sind. Tafeln, Tageslichtschreiber, Flip-Charts und Steckwände sollten selbstverständliche Utensilien jedes Präsentationsraumes sein. Holzgetäfelte Chefräume sind aus technischen und psychologischen Gründen für Präsentationen wenig geeignet.

11.6.2.3 Beteiligte

Die Auswahl der Teilnehmer hängt von der Zielsetzung der Sitzung ab. Der Teilnehmerkreis sollte klein gehalten werden - maximal 15 bis 20 Teilnehmer, bei meinungsbildenden Präsentationen deutlich weniger - da andernfalls die Präsentation zu einem Vortrag entartet und nicht zu einer gemeinsamen Diskussion führt.

Die *Vortragsphase* einer Präsentation, die normalerweise nicht länger als 15 bis 20 Minuten dauern sollte, kann vom Projektleiter, vom rhetorisch geschicktesten Mitglied der Projektgruppe oder von mehreren Mitgliedern der Projektgruppe bestritten werden. Für den Projektleiter spricht die Übersicht über das gesamte Projekt und die Übung im Umgang mit Menschen, insbesondere mit Vorgesetzten. Für den rhetorisch Begabtesten spricht die Überzeugungskraft, die von einem gekonnten Vortrag ausgeht. Die Mehrheit der Argumente scheint jedoch für den Einsatz *mehrerer Mitglieder der Projektgruppe* zu sprechen. Ein Wechsel der Präsentierenden weckt neues Interesse und erhöht damit die Aufmerksamkeit. Allerdings darf der Wechsel nicht zu häufig stattfinden - maximal drei Präsentierende in 15 Minuten - da er sonst eher störend wirkt und zuviel der Aufmerksamkeit durch die jeweils neue Person absorbiert wird. Darüber hinaus spricht für die arbeitsteilige Präsentation, dass der jeweilige *Fachmann* der Projektgruppe - wenn er ausreichend rhetorisch geschickt ist - über sein Spezialgebiet Auskunft geben kann. Schließlich - und dieses Argument wiegt aus Führungsüberlegungen heraus schwer - haben auf diese Weise mehrere Mitarbeiter Gelegenheit, aus dem Schatten der Anonymität herauszutreten und ihre eigene Arbeit vorzustellen. Diese Chance erhöht die *Motivation* und die *Identifikation* mit dem Projekt.

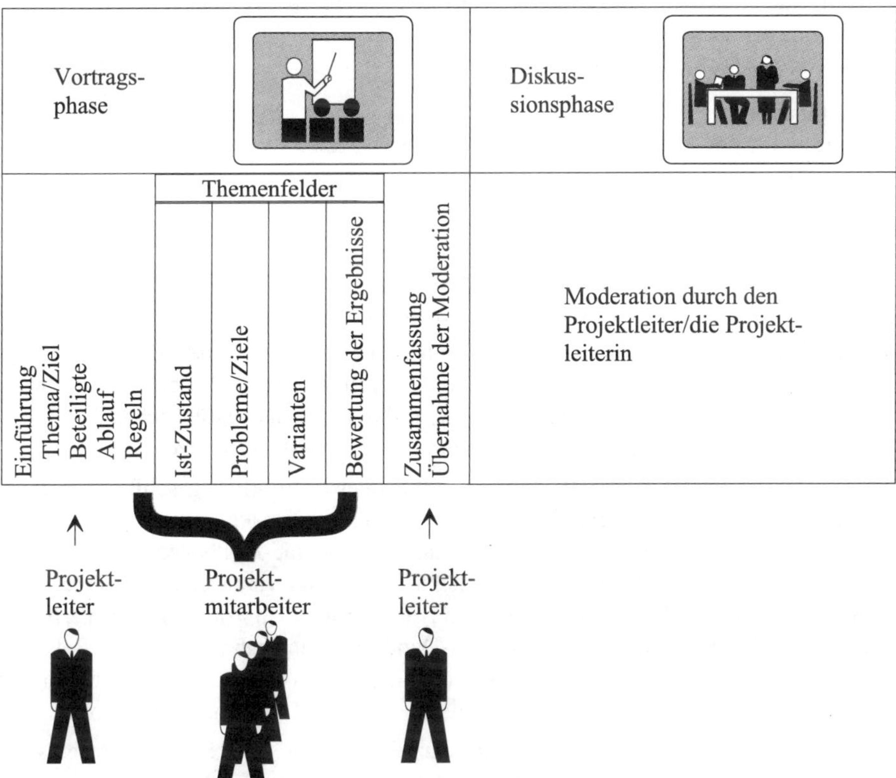

Abb. 11.15: Ablauf und Arbeitsteilung einer Präsentation

Wenn mehrere Mitarbeiter präsentieren, ist der *Projektleiter für den Rahmen zuständig*. Er erläutert zu Beginn Zielsetzung und Themenschwerpunkte und stellt die Präsentierenden vor. Nach den Teilpräsentationen fasst er die Ergebnisse noch einmal stichwortartig zusammen und leitet in die nächste Phase (*Diskussionsphase*) über.

Diese Arbeitsteilung führt zu einer „Sandwich-Präsentation". Der Projektleiter fungiert als Klammer, die Projektmitarbeiter bringen die eigentlichen Sachaussagen. Dadurch wird die Rolle des Projektleiters bewusst neutralisiert, ohne dass seine Verantwortlichkeit für das Projekt verwischt wird. Der Projektleiter hat sich nicht selbst zu sehr als Partei engagiert; das erleichtert seine *Moderationsrolle* in der Diskussionsphase wesentlich.

Diese Diskussionsphase folgt auf die Vortragsphase und dauert üblicherweise 45 - 60 Minuten.

11.6.2.4 Inhalt

Die Inhalte einer Präsentation wurden in Abbildung 11.15 grob skizziert. Hier sollen die einzelnen Themenfelder etwas eingehender dargestellt werden. Jede Präsentation umfasst in der Vortragsphase folgende vier *Themenfelder*, die normalerweise *auch in dieser Reihenfolge zu behandeln* sind:

1. Ist-Zustand
2. Probleme des Ist-Zustandes bzw. Ziele dieses Projektes (was soll verbessert werden?)
3. Mögliche Lösungsvarianten
4. Bewertung der Lösungsvarianten und Empfehlung

Diese *Themenfelder* sind allerdings der Zielgruppe und der Zielsetzung der Präsentation entsprechend *unterschiedlich intensiv* zu behandeln.

Der *Ist-Zustand* ist den von der Lösung Betroffenen normalerweise bekannt; die Entscheidungsberechtigten dürfte er kaum interessieren. Bei einer Präsentation zur Meinungsbildung kann es jedoch notwendig sein, das Ist etwas ausführlicher darzustellen, besonders wenn nicht alle den gleichen Informationsstand besitzen.

Die *Probleme des Ist-Zustandes* müssen fast immer ausführlich geschildert werden, da aus ihnen die Begründung für die vorgeschlagenen Lösungsvarianten abgeleitet werden kann. Lediglich bei einer Informationspräsentation können die Probleme zurücktreten, weil die Lösung unterstellterweise bereits verabschiedet wurde. Psychologisch kann es besser sein, nicht von den Problemen sondern von *Verbesserungsmöglichkeiten* (Zielen) zu sprechen. Damit können insbesondere die Betroffenen und deren Vorgesetzte meistens besser umgehen. Wenn Dritte die Betonung zu stark auf die Probleme legen, dann wirkt das bei vielen Menschen als Bedrohung.

Die *Beschreibung der Varianten* sollte speziell in einer Entscheidungspräsentation sehr kurz gefasst werden, da die Entscheider sich mit den grundsätzlichen Vor- und Nachteilen, mit der Eignung der Lösungen auseinandersetzen sollten, nicht mit den Lösungsdetails. Präsentationen vor den späteren Benutzern erfordern demgegenüber detaillierte Ausführungen über die Varianten.

Normalerweise sollten in Entscheidungspräsentationen und in Meinungsbildungspräsentationen *mehrere Varianten* vorgestellt werden. Nur so lässt sich der Eindruck vermeiden, dass die Anwesenden vor vollendete Tatsachen gestellt werden sollen.

Gleichzeitig wird deutlich, dass die Projektträger sich bemüht haben, den gesamten Bereich möglicher Lösungen zu untersuchen.

Die *Bewertung der Ergebnisse* sollte bei allen Präsentationen (ausgenommen Informationspräsentationen) den breitesten Raum einnehmen. Nur wenn es gelingt, überzeugend die Vorteile der favorisierten Lösung herauszuarbeiten, ist zu erwarten, dass der Vorschlag angenommen wird. Die Argumentation wirkt in der Bewertung besonders schlüssig, wenn - möglichst auch optisch - deutlich gemacht wird, dass die früher genannten *Probleme durch* den favorisierten *Lösungsvorschlag beseitigt* werden bzw. die angestrebten Ziele auch erreicht werden können. Grundsätzlich steigt das Vertrauen in die Seriosität der Präsentation, wenn die Präsentierenden *von sich aus Schwachstellen zugeben. Allerdings sollte dann eine überzeugende Liste von Vorteilen vorbereitet sein,* die ein eindeutiges Übergewicht haben müssen.

Eine brauchbare Technik zur Erarbeitung von Vor- und Nachteilen ist das *Pro- und Contra-Spiel.* Zwei Parteien, die aus jeweils 2 bis 3 Mitgliedern bestehen, bereiten sich auf Argumente für und gegen eine Lösungsvariante vor. Besonders wirkungsvoll ist dieser Ansatz, wenn Fachleute mit tatsächlich abweichenden Meinungen aufeinander treffen. Die beiden Parteien setzen sich einander gegenüber und beginnen ihre Diskussion, wobei die PRO-Partei nur Argumente dafür und die CONTRA-Partei nur Argumente dagegen bringen darf. Nach 5 - 10 Minuten werden die Rollen vertauscht, die bisher dafür waren, müssen nun dagegen argumentieren und umgekehrt. Während der gesamten Diskussion notieren zwei Protokollanten sämtliche vorgebrachten Argumente, die anschließend geordnet und nach ihrer Bedeutung abgestuft werden. Bis dahin nicht erkannte Gegenargumente werden, soweit sie gravierend sind, vertieft und weiter bearbeitet. Diese Technik macht *unangenehme Überraschungen* während der Präsentation zwar nicht unmöglich, aber zumindest doch weniger *wahrscheinlich.*

Die Abbildung 11.16. soll die unterschiedliche *zeitliche Gewichtung der einzelnen Themenfelder* verdeutlichen. Die Stärke des Balkens entspricht dem Zeitaufwand in der Vortragsphase der Präsentation. Hier können selbstverständlich nur Tendenzaussagen gemacht werden.

> *Der Vortragsteil einer Präsentation besteht normalerweise aus vier Themenfeldern - Ist, Probleme/Ziele, Varianten, Bewertung -, die abhängig vom Ziel und abhängig von den Beteiligten zeitlich unterschiedlich zu gewichten sind. Besonders wichtig ist es, mögliche Gegenargumente rechtzeitig zu erkennen (Pro und Contra) und zu entschärfen.*

	Ist-Zustand	Probleme/ Ziele	Varianten/ Verfahrens-beschreibung	Bewertung der Ergebnisse
Entscheidungs-präsentation				
Informations-präsentation (etwa vor Be-troffenen)				
Präsentation zur Meinungsbildung				
Überzeugungs-präsentation				

Abb. 11.16: Zeitanteile in der Vortragsphase einer Präsentation

11.6.2.5 Visualisierung

Die Technik der Visualisierung ist ein wichtiges Instrument der Projektarbeit. Einem Sprichwort zufolge *sagt ein Bild mehr als tausend Worte.* Aus dieser allgemeinen Formulierung lassen sich die *Vorteile der Visualisierung* ableiten:

- Leichteres Erkennen von Zusammenhängen
- Aufmerksamkeitswirkung
- Orientierungshilfe für Vortragenden wie Zuhörenden bzw. Diskussionspartner
- hervorheben von Aussagen
- besseres Behalten von Gesehenem und Gehörtem.

Da zur Visualisierung nicht nur der Einsatz von *Bildern*, sondern auch von *Texten* zählt, kann auch eine Diskussion visualisiert werden, indem die wichtigsten Aussagen für alle sichtbar stichwortartig schriftlich festgehalten werden. Dadurch liegt nach Ablauf der Sitzung gleich ein Stichwort-Protokoll vor. Für beide Formen der Visualisierung, Text und Bild, gelten unterschiedliche *Regeln und Gesetzmäßigkeiten*, die im Folgenden skizziert werden sollen.

Visualisierung durch Text kann mit erklärungsbedürftigen Stichworten und mit selbstsprechenden Aussagen erfolgen. Für die Präsentation empfiehlt sich zumeist das *erklärungsbedürftige Stichwort*; dies weckt die Neugier des Zuhörers, während bei selbstsprechenden Aussagen leicht die Aufmerksamkeit vom Präsentierenden auf die Texte übergeht. Die Teilnehmer lesen die Aussagen durch, lehnen sich zurück und schalten ab.

Aussagen, Vor- und Nachteile sollten in dem Umfang visualisiert werden, wie sie das *Nachvollziehen* des Vortrags, das *Erkennen der Zusammenhänge erleichtern*. Zusätzlich kann eine Visualisierung an Stelle eines Manuskriptes dem Präsentierenden als Leitfaden dienen. Er schützt sich durch die Visualisierung davor, vom beabsichtigten Weg abzuweichen und wichtige Aussagen zu vergessen.

Einige *technische Regeln* zur verbalen Visualisierung sind zu beachten. So muss die *Schriftgröße* auf die *Größe des Raumes* und die Zahl der Teilnehmer abgestellt sein. Technisch perfekte Lösungen auf Flipcharts, Pinnwänden und Karten sollten zugunsten gut lesbarer, klarer, handgeschriebener Texte zurücktreten. Farbige Filzstifte eignen sich besonders, um in unterschiedlichen Schriftgrößen manuell Texte zu erstellen. Farben sind ein wichtiges Mittel, um bedeutsame Aussagen herauszustellen. Weitere Formen für Hervorhebungen sind Unterstreichungen, Einrahmungen, Unterlegung, Wechsel von Groß- und Kleinschreibung. Es ist allerdings zu beachten, dass die Anforderungen an die Qualität der Visualisierung - insbesondere bei Folien und Tischvorlagen - in den letzten Jahren deutlich gestiegen sind, aufgrund der immer besseren Unterstützung durch Textverarbeitungs- und Grafiksoftware.

Die bildhafte Darstellung von Vor- und Nachteilen, Einsparungen, Mengen-, Zeit- oder Wertrelationen wird in der Organisationsarbeit noch sehr wenig praktiziert. Durch eine geschickte Aufbereitung können jedoch manche Aussagen wesentlich besser „rübergebracht" werden. Sie können heute mit relativ geringem Aufwand angefertigt werden. Technische Hinweise sollen sich hier auf die Herstellung und einige *Grundregeln* beschränken.

- Wenige Aussagen pro Bild
- nicht zu viele Bilder (3-6 pro Präsentation)
- Vergleiche nebeneinander abbilden
- Verwendung von Farben zur Hervorhebung
- nicht mehr als 3 Farben pro Bild
- wichtige Aussagen ins Bildzentrum
- Harmonie von Bild und Text
- gute Nutzung der Fläche.

Als letztes soll hier noch auf die technischen Hilfsmittel der Präsentation eingegangen werden. Zur Verfügung stehen beispielsweise Tageslichtschreiber, Tafeln, Flipcharts, Steckwände, Packpapier oder Beamer - zur Projektion von Bildschirminhalten - die alle je nach Darstellungsinhalt, räumlichen Gegebenheiten, Teilnehmerkreis etc. unterschiedlich geeignet sein können. Eine Beurteilungshilfe soll Abbildung 11.17 bieten.

Kriterien \ Hilfsmittel	Tafel	Tages-licht-projektor	Flipchart (Papier-ständer)	Steckwand (Weich-faser-platten)	Pack-papier	Beamer
Anschaffungskosten	+	-	+	+	++	-
Unterhaltungskosten	++	+	-	++	++	+
Transportierbar	+ -	+ -	+	-	++	+
Dauerhafte Dokumentation	-	+	+	0	+	0
Duplizierbar	-	+	+ -	0	-	+
Anforderungen an den Raum	+	+ -	+	-	+	+
Vorbereitungs-zeitaufwand	+	+	+	0	+	+
Gleichzeitig mehrere Darstellungen möglich	-	-	+	+	+	-
Platzbedarf	-	+	+	+	+	+
Aktiviert Teilnehmer zu Ergänzungen	+	-	+	+	++	-
Entwickeln von Aussagen	-	+	+	+	++	++

++ = sehr positiv + = positiv - = negativ 0 = entfällt

Abb. 11.17: Bewertungsmatrix für Visualisierungshilfsmittel

> *Die textliche und bildliche Visualisierung wichtiger Ergebnisse und Aussagen helfen Präsentierenden und Teilnehmern. Eine ansprechende optische Aufbereitung, bei der elementare technische Regeln beachtet werden, fördert dieVerständigung und erhöht die Akzeptanz.*

11.6.2.6 Unterlagen

Es gilt das Prinzip „*Qualität vor Quantität*". Zu viele Unterlagen lenken von der eigentlichen Präsentation ab. Zu ausführliche Texte verhindern ebenfalls aufmerksames Zuhören. In geraffter Form sollten die wichtigsten Aussagen zur Verfügung gestellt werden. Besonders ist darauf zu achten, dass alle visualisierten Sachverhalte in den *Teilnehmerunterlagen* enthalten sind. Das ist ein Schutz gegen technische Pannen – Tageslichtschreiber fällt aus, oder jemand hat seine Brille vergessen - und kommt dem offensichtlich elementaren menschlichen Bedürfnissen entgegen, Gesehenes auch nach Hause tragen zu wollen.

Es empfiehlt sich, die Teilnehmer zu Beginn der Sitzung darauf hinzuweisen, dass nach Abschluss der Präsentation eine aussagekräftige Dokumentation zur Verfügung gestellt wird. Das verhindert aufmerksamkeitsbindendes Mitschreiben oder Blättern in den Unterlagen.

11.6.3 Durchführung der Präsentation

11.6.3.1 Vortragsphase

Wie schon erwähnt, gliedert sich eine Präsentation in eine *Vortrags-* und in eine *Diskussionsphase*. Die Vortragsphase sollte etwa 1/4 der Präsentationszeit nicht überschreiten, insgesamt normalerweise nicht länger als 15 - 20 Minuten dauern. Das bedingt im Regelfall „Mut zur Lücke" und eine Konzentration auf die wichtigsten Aussagen. Langwierige Vorträge führen schnell zu sinkender Konzentration bei den Zuhörern.

In der Vortragsphase werden je nach Anlass Probleme angesprochen, Lösungen vorgestellt, Entscheidungspunkte aufgezeigt. Treten mehrere Präsentierende auf, sollte zwischen ihnen ein eingeübter, nahtloser Wechsel stattfinden.

Es versteht sich von selbst, dass in dieser Phase die Regeln der *Rhetorik*, wie freie Rede, Blickkontakt, Variation der Lautstärke und Modulation, Gestik, Mimik usf. gelten. Sind die Präsentatoren in der Kunst der freien Rede wenig geübt, sollten Präsentationen zuvor trainiert werden.

Wie bereits zu Beginn erwähnt, ist die psychologische Komponente in der Präsentation ausgesprochen wichtig. Es sollte bewusst versucht werden, ein *Sympathiefeld* aufzubauen, d.h. die Teilnehmer für sich einzunehmen.

11.6.3.2 Diskussionsphase

Die Diskussionsphase sollte etwa *3/4 der Präsentationszeit* einnehmen. Je nach Präsentationsziel gilt es, Anregungen zu erhalten, offene Fragen zu klären, zu Einwänden Stellung zu nehmen, Bedenken zu zerstreuen oder die Teilnehmer positiv einzustimmen. Der Projektleiter dient als Moderator zwischen Teilnehmern und Projektgruppenmitgliedern; er fasst die Ergebnisse zusammen und sorgt für die *Beteiligung* der Anwesenden. Einige bewährte Beteiligungstechniken, die dazu beitragen sollen, die Teilnehmer zu Mitdenken, zu Kritik, zu Verbesserungsvorschlägen etc. zu aktivieren, sollen hier geschildert werden.

Eine wichtige Beteiligungstechnik ist das *„motivierende Gruppenverhalten"*. Der Moderator versucht, die Diskussion zu aktivieren, indem er Diskussionsregeln bekannt gibt, z.B. Beschränkung der Redezeit, Visualisierung aller gemachten Aussagen etc. Er versucht, möglichst alle Teilnehmer einzubeziehen, spricht auftretende Spannungen offen an und versucht auf diesem Wege, sie zu beseitigen, verhindert sogenannte Killerphrasen, geht auf die Gruppenmeinung ein, d.h. moderiert statt zu leiten!

Zur Beteiligung der Teilnehmer kann auch die *Abfragetechnik* verwendet werden. Wenn in kürzester Zeit Tatbestände, Daten, Erfahrungen, Haltung, Einstellungen usf. gesammelt werden sollen, kann dieses auf dem Weg einer *offenen* oder einer *anonymen schriftlichen Befragung* geschehen. Mit anonymen Abfragen gelingt es eher, auch schweigsame Teilnehmer zur Mitarbeit zu bewegen. Diese Technik eignet sich insbesondere, wenn eher unkonventionelle Äußerungen erwartet werden, die unter Umständen in der Gruppe nicht artikuliert würden. Wichtig ist eine präzise Abgrenzung und verständliche Formulierung des Themas. Zur weiteren Verwendung der Gedanken ist auch hier eine Visualisierung angebracht, etwa dergestalt, dass die Teilnehmer ihre Gedanken stichwortartig auf Karten (ca. 10 x 15 cm) festhalten. Die Schrift sollte auch noch aus der größtmöglichen Entfernung im Präsentationsraum für alle lesbar sein. So werden alle Beteiligten aktiviert, und darüber hinaus wird sichergestellt, dass keine Gedanken verloren gehen.

Schließlich sollen hier - ohne Anspruch auf Vollständigkeit - noch Techniken genannt werden, die dazu dienen können, die Meinung der Teilnehmer etwa über Prioritäten, Präferenzen, Schwerpunkte usw. festzustellen. Beim *Punktverfahren* erhält jeder Teilnehmer einige selbstklebende Punkte, die er bei der Abfrage z.B. auf die seiner Ansicht nach beste(n) Variante(n), wichtigsten Fälle usf. verteilt, d.h. er klebt sie an die entsprechende Stelle in einem vorbereiteten Schema. Da diese Abfrage nicht anonym ist, können allerdings starke verzerrende Wirkungen auftreten, wenn starke „opinion leaders“ anwesend sind.

Varianten			
Kundengruppe	Kunden + Produkt	Produkt	Region
● ● ● ● ● ● ● ● ● ● ● ● ● ● ● ●	● ● ● ● ● ● ●	● ● ●	● ● ● ● ● ● ● ● ●
16	7	3	9

Abb. 11.18: Punktwertverfahren

Sollen die Beteiligten eine Bewertung zu bestimmten Fragen abgeben, kann ein *Koordinatensystem* vorbereitet werden, in dem gleichzeitig zwei - miteinander korrespondierende - Aussagen gemacht werden. Jeder Beteiligte erhält einen Klebepunkt und gibt damit seine persönliche Meinung wieder.

Im Beispiel sollten die Teilnehmer der Präsentation sich zu der Frage äußern, welche Auswirkungen sie für die Sachbearbeiter erwarten, wenn diese zukünftig selbst ihre Schriftstücke erstellen, ob die Sachbearbeitung dadurch behindert wird und ob die Aufgabe der Sachbearbeiter dadurch attraktiver wird (Abb. 11.19).

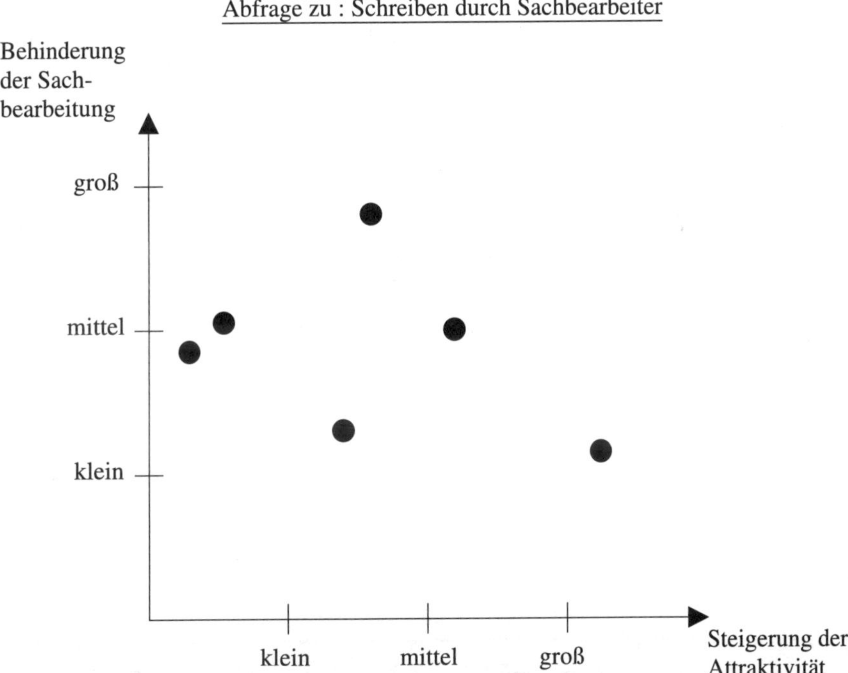

Abb. 11.19: Koordinatenabfrage

Die hier geschilderten Techniken sind sicherlich nicht von heute auf morgen einzuführen, wenn bisher keinerlei Übung oder Erfahrung damit vorliegt. Die Projektbeteiligten sollten behutsam Schritt für Schritt versuchen, diese Techniken auch bei konventionellen Sitzungen anzuwenden.

Bei der Informationspräsentation werden am Ende der Diskussionsphase die Lösungen noch einmal vom Projektleiter *zusammengefasst*, dargestellt und die weiteren Schritte erläutert. Bei einer Präsentation zur Meinungsbildung und bei Entscheidungspräsentationen werden ebenfalls die erarbeiteten Ergebnisse zusammengefasst und der Projektfortschritt aufgezeigt. Zusätzlich muss aber versucht werden, von den Anwesenden eine Entscheidung bzw. das Signal einer Zustimmung zu erhalten, da die weitere Arbeit am Vorhaben unmittelbar davon abhängt.

11.6.3.3 Auswertung der Präsentation

Nach Abschluss der Präsentation ist ein Protokoll anzufertigen. Daran sollten möglichst alle Mitglieder der Projektgruppe mitarbeiten, um Fehlinterpretationen und Missverständnisse zu vermeiden. Das Protokoll ist allen Teilnehmern sowie den verhinderten Mitgliedern des Kollegiums zuzuleiten. Es sollte sich auf das Wesentliche beschränken (Ergebnisprotokoll). Ein nicht innerhalb gewisser Frist reklamiertes Protokoll sollte vereinbarungsgemäß als verabschiedet gelten.

Weiter empfiehlt sich eine *Manöverkritik* in der Projektgruppe, sowohl aus inhaltlicher wie auch aus präsentationstechnischer Sicht. Pannen, Probleme, aber auch Erfolge sollten analysiert werden, um aus den Erfahrungen für weitere Präsentationen zu lernen.

Während der Präsentation ist neben der sachlichen Argumentation bewusst zu versuchen, ein Sympathiefeld aufzubauen. Nach der Vortragsphase (etwa 15-20 Minuten) folgt die Diskussionsphase (2-3fache Zeit der Vortragsphase), deren Effizienz durch den gezielten Einsatz von Visualisierungs- und Beteiligungstechniken gesteigert werden kann. Nach Abschluss der Präsentation muss ein Protokoll angefertigt werden. Die Projektgruppe sollte anschließend eine Manöverkritik durchführen.

Fragen zum Kapitel 11	Text dazu auf Seite
1. Wozu dienen die Managementtechniken?	413
2. Was sind die wesentlichen Kriterien zur Bestimmung der Projektprioritäten?	415
3. Schildern Sie das Rangziffernverfahren zur Bestimmung von Projektprioritäten.	416f
4. Wie gehen Sie vor, um die Projektaufgaben zu ermitteln?	418ff
5. Was sollte man bei der Schätzung von Projektzeiten beachten?	423
6. Was ist ein Projektfortschrittsplan?	424f
7. Welche Planungen unterstützt die Netzplantechnik?	427
8. Wie wird die früheste Lage und das früheste Ende eines Vorganges ermittelt?	429
9. Was ist eine Pufferzeit, und wie wird sie ermittelt?	429f

10. Welche Anlässe von Präsentationen gibt es?	432
11. Weshalb sind Präsentationen für die Projektbearbeiter so wichtig?	433
12. Aus welchen Themenfeldern besteht der Vortragsteil einer Präsentation?	436
13. Wozu dient das PRO- und CONTRA-Spiel, und wie läuft es ab?	437
14. Welche Vorteile hat die Visualisierung?	438
15. Wie gliedert sich eine Präsentation zeitlich?	441

Weiterführende Literatur zu diesem Abschnitt

Cleland, D.I.; W.R. King: Project Management Handbook. New York 1988

Daenzer, W.F.; F. Huber, (Hrsg.): Systems Engineering. Methodik und Praxis. Haberfellner/Nagel/Becker/Büchel/von Massow. 9. Auflage, Zürich 1997

Fischermanns, G.; W. Liebelt: Grundlagen der Prozeßorganisation. 5. Aufl., Gießen 2000

Frühauf, K.; J. Ludewig; H. Sandmayr: Software - Projektmanagement und - Qualitätssicherung. 2. Aufl. Stuttgart 1991

Goldmann, H.M.: Wie Sie Menschen überzeugen. Kommunikation für Führungskräfte. Düsseldorf/Wien/New York 1990

Hartmann, M.; R. Funk; H. Nietmann: Präsentieren. Präsentationen: zielgerichtet und adressatenorientiert. Weinheim/Basel 1991

Hierhold, E.: Sicher präsentieren - wirksamer vortragen. Wien 1990

Kulich, K.: Erfolgreich präsentieren. 2. Aufl., Ehningen 1990

Litke, H.-D.: Projektmanagement. Methoden, Techniken, Verhaltensweisen. München /Wien 1991

Schnelle-Cölln, T.: Optische Rhetorik für Vortrag und Präsentation. Quickborn 1988

Schrader, E.; J. Bichne: Auswählen, Verdichten, Gestalten. Ein Lernprogramm zur optimalen Gestaltung von Informationen. Essen 1984

Seiffert, J.W.; S. Pattay: Visualisieren - Präsentieren - Moderieren. Speyer 1991

Siemens (Hrsg.): Organisationsplanung - Planung durch Kooperation. 6. Aufl., Berlin und München 1984

Thiele, A.: Überzeugend präsentieren. Präsentationstechnik für Fach- und Führungskräfte. Düsseldorf 1991

Wohlleben, H.-D.: Techniken der Präsentation. 5. Aufl., Gießen 1994

Literaturverzeichnis

Acker, H.B.: Organisationsanalyse. Verfahren und Techniken praktischer Organisationsarbeit. 9. Aufl., Baden-Baden/Bad Homburg v.d.H. 1977

Altrogge, G.: Investition. 2. Aufl., München et. al. 1991

Atteslander, P.: Methoden der empirischen Sozialforschung, 7. Aufl., Berlin 1992

Becker, B.: Erhebungstechniken. In: Handbuch der Verwaltung. Hrsg. v. U. Becker und W. Thieme. Heft 4.1 Köln/Berlin/Bonn/München 1974

Bender, E.: Personalbemessung durch Multimomentstudien mit Fremdbeobachtern. In: Personalbemessung. Praktische Verfahren zur Bestimmung des quantitativen Personalbedarfs. Gießen 1980. S. 115-145

Bertalanffy, L.v.: General system theory. 7. Aufl., New York 1980

Berthel, J.: Informationsbedarf. In: Handwörterbuch der Organisation. Hrsg. v. E. Frese. 3. Aufl., Stuttgart 1992, Sp. 872 - 886

Bethke, H.-D.: MTM zur Datenerfassung in Büro und Verwaltung. Deutsche MTM - Vereinigung e.V., Düsseldorf 1970

Blohm, H.; K. Lüder: Investition. 6. Aufl., München 1988

Bossert, R.: Personalbemessung mit Hilfe von Zufallsgeneratoren. In: Personalbemessung. Praktische Verfahren zur Bestimmung des quantitativen Personalbedarfes. Gießen 1980, S. 65-114

Braun, K.: Chr. Lawrence: Von der Vision über die Ziele zum Benchmarking. Zeitschrift Organisation + Führung, 1/1997, S. 16 - 20

Bundesminister des Innern (Hrsg.): Empfehlung zur Durchführung von Wirtschaftlichkeitsbetrachtungen beim Einsatz der IT in der Bundesverwaltung. Schriftenreihe der Koordinierungs- und Beratungsstelle der Bundesregierung für Informationstechnik in der Bundesverwaltung. Köln 1992

Burch, J.G.: Information Systems. New York 1986

Buschardt, D.: Zur rationellen Organisation von Arbeitsabläufen. Berlin 1973

BWI (Hrsg.): Projektmanagement. 4. Aufl., Zürich 1996

Camp, R.C.: Benchmarking: The Search for Industry Best Practices that Lead to Superior Performance. Milwaukee, Wisc. 1989

Chalupsky, J.; S. Gottlob u.a.: Der Mensch in der Organisation. 4. völlig neue bearbeitete Aufl., Gießen 2000

Charbonnel, G; F. Calmes; Ph. Dumas: La méthode OSSAD pour maîtriser les technologies de l'information. Paris 1990

Chestnut, H.: Methoden der Systementwicklung. München 1970

Churchman, C.W.: The systems approach. München 1979

Cleland, D.I.; W.R. King (Hrsg.): Project Management Handbook. New York 1988

Daenzer, W.F.; F. Huber, (Hrsg.): Systems Engineering. Methodik und Praxis. Haberfellner/Nagel/Becker/Büchel/von Massow. 9. Auflage, Zürich 1997

Davidson, J.: Frame Managing Projects in Organisations. San Francisco 1987

Davis, G.B.; M.H. Olson: Management Information Systems. Conceptual Foundations, Structure, and Development. 2. Aufl., New York 1985

De Bono, E.: Laterales Denken. Düsseldorf 1992

Dinkhauser, P.: Organisationsprojekte besser führen. Leitfaden zur Effizienzsteigerung bei umfangreichen Organisationsvorhaben. Köln/Königstein 1979

Eickhoff, K.H.; R. Krüger; H.-H. Stachowiak: Multimoment-Studien im Sparkassenbetrieb. Stuttgart 1971

Eisenführ, F.; M. Weber: Rationales Entscheiden. 2. Aufl., Berlin/Heidelberg et.al. 1994

Fischermanns, G.; W. Liebelt: Grundlagen der Prozeßorganisation. 5. Aufl., Gießen 2000

Fornfeist, M.: Kommunikationstechnik und Aufgaben - Organisatorische Aufgabenanalyse unter Berücksichtigung des Kommunikationsproblems. Forschungsprojekt Bürokommunikation. Band 7. Hrsg. A. Picot; R. Reichwald. München 1985

Frese, E.: Grundlagen der Organisation. 7. Aufl., Wiesbaden 1998

Frühauf, K.; J. Ludewig; H. Sandmayr: Software - Projektmanagement und - Qualitätssicherung. 2. Aufl., Stuttgart 1991

Frühauf, K.; J. Ludewig; H. Sandmayr: Software - Projektmanagement und - Qualitätssicherung. 2. Aufl. Stuttgart 1991

Gaitanides, M.: Ablauforganisation. In: Handwörterbuch der Organisation. Hrsg. v. E. Frese, 3. Aufl., Stuttgart 1992, Sp. 1 - 18

Gaitanides, M.: Prozeßorganisation - Entwicklung, Ansätze und Programme prozeßorientierter Organisationsgestaltung. München 1983

Goldmann, H.M.: Wie Sie Menschen überzeugen. Kommunikation für Führungskräfte. Düsseldorf/Wien/New York 1990

Gomez, P.; G. Probst: Die Praxis des ganzheitlichen Problemlösens. Bern/Stuttgart/-Wien 1995

Grochla, E.; H. Lippolt; J. Breithard: Prüflisten zur Schwachstellenermittlung im Büro und Verwaltung. Baden-Baden 1986

Haberfellner, R.: Die Unternehmung als dynamisches System. Der Prozeßcharakter der Unternehmungsaktivitäten. 2. Aufl., Zürich 1975

Hahn, D.: Unternehmensziele im Wandel. In: Unternehmerischer Wandel. Hrsg. V. P Gomez; D. Hahn; et.al., Wiesbaden 1994

Haller-Wedel, E.: Das Multimoment-Verfahren in Theorie und Praxis. Ein statistisches Verfahren zur Untersuchung von Vorgängen in Industrie, Wirtschaft und Verwaltung. Bd. II, 2. Aufl., München 1969

Hansel, J.; G. Lomnitz: Projektleiter - Praxis. Berlin 1987

Harrington, H.J.: Business Process Improvement: The Breakthrough Strategy for Total Quality, Productivity and Competitiveness. New York 1991

Hartmann, M.; R. Funk; H. Nietmann: Präsentieren. Präsentationen: zielgerichtet und adressatenorientiert. Weinheim/Basel 1991

Hauschild, J.: Zielbildung und Problemlösung. In: Innovative Entscheidungsprozesse. Hrsg. V. E. Witte; J. Hauschild; O. Grün.

Heinrich, L. J.; B. Burgholzer: Systemplanung. Die Planung von Informations- und Kommunikationssystemen. Band 1. Der Prozeß der Systemplanung. 7. Aufl., München/Wien 1996

Heinrich, L.J.; P. Burgholzer: Systemplanung. Die Planung von Informations- und Kommunikationssystemen. Band 1. Der Prozeß der Systemplanung, Vorstudie und Feinstudie. 7. Aufl., München/Wien 1996

Heinrich, L.J.; P. Burgholzer: Systemplanung. Die Planung von Informations- und Kommunikationssystemen. Band 1. Der Prozeß der Systemplanung, Vorstudie und Feinstudie. 5. Aufl., München/Wien 1991

Heinrich, L.J.; P. Burgholzer: Systemplanung. Die Planung von Informations- und Kommunikationssystemen. Bd. 1, 5. Aufl., München/Wien 1991

Hierhold, E.: Sicher präsentieren - wirksamer vortragen. Wien 1990

Höhn, R.: Stellenbeschreibungen - aber richtig. Bad Harzburg 1977

Hollinger, H.: Kurs in elementarer Morphologie. Zürich 1970

Holm, K. (Hrsg.): Die Befragung. 4. Aufl., München 1991

Horvàth, P.; R.N. Herter: Benchmarking. Vergleich mit den Besten der Besten. Controlling 1/1992, S. 4 - 11

Jenny, H.-D.: Die Stellenbeschreibung als Hilfsmittel zur Fixierung der Organisation. Winterthur 1966

Jordan, C.: Datentabellen in Systemplanung und DV-Organisation. Stuttgart/Wiesbaden 1976

Jordt, A.; K. Gscheidle: Ist-Aufnahme von Arbeitsabläufen in Büro und Verwaltung. Industrial Engineering. Heft 1/1971

Jordt, A.C.; K. Gscheidle: Methoden und Verfahrenstechniken der problemanalytischen Arbeit. Interner Sonderdruck der Datenzentrale Schleswig-Holstein o.J.

Kahn, R.L.; Ch.F. Cannel: The Dynamics of Interviewing. Theory, Technique and Cases. London/Sydney 1964

Kepner, C.H.; W.B. Tregoe: Entscheidungen vorbereiten und richtig treffen. Rationales Management: neue Herausforderung. Landsberg L. 1992

Kommunale Gemeinschaftsstelle für Verwaltungsvereinfachung: Organisationsuntersuchungen in der Kommunalverwaltung. 5. Aufl., Köln 1977

König, R.: Die Beobachtung. In: Handbuch der empirischen Sozialforschung. Bd. 1, Hrsg. v. R. König. 3. Aufl., Stuttgart 1973

Koreimann, D.S.: Methoden der Informationsbedarfsanalyse. Berlin / New York 1976

Kosiol, E.: Die Organisation der Unternehmung. 2. Aufl., Wiesbaden 1976

Krüger, W. (Hrsg.): Projekt-Management in der Krise. Probleme und Lösungsansätze. Frankfurt M./Bonn/New York 1986

Krüger, W.: Aufgabenanalyse und -synthese. In: Handwörterbuch der Organisation. Hrsg. v. E. Frese. 3. Aufl., Stuttgart 1992, Sp.221 - 236

Krüger, W.: Grundlagen der Organisationsplanung, Gießen 1983

Krüger, W.: Organisatorische Einführung von Anwendungssystemen. In: Handbuch der Wirtschaftsinformatik. Hrsg.: K. Kurbel; H. Strunz. Stuttgart 1990

Krüger, W.: Zielbildung und Bewertung in der Organisationsplanung. Wiesbaden o.J.

Kulich, K.: Erfolgreich präsentieren. 2. Aufl., Ehningen 1990

Kupper, H.: Zur Kunst der Projektsteuerung. Qualifikation und Aufgaben eines Projektleiters - aufgezeigt am Beispiel von DV-Projekten. 8. Aufl., München/ Wien 1996

Lange, D. (Hrsg.): Projektmanagement. 3. Aufl., Stuttgart 1995

Litke, H.-D.: Projektmanagement. Methoden, Techniken, Verhaltensweisen. 9. Aufl., München/Wien 1995

Litke, H.-D.: Projektmanagement. Methoden, Techniken, Verhaltensweisen. 3. Aufl., München/Wien 1995

Litke, H.-D.: Projektmanagement. Methoden, Techniken, Verhaltensweisen. München /Wien 1991

Luhmann, N.: Zweckbegriff und Systemrationalität; über die Funktionen von Zwecken in sozialen Systemen. 2. Aufl., Tübingen 1973

Madauss, B.J.: Handbuch Projektmanagement. 5. Aufl., Stuttgart 1994

Menzel, A.; E. Nauer: Das Funktionendiagramm, ein flexibles Organisations- und Führungsinstrument. Bonn 1972

Mertens, P.; J. Griese: Industrielle Datenverarbeitung. Bd. 2. Informations- und Planungs- und Kontrollsysteme. 5. Aufl., Wiesbaden 1988

Meyer, M.: Ziele in Organisationen. Funktionen und Äquivalente von Zielentscheidungen. Wiesbaden 1994

Michel, R.M.: Projektcontrolling und Reporting. Heidelberg 1989

Müller-Nobiling, H.-M.: Organisationshandbuch. In: Handwörterbuch der Organisation. Hrsg. v. E. Grochla, Stuttgart 1980, Sp. 1557-1563

Musiol, A.: Präsentations- und Kreativitätstechniken. Wiesbaden 1981

Noer, D.M.: Die vier Lerntypen. Reaktionen auf Veränderungen im Unternehmen. Stuttgart 1998

Nordsieck, F.: Betriebsorganisation. Lehre und Technik. Tafelband - Textband. Stuttgart 1961

Nordsieck, F.: Die schaubildliche Erfassung und Untersuchung der Betriebsorganisation. 6. Aufl., Stuttgart 1962

Notz, Th.; M. Kretschmar: Aufwandsschätzung von DV-Projekten. Darstellung und Praxisvergleich der wichtigsten Verfahren. 2. Aufl. Berlin/Heidelberg u.a. 1986

Page-Jones, M.: Praktisches DV-Projektmanagement. Grundlagen und Strategien. München/Wien 1991

REFA (Hrsg.): Methodenlehre der Organisation. Teil 2. Ablauforganisation. München 1985

REFA (Hrsg.): Methodenlehre des Arbeitsstudiums. Teil 2, Datenermittlung. 7. Aufl., München 1978

Reschke, H.; H. Schelle; R. Schnopp: Handbuch Projekt-Management, Bd. 1 und 2, Köln 1989

Rinza, P.: Projektmanagement. 3. Aufl., Düsseldorf 1996

Rinza, P.; H. Schmitz: Nutzwert-Kosten-Analyse. Düsseldorf 1977

Rosenstiel, L.v. u.a.: Organisationspsychologie. 3. Auflage, Stuttgart 1992

Sadler, G.; G. Leimbach: Personalbemessung durch Verfahren der Selbstaufschreibung. In: Personalbemessung. Praktische Verfahren zur Bestimmung des quantitativen Personalbedarfs. Gießen 1980. S. 15-63

Scheel, J.: Erfolgsfaktor Ablauforganisation. Köln 1990

Schildknecht, J.: Personalbemessung im Büro mit MTM. In: Personalbemessung. Praktische Verfahren zur Bestimmung des quantitativen Personalbedarfs. Gießen 1980, S. 147-204

Schlicksupp, H.: Kreative Ideenfindung in der Unternehmung. Berlin/New York 1977

Schmidt, G.: Grundbegriffe der Organisation. 12. Aufl., Gießen 2000

Schmidt, G.: Grundlagen der Aufbauorganisation. 4. Aufl., Gießen 2000

Schmidt, G.: Organisationstechniken. In: Handwörterbuch der Organisation. 3. Aufl., Hrsg. v. E. Frese, Stuttgart 1992, Sp. 1688 - 1706

Schmidt, G.: Stellenbeschreibung. In: Handwörterbuch der Betriebswirtschaft. 4. Aufl. Hrsg. von E. Grochla und W. Wittmann, Bd. 2, Stuttgart 1975, Sp. 3720-3725

Schmidt, R.-B.: Zielsysteme der Unternehmung. In: Handwörterbuch der Betriebswirtschaft. Hrsg. v. W. Wittmann et al., 5.Aufl., Stuttgart 1993, Sp. 4794 - 4806

Schneider, D.: Investition und Finanzierung. 6. Aufl., Wiesbaden 1990

Schnell, R.;P.B.Hill; E. Esser: Methoden der empirischen Sozialforschung. 2. Aufl., München/Wien 1989

Schnelle-Cölln, T.: Optische Rhetorik für Vortrag und Präsentation. Quickborn 1988

Schönbach, G.: „Total Quality Management" bei Projekten. Projekt Management 4/1993, S. 9 - 23

Schönecker, H.G.; M. Nippa (Hrsg.): Computerunterstützte Methoden für das Informationsmanagement. Baden-Baden 1990

Schönecker, H.G.; M. Nippa (Hrsg.): Neue Methoden zur Gestaltung der Büroarbeit. Computergestützte Organisationshilfen für die Praxis. Baden-Baden 1987

Schrader, E.; J. Bichne: Auswählen, Verdichten, Gestalten. Ein Lernprogramm zur optimalen Gestaltung von Informationen. Essen 1984

Schwarz, H. u. Mitarbeiter: Arbeitsplatzbeschreibungen. 5. Aufl., Freiburg i.Br. 1972

Seiffert, J.W.; S. Pattay: Visualisieren - Präsentieren - Moderieren. Speyer 1991

Senge, P.M.: Die fünfte Disziplin. 4. Aufl., Stuttgart 1997

Siemens (Hrsg.): Organisationsplanung - Planung durch Kooperation. 6. Aufl., Berlin und München 1984

Siemens AG (Hrsg.): Organisationsplanung. Planung durch Kooperation. 8. Aufl., Berlin/München 1992

Steinbuch, P.A.: Projektorganisation und Projektmanagement, Kiehl 1998

Strunz, H.: Entscheidungstabellentechnik. München/Wien 1977

Thiele, A.: Überzeugend präsentieren. Präsentationstechnik für Fach- und Führungskräfte. Düsseldorf 1991

Thurner, R.: Entscheidungstabellen. Aufbau, Anwendung und Programmierung. Düsseldorf 1972

Ulrich, H.: G.J.B. Probst: Anleitung zum ganzheitlichen Denken und Handeln. 3. Aufl., Stuttgart 1991

Ulrich, H.; G.J.B. Probst: Anleitung zum ganzheitlichen Denken und Handeln. 3. Aufl., Stuttgart 1991

Wersch, M.: Workflow Management. Systemgestützte Steuerung von Geschäftsprozessen. Wiesbaden 1995

Wild, J.: Grundlagen der Unternehmensplanung. 3. Aufl., Opladen 1981

Wohlleben, H.-D.: Techniken der Präsentation. 5. Aufl., Gießen 1994

Zangemeister, Chr.: Nutzwertanalyse in der Systemtechnik. 4. Aufl., Opladen 1981

Zehnder, C.A.: Informatik-Projektentwicklung. 2. Aufl., Stuttgart 1991

Stichwortverzeichnis